国家出版基金项目
NATIONAL PUBLICATION FOUNDATION

"十三五"国家重点图书出版规划项目

梁方仲遗稿

梁方仲 著 / 梁承邺 李龙潜 黄启臣 刘志伟 整理

读书笔记（上）

SPM
南方出版传媒
广东人民出版社
·广州·

图书在版编目（CIP）数据

梁方仲遗稿 /梁方仲著；梁承邺等整理. —广州：广东人民出版社，2019.1

ISBN 978‐7‐218‐13211‐2

Ⅰ．①梁… Ⅱ．①梁… ②梁… Ⅲ．①中国经济史－研究－文集 Ⅳ．①F129－53

中国版本图书馆 CIP 数据核字（2018）第 235808 号

LIANG FANGZHONG YIGAO

梁方仲遗稿

梁方仲 著

梁承邺 李龙潜 黄启臣 刘志伟 整理

出 版 人：肖风华

出版统筹：柏 峰 周惊涛
责任编辑：陈其伟 周惊涛 柏 峰
装帧设计：彭 力
责任技编：周 杰 吴彦斌

出版发行：广东人民出版社
地 址：广州市大沙头四马路 10 号（邮政编码：510102）
电 话：(020) 83798714（总编室）
传 真：(020) 83780199
网 址：http://www.gdpph.com
印 刷：广东信源彩色印务有限公司
开 本：787mm×1092mm 1/16
印 张：257.5 字 数：3600 千
版 次：2019 年 1 月第 1 版 2019 年 1 月第 1 次印刷
定 价：960.00 元（全八册）

如发现印装质量问题，影响阅读，请与出版社（020－83795749）联系调换。
售书热线：(020) 83793157 83795240 邮购：(020) 83795240

序一：体悟中西文化之源流，开拓史学新天地

叶显恩

梁方仲先生的著述文稿，中山大学早在 20 世纪 80 年代初，已经安排专人负责搜集、整理。尔后，又有他的一些学生以及后学参与这一工作。自 1989 年由中华书局出版《梁方仲经济史论文集》一书始，至今已先后出版五部①，其中以 2008 年为 "梁方仲先生百年诞辰纪念会暨学术研讨会" 准备而由中华书局出版的《梁方仲文集》（八卷本）较为完整，但仍有一部分旧作和遗稿尚未收入其中。在梁先生遗物中又发现一批富有学术研究价值的历史专题数据统计和年表、听课笔记、读书笔记、书信翰墨、案头日历记事等。

作为一代杰出学者，方仲师未收入文集的旧作、未刊稿，以及专题数据统计、年表等研究成果固然应当继续整理出版，以传诸后人。至于他的家学渊源，走过的学术道路，他的治学方法，他的学术关系网及其在其中作用，乃至日常起居，等等，都是后学所关注的问题。在这些未曾问世的遗稿中，有 20 世纪前半叶用中、英文作的听课笔记，内有中国学界之泰斗陈寅恪、胡适，英国费边社名学者托尼②；

---

① 《梁方仲经济史论文集》，北京：中华书局，1989 年；《梁方仲经济史论文集补编》，郑州：中州古籍出版社，1984 年；《梁方仲经济史论文集集遗》，广州：广东人民出版社，1990 年；刘志伟编：《梁方仲文集》，广州：中山大学出版社，2004 年；《梁方仲文集》（八卷本），北京：中华书局，2008 年。

② 托尼（1880—1962），经济学家，费边社会主义者。曾任牛津大学研究员。他的《16 世纪的土地问题》《宗教与资本主义的兴起》《乡绅的兴起》等都是社会经济史的著名论著。托尼研究的不是纯粹的经济史，而是经济、社会和文化的交叉史。这正是方仲师与之见解近似之处。方仲师自认受托尼的 "启发不少"。

以及革命领袖毛泽东在延安窑洞的讲演笔记;还有分量不菲的读书笔记。其间保留了一些难得寻觅的资料,从中可以看到他当时的所学、所思、所得。从他与友人间的彼此诗词唱和、信札、墨宝和案头日历记事等,既可窥见朋友间的交谊和学术交流,又可了解一个学者日常生活的真实情态。

方仲师留下的上述遗泽,具有历时性和独一性的品格,是难得的宝贵学术资源。它从一个侧面展示了方仲师真实的为人和为学。因此,本书的出版无疑是嘉惠后学之盛事,可喜可贺!

方仲师为创建中国社会经济史学科,筚路蓝缕,奉献终生,无恨无悔。他著作宏富,尤以《一条鞭法》《明代粮长制度》《中国历代户口、田地、田赋统计》三部巨著,为中国社会经济史学树起三座丰碑。他作为中国社会经济史学的重要奠基人是实至名归、当之无愧的。作为方仲师的入门弟子,关于他一生的理想、走过的道路、取得的业绩等,我先后已经有五文谈及①,喜读《梁方仲遗稿》之后,仍感言犹未尽,拟再谈点感言,以就正于学术界同仁。

眼界与格局

我从梁师身上感受到作为一个学人,眼界和格局对学术的影响关系至大。当年方仲师教诲我说:要小题大做。他意是指入手处不妨小,所见及者不能不大。从小问题折射出大千世界,即所谓"每于几微见世界,偶从木石觅文章"(吴于廑老师词句)。其间存在一个个案

---

① 《序言:中国社会经济史学的重要奠基者》,载梁承邺:《无悔是书生——父亲梁方仲实录》,北京:中华书局,2016 年,又载陈春声、刘志伟主编:《遗大投艰集——纪念梁方仲教授诞辰一百周年》,广州:广东人民出版社,2012 年;《为创建中国社会经济史学,筚路蓝缕,奉献终生——2008 年 11 月(广州)"梁方仲先生百年诞辰纪念会暨国际学术研讨会"开幕式上致词》,载陈春声、刘志伟主编:《遗大投艰集——纪念梁方仲教授诞辰一百周年》;《对学术执着追求、一丝不苟的儒雅学者梁方仲》,载张世林主编:《学林往事》下册,北京:朝阳出版社,2000 年,第 1295—1312 页;《著名经济史家梁方仲传》,韩文甫主编:(香港)《文学与传记》第一期(1999 年 4 月 15 日),第 82—89 页;《梁方仲传略》,载《中国当代社会科学家》第四辑,北京:书目文献出版社,1983 年,第 257—269 页。

与总体的关系，也就是说作小专题要放眼历史总体。眼界要高，格局要大，不能局限于就事论事，自说自话。方仲师曾以易知由单、两税税目、户帖等小题目为文，其投射面虽有限，但将它置于田赋制度的总体中考察，同时放眼于明代的政治体制、社会结构、文化背景等宽阔的历史视域，便发现这些小题目研究的不是一个孤立的史事，而是历史总体中不可或缺的一部分。他以田赋制度作为国家与基层社会之间的衔接点来研究，正是放眼于中华民族历史的总体，尤其着重于以农民为主体的基层社会变迁史。他本计划在他围绕田赋史（包括明代以前的田赋史）已写出的专题文章的基础上，先完成《13—17世纪中国经济史》，继而撰写《中国田赋史》，再进而写《中国经济史讲义》，构建他的中国社会经济史学的学术体系。我觉得只要认真研读方仲师的文章，当可发现他在选题立意、洞察幽微中所体现出的眼光之深邃、学养之深厚。他写出来的只是公之于众的一面，隐在纸背的另一面即所谓隐藏玄机，更具个人的特色和风格。具慧心的读者自可体会他治学的高远眼界和恢宏格局。

方仲师的眼界和格局是同他的人生高度相联系的。他出身于书香门第、簪缨世家。高祖同新、曾祖父肇煌，父子两人皆进士、翰林，任过顺天府尹和地方高官；祖父庆桂，举人，内阁侍读，学部上行走；父亲广照，留学日本，清末任刑部（后改法部）主事、举叙司员外郎。1911年，年仅三岁的方仲师从出生地北京随同父亲广照回到广州，与祖父庆桂同住在广州市区下九甫一座四进的大宅第——祖居"京兆第"。他幼承庭训，又有塾师系统教育，还不时请邬庆时等硕学名儒作授课补习。家中藏书甚丰，俨然一图书馆，可供课余阅读。自幼便奠下了深厚坚实的国学根底。及长，到天津、北京名校就读。尔后又到欧美和日本留学。他在中外学海中遨游，可以同各种流派的学者、名家接触，请教、切磋，感受西方学术意蕴。方仲师宏富的著作之所以具有原创性、突破性，令人开阔眼界，开阔胸襟；之所以能处于学术的前沿，立于文化的高地，是由他的博古通今和学贯中西的学识所铸就的。

从方仲师的社交层次、信札函件、诗词唱和中，可以看到他交往的人，或为同辈的学术精英，或为前辈学术名流，或为社会贤达，甚至还有清代末科的科举高中者①。他"择高处立"，因其站得高，所以望得远。但他又"寻平处住"。这就是他的为人格局。他学术上"发上等愿"，眼界力求宽阔而高远，但他又选"享下等福"，平日刻苦用功，生活俭朴。关于刻苦用功的情景，李文治先生的回忆文章中说："梁先生工作不分昼夜，在四川李庄时白天工作八小时，每天晚上工作到深夜，一年四季如此。"② 我 20 世纪 60 年代初在他门下攻读研究生时，偶尔深夜路过他窗下时，也发现屋内灯光仍然亮着，也印证了这一说法。至于生活之俭朴，我在前写的回忆小文中，也曾谈及中华人民共和国成立初期广州市市长朱光宴请他，因着陈旧的棉袄而被门警阻拦等生活简朴的趣事。家中的陈设同样陈旧简陋。中华人民共和国成立不久，40 多岁被评为二级教授，每月 317 元的工资相当不菲，但经常用以接济亲朋故旧，如有困难的老助手、保姆等，所剩也就不多了。在经济困难、营养匮乏的年代，政府特殊照顾他本人的一点油、肉，也用来和他的学生共享。待人博爱竟至乃尔。

方仲师的为人为学，令我想起左宗棠的一副名对联："发上等愿，结中等缘，享下等福；择高处立，寻平处住，向宽处行。"曾祖父梁肇煌晚年同左宗棠是上下级的同僚，深得左宗棠的赏识和倚重，任过代理两江总督、江宁布政使之高官。梁家与左氏是结有缘分的。方仲师的为人显然深受左宗棠提倡的这一为人格言之影响。

重视史学的基础建设工程

方仲师与吴晗、汤象龙等人发起成立史学研究会时，就以"重视史料的搜集"作为研究会的主要宗旨之一。对于这一主张，他终生服膺。

---

① 指中山大学商承祚教授之父探花商衍鎏。

② 李文治：《辛勤耕耘，卓越贡献——追忆梁先生的思想情操和学术成就》，《中国经济史研究》1989 年第 1 期，第 9 页。

在方仲师看来，史料的搜集、整理和考辨是史学研究的基础。基础不牢，立论如同建在沙滩上，经不起考验。对史料要尽可能地广为搜集，就要懂得版本目录学的知识，以及具备一定的古文水平，以有助于把握史料的含义。所以，我刚投入方仲师门下时，便教过我版本目录学，并着我去聆听刘节先生开讲的《左传》等古文课程。

本遗稿中的读书笔记，虽然只是其中的一部分，但也可从一个侧面看到他搜集史料方法的一斑。他根据自己选定的研究方向来决定对资料的采集，或作摘抄，或是读后心得，或作量化的统计，或作表列。量化统计是其读书笔记的最突出特点之一，统计时有一事一物的统计，也有某专题、某地域长时段的数据统计。诸如，《汉唐酒价》《宋代物价与京师火灾》《唐宋明清米价、物价》《清乾隆朝江苏省物价工资统计》[清乾隆年间与民国十五年物料价值比较表、匠夫工资表、江苏省物料工资价值表（清乾隆二十六年至三十年）、江苏省物料工资项目对照表、江苏省物料价值表补遗（清乾隆二十六年至三十年）]，等等。《明代督抚表列》，就是表列的形式。方仲师把纷繁零碎的资料，按时、空、人、事串起来，显示出内在联系的脉络，使之灵动起来，以勾勒出历史的本来面貌。由于他坚持尽可能发掘更多可以量化资料的做法，获得世人称道之成果，被誉为历史统计之大师。

方仲师注重社会调查。他认为社会调查的资料，既可扩大历史研究的资料来源，也可用以印证文献的记载。这与受陶孟和先生影响有关。陶先生是中国社会学的元老。1933 年，方仲师加盟陶先生主政的中央研究院社会科学研究所之后，备受陶氏倚重。1935 年，他就同朱炳南、严仁赓到浙江兰溪县、安徽当涂县进行土地陈报的调查；1936年，又与严仁赓往江苏、河南、陕西做地方财政的调查；1939 年 7月，受陶孟和之命，往四川、陕西、甘肃等省调查农村经济。此行除重点访问延安之外，还在绥德、米脂、榆林、内蒙古、天水、宜川、秋林、城固、西安、汉中等地做了实地调查，先后历时八个月，搜集了大量的有研究价值的资料。

做社会调查还可有助于提升对现实的活生生事物的理解能力。这往往是专业作者所缺乏的。法国年鉴学派大师马克·布洛赫便把对现实的理解能力视为"一个历史学家最重要的才能"。因为现实是历史的延续，两者有内在的联系。在对现实感悟、理解能力的观照下，更有可能对过去的历史看得透彻。方仲师是率先将经济和社会相结合研究且取得卓越成就的学者之一，为中国社会经济史学科的创建立下了开创之功。诚如居蜜博士（美国联邦政府成就服务贡献奖获得者）提交 2008 年在广州举行的"梁方仲先生百年诞辰纪念会暨学术研讨会"论文所说，她最近调出她 20 世纪 60 年代在哈佛大学向杨联陞、余英时、费正清诸位大师学习的档案仔细阅读，"恍然悟出，当今一辈学人，社会经济史的基础是在梁先生的一笔一字中奠立的"。

在方仲师看来，资料的搜集、整理是研究工作的基础。他不仅这样教导我们，也是如此躬身力行的。他的《中国历代户口、田地、田赋统计》，便是一部中国社会经济史学科基础建设工程的巨著。他还编辑了一部《明代地方志综目》（见《梁方仲遗稿》）。这部工具书同样是基础建设工程的著作。他撰写《明代一条鞭法年表》时之所以能参阅"逾千种"地方志，是因为他有这样基础性的研究基础。

方仲师视历史资料为历史学的生命。资料的翔实和丰富，成为方仲师著作的一个重要特色，并一直为史学界所赞誉。

不存在"唯一"的方法

方仲师在注重史料搜集、整理的同时，也注重、讲究治学方法。他强调作为历史学的从业人员，必须接受本专业的系统训练，包括中外历史知识、版本目录学、史料搜集与考据、分析研究方法、对前人论据的检核，以及研究操作规范等基本功夫的训练，甚至还需要掌握并能够运用其他相关的边缘学科的研究方法。早在 1948 年间，他就发表一篇题为《论社会科学的方法》的文章。他认为，方法论：（1）逻辑完整；（2）各门类各有其方法，有的方法是互通的；（3）方法中的实证检验法。社会科学是从实用价值着眼，否则没有意义。唯物、唯心、哲学、神学是社会价值问题，即所谓看法（Approach）问题；只代表研究者对某些因素的特别注意，可分一元论与多元论两派。方法的选择，以目的决定：（1）要素齐全；（2）诸要素中质、量是否准确；（3）时空是否匹配。学科本身有适用于自身的方法，统计适用于量的分析，不适用于质的分析。方法是必须遵循的程序，亦即应用技术；有通则方法，亦有专科方法。这些见解于今仍然有参考价值。如果我们认真研读《梁方仲遗稿》一书，当可更深刻理解他关于方法论的见解。

作为历史学的从业人员，方仲师强调必须接受本专业的系统训练，所以，专业化的著作，要求对问题的看法深邃而系统。对一专业训练有素的学者来说，也许所论的似是小问题，却能小题大做、聚焦于小的同时，又要放眼于大格局。在选题立意、洞察幽微中，都应体现出一个人平时积累的学养。

方仲师经常教导我说，做学问要厚积薄发。没有足够的资料积累，先不要写。在读研究生期间，主要是学习、掌握历史研究的基本功，掌握方法论。那时，老师是不赞同学生急于发表文章的。方仲师嘱咐我：应珍视研习时段，向老师学习。当时不存在以量化品评高下。

从方仲师的著作中看，他对方法论注重而娴熟。早在 20 世纪 30 年代，他就写过几篇学术评论文章，有的已被专攻学术史的学者收入关于学术批评的专书。[①] 记得 2000 年吴承明先生从澳门讲学回来路过广州。我前往谒见求教，他对我说："我一直推崇佩服你老师梁先生。当我读到他对卜凯（John L. Buck）所著《中国土地利用》（*Land Utilization in China*，Chicago，1937）一书的英文书评时，我觉得他比当时同辈的学者高明。惜我平生未曾有机会亲聆其教诲。"由于方仲师的学术评论态度诚恳，立论公允，对事不对人，并没有引发批评者与被批评者间的失和。厦门大学陈诗启教授有一次对我说，1957 年方仲师到厦门大学做学术访问的一次会上，曾严厉批评过他，言厉而心

---

① 《中国田赋问题——评孙佐齐著〈中国田赋问题〉》，载桑兵、张凯、於梅舫编：《近代中国学术批评》，北京：中华书局，2008 年，第 295—298 页。

善，回想起来，殊感难得。

关于治学方法论问题，基于 20 世纪 60 年代的政治环境和学术氛围，他没有给我太多传授这方面的知识。当时流行"阶级分析法"，甚至提到"唯一"的高度。有一次，他怒气冲冲地对我发感慨说："哪来的唯一方法，根本就不存在'唯一'的方法。"

为人和为学的完美结合

方仲师驾鹤西去，已经 48 个年头了。我深深地感觉到，他离去时间愈远愈显得高大而伟岸。和他相处的日子，没有这般感觉。真是"不识庐山真面目，只缘身在此山中"啊！

经过这么些年，我才慢慢领略到方仲师在学术上的贡献及其价值。他在同国内外哲人宗师之交流中，体悟和理解中西文化之源流；他博古通今，学贯中西。他既勤奋耕耘于学术之一隅，又关注洞察学术的整体。他的学养、阅历、操守、才智和识悟，造就了他宽阔的学术视野，广博用宏。其学术成果坚实而丰硕，非同凡响。

方仲师的《一条鞭法》一书，乃天才之作，史识、史见震古烁今。此书由当年留学美国的王毓铨先生翻译，由费正清一手促成，并写序文，杨联陞手书"一条鞭法"四字中文作该书题签。此书被列为"哈佛大学中国制度史课程必读专著"。居蜜博士撰文道：此书"奠定梁方仲在社会经济史研究的国际地位"。同时"体现了当年国际汉学精英，同心协力，为学术铺盖一层基础平台"，也"体现了国际汉学的学术实力和世界平台"。并从中看到了"学术界的前景和希望"。①

方仲师一生平实淡泊，与政治保持距离，忠于良知，不曲学以阿世，始终坚持独立自由的精神。"以读书、交友、著述、讲演为乐事"（暨南大学教授朱杰勤悼念方仲师文），把平生无私地奉献给祖国的文化教育事业。待人慷慨大方，却以俭朴自处。从家居摆设，日常生

---

① 居蜜：《梁方仲治学管窥——以〈明代十段锦法〉和〈一条鞭法〉为例》，载陈春声、刘志伟主编：《遗大投艰集——纪念梁方仲教授诞辰一百周年》，广州：广东人民出版社，2012 年。

活，到待人处事，都保持书生本色、平民情怀，坚守中国的传统美德。

方仲师学生的回忆录中每每谈到他认真讲课、认真辅导、认真批改作业的事例。我个人感受犹深。有一次他看了我的作业，严厉地批评我说："主语经变换后，主语是不能省略的。"造句用词，都不放过。他蔼然可亲，谆谆教导，诲人不倦。说到高兴处，摘下眼镜，边擦边滔滔开讲。学生告退，他也每每送到门口台阶下，边送边谈，往往在门外又谈几分钟才回去。回忆起当年情景，真是如沐春风，如凌秋云。他那种雍穆仪态，祥和气度，总是令我肃然起敬，使我深刻认识到"身教""行教"的力量及其价值。我们从方仲师身上可以看到为人和为学的完美结合，是我们当老师的、当学术研究从业人员的楷模。

遵方仲师哲嗣承邺兄之嘱，写下以上一些感言，是为序。

2018 年 11 月 13 日
于广州幽篁室

序一：体悟中西文化之源流，开拓史学新天地 ——

序二：我心目中的梁方仲先生

赵德馨

五年前，承郴学兄告知，梁方仲先生的遗物中，有听课笔记、读书笔记、札记、未刊文稿、信件、案头日历记事等等，他准备整理出版。我认为，这批遗物内容丰富多彩，对理解梁先生的知识结构与思维方式的形成，他在学术上取得巨大成就的原因，是不可或缺的；对了解 20 世纪 20—60 年代中国学术的走向和知识分子群体的思想动态，有重要作用。例如，梁方仲先生 1930 年前后听陈岱孙两门课的笔记，1938 年听毛泽东讲矛盾论的笔记，1944 年听胡适讲中国思想史课的笔记，1953 年到 1955 年听陈寅恪两门课的笔记，等等，对研究这些人的思想与学术，是难得的文献。他的读书笔记，对所读之书提要钩玄。他的札记，有读书心得，有思想火花。至于《明代督抚表列》《明代地方志综目》、多项统计表等等，更是他多年艰辛劳动的心血结晶，可为后学者使用。它们很珍贵，若能出版，对学术发展是件大好事，一定会受到学界的欢迎。

两个月前，他告知遗稿已整理成册，嘱咐作序。我想借此机会，谈谈作为一个后学者受梁方仲先生教诲、影响与对他学术地位的认识过程，亦即我心目中梁方仲先生形象的生成过程。

1953 年 9 月初，我和周秀鸾由不同学校派送到中国人民大学教师研究班学习。周秀鸾的同事介绍她时说："大经济史学家梁方仲的弟子。"这是我第一次听到"梁方仲"这个名字，一个"大"字，印象至深。

1954 年 10 月间，师兄王方中的毕业论文题目是明代的资本主义萌芽问题。尚钺老师要他读梁方仲先生的《一条鞭法》，可中国人民大学找不到这篇文章。他请周秀鸾向梁先生借用此文。不久，梁先生寄来了载有该文的《中国社会经济史集刊》。我想，尚钺老师这么重视这篇文章，它又这么难得，机会不可错失，便从周秀鸾处借来一读。由于底子薄，虽然读了两遍，还是似懂非懂。这是我第一次读梁先生的论文。读后的感觉是，经济史学是一门深奥的学问，一门很难学好的学问，梁先生的学问真大。

1957 年冬，周秀鸾（此时已是我的内人）收到梁先生寄来的《明代粮长制度》一书。我认真地学习了。这是我第一次读梁先生的专著。读后，一个突出的感受是，梁先生的《一条鞭法》，从选题到分析方法，侧重于经济方面，《明代粮长制度》则侧重于社会方面。梁先生用经济学分析历史上的经济问题，得心应手；用社会学方法分析历史上的社会经济问题，也运用自如，令人衷心佩服。读后，我也产生这样的疑问：像梁先生这样的大学问家，快 50 岁了，为什么出版的第一本书写的是这么一个小题目？周秀鸾向我解释：第一，梁先生做学问极其严谨，不是成熟的东西不发表。第二，梁先生研究的问题有大有小，他对我们（指梁先生的研究生）讲过，小题可以大做，像从一滴水中看太阳那样。我从梁先生以及其他先生的事迹中受到启示，为自己立了一个规矩，50 岁以前学习和积累知识与资料，50 岁以后再写书。我主动给出版社交书稿，都是 50 岁以后的事。

1965 年 11 月下旬，梁先生派人通知周秀鸾，他已到达武汉，住在武汉大学招待所。我们立即动身前去拜谒，那种高兴、急切的心情，至今未忘。这是我第一次见到梁先生。令人遗憾的是，这也是唯一的一次。见面后，梁先生谈兴很浓。他告诉我们，他的《中国历代户口、田地、田赋统计》一书已经完成。我们向他表示祝贺，他很高兴。他谈得多的是研究经济史学也要做实地考察，这个教诲使我受益终生。从那时起，不仅是研究现代经济史中的问题，即使是研究近代经济史和古代经济史上的课题，我也尽可能地做社会调查。如我研究黄奕住，用了6个假期，到他出生和成长的南安，他回国定居的厦门，他投资的企业，他捐过款的学校、图书馆、医院、名胜古迹等做实地考察。又如研究楚国的货币，既到有关的博物馆去调查，还到一些银行作调查，还访问了一些考古发掘工作者，收获丰厚。

1981年，复旦大学陈绍闻教授请我去审阅《中国古代经济文选》。我在上海的一家书店里看到梁先生编著的《中国历代户口、田地、田赋统计》，立即购买一册。中国自有文字以来，几千年间都是以农业为基础的社会。在这样的社会里，户口、田地、田赋是事关农业发展和财政收支的核心要素，也是国家治理的核心问题。梁先生此书是用统计学方法梳理历代户口、田地、田赋数量的变动情况，为解说中国经济通史做了一项基础性工作。对我这个以求通为一生努力目标的人来说，真是如获至宝。这是一个很大的课题。如若对中国经济史没有通识，如若对中国历代户口、田地、田赋的有关制度变迁与运行机制没有做过专题研究，如若对中国历史文献资料没有全盘的了解，如若没有统计学的功力，如若没有长期研究的坚韧意志，是不敢开展这项工作的。即或开展了，也很难取得这样的优秀成果。每次捧读此书，我心中就流溢出对梁先生学识与毅力的敬佩之情。1949年他任岭南大学经济系教授后，就为学生开设了中国经济史课程，从远古讲到清代，这标志着他在教学方面从明代经济史转向中国经济通史。这本书，在统计对象的时间上，自西汉至清末，计2100多年，不仅打破了朝代的界限，也跨越了古代、近代的界线，标志着他在学术研究方面也从断代走向贯通。它是梁先生研究中国经济通史的代表作。有人在介绍梁先生时说他是研究明代经济史的专家，这当然没错。但他又不仅是研究明代经济史的专家，他还是中国经济通史专家。

从1953年到1981年，我能从闻梁先生之名，读其文，学其著作，到一识荆州面，面接教言，深感幸运。

为了准备给研究生开一门有关经济史学科入门知识的课程，从1979年起到1984年，我集中精力研究经济史学科是一门什么性质的学问和怎样研究这门学问，其内涵包括经济史学研究什么，经济史学科是一种怎样的结构，包含哪些分支学科，不同的分支学科应该研究哪些问题，怎样去研究，有哪些研究方法，经济史学科是怎样产生和发展的，它的历史与现状，其中出现了哪些学派，前人积累了哪些经验教训，等等。所有这些项目都与梁先生有关。从此时起，梁先生不仅是我继续学习的对象，也是我研究的对象。

在此，不可能详尽地介绍每个领域中梁先生的贡献以及对我的影响，仅举两项为例。

我对经济史学产生与发展的考察，是从中外两个方面及其互动中进行的，重点放在中国经济史学史上。这项研究使我得以从经济史学学科成长的角度，关注各位经济史学家的贡献，也就是将梁先生与经济史学工作者群体中其他人进行比较，来看他的作用和特点。

在这项研究中，我发现中国经济史学经历过两个大的阶段，它们可以称之为萌芽阶段与成熟阶段，即孕育在中国传统史学（经、史、子、集四部之一的史学）之中的阶段与从史学中独立出来成为独立学科的阶段。两个阶段的区别在于：前者以中国传统的史学理论、经济理论为指导，后者以现代的史学理论、经济理论为指导；前者采用中国传统范式与体裁，后者采用国际通用范式与体裁。因此，也可以将它们称之为传统型经济史学阶段和现代型经济史学阶段。从前一个阶段向后一个阶段的转变，始于19、20世纪之交，完成于20世纪30年代。完成的主要标志是：出现了一批懂得现代型经济史学的专业人才，他们是以经济史学为志业的专门家；由他们组成的中国经济史专业研究机构；由他们发起的、以研究经济史为主题的专业学术团体；由他们主办或编辑的经济史学专业刊物与报刊专栏；由他们撰写的经济史论著成批问世；在大学里设置由他们主讲的经济史学课程和培养经济史学专业人才的机制；由他们提出的有关经济史学研究的目标、理论和方法。他们是一个人数不多的群体。梁先生是上述诸项活动的积极参与者。1988年，在纪念梁方仲先生诞辰八十周年的学术讨论会上，我的发言谈的就是这点体会，即就梁先生在中国经济史学科建立过程中的功绩而言，他是现代型中国经济史学的开拓者之一。① 我提出梁先生在经济史学学科发展史上这样的一个定位，得到与会的和梁先生同辈的汤象龙、李文治先生等老一代专家的认可，也得到后学者的赞同。现在需要补充的是，在这个人数不多的群体中，像梁先生这样的，在 20 世纪 20 年代后期就从事经济史学专业，一生未曾中断、心无旁骛、终生坚持经济史学的，不超过十个人。其中，像梁先生这样成就显著，著述不仅享誉国内，且被译成外文，受到国内和国外同行交口称赞的，人数就更少了。梁先生是现代型中国经济史学奠基人中的杰出代表。

中国经济史学在发展过程中，形成了一些学派。吴承明先生认为："目前中国经济史的研究可说有三大学派：一派偏重从历史本身来探讨经济的发展，并重视典章制度的演变。一派偏重从经济理论来阐释经济的发展，有的力求作出计量分析。一派兼顾社会与文化思想变迁，可称社会经济史学派。三者也必然对经济史的理论和方法问题有不同观点和见解。"② 吴先生的观点获得广泛的赞同。不少同仁按此将某些经济史学专家划入不同的学派。具体到梁先生，也有人将他归于其中的某个学派。

对于中国经济史学中的学派，我在研究中得到以下三点认识。第一，划分学派首先要明确划分的标准。由于采取的标准不同，便会划出不同的学派。划分的标准可以是多样的，从而划出多样的学派。诸如：可以按参加的学术团体划分，将参加过中国社会科学家联盟（以下简称社联）的，称之为"社联派"；参加中国经济学社的，称之为"经社派"。因为，不同的学术团体有不同的宗旨。参加哪个学术团体，是学者的自愿选择。在 20 世纪 30 年代，社联是中国共产党领导

---

① 周秀鸾：《梁方仲——中国经济史学的开拓者》，载汤明檖、黄启臣主编：《纪念梁方仲教授学术讨论会文集》，广州：中山大学出版社，1990 年；又载《周秀鸾经济史学论文选》，北京：中国财政经济出版社，2008 年。此文由周秀鸾整理，她提议署二人姓名，我以文本单薄短小，未予同意。

② 吴承明：《吴承明集》，北京：中国社会科学出版社，2002 年，第 348 页。实际上还有其他一些学派，如人口学派、军事学派、地理学派，等等。

的，参加社联的，表明认可用马克思主义作为分析经济现象的理论。参加中国经济学社的，则是用西方经济学作为分析经济现象的理论。诸如：可以按团聚在某个专业杂志或报刊专栏划分，如团聚在《食货》杂志周围的，称之为"食货派"；团聚在《中国近代经济史研究集刊》杂志周围的，称之为"集刊派"。这也是有道理的，因为每一个专业杂志或报刊专栏都有其办刊或专栏的宗旨与取向。吴承明先生将目前中国经济史的研究分为三大学派时，虽然没有明确指出划分的标准，但可以从其表述中体会其意，大概是研究领域及其方法（理论即方法）。从研究的实践看，对同一种研究对象，譬如制度，既可以采取历史学方法考证其真伪与内涵，也可以采取经济学方法分析其运行机制，还可以采取社会学方法揭示其形成的社会环境和社会影响，如此等等。据此，对于划分学派而言，相对于研究领域，方法可能更为重要。我是按研究对象区分学科，按研究方法（理论）区分学派。理论与方法在研究者身上内化为思维方式。第二，学派有其历史性。吴承明先生治学极为严谨，他划分的三大学派针对的是"目前"的中国经济史的研究。某些同仁在划分具体的经济史学家的派属时，对这一点有所忽略。在梁先生40年的学术生涯里，中国经济史学界的学派划分有一个演变过程，在不同的历史年代存在不同的学派。第三，学派的划分有其相对性。诸如，虽然按团聚在某个专业杂志或报刊专栏划分学派是有道理的，但不能以在某个专业杂志上发表过论文的作者，都归入以它命名的学派。汤象龙先生在主持《中国社会经济史集刊》的同时，也在《食货》上发表文章。又如，在学派的归属上，某些学者既可以是这个学派的，也可以是那个学派的，一身二任或一身多任。梁先生就是这样的。2008年，在纪念梁方仲先生诞辰一百周年的学术讨论会上，我与杨祖义教授向会议提交的论文（《梁方仲经济史学思维方式的特征》）和我在大会上的发言①，谈的就是这些体会，

---

① 会后以《学科与学派：中国经济史学的两种分类——从梁方仲的学术地位说起》为题，发表于《中国社会经济史研究》2009年第3期，被人大复印报刊资料《经济史》2010年第1期全文转载。

即梁先生在中国经济史学科诸学派中的地位与特点。我的认识是："从梁先生对经济史的研究来看，他采用了多种理论与方法，其中有经济学理论与方法、历史学理论与方法、社会学理论与方法和地理学理论与方法。""按照上引吴承明先生的分类，我以为，这三派中，梁先生都有份：他既是历史学派的，也是社会学派的，更是经济学派的。如若要在这三派中分出个轻重或先后次序，窃以为，他首先是经济学派的，其次才是历史学派的和社会学派的。梁先生是中国经济史学科中社会经济史学派的奠基人之一，也是历史学派的奠基人之一，更是经济学派的奠基人之一。这样，不如说他是中国经济史学科奠基人之一为好。这就是我对梁先生在中国经济史学史中的定位。"

经济史学科是一门独立学科，它有自己独立的研究对象，研究者有与之相适应的独特的、也就是独立的思维方式。为了写好《梁方仲经济史学思维方式的特征》，我先探索经济史学思维方式的一般特征是怎样的，其成果是《经济史学思维方式的特征与养成》一文①。我后来研究梁先生思维方式的特征，发现梁先生的思维方式与经济史学科思维方式的特征相符，他是这种思维方式的典型代表。

参加纪念梁方仲先生诞辰一百周年的学术讨论会，聆听方家的发言，学习与会者的大作，我的眼界大开。会后，读了刘志伟教授编的《梁方仲文集》以及承邺学兄写的《无悔是书生——父亲梁方仲实录》与《梁方仲学术评价实录——〈无悔是书生〉续篇》书稿等，使我对梁先生取得成就的原因，有了比较全面的和具体的了解。在诸多原因中，我印象深刻的主要是以下四点。

一、天资聪颖。少年时期，现在留下的有十岁左右读私塾的作业，在英文方面有译文（"美国迈德兰原著、番禺梁方仲翻译"的《鲁兰小传》）；在中文方面，有诗词。其近体诗合乎格律，且初露善于用典的才能。青年时期，14 岁转入新式教育。18 岁以高中一年级的学历，考入清华大学。这就是说，他用四年的时间完成了小学和中

---

① 提交给 2008 年 7 月召开的中国经济史学会年会讨论，载拙著《经济史学概论文稿》，北京：经济科学出版社，2009 年，第 523—535 页。

学阶段的学业。成年时期，1948年，任中央研究院社会科学研究所研究员、代理所长。1949年，任岭南大学经济系教授、系主任、经济研究所所长。1952年，任中山大学历史系二级教授。对于这些不同学科和不同岗位，他都能胜任，且皆能服众。他的研究成果，为国内和国外同行所赞赏。王则柯先生在评《无悔是书生——父亲梁方仲实录》一书时，说梁先生是岭南才子，我同意，我还要说他是20世纪中国社会科学界的才子。

二、异常勤奋。这只要看看《梁方仲文集》和《梁方仲遗稿》便能明白。这两部书中的文字，是他于20世纪20—60年代期间写下的。这还不是他在这期间所写文字的全部。在他的"读书、研究、授业、交友"四件大事中，写又只是其中的一个部分。特别值得提及和令人敬佩的是，他在身处逆境、条件恶劣、又患重病的时期，仍笔耕不辍。

三、谦虚好学。《梁方仲遗稿》中的两份笔记，即1944年听胡适讲中国思想史课的笔记和1953年10月至1955年6月听陈寅恪讲两门课的笔记，是他的这一品格的生动证据。要知道，1944年梁先生已是享誉国内外的知名学者，他的专业是经济史学，其时研究任务又很重，他却挤出时间去听胡适的中国思想史课。1953年至1955年，梁先生已40多岁，是二级教授，与陈寅恪被列为中山大学历史系古代史"八大教授"之中，却按时到陈寅恪先生家里听他讲课，一听就是两年、四个学期，坚持听完两门课。这两门课也不属于经济史专业知识。可见，他去听这些课的目的不是为了增长专业知识，而是求新知，进一步扩大学识领域，学习他人的方法，以促进自己的创新。从他听课笔记的工整可以看出他的认真态度。这种年龄，这种身份，听这样的课，这样地认真，如此情景，历史上少见，也可能是绝无仅有。先天聪颖，后天勤奋、谦虚好学，是以梁先生博学。

四、职业选得好，甘坐冷板凳。梁先生以经济史学为志业，能充分发挥其所长。因为经济史学的特点是涉及面极广，是多学科交流的平台，只有博学者才能把它治好。从另一方面说，有梁先生这类聪颖、好学、勤奋、谦虚、博学的人以经济史学为志业，是经济史学的大幸。梁先生的性格耿直忠厚，追求独立人格，平等自由，独立思考。若入官场，可能处处碰壁。1946年年底参与联合国教科文组织成立大会中国代表团工作时，在代表团内部的一次讨论中，对一位代表关于财政方面的意见发表了不同的看法，被这位代表训斥为"自作聪明""不遵照命令办事"，即是明证。他自幼不愿加官（嘉官乃其谐音）晋爵，及长，力避政党关系（1944年去美国考察前填写履历表时，在党派关系栏坚持空白，不填写一字，就是例子）。这样一来，他便能集中精力于做经济史学问。梁先生编著的《中国历代户口、田地、田赋统计》，"是一部世界仅有的大型历史统计书"（日本学者佐竹靖彦语），"数百年后还有人要参考的"（美国哈佛大学教授杨联陞语）。此项研究工作始于20世纪30年代初，完成于60年代前期，历时30多年。如若梁先生不能集中精力做事，这样的成果是出不来的。

梁先生取得成就的原因中，有的是可以学而且是必须学的，有的（如天赋）是无法学或学不到的。

从1953年至2018年的66年间，通过学习与研究，我心目中的梁先生的形象越来越高大。高山仰止，景行行止。虽不能至，然心向往之。

2018年9月
于中南财经政法大学

整理弁言

　　同 20 世纪开拓中国新史学之路的同代人相比，梁方仲教授也许不能算是著作等身的学者。他生前公开出版的专著和发表的论文，数量不算太多且主题相当集中，但这些研究论著，以专精严谨见长，历大半个世纪仍居学术前沿，为明清社会经济史研究领域的经典之作。梁先生的学术成就，没有随着时间流逝而暗淡，历大半个世纪仍为最新的前沿研究所倚重，更显其熠耀光华。这种具有永恒学术价值的成果，只有在长年扎实钻研、反复研磨的功夫，以及读书广博、融会贯通的底气基础上，才可能产生。如果说中华书局 2008 年出版的《梁方仲文集》主要是在整体上呈现了梁方仲先生的学术成就，那么，这部《梁方仲遗稿》将以梁方仲先生学术生涯的留痕，片段地向学界展示先生的成就是怎样练成的。大半个世纪前，面对学界浮躁之风盛行，梁方仲先生就深信"盲拳打不死老师傅"，他生前反复教导学生，做学问，要坐得住冷板凳，耐得住寂寞。我们今天收拾这些零散遗下的纸片，辑成数帙付梓，希望留下的是这位没有被盲拳打倒的"老师傅"坐在冷板凳上的身影。这个身影，将在学术殿堂中永存，呼唤着一代又一代的学人守坐修行，传递着不灭的薪火！

　　《梁方仲遗稿》列入"十三五"国家重点图书出版规划，为 2018 年度国家出版基金项目。编集在《梁方仲遗稿》中的文稿，除了少数几篇新找到的已发表文章外，大多是梁方仲先生遗物中留下的读书笔记、工作表格、听课笔记、讲课提纲、信札、案头日历、书画和文稿等。这些文字基本上都是梁先生研究和教学工作中的个人笔记，不是为公开发表写下的，其不齐整甚至错漏都是必然存在的。我们整理时虽略有订正，但基本上以尽可能保持原貌为原则，其中一些文稿，我们用影印的方式，以最大限度保存梁先生当年的工作信息。有关每一部分的整理编辑情况，在需要特别说明的几个部分已经做了交代，这里就不重复了。

遗稿的整理工作，得到了中山大学图书馆、中山大学历史人类学研究中心、中国科学院华南植物研究所、广东人民出版社多位同仁朋友的大力协助，在此谨表示衷心的感谢！

总 目

读书笔记（上）

读书笔记（下）

听课笔记

新拾文存

甲 遗稿

乙　旧作编

丙　统计表格

明代地方志综目（草稿）　明代督抚表列

明代地方志综目（草稿）

明代督抚表列

案头日历记事

信札、珍藏书画、遗墨观痕

甲　信札

壹　友人致梁方仲

贰　有关机构致梁方仲公函

丙　遗墨观痕

附录：梁方仲学术评价实录

Contents 目录

《洪武实录》经济史资料编年

　　至正二十一年辛丑二月癸未朔，改分枢密院为中书分省。甲申，始议立盐法，置局设官以掌之，令商人贩鬻，二十分而取其一，以资军饷。己亥，置宝源局，铸大中通宝钱。先是中书省议，以国家新立钱法未定，民以米麦与钱相贸易，每米一石，官直钱千，而民间私易，加至三千，然钱货低昂，岂能久而不变，今请置宝源局，于应天府铸大中通宝钱，使与历代钱兼行，以四百为一贯，四十为一两，四文为一钱，其物货价直，一从民便，设官以主其事。上从之。是岁铸钱凡四百三十一万。丙午议立茶法。时中书省议，以为榷茶之法，历代资之以充国用。今疆宇日广，民物滋盛，商贾懋迁者众，而茶法未行，惟兴安等处，旧有课额，其他产茶郡县，并宜立法征之。其法官给茶引付诸产茶郡县。凡商人买茶，具数赴官纳钱请引，方许出境贸易，每引茶百斤，输钱二百，郡县籍记商人姓名，以凭勾稽；茶不及引，谓之畸零，别置由帖付之，量地远近，定其程限，由引不许相离，茶无由引及相离者，听人告捕，而于宁安府及溧水州置茶局批验引由，称较茶货，茶引不相当而羡余者，即为私茶，并听执问。商人卖茶毕，就以原给由引赴所在官司投缴，如引不即缴展转影射者，论同私茶法，令府州县委官一员掌其事。从之。（《洪武实录》卷九，第一至二页）

　　至正二十二年壬寅冬十月……辛卯，设关市批验所官。时四方战争，财用不足，群臣议，以为来远人在乎修政，裕国用贵乎通财。今各处每遇外境商旅贩鬻货物，或为兵民留滞，请置关市设官领之，专通物货。又浙东所辖金华、广信等府及诸全州，连接外境，盐课以十

分为率，税其一分；物货以十五分为率，税其一分。从之。（《洪武实录》卷十一，第四页）

至正二十三年癸卯闰三月未朔，丁丑处州翼总制胡深言："近设关市征盐货，十取其一，切详温、台二郡产盐，浙东、江西皆资其用，而台州道里险远，负贩者少。惟温州吴渡通潮，而处、婺商人每至吴渡与海商贸盐，舟行九十余里，还至青田批验，又百五十里方至处州，可谓劳矣。旧例二十取一，而每月所收多者百余引，少者亦七八十引，今处州军饷全资盐税兼支，若遽改法，恐商人以征税太重，不复贩鬻，则盐货壅滞，军储阙乏，且使江东、浙东之民艰于食用。又如硫黄、白藤、苏木、棕毛诸物，皆资于彼，今税额太重，亦恐不能流通。臣请仍从二十取一之例，鬻卖之处，亦依例纳税，听商兴贩，如此则懋迁之利流转不穷，军用给足。"上从其言。人以为便。（《洪武实录》卷十二，第二至三页）

至正二十四年甲辰正月丁卯，命减收官店钱。先是设官店以征商，上以其税太多病民，故命减之。（《洪武实录》卷十四，第一页）

甲辰四月乙巳……上闻诸功臣家僮仆多有横肆者，乃召徐达、常遇春等谕之曰："尔等从我起身艰难，成此功勋，匪朝夕所致。比闻尔等所畜家僮，乃有恃势骄恣，逾越礼法，此不可不治也。小人无忌，不早惩之，他日或生衅隙，宁不为其所累。我资将臣共济大业，同心一德，保全始终，岂宜有此。故与尔等言，此辈有横肆者宜速去之，如治病当急去其根，若隐忍姑息，终为身害。"丙午中书省臣言："湖广行省所属州县，故有铁冶，方今用武之际，非铁无以资军用，请兴建炉冶，募工炼铁。"从之。（《洪武实录》卷十四，第十一页）

甲辰四月己酉，命中书省凡商税三十税一，过取者以违令论。改在京官店为宣课司，府州县官店为通课司。壬戌命江西行省置货泉局，设大使、副使各一人，颁大中通宝大小五等钱式，使铸之。（《洪武实录》卷十四，第十一页）

甲辰十二月辛卯，裁革诸处通课司一十六所：镇江府二，曰丹阳县、金坛县；太平府二，曰泾县、南陵县；徽州府二，曰绩溪县、岩寺镇；滁州一；和州一；无为州一；巢县一；金华府四，曰浦江、武义、义乌、东阳县；处州府二，曰宝定、鲍村。新置通课司二十三：直隶鄱阳府二，曰附城，曰石港镇；江西行省二，曰南昌府，曰吉安府；湖广行省一十九，曰武昌府，蕲州府，曰巴湖，曰兴国府，曰大治，曰临湘府，曰潭州府，曰岳州府，曰华容，曰巴陵，曰益阳，曰湘乡，曰黄州府，曰阳罗街埠，曰常德府，曰沔阳府，曰荆州府，曰峡州，曰澧州府。（《洪武实录》卷十四，第二十至二十一页）

至正二十六年丙午二月己巳，置两淮都转运盐使司，设运使、同知、判官、经历、知事、照磨，并置所属富安、何垛、丁溪、草堰、小梅、角科、拼搽、安丰、梁垛、东台、白驹、刘庄、五祐、新兴、庙湾、西亭、石港、余西、余中、金沙、丰利、马塘、板浦、掘港、吕四、临洪、徐渎、余东、莞渎二十九场盐课司。岁办盐三十五万二千五百九十引，每引重四百斤，官给工本米一石。其法：灶户自置灶房，官给铁角，或一二角，或三四角，揭甃成盘，以青灰石灰泥饰贮卤煎烧，一纳官有余，听其货卖。（《洪武实录》卷十九，第二页）

至正二十七年丁未吴元年二月癸丑，置两浙都转运盐使司于杭州，设芦沥、鸣鹤、鲍郎、清浦、黄岩、昌国正监、清泉、大嵩、穿山、钱清、三江、龙头、曹娥、玉泉、天富北监、岱山、袁浦、下砂、芦花、杜渎、长林、长山、西路、横浦、天赐、双穗、天富南监、青村、石堰、仁和、海砂、长亭、永嘉、浦东、许村、西兴等三十六场，岁办盐二十二万二千三百八十四引有奇，每引重四百斤。其法：浙东以竹篾织盘，用石灰柴灰涂沫，注卤煎烧，每田八亩，办盐一引，田入盐籍，谓之赡盐田土。浙西灶户，自备荒铁铸盘，每盘一面重斤数百斤，下用铁柱周匝，砖石装揭，其下砂、青村等场晒灰，余场俱取泥土晒之，用海潮浇洒，朝洒暮收，五七日间，其土起花，乃入溜淋卤，以莲子试之，咸者须浮三莲，然后下盘煎烧。灶户之外，复有柴丁、车丁、火工、验丁，煎办有差。（《洪武实录》卷二十三，第三页）

吴元年夏四月丙午朔，上海民钱鹤皋作乱，据松江府。大将军徐达遣骁骑卫指挥葛俊等率兵讨平之。初达攻苏州，遣元帅杨福、参谋费敬直，谕松江府守臣王立中以城降，达令立中就摄府事。既而上命苟玉珍代之。未几达檄各府，验民田，征砖甃城。鹤皋不奉令，欲倡乱，因号于众曰："吾等力不能办，城不完即不免死，曷若求生路以取富贵。"众皆从之。遂结张士诚，故元帅府副使韩复春，施仁济聚众至三万余人，攻府治，开库庾，剽掠财物。通判赵傲仓卒不能敌，驱妻子十八人赴水死。玉珍弃城走。盗追杀之。鹤皋自称行省左丞，署旗为元字，刻砖为印，伪署官属，以姚大章为统兵元帅，张思廉为参谋，施仁济、谷子盛为枢密院判，令其子遵义率小舟数千走苏州，欲归张士诚以求援。至是达遣俊讨之，兵至连湖荡，望见遵义所率众，皆操农器，知其无能为也；乃于荡东西连发十余炮，盗皆惊溃，溺死者不可胜计。兵及松江城，鹤皋闭门拒守，俊攻下之，获鹤皋，槛送大将军斩之。仁济等率余党遁去。俊怒华亭人从乱，欲屠其城。华亭知县冯荣，初不屈于鹤皋，为贼缚置狱中，至是始出，即争于俊曰：反者钱鹤皋耳，余皆良民，纵有从者，皆由迫胁，将军必欲加兵，荣请先死，有邑无民，何以为治。俊从之，华亭赖以安。上海知县祝挺，当鹤皋猝发，怀印出，将趋府治，闻知府被害，匿邑南僧舍中，寇执之，欲胁至鹤皋所。挺骂曰："尔辈吾编氓，吾为尔邑长，安得以贼势屈我，尔不闻单骑入兜鍪营屈渠帅、祝奉使乎？吾不畏死也。"寇不敢迫，挺乃密遣人告诸巨姓，里中长老曰："逆顺祸福惟人自取，若等宜速思之，毋为不义以取灭亡。"闻者翕然而附。其民顾正福等，匿器械舣巨艘，渡挺至黄浦，与主簿李从吉等会，建义旗，集民兵，民皆从之，啮指血誓效顺，遂率其众复邑治，斩伪元帅姚大章及金万户等于市，余党释不问。函二人头并所获兵仗，献于葛俊，曰事定矣，毋劳大军，凡三往返，俊怒犹未已。时鹤皋既就擒，衔其邑人之不附己者，诬以同党数十百，俊逮捕甚急，因窘挺，挺乃潜，遣吏报复邑，状于徐达，达以闻，由是其被诬者及上海民皆得释。仁济等既脱走，率其党五千余人，突入嘉兴府劫库藏军实而去。海宁卫指挥孙虎会，其守御指挥张山，知府吕用明率兵追击，悉擒之。（《洪洪武三年十二月戊午，宥松江盗钱鹤皋余党。初，鹤皋作乱伏诛，其党株连不已，至是复逮至百五十四人，法皆当死。上曰："贼首既诛，此胁从者，俱贷其死，谪戍兰州。"（《洪武实录》卷五十九，第一页）

至正二十八年戊申（洪武元年）正月甲申诏遣周铸等一百六十四人，往浙西核实田亩，谓中书省臣曰："兵革之余，郡县版籍多亡，田赋之制，不能无增损，征敛失中，则百姓怨咨，今欲经理以清其源，无使过制以病吾民，夫善政在于养民，养民在于宽赋，今遣周铸等往诸府县核实田亩，定其赋税，此外无令有所妄扰。"复谕铸等曰："尔经理第以实闻，无踵袭前弊，妄有增损曲徇私情，以病吾民，否则国有常宪。"各赐衣帽遣之。（《洪武实录》卷二十九，第十页）

戊申正月庚子，置各处水马站及递运所、急递铺。凡六站，（站）六十里或八十里，专在递送使客，飞报军务，转运军需等物，应用马驴船车人夫，必因地里量宜设置，如冲要处，或设马八十匹、六十匹、三十匹，其余非冲要亦系经行道路，或设马二十匹、十匹、五匹，驴亦如之。马有上、中、下三等，验民田粮出备，大率上马一匹，粮一百石，中马八十石，下马六十石，如一户粮数不及百石者，许众户合粮并为一夫，视使事缓急，给上、中、下马。每驿有供帐使者，日给廪米五升，过者三升，设官一人掌之。水驿如使客通行正路，或设船二十只、十五只、十只；其分行偏路，亦设船七只、五只，船以绘饰之，每船水夫十人，于民粮五石之上、十石之下者充之，不足者，众户合粮并为一夫，余如马站之例。递运所置船，俱饰以红，如六百料者，每船水夫十三人，五百料者十二人，四百料者十一人，三百料者十人，皆选民粮五石以下者充之。陆递运所，如大车一辆，载米十石者，夫三人，牛三头，布袋十条；小车一辆，载米三石者，夫一人，牛一头，每夫一人，出牛一头，选民粮十五石者充之。如不足者，众户合粮并为一夫。急递铺凡十里设一铺，每铺设铺司一人，铺兵要路十人，僻路或五人，或四人，于附近民有丁力田粮一石五斗之上、二石之下者充之，必少壮正身。每铺设十二时日晷，以验时刻，铺门置绰楔一座，常明灯烛一副，簿历二本，铺兵各置夹板一副，铃攀一副，缨枪一把，棍一条，迴历一本，递送公文依古法，一画昼夜通一百刻，每三刻行一铺，昼夜行三百里。凡遇公文至铺，随即递送，无分昼夜，鸣铃走递，前铺闻铃，铺司预先出铺交收，随即于封皮格眼内，填写时刻，该递铺兵姓名，速令铺兵用袱及夹板裹系，持小迴历一本，急递至前铺交收，于迴历上附写到铺时刻，毋致迷失停滞。若公文至不即递送，因而失误事机，及拆动损坏者，罪如律。各州县于司吏内选充铺长一人，巡视提督，每月官置文簿一本，给各铺附写所递公文时刻件数，官稽考之，其无印信文字，并不许入递。（《洪武实录》卷二十九，第十二至十三页）

洪武元年二月乙丑，命中书议役法。上以立国之初，经营兴作，必资民力，恐役及贫民，乃命中书省验田出夫。于是省臣奏议，田一顷，出丁夫一人，不及顷者，以别田足之，名曰均工夫。直隶应天等十八府州及江西饶州、九江、南康三府，计田三十五万七千二百六十九顷，出夫如田之数，遇有兴作，于农隙用之。上谕中书省臣曰："民力有限而徭役无穷，当思节其力毋重困之，民力劳困，岂能独安，自今凡有兴作不获已者，暂借其力，至于不急之务、浮泛之役，宜罢之。"（《洪武实录》卷三十，第十二至十三页）

洪武元年三月辛未，命户部及行省鼓铸洪武通宝钱。其制凡五等：当十钱重一两，当五钱重五钱，当三钱重三钱，当二钱重二钱，小钱重一钱。（《洪武实录》卷三十一，第一页）

洪武元年三月甲申，时近臣因进言山东旧有银场可兴举者。上曰："银场之弊，我深知之，利于官者少，而损于民者多，况今凋瘵之余，岂可以此重劳民力，昔人有拔茶种桑，民获其利者，汝岂不知。"言者惭而退。（《洪武实录》卷三十一，第二页）

洪武元年四月辛丑，中书省奏，桑麻科征之额，麻亩科八两，木棉亩四两，栽桑者以四年有成，乃征其租。从之。（《洪武实录》卷三十一，第四页）

洪武元年八月己卯，大赦天下，诏曰："……民间输赋京师，道里辽远者，有司设法转运，毋致困民。今岁水旱为灾，所司具以实闻，蠲其租赋。镇江密迩京畿，馈运供亿，未获休息，而旱暵尤甚，悉免今年秋租及明年夏税。州郡人民，因兵乱逃避，地方田产，已归于有力之家，其耕垦成熟者，听为己业。若还乡复业者，有司于旁近荒田内，如数给与耕种，其余荒田，亦许民垦辟为己业，免徭役三年。"（《洪武实录》卷三十四，第八页）

洪武元年十一月甲寅，户部侍郎杭琪言："近工部欲发苏、松、嘉、湖四府均工夫修浚城池，臣切见各郡秋租未输，农方种麦，时不可违，若令给役京师，计其往复道途及役作之期，必经两月，未免费粮食妨农功，况今北征军士，战袄未备，亦欲令民制办，宜从宽假，以纾民力。"上曰："古者役民用其一，则缓其二，既征其布帛，岂宜复劳以力役，遂罢四府均工夫；止令制战袄，以给军民。"（《洪武实录》卷三十六上，第六页）

洪武二年十一月己丑，是月设河东陕西都转运盐使司，所属解盐东西二场，岁办小引盐三十万四千引，每引重二百斤。其法：每岁伏暑时月，于山西平阳府安邑等十县内，起民夫捞办，毕日还家。灵州盐课司，岁办大引盐一万三千三百三十八引有奇，每引重四百斤。设山东都转运盐使司，岁办大引盐一十四万二千五引有奇。设北平河间都转运盐使司，所属利民等二十四场，岁办大引盐七万一千八百五十二引有奇。其法：皆灶户自备器皿煎煮，每丁岁办盐四引，地每亩办盐一十六斤，车一辆办盐二百斤，牛、驴每头办盐一百斤。设福建都转运盐使司。（《洪武实录》卷四十七，第九页）

洪武三年正月甲午，命中书省付下山东行省，召募水工，于莱州洋海仓运粮，以饷永平卫。时永平军储，所用数多，道途劳于挽运，故有是命。（《洪武实录》卷四十八，第二页）

洪武三年二月庚午，上问户部，天下民孰富，产孰优。户部臣对曰："以田税之多寡较之，惟浙西多富民巨室，以苏州一府计之，民岁输粮一百石已上至四百石者，四百九十户，五百石至千石者，五十六户，千石至二千石者六户，二千石至三千八百石者二户，共计五百五十四户，岁输粮十五万一百八十四石。"上曰："富民多豪强，故元时此辈欺凌小民，武断乡曲，人受其害，宜召之来，朕将勉谕之。"至是诸郡富民至，入见，上谕之曰："汝等居田里安享富税者，汝知之乎？古人有言：民生有欲，无主乃乱，使天下一日无主，则强凌弱，众暴寡，富者不得自安，贫者不能自存矣。今朕为尔主，立法定制，使富者得以保其富，贫者得以全其生，尔等当循分守法，能守法，则能保身矣。毋凌弱，毋吞贫，毋虐小，毋欺老，孝敬父兄，和睦亲族，周给贫乏，逊顺乡里，如此则为良民，若效昔之所为，非良民矣。"众皆顿首谢，于是赐酒食而遣之。（《洪武实录》卷四十九，第三页）

洪武三年二月丁亥，长淮泰州卫军士运粮至淮安，遇风覆舟，漂没米二百七十余石，户部请责其偿，上曰："军士遇风涛覆舟，岂得已也，令勿偿。"（《洪武实录》卷四十九，第六页）

洪武三年三月丁酉，郑州知州苏琦言时宜三事："其一，国家肇造区宇，西北余孽未平，关辅、平凉、北平、辽右，与夷虏相接，一有警，急调兵转粟，事难卒办，请议屯田积粟，以示久长之规。其二，宜选股肱重臣，才兼文武，练达边事，分镇要害，以统制诸番；若其来归也，待之以诚，怀之以德；其叛也，喻之以义，示之以威，专明恩信，远示绥怀，勿启边衅，以疑远人，勿连兵祸，以劳中国。其沙漠非要害之处，当毁其城郭，徙其人户于内地。其三，垦田以实中原。自（至正十一年）辛卯河南兵起，天下骚然，兼以元政衰微，将帅凌暴，十年之间，耕桑之地变为草莽，方今命将出师，廓清天下，若不设法招徕耕种，以实中原，虑恐日久国用虚竭。为今之计，莫若计复业之民垦田外，其余荒芜土田，宜责之守令，召诱流移，未入籍之民，官给牛种，及时播种，除官种外，与之置仓，中分收受；若遇水旱灾伤，踏验优免，其守令正官召诱户口有增，开田有成，从巡历御史按察司申举，若田不开辟，民不加多，则核其罪。如此则中原渐致殷实，少苏转运之劳，流移之民，亦得以永安田野矣。"书奏。

上谓中书省臣曰："屯田以守要害，此驭夷狄之长策。李牧、赵充国常用此道，故能有功。至于垦田实地，亦王政之本，但丧乱以来，中原之民，久失其业，诚得良守令劝诱耕桑，休养生息，数年之后，可望其成。琦言有可采者，其参酌行之。"（《洪武实录》卷五十，第二页）

洪武三年三月甲辰，淮安侯华云龙言："前大将军克永平，留故元五省八翼兵一千六百六十人屯田，人月支粮五斗，今计其所收，不偿所费，乞取赴燕山诸卫补伍练用。"诏从之。（《洪武实录》卷五十，第三页）

洪武三年六月丁丑，翰林院编修罗复仁，兵部主事张福传，诏还自安南，言安南馈黄金吉贝等物，已却之不受。上曰："不受其馈是也。"命中书加赐其使莫季龙而还。济南府知府陈修及司农官上言："北方郡县近城之地多荒芜，宜召乡民无田者垦辟，户率十五亩，又给地二亩，与之种蔬，有余力者，不限顷亩，皆免三年租税。其马驿巡检司急递铺应役者，各于本处开垦，无牛者官给之，守御军屯远者，亦移近城。若王国所在，近城存留五里，以备练兵牧马，余处悉令开耕。"从之。（《洪武实录》卷五十三，第九页）

洪武三年六月辛巳，山西行省言："大同粮储，自陵县长芦运至太和岭，路远费重，若令商人于大同仓入米一石，太原仓入米一石三斗者，给淮盐一引，引二百斤，商人鬻毕，即以原给引自赴所在官司缴之，如此则输转之费省，而军储之用充矣。"从之。上谕中书省臣曰："苏、松、嘉、湖、杭五郡，地狭民众，细民无田以耕，往往逐末利而食不给。临濠，朕故乡也。田多未辟，土有遗利，宜令五郡民无田产者，往临濠开种，就以所种田为己业，官给牛种舟粮，以资遣之，仍三年不征其税。"于是徙者凡四千余户。（《洪武实录》卷五十三，第十一页）

洪武三年秋七月辛卯，命编置直隶应天等十八府州，及江西九江、饶州、南康三府均工夫图册，每岁农隙，其夫赴京供役，岁率三十日遣归，田多丁少，以佃人充夫，其田户出米一石，资其费用；非

佃人而计亩出夫者，其资费则每田一亩，出米二升五合，百亩出米二石五斗。（《洪武实录》卷五十四，第二页）

洪武三年秋七月丁酉，置军储仓。时在京卫多积粮以巨万计，而廪庾少无以受之，乃命户部设军储仓二十所，各置官司其事，自一至第二十，依次以数名之。（《洪武实录》卷五十四，第二页）

洪武三年秋七月壬子，上谕中书省臣曰："北方已定，将班师，马数繁多，蒭草宜预备。"于是定议，应天、宁国等六府，地近京师者，各输束草，每重租田一顷十六束，轻租田倍之。池州、安庆十六府地远者，输剉草，重租一顷八包，轻租倍之。命平章胡廷美往河南开封等府，招集故元王保保所部亡散士卒，凡占籍在洪武元年者听为民，二年以后者收入兵伍。（《洪武实录》卷五十四，第五页）

洪武三年秋七月庚戌，命户部榜谕天下军民，凡有未占籍而不应役者，定期许自首。由是应天府首籍者，得户六百二十三，命军发卫所，民归有司，匠隶工部。（《洪武实录》卷五十四，第五页）

洪武三年八月庚申，上谕廷臣曰："古昔帝王之治天下，必定礼制，以辨贵贱，明等威，是以汉高初兴即有衣锦绣绮縠操兵乘马之禁，历代皆然。近世风俗相承流于僭侈，闾里之民，服食居处，与公卿无异，而奴仆贱隶往往肆侈于乡曲，贵贱无等，僭礼败度，此元之失政也。中书其以房舍服色等第，明立禁条，颁布中外，俾各有所守。"于是省部定议，职官自一品至九品，房舍车舆，器用衣服，各有等差，庶民房舍不过三间，不得用斗拱彩色，其男女衣服并不得用金绣锦绮纻丝绫罗，止用绸绢素纱，首饰钏镯不得用金玉珠翠，止用银，靴不得裁制花样金线装饰，违者罪之。（《洪武实录》卷五十五，第二页）

洪武三年九月辛卯，中书省臣奏："太原朔州诸处屯田，宜征其岁租。"以备边用，弗许。先是尝命内外将校量留军士城守，余悉屯田，其城守兵月给米一石，屯田者减半，在边地者月减三斗，官给农器牛种。至是省臣言："太原朔州等卫所屯田士卒官给牛种者，请十税其五，自具牛种者，税其四。"上曰："边军劳苦，能自给足矣，犹

欲取其税乎，勿征。"（《洪武实录》卷五十六，第二页）

洪武三年九月壬辰，命免陕西民盐米。先是陕西民田亩输粮一斗，复征其盐米六升，至是上闻之，谕省部臣曰："陕西民田既输税，复征其盐米，是重敛以困民也。自今止收正粮，除其盐米。"（《洪武实录》卷五十六，第二页）

洪武三年九月丙申，中书省臣言："陕西河南军储，请募商人输粮而与之盐，凡河南府一石五斗，开封府及陈桥仓二石五斗，西安府一石三斗者，并给淮浙盐一引。河东解盐，储积甚多，亦宜募商中纳，凡输米西安凤翔二府二石，河南、平阳、怀庆三府二石五斗，蒲、解、陕三州三石者，并给解盐一引，河南府州县，今岁既蠲其租，而岁用粮饷，艰于转输，其民间食盐，商贩者少，宜令民人于河南开封陕州潼关输米，以佐军食，官给盐偿之。每户大口月一斤，小口减其半，其盐地远近，输米有差。"诏悉从之。青州民孙古朴等，聚众作乱，自号黄巾贼，袭莒州，执同知牟鲁杀之。鲁，湖州乌程人，贼胁其降，鲁叱曰："国家混一天下，民皆安业，汝辈何为自取夷戮，即悔过自新，犹可转祸为福，不然官军至，汝等宁有遗种乎？我为守土臣有死而已，所可惜者良民也。"贼未可加害，拥至城南邹家庄，鲁大骂贼，遂杀之，时年四十有六。未几青州卫遣兵擒杀孙古朴等，以鲁事闻，上嘉之，命厚恤其家。（《洪武实录》卷五十六，第三页）

洪武三年九月庚戌，户部奏苏、松、嘉、湖四府官民田租不及六斗者，请输京仓，六斗以上者输镇江瓜州仓。上令租之重者于本处仓收贮，余皆令输入京。癸丑，高丽遣其臣偰长寿奉笺献方物，贺皇太子千秋节。甲寅，河州卫指挥韦正言："西边军粮，民间转输甚劳，而绵布及茶可以易粟，今棉布以挽运将至，乞并运茶给各卫士，令其自相贸易，庶省西民之劳。"诏从其言。正初至河州时，城邑空虚，人骨山积，将士见之，咸欲弃去，正语之曰："正受命同若等，出镇边陲，以拒戎狄，当不避难险，致死命以报国恩，今既至此，无故弃去，一旦戎狄寇边，其谁御之，民被其害，则吾与若等死亡无地，虽妻孥不得相保，与其死于国法，无宁死于王事乎?"于是众感激曰:"愿如公命。"正日夜抚循其民，俾各安其居，河州遂为乐土。(《洪武实录》卷五十六，第六至七页)

洪武三年冬十月丁巳，中书省臣言:"高丽使者入贡，多赍私物货鬻，请征其税。"上曰:"远夷跋涉万里而来，暂尔鬻货求利，难与商贾同论，听其交易，勿征其税。"(《洪武实录》卷五十七，第一页)

洪武三年冬十月辛巳，定征矾法。户部言:"庐州府黄墩、昆山及安庆府桐城县皆产矾，岁入官者二十二万七百斤，每三十斤为一引，共七千三百五十八引，每引官给工本钱一百五十文，其私煎者论如私盐法。"从之。(《洪武实录》卷五十七，第三页)

洪武三年十一月辛亥，诏令商人输米北平府仓，每一石八斗给淮浙盐一引。核民数给以户帖。先是上谕中书省臣曰:"民国之本，古者司民，岁终献民数于王，王拜受而藏之天府，是民数有国之重事也。今天下已定，而民数未核实，其命户部籍天下户口，每户给以户帖，于是户部制户籍户帖，各书其户之乡贯丁口名，岁合籍与帖，以字号编为勘合，识以部印，籍藏于部，帖给之民，仍令有司岁计其户口之登耗，类为籍册以进，著为令。"(《洪武实录》卷五十八，第十一页)

洪武三年十二月庚申，户部言:"陕西察罕脑儿之地，有大小盐池，请设盐课提举司，捞盐夫百余人，蠲免杂役，专事煎办。行盐之地，东至庆阳，南至凤翔汉中，西至平凉，北至灵州，募商人入粟中盐，粟不足，则以金银布帛、马驴牛羊之类，验直准之，如此则军储不乏，民获其利。"从之。辛酉《大明志书》成。先是命儒士魏俊民、黄篪、刘俨、丁凤、郑思先、郑权六人，编类天下州郡地理形势、降附始末为书，凡天下行省十二，府一百二十，州一百八，县八百八十七，安抚司三，长官司一。东至海，南至琼崖，西至临洮，北至北平。至是书成，命送秘书监镂梓颁行，俊民等皆授以官。命军人月粮于每月初给之，著为令。(《洪武实录》卷五十九，第二页)

洪武三年十二月甲子，中书省臣言："民有贩卖私盐者，于法当诛，请如律。"上曰："彼皆细民，恐衣食不足而轻犯法，姑杖之，发戍兰州。"既又有潭州民艾立五等，以私铸钱，亦论当死。上亦命免其死，杖发宝源局充工。（《洪武实录》卷五十九，第三页）

洪武三年十二月丁丑，禁武官纵军鬻贩者。敕都督府曰："兵卫之设，所以御外侮也。故号令约束，常如敌至，犹恐不测之变，伏于无事之日，今在外武臣俸禄非薄，而犹役使所部出境行贾，规小利而忘大防，苟有乘间窃发者，何以御之？尔其榜示中外卫所，自今有犯者，罪之无赦。"（《洪武实录》卷五十九，第八页）

洪武三年十二月己卯，置诸王府仪卫司，司设正副各一人，秩比正副千户，司仗六人，秩比百户。赐魏国公徐达以下勋臣田有差。（《洪武实录》卷五十九，第九页）

洪武四年春正月甲午，诏复阙里孔氏子孙二十六户徭役。（《洪武实录》卷六十，第四页）

洪武四年春正月己亥，中书省臣上天下府州县官之数，府州县凡一千二百三十九，官五千四百八十八员。（《洪武实录》卷六十，第五页）

洪武四年春正月甲辰，修治广西兴安县灵渠三十六陡，兴安属桂林府，其水出海洋山，自秦开桂林象郡凿渠，兴安分为湘、漓二水，建三十六陡，甃石为闸，以防水泄，汉马援尝修筑之，故世传为援所立，岁久堤岸圮坏，至是始修治之，水可溉田万顷。长兴侯耿炳文自陈禄赐，愿得陕西田租。命以陕西田租五百石；浙西田租千石，兼赐之。乙巳，中书省臣奏："宦官月俸，初宦官为监官，月支廪粮九斗，中书议，今既为官，宜量给以月俸米三石。"上曰："内使辈衣食，于内自有定额，彼得俸焉用之，但月支廪米一石足矣，卿等不宜开此端也。"刑部奏："自今在京及在外仓库，有放支钱粮金帛等物，内则中书，外则行省，第其字号为符券而后出之，庶免侵欺之弊。"从之。（《洪武实录》卷六十，第八页）

洪武四年春正月庚戌，命中省户部定文武官岁禄，正一品九百石，从一品七百五十石，正二品六百石，从二品五百石，正三品四百石，从三品三百石，正四品二百七十石，从四品二百四十石，正五品一百八十石，从五品一百六十石，正六品一百石，从六品九十石，正七品八十石，从七品七十五石，正八品七十石，从八品六十五石，正九品六十石，从九品五十石，省、部、府、州、县、卫所、台宪诸司，官验数月支，其太常寺司、钦天监侍仪司、太医院等，并各库局，官量裁有差。（《洪武实录》卷六十，第八页）

洪武四年二月丙辰，大同卫都指挥使耿忠言：“大同地边沙漠，元季孛罗帖木儿、扩廓帖木儿等乱兵杀掠，城郭空虚，土地荒残，累年租税不入，军士粮饷，欲于山东转运，则道里险远，民力艰难，请以太原、北平、保安等处粮税，拨赴大同输纳为便。”廷议于山东所积粮储，量拨一十万石，运至平定州，山西行省转致太和岭，大同接运至本府，及以附近太原、保定诸州县税粮，拨付大同，以为储偫之备。忠又请以蔚、圻、墇三处，民丁与军士协力修浚大同城堑。从之。（《洪武实录》卷六十一，第一页）

洪武四年二月戊午，晋王相曹兴上言三事：“……一朔蔚等州，俱在边陲，宜依大同之例，召商纳米中盐，以充边饷。”上谓省臣曰：“兴言筑城之役，宜令民计田，每顷出一夫，参以太原平阳潞州诸卫军士，其言鼓手中盐之事，皆从其请。”（《洪武实录》卷六十一，第一页）

洪武四年二月丁卯，命铸大中洪武通宝大钱为小钱。先是宝源局所铸新钱，皆铸京字于其背，其后多不铸，民间以二等大钱无京字者不行使，故命改铸为小钱，以便之。戊辰诏免太平、镇江今年田租。（《洪武实录》卷六十一，第三页）

洪武四年二月辛未，赐在京军士十四万三千二百余人，钱各三千六百文。命工部遣官往广东买耕牛，以给中原屯种之民。河州卫指挥同知何锁南普等辞归，诏赐何锁南普文绮二十匹，汪家奴一十五匹，以下官属各一十五匹，既而上复以何锁南普等，识达天命，自远来朝，加赐何锁南普文绮十匹，汪家奴八匹，官属人一匹。壬申诏免宁

国府今年田租。(《洪武实录》卷六十一，第四页)

洪武四年二月癸酉，户部定淮浙山东中盐之例，皆以一引为率，商人输米临濠府仓，淮盐五石，浙盐四石；开封府及陈桥仓，淮盐二石五斗，浙盐二石；襄阳府仓，淮盐二石五斗，浙盐一石五斗；安陆府仓，淮盐四石，浙盐三石五斗；辰州府、永州府及峡州仓，淮盐三石五斗，浙盐二石五斗；荆州府仓，淮盐四石五斗，浙盐四石；归州仓，淮盐二石，浙盐一石二斗；大同府仓，淮盐一石，浙盐八斗；太原府仓，淮盐一石三斗，浙盐一石；孟津县仓，淮盐一石五斗，浙盐一石二斗；北平府仓，淮盐一石八斗，浙盐一石五斗，山东盐二石三斗；河南府仓，淮盐一石五斗，浙盐一石二斗；西安府仓，淮盐一石三斗，浙盐一石；陈州仓，淮盐三石，浙盐二石；北通州仓，淮盐二石，浙盐一石八斗，山东盐二石五斗。湖广澧州慈利县奏，户口为蛮贼剽掠，流亡者众，田多荒芜，诏免洪武三年田租一千四百七十余石。上谓中书臣曰："临濠为朕兴王之地，今置中都，宜以傍近州县通水路漕运者隶之。"于是省臣议，以寿、邳、徐、宿、颍、息、光、六安、信阳九州，五河、怀远、中立、定远、蒙城、霍邱、英山、宿迁、睢宁、砀山、灵璧、颍上、泰和、固始、光山、丰、沛、萧一十八县，悉隶中都。(《洪武实录》卷六十一，第五页)

洪武四年三月癸巳，命中书省臣曰："山北口外，东胜、蔚、朔、武丰、云应等州，皆极边沙漠，宜各设千百户统率士卒，收抚边民，无事则耕种，有事则出战，所储粮草，就给本管，不必再设有司，重扰于民。"(《洪武实录》卷六十二，第一页)

洪武四年三月辛丑，中书省臣言："山东、山西、陕西等处，岁办盐课，请于本处贸易绵布，以备军装，庶省转运之劳。"从之。(《洪武实录》卷六十二，第二页)

洪武四年三月壬寅，陕西延安府肤施县以旱闻，诏免其田租二万八千二百余石。改北平平滦府为永平府。上以兵革之后，中原民多流亡，临濠地多闲弃，有力者遂得兼并焉，乃谕中书省臣曰："古者井田之法，计口而授，故民无不授田之家，今临濠之田，连疆接壤，耕者亦宜验其丁力，计亩给之，使贫者有所资，富者不得兼并。若兼并之徒，多占田以为己业，而转令贫民佃种者，罪之。"（《洪武实录》卷六十二，第二页）

洪武四年三月癸卯，大同卫都指挥使耿忠请以山东、山西盐课，折收绵布、白金，赴大同易米，以备军饷。从之。（《洪武实录》卷六十二，第二页）

洪武四年三月乙巳，命湖广武昌府等十府，发民夫三万人，舟八千艘，运粮十四万石，由襄阳转输汉中，仍命所在卫所军士，沿江护送。中书右丞相魏国公徐达奏："山后顺宁等州之民，密迩虏境，虽已招集来归，未见安土乐生，恐其久而离散，已令都指挥使潘敬、左传、高显，徒顺宁、宜兴州沿边之民，皆入北平州县屯戍，仍以其旧部将校抚绥安辑之，计户一万七千二百七十四，口九万三千八百七十八。"上可其奏。置怀远卫亲军指挥使司于临濠。（《洪武实录》卷六十二，第三页）

洪武四年闰三月甲寅朔，诏诸郡县军户，以田三顷为率，税粮之外，悉兑杂役，若有余田，计其余役，与民同。置延平卫指挥使司。乙卯广东南海县，西林寨巡检塞思明等，送官牛至京多道死。工部奏令转送临濠，死者责偿。上曰："彼自岭海至此，亦不易矣，又令转送临濠，岂人情乎？"敕令勿送牛，死者悉蠲之。置群牧监于答答失里，营所随水草利便，立官署专职牧养。（《洪武实录》卷六十三，第一页）

洪武四年闰三月庚午，应天府奏："核实关厢军民官吏人户，凡二万七千一百五十九，民二万一千五百六十七户，军一千八百九十六户，公侯族属一千一百九十七户，官吏二千四百九十九户。"（《洪武实录》卷六十三，第三页）

洪武四年五月乙卯，命工部造用宝金牌，及军国调发走马符牌，用宝为小金牌二。中书省大都督府，各藏其一，遇制书发兵，省府以牌入，而后内府出宝用之。其走马符牌，凡有军国急务，遣使者佩之以行，礼部因以唐宋走马银牌之制以进。上令尺寸从唐，其式如宋，务令制作精致，凡造金字牌二十，银字牌二十。文曰："符令所至，即时奉行，违者必刑。"俱以铁为之，阔二寸五分，长五寸，上级二飞龙，下级二麒麟，牌首为圆窍，贯以红丝条，藏之内府，遇有调发，则出之。（《洪武实录》卷六十五，第一页）

洪武四年五月甲子，中书省臣言："陕西灵州盐课提举司，大盐池夫八十人，小盐池夫三十九人，宜日给米二升，以为工食；及漳县、西河二处，盐井积盐已多，宜募商人，于延安、庆阳、平凉、宁夏、临洮、巩昌纳米七斗，兰县四斗，灵州六斗，并于灵州给盐一引，于巩昌、临洮、兰县纳米一石五斗，漳县一石八斗，西河二石，并于漳县、西河给盐一引，仍令工部铸给铜板印目。"从之。命工部预造朝服，以备给赐。乙丑禁诸司滥设贴书。初省府诸司既设掾令史，复设贴书，乃前元官不亲案牍之弊，奸吏得以舞法，为害滋甚，于是内外诸司定设掾史、令史、书吏、司吏、典吏，员之多寡，视政事之繁简为额，若滥设贴书者，罪之。（《洪武实录》卷六十五，第三页）

洪武四年六月戊申，魏国公徐达驻师北平，以沙漠既平，徙北平山后之民，三万五千八百户，一十九万七千二十七口，散处卫府，籍为军者，给以粮，籍为民者，给田以耕，凡已降而内徙者户三万四千五百六十，口一十八万五千一百三十二，招降及捕获者户二千二百四十，口一万一千八百九十五，宜兴州楼子、塔崖、狮崖、松朵、窖子、峪水、峪台庄七寨，户一千三十八，口五千八百九十五，永平府梦洞、山雕窝崖、高家峪、大斧崖、石虎、青矿洞、庄家洞、杨马山、买驴、独崖、判官峪十一寨，户一千二百二，口六千。达又以沙漠遗民，三万二千八百六十户，屯田北平府管内之地，凡置屯二百五十四，开田一千三百四十三顷，大兴县四十九屯，五千七百四十五户，宛平县四十一屯，六千一百六十六户，良乡县二十三屯，二千八百八十一户，固安县三十七屯，四千八百五十一户，通州八屯，九百一十六户，三河县二十六屯，二千八百三十一户，漷州九屯，一千一百五十五户，武清县一十五屯，二千三十一户，蓟州一十屯，一千九

十三户，昌平县二十六屯，三千八百一十一户，顺义县一十屯，一千三百七十户。（《洪武实录》卷六十六，第六页）

洪武四年八月癸巳，浡泥国王马合谟沙遣其臣亦思麻逸进表贡方物。先是上命监察御史张敬之、福建行省都事沈秩使其国，至是其王遣使随秩等入贡，有鹤顶、生玳瑁、孔雀、梅花、龙脑、米脑、糠脑、西洋白布，及降香黄腊等物，表用金，笺用银，皆刻番书字体，仿佛回鹘。诏赐其国王织金文绮纱罗，及其使绮帛有差。浡泥在西南大海中，所统一十四州，阇婆属国也，去阇四十五日程，产名香异物，国王以金、珮刀、吉贝、布遗敬之等，悉辞不受。命给赐长淮卫军士绵布，人二匹。置开封府柘城、考城二县，时人民捕逃者，皆归复业故也。上以北平、山西馈运之艰，命以白金三十万两，绵布十万匹，就附近郡县易米，以给将士。及辽东军卫乏马，发山东绵布万匹，买马给之。甲午，户部奏："近馈运四川粮储，已行湖广行省运归陕等处十万石，饷成都，今再拟于荆州、岳州、武昌、蕲州四府，运粮十万石继之。江西行省南昌、吉安、抚州、南康四府，运粮十万，饷重庆。其商人中盐运米至重庆仓者，每淮盐一引，纳米一石二斗，浙盐一引，纳米一石。"皆从之。诏中书省："自今凡赏赐军士，无妻子者，给战袄一袭；有妻子者，给绵布二匹。"诏免扬州、淮安、临濠及泰州、滁州、无为州今年田租。（《洪武实录》卷六十七，第七页）

洪武四年秋八月庚子，诏赐大都督府佥事沐英苏州府吴江县田一十二顷八十亩，岁计租一千石。（《洪武实录》卷六十七，第七页）

洪武四年九月己未，中书省臣奏："自龙江驿至河南中滦驿凡三十二，有司既已选民粮百石者为马户，不足则益取邻县有粮之民充之，五户以上，十户以下，共为一夫，惟临濠府民田粮不及其例，请于民间择丁产稍富者，合粮三十石为一夫。马不足者，则给以典牧所官马。"诏从之。庚申赐靖海侯吴祯所领水军万六千余人，绵布人二匹。三佛齐国王马哈剌札八剌卜，遣其臣玉的力马罕，亦里牙思，奉金表来朝贡：黑熊、火鸡、孔雀、五色鹦鹉，及诸香兜、罗绵被、芯布等物。先是遣赵述等使其国，告以即位建元，平定朔漠之意，至是述还，其国遣使随述入贡。诏赐马哈剌扎八剌卜，大统历织金纱罗文绮，使臣罗绮有差。（《洪武实录》卷六十八，第二页）

洪武四年九月甲辰，中书省奏公侯佃户名籍之数，韩、魏、郑、曹、宋、卫六国公，延安、吉安、江夏、淮安、济宁、长兴、临江、六安、荥阳、平凉、江阴、靖海、南雄、德庆、南安、广德、营阳、蕲春、永嘉、豫章、东平、宜春、宣宁、汝南、中山、巩昌、河南、颍川二十八侯佃户，凡三万八千一百九十四户。大都督府奏京师将士之数，凡二十万七千八百二十五人。（《洪武实录》卷六十八，第七页）

洪武四年十一月庚申，命自今官吏犯赃罪者无贷。初，元末政弊，仕进者多赂遗，权邀买名爵，下至州县簿书小吏，非财赂，亦莫得而进，及至临事，彻蠹政鬻狱，大为民害，上深知其弊，尝曰："此弊不革，欲成善政，终不可得。"故有是令。（《洪武实录》卷六十九，第一页）

洪武四年十一月壬申，中书省奏："河南、山东、北平、陕西、山西，及直隶、淮安等府屯田，凡官给牛种者，请十税五，自备者十税三。"诏："且勿征，三年后，亩收租一斗。"（《洪武实录》卷六十九，第二页）

洪武四年十二月甲申，时诸勋臣所赐公田庄佃，多倚势冒法，凌暴乡里，而诸勋臣亦不禁辑。上乃召诸勋臣谕之曰："古人不亏小节，故能全大功；不遗细行，故能成大德，是以富贵终身，声名永世，今卿等功成名立，保守晚节，正当留意。而庄佃之家，倚汝势，挟汝威，以凌暴乡里，卿等何不严戒之，彼小人耳，戒之不严，必渐自纵，自纵不已，必累尔德也。"乙酉，吏部奏："天下府州县通一千三百四十六，官四千四百九十三；府一百四十一，官八百八十；州一百九十二，官五百七十二；县一千一十三，官三千四十一。"（《洪武实录》卷七十，第二页）

洪武四年十二月丙戌，诏吴王左相靖海侯吴祯籍方国珍所部温、台、庆元三府军士，及兰秀山无田粮之民，尝充船户者，凡一十一万一千七百三十人，隶各卫为军，仍禁濒海民，不得私出海。户部奏："浙江行省民一百四十八万七千一百四十六户，岁输粮九十三万三千二百六十八石，设粮长一百三十四人。"庚寅，户部言："陕西汉中府金州、石泉、汉阴、平利、西乡县诸处茶园，共四十五顷七十二亩，茶八十六万四千五十八株，每十株官取其一，民所收茶，官给直买之。无户茶园，以汉中府守城军士薅培，及时采取，以十分为率，官取其八，军收其二，每五十斤为一包，二包为一引，令有司收贮，令于西番易马。"从之。（《洪武实录》卷七十，第四页）

洪武四年十二月壬辰，赐中山侯汤和田万亩，以千石田所收之租，赐巩昌侯郭子兴。（《洪武实录》卷七十，第六页）

洪武四年十二月癸巳，礼部奏："镇江等府民有饲官鹅，瘠者例当罪之，而责其直。"上不许，曰："以微物而厉民，岂为政之体乎？"汉中府知府费震有罪，逮至京，诏释之。初，震在汉中，多善政，值大军平蜀之后，陕西旱饥，汉中尤甚，乡民多聚为盗，莫能禁戢。是时府仓储粮十余万石，震与僚属谋曰："民饥如此，岂可坐视其毙？仓廪储粮尚多，吾欲发以贷民，赈其饥荒，俾就秋熟还仓，且易陈为新，何如？"众以为然，即日发仓，令民受粟，且以状奏闻。自是攘窃之盗，与邻境之民，多来归者，震皆令占宅，自为保伍，验丁给之，赖以活者甚众，因籍为民，得数千家。至秋大熟，民悉以粟还仓。上闻而嘉之。至是以他事被逮。上曰："震良吏也，释之以为牧民者劝。"震初为吉水州知州，亦以宽惠爱民，有善政，后累官至户部尚书。湖广布政使以卒。乙未，上谕大都督府臣曰："朕以海道可通外邦，故尝禁其往来，近闻福建兴化卫指挥李兴、李春，私遣人出海行贾，则滨海军卫岂无如彼所为者乎？苟不禁戒，则人皆惑利，而陷于刑宪矣，尔其遣人谕之，有犯者论如律。"（《洪武实录》卷七十，第八页）

洪武五年二月辛巳，命两淮都转盐使司，移通、泰等州批验所于仪真县，仍疏浚运河，以便商旅。户部言："辽东军卫粮储，涉海转运，动经岁月，宜撙节支给，庶免军士乏食，今拟官员月俸，在京支给，其辽东仓粮量给与之，指挥使月米五石，同知四石，佥事三石，千户二石，百户一石五斗。"诏从之。又奏："苏、湖等府，渔人、商人、舟居不应徭役者，凡一万三千九百九十户，宜令充漕运夫。"上命有田者仍令应役，无田者充运夫。（《洪武实录》卷七十二，第一页）

洪武五年二月丙戌，户部奏："太原、河曲等县有咸卤之地，居民岁纳盐粮米六万五千九百余石，近为胡虏侵掠，加以旱暵相仍，民多逃亡，负粮二千五百八十余石。"诏悉蠲之。（《洪武实录》卷七十二，第二页）

洪武五年二月辛卯，置四川等处茶盐都转运司于成都，以治书侍御史刘贞为转运使，其所属盐课司十五处，岁办大引盐三万七千八百四十二引有奇。置秦州茶马司，设司令正六品，司丞正七品。（《洪武实录》卷七十二，第二页）

洪武五年二月甲辰，初，将营治晋王宫城，上谕中书省臣曰："山西之民累年劳于边饷，顷者复遭岁旱，晋王宫殿，其俟明年农隙，然后营建。"至是工部奏请，藉山西诸郡洪武二年至四年已役里甲殷实之家，候秋成兴筑。从之。（《洪武实录》卷七十二，第三页）

洪武五年二月乙巳，户部奏："四川民总八万四千余户，其伪夏故官，占为庄户者，凡二万三千余户，宜令户满三丁者，佥一军，其不及者为民。"从之。户部言："四川盐井，计一千四百五十六，已开煎三百八十，其未开者一千七十六处，遂命会计各郡邑军民岁食，及盐马司市马岁额之数煎办，余井并塞之。"羽林左卫军人张子英，诣阙诉其父与子及弟，皆隶军伍，一家凡四人。诏免其父与弟为民。户部言："四川产巴茶，凡四百七十七处，茶二百三十八万六千九百四十三株，茶户三百一十五，宜依定制，每茶十株，官取其一，征茶二两，无户茶园，令人薅种，以十分为率，官取其八，岁计得茶万九千二百八十斤，令有司贮候西番易马。"从之。（《洪武实录》卷七十二，第四页）

洪武五年夏四月乙卯，赐秦王樉、晋王㭎、今上苏州吴江县田各百顷，又以江西湖地渔课岁米赐之，秦王九千二百石，晋王、今上各三千石。（《洪武实录》卷七十三，第四页）

洪武五年五月癸丑，青州都指挥使司言："青州军储宜令商人于堰头、石辛纳米中盐，以省转输之费。"从之。（《洪武实录》卷七十三，第八页）

洪武五年五月戊辰，命户部募商人于永平卫、鸦红桥，纳米中盐，淮盐米一石五斗，浙盐米一石三斗，山东盐米二石，河间盐米六石，时纳哈出觇伺欲挠边，故储偫以俟征讨。高丽、日本，归所掠海滨男女七十八人。讨有司送还乡里。是月诏天下曰："……曩者兵乱，人民流散，因而为人奴隶者，即日放还。士庶之家，毋收养阉竖，其功臣不在此例。古者邻保相助，患难相救，今州县城市乡村，或有冻馁不能自存者，令里中富室，假贷钱谷，以资养之。工商农业，皆听其故，俟有余赡，然后偿还。孤寡残疾，不能生理者，官为养赡，毋致失所，其有疾愈愿占籍为民者听，乡党论齿，从古所尚，凡平居相见，揖拜之礼，幼者先施，岁时燕会，坐次之例，长者居上，佃见田主，不论齿序，并如少事长之礼；若在亲属，不拘主佃，则以亲属之礼行之。乡饮之礼，所以明长幼，厚风俗，今废缺已久，宜令中书详定仪式，颁布遵守。婚姻古之所重，近代以来，狃于习俗，专论聘财，有违典礼。丧事以哀为本，葬祭之具，称家有无，今富者奢侈，贫者假贷，务崇眩曜。又有惑于阴阳停柩经年，以致暴露，宜令中书集议，颁示天下。四方既定，流民各归田里，其间有丁少田多者，不许仍前占据他人之业；若有丁众田少者，许于附近荒田内，官为验其丁力，给其耕种。"（《洪武实录》卷七十三，第十页）

洪武五年六月庚辰，赐吴王、靖江王苏州府吴江县田各一百顷，岁计米各七千八百石。（《洪武实录》卷七十四，第三页）

洪武五年六月癸巳，赐楚王、潭王苏州府吴江县田各一百顷，岁计米各七千八百石。（《洪武实录》卷七十四，第四页）

洪武五年六月乙巳，作铁榜申诫公侯，其词曰："……其目有九：

其一，凡内外各指挥千户、百户镇抚并总旗、小旗等，不得私受公侯金帛衣服钱物，受者杖一百，发海南充军，再犯处死。公侯与者，初犯再犯免其罪附过，三犯准免死一次。奉命征讨，与者、受者不在此限。其二，凡公侯等官，非奉特旨不得私役官军，违者，初犯再犯免罪附过，三犯准免死一次。其军官敢有辄便听从者杖一百，发海南充军。其三，凡公侯之家，强占官民山场湖泊茶园芦荡，及金银铜场铁冶者，初犯再犯免罪附过，三犯准免死一次。其四，凡内外各卫官军非当出征之时，不得辄于公侯门首侍立听候，违者，杖一百，发烟障之地充军。其五，凡功臣之家，管庄人等，不得倚势在乡欺殴人民，违者，刺面劓鼻，家产籍没入官，妻子徙置南宁，其余听使之人，各杖一百，及妻子皆发南宁充军。其六，凡功臣之家，屯田佃户管庄干办火者、奴仆及其亲属人等，倚势凌民，夺侵田产财物者，并依倚势欺殴人民律处断。其七，凡公侯之家，除赐定仪仗户及佃田人户，已有名额，报籍在官，敢有私托门下，影蔽差徭者斩。其八，凡公侯之家，倚恃权豪，欺压良善，虚钱实契，侵夺人田地、房屋、孳畜者，初犯免罪附过，再犯住支俸给一半，三犯停其禄，四犯与庶人同罪。其九，凡功臣之家，不得受诸人田土；及朦胧投献物业，违者，初犯者免罪附过，再犯住支俸给一半，三犯停其禄，四犯与庶人同罪。”
（《洪武实录》卷七十四，第十二至十三页）

洪武五年秋七月戊辰，革妳川宜兴、兴云四州，徙其民于北平附近州县屯田。己巳，诏户部经理功臣田土。（《洪武实录》卷七十五，第二页）

洪武五年八月癸巳，上以北平、山西馈饷艰难，命以银易米，供给军卫，计山西大同易米白金二十万两，北平易米白金十万两，绵布十万匹。又辽东军卫乏马，发山东绵布万匹，易马给之。（《洪武实录》卷七十五，第五页）

洪武五年九月庚寅，高丽国王王颛遣其同知密直司事金湑等，奉表笺贺明年正旦，并贡金银玳瑁等器。辛卯，太原府阳曲县地震。甲午，先是上以高丽贡献使者，往来烦数，遣故元枢密使延安答里使高丽谕意，且以纱罗文绮赐其王颛，至是颛遣其门下赞成事、姜仁裕上表谢恩，贡马十七匹，并锦囊、弓矢、金鞍及人参等物，是时其国贺正旦，使金滈等先至京师，上以正旦期尚远，恐久淹，其使因仁裕继至，遂皆命还国，因谓中书省臣曰："曩因高丽贡献烦数，故遣延安答里往谕此意，今一岁之间，贡献数至，既困弊其民，而使涉海，道路艰难，如洪师范归国蹈覆溺之患，幸有得免者，能归言其故，不然，岂不致疑。夫古者诸侯之于天子，比年一小聘，三年一大聘，若九州之外，蕃邦远国，则惟世见而已，其所贡献亦无过侈之物。今高丽去中国稍近，人知经史文物礼乐，略似中国，非他邦之比，宜令遵三年一聘之礼，或比年一来，所贡方物，止以所产之布十匹足矣，毋令过多，中书其以朕意谕之。占城、安南、西洋、琐里、爪哇、渤尼、三佛齐、暹罗斛、真腊等国，新附远邦，凡来朝者，亦明告以朕意。"中书因使者还，如上旨咨谕其王，仍有诏赐颛药饵。丁酉，鞑靼五千九百余人，自东胜来降，命居临濠，月以薪米给之。（《洪武实录》卷七十六，第四页）

洪武五年九月丁酉，征西将军宋国公冯胜等，自甘肃班师至京，上念驿传重烦，故元之民，有役夫马而至破家者，乃谕中书臣曰："善治者视民犹己，爱而勿伤；不善者征敛诛求，惟日不足，殊不知君民一体，民既不能安其生，君亦岂能独安厥位乎？譬之驭马者，急衔勒励，鞭策求骋不已，鲜不颠蹶，马既颠蹶，人能无伤乎？元之末政，宽者失之纵，猛者失之暴，观其驿传一事，尽百姓之力，而苦劳之，此与驭马者何异也。岂可蹈其覆辙耶？自今马夫，必以粮富丁多者充之，庶几其力有余，有司务加存抚，有非法扰害者，罪之。"是月蠲应天、太平、镇江、宁国、广德五府秋粮。诏曰："国以民为本，民以食为天，此有国家者，所以厚民生而重民命也。朕乘群雄鼎沸之时，率众渡江，定都建业，十有八年，其间高城垒深，壕堑军需造作，凡百供给，皆尔近京五府之民，率先效力，济我时艰，民力烦甚，朕念不忘，天下一统，今五年矣，虽皆蠲其四岁租税，然犹未足以报前劳，是用申饬有司，其应天、太平、镇江、宁国、广德五府今年合征秋粮，除粮长顽狡不盖仓及科敛困民者本户之粮不兑外，其余尽行蠲免。于戏！朕念尔民勤劳，欲俾尔优游于田里，以共享太平者，此朕之心也。其服勤田亩，以称朕意。"（《洪武实录》卷七十六，第四页）

洪武五年十二月甲申，时修浚京师城濠，上幸三山门观之，见有役夫裸行水中，若探物状，上令人问之，则督工吏掷其锄水中，求之未得，上命别取偿之，且复问之曰："此类汝锄乎？"对曰："类，但比所掷者差短耳。"因命壮士赴水求得之，果如所言。上曰："农夫供役月余，手足皲裂，亦甚劳矣，尚忍加害乎？"即捕吏杖之。顾谓丞相汪广洋曰："今日衣重裘，体犹觉寒，况役夫贫困无衣，其苦何可胜道，命罢其役，仍命临濠行工部惟留窑冶及烧石炭匠，其余夫匠，悉遣还家。"（《洪武实录》卷七十七，第二页）

洪武五年十二月乙未，四川茶盐都转运司言："碉门、永宁、筠连诸处，所产之茶，名剪刀粗叶，惟西番夷獠用之，自昔商贩未尝出境，既非茶马司巴茶之比，宜别立茶局征其税，易红缨、毡、衫、米、布、椒、腊，可资国用。其居民所收之茶，亦宜依江南茶法，于所在官司给引贩卖，公私便之。今拟设永宁茶局一，曰界首镇，岁收茶一十八万八千斤；雅州茶局一，曰碉门，岁收茶四十一万一千六百斤；成都茶局三，曰灌州，岁收茶七千四百三十斤；曰安州，岁收茶一万三千一百七十斤；曰筠连州，岁收茶二十九万六千二百八十斤。既收则征其什一于官。"诏从之。（《洪武实录》卷七十七，第三页）

洪武五年十二月己亥，给僧道度牒。时天下僧尼道士女冠凡五万七千二百余人，皆给度牒，以防伪滥。礼部言："前代度牒之给，皆计名鬻钱，以资国用，号免丁钱。"诏罢之，著为令。庚子，诏造独辕车，魏国公徐达督山西、河南造八百辆，曹国公李文忠督北平、山东造一千辆。（《洪武实录》卷七十七，第四页）

洪武五年十二月庚子，中书省计湖广、广西、江西、山东、陕西、山西、河南七行省，是岁铁课凡八百五万六千四百五斤，池州府铜课一十八万斤。（《洪武实录》卷七十七，第四页）

洪武五年十二月壬寅，是月中书省奏："今岁铸钱二万二千二百四十一万一千九百五十六文。"（《洪武实录》卷七十七，第六页）

洪武六年春正月乙丑，户部计天下所收盐课：两浙、两淮、河东、河间、长芦、山东、福建诸运司，及广东、灵州、西河、漳县、海北诸提举司，自洪武元年至五年，凡收盐九百八十三万四千二百三十一引有奇。（《洪武实录》卷七十八，第七页）

洪武六年二月庚辰，海贾回回以番香阿剌吉为献，阿剌吉者，华言蔷薇露也。言此香可以疗人心疾，及调粉为妇人容饰。上曰："中国药物可疗疾者甚多，此特为容饰之资，徒启奢靡耳。"却不受。辛巳，更置群牧监于滁州，秩从三品，以唐原亨为监令，孙横为监丞，仍命建司马神祠于柏子潭，有司岁以春秋二仲祀以少牢。（《洪武实录》卷七十九，第二页）

洪武六年二月戊子，改群牧监为太仆寺，秩如旧，以监令唐原亨为太仆寺卿，监丞孙横为少卿，始定养马之法，命应天、庐州、镇江、凤阳等府、滁、和等州民，养马江北，以便水草，一户养马一匹；江南民十一户，养马一匹，官给善马为种，率三牧马置一牝马，每一百匹为一群，群设群头、群副掌之。牧马岁课一驹，牧饲不如法至缺驹损毙者，责偿之。其牧地择旁近水草丰旷之地，春时牧放游牧，秋冬而入，寺官以时巡行群牧，视马肥瘦而劝惩之，任满，吏部考其生息多寡，以为殿最焉。（《洪武实录》卷七十九，第三页）

洪武六年二月戊子，发松江、嘉兴民夫二万，开上海县胡家港，自海口至漕泾一千二百余丈，阔二十丈，以通海船；及浚海盐县澉浦河。（《洪武实录》卷七十九，第三页）

洪武六年二月壬辰，贵州卫言："岁计军粮七万余石，本州及普宁播州等处，岁征粮一万二千石，军食不敷，宜募商人，于本州纳米中盐，以给军食。"从之。（《洪武实录》卷七十九，第三页）

洪武六年二月甲午，延安侯唐胜宗奏："筑潞州城周五千七百七十四丈，计一夫筑城二寸，合用二十八万八千七百人。"许之。（《洪武实录》卷七十九，第四页）

洪武六年二月乙未，上谕中书省臣曰："朕设科举以求天下贤才，务得经明行修、文质相称之士，以资任用。今有司所取，多后生少年，观其文词，若可与有为，及试用之，能以所学措诸行事者甚寡。朕以实心求贤，而天下以虚文应朕，非朕责实求贤之意也。今各处科举，宜暂停罢。别令有司察举贤才，必以德行为本，而文艺次之，庶几天下学者知所向方，而士习归于务本。"（《洪武实录》卷七十九，第四页）

洪武六年夏四月壬申，太仆寺丞梁埜仙、帖木尔言："黄河迤北，宁夏所辖境内，及四川西南至船城，东北至塔滩，相去八百里，土田膏沃，舟楫通行，宜命重将镇之，俾招集流亡，务农屯田，什一取税，兼行中盐之法，可使军民足食。"从之。（《洪武实录》卷八十一，第一页）

洪武六年五月癸卯，河东盐运司奏："自洪武二年至五年终盐课凡二十一万引。"（《洪武实录》卷八十二，第三页）

洪武六年五月癸丑，赐大都督府同知沐英铜陵县田十二顷四十亩，岁计租五百四十八石。（《洪武实录》卷八十二，第六页）

洪武六年六月辛未，诏留守卫都指挥使司修筑京师城周一万七百三十四丈二尺，为步二万一千四百六十八有奇，为里五十有九；内城周二千五百七十一丈九尺，为步五千一百四十三，为里十有四。（《洪武实录》卷八十三，第一页）

洪武六年六月己丑，赐工部尚书李敏、刑部尚书孙克义公田租各百石。（《洪武实录》卷八十三，第二页）

洪武六年七月己酉，增置北平等府、永清等县税课司局一百八处。庚戌，命添给省府台官禄。（《洪武实录》卷八十三，第四页）

洪武六年六月庚申，户部奏："计今年秋粮，京仓收贮四百八十三万，临濠仓九十二万。"（《洪武实录》卷八十三，第五页）

洪武六年八月辛巳，四川按察司佥事郑思先言："重庆夔州漕运粮储至成都，水路峻险，民力甚艰，宜令卫兵于近城屯种，及减盐价，令商人纳米以代馈运之劳。且贵州之粮，令重庆人民负运，尤为劳苦，若减盐价，则趋利者众，军饷自给。其开、达、巴三州之茶，自汉中运至秦州，道远难致，人力多困，若令就汉中收贮，渐次运至秦州尤便。"皆从之。（《洪武实录》卷八十四，第四页）

洪武六年八月戊子，礼部奏："度天下僧尼道士凡九万六千三百二十八人。"（《洪武实录》卷八十四，第五页）

洪武六年八月壬辰，大都督府奏："内外军卫一百六十四，千户所八十四，计大小武官一万二千九百八十人。分天下府三等，粮及二十万石以上者为上府，秩从三品；二十万石以下者为中府，秩正四品；十万石以下者为下府，秩从四品。"（《洪武实录》卷八十四，第六页）

洪武六年八月丙申，改信宝提举司为信宝局，旧从五品，今降为正八品；宝源局旧正七品，今降为正八品。筑武昌城，从江夏侯周德兴所请也。成都城成周三千六百丈，高三丈，城上成屋二百七十九。（《洪武实录》卷八十四，第六页）

洪武六年九月庚子，以工部侍郎刘昭先为礼部尚书。诏直隶府州及浙江、江西二行省，今年秋粮，令以棉布代输，以给边戍。（《洪武实录》卷八十五，第一页）

洪武六年十月辛丑，诏松江、苏州等府，于旧定粮长下各设知数一人，斗级二十人，送粮人夫千人，俾每岁运纳，不致烦民。（《洪武实录》卷八十五，第一页）

洪武六年九月丁未，更定有司申报庶务法。国初凡有司庶务，若户口、钱粮、学校、狱讼之类，或每季，或每月，具其增损见在之数，书于册，县达于州，州达于府，府达于行省，类咨中书，吏牍烦碎，而公私多糜费。又有司决狱，笞五十者，县决之；杖八十者，州决之；一百者府决之。其徒罪以上具狱送行省，由是州县或受赃，减重从轻，省府或弄法，加轻入重，文移驳议，囚繁淹连。至是命中书省御史台详议，务从简便，乃革月报为季报，以季报之数类为岁报。凡府州县轻重狱囚，即依律断决，不须转发，果有违枉，从御史按察司纠劾。令出，天下便之。赐公侯及武官公田，命取量其元定官粮私

租之数，仍依主佃分数收之。（《洪武实录》卷八十五，第三页）

洪武六年九月丙辰，工部奏："今年各省铁冶之数，凡八百五十万三千八百二十斤有奇。"（《洪武实录》卷八十五，第四页）

洪武六年十一月戊戌朔，分巡御史于永达言："扬州所属通州秋粮，俱输淮安，其民多贫困，如粮少力薄者，令于本处州县储留，以备官吏师生俸廪及祭祀存恤孤老之用为便。"从之。四川行省奏："会计明年官吏军士，岁支俸粮，合用七十四万一千七百余石，今稽其所征，不及所用。"诏以银二十万两兼给之。命赏北征军士与出海捕倭，及中立府营造者钱，各有差。（《洪武实录》卷八十六，第一页）

洪武六年十一月丙午，应天府言："民间交易，杂以私铸铜钱，以故钱法不通。"乃诏自今遇有私铸铜钱，许作废铜入官，每斤给官钱一百九十文偿之，诸税课内如有私钱，亦更铸。戊申，浚太平门外城濠，增造军营，其地并湖多侵民田，乃诏以公田给之，有麦苗者，亩给银五钱，偿之。（《洪武实录》卷八十六，第一页）

洪武六年十一月庚戌，置四川成都等府县税课司局一十六处。（《洪武实录》卷八十六，第二页）

洪武六年十一月癸丑，诏户部："凡民间畜养官马者，每一匹免输田租五石。"赐京卫军士二万五千余人钱千四百四十五万有奇。（《洪武实录》卷八十六，第二页）

洪武六年十一月丙辰，诏免安丰守御千户所今年田租。中书省奏征其牛租，上命俱免之。丁巳，田州知府岑伯颜奏："安州、顺龙州、侯州、阳县、罗博州、龙威寨人民，率无牛可耕，且乏食，愿有以赈之。"诏有司各给牛、米，仍蠲其税二年。（《洪武实录》卷八十六，第三页）

洪武六年十一月己巳，诏赐亲王土田各百顷，岁入租米七千八百石，并湖池渔课米三千石。（《洪武实录》卷八十六，第五页）

洪武六年十二月戊戌，并僧道寺观，禁女子不得为尼，时上以释、老二教，近代崇尚大过，徒众日盛，安坐而食，蠹财耗民，莫甚于此，乃令府州县止存大寺观一所，并其徒而处之，择有戒行者，领其事。若请给度牒必考试，精通经典者，方许。又以民家多以女子为尼姑女冠，自今年四十以上者听，未及者不许，著为令。己亥，命置仓于临清，以贮转运粮储，仍以军士三千守之。（《洪武实录》卷八十六，第八页）

洪武六年十二月庚申，工部奏："河南开封府，自小木至陈州沙河口一十八闸，淤塞者六十三处，宜疏浚以通漕运，计工二十五万，以万人役二十五日可成。"从之。（《洪武实录》卷八十六，第九页）

洪武七年春正月庚午，中书省奏："国初改铸洪武通宝小钱，皆用废钱及旧器铜铸之。然废钱铜一斤，较旧多铸钱一十五文，旧器铜一斤，较旧多铸钱十三文，请令宝源局及各行省，仿此为例。"上曰："铸钱当以轻重为准，岂得以多寡为则，盖钱轻则多，钱重则少，若违轻重而较其多寡，则工匠不堪矣，难为定例。"（《洪武实录》卷八十七，第一页）

洪武七年春正月乙亥，户部言："定辽诸卫初设屯种，兵食未遂。"诏命水军右卫指挥同知吴迈、广洋卫指挥佥事陈权，率舟师出海，转运粮储，以备定辽边饷。（《洪武实录》卷八十七，第二页）

洪武七年春正月己丑，以白金绵布易米麦七万九千五百余石，充平凉、巩昌、临洮军饷。又以白金六万六千八百九十两，易米一十六万七千二百余石，充广州军饷。（《洪武实录》卷八十七，第四页）

洪武七年二月乙巳，山东按察司佥事赵纶言："山东民乏食盐，而官盐久积，商贾不通，宜令懋迁以便民。"从之。（《洪武实录》卷八十七，第五页）

洪武七年三月甲戌，中书省奏："播州宣慰使司土地既入版图，即同王民，当收其贡赋，请令自洪武四年为始，每岁纳粮二千五百石，以为军需，贵州金筑程番等十四长官司，每岁纳粮二百七十三石，著为令，兼其所有自实田赋，并请征之。"上曰："播州西南夷之地也，自昔皆入版图供贡赋，但当以静治之，苟或扰之，非其性矣。朕君临天下，彼率先来归，所有田税随其所入，不必复为定额，以征其赋。"置雅州碉门阜民司。（《洪武实录》卷八十八，第一页）

洪武七年三月癸巳，暹罗斛国使臣沙里拔来朝贡方物，自言本国令其同奈思里济刺悉识替入贡，去年八月舟次乌诸洋，遭风坏舟，漂至海南，达本处官司收获漂余苏木、降香兜、罗棉等物来献，省臣以奏，上怪其无表状，诡言舟覆而方物乃有存者，疑必番商也，命却之。诏中书礼部曰："古者，中国诸侯于天下，比年一小聘，三年一大聘，九州之外，番邦远国，则每世一朝，其所贡方物，不过表诚敬而已。高丽稍近中国，颇有文物礼乐，与他番异，是以命依三年一聘之礼，彼若欲每世一见，亦从其意。其他远国如占城、安南、西洋琐里、爪哇、浡尼、三佛齐、暹罗斛、真腊等处新附国土，入贡既频，烦劳太甚，朕不欲也。令遵古典而行，不必频烦，其移文使诸国知之。"（《洪武实录》卷八十八，第五页）

洪武七年四月癸卯，命置铁冶所官。凡一十三所，每所置大使一员，秩正八品，副使一员，秩正九品。是时各所，岁炼铁额：江西南昌府进贤铁冶，岁一百六十三万斤；临江府新喻冶、袁州府分宜冶，岁各八十一万五千斤；湖广兴国冶，岁一百十四万八千七百八十五斤；蕲州府黄梅冶，岁一百二十八万三千九百九十二斤；山东济南府莱芜冶，岁七十二万斤；广东广州府阳山冶，岁七十万斤；陕西巩昌冶，岁一十七万八千二百一十斤；山西平阳府富国、丰国二冶，岁各二十二万一千斤；太原府太通冶，岁一十二万斤；潞州润国冶、泽州益国冶，岁各十万斤。（《洪武实录》卷八十八，第六页）

洪武七年四月甲申，诏徽、饶、宁国等府，不通水道，税粮输纳甚艰，今后夏税，令以金银钱布代输，以宽民力。（《洪武实录》卷八十八，第六页）

洪武七年四月癸亥，彰德府税课司，税及细民瓜菜柿枣畜牧饮食之物。事闻，上曰："古谓聚敛之臣甚于盗臣，正此等官吏也。命罪之。"（《洪武实录》卷八十八，第八页）

洪武七年五月辛巳，上闻苏州府诸县民饥，命户部遣官赈贷，计户二十九万八千六百九十九，计给米麦谷三十九万二千一百余石，并以谷种农具等贷之。壬午，四川茂州、陇木头、静州、岳希蓬、汶山、汶川及寒水巡检司，威州、宝宁等县土官，同茂州权知州、杨者七等，入朝贡马。山东潍州判官陈鼎言："故事正军贴军地土多者，杂徭尽免，今本州军地多而民地少，民之应役者力日殚，请正军全免差役，贴军免百亩之下，其百亩之外余田，则计其数，与民同役。"从之。（《洪武实录》卷八十九，第二页）

洪武七年五月癸巳，上以苏、松、嘉、湖四府近年所籍之田租税太重，特令户部计其数，如亩税七斗五升者，除其半，以苏民力。台州府言："黄岩、临海、宁海三县，今年夏税小麦三千余石，因积雨多腐，不堪输官。"上命以他物代输。（《洪武实录》卷八十九，第三页）

洪武七年秋七月甲子，敕中书省臣曰："朕观甲胄之成，甚不易也。初刳山取矿，炼石成汁，凝精为铁，然后入工人之手锤练剪制方成甲胄，久贮不用，多锈蚀零落，徒劳民力矣。今陕西之甲，其数甚广，宜差人往视，若有此等，即令修整，其线穿者，悉易以皮，庶便壮士之用。"（《洪武实录》卷九十一，第二页）

洪武七年秋七月丁丑，中书省臣言："潞州城濠周二十余里，役军开凿，二年无成，乞兼用民凿之。"诏罢其役。（《洪武实录》卷九十一，第二页）

洪武七年秋七月丙戌，上谕中书省臣曰："天下诸司典吏，俱无俸给，卿等其议给之。如南人在北，北人在南，去乡远者，冬夏加给衣服。"于是省臣奏："应天府典吏，月米八斗，中立府典吏，月米六斗，其二府所属州县及各府州县典吏土著者，已免二顷田杂役，今拟府州县典吏土著者免本户夫役，不给米。其田役不免，远方之人，月给米五斗，冬衣给绵布二匹，夏衣给麻布一匹，苎布一匹。"从之。（《洪武实录》卷九十一，第四页）

洪武七年秋七月丁亥，监察御史刑雄巡按陕西，言："大同诸处人民，岁输粮草，饷给边士，供亿劳苦。"上恻然，谓中书省臣曰："军士戍边，道里险远，民人供亿诚艰，宜少纾其劳。"乃命停。岁纳马草若乏用，则给直市之。寻诏山西北平诸卫，令军士依时芟取刍

草，以为储蓄，免致劳民。（《洪武实录》卷九十一，第四页）

洪武七年八月辛丑，北平按察司副使刘崧言："宛平驿当要道，而驿马之数，与非要道之驿同，宜减他驿马，以增宛平驿。"上可其奏。（《洪武实录》卷九十二，第六页）

洪武七年八月乙卯，上念诸功臣之家族属数多，岁禄恐不足赡，命中书省臣会计列侯，自中山侯以下十三人，旧食禄千五百石者，加赐公田千石，共岁食二千五百石，其荥阳、宣宁、宜春、河南四侯，旧食九百石，今皆增为二千五百石，都督蓝玉、王弼、河南都指挥使郭英各食二千石，杭州都指挥使徐司马、西安行都指挥使韦正合千五百石，同知都督何文辉、丞相胡惟庸各二千石，大夫汪广洋、陈宁并千九百石，留守都卫指挥周贤千石，在京指挥使八百石，同知六百石，佥事五百石，在外都指挥使八百石，同知六百石，佥事五百石，各卫指挥使六百石，同知五百石，佥事四百石，所拨公田，仍依旧则，不许减科。（《洪武实录》卷九十二，第八页）

洪武七年九月癸亥朔，以兵马指挥司副指挥世家宝，为两浙盐运司副使，赐公田米五十石。初世家宝为刑部尚书，坐事黜为庐陵知县，召还为兵马副指挥。至是升今官。（《洪武实录》卷九十三，第一页）

洪武七年九月辛未，罢福建泉州、浙江明州、广东广州三市舶司。罢信宝局。置宝钞提举司，提举一人，正七品，副提举一人，从七品，吏目一人，省注所属抄纸、印钞二局大使各一人，正八品，副使各一人，正九品，典吏各一人省注。宝钞、行用二库，大使各二人，正八品，副使各二人，正九品，典吏各一人省注。（《洪武实录》卷九十三，第二页）

洪武七年九月庚辰，命广西行省置宝泉局，设官如北平。癸未，诏凤阳屯户，有年老衰惫者，令于有司入籍为民，笃废残疾者，放还乡里，其官吏犯公罪者，仍取选用。（《洪武实录》卷九十三，第三页）

洪武七年冬十月辛丑，给在京凤阳、滁州、淮安、大河、山东、河南各卫军士戍守北平者，钱千八百六十五万，白金二万二千四百两，布绢二万三千二百余匹，绵五千余斤。（《洪武实录》卷九十三，第五页）

洪武七年十一月辛巳，杭州卫军士章宪诣阙建言盐法。诏以为本卫所镇抚，就令理盐场火丁、卤丁之事。壬午复用凤阳屯田官吏。先是官吏有罪者，发凤阳屯田，至是上念其已历艰苦，必能改过，诏中书省御史台选其年及四十之上、材堪任用者复用之。年未及者仍留屯田，若年四十以下，原犯公罪，及已经宥免者，亦复录用。于是取至京师者，凡一百四十九人，各授职有差。（《洪武实录》卷九十四，第五页）

洪武七年十二月辛丑，秦府右相文原吉言："平阳、解州二处盐法，平阳每盐一引，价米二石五斗，解州三石，商人多以平阳价平，故以钱银赴平阳中纳，请一如解州例，其以米麦布绢中纳者，仍旧二十（石）五斗。"户部因奏定量减之数，河东解、蒲、陕三州，初定三石，今二石七斗；平阳、怀庆、西安三府，初定二石五斗，今二石二斗；凤翔府泽、潞、辽、泗四州，初定米二石，今一石八斗；太原府，初定米一石六斗，今一石五斗；大同府朔州，初定一石三斗，今一石二斗。已上若折收钱银，皆如初定之数。蔚州旧无定价，今定一石二斗，若折收加三斗；延安府，初定二石，今一石六斗，折收加八斗。平凉、庆阳、巩昌，旧无定价，今定一石五斗，折收加六斗；绥德州旧无定价，今定一石四斗，折收加六斗；临洮、兰县，旧无定价，今定一石二斗，折收加三斗；河州旧无定价，今定一石，折收加二斗。上以临洮、兰县、河州道里费重，每引减二斗，其各处折收者，俱加米五斗。凿石灰山河，开民地六十余亩，上命给白金偿之，除其税。（《洪武实录》卷九十五，第二页）

洪武七年十二月乙卯，命刑部侍郎李浩及通事梁子名使琉球国，赐其王察度文绮二十匹，陶器一千事，铁釜十口，仍令浩以文绮百匹，纱罗各五十匹，陶器六万九千五百事，铁釜九百九十口，就其国市马。（《洪武实录》卷九十五，第三页）

洪武七年十二月庚申，是岁……内外铸钱一万九千九百八十四万九千八百三十二文。（《洪武实录》卷九十五，第四页）

洪武八年春正月辛未，升开封府为上府。初开封户粮数少，为下府，至是以税粮数及三十八万有奇，遂升为上府。（《洪武实录》卷九十六，第二页）

洪武八年春正月甲戌，广西行省言："所辖海北、白石四盐场并广州、东海一十一场，岁各办盐一万七千余引，运赴北流、梧州二仓，其余募商中纳银、米者，宜定其价。今拟：桂林府纳银四两五钱，米三石三斗；浔州府米五石三斗；南宁、庆远二府米四石三斗，并给白石场盐一引。桂林府纳银五两五钱，米四石五斗；南宁、庆远米四石五斗；浔州米五石五斗，并给东海场盐一引。"从之。（《洪武实录》卷九十六，第二页）

洪武八年春正月丁丑，中书省臣奏："山西大同都卫屯田二千六百四十九顷，岁收粟豆九万九千二百四十余石，其屯军月粮，请依陕西屯田之例，月减三斗。"上曰："大同苦寒，士卒艰苦，宜优之，月粮且勿减，待次年丰熟，则依例减之。"（《洪武实录》卷九十六，第三页）

洪武八年二月甲午，敕刑官，自今凡杂犯死罪者免死，输作终身，徒、流罪，限年输作；官吏受赃及杂犯私罪，当罢职役者，谪凤阳屯种，民犯流罪者，凤阳输作一年，然后屯种。（《洪武实录》卷九十七，第一页）

洪武八年二月乙卯，革山东济南府堰头税库局，其课以在城税课司并收之。戊午，升金筑长官司为安抚司，以长官密定为安抚使。庚申，命刑部尚书刘惟谦申明马政，谕之曰："马政国之所重，近命设太仆寺，俾畿甸之民养马，期于蕃息，恐所司因循，牧养失宜，或巡视之时，扰害养马之民，此皆当告戒之。"（《洪武实录》卷九十七，第五页）

洪武八年三月辛酉朔，诏造大明宝钞。时中书省及在外各行省皆置局，以鼓铸铜钱，有司责民出铜，民间皆毁器物以输官，鼓铸甚劳。而奸民复多盗铸者，又商贾转易，钱重道远，不能多致，颇不便。上以宋有交会法，而元时亦尝造交钞，及中统至元宝钞，其法省便，易于流转，可以去鼓铸之害，遂诏中书省造之，取桑穰为钞料，其制：方高一尺，阔六寸许，以青色为质，外为龙文花栏，而横题其额曰"大明通行宝钞"，内上两旁，复为篆文八字曰"大明宝钞，天下通行"，中图钱贯状，十串则为一贯，其下云："中书省奏准，印造大明宝钞，与铜钱通行使用，伪造者斩，告捕者赏银二百五十两，仍给犯人财产"；若五百文，则画钱文为五串，余如其制而递减之。每钞一贯，准铜钱一千，银一两，其余皆以是为差，其等凡有六：曰一贯，曰五百文、四百文、三百文、二百文、一百文，禁民间不得以金银物货交易，违者治其罪，有告发者，就以其物给之；若有以金银易钞者，听。凡商税课程，钱钞兼收，钱什三，钞什七，一百文以下，则止用铜钱。命置行用库，在京设大使一人，正八品，副使二人，从八品，典吏一人，都监二人隶户部，在外府州设大使、副使各一人，皆省注。升陕西平凉府为中府，以户口田赋增于旧也。（《洪武实录》卷九十八，第一页）

洪武八年三月壬戌，诏计均工夫役。初中书省议：民田每顷出一丁为夫，名曰"均工夫役"。民咸便之。至是上复命户部，计其田多寡之数，工部定其役，每岁冬农隙至京应役，一月遣归。于是检核直隶、应天等一十七府，江西所属一十三府，为田五十四万五百二十三顷，出夫五十四万五百二十三人。（《洪武实录》卷九十八，第二页）

洪武八年三月甲子，中书臣奏："大都督府佥事吴复、曹兴、谢成，例应给公田一千石，吴复先任指挥，已赐公田二百石，今请以八百石益之。"上以曹兴居大同时，多不循轨度，调福建又受王驸马赂贿，谢成在山西，擅夺民利，惟吴复禄秩如请，兴、成二人不给。（《洪武实录》卷九十八，第二页）

洪武八年三月己巳，置行用四库于应天府、聚宝幕府、仪凤三门及会同桥。南雄商人，以货入京，至长淮关，吏留而税之，既阅月而货不售，商人讼于官，刑部议吏罪，当纪过。上曰："商人远涉江湖，将以求利，各有所向，执而留之，非人情矣；且纳课于官，彼此一耳，迟留月日，而使其货不售，吏之罪也。"命杖其吏，追其俸以偿商人。（《洪武实录》卷九十八，第三页）

洪武八年三月壬申，以内府钞库为宝钞库，秩正七品，设大使、副使各一人，以内官为之。癸酉，置济南府堰头漕运所。（《洪武实录》卷九十八，第三页）

洪武八年三月辛巳，罢宝源局铸钱。（《洪武实录》卷九十八，第四页）

洪武八年三月乙酉，上以天下驿传马夫出赀买马，早夜供亿劳费倍于他役，诏免其田租，以优之。又以为地有闲剧，征有繁简，宜少分别，以均其劳逸，命群臣议，于是议自京会同馆至宿州为驿十三，南至京师，西出秦晋，北抵燕蓟，其劳最甚，田租宜全免；自百善道至郑州，当陕西、山西二道，其劳为次，宜免三分之二；自荥阳至陕西、山西、北平，为驿一百二十一，其劳又次之，宜免三分之一。诏可。置北平、山东、直隶、淮安府、景州、连窝等递运所。丙戌，命仪真、六合二县，各设都郡所。戊子，升河南怀庆府为中府，以税粮新增十五万石之上，故升之。（《洪武实录》卷九十八，第五页）

洪武八年夏四月丁巳，赐六部尚书，及各省参政公田禄米各一百石。（《洪武实录》卷九十九，第四页）

洪武八年五月戊辰，遣内使赵成，往河州市马。初，上以西番素产马，其所用货泉与中国异，自更钱币，马之至者益少，至是乃命成以罗绮、绫帛并巴茶往市之。仍命河州守将，善加抚循，以通互市，马稍来集，率厚其直偿之。成又宣谕德意，自是番酋感悦，相率诣阙谢恩，而山后、归德等州，西番诸部落，皆以马来售矣。（《洪武实录》卷一〇〇，第一页）

洪武八年五月己巳，陕西按察司佥事虞以文言："洪武七年，各巡按至汉中，见其民多居深山，少处平地，其膏腴水田，除守御官军及南郑等县民开种外，余皆灌莽弥望，虎豹所伏，暮夜辄出伤人。臣尝相视其地，本皆沃壤，若薙其榛莽，修其渠堰，则虽遇旱涝，可以无忧，已令各县招谕山民，随地开种，鲜有来者，盖由归附之后，其民居无常所，田无常业，今岁于此山开垦，即携妻子诛茅以居，燔翳下种，谓之刀耕火种，力省而有获；然其土硗瘠不可再种，来岁又移于他山，率以为常；暇日持弓矢捕禽兽以自给，所种山地，皆深山穷谷，迁徙无常，故于赋税官不能必其尽实，遇有差徭，则鼠窜蛇匿，若使移居平地，开种水田，则须买牛具，修筑堤堰，较之山地用力多而劳，又亩征其租一斗，地既莫隐，赋亦繁重，以是不欲下山。今若减其租赋，宽其徭役，使居平野，以渐开垦，则田益辟，而民有恒产矣。"上善其言，诏陕西行省度行之。（《洪武实录》卷一〇〇，第二页）

洪武八年六月甲午，安南陈煓，遣其通议大夫阮若金等，来请朝贡期，上令群臣议，皆曰："古者诸侯之于天子，比年一小聘，三年一大聘，蕃邦远国，但世见而已。"于是命中书臣谕安南、高丽、占城等国，自今惟三年一来朝贡，若其王立，则世见可也。（《洪武实录》卷一〇〇，第二页）

洪武八年六月壬寅，置浙江绍兴府织染、杂造两局。（《洪武实录》卷一〇〇，第三页）

洪武八年九月丙寅，置蓝靛所于仪真、六合之地，设大使、副使、典吏各一人，督种青蓝，以供染事，隶户部。（《洪武实录》卷一〇一，第一页下）

洪武八年九月己巳，革福建行省宝泉局，罢铸钱。（《洪武实录》卷一〇一，第二页下）

洪武八年冬十月丁亥朔，命中书省凡工匠有死亡者，皆给以棺，送至其家，复其役三年。（《洪武实录》卷一〇一，第三页下）

洪武八年十月丙辰，浚泾阳县洪渠堰。泾阳属西安府，其堰岁久下流壅塞，不通灌溉，遂命长兴侯耿炳文督工浚之，由是泾阳、高陵等五县之田，大获其利。（《洪武实录》卷一〇一，第五页）

洪武八年十一月辛巳，命在京及山东、山西、陕西、河南诸省，置局造甲胄，给军士。（《洪武实录》卷一〇二，第四页）

洪武八年十二月壬子，吏部言："郡县之上下，以税粮多寡为例，今岁粮增者，太原、凤阳、河南、西安宜升上府，扬州、巩昌、庆阳宜升中府，明州之鄞县升上县，其莱州税粮不及，宜降中府。"从之。（《洪武实录》卷一〇二，第四页）

洪武八年十一月乙卯，是岁内外铸钱万九千九百八十四万九千八百三十二文。（《洪武实录》卷一〇二，第七页）

洪武九年春正月丁卯，起凤阳屯田官吏梅珪等五百十八人赴京。先是官吏获罪者，上恐法司推讞未精，或其人因公诖误，法虽难宥，情有可矜者，悉谪凤阳渠象屯屯田，俾历艰难，省躬悔过，至是特取珪等至京，命中书省量才用之。（《洪武实录》卷一〇三，第三页）

洪武九年春正月癸未，山东行省言："辽东军士冬衣，每岁于秋冬运送时多逆风，艰于渡海，宜先期于五六月顺风之时转运为便。"户部议，以为方今正拟运辽东粮储，宜令本省具舟下登州所储粮五万石，运赴辽东，就令附运绵布二十万匹，绵花一十万斤，顺风渡海为便。从之。（《洪武实录》卷一〇三，第五页）

洪武九年二月丙戌，定诸王公主岁供之数，亲王岁支米五万石，钞二万五千贯，锦四十匹，纻丝三百匹，纱、罗各一百匹，绢五百匹，冬、夏布各一千匹，绵二千两，盐二百引，茶一千斤，马匹草料月支五十匹，其段匹，岁给匠料付王府自造。靖江王岁赐米二万石，钞一万贯，余物比亲王减半，马匹草料，月支二十匹。公主未受封，每岁支纻丝一十匹，纱一十匹，罗一十匹，绢三十匹，夏布三十匹，木绵布三十匹，绵二百两。已受封，赐田庄一所，岁收粮一千五百石，钞二千贯。亲王子男未受封，每岁支拨纻丝一十匹，纱一十匹，罗一十匹，绢三十匹，夏布三十匹，木绵布三十匹，绵二百两。女未受封，比男未受封减半给赐。男已受封郡王者，每岁支拨米六千石，钞二千八百贯，锦一十匹，纻丝五十匹，罗二十五匹，纱二十五匹，绢一百匹，夏布一百匹，木绵布一百匹，绵五百两，盐五十引，茶三百引，马匹草料，每月支一十匹。女已受封及已嫁者，每岁支拨米一千石，钞一千四百贯，其段匹于所在亲王国带造给付。皇太子、次嫡子并庶子，既封郡王之后，必俟出阁，每岁拨赐，与亲王子已受封郡王者同。女俟及嫁，每岁拨赐，与亲王女已嫁者同。凡亲王世子岁赐，与已封郡王同。郡王嫡长子袭封郡王者，其岁赐比始封郡王减半支给，郡王女已封县主及已嫁者，岁支米五百石，钞五百贯，其余段匹等物，比亲王女已受封者，并减半支给。郡王诸子年及十五，每位拨赐田六十顷以为永业，并除租税。诸子所生之子，唯世守永业。（《洪武实录》卷一〇四，第一至二页）

洪武九年二月丁酉，赐诸王仓库名，秦府曰广丰，晋府曰广盈，燕府曰广有，靖江府曰广益。（《洪武实录》卷一〇四，第三页）

洪武九年二月庚子，户部奏："文武官吏俸，军士月粮，自九月为始，以米麦钞兼给之，其陕西、山西、北平给米什之五，湖广、浙江、河南、山东、江西、福建、两广、四川及苏、松、湖、常等府给米什之七，余悉以钱钞准之。储麦多者则又于米内兼给，每钱一千，钞一贯，各抵米一石，麦减米价什之二。"从之。（《洪武实录》卷一〇四，第四页）

洪武九年四月甲午，以两淮盐运司崇明天赐场隶两浙盐运司。（《洪武实录》卷一〇五，第五页）

洪武九年夏四月丁酉，重庆府忠州垫江县丞潘彝言："永宁军卫地居边陲，戍卒常苦馈饷不继，良由道险，舟楫难至。近者虽募商人于永宁入粟中盐，而商旅未有至者，诚以入粟多，而得盐少故也。今宜减粟增盐，则商人慕利，而边储自给矣。"上从其言，命户部行之。（《洪武实录》卷一〇五，第六页）

洪武九年五月乙卯，禁秦蜀军民，毋得入西番互市。（《洪武实录》卷一〇六，第一页）

洪武九年五月壬戌，命工部给物故工匠槥椟，上谕之曰："今所作宫殿，但欲朴素坚固，不事华饰，不筑苑囿，不建台榭，如此经营，费已巨万，乘危负重，工匠甚劳，有不幸而死者，忧悬朕心，尔工部可各给槥椟，令国子生送致其家，赐钞以葬，蠲其家徭役三年。"复为文遣官即龙光山祭之曰："昔君天下者，务在安民，然有不得已而劳民者，营造之类是也。比者营建宫殿，工匠有因疾而死者，有被伤而死者，有冒危险而死者，已敕官为槥椟，送之于家，今复设坛遣官以牲醴赐祭，尔等有知，咸谕朕意，仍赐见役工匠钞，凡六万三百六十余锭。"（《洪武实录》卷一〇六，第一页）

洪武九年五月甲戌，中书省言："兰县河州旧募商人入粟中盐，每引计米一石，道远费重，故商人稀少，宜减其价，庶边储可积。"于是命淮盐减米二斗，浙盐减米三斗，河东盐减十之四。（《洪武实录》卷一〇六，第二页）

洪武九年五月壬午，日本人滕八郎以商至京，献弓马、刀甲、硫黄之属，并以其国高宫山僧灵枢，所附马二匹来贡。上命却其献，赐白金遣之。其灵枢曾至京受赐，所献马受之，仍给绮帛，令滕八郎归赐灵枢。（《洪武实录》卷一〇六，第三页）

洪武九年六月乙未，莒州日照县知县马亮考满入觐，州上其考曰："无课农兴学之绩，而长于督运。吏部以闻。"上曰："农桑衣食之本，学校风化之原，此守令先务，不知务此，而曰长于督运，是弃本而务末，岂其职哉？苟任督责以为能，非岂弟之政也。为令而无岂弟之心，民受其患者多矣；宜黜降之，使有所惩。"（《洪武实录》卷一〇六，第六页）

洪武九年六月己酉，罢各布政司宝泉局，停铸钱。庚戌，山西汾州平遥县主簿成乐官满来朝，本州上其考曰："能恢办商税以闻。"上曰："地之所产有常数，官之所取有常制，商税自有定额，何俟恢办？若额外恢办，得无剥削于民？主簿之职在佐理县政，抚安百姓，岂以办课为能？若止以办课为能，其他不见可称，是失职矣。州之考非是，尔吏部其移文讯之。"（《洪武实录》卷一〇六，第八页）

洪武九年秋七月甲子，立倒钞法。中书省奏："国家行钞日久，岂无昏烂，宜设法收换，以便行使。"于是议令所在置行用库，每昏烂钞一贯，收工墨直三十文，五百文以下递减之。仍于钞面贯、佰文下，用墨印"昏钞"二字，封收入库，按季送部；若以贯、佰分明而倒易者，同沮坏钞法论，混以伪钞者究其罪。丙寅，命赐北平守御及听征官军钞五千万八千七百余锭，布帛八万二千余匹。丁卯，始命散骑参侍舍人冠带。置司佩局。戊辰，增置各处递运所，设大使、副使各一人，验夫多寡，设百夫长以领之。先是在外，多以卫所戍守军士传送军因，上以其有妨练习守御，乃命兵部增置递运所，以便递送。（《洪武实录》卷一〇七，第八页）

洪武九年八月癸巳，增给广东马价。先是遣兵部员外郎程益、监察御史阎裕往广东市马，民间马少，率于蛮境市以售于官，官虽偿其直，而道途往来甚费，民以为患。上闻之曰："民为国本，马资国用，奈何欲资其用，而先伤其本乎？"命厚给其直。（《洪武实录》卷一〇八，第一页）

洪武九年八月丁酉，赐吴、楚、齐三王府仓库名，吴曰广储，楚曰广阜，齐曰广成。己亥，览邦国王昔里马哈剌扎的剌札，遣其臣吾剌里剌沙等，奉表贡马、苏木及檀降香、胡椒、孔雀等物，诏赐其王金织文绮纱罗，并赐吾剌里剌沙及其从人绮帛衣靴有差。置颜料司、菜司、牧、巾、帽、针、工、皮六局，兵仗、绳顽二司，秩俱正六品，副从六品。（《洪武实录》卷一〇八，第二页）

洪武九年九月戊辰，置湖广、四川、广东府州县税课司局仓库九十四，罢经历司司狱、司仓库九十六。（《洪武实录》卷一〇八，第五页）

洪武九年冬十月乙亥，罢四川成都府税课局一十八所，令各县兼领之，以其地僻不通商旅故也。丁丑，赐中山侯汤和、颍川侯傅友德绮帛各十二匹，钞三十锭，右丞丁玉、都督佥事蓝玉、王弼绮帛各十匹，钞二十四锭。（《洪武实录》卷一一〇第三页）

洪武九年十一月戊子，徙山西及真定民无产业者于凤阳屯田，遣人赍冬衣给之。庚寅，蕲州府蕲水县民王荄，七世同居，少长三百余口，庭无间言。有司以闻，诏旌表其门曰"孝义"。（《洪武实录》卷一一〇，第五页）

洪武九年十二月甲戌，命复延安侯唐胜宗、吉安侯陆仲亨所食公田米一千石，岁禄米一千五百石。初胜宗、仲亨尝有过，上命停其田禄，至是始复给焉。戊寅，太仆寺奏："直隶江淮间，总一百四十八群，畿甸之民牧马者一万五千户，是岁孳生马二千三百八十四，自六年至今岁通得驹六千一百九十七匹。"（《洪武实录》卷一一〇，第八页）

洪武十年春正月丙戌，工部奏差张致中上书言三事："……其二曰：京师乃天下都会之地，迩来米价翔踊，百物沸腾，盖由苏、湖等府水涝，年谷不登，素无储积所致。今后宜令各府州县设常平仓，每遇秋成，官出钱钞收籴入仓，如遇歉岁，平价出粜，盖米价不踊，则物价自平，如此则官不失利，民受其惠矣。其三曰：北方郡县开垦荒田，岁有增广，而土旷民稀，垦辟有限，所在守令，往往责令里甲，增报额数，以为在官事迹，罔上疲民，甚亡谓也；宜令各处农民，自实见垦亩数，以定税粮，庶不有名无实，民力不困，生息益蕃，而赋役自增矣。"书奏，上览而嘉之，擢致中为宛平知县。（《洪武实录》卷一一一，第二页）

洪武十年春正月丁未，诏赐苏、松、嘉、湖等府居民旧岁被水患者，户钞一锭，计四万五千九百九十七户。（《洪武实录》卷一一一，第四页）

洪武十年二月甲子，赈济苏、松、嘉、湖等府民去岁被水灾者，户米一石，凡一十三万一千二百五十五户。先是以苏、湖等府被水，常以钞赈济之，继闻其米价翔踊，民业未振，复命通以米赡之。丁卯，上谓省臣曰："食禄之家，与庶民贵贱有等，趋事执役以奉上者，庶民之事，若贤人君子，既贵其身，而复役其家，则君子野人无所分别，非劝士待贤之道。自今百司见任官员之家，有田土者输租税外，悉免其徭役，著为令。"（《洪武实录》卷一一一，第六页）

洪武十年三月甲申，户部奏："天下税课司、局征商不如额者一百七十八处，宜遣中官、国子生及部委官各一人，往核其实，立为定额。"从之。（《洪武实录》卷一一一，第六页）

洪武十年三月丙申，复永城侯薛显所食禄。显先有过，减其禄，至是复全给之。戊戌，增置滁阳、仪真、香泉、六合、天长五牧监，滁阳设群二十有二，仪真、六合设群各七，香泉设群八，天长设群四，俱隶太仆寺，计牧种马一万七千三百八十五匹。上谓中书臣曰："自古有天下国家者，莫不以马政为重，故问国君之富者，必数马以对。周礼六卿，夏官以司马为职，特重其事也；后世掌以太仆令，仍其旧。又设群监以分其职任，庶名实相副，民不劳而孳息蕃。但恐所司者不为究心，民复怠惰，马政不修，则督责之令行，岂不因马而疲民，国以民为本，若因马而疲民，非善政也。其下太仆寺诸牧监，各令修职，毋怠所事。"（《洪武实录》卷一一一，第七页）

洪武十年五月戊寅朔，以河南、四川等布政司所属州县户粮多不及数，凡州改为县者十二，县并者六十。（《洪武实录》卷一一二，第一页）

洪武十年五月丁亥，命靖海侯吴祯，督浙江诸卫舟师运粮往给辽东军士。（《洪武实录》卷一一二，第二页）

洪武十年五月辛卯，上念铸铜之工有以罪罚役者，日久衣食弊竭，命工部限日遣还乡里，俾如期复来，仍命量地远近给道里费。（《洪武实录》卷一一二，第三页）

洪武十年五月甲辰，命给内外军士食盐，月二斤。丙午，命各布政司复设宝泉局，铸小钱，与钞兼行。（《洪武实录》卷一一二，第四页）

洪武十年秋七月乙巳，淡巴国王佛喝思哕遣其臣施那八智上表，贡苾布兜、罗锦被、沉檀速香、胡椒等物。赐佛喝思哕金织文绮、纱罗，施那八智文绮、袭衣有差。（《洪武实录》卷一一三，第五页）

洪武十年八月辛亥，置宝泉库。（《洪武实录》卷一一四，第一页）

洪武十年八月丁巳，三佛齐国王怛麻沙那阿者卒，子麻那者巫里立遣其臣生阿烈足谏，奉表请印绶，贡犀牛、黑熊、火鸡、绿鹦鹉、白猿、龟筒及胡椒、丁香、木香、肉豆蔻、番油子、米脑等，又贡小番奴一人。诏赐麻那者巫里及其臣生阿烈足谏等金织文绮、纱罗靴袜等物有差。（《洪武实录》卷一一四，第四页）

洪武十年九月丙子朔，太平府言："繁昌县狄港镇，商贾所集，户部委官收课，岁计米八百九十余石，宜于其地置税课局。"从之。免浙西民尝被水者今年田租。敕曰："去年浙西尝被水灾，民人缺食，朕尝遣官验户赈济，今虽时和岁丰，念去岁小民贷息必重，既偿之后，窘乏犹多，今赖上天之眷，田亩颇收，若不全免旧尝被水之民今年田租，不足以甦其困苦。尔中书其奉行之。"丁丑，增筑广州城。陕西都指挥使司言："庄浪卫旧军四千，后复增新军四千，地狭人众，难于屯驻，乞将新军一千人往碾北守御，一千人于西宁修城，暇则俱令屯种，止以旧军守御庄浪。"诏从之。命陕西等卫土著军士每月人给粮一石，时上阅庆阳、延安土著军籍，月止给米四斗，因谕省府臣曰："今军士有客居、土著之名，然均之用力战阵，奈何给赐有厚薄耶？俱全给之。"（《洪武实录》卷一一五，第一页）

洪武十年十月辛酉，制赐百官公田，以其租入充俸禄之数。公、侯、省、府、台、部、都司、内外卫官七百六十人，凡田四千六百八十八顷九十三亩，岁入米二十六万七千七百八十石。（《洪武实录》卷一一五，第四页）

洪武十年十月庚午，儋州大丰仓副使李德新言："琼州府军饷，每岁俱于广东漕运，经涉海洋，往来艰险，宜以盐引发下琼州府，转发于儋、万、崖三州，召商以米，于海南各仓中纳，付与盐引，就场支给，庶免漕运之劳。"于是命户部定其米数，琼州府每引米二石，儋州米一石八斗，万州米一石五斗。（《洪武实录》卷一一五，第四页）

洪武十年十二月庚申，命晋王府所牧官羊，悉令护卫牧养。先是晋府官羊累年散于州县牧畜，羊之孳生息耗不一，有司律以常数，勾稽督责，吏缘为奸，民病之。至是上闻之，故有是命。（《洪武实录》卷一一六，第六页）

洪武十年十二月癸酉，太仆寺奏："孳生马二万一千八百一十六匹。"（《洪武实录》卷一一六，第八页）

洪武十一年春二月丙辰，敕中书省曰："朕初以边戍馈饷劳民，命商人纳粟，以淮浙盐偿之，盖欲足军食而省民力也。今既数年，所输甚薄，军饷不供，岂盐价太重，商人无所利而然欤？尔中书其议减盐价，俾输粟于西河、梅川，庶粮饷可给，而内地之民，省挽运之劳。"于是定拟，凡输粟于凉州卫者，每盐一引，米二斗五升，梅川三斗五升，临洮府七斗，河州四斗。戊午朝日，浚潭沱河。（《洪武实录》卷一一七，第三页）

洪武十一年夏四月辛未，籍凤阳屯田夫为军。先是徙浙西民户无田粮者屯田凤阳，至是籍为军，发补黄州卫。（《洪武实录》卷一一八，第三页）

洪武十一年五月丙子，敕工部臣曰："自古圣王之御天下，武功耆定，则修文教，而不忘武备也。今海宇乂安，生民乐业，宴安鸩毒，古人所戒，克诘戎兵，王者当务，尔工部其以岁造军器之数，著为令。"于是工部定天下岁造军器之数，甲胄之属一万三千四百六十五，马步军刀二万一千，弓三万五千一十，矢一百七十二万；浙江、江西二布政使司各甲胄二千，马步军刀二千，弓六千；湖广布政使司甲胄八百五十，马步军刀一千，弓一千五百，矢二十万；广东布政使司甲胄六百，马步军刀三千，弓一千；广西布政使司甲胄六百，马步军刀二千，弓一千，矢一十五万；河南布政使司甲胄五百，弓一千，矢一十四万；福建布政使司甲胄一千六百，马步军刀二千，弓四千，矢三十万；山东布政使司甲胄六百，弓一千五百；山西布政使司甲胄五百，弓一千；北平布政使司甲胄一千，弓五千二百一十二；直隶湖州府甲胄二百五十，（马）步军刀一千，弓七百，矢一十万；松江府甲胄三百，步军刀一千，弓八百，矢一十万；嘉兴府甲胄二百五十，马步军刀一千，弓八百，矢一十万；苏州府甲胄三百，步军刀一千，弓八百，矢一十万；太平府甲胄一百五十，步军刀五百，弓三百，矢五万；徽州府甲胄二百，步军刀一千，弓一千，矢一十万；广德州甲胄一百，步军刀四百，矢三万；镇江府甲胄二百，马军刀六百，弓七百六十，矢一十万；宁国府甲胄三百，步军刀一千，弓七百，矢一十万；庐州府甲胄一百五十，步军刀四百，弓二百八十八，矢五万；淮安府甲胄三百，步军刀五百，弓三百，矢一十万；扬州府甲胄二百二十，弓二百；安庆府甲胄一百四十五，步军刀六百；常州府甲胄二百，弓一百五十；池州府甲胄一百五十。（《洪武实录》卷一一八，第四页）

洪武十一年五月己亥，以羽林左卫指挥使张铨、武德卫指挥使孙恪、留守卫指挥使谢熊、兴化卫指挥同知张德俱为大都督府佥事，辽东都指挥马云为凤阳行大都督府佥事，各赠赐公田一千石。（《洪武实录》卷一一八，第五页）

洪武十一年秋七月己亥，遣光禄寺少卿徐英以茶、纸、衣服往罕东市马，得马四百六十九匹。（《洪武实录》卷一一九，第三页）

洪武十一年九月戊寅，吉安侯陆仲亨、汝南侯梅思祖，赴召违期，法司劾之。上命收仲亨公田，停思祖岁俸。以应天府上元县官民田，为司菜局蔬圃，官田除租，民田给其直。（《洪武实录》卷一一九，第五页）

洪武十一年九月丙申，中书省奏减各处中纳淮浙盐米数，河中府引减四斗，河东及岷州减三斗。从之。赐河南等卫指挥周岩等八十一人公田米二万二千一百四十石。凡为事复职及新除未立功者不给，其有祖父殁于王事、子孙袭职者，或父子皆亡，或父亡有子者，或子幼未立战功，或在任有犯笞赎罪名，或虽有战功而犯私罪，或初归附者，或无后而养子承袭者，命兵部列名以闻，惟有过者不给，余皆给之。（《洪武实录》卷一一九，第七页）

洪武十一年十二月辛丑，上以苏、松、嘉、湖、杭五府之民屡被水灾，艰于衣食，命悉罢五府河泊所，免其税课，以其利与民。今岁鱼课未入征者，亦免之。（《洪武实录》卷一二一，第三页）

洪武十二年春正月乙亥，罢天下盐运司批验所，凡三十有二。（《洪武实录》卷一二二，第一页）

洪武十二年二月壬子，礼部尚书朱梦炎言："《祖训录》已定公主、郡主、县主岁赐禄米之数，其有过长子者，今宜从其父之品秩食禄，而不任事，如驸马从一品，郡主之夫从二品，县主之夫从三品，

其子当食其父之品禄。"从之。丁巳，置济宁府城武县税课局。（《洪武实录》卷一二二，第五页）

洪武十二年三月壬申，山西布政使华克勤言："大同蔚、朔诸州，岁造军士战袄，俱令民间缝制，散给军士，长短不称，往往又令改制，徒费工力。乞令每衣一件，定所布缕等物若干，给军士自制为便。"上是其言，仍命陕西、北平、辽东诸边卫通行之。辛巳，置长沙府茶陵铁冶所。壬午，置广信府贵溪县税课局。置莱州府胶州仓，设大使一员。（《洪武实录》卷一二三，第二页）

洪武十二年三月丙申，敕曹国公李文忠、西平侯沐英等曰："中国所乏者马，今闻军中得马甚多，宜趁此青草之时，牧养壮盛，悉送京师，犏牛则于巩昌、平凉、兰州、洮河之地牧之，所获西番土酋遣人送至，毋容在彼为边患也。"（《洪武实录》卷一二三，第四页）

洪武十二年夏四月乙巳，置徐州丰县税课局。丁巳，置内府尚衣、尚冠、尚履三监，针工、皮作、巾帽三局，甲、乙、丙、丁四库，改尚佩局为尚佩监。（《洪武实录》卷一二四，第一页）

洪武十二年五月庚午，上召工部臣谕之曰："工匠久役京师，其中宁无缺食衣者，各计工给钞，悉遣还家。"（《洪武实录》卷一二四，第三页）

洪武十二年五月乙卯，置济宁府金乡县税课局。（《洪武实录》卷一二四，第三页）

洪武十二年八月丙子，改蕲州守御千户所为蕲州卫指挥使司，以无粮民丁屯田凤阳者为军，以实之。庚辰，赐太原中护卫军士校尉七千六百余人，白金八千二百余两，钞二万四千余贯，钱二千四十一万六千余贯。（《洪武实录》卷一二六，第一页）

洪武十二年八月丁亥，遣使赍敕谕宋国公冯胜。时胜督工建周王宫殿于开封府，将以九月兴役，上以其时民当种麦，敕谕之曰："中原民食所恃者二麦耳。近闻尔令有司集民夫，欲以九月赴工，正当播种之时而役之，是夺其时也。过此则天寒地冻，种不得入土，来年何以续食。自古治天下者，必重农时，朕封建诸子，将以福民，今福未

及施，而先夺农时，朕恐小民之怨咨也。敕至即放还，俟农隙之时，赴工未晚也。"（《洪武实录》卷一二六，第三页）

洪武十二年冬十月丁卯，给鞍辔局匠一百四十人钞，遣还乡。（《洪武实录》卷一二六，第五页）

洪武十二年十二月戊寅，上以工匠之役于京者，多艰于衣食，命工部月给米赡之，有妻子者一石，无者六斗，其魇魅获罪免死罚输作者，不在是例。凡给粮工匠四千七百一十三人，不给者一百四十九人。（《洪武实录》卷一二八，第一页）

洪武十二年十二月壬辰，兵部奏市马之数，秦、河二州茶马司以茶市马一千六百九十一匹，庆远裕民司以银盐市马一百九十二匹。（《洪武实录》卷一二八，第六页）

洪武十三年春正月庚子，命工部遣官督太仓、镇海、苏州三卫官军造海船一百六十六艘，以备海运。（《洪武实录》卷一二九，第五页）

洪武十三年春正月丁未，罢铁甲、弓箭、毛皮、织染、神帛等局。罢军需库，置军器局，专典应用军器，凡军一百户，铳十，刀牌二十，弓箭三十，枪四十。罢龙江分司，置龙江提举司。庚戌，遣使核天下仓库畜积多寡之数。癸丑，罢礼部备用库书画库、凤阳行工部营造提举分司储用库盐运司纲官押运。（《洪武实录》卷一二九，第七页）

洪武十三年春正月庚申，湖广布政使司言："商人纳粟靖州、崇山二卫，中盐者每米二石，给淮盐一引，米贵盐轻，而商人稀少，宜减价以便之。"乃命减旧则四之一。辛酉，吏部言："天下税课司、局，岁收课额米不及五百石者，凡三百六十有四，宜罢之，从府州县征其课为便。"从之。（《洪武实录》卷一二九，第七页）

洪武十三年二月壬戌朔，发丹验符天下金谷之数。（《洪武实录》卷一三〇，第一页）

洪武十三年二月丁丑，命户部以重定内外文武官岁给禄米俸钞之制，勒于石。敕曰："……其制以岁计：正一品禄米千石，从一品九百石，正二品八百石，从二品七百石，正三品六百石，从三品五百石，正四品四百石，从四品三百石，皆给与俸钞三百贯。正五品二百二十石，从五品一百七十石，俸钞皆一百五十贯。正六品一百二十石，从六品一百一十石，俸钞皆九十贯。正七品百石，从七品九十石，俸钞皆六十贯。正八品七十五石，从八品七十石，俸钞皆四十五贯。正九品六十五石，从九品六十石，俸钞皆三十贯。"（《洪武实录》卷一三〇，第二至三页）

洪武十三年二月丁亥，户部奏定文移减繁之式："凡天下郡县如岁终所报户口，户绝者，明言其故，有拆合者，有司裁定之，不必申请。但五年一具册申部。若租税课程，则通类申部征收，既足则别具通关申报，改科者则具所由。其各卫所给军士粮草，则以簿籍军士之名，及听支之数，有司库藏所收，每以岁终起解至京，畿内郡县径送内藏，达数于部。在外税课司局官考满，就以任内所征课数申呈郡县，郡县稽其籍，以次申部注代。天下有司仓库金谷钱帛，其陕西、北平、四川、山东、山西五布政司供给军需者，两月一报，其余布政司并直隶府州，半年一报。大军盐粮口粮，学生、乐舞生食米，按月斋支。各卫军士，凡有给赐之物，都府籍其名数，送部转下仓库支给，如转输粮储，各布政司会计缺粮之处，以邻近有余者拨运，不须申请，惟以所拨郡县之数具报。"从之。戊子，罢蓝靛所。（《洪武实录》卷一三〇，第三页）

洪武十三年三月壬辰朔，命户部减苏、松、嘉、湖四府重租粮额。上谓之曰："天地生物，所以养民，上之取民，不可尽其利也。夫民犹树也，树利土以生，民利食以养，养民而尽其利，犹种树而去其土也。比年苏、松各郡之民，衣食不给，皆为重租所困，民困于重租，而官不知恤，是重赋而轻人，亦犹虞人反裘而负薪，徒惜其毛，不知皮尽而毛无所传，岂所以养民哉！其赋之重者，宜悉减之。"于是旧额田亩科七斗五升至四斗四升者，减十之二，四斗三升至三斗六升者，俱止征三斗五升，以下仍旧。自今年为始，通行改科。癸巳，诏以京卫军士充公侯仪仗户。韩国公李善长、魏国公徐达，皆二十户，曹国公李文忠等十九户。侯皆十五户。先是以京民充之，近因善长以老疾辞仪从，故命易以军士，仍给之。(《洪武实录》卷一三〇，第四页)

洪武十三年三月丙申，命湖广崇山卫指挥佥事杨仲名督将士屯田。戊戌，革户部印引局，其印造茶盐引由、契本，以照磨兼掌之。(《洪武实录》卷一三〇，第五页)

洪武十三年三月壬子，礼部奏以新定官禄勒石，乃言："天下教官则有学正、教谕、训导，首领官则有提控、案牍、吏目、典史，近以教官、首领官，未入流品，例称杂职，今宜以教官、首领官，列于杂职之外，庶不混淆。于是教官、首领官、杂职官列为三等，亦勒之于石。教官之禄，州学正月米二石五斗，县教谕月米二石，府州县训导月米二石。首领官之禄，凡内外衙门，提控、案牍、州吏目、县典史，皆月米三石。杂职之禄，凡在京并各处仓库、关场、司局、铁冶，各处递运批验所，大使月米三石，副使月米二石五斗，河泊所官，月米二石，牐坝官月米一石五斗。"(《洪武实录》卷一三〇，第九页)

洪武十三年三月癸丑，两浙都转盐运司使，运使吕本言："稽之往代，煮海为盐，始于管仲，晏婴继之。西汉转其利，而禁私鬻。东汉弛其禁，而听入税。唐刘晏设转运之法，而盐利益兴。宋仁宗朝给亭户官本，而盐法愈密。元承宋制，岁给工本，置转运司，各场置令丞管勾，掌盐出纳，所给工本有多寡，而煎盐有难易。国初委官稽考，仍依旧额输官，以四百斤为一引，官给工本米一石，以米价低昂为准，兼支钱钞，以资灶民。然其间有丁产多而额盐少者，有丁产少而额盐多者，未经核实。今与各道分司，即盐场所属地方，验其丁产之多寡，随其地利之有无，官田草荡，除额免科，薪卤得宜，约量增额，分为等则，逐一详定。永嘉等二十场，增盐千四百五十七引，下沙等十一场，增盐万七千二百九十引，许村等四场，减盐六千八百三十七引，损益相较，实增盐万一千九百引，约量均平，实为民便。"诏从之。(《洪武实录》卷一三〇，第九页)

洪武十三年夏四月壬申，命官检校在京诸仓，及在外府州仓粮储之数。（《洪武实录》卷一三一，第一页）

洪武十三年夏四月庚辰，山东都转盐运使司奏："所辖一十九场，灶夫二万三千二百六十四丁，为盐四万七千三百七十三引有奇。"（《洪武实录》卷一三一，第一页）

洪武十三年五月乙未，诏告天下曰："……间者宰辅非材，肆奸乱政。……可大赦天下，除十恶不宥外，洪武十三年五月初三日以前，已未发觉结正，罪无大小，咸赦除之。军民已有定籍，敢有以民为军乱籍以扰吾民者，禁止之。自洪武初至十二年终，军民逋逃，追捕未获者，勿复追。太平、镇江、宣城、广德、滁、和今岁夏秋税粮免其征。山西民为军者，二万四千余户，悉还为民。"丙申，诏释在京及临濠屯田输作者。己亥，户部言："初造大明宝钞，文曰：中书省奏准印造，今既罢中书升六部钞印，改中书省为户部，宜申谕天下军民，无分中书、户部，一体行使。其行用库收换昏钞之法，本以便民，然民多缘法为奸诈，每以堪用之钞辄来易换者，自今钞虽破软，而贯佰分明，非挑描剜补者，民间贸易，及官收课程，并听行使；果系贯佰昏烂，方许入库易换，工墨直则量收如旧，在京一季，在外半年送部，部官同监察御史覆视有伪妄欺弊者，罪如律。仍追钞偿官。但在外行用库，裁革已久，今宜复置。凡军民倒钞，令军分卫所，民分坊厢，轮日收换，乡民商旅，则各以户贴路引为验。"从之。诏免天下今年田租。（《洪武实录》卷一三一，第四页）

洪武十三年五月己亥……迁工部侍郎刘敏为刑部侍郎。……敏河间肃宁县人，为中书吏时，暮以小车出龙江市芦苇，旦载于家而后入隶事，妻以芦织席，鬻以奉母，人或瞰亡以青瓷器遗其家者，敏悬于梁，俟其复来竟还之。为楚相府录事，值中书以没官女妇给文臣家，众咸劝其请给以事母，敏固辞曰："事母子妇事，何预他人。"及奸权事败，敏独无所与，人称其有行识云。（《洪武实录》卷一三一，第五页）

洪武十三年五月乙巳，监察御史章良等言："近者诏告天下，十恶之外，罪无大小，咸赦除之，而屯田役作者，未蒙赦宥，是仁恩有所未遍也；愿释令还乡，使均沾圣泽，则天下幸甚。"上曰："此奉行者之失也。自十恶外，罪无大小皆赦之，何独屯田役作者不释，亟命放遣之。"（《洪武实录》卷一三一，第六页）

洪武十三年六月庚申朔，太原、大同二府言："郡地旧以多碱，民煮为盐，自宋金以来输课于官。凡大口月入米三升，小二升。国朝洪武三年，始征其课，而皆减米一升。洪武五年，以二郡民贫地瘠，艰于输米，悉免其征。今已七年，而户部复欲循旧例征课，恐民力不堪。"上是其言，命户部即蠲之。叙州、重庆二府言："今年夏税，令民以绢代，丝土产粗丝，不堪织绢，愿以布代输为便。"许之。癸亥，命凤阳、扬州二府，及和州之民，畜官马一匹者，户免二丁徭役。（《洪武实录》卷一三二，第一页）

洪武十三年六月戊寅，上谕户部臣曰："曩者奸臣聚敛，深为民害，税及天下纤悉之物，朕甚耻焉。自今如军人嫁娶丧祭之物，舟车丝布之类，皆勿税。尔户部其榜示天下，使其周知。"甲申，湖州府长兴县民输夏税丝入京，户部择其粗且类者，得四百三十斤，奏将罪之。上曰："小民艰苦如此，若加以罪，而复征之，则民愈困矣。丝粗岂无所用哉？命释之。"（《洪武实录》卷一三二，第三页）

洪武十三年六月甲申，罢天下抽分竹木场。（《洪武实录》卷一三二，第三页）

洪武十三年秋七月壬辰，上谕户部曰："陕西地接羌、戎，桑麻非其所产，民生服用，皆仰给于他郡。今岁秋粮既已蠲免，边储不足，若欲转输，必劳民力，宜以官库所有布匹，运至近边之地，令府、州、县视民间时直，更减一分，听民入米、粟、菽、麦以易之，无论官员军士及商，愿易者听。有司或高下其价以欺官损民者，廉问得实，罪之。"诏京官复其家。（《洪武实录》卷一三二，第五页）

洪武十三年秋七月辛丑，罢宝钞提举司，及布政使司检校、照磨、管勾，各都指挥使司，指挥使司都转运盐使司照磨。赐魏国公徐达以下六十四人米，各五百石。（《洪武实录》卷一三二，第六页）

洪武十三年八月戊寅，诏罢松州卫指挥使司。时上以松州卫远在山谷，军士屯种不足以给，而劳民馈饷，故命罢之。未几，指挥耿忠经略其地，奏言松州为番蜀要害之处，军卫不可罢，命仍复置卫。丁亥，福建布政使司言："泉州府惠安、德化二县归附之初，因降臣主簿张子安以旧征秋粮，妄增田亩，凡民户有粮一石者，虚作田四十亩，驿夫户有粮一石者，虚作田八十四亩，其间虚报之数五百三顷三十亩，为粮三千余石，久为民病，愿核实除去虚数。"诏从之。（《洪武实录》卷一三三，第二页）

洪武十三年九月戊戌，兵部奏："河州茶马司市马，用茶五万八千八百九十二斤，牛九十八头，得马二千五十匹。"（《洪武实录》卷一三三，第四页）

洪武十三年冬十月甲戌，罢四川白渡、纳溪二盐马司及阜民司，仍以白渡、纳溪之盐易棉布，遣使入西羌市马。乙亥，致仕兵部尚书单安仁言："由大江入黄泥滩口，过仪真县南坝，入转运河，自南坝至朴树湾约三十里，宜浚以通往来舟楫。其湖广、江西等处，运粮船可由大江黄泥滩口入转运河，过淮安坝以达凤阳及迤北郡县，其两淮盐运船可由扬子桥过县南滩，入黄泥滩，出江以达京师；其浙江等处运粮船可从下江入深港，过扬子桥，至转运河，过淮安坝以达凤阳。凡运砖木之船，皆自瓜州过堰，不相混杂。如是则官船无风水之虞，民船无停滞之患。其转运河及江都县深港，亦宜考其故道而疏浚之。又瓜州所建仓廒，地边大江风潮不测，莫若苦以渐移入扬子桥西高阜之地，于计为便。"上曰："所言虽善，然恐此役一兴，未免重劳民力，姑缓之。"（《洪武实录》卷一三四，第二页）

洪武十三年十二月辛巳，赐出征将士钞锭，公侯百锭，都督五十锭，指挥三十锭，千户以下及军士有差。（《洪武实录》卷一三四，第七页）

洪武十四年春正月壬子，罢造兵器。时天下府县卫所，岁造甲胄弓矢之属，民多劳扰，上以四方宁谧，当与民休息，故命罢之。（《洪武实录》卷一三五，第三页）

洪武十四年二月癸酉，命刑部更定徒罪，煎盐炒铁例。凡徒罪煎盐者，福建、广西之人，发两淮；河南、山东、广东之人，发两浙；直隶江南、浙江之人，发山东；直隶江北之人，发河间；湖广之人，发海北。凡徒罪炒铁者，江西之人，发泰安、莱芜等处；山西之人，发巩昌；北平之人，发平阳；四川之人，发黄梅；海南、海北之人，发进贤、兴国。（《洪武实录》卷一三五，第五页）

洪武十四年二月庚辰，命户部核实天下官田。（《洪武实录》卷一三五，第六页）

洪武十四年三月己丑，苏州民以官船运木入京，而附载私物，有司请罪之。上曰："贫民运木劳苦，以私货贸易为路费耳，释之。"（《洪武实录》卷一三六，第二页）

洪武十四年三月癸卯，户部奏定永平、登州中盐法："凡商人于永平输粟一石二斗者，给淮盐一引，一石一斗者，给浙盐一引，四石者，给河间盐一引；登州输粟一石者，给浙盐一引。"从之。乙巳，置辽东税课司，隶都司。（《洪武实录》卷一三六，第四页）

洪武十四年夏四月戊寅，给北平、陕西、山西诸卫士卒布绢棉花。己卯，北平布政使司言："民间旧输焰硝，近岁未征，请岁输如故。"上曰："此但攻战用之耳，今天下安宁，无事兵革，宜罢输。且方面大臣，凡事关大体，有益于国与民者，则当言之，此何必言。"因命该部移文谕之，今后若此类者，皆勿复征。（《洪武实录》卷一三七，第三页）

洪武十四年秋七月戊戌，革工部杂作局。（《洪武实录》卷一三八，第四页）

洪武十四年九月癸未，遣西域僧古麻辣室哩、山丹室哩等还国。先是西域僧板的达，同其徒古麻辣室哩等十二人，自中印度来朝，命游五台山，凡六年，还京师，居钟山佛寺，既而板的达死，至是古麻辣室哩等乞归西域。上敕礼部曰："昔板的达时来，观其资貌端洁，戒行精慎。朕甚嘉之。及居中国甚久，吾中国僧俗亦重其善行，板的达死，而古麻辣室哩等笃奉师教，敬如存日，可谓不背其师者矣。今乞归本国，且欲以所历中国风土人物归，语其国王，使王不出户庭，坐知中国之盛，特赐僧号曰孝净戒师，俾西还。凡经历诸国及诸酋长，或问僧何来，所历者几，僧必具言，使彼知之。且僧来时，朕常询其所历之地，闻其景物多异，朕亦喜焉，况彼闻吾中国之大者乎？尔礼部备录朕谕，俾僧持归，仍令所至诸国及诸酋长遇僧至，宜善送之。"（《洪武实录》卷一三九，第二页）

洪武十四年冬十月甲子，四川威、松、茂州三卫以茶姜布纸易马，送京师。己巳，禁濒海民私通海外诸国。户部尚书徐辉言："开封府祥符等八县及陈州被水灾民六千七百八十九户，田没于水二千四百四十二顷九十七亩。"诏免其粮凡二万六千一百三十四石，绵花一百八十四斤。（《洪武实录》卷一三九，第七页）

洪武十四年十二月乙卯，置庄浪、西宁马驿四，庄浪卫二，曰在城，曰大通河，西宁卫二，曰在城，曰老鸦城，每驿给以河州茶马司所市马十匹，以兵士十一人牧之，就屯田焉，僧宗泐还自西域，俄力思军民元帅府，巴者万户府，遣使随宗泐来朝，表贡方物。（《洪武实录》卷一四〇，第五至六页）

洪武十四年十二月庚辰，天下官民田计三百六十六万七千七百一十五顷四十九亩，岁征麦米豆谷二千六百一十万五千二百五十一石，钱钞二十二万二千三十六贯，丝绵、绵花、蓝靛一百三万六百二十九斤。兵部奏茶盐银布易马之数："秦、河二州，以茶易一百八十一匹，纳溪、白渡二盐马司以盐布易二百匹，洮州卫以盐易一百三十五匹，庆远裕民司以银盐易一百八十一匹，凡得马六百九十七匹。"（《洪武实录》卷一四〇，第九页）

洪武十五年春正月乙未，爪哇国遣僧阿烈阿儿等，奉金表贡黑奴男女一百一人，大珠八颗，胡椒七万五千斤，诏赐绮帛衣钞有差。（《洪武实录》卷一四一，第四至五页）

洪武十五年春正月庚戌，是月延安侯唐胜宗、右军都督金事张德，以平衢、处、温三府山寇，人赐田一庄。……为子孙世禄。（《洪武实录》卷一四一，第五页）

洪武十五年二月庚午，荆州府言："归州巴东县逋租，请以钞代输。"许之。（《洪武实录》卷一四二，第四页）

洪武十五年二月乙亥，上以大军征南，兵食不继，命户部令商人往云南中纳盐粮以给之。于是户部奏定商人纳米给盐之例："凡云南纳米六斗者，给淮盐二百斤，米五斗者，给浙盐二百斤，米一石者，给川盐二百斤。普安纳米六斗者，给淮、浙盐二百斤，米二石五斗者，给川盐二百斤。普定纳米五斗者，给淮盐二百斤，米四斗者，给浙盐二百斤，川盐如普安之例。乌撒纳米二斗者，给淮、浙盐皆二百斤，川盐亦如普安之例。"（《洪武实录》卷一四二，第六页）

洪武十五年闰三月丁巳，宁夏卫卒薛理言："本卫军士月盐二斤于小盐池仓支给。其地隔越黄河，去宁夏三百余里，往还须半月，计其负戴道路之费，得盐无几，定州旧有盐池，去宁夏一百里，若于此取盐为便。"从之。（《洪武实录》卷一四三，第四页）

洪武十五年闰三月丁丑，征南将军颍川侯傅友德等遣人至京奏事。先是上谕友德等以云南既平，留江西、浙江、湖广、河南四都司兵守之，控制要害。考元时所留兵数并计岁用及税粮徭役之法，与凡事之便宜以闻。至是友德等奏："自元世祖至今百有余年，屡经兵燹，图籍不存，兵数无从稽考，但当以今之要害，量宜设卫以守。其税粮，则元司徒平章达里麻等尝言元末土田，多为僧道及豪右隐占，今但准元旧则，于岁用有所不足，已督布政司核实，云南、临安、楚雄、曲靖、普安、普定、乌撒等卫，及霑益、盘江等千户所，见储粮数一十八万二千有奇，以给军食，恐有不足，宜次今年府州县所征并故官寺院入官田及土官供输，盐商中纳，戍兵屯田之入，以给之。"上可其奏。（《洪武实录》卷一四三，第八页）

洪武十五年夏四月庚辰朔，享太庙。辛巳，廉州府巡检王德亨上言："家本阶州，界于西戎，有水银坑冶，及青绿紫泥，愿得兵取其地以归于朝。"上谓户部臣曰："尽力求利，商贾之所为，开边启衅，帝王之深戒。今珍奇之产，中国岂无，朕悉闭绝之，恐此途一开，小人规利，劳民伤财，为害甚大。况控制边境，贵于安靖，苟用兵争

利，扰攘不休，后虽悔之，不可追矣。此人但知趋利，不知有害，岂可听也。"（《洪武实录》卷一四四，第一页）

洪武十五年夏四月壬辰，免浙江、江西、河南、山东、直隶府、州税粮。诏曰："惟皇上帝，眷我生民，自统一以来，虽暂有雨旸之愆，而未至凶荒，然每念江左之民，减衣薄食，助我兴王，供亿浩繁，勤劳特甚。其江西、浙江次第归附，及定中原，越大江，达淮河，漕河南之粟，以抵北平，劳亦甚矣。近年以来，二布政司并直隶府州县官吏粮长，不恤小民，皆以逮问。其今年夏秋税粮，尽行蠲免，官田减半征收。河南、山东之民，淳厚笃实，毕力田亩，无有巧取、愚强凌弱之患，然山东东给辽阳，北给北平，河南北供山西，西入关中，劳费亦均，其今年夏秋税粮一例优免。"癸巳，工部尚书赵俊奏：饰东宫殿宇及公主府所用青绿，请令民采办。上曰："姑随所有用之，勿劳民也。"俊曰："库藏所贮，恐不足用，且令其采办，以价直给之，亦不伤民。"上曰："青绿产于深山穷谷，民岂能自采，必待赈鬻而后得之，尔但知给以价直，不知有司急于取办，未免过于督责，而吏卒夤缘肆贪，所得之直，不偿所费。况货殖之人，乘时射利，高价以售，民受驱迫者急于应办，转为借贷，其弊百端，为害滋甚，岂可以粉饰之故，而重扰民乎？"（《洪武实录》卷一四四，第三页）

洪武十五年夏四月丙午，户部奏："天下郡县所进赋役黄册，丁粮之数，类多错误，请逮问之。"上曰："里胥或不谙书算，致有错误耳，若罪之，则当逮者众，且以郡县之广，人民赋税之繁，其间岂无误者？令官为给钞市纸笔，再造以进，复有错误，然后罪之。"（《洪武实录》卷一四四，第五页）

洪武十五年夏四月丁未，赐宁国卫指挥佥事陆达上元县新亭乡田地山塘三顷四十三亩。（《洪武实录》卷一四四，第五页）

洪武十五年五月甲戌，给松江等府工匠仓夫钞五千四百三十九锭。丙子，广平府吏王允道言："磁州临水镇地产铁，元时尝于此置铁冶都提举司，总辖沙窝等八冶，炉丁万五千户，岁收铁百余万斤，请如旧置冶铁。"上曰："朕闻治世，天下无遗贤，不闻天下无遗利，且利不在官则在民，民得其利，则利源通，而有益于官；官专其利，则利源塞，而必损于民。今各冶铁数尚多，军需不乏，而民生业已定，若复设此，必重扰之，是又欲驱万五千家于铁冶之中也。"杖之流海外。龙虎卫百户王英，督造海舟于昌国县，俄有大鱼一，铁力木二，各长三丈五尺，漂至沙上，因以鱼取油七百余斤，木制柁为用。事闻，上曰："此天所以苏民力也。"安南陈炜遣其大中大夫谢师言等奉表，进阍者十五人。赐师言等钞锭。河南布政使司请建钟楼。上从之。因命自今凡有劳民之事，必奏请而后行，毋擅役吾民也。(《洪武实录》卷一四五，第五页)

洪武十五年五月丁丑，士卒馈运渡海，有溺死者，上闻之，命群臣议屯田之法。谕之曰："昔辽左之地，在元为富庶，至朕即位之二年，元臣来归，因时任之，其时有劝复立辽阳行省者，朕以其地早寒，土旷人稀，不欲建置劳民。但立卫以兵戍之，其粮饷岁输海上，每闻一夫有航海之行，家人怀诀别之意，然事非获已，忧在朕心，至其复命士卒无虞，心方释然，近闻有溺死者，朕终夕不寐，尔等其议屯田之法，以图长久之利。"(《洪武实录》卷一四五，第六页)

洪武十五年六月壬辰，云南志书成。初云南既克，上命置布政使司、都指挥使司，改所属诸路为府，其州县仍其旧名，设官吏以抚安其民，复命儒臣考按图籍及前代所有志书更定而删正之，通六十一卷，至是始成。(《洪武实录》卷一四六，第二页)

洪武十五年七月壬子，给饶州等府工匠钞一千九百余锭。(《洪武实录》卷一四六，第三页)

洪武十五年九月乙亥，赐驸马都尉李祺、梅殷宅，人一区，江西田租，人二千石。(《洪武实录》卷一四八，第九页)

洪武十五年冬十月癸未，命兵部以钞给赐江北养马人户。(《洪武实录》卷一四九，第二页)

洪武十五年冬十月癸卯，湖州民进新栗，虑有损，别贮他栗为备，中途私启缄视，有损者易之，及进，所司以其窃启封缄问坐，弃毁御用物，当杖而徒。上曰："原其情无他，若坐以此律，是以法伤人，而不究其情也。命释之。"（《洪武实录》卷一四九，第四页）

洪武十五年十一月丙午朔，置云南盐课提举司，所属盐课司凡兰州、盐井等处，岁办大引盐一万七千八百七十引有奇。（《洪武实录》卷一五〇，第一页）

洪武十五年冬十一月丙辰，命天下卫所军士所给月盐，以钞代之。时西安卫千户宋寿领河东盐六千四百余斤，以给军士，侵欺三千二百余斤。事闻，上命户部悉准盐价给钞，免致所司为奸。于是户部定议：京卫军士仍旧给盐，外卫以钞代之。丁巳，上谕五军都督府臣曰："近福建行都司及建宁左卫守御官，不奉朝命，辄役军士伐木修建城楼，因而私营居室，极其侈靡。军士富者，责其纳钱免役，贫者重役不休，今军士忿抑来诉，已令法司逮问，五军都督府宜榜谕天下都司，自今非奉命不得擅兴营造，私役军士，违者，或事觉，或廉得其状，必罪之，削其职。"（《洪武实录》卷一五〇，第一页）

洪武十五年冬十一月丁卯，上命户部榜谕两浙、江西之民曰："为吾民者，当知其分，田赋、力役出以供上者，乃其分也；能安其分，则保父母妻子，家昌身裕，斯为忠孝仁义之民，刑罚何由而及哉。近来两浙、江西之民，多好争讼，不遵法度，有田而不输租，有丁而不应役，累其身以及有司，其愚亦甚矣；曷不观中原之民，奉法守分，不妄兴词讼，不代人陈诉，惟知应役输租，无负官府，是以上下相安，风俗淳美，共享太平之福。以此较彼，善恶昭然。今特谕尔等，宜速改过从善，为吾良民，苟或不悛，则不但国法不容，天道亦不容矣。"于是户部以所谕，颁于浙江、江西二布政使司及府州县，永为遵守。（《洪武实录》卷一五〇，第四页）

洪武十五年十二月庚寅，工部奏："是岁造完马鞍六万二千二百九十。"上曰："皆民力也。其慎藏之，以备武用。"辛卯，上谕都督府臣曰："北平大水伤稼，屯田士卒不能自养，宜即命都指挥使司，月给米赈之，勿令士卒有饥色也。"丙申，户部奏定安宁盐井中盐法："凡募商人于云南、临安二府输米三石，乌撒、乌蒙二府输米二石八斗，霑益州、东川府输米三石五斗，曲靖府输米二石八斗，普安府输米一石八斗者，皆给安宁盐二百斤。"戊戌，吏部奏定河泊所官制："凡天下河泊所二百五十二，岁课米五千石之上至万石者，设官三人；千石之上者，设二人；三百石之上者，设一人。"制可。（《洪武实录》卷一五〇，第七页）

洪武十五年十二月辛丑，济南、青州、莱州三府奏："岁役民二千六百六十户，采铅三十二万三千四百余斤，及今岁久，凿山愈深，而得铅愈少，乞停其役。"上曰："为物劳民，非善政也，其即罢之。"兵部奏市马之数："秦、河、洮三州茶马司及庆远裕民司市马五百八十五匹，广东、四川二布政使司市马五百六十五匹。"（《洪武实录》卷一五〇，第八页）

洪武十六年春正月辛酉，敕谕松州卫指挥佥事耿忠曰："西番之民，归附已久，而未尝责其贡赋，闻其地多马，宜计其地之多寡以出赋，如三千户则三户共出马一匹，四千户则四户共出马一匹，定为土赋，庶使其知尊君亲，上奉朝廷之礼也。"（《洪武实录》卷一五一，第三页）

洪武十六年夏四月丁丑，松州卫指挥佥事耿忠言："臣所辖松潘等处安抚司，各簇长官司，宜以其户口之数，量其民力，岁令纳马置驿，而籍其民充驿夫，以供徭役。"从之。（《洪武实录》卷一五三，第三页）

洪武十六年夏四月己亥，宁国府宣城县民诉故元官田征租太重，积年逋负一十五万七千六百八十余石，民实贫困，不能输纳，户部以闻。诏自辛丑至洪武十三年逋租，悉皆免征。（《洪武实录》卷一五三，第五页）

洪武十六年五月乙卯，置内府宝钞广源库大使一人，正九品，用流官，副使一人，从九品，用内官；内府宝钞广惠库大使二人，正九品，副使二人，从九品，俱以流官内官兼之，职掌出纳楮币。入则广源库掌之，出则广惠库掌之。（《洪武实录》卷一五四，第一页）

洪武十六年六月辛卯，诏免应天府江浦县，凤阳府临淮、凤阳、定远三县，滁州全椒、来安二县，泗洲天长、盱眙二县，和州含山县，扬州六合、江都、仪真三县，养马户今年田租，民田全免，官田减半征之；复以滁州民贫，特免两岁夏秋税粮。（《洪武实录》卷一五五，第二页）

洪武十六年八月壬午，兵部奏定永宁茶马司以茶易马之价："宜如河州茶马司例，凡上马每匹给茶四十斤，中马三十斤，下马二十斤。"从之。（《洪武实录》卷一五六，第二页）

洪武十六年八月庚子，兵部奏："自应天府浦子口至睢阳，驿凡十一，马四百四十匹。每一驿，上马二十匹，中马十匹，下马十匹。今拟以苏、松、嘉、湖四府之民田粮多者为马户，田四十顷之上者，出上马一匹，三十顷之上者，中马一匹，二十顷之上者，下马一匹。"从之。九月甲辰，敕谕户部曰："数年以来，颇致丰稔，闻民间尚有衣食不足者，其故何也，岂徭役繁重，而致然欤？抑吏缘为奸，而病吾民欤？今岁丰而民犹如此，使有荒歉，又将如何？四民之中，惟农最苦，有终岁勤动而不得食者，其令有司务加存抚，有非法苛刻者，重罪之。"丙午，给四川等都司所属士卒五十二万四千余人绵布九十六万一千四百余匹，绵花三十六万七千三百余斤，钞七十四万七千一百余锭。（《洪武实录》卷一五六，第三页）

洪武十六年八月癸亥，山东鱼户以累年匿税课，逮至京，都察院论罪当流者六十人。上曰："商人匿税，自昔有之，况贫民乎？其悉宥之。"（《洪武实录》卷一五六，第四页）

洪武十七年春正月壬寅，应天府言："京师大中、升平、幕府、金川、百川、云集六桥年久将坏，请修治之。"上以东作方兴，恐妨农务，命犯法者输作赎罪，官给其费。癸卯，享大庙。陕西泰州卫奏修城隍，请兼军民为之。上谕都督府臣曰："修治城隍，借用民力，盖权时宜，役之于旷闲之月耳。今民将治田之时，而欲兼用其力，失权宜之道，止令军士修理，毋得役民。"（《洪武实录》卷一五九，第一页）

洪武十七年春正月辛亥，保定府奏请修治沾翁、月样、白沟、瓦桥四桥。从之。仍诏官给其费。户部尚书栗恕言："两淮、两浙盐，每引官给工本钞二贯五百文，河间、广东、海北、山东八百文，四川七百文，福建每引上色者七百文，下色者六百文，煎盐之力则一，而工本钞有不同。今拟淮、浙工本如旧，河间、广东、海北、山东、福建、四川每引均给钞二贯。"从之。（《洪武实录》卷一五九，第三页）

洪武十七年春正月甲寅，工部尚书麦至德言："天下工匠，多有隐为民籍而避役作者，宜起至京，役之。"上以匠籍既定，不可复扰于民，不听。须文达那国使臣俺八儿还，诏赐其国王织金、绮帛各十六匹，及俺八儿绮帛有差。丁巳，命有司凡海外诸国入贡，有附私物者，悉蠲其税。（《洪武实录》卷一五九，第四页）

洪武十七年三月丁未，江夏侯周德兴请决荆州狱山坝，以通水利。从之。由是得溉田，岁增官田租四千三百余石。壬子，命停造宝钞，以国用既充，欲纾匠力故也。（《洪武实录》卷一六〇，第十二页）

洪武十七年夏四月壬午，论平云南功，进封颍川侯傅友德为颍国公。（《洪武实录》卷一六一，第二页）

洪武十七年夏四月壬午，留友德镇北平，岁旱躬自祷雨。又疏陈五事："一转输之法，宜令河间军自长芦运至通州，北平军自通州运入北平城，则民不劳而事集矣。又永平府民接运军储，由雅洪桥至北平，道里颇远，宜通清河涞水故道，漕运用力少，而成功多矣。二流民越境，甚为边患，宜招抚安辑，宽其赋役，优免三年，则民力自苏，彼得安居矣。三古北口等处，兵民一夫守关，二夫供输，有名无实，莫若放还民夫，俾力田亩，各令官军千人代守，彼专其责，则边成宁矣。四关外新附之民，多贫无生理，宜给以衣粮，厚加存恤，则户口日增矣。五北平府县，连年供亿大军，宜少纾其力，使民日富庶，彼将乐于趋事赴功矣。"上嘉其言，寻诏还。（《洪武实录》卷一六一，第三页）

洪武十七年五月辛丑，割云南东川府隶四川布政司。改乌撒、乌蒙、芒部为军民府，而定其赋税：乌撒岁输二万石，毡衫一千五百领；乌蒙、东川、芒部皆岁输粮八千石，毡衫八百领。又定茶、盐、布匹易马之数：乌撒岁易马六千五百匹，乌蒙、东川、芒部皆四千匹，凡马一匹，给布三十匹，或茶一百斤，盐如之。四川永宁宣抚使禄照贡马，诏赐以绮钞。（《洪武实录》卷一六二，第一页）

洪武十七年五月庚戌，云南左布政使吴印等言："新置盐课提举司三，曰白盐井，曰安宁，曰黑盐井。白盐井之地，其人号生蛮，未易拘以盐额，宜设正副提举二人，听从其便。其安宁盐井，月课盐六万三千斤，宜设提举一人，同提举一人，副提举一人，吏目一人。黑盐井月课盐二万九千四百斤，宜设提举一人，同提举一人，吏目一人。"从之。癸丑，以茶赐勋戚之家。（《洪武实录》卷一六二，第一页）

洪武十七年六月戊辰，瞿塘、施州二卫奏："岁用军粮七万五千九百六十六石，而州县岁征之租不及，请以他税足之。"于是户部言："成都、永宁、贵州各卫军士，月给米十之七，盐十之三，今二卫之粮，宜准此例。"从之。（《洪武实录》卷一六二，第三页）

洪武十七年秋七月乙卯，上谕户部臣曰："今天下郡县民户，以百一十户为里，里有长，然一里之内，贫富异等，牧民之官，苟非其人，则赋役不均，而贫弱者受害，尔户部其以朕意，谕各府州县官，凡赋役必验民之丁粮多寡，产业厚薄，以均其力，赋役均则民无怨嗟矣。有不奉行，役民致贫富不均者，罪之。"民有与妻忿争，而裂其钞者，事觉，法司以弃毁制书律罪之。事闻，上曰："彼夫妇一时私忿耳，非有意于毁钞也，宥之。"丙辰，辽东都指挥使司送高丽所进马二千匹至京师。命北平降卒已编入京卫者，悉放为民屯田。（《洪武实录》卷一六三，第四页）

洪武十七年秋七月丁巳，免应天、太平、镇江、宁国府及广德、滁、和州今年官民田租之半。寻又免应天等四府及广德、浙西马草。命苏、松、嘉、湖四府以黄金代输今年田租。诏户部以绵布往贵州，命宣慰霭翠易马，得马一千三百匹。（《洪武实录》卷一六三，第四页）

洪武十七年九月己未，户部言："祥符县地多碱土，自洪武之初，民一户月纳焰硝六十斤，小盐三斤，十一年虽罢，焰硝犹验，丁月纳小盐，诏皆罢之。"上谕户部臣曰："民有田则有租，有身则有役，历代相承皆循其旧。今民愚无知，乃诡名欺隐，以避差役，互相仿效，为弊益甚。自今有犯者，则入其田于官，能自实者，免罪。"庚申，上命户部以山东之盐召商中卖，仍听民买食。尚书郭桓言："青、莱等府局盐，岁收课钞，动以万计，今若从民买食，必亏课额。"上曰："天之生财，本以养民，国家禁防，以制其欲，息其争耳，苟便于民，何拘细利，求以利官，必致损民，宜从其便。"（《洪武实录》卷一六五，第三页）

洪武十七年闰十月癸亥，礼部尚书赵瑁言："自设置僧、道二司，未及三年，天下僧、道已二万九百五十四人。今来者益多，其实假此以避有司差役。请三年一次，出给度牒，且严加考试，庶革其弊。"从之。（《洪武实录》卷一六七，第四页）

洪武十七年十二月己酉，两淮都转运盐使司言："灶户既已验丁煎盐，复应有司徭役，恐防岁课，如蠲其他役，增其盐课，实为民便。"上曰："既免他役而增盐额，与不免同，岂诚心爱民哉？今蠲其杂役，盐额如故。"壬子，云南左布政使张统奏："今后秋租，请以金、银、海贝、布、漆、朱砂、水银之属折纳。"诏许之。（《洪武实录》卷一六九，第三页）

洪武十八年春正月己卯，命天下府、州、县官，第其民户上、中、下三等，为赋役册，贮于厅事，凡遇徭役，则发册验其轻重而役之，以革吏弊。（《洪武实录》卷一七〇，第三页）

洪武十八年二月己酉，赐驸马都尉牛诚公田米二千石。辛亥，赐武定侯郭英米五百石。（《洪武实录》卷一七一，第三页）

洪武十八年五月己丑，上以各处驿传多赋民出赀买马以应役，劳费已甚，其孳息又有司取之，因为奸利以病民。诏兵部尚书温祥卿，凡陕西、山西、北平各驿马，不问官给及民自买，其孳息听其货鬻，勿禁，仍令揭榜谕之。（《洪武实录》卷一七三，第二页）

　　洪武十八年九月戊子，上谕户部臣曰："人皆言农桑衣食之本，然弃本逐末，鲜有救其弊者。先王之世，野无不耕之民，室无不蚕之女，水旱无虞，饥寒不至，自什之一之途开，奇巧之技作，而后农桑之业废，一农执末，而百家待食，一女事织，而百夫待衣，欲人无贫得乎？朕思足食在于禁末作，足衣在于禁华靡，尔宜明天下四民，各守其业，不许游食，庶民之家，不许衣锦绣，庶几可以绝其弊也。"（《洪武实录》卷一七五，第四页）

　　洪武十八年冬十月乙亥，以会稽县知县凌汉为监察御史。湖广常德府奏言："今岁大水，涝伤塘田一千三百五十顷，为租一十万一百十五石，诏并免征。"先是河南水患及山东、北平大雨，涝伤民田。上曰："中原诸州，元季战争受祸最惨，积骸成丘，居民鲜少，朕极意安抚，数年始苏，不幸加以水涝，朕甚悯之。"至是诏，凡被水之处免今年田租，河南二十三万七千五百余石，山东、北平二百五十五万五千九百余石。（《洪武实录》卷一七六，第三页）

　　洪武十八年十二月己丑，命户部，凡天下有司禄米以钞代给之，每钞二贯五百文代米一石。（《洪武实录》卷一七六，第四页）

　　洪武十八年十二月丁巳，太仆寺奏："滁阳等八监，是岁籍马，凡二万五千九百一十五匹。秦州、河州茶马司及叙南、贵州、乌撒、宁川、毕节等卫市马，六千七百二十九匹。"罢各布政使司煎炼铁冶，以其劳民故也。（《洪武实录》卷一七六，第五页）

　　洪武十九年春正月丙寅，赐驸马都尉欧阳伦凤阳、定远县故官土田。戊寅，武昌府奏："所属通城、崇阳皆山县，不通舟楫，每岁税粮艰于转输，请折收布帛以便民。"从之。己卯，罢四川永宁茶马司。甲申，云南左布政使张纮言："旧例商人纳米于金齿者，每一斗给盐一引，以谷准米者听。以是商旅辐辏，储偫充溢，其后有司不许输谷，由是商人少至，军饷弗给，请仍其旧。"从之。（《洪武实录》卷一七七，第二页）

　　洪武十九年二月己丑，赍白金二万二千六百五两，往乌撒等处市马，得马七百五十五匹。高丽国王王禑遣其密直副使姜淮伯上表，贡

白黑布一万匹，马千匹。（《洪武实录》卷一七七，第二页）

洪武十九年三月己巳，诏天下来朝官员及岁解诸税课赴京者，无问远迩，皆给钞二十锭，为道里费，其所解税课钱钞，有道里险远难致者，许易金银以进。（《洪武实录》卷一七七，第五页）

洪武十九年夏四月丙戌朔，定工匠轮班。初工部籍诸工匠，验其丁力，定以三年为班，更番赴京，轮作三月，如期交代，名曰"轮班匠"。议而未行。至是，工部侍郎秦逵复议举行，量地远近以为班次，且置籍为勘合付之，至期，赍至工部听拨，免其家他役，著为令。于是诸工匠便之。（《洪武实录》卷一七七，第五页）

洪武十九年夏四月己亥，陕西西安府言："本府仓储已多，今年夏税，请折收钞。"户部拟麦一石，收钞二贯二百文。（《洪武实录》卷一七七，第七页）

洪武十九年五月丙辰，申明游民之禁。命户部板刻训辞，户相传递，以示警戒。（《洪武实录》卷一七八，第一页）

洪武十九年六月丁未，上谕户部臣曰："河南诸府州县军马数多，民间供给，频年不休，地亩征输，重于他处，自今河南民户，止令纳原额税粮，其荒闲田地，听其开垦自种，有司不得复加科扰，违命者罢其职。"癸丑，筑福建长乐县海堤。长乐之田濒海者半，其堤久坏，田稼岁为潮卤所伤。时县丞赵尹初莅官，奏请仍旧筑之，尹亲董其役，民皆乐于趋事。由是长乐田无斥卤之患，而岁获其利。（《洪武实录》卷一七八，第四页）

洪武十九年七月癸亥，命扬州、武昌等府俱设粮长，以征民粮。丙寅，上以左都御史詹徽、通政使蔡瑄、左通政茹常、工部侍郎秦逵、户部侍郎杨靖，在职公勤，诏有司复其家。甲戌，诏以凤阳府王儿桥东西山场，赐中山武宁王徐达家及韩国公李善长等，凡十有四人。乙亥，赐山西太原等一十九卫军士九万六千一百余人绵布四十六万九千九百匹，绵花一十四万九千五百斤。（《洪武实录》卷一七八，第六页）

洪武十九年八月庚子，河南布政司奏："收赎开封等府民间典卖

男女，凡二百七十四口，计钞一千九百六十余锭。"（《洪武实录》卷一七九，第二页）

洪武十九年九月己未，复置宝钞提举司，秩正八品。庚申，西平侯沐英奏："云南土地甚广，而荒芜居多，宜置屯，令军士开耕，以备储偫。"上谕户部臣曰："屯田之政，可以纾民力，足兵食，边防之计莫善于此。赵充国始屯金城，而储蓄充实，汉享其利，后之有天下者，亦莫能废。英之是谋，可谓尽心有志古人，宜如所言，然边地久荒，榛莽蔽翳，用力实难，宜缓其岁输之粟，使彼乐于耕作，数年之后，征之可也。"遂召征南将军颍国公傅友德还京。（《洪武实录》卷一七九，第四页）

洪武十九年九月壬申，赐寿春公主吴江县田一百二十四顷七十亩，为粮八千石。癸未，遣行人刘敏、唐敬偕内使赍磁器往赐真腊等国。（《洪武实录》卷一七九，第五页）

洪武十九年十一月庚申，山西大同府知府郑彦康奏："往岁大同中纳盐粮，交易者多，所以税课益增，自停盐粮，近年税课亏耗，不及旧额。"上命户部核其所亏之数，悉免征。辛酉，日本国王良怀遣僧宗嗣亮上表，贡方物。却之。（《洪武实录》卷一七九，第六页）

洪武十九年十二月乙酉，诏中军都督府督造通济、聚宝、三山、洪武等门，并修五胜渡，起社、家库、白水桥、双桥、高桥，创置象房，黑窑，改建崇山侯李新，都督陈清、张宣、韦权、孙世、耿忠第宅，新筑后湖城，及中山王、岐阳王、黔国公坟茔，六部围墙并廊房街道，并以罪人输作。戊子，诏遣指挥佥事高家奴等，以绮段布匹市马于高丽，每马一匹，给文绮二匹，布八匹。（《洪武实录》卷一七九，第七页）

洪武十九年十二月乙巳，湖广都指挥使司奏请运施州、崇山、大庸、五开、黄平、平越等卫军食。上览奏顾谓户部臣曰："崇山、大庸屯种岁久何得乏食，数年来军中无尺寸之功，但知需食，有司而不恤吾民供给之困；惟施州从其请，五开等卫，亦令军士屯田自食。诏武官谪戍云南、辽东者，皆令县次资给之。"（《洪武实录》卷一七洪武十九年十二月辛亥，诏户部出内库钞一百八十五万七千五百锭，散给北平、山东、山西、河南迤北府州县，令发民夫二十余万，运米一百二十三万余石，预送松亭关及大宁、会州、富峪四处，以备军饷。每夫运米一石，给钞六锭为其直及道里费。（《洪武实录》卷一七九，第九页）

洪武二十年春正月丙子，府军前卫老校丁成言："河南陕州地有上绞、下绞、上黄塘、下黄塘者，旧产银矿，前代皆尝采取，岁收其课，今锢闭已久，若复采之，可资国用。"上谓侍臣曰："君子好义，小人好利；好义者以利民为心，好利者以戕民为务。故凡言利之人，皆戕民之贼也。朕尝闻故元时，江西丰城之民，告官采金，其初岁额犹足取辨，经久民力消耗，一州之人，卒受其害。盖土地所产，有时而穷，民岁课成额，征取无已，有司贪为己功而不以言，朝廷纵有恤民之心，而不能知，此可以为戒，岂宜效之？"（《洪武实录》卷一八〇，第三页）

洪武二十年二月壬辰，设四川盐课提举司提举一人；从五品，同提举二人，从六品；副提举二人，从七品；吏目一人，辖盐井五十一处。乙亥，置四川成都等府上流等县九井盐课提举司。（《洪武实录》卷一八〇，第四页）

洪武二十年三月辛未，复设太原府交城县大通铁冶所。初大通置冶，岁贡云子生熟铁十万斤，后罢之，听民采取。至是朝廷缮治兵器，当用云子铁，而他所不产，工部以为言，故命复设之。（《洪武实录》卷一八一，第一页）

洪武二十年三月丙子，汉州德阳县知县郭叔文言："四川所辖州县，居民鲜少，地接边徼，累年馈饷，舟车不通，肩任背货，民实苦之。成都故田数万亩，皆荒芜不治。请以迁谪之人开耕，以供边食，庶少纾民力。"从之。（《洪武实录》卷一八一，第二页）

洪武二十年四月戊子，诏自今民间工匠谪充军者，月给米八斗。庚寅，诏山东、北平、河南、山西四布政使司凡运粮赴大宁者，免征

其户今年夏税。禁番使毋得以麻铁出境，仍命揭榜海上，使咸知之。（《洪武实录》卷一八一，第三页）

洪武二十年四月丁酉，工部右侍郎秦逵言："宝源局铸钱之铜，请令郡县收民间废铜，以资鼓铸。"上曰："铸钱本以便民，今欲取民废铜以铸钱，朕恐天下废铜有限，斯令一出，有司急以奉承，小民迫于诛责，必致毁器物以输官，其为民害甚矣，故停之。"壬寅，北平布政使司请以菽折盐粮，而每斗加五升。上谓户部臣曰："以菽代谷者为其轻，可以便民，然菽亦谷也，而又加之，益损民矣。夫权变者，当究其实，拯弊者当探其源，不知权变而昧厥所源，不几于救跛而成瘘乎。"（《洪武实录》卷一八一，第三页）

洪武二十年五月甲子，上谕户部左侍郎杨靖曰："京师军储所收已定，其在外诸司、府、州、县粮储，有军卫处，宜存二年，无军卫处，则存学粮廪给，余并所收钞布绢匹。尔等其更计之。"靖言："方今四川粮储，岁给不敷，云南尤甚，宜命商人纳米，而以官盐偿之。若北平、山东之粮，以济漠北，辽东匮乏，山西、陕西近边之地，粮宜多积，亦难限以年数，皆当全收。惟河南、浙江、江西、湖广、福建、广东、广西，及直隶府、州、县，皆可存粮二年，余并在折收之数。"上从之。又虑有司折收过重损民，特命米一石止折钞一贯，布绢并循往年定例。（《洪武实录》卷一八二，第一页）

洪武二十年六月壬午，四川雅州碉门茶马司以茶一十六万三千六百斤，易驰马骡驹百七十余匹。（《洪武实录》卷一八二，第四页）

洪武二十年六月甲辰，徙福建海洋孤山断屿之民居沿海新城，官给田耕种，从左参议王锐请也。（《洪武实录》卷一八二，第五页）

洪武二十年闰六月庚戌，上谕工部右侍郎秦逵曰："近闻各布政司和买水银，而州县多假此以扰民，其亟罢之。辛亥，诏自应天府东葛城至凤阳府宿州、睢阳凡九驿，驿置马四十匹，以松江、苏州、嘉兴、常州、镇江五府市民为马夫。"（《洪武实录》卷一八二，第七页）

洪武二十年秋七月丙戌，命左军都督府自山海卫至辽东置马驿一

十四，驿各给官马三十匹，以赎罪囚徒为驿夫，驿百二十人，仍令田其旁近地以自给。（《洪武实录》卷一八三，第一页）

洪武二十年八月壬子，谕诸有司河泊所不得以拦栈扰民，年深损坏，许令纲户修葺。诏以典牧所侯官马牛，分给庐州府属县民牧养。（《洪武实录》卷一八四，第二页）

洪武二十年八月丙寅，遣右军都督金事孙茂以钞二万二千锭，往四川市耕牛万头。时将征百夷，欲令军士先往云南屯田，预备粮储故也。（《洪武实录》卷一八四，第三页）

洪武二十年八月癸酉，复命云南楚雄府开中盐粮。先是商人输米，云南、楚雄、曲靖诸府，给以淮浙川盐，未久而罢。令戍卒屯田以自给。至是仍啬于用，户部请复行中盐法。从之。（《洪武实录》卷一八四，第五页）

洪武二十年九月壬午，诏亲王府岁给米五万石，其茶盐布絮等物悉罢勿给。（《洪武实录》卷一八五，第一页）

洪武二十年九月乙酉，陕都司言："西安府临潼等县屯卒所输税粮，多于民赋，而又与民均科杂役，未免烦困。"上是其言，命自今屯卒率五丁选一，编成队伍，以时屯种，税粮与民田等，杂徭复之。冬月则练习武艺。丙戌，上谕户部侍郎杨靖曰："为政者务存大体，近文武官俸米，有以斗升为计，甚非所以示朝廷忠信重禄之道，自今百官月俸，皆以石计，或止于斗，毋得琐碎。"于是户部奏定："正一品月俸米八十七石，从一品七十四石，正二品六十一石，从二品四十八石，正三品三十五石，从三品二十六石，正四品二十四石，从四品二十一石，正五品一十六石，从五品一十四石，正六品一十石，从六品八石，正七品七石五斗，从七品七石，正八品六石五斗，从八品六石，正九品五石五斗，从九品五石。"（《洪武实录》卷一八五，第二页）

洪武二十年九月壬辰，户部言："今天下税课司河泊所课程，视旧有亏，宜以洪武十八年所收立为定额。"上曰："商税之征，岁有不同，若以往年概为定额，苟有不足，岂不病民，宜随其多寡，从实征

之。"（《洪武实录》卷一八五，第三页）

洪武二十年九月丁酉，命辽东都司市牛于高丽。诏定屯卒种田五百亩者，岁纳粮五十石。（《洪武实录》卷一八五，第四页）

洪武二十年冬十月戊午，诏湖广常德、辰州二府民三丁以上者，出一丁往屯云南。壬戌，上念山东、北平、河南水马驿夫频年供役烦困，命有司验旧例户粮多寡，倍增之，以宽民力。癸亥，诏定武臣赠赙格例，公侯布百匹，米百石，一品布六十匹，米六十石，余各有差。乙丑，命兵部遣使籍杭、湖、严、衢、金华、绍兴、宁波及直隶徽州等府市民富实者，出资市马，充凤阳、宿州抵河南郑州驿马户。丙寅，诏长兴侯耿炳文率陕西土军三万三千人，往云南屯种听征。赐航海侯张赫、舳舻侯朱寿、海西侯纳哈出，禄米二千石，以江西公田给之。（《洪武实录》卷一八六，第三页）

洪武二十年十一月戊寅，复置陕西延安府保宁县大盐池盐课司，设大使、副使各一人，其盐利所出，令各税课司、局从实征商，不许逾额厉民。取福州女轿户。初闽俗妇女有以舁轿为业者，命取至京师，居之竹轿，以便出入宫掖。至是复取之，凡二百余户。辛巳，免征延安山地税。初延安民有欺隐山地者，罚输税与官地等。至是上念其民艰难，免之。（《洪武实录》卷一八七，第一页）

洪武二十年十一月庚子，命户部募商人于云南毕节卫纳米中盐，每米二斗给浙盐一引，三斗给川盐一引。（《洪武实录》卷一八七，第三页）

洪武二十年十二月丁未朔，诏免征凤阳商税钞万一千八十贯有奇。（《洪武实录》卷一八七，第三页）

洪武二十年十二月丁巳，遣前城门郎石璧往云南，谕西平侯沐英等，自永宁至大理，每六十里设一堡，置军屯田，兼令往来递送，以代驿传。于是自曲靖火忽都至云南前卫易龙，设堡五，自易龙至云南右卫黑林子设堡三，自黑林子至楚雄禄丰设堡四，自禄丰至洱海卫普溯设堡七，自普溯至大理赵州设堡二，自赵州至德胜关设堡二，人称便焉。（《洪武实录》卷一八七，第五页）

洪武二十年十二月辛未，河间阜城驿马户以孳生马来进。上曰："马户应役，惟仰于马，然刍豆之给，其费不轻，故常命兵部榜谕：'凡驿马孳生，听民畜卖。'今复有来进者，岂朕言不信于民耶？无乃有司奉行之不至也，其即还之。"壬申，以工部主事沈潜为兵部试左侍郎。遣刑部尚书唐铎运钞百余万锭抵山东，赈登、莱二府民饥。（《洪武实录》卷一八七，第六页）

洪武二十一年春正月癸未，以开封府所收商税赐周王。青、兖、长沙三府商税赐齐、鲁、潭三王。既而有上开封府税课之数，乃停周王之赐。命徐州今年田租，勿运赴京师，悉输济宁仓，以纾民力也。（《洪武实录》卷一八八，第二页）

洪武二十一年春正月甲午，温州永嘉县民，因暹罗入贡，买其使臣沉香等物。时方严交通外夷之禁，里人讦之，按察司论当弃市。上曰："永嘉乃暹罗所经之地，因其经过与之贸易，此常情耳，非交通外夷之比也，释之。"（《洪武实录》卷一八八，第三页）

洪武二十一年二月壬戌，四川布政使司奏："川中产茶。曩者西番诸羌，以毛布、毛缨之类相与贸易，以故岁课不亏。近者朝廷颁定课额，官自立仓收贮，专用市马，民不敢私采，每岁课程，民皆陪纳。请仍令民间采摘，与羌人交易，如此，则非惟民得其便，抑且官课不亏。"诏从之。（《洪武实录》卷一八八，第七页）

洪武二十一年三月壬辰，诏定凤阳宿州及河南等处驿马人户。先是以浙江杭州、直隶徽州等府市井富民备马应役，至是定其户数，上等马一匹，一百三十八户，中等马一匹百十八户，下等马一匹九十八户。（《洪武实录》卷一八九，第十三页）

洪武二十一年夏四月丁巳，湖广五开至靖州，置驿十二，驿夫以刑徒充之，仍令屯田自给。乙未，诏各卫核实军伍，有匿其己子以养子代役者，不许。（《洪武实录》卷一九〇，第三页）

洪武二十一年五月戊戌，南昌府丰城县民言："农民佃官田，一亩岁输租五斗，诚为太重，愿减额以惠小民。"户部定议一亩输四斗。上曰："两浙及京畿土壤饶沃者输四斗，江西郡县地土颇硗瘠者，止令输三斗，著为令。"壬寅，命刑部都察院凡罪人当籍其家者，如谋叛奸党、造伪钞之属，则没其赀产丁口，余者止收赀产而不孥，仍以农器耕牛还之，俾为衣食之本。（《洪武实录》卷一九〇，第七页）

洪武二十一年六月壬申，上念军士勤苦，为将令者，不知爱恤，多致怨咨，乃述始终之际、艰难之故，与夫抚绥爱养之道，通上下之志，达彼此之情，直说其辞为护身，敕颁示军士，永为遵守，于是军士莫不感悦。（《洪武实录》卷一九一，第四页）

洪武二十一年秋七月丙子，敕广西都指挥使司，凡百夷战象之夫，悉放还，其驯象卫军士，令于南宁屯种，见获之象，则令占城象奴送至京。先是置驯象卫，使专捕象，及西平侯沐英破百夷，获其人送本卫役之，至是始罢遣。（《洪武实录》卷一九二，第一页）

洪武二十一年八月壬子，罢天下府州县耆宿。初令天下郡县选民间年高有德行者，里置一人，谓之耆宿。俾质正里中是非，岁久更代。至是户部郎中刘九皋言："耆宿颇非其人，因而蠹蚀乡里，民反被其害。"遂命罢之。（《洪武实录》卷一九三，第一页）

洪武二十一年八月癸丑，户部郎中刘九皋言："古者狭乡之民，迁于宽乡，盖欲地不失利，民有恒业。今河北诸处，自兵后田多荒芜，居民鲜少，山东西之民，自入国朝，生齿日繁，宜令分丁徙居宽闲之地，开种田亩，如此，则国赋增而民生遂矣。"上谕户部侍郎杨靖曰："山东地广，民不必迁；山西民众，宜如其言。"于是迁山西泽、潞二州民之无田者，往彰德、真定、临清、归德、太康诸处闲广之地，令自便置屯耕种，免其赋役三年，仍户给钞二十锭，以备农具。甲寅，命兵部遣使整治北平、山东、山西、河南、陕西、凤阳、滁州等处驿传，驿夫有自洪武初至今应役贫乏者，悉代之。（《洪武实录》卷一九三，第二页）

洪武二十一年九月壬申朔，航海侯张赫督江阴等卫官军八万二千余人，出海运粮，还自辽东。除授郡县官张士平等千四百余人，赐以冠带袭衣。（《洪武实录》卷一九三，第五页）

洪武二十一年九月戊戌，上以内外卫所军伍有缺，遣人追取户丁，往往鬻法，且又骚动于民，乃诏自今卫所以亡故军士姓名乡贯，编成图籍送兵部，然后照籍移文取之，毋擅遣人，违者坐罪。寻又诏天下郡县以军户类造为册，具载其丁口之数，如遇取丁补伍，有司按籍遣之，无丁者止，自是无诈冒不实、役及亲属同姓者矣。（《洪武实录》卷一九三，第八页）

洪武二十一年冬十月壬寅，安南侯俞通源奏："云南新附，官民军士田粮马牛之数，都指挥使司所属官计一千三百一人，军士六万四千二人，马三千五百四十五匹，屯牛一万二千九百九十四头，田四十三万四千三十六亩，粮三十三万六千七石。布政使司所属军民，凡六万三千七百四十户，粮七万六千五百六十二石，马驿六十七所，马九百九十三匹。"（《洪武实录》卷一九四，第一页）

洪武二十二年春正月丁亥，命庄浪、河州、洮州、岷州、西宁、凉州、宁夏、临洮八卫官吏月俸，每石折钞二贯五百文，马军兼支米钞布，军则全给之。旧例边储皆收盐粮，及趱运供给，凉州卫商人运米二斗至仓，官给盐一引，而每卫月粮给万余石，屯军土民又种粟麦，军民所用皆米而已，米价日减，每石至五百文，故以钞兼给之。（《洪武实录》卷一九五，第二页）

洪武二十二年春正月乙未，运绵布一百三十四万匹，绵花五十六万斤，赴辽东给赐军士。（《洪武实录》卷一九五，第三页）

洪武二十二年二月甲子，给赐在京金吾等卫十九万七千六百余人夏布，凡七十七万八千八百余匹。蜀府长史司奏："亲王之国岁用米五万石，已收万石，余米例于十月收受，请定拟拨给。"上谕户部侍郎杨靖曰："四川粮饷供给云南，民甚艰苦。蜀王禄米宜且停五年，若王欲有赏赐，朝廷运钞与之。"（《洪武实录》卷一九五，第六页）

洪武二十二年三月辛巳，诏户部遣官运钞往河南、山东、北平、山西、陕西五布政使司，俟夏秋粟麦收成，则于乡村辐辏之处市籴储之，以备岁荒赈济。（《洪武实录》卷一九五，第八页）

洪武二十二年夏四月己亥朔，命杭、湖、温、台、苏、松诸郡民无田者，许令往淮河迤南滁、和等处就耕，官给钞，户三十锭，使备农具，免其赋役三年。上谕户部尚书杨靖曰："朕思两浙民众地狭，故务本者少，而事末者多，苟遇岁歉，民即不给，其移无田者于有田处就耕，庶田不荒芜，民无游食。"靖对曰："去年陛下念泽潞百姓衣食不足，令往彰德、真定就耕，今岁丰足，民受其利。"上曰："国家欲使百姓衣食足给，不过因其利而利之，然在处置得宜，毋使有司侵扰之也。"（《洪武实录》卷一九六，第一页）

洪武二十二年夏四月壬寅，贵州都指挥使奏："赤水、层台二卫军饷不给，请令四川运粮往济之。"户部尚书杨靖奏曰："如此供运，益见民劳，莫若令富民输粟，而以淮浙盐偿之，候各卫屯粮收成，下年必可足用。"从之。乙巳，赐九江等府贫民钞。上谕户部尚书杨靖曰："闻九江、黄州、汉阳、武昌、岳州、荆州诸郡多贫民，其遣人运钞往济之。每丁与一锭，沿江递运所水驿夫，人五锭，凡九十一万二千一百六十七锭。丁未，享太庙。命户部起山东流民居京师，人赐钞二十锭，俾营生业。戊申，户部奏："造小钞，自一十文至五十文，以便民用。"从之。时有旨复造钞故也。庚戌，山东莱州、兖州二府久雨害稼，民饥乏食，遣使赈之，凡钞二十六万九千二百一十锭。癸丑，复命户部运钞往湖广常德、长沙、辰州、靖州、衡州、永州、宝庆、郴州、德安、沔阳、安陆、襄阳等处，赈贫民，凡一百四十六万八千七百六十余锭。甲寅，诏故元诸王来降者，俾居耽罗国，且遣中使往谕其国，为造庐舍处之。（《洪武实录》卷一九六，第二页）

洪武二十二年六月庚子，赐蜀府营造工匠钞，人各十锭，有死亡者，给其家。（《洪武实录》卷一九六，第四页）

洪武二十二年六月癸丑，工部尚书秦逵言："鼓铸铜钱，本与宝钞相参行使，不宜停罢，请仍收废铜铸造，以便民用。"从之。且诏更定钱样，主事徐观言："往岁铸钱，分两不一，难为定则。今定其制，每生铜一斤，铸小钱一百六十；折二，钱八十；当三，钱五十四；当五，钱三十二；当十，钱一十六。"制可。（《洪武实录》卷一九六，第四页）

洪武二十二年六月甲子，复置江西、河南、广西、陕西、山西、山东、北平、四川八布政使司所辖宝泉局，与浙江、湖广、福建、广东所置并同，每局大使一人，秩从九品，副使一人未入流。丙寅，四川岩州卫奏：“每岁长河西等处番商，以马于雅州茶马司易茶，其路由本卫经黎州始达茶马司，茶马司定价，每堪中马一匹，给茶一千八百斤，命于碉门茶课司支给，不惟番商往复路远，实且给茶太多，今宜量减马价，移置茶马司于岩州，将碉门茶课司所贮茶，运至于此，马至则验马之高下，以茶给之。”诏茶马司仍旧，惟定其价，上马一匹与茶一百二十斤，中马七十斤，驹五十斤，番商有不愿者听。（《洪武实录》卷一九六，第六页）

洪武二十二年秋七月壬午，给赐文武官锦绶。初，上以朝服锦绶，民间不能制，命工部织成颁赐之。至是文官五品以上，武官三品以上，皆给赐，俱不用云龙凤文。（《洪武实录》卷一九六，第六页）

洪武二十二年八月丙辰，兵部尚书沈溍言：“各处水陆递运之役，有司不量轻重，概给舟车，以致民力困弊，宜著定例：凡文武官赴任千五百里之外者给之，老疾军及军属寡妇、故官之妻子还乡者给之，其犯法至死者不给，宥罪为军及军丁称役者，惟云南、辽东、大宁等处水陆则给之，余不许。”从之。（《洪武实录》卷一九七，第一页）

洪武二十二年十一月丙寅，上以河南彰德、卫辉、归德、山东临清、东昌诸处，土宜桑枣，民少而遗地利；山西民众而地狭，故多贫，乃命后军都督金事李恪等往谕，其民愿徙者，验丁给田，其冒名多占者，罪之。复令工部榜谕。己巳，绍兴府余姚县民有妄诉其族长私下海商贩，当抵罪。上召谕之曰：“人由祖宗积德，是致子孙蕃衍，今苍头皓首者，尔族之长也，而妄诉之，是干名犯义，不知有祖宗矣。自古帝王之治天下，必先明纲常之道，今尔伤风败俗，所诉得实，犹为不可，况虚诈乎。”命寘于法。（《洪武实录》卷一九八，第一页）

洪武二十二年十二月己亥，申严巾帽之禁。凡文武官除本等纱帽外，遇雨许带雨帽，公差外出，许戴帽子，入城不许。其公差人员出外者，亦如之。将军、力士、校尉、旗军常戴头巾或榼脑，官下舍人

并儒生吏员民人常戴本等头巾，乡村农夫许戴斗笠、蒲笠，出入市井不禁，不亲农村者不许。（《洪武实录》卷一九八，第三页）

洪武二十二年十二月戊午，鲁府左长史胡秉忠奏："王府岁给米五万石，折收金银钞锭，已移文山东布政使司，今鲁王薨，而有司送纳如故，未敢即收。"上谕户部尚书杨靖曰："王府岁用，已有定制，王虽薨，国用不可缺也，命如数收受。"庚申，户部令史蔡镈言："初为陕西边储之计，召商输粟，给淮浙盐以酬之。近商人利其收籴之便，辄以陈米入仓，恐储积久而腐烂，宜禁止之。武臣之在边者，月俸请给以钞，马军月粮二石，亦宜减半给之，如此则边储可充，军饷不乏矣。"从之。诏免四川重庆府泸州民夫所运军粮。初以毕节卫粮饷不足，命四川趱运以给之，继令本卫开屯耕种，足以自给，故有是命。辛酉，北平布政使司奏："喜峰口滦阳等处在仓军储，计四十八万八千五百一十余石。"（《洪武实录》卷一九八，第六页）

洪武二十三年正月癸未，诏辽东都指挥使司："凡高丽国人于境内懋迁者，勿禁。"（《洪武实录》卷一九九，第三页）

洪武二十三年正月癸巳，给辽东军士七万九千六百人，绵布三十三万七千七百匹，绵花一十一万九千四百斤。诏增江北养马人户。初，江南民俱以十一户养一马，江北凤阳、庐州等府滁、和二州止一户养一马。至是上念其劳佚不均，命江北民增至五户养一马。仍命太仆寺江南、江北各存牝马万匹，为孳生种马，其余悉发草地牧放。江北之人，每户再给钞三百贯，别市种马孳生，以补见缺之数。其正从马二匹，官止岁收驹，余听民自鬻。其飞熊、广武、英武三卫牧马，亦如江北五户之例。甲午，监察御史陈宗礼言："两淮盐场煎办盐课，其役不均，灶户有一丁而办盐三十引者，有七八丁亦办盐三十引者，今宜计丁煎办，每丁岁额大引盐十引，每引重四百斤。从运司核实丁口，编册在官，每岁验其老壮，以为增减，其有死亡事故者，即为除额。"上可其奏。命户部定议，各场灶户，每丁岁办小引盐十六引，每引重二百斤。先是两浙有复，盐工丁始皆民籍，后以灶户事故，自承办盐，其余车丁、火丁户籍，初于各灶户内认充，工丁煎办盐课，

仍应民差，至是并令派人灶户，计丁办盐，每丁小引十六引，复盐工丁减其半。（《洪武实录》卷一九九，第六页）

洪武二十三年二月乙未朔，诏创制龙江、仪凤门、钟阜门民房，民能自造者，官给市木，钞每间二十锭。（《洪武实录》卷二〇〇，第一页）

洪武二十三年二月丙辰，对拨官军俸粮。初命户部以应天一府试行之便，至是上谕户部，校理各卫官军岁支俸粮实数，以内外有司民户该输正粮对数拨给，如一县之粮以对一卫，或多或少，损其赢，补其不足。一户之粮以对一军，多少损益如之。度其道里之远近，有司以勘合号数编定次第，如金吾卫军五千，即以金吾字为号，自一号编至五千号而止。又如指挥使，岁俸四百二十石，务以人户粮额足其数，于勘合簿注之，递发军卫收掌，俟其人户输粮之际，对号相符，依数收受，即以实收付之，以凭查照。若一卫所收俱足，则出通关，付有司奏缴。（《洪武实录》卷二〇〇，第三页）

洪武二十三年三月丁卯，四川天全六番招讨司进二十二年所牧茶课之数，乌茶六十六万六千六百九斤，碉门茶课司乌茶一百八十四万二千六百五十五斤。（《洪武实录》卷二〇〇，第五页）

洪武二十三年夏四月甲午朔，上以湖广、四川人民及水陆驿夫，连年供亿征南之兵，命户部遣官诣所在发官库给钞赐之，民人一锭，驿夫五锭。（《洪武实录》卷二〇一，第一页）

洪武二十三年夏四月丙申，命户部夺吉安侯陆亨、临江侯陈德旧赐公田租入官，追逮二家仆从，验其岁收实数，既而俱释之，佃人贷而未偿者，皆蠲之。丁酉，诏滨海卫所，每百户置船二艘，巡逻海上盗贼，巡检司亦如之。（《洪武实录》卷二〇一，第一页）

洪武二十三年闰四月丙子，诏免滁阳、定远、六合、长淮、天长、香泉、仪真、舒城、江都等监养马户田租，民田全免，官田减半征之，永为定例。户凡五万四千八百有五，官民田凡三万八千八百四十顷，免征夏秋米麦凡二十七万二千四百四十五石。（《洪武实录》卷二〇一，第四页）

洪武二十三年闰四月癸未，给幼军工匠千七百六十人，夏布各二匹。甲申，赏北平二都司及燕山诸护卫军士十二万四千六百余人，钞七十二万六百七十五锭。（《洪武实录》卷二〇一，第五页）

洪武二十三年六月乙丑，给云南诸卫屯牛。先是延安侯唐胜宗等往云南训练军士，置平溪、清浪、镇远、偏桥、兴隆、清平、新添、隆里、威清、平坝、安庄、安南、平夷十三卫屯守，而耕牛不给，胜宗请以沅州及思州宣慰司，镇远、平越等卫官牛六千八百七十余头，分给屯田诸军。至是诏给与之。（《洪武实录》卷二〇二，第五页）

洪武二十三年六月戊辰，命太仆寺，凡江南北民养马，每岁产一驹者，赐钞十锭，其种马死并驹不及数者，皆勿问。己巳，召凤翔侯张龙还京。先是命龙往云南置驿传，既而命同延安侯唐胜宗，于云南训练黄平、平越、兴隆、镇远、贵州等卫军士，经理屯田，讨捕未附洞蛮。至是诏还。辛未，诏陕西、西宁卫以征北所获马牛羊万九千三百八十三，给诸军牧养。（《洪武实录》卷二〇二，第六页）

洪武二十三年秋七月甲午，淮安府海州临洪场灶户纪德山言："近者增添盐课，计丁煎办。本场灶户一千一百三十二，丁三千一百三十三，旧额小引盐三万一千八百八十九引，今增一万八千二百三十引。灶户去场不下三二百里，丁男尽遣上灶煎盐，妨废耕业，且自正月起火，直至岁终，方得煎完，是力役者无少休之日。"时刑部尚书杨靖亦言："臣先职户部时，监察御史陈宗礼言：两淮煎盐灶户，丁力不均，盐引斤重大小不同，难于稽考。宜依律二百斤为一引，灶户验丁煎办，其额多丁少者，减其旧额。臣切详，盐额及引目斤重，俱系开国以来成法，前所准行，宜令改正。"上命户部定自二十二年为始，仍照原额，验丁均办，引目斤重，亦依旧例，每引入场重四百斤。其两浙盐运使司，并如两淮之例。丁酉，诏兵部追还在外军卫水马驿符验。初，国朝制符验皆用锦织文具制词，及船马之状付都司，布政司、按察司及诸卫，有急则给之，乘传而行，还则纳之。时多假以营私者，乃令都司、布政司、按察司仍旧，其各卫悉追取之，若有急，俾乘快船以行。（《洪武实录》卷二〇三，第二页）

洪武二十三年八月丙寅，户部奏："重造黄册，以册式一本，并合行事宜条例，颁行所司，不许聚集围局科扰。止将定式颁与各户，将丁产依式开写，付该管甲首，造成文册，凡一十一户，以附坊厢里长，坊厢里长以十甲所造册，凡一百一十户，攒成一本，有余则附其后，曰畸零户，送付本县，本县通计其数，比照十四年原造黄册，如丁口有增减者，即为收除，田地有买卖者，即令过割，务在不亏原额。其排年里甲，仍依原定次第应役，如有贫乏，则于百户内选丁粮多者补充，事故绝者以畸零户内选凑。其上中下三等人户，亦依原定编类，不许更改，因而分丁析户，以避差徭。其各里册首类为图，以总其税粮户口之数，县、州、府、布政司，以次总之，而以上于京师，藏之户部，庶几无移易倚托之患。"上命颁行之。（《洪武实录》卷二〇三，第五页）

洪武二十三年八月甲戌，复命兵部清理驿传符验。先是上以在外诸司所给符验过多，官吏不分事务缓急，动辄乘驿，或假以营私，致驿夫劳弊，船马损乏，命悉追夺之，唯都司、布政司、按察司如旧。至是复有是命，仍命工部更制之，在京设二百道，各王府及山西、北平、山东、陕西、广东、福建、辽东、贵州等处都指挥使司、布政使司，各给六道。云南都指挥使司、布政使司、陕西凉州卫，各给十道。浙江、江西、湖广、四川、广东布政使司及金齿卫，各给五道。其都指挥使司不与，如有军务，止以多桨快船飞报。中都留守司、各道按察司，陕西、宁夏卫各给四道。山海、密云、永平、河州、岷州、洮州、大理、临安、普安、松潘、建昌、茂州诸卫，各给三道。毕节、乌撒、永宁、普定、平越、楚雄、曲靖、洱海、五开、镇远、兴隆诸卫，各给二道。各处宣慰使司，及衍圣公、张真人，岁一来朝，各给二道。其余衙门及腹里军卫盐运司，俱不给。乙亥，遣老人往直隶、淮安等十二府所属州县收籴备荒粮储，凡钞三十八万一百肆拾九锭。（《洪武实录》卷二〇三，第六页）

洪武二十三年九月戊申，赐云南进马土官钞，每马一匹，给钞三十锭。辛亥，赐徽先伯桑敬钞六千锭，俾还乡营第宅，都督汪信、陈

用、刘真各三千锭。（《洪武实录》卷二〇四，第四页）

洪武二十三年冬十月己未朔，先是钞法既行，岁久有昏软者，因置倒钞库，听民换易，官收朱墨费三十之一，然细民利新钞，非昏软者，亦揉烂以易新者。上闻遂罢之。至是复出新钞，于承天门外，听民易换，命行人主之，凡五阅月而复罢。（《洪武实录》卷二〇五，第一页）

洪武二十三年冬十月戊辰，上谕户部尚书赵勉曰："曩造大明宝钞，与历代铜钱通使以利民，近闻两浙市民有以钞一贯，折钱二百五十文者，此甚非便。尔等与工部议，凡两浙市肆之民，令其纳铜送京师铸钱，相兼行使，且再定钱制，每小钱一，用铜二分，其余四等钱，依小钱制递增，凡钞一贯，准钱一千文，榜示天下知之。"（《洪武实录》卷二〇五，第一页）

洪武二十三年冬十月乙酉，诏户部申严交通外之禁。上以中国金银铜钱段匹兵器等物，自前代以来，不许出番，今两广、浙江、福建愚民无知，往往交通外番，私易货物，故严禁之，沿海军民官司纵令私相交易者，悉治以罪。（《洪武实录》卷二〇五，第四页）

洪武二十三年十二月己巳，给赐四川成都各府县水马驿及递运所役夫钞，二万三千六百一十五锭。辛未，右军都督佥事宋晟言："甘肃山丹、永昌等卫军储匮乏，宜令凉州盐粮于甘肃中纳为便。"上以甘肃去凉差远，命户部定议，尚书赵勉言："旧例纳粟凉州，支淮浙盐，则每引米四斗，河东盐每引五斗，不拘资次支给，今议输粟甘肃，宜比凉州量减，淮浙盐入粟三斗，河东盐入粟四斗，仍不拘资次支给，凉州暂且罢中。"朱从之。壬申，诏工部，罢天下有司岁织段匹。凡赏赉皆给绢帛，如或匮乏，即就京织造。尚书秦逵因奏："各布政司府县，岁造弓箭，有司多假此扰民，若以工匠轮班赴京造之，可免有司科扰之患。"上以为然，亦令于后湖置局造之。赐文武官明年正旦节钱，公侯以下，加赐有差。（《洪武实录》卷二〇六，第三页）

洪武二十三年十一月戊子，先是福建延平府尤溪县银屏山尝设场局煎炼银矿，置炉冶四十有二座，置炉首二人，岁办银二千一百两。洪武二十年增其额，并闰月银一百八十五两，二十一年、二十二年，又增额银一十两，至是所收银课凡二千二百九十五两。是岁选天下耆民才智可用者，得千九百十六人。收天下税粮米、麦、豆、谷三千壹百六十万七千六百余石，纳绢布七十三万五千八百三十余匹，丝绵、绵花绒、茶、矾、铅、铁、朱砂、水银等物一百三十六万三千八百九十余斤，钱钞四百七万六千五百九十八锭，黄金二百两，白金二万九千八百三十余两。（《洪武实录》卷二〇六，第五页）

洪武二十四年春正月庚子，上谕户部免山东青、兖、登、莱、济南五府鱼课，听民采鱼，以济饥馑。（《洪武实录》卷二〇七，第二页）

洪武二十四年春正月戊申，户部尚书赵勉言："右军都督佥事张铨已封永定侯，颁赐诰券，其食禄千五百石，未曾赐予。"诏以松江府官田给之。辛亥，北平布政使司左参议周倬言："大宁、会州、山海三卫所属驿马，皆屯田军士牧养，有丁产者，衣食仅足，刍菽可供；其贫窭者，家且不给，何有于马，以故岁多损瘠，宜令官核之。凡贫者仍发为军，而于大宁各卫选军士之稍富者充之，庶两便焉。"（《洪武实录》卷二〇七，第三页）

洪武二十四年二月己未，遣陕西西安右卫及华阳诸卫官军八千余人，往甘肃屯田，官给农器、谷种。（《洪武实录》卷二〇七，第四页）

洪武二十四年二月癸酉，命种桐棕漆树于朝阳门外钟山之麓，时以朝阳门外多隙地，故有是命。凡种桐棕漆树五千余万株，岁收桐油棕漆，以资工用。（《洪武实录》卷二〇七，第五页）

洪武二十四年夏四月辛未，应天府江宁县沙州乡修筑土城，侵蕲春侯唐铎、左军都督佥事沈镛公田及民田二十余顷。诏增蕲春侯禄米三百余石，沈镛及民拨官田地偿之。（《洪武实录》卷二〇八，第四页）

洪武二十四年夏四月乙亥，给赐种苜蓿军士钞锭。先是上命户部择淮南北及江南京畿闲旷地，遣军士种苜蓿饲马。至是各以钞锭赐之。五月己丑，复停造宝钞。癸卯，命户部申明钞法。甲辰，宁波府鄞县民陈进诣阙言："定海鄞县之境，有民田百万余顷，皆资东钱湖水灌溉，周围八十里，岸有七堰，年久湮塞不通，乞疏浚之。"上命工部遣官相度，于农隙时修之。（《洪武实录》卷二〇八，第七页）

洪武二十四年六月己未，诏六部都察院同翰林院诸儒臣参考历代礼制，更定冠服居室器用制度。于是群臣集国初以来礼制，斟酌损益，更定以闻。（《洪武实录》卷二〇九，第二页）

洪武二十四年六月己未，其官民房屋，并不许盖造九五间数，及歇山转角，重檐重拱，绘画藻井，朱红门窗，其楼房不在重檐之例。公侯伯前厅、中堂、后堂各七间，门屋三间，俱用黑板瓦盖，屋脊用瓦兽，梁栋斗拱，簷桶彩色绘饰，门窗枋柱俱用黑漆油饰，门用兽面摆锡环，家庙三间，俱用黑板瓦盖，屋脊用花样瓦兽，梁栋斗拱，簷桶彩色绘饰，门窗枋柱用黑漆黑油饰，其余廊庑库厨等房，从宜盖造，梁栋斗拱，簷桶青碧绘饰，门屋三间，门用绿油、兽面摆锡环，俱不得过厅堂正屋制度。一品二品，厅堂各七间，屋脊许用瓦兽，梁栋斗拱，簷桶青碧绘饰，门屋三间，门用绿油、兽面摆锡环。三品至五品与二品同，但门用黑油摆锡环。六品至九品，厅堂各三间，梁栋止用粉青刷饰，正门一间用黑油铁环。凡官房舍，除正厅外，其余房舍许从宜盖造，比正屋制度，务要减小，门窗户牖，并不许用朱红油漆。庶民房舍，不过三间五架，不许用斗拱，及彩色装饰，其余从屋虽十所二十所，随宜盖造，但不得过三间。官员伞盖，亦不许用金绣朱红装饰，公侯驸马伯，及一品二品，银浮屠顶黑色，茶褐罗表，青绢里，三檐雨伞，用油绢，三品四品，黑浮屠顶，余同二品五品黑浮屠顶，青罗表，青绢里，两檐两伞，亦用油绢，六品至九品黑浮屠顶，青绢表里，两檐雨伞用油纸。军民不得用罗绢凉伞，止用油纸雨伞，官民人等所用金银磁锭等器，并不许制造龙凤文，及僭用金酒爵，椅桌木器之类，亦不许用朱红金饰。公侯伯至二品，酒注酒盏用金，余用银，三品至五品，酒盏许用金，余用银，六品以下，酒器许用银，庶民酒注用锡，酒盏用银，余皆用磁漆。官民人等所用床榻，不许雕刻龙凤并朱红金饰，床帐不许用玄黄紫及织绣龙凤文，其鞍辔及马颔下缨并鞦，俱用黑色，并不许红缨及描金、箔金、天青、朱红妆饰。公侯及一品二品，用银减铁事件描银鞊，三品至五品，亦用银减铁事件油画鞊，六品至九品，用摆锡事件鞊同五品。军民用铁事件黑绿油鞊，其官军应用弓矢，俱以黑漆弓袋箭囊，并不许用朱红描金妆饰，其仪从人数，公十人，侯八人，伯六人，一品至三品六人，四品至六品四人，七品至九品二人。官员之家，役使奴婢，稽考唐制，王公之家，不过二十人，官一品不过十二人，二品不过十人，三品不过八人，如有多余之数，与民一体当差。其丧服之制，则如《孝慈录》所著。从之。上以百官侍朝皆公服而已，独便服非所以示表仪，于是又命礼部仿古制为皮弁绛袍玄圭，以临群臣，东宫听政亦如之。（《洪武实录》卷二〇九，第五页）

洪武二十四年秋七月戊戌，调云南白厓军士屯守景东。上以景东为云南要害，且多腴田，故有是命。庚子，命户部增历事官俸钞，于十月给米一石外，人增钞一锭。上谕工部臣曰：“昔汉高祖徙天下豪富于关中，朕初不取，今思之京师天下根本，乃知事有当然，不得不尔，朕今亦欲令富民入居京师，卿其令有司验丁产殷富者，分遣其来。”于是工部徙天下富民至者，凡五千三百户。（《洪武实录》卷二一〇，第二页）

洪武二十四年秋七月辛丑，诏免应天、太平、宁国、镇江、广德五府州官租之半，且谕户部曰：“我国家用兵之初，凡军国所需，皆应天五府州之民供之，天下既一，朕念其劳，于是全免五府州民田之赋，官田则征其半，所以优之者，未为薄也；奈何民情玩恩，于当征之赋，复畧所司而逋负之，朕所以全征之者，盖惩其玩耳，今复念前劳，未之能忘，继今仍减半惩之，尔户部其明谕朕意。”甲辰，杭州钱塘仁和县市民，以输铜违期，所司奏逮问之。浙江按察司佥事解敏奏言：“输铜稽缓，实由有司怠慢因循，乞责郡县使之督完，免逮其民。”从之。乙巳，上以滁州清流关道狭而峻，诏工部遣官相度地势，

命中军都督府发滁州卫军士平治之。（《洪武实录》卷二一〇，第三页）

洪武二十四年八月己未，诏以凤阳定远县田土，赐后军都督佥事沐春。甲子，福建汀州卫请筑武平千户所城，度地凡五百余丈，延侵民田。上曰："筑城本以卫民，而侵民之田可乎？其改度荒闲之所筑之。"置天下诸司架阁库，以度案牍，仍设吏掌之。（《洪武实录》卷二一一，第一页）

洪武二十四年八月辛未，命吏部更定云南毕节、赤水、层台三卫盐法。于是户部定拟：赤水、层台二卫输米四斗者，给淮浙盐一引，六斗给川盐一引。毕节卫输米三斗者，给淮浙盐一引，五斗给川盐一引，奏之。上乃命赤水、层台输米三石，给川盐一引，毕节卫输米二石，给川盐一引，其淮浙盐如所拟，行之。命户部复申明钞法。时民间凡钞昏烂者，商贾贸易率多高其直，以折抑之，比于新钞增加至倍。又诸处税务河泊所每收商税课程，吏胥为奸，利皆收新钞，及至输库，辄易以昏烂者，由是钞法益滞不行，虽禁约屡申，而弊害滋甚。上因谓户部臣曰："钞法之行，本以便民交易，虽或昏烂，然均为一贯，何得至于抑折不行，使民损赀失望，今当申明其禁，但字贯可验真伪，即通行无阻，且以钞之弊者，揭示于税务河泊所，令视之为法，以收税课，有故阻者，罪之。"甲戌，置永宁至霭益州邮传四十八，贵州都指挥同知马烨巡示，所置邮传未有邮卒，请以谪戍军士应役，每十铺置百户一人总之，就屯田自给。从之。（《洪武实录》卷二一一，第三页）

洪武二十四年八月己卯，遣使往山东、河南郡县，以预备仓粮贷给贫民。辛巳，诏京师小民鬻贩者，毋入塌坊。初京师辐辏，军民居室，皆官所给，连廊栉比，无复隙地，商人货物至者，或止于舟，或贮于城外民居，驵侩之徒从而持其价高低，悉听断于彼，商人病之。上知其然，遂命工部于三山等门外濒水处，为屋数十楹，名曰塌坊，商人至者，俾悉贮货，其中既纳税，从其自相贸易，驵侩无所与，商旅称便。至是所司于贫民负贩者，亦驱使投税，应天府尹高守礼以为言，遂命禁之。壬午，罢耆民籴粮。先是朝廷出楮币，俾天下耆民籴粮储之乡村，以备凶年，州县所储充积，而籴犹未已。至是上恐耆民缘此以病民，遂罢之。（《洪武实录》卷二一一，第四页）

洪武二十四年九月庚子，诏建宁岁贡上供茶，听茶户采进，有司勿与，敕天下产茶去处，岁贡皆有定额，而建宁茶品为上，其所进者，必碾而揉之，压以银板大小龙团。上以重劳民力，罢造龙团，惟采茶芽以进。其品有四，曰探春、先春、次春、紫笋。置茶户五百，免其徭役，俾专事采植，既而有司恐其后，时常遣人督之，茶户畏其逼迫，往往纳赂。上闻之，故有是命。（《洪武实录》卷二一二，第二页）

洪武二十四年九月癸卯，置广宁左屯、中屯二卫。先是舳舻侯朱寿督饷辽东，领新编士卒至牛庄马头屯守。至是于辽河西置左屯卫，锦州置中屯卫，命铁岭卫指挥佥事任兴、俞机往左屯卫，海州卫指挥佥事陈钟往中屯卫，分统士卒戍守。（《洪武实录》卷二一二，第二页）

洪武二十四年九月己酉，浙江临海县民汤绍文奏："乞修浚横山岭河道水闸，以便灌溉民田。"诏从之。复以吏部考功主事周舟为新化县丞，舟，温之永嘉人，性明敏，有治才。初由进士授新化县丞，在官以廉勤称，门无私谒，吏卒不敢欺。验民贫富及丁税多寡，第为上、中、下，籍记之，遇有赋役，随轻重使之，故民不扰而事易集。至于狱讼文牍之务，皆躬理之，吏胥不得为奸。罢诸役作，民晏然安业，由是流民之归者益众，满考课最，升考功主事。既而县民萧俊等诣阙言："自本官去职，县政复扰，民不安业，乞令再任。"上命吏部俾复为县丞，仍命礼部宴赏而遣之。（《洪武实录》卷二一二，第三页）

洪武二十四年冬十月丙寅，湖广宝庆卫百户舍人倪基言四事："……二、制民之产。臣闻有恒产者有恒心，无恒产者无恒心，自井田既坏，富者田连阡陌，贫者无地置锥，先王发政施仁，必自经界始，陛下以神武定天下，当明先王之政，计天下之田，验生民之口，使户各有产，人皆足食，如此则礼义廉耻之行，可兴矣。……"上嘉之，命基参赞清平卫军事。辛未，四川建昌府言："所属白、黑二盐井，自洪武十六年十二月开煎，至今年三月终，计四十八万三千一百二十三斤，请召商人纳米给盐，或作官吏军人俸粮月盐。"诏户部给之。（《洪武实录》卷二一三，第四页）

洪武二十四年十二月甲子，筑武平城。先是汀州卫请筑武平城，上以侵民田不便，命据山溪荒间之所筑之，至是改度于县西南二十里外，诏从之。（《洪武实录》卷二一四，第三页）

洪武二十四年十二月戊寅，诏令工匠之役于内者，日给钞，以为廪食，视其劳力为差。自是凡役于内府者，皆给钞。（《洪武实录》卷二一四，第四页）

洪武二十五年春正月丙午，以开封府祥符等县河决，诏免今年田租。置山西解州运盐站，命户部遣官相治道路，设法转运，以便商贾，乃遣主事蔚绶刘匀诣盐池，量度水陆之程。绶等言："河路必经三门、碛津，水势险恶，舟楫难通，若渡河以就驿路，挽运尤难。今河北原有输运故道，自盐池至白浪渡登州，约二百四十里，但历年既久，草木丛塞，若开此路，每三十里置用车辆趱运甚便。"诏从之。乃自盐池抵怀安，每百里置站，站设役夫七十人。（《洪武实录》卷二一五，第三页）

洪武二十五年二月癸酉，诏兵部凡将校流罪一下，谪云南、贵州者，俱复其官。庚辰，户部奏："苏州府崇明县滨海之田，为海潮淹没，民无田耕种者凡二千七百户。"上命徙其民于江北屯种，官给牛粮资之。户部尚书赵勉言："陕西临洮岷州，西宁兰州，庄浪河州，甘肃山丹，永昌凉州等卫军士屯田，每岁所收谷种外，余粮请以十之二上仓，以给士卒之城守者。"上从之。因命天下卫所军卒，自今以十之七屯种，十之三城守，务尽力开垦，以足军食。命户部复开宝钞行用库，于东市置三库，设官以掌之，库给钞二万锭为钞本，倒收旧钞，则送于内府，工墨直仍依旧行之，逾年而复罢。（《洪武实录》卷二一六，第四页）

洪武二十五年二月庚辰，上以松州、茂州山路崎岖，民间输运艰苦，逋逃者多，命本卫军士三分守御，七分屯种，其王府护卫以三之二屯种，三之一扈从，以息其民转运之劳，仍令布政司别设法攒运，且招谕逃亡，使其复业，无重扰之。赐凉国公蓝玉米千五百石。监察御史张式奏："徙山东登、莱二府贫民无恒产者五千六百三十五户，就耕于东昌。"监察御史李谦言："河东解州盐池，西属解州，东属安邑，盐夫一万七千二百五丁，捞盐之所，凡三百有四，岁办盐一十五万二千引，缘盐所产，本系一池中分两界，而运司设于安邑，止于东池捞盐，然西池地高水浅，盐花易结，倍于东池，宜别设西场于解州，于原额上再加一倍。其捞盐人夫，除额定外，于附近州县人民内，量拨丁夫协办。如此则人力易为，公私两便。"从之。辛巳，开平忠武王夫人蓝民卒，诏赐钞百锭，绢百匹，米百石。颍国公傅友德请怀远等县官地九顷六十余亩以为田圃。上曰："尔贵为上公，食禄数千石，而犹请地，独不闻公仪休事邪。"友德惭而退。凉国公蓝玉奏："凉州卫民千七百余户，附籍岁久，所种田亩，宜征其赋，令输甘肃。"上曰："凉州归附虽久，贫民至今未苏，俟年丰食足，然后征之。"（《洪武实录》卷二一六，第五页）

洪武二十五年三月壬午朔，罢民间岁输马草。凡军官之马，令自刍牧，各卫军士马匹，则令管马指挥千百户，各择水草丰茂之所，率所部卒及其妻子，屯营牧养。（《洪武实录》卷二一七，第一页）

洪武二十五年四月庚申，改将作司为营缮所，秩正七品，设所正、所副、所丞各二员，以木匠、瓦匠、石匠、漆匠、土工匠、搭材匠之精艺者为之。（《洪武实录》卷二一七，第四页）

洪武二十五年五月壬辰，上谕户部臣曰："天下预备仓廪，正为荒歉而设，即遣人与县官耆民，照户给之，务使饥民均需其利可也。"（《洪武实录》卷二一七，第六页）

洪武二十五年六月己巳，命四川布政司，以所铸铜钱及钞兼给本处武官月俸。给海运军士六百余人，钞各三锭。辛未，江西南安府南康县奏："岁歉民饥，请以预备食粮贷给。"从之。（《洪武实录》卷洪武二十五年六月丙子，湖广竹山县知县朱大观奏："以岁征秋粮对给军士，去营四百余里，山路险阻，民人负荷动经旬月而后能至，道路之费，倍于所输之赋，以是民愈贫困，田多荒芜，逋负之积难征，以贫户及荒田数，类次成册以进。"上命户部核实悉免之。（《洪武实录》卷二一八，第五页）

洪武二十五年秋七月壬午，申明靴禁。先是尝禁民间制靴，不许裁为花样，及以金线装饰，而富商大贾、奸民猾胥、末技贱工及军中无赖少年，往往冒犯，恣为淫巧，裁制花样，嵌以金线蓝条，蔑敦朴之风，乱贵贱之等，甚者，诈为公侯大臣家子侄，出入市中为奸利。至是事闻，诏礼部严禁之，唯文武百官并同籍父、兄、伯、叔、弟、侄、子、婿，及儒士、生员、吏典、知印、承差、钦天监、天文生、太医院医士、瑜伽僧、正一道士、将军、散骑舍人，带刀之人，正伍马军，并马军总、小旗、教读大诰师生，许穿靴；然不许用红扇面、黑下椿，与内官内使靴同，其北平、山西、山东、陕西、河南，并直隶徐州地寒，人民许穿牛皮直缝靴，校尉、力士遇上直乐工当承应许穿，出外不许，其庶民、商贾、技艺、步军，及军下余丁、管步军总、小旗官下家人、火者、皂隶、伴当，在外医卜、阴阳人，皆不许，止许穿皮扎翰，违者罪之。（《洪武实录》卷二一九，第一页）

洪武二十五年秋七月癸巳，巫山县民言："南木隘驿道险隘，艰于送递，驿马相继走毙，惟奉节有仙女驿，古道坦夷，由仙女驿至施州地皆宽平，若加开凿，实永久之利。"上遣行人李靖往治驿道，仍相度屯田之所，于是立屯五处，曰新村中坝、曰马口、曰石家曹、曰石轩泙、曰枝陇坝。命刑部以罪囚当罚充军者往屯之。（《洪武实录》卷二一九，第二页）

洪武二十五年秋七月己酉，两浙运司言："商人赴温州各场支盐者，必经涉海洋，然著令军民不得乘船出海，故所司一概禁之，商人给盐不便。"上曰："海滨之人，多连结岛夷为盗，故禁出海，若商人支盐何禁耶？"乃命兵部移文谕之。（《洪武实录》卷二一九，第

四页）

洪武二十五年八月己未（十六日），江夏侯周德兴以帷簿不修伏
诛，命收其公田。（《洪武实录》卷二二〇，第一页）

洪武二十五年八月癸亥，罢周、秦二府所属税课司，岁给米千
石。丁卯，上以山西大同等处，宜立军卫屯田守御，乃谕宋国公冯
胜、颍国公傅友德等曰："屯田守边，今之良法，而寓兵于农，亦古
之令制，与其养兵以困民，曷若使民力耕而自卫，尔等宜往山西布政
司集有司耆老，谕以朕意，乃分命开国公常昇、定远侯王弼、全宁侯
孙恪、凤翔侯张龙、永平侯谢成、江阴侯吴高、会宁侯张温、宣宁侯
曹泰徽、先伯桑敬、都督陈俊、蒋义、李胜、马鉴往平阳府，安庆侯
仇正、怀远侯曹兴、安陆侯吴杰、西凉侯濮玙、都督孙彦、谢熊、袁
洪、商嵩、徐礼、刘德、指挥李茂之往太原等府阅民户四丁以上者，
籍其一为军，蠲其徭役，分隶各卫，赴大同等处开耕屯田。东胜立五
卫，大同在城立五卫，大同迤东立六卫，卫五千六百人，仍戒其各慎
乃事，毋扰于民。"己巳，山东宁海州莒岛民刘兴等诣阙，诉旧所居
地平衍，有田千五百余亩，民七十余户，以耕渔为业，近因倭寇扰
边，边将徙兴等于岛外，给与山地，硗瘠不堪耕种，且去海甚远，渔
无所得，不能自给，又无以供赋税，愿复居莒岛为便。诏许之。（《洪
武实录》二二〇，第三页）

洪武二十五年八月癸酉，给山西民兵十万人，钞各三十锭，令买
牛屯田。甲戌，命仍岁给公侯之禄，魏国公、宋国公、曹国公、信国
公、江阴侯、靖海侯、永平侯、蕲春侯各归旧赐田于官。乙亥，赏淮
安、大河、扬州三卫海运军士八千余人，钞四万六百余锭。（《洪武实
录》卷二二〇，第四页）

洪武二十五年九月戊申，户部议减四川苏州、建昌二卫中盐则
例。先是商人于建昌卫，输米八斗者，给浙盐一引，一石五斗给川
盐，商人以建昌山路险远，难于转输，且米数重，故中纳者少，以故
两卫军储不给。至是议减，浙盐一引纳米五斗，川盐米一石。（《洪武
实录》卷二二一，第三页）

洪武二十五年冬十月癸丑，户部言："运解州池盐，计其路程，自河口杨壶站至淮安白萍站，共二十七站，每站一百里，当用船二百七十艘，次第接运至京仓收贮，宜令工部造船，刑部都察院发囚夫往运。"从之。（《洪武实录》卷二二二，第一页）

洪武二十五年冬十月壬戌，陞锦衣卫指挥佥事谢贵为河南都指挥佥事。癸亥，命户部于正阳门外，距板桥五里度地，自牛首山接方山、西傍河涯为上林苑。户部因为图以进。上以苑中之地，民人已种二麦，俱俟明年收成后，令勿再种，其占及民田者，给官田偿之，官田或不敷，令民徙居江北，倍数给田偿之，永为世业，民庶坟茔，有在苑内者，令勿徙，听其以时祭扫。寻以妨民业，遂止。（《洪武实录》卷二二二，第二页）

洪武二十五年十一月丙戌，景川侯曹震遣镇抚甘信入奏五事："一曰，四川所属地方盐井五十七处，俱用竹筒皮囊汲水煎办，岁额四万五千一百七十五引，以给各卫军士，月盐不敷，夔州云阳，有上温、下温东西等五井，大宁县盐井泉涌，易为煎办，已有灶丁九百六十人，岁办一万六百二十三引，请依普安例，召商输粟，以备军储，而给盐偿之。二曰，四川盐课司言，令商人于云南建昌乌撒诸处输粟，给以川盐，数支不敷，乞令以重庆府綦江县买马，官盐八千一百余引给之。三曰，马湖等府秋粮逋征，盖以四川之民，自国初创置贵州黄平、松茂等卫，营造蜀府，征讨云南禄肇诸处，积年劳役，请从末减。四曰，施州卫官军，岁用粮储，皆湖广郡县所运，川江至险，泝流艰难，重庆府岁储粮三十三万八千石有奇，既无他用，可具舟顺流至巫山，俾施州卫发军与民兼运甚便。五曰，建昌、苏州新制之卫，控御羌戎，凡弓矢火攻之具，四川都司布政司足以造之，惟盔甲不易成，请于工部支给。"上皆从之。（《洪武实录》卷二二二，第四页）

洪武二十五年十一月甲午，总兵官凉国公蓝玉……又奏："四川军士少，请籍民丁为兵，其长河西朵甘百夷，地相连属，恃其险远，久不入贡，请兵致讨。"上报玉曰："籍民为兵，甚不可。"……庚子，置江东宣课司，大使一人，从九品，副使二人，杂职。辛丑，赐辽王宁王二护卫军士绵布，有妻子者人四匹，无者半之。凡八千余人，布二万八千九百余匹。壬寅，诏凤阳、滁州、庐州、和州等处民户，种桑、枣、柿各二百株。（《洪武实录》卷二二二，第五页）

洪武二十五年十一月戊戌，北平行都司奏："大宁左等七卫及宽河千户所，今岁屯种所收谷麦，凡八十四万五百七十余石。"（《洪武实录》卷二二二，第五页）

洪武二十五年十二月辛未，后军都督府都督佥事李恪、徐礼还京。先是命恪等往谕山西民，愿徙居彰德者听，至是还报，彰德、卫辉、广平、大名、东昌、开封、怀庆七府民，徙居者凡五百九十八户，计今年所收谷粟麦三百余万石，绵花千一百八十万三千余斤，见种麦苗万二千一百八十余顷。上甚喜，曰："如此十年，吾民之贫者少矣。"（《洪武实录》卷二二三，第三页）

洪武二十五年闰十二月丁丑朔，己卯命户部遣官于湖广、江西诸郡县，买牛二万二千三百余头，分给山东屯种贫民。（《洪武实录》卷二二三，第四页）

洪武二十五年闰十二月甲午，命僧录司造周知册，颁于天下僧寺。时京师百福寺隐囚徒、逋卒，往往易名姓为僧，游食四方，无以验其真伪。于是命造周知文册，自在京及在外府州县寺院僧名，以次编之，其年甲姓名字行，及始为僧年月，与所授度牒字号，俱载于僧名之下。既成，颁示天下僧寺，凡游方行脚，至者以册验之，其不同者，许获送有司，械至京，治重罪，容隐者，罪如之。丙午，计内外武官并兵马总数，在京武官二千七百四十七员，军二十万六千二百八十八，马四千七百五十一匹，在外武官万三千七百四十二员，军九十九万二千一百五十四人，马四万三百二十九匹。（《洪武实录》卷二二三，第七页）

洪武二十六年春正月癸丑，户部奏定云南乌撒中盐则例：凡输米一斗五升，给浙盐一引，输米二斗给川盐，输米一石八斗给安宁井盐，输米一石六斗给黑盐井盐。（《洪武实录》卷二二四，第二页）

洪武二十六年二月癸巳，朝鲜遣使送马九千八百八十匹至辽东，命指挥王靝运纻丝绵布一万九千七百六十匹以酬之。（《洪武实录》卷二二五，第二页）

洪武二十六年夏四月乙亥朔，置潮州蓬山守御千户所，命凡创公宇修城隍，惟以军士供役，不许劳民。湖广德安府孝感县言："民饥，官有预备仓粮万一千石，请以贷民。"即命行人乘驿往给之。上谕户部臣曰："朕尝捐内帑之资，付天下耆民，籴粟以储之，正欲备荒以济饥民也。若岁荒民饥，必候奏请，道途往返，远者动经数月，则民之饥死者多矣。尔户部即谕天下有司，自今凡遇岁饥，则先仓廪以贷民，然后奏闻，著为令。"（《洪武实录》卷二二七，第一页）

洪武二十六年五月甲子，魏国公徐辉祖、崇山侯李新奏："考《稽制录》所载，公侯家人，及仪从户，存留如制，余请给付有司。"上命发凤阳隶籍为民。乙丑，道士仲守纯等一百二十五人，请给度牒，礼部审实，皆逃民避徭役者，诏隶锦衣卫习工匠。（《洪武实录》卷二二七，第四页）

洪武二十六年六月己丑，免武定侯郭英合输税粮，仍拨赐佃户。（《洪武实录》卷二二八，第二页）

洪武二十六年六月己亥，诏习匠军人老弱残疾无子孙者，于养济院存养。（《洪武实录》卷二二八，第四页）

洪武二十六年秋七月丙午，诏罢各布政司宝泉局，以铸钱扰民故也。在京则仍旧鼓铸。壬子，信国公汤和男爕奏："以原给家奴仪从四十八人还官，隶籍为民。"（《洪武实录》卷二二九，第一页）

洪武二十六年秋七月乙丑，复赐故东川侯胡海田。初海尝有罪，收其禄田，至是其子观尚公主，诏复给之。（《洪武实录》卷二二九，第二页）

洪武二十六年秋七月乙未，复置武昌府兴国铁冶。（《洪武实录》卷二二九，第五页）

洪武二十六年秋七月己丑，罢新置湖广古州卫，令将士屯田五开。（《洪武实录》卷二二九，第五页）

洪武二十六年秋七月戊辰，赐天界、天禧、灵谷、能仁、鸡鸣五寺芦柴地四十七顷有奇。（《洪武实录》卷二二九，第七页）

洪武二十六年冬十月己亥，更给天下府州县工匠轮班勘合。先是诸色工匠，岁率轮班至京受役，至有无工可役者，亦不敢失期不至。至是工部以为言。上令先分各色匠所业，而验在京诸司役作之繁简，更定其班次，率三年或二年一轮，使赴工者各就其役，而无费日，罢工者得安家居而无费业。于是给与勘合，凡二十三万二千八十九人，人咸便之。（《洪武实录》卷二三〇，第三页）

洪武二十六年十一月丁未，遣使至山西大同蔚、朔，及北平、密云、永、蓟诸州郡，收籴黍、麦、荞、粟各九千石，俟明年发兵出塞，给种屯田。（《洪武实录》卷二三〇，第三页）

洪武二十六年十一月戊午，诏辽东都指挥使司，凡朝鲜人至，止令于革河互市。不许入境。庚申，曹国公李景隆奏还庄田六所，凡田地、山塘、池荡二百余顷。（《洪武实录》卷二三〇，第四页）

洪武二十六年十二月己卯，罢越嶲卫商人中盐。初以盐井、建昌、苏州、越嶲、会川五卫土地硗瘠，军食不敷，故令商人输米中盐。至是以越嶲稍近成都，粮饷可给，故罢之。己亥，西平侯沐春奏："丽江府土民每岁输白金七百六十两，皆摩紫洞所产，土民以马易金，不谙真伪，请令以马代输为便。"许之。（《洪武实录》卷二三〇，第六页）

洪武二十六年十二月庚子，户部计是岁天下钱粮、金帛之数，凡粮储三千二百七十八万九千八百余石，钞四百一十二万四千余锭，布帛五十一万二千二匹，金二百两，银二万五千余两，丝锦、茶、铅、铁、硝、矾、水银、朱砂诸物三百六十五万四千余斤，盐一百三十一万八千余引，海蚆三十一万六十余索。（《洪武实录》卷二三〇，第六页）

洪武二十七年正月丁未，复置山西平阳府吉州丰国、富国二铁冶。先是上以采铁劳民，罢二铁冶。至是工部臣言："营造益广，用铁颇多，请复置冶煎炼，以供国用。"从之。戊申，遣官往光州等处

市耕牛，给洛阳护卫屯田军士。（《洪武实录》卷二三一，第一页）

洪武二十七年正月辛酉，以天下郡县预备仓粮贷贫民。先是命户部遣耆民于各郡县籴粮，置仓于民间储之，委富民守视，以备荒歉，议者以粟藏久致腐，宜贷于民，而收其新者，于是遣使给贷之。（《洪武实录》卷二三一，第三页）

洪武二十七年正月戊辰，上以山西大同、慰、朔、雁门诸卫军月给粮饷，有司役民转输，艰苦不胜，遂命各卫，止留军士千人戍守，余悉令屯田，以息转输之劳。（《洪武实录》卷二三一，第四页）

洪武二十七年二月丁亥，增递运驿夫粮额。初递运驿传夫皆以民间田赋多者充役，少则并别户以足之，转递往复，久不得代，船坏马毙，则易买补偿，虽巨室甲户，亦惮其役，吏缘为奸，往往富者以贿免，而贫者愈困。于是饶州府乐平县民方处渐上言："郡县徭役不均，最为民病。如红船、马船、站船等役，皆可计会。乞令有司计每里杂役若干，验其丁赋轻重以损益之，务令均一，定为图册，十年之内，以次更番，其余轻役，则于每年里长之下闲户差遣。如此，则吏无赇贿之弊，民无不均之患。"书奏，上命户部集百官议之。户部尚书郁新等言："天下水马驿递运所夫，其役至重，虽蠲其税粮，而久不得代，困乏之故，皆由于此。今后不须免粮，但于各布政使司所属境内，计水马驿递运所船马车牛之数，以所隶民户田粮，照依旧金粮额，加倍均派，不分军匠，依次轮充，周而复始。其两浙税户，与市民及宥罪发充者，应役如故。湖广、山西之民，先尝垛军，已除水马诸项，役占人户，宜令依旧充当，不须均派。"上曰："若依旧例，粮数止加一倍，恐不足以苏民力，命增五倍，余如所议。"给赐胭脂山开河民匠六千人钞一万八千锭。（《洪武实录》卷二三一，第六页）

洪武二十七年三月甲寅，广西镇安府知府岑添保上言："往者征虏前将军傅友德，令郡民岁输米三千石，运饷云南普安卫。本府僻处溪洞，南接交阯，孤立一方，且无所属州县，人民寡少，舟车不通，陆行二十五日，始至普安，道远而险，一夫负米，仅可三斗，给食之余，所存无几，往往以耕牛及他物至其地易米输纳，而普安荒远，米不易得，民甚病之。去年米才输七百石，尚逋二千二百余石。又本府岁输本卫米四百石，尤困极艰难。旧以白金一两折纳一石，今民愿依前例输白金，如准臣所言，恕宽民病。"书奏，从之。（《洪武实录》卷二三二，第四至五页）

洪武二十七年夏四月庚辰，更定蕃国朝贡仪，是时四夷朝贡，东有朝鲜、日本，南有暹罗、琉球、占城、真腊、安南、爪哇、西洋、琐里、三佛齐、渤泥、百花、览邦、彭亨、淡巴、须文达那，凡十七国。（《洪武实录》卷二三二，第五页）

洪武二十七年六月甲午，诏互徙浙江、福建沿海土军。初闽浙滨海之民，多为倭寇所害，以指挥方谦言，于沿海筑城置卫，籍民丁多者为军以御之，而土人为军，反为乡里之害。至是有言于朝者，乃诏互徙之。既而以道远劳苦，止于各都司沿海卫所相近者，令互居之。（《洪武实录》卷二三三，第三页）

洪武二十七年秋七月癸卯，凤阳、定远等县以编赋役黄册，内有钦免土民及太仆寺长淮等监养马户杂役，难同役户编排，申请定度，户部以闻。诏土民优免有例，养马者亦不令重役。乙巳，赐应天府溧阳县银墅东坝开河石匠四千九百余人，钞万四千七百余锭。（《洪武实录》卷二三三，第七页）

洪武二十七年八月癸酉，诏有司免输明年桑穰。先是以造钞，岁买浙江、河南、北平、山东及直隶凤阳诸府桑穰为钞料，民间不免伐桑以供科索。至是上以其不便于民，恐妨蚕作，故免之。（《洪武实录》卷二三四，第一页）

洪武二十七年八月乙亥，遣国子监生及人材分诣天下郡县，督吏民修治水利。（《洪武实录》卷二三四，第一页）

洪武二十七年八月丙戌，诏禁用铜钱，时两浙之民重钱轻钞，多行折使，至有以钱百六十文折钞一贯者。福建、两广、江西诸处大率皆然。由是物价涌贵，而钞法益坏不行。上乃谕户部尚书郁新曰："国家造钞，令与铜钱相兼行使，本以便民，比年以来，民心刁诈，乃以钱钞任意亏折行使，致令钞法不行，甚失立法便民之意，宜令有司悉收其钱归官，依数换钞，不许更用铜钱行使，限半月内，凡军民商贾，所有铜钱，悉送赴官，敢有私自行使及埋藏弃毁者，罪之。"庚寅，新建京都酒楼成。先是上以海内太平，思欲与民偕乐，乃命工部作十楼于江东诸门之外，令民设酒肆其间，以接四方宾旅，其楼有鹤鸣、醉仙、讴歌、鼓腹、来宾、重译等名，既而又增作五楼。至是皆成，诏赐文武百官钞，命宴于醉仙楼。（《洪武实录》卷二三四，第二页）

洪武二十七年冬十月乙酉，赐提督屯田致仕官麦七千五百余石。丙戌，户部尚书郁新奏："苏州府太仓，常年海运粮储，有司自正月以来，即拘禁民船，以备盘运，及至三月终方已，甚妨民业。今后请自三月初方许集船盘运，其正、二月间，皆不许。"从之。（《洪武实录》卷二三五，第一页）

洪武二十七年冬十月己丑，上谕工部臣曰："边境土木之工，必度时量力，顺民情而后为之，时可为而财力不足，不为也，财有余而民不足，不为也，必有其时有其财，而民乐于趋事，然后为之，则事易集。今云南土旷民稀，军饷转输，民力甚劳，若复加以兴造之役，非惟时力未可，于民情亦有所不欲。岷府姑为棕亭以居，俟十五年后，民富力纾，作之未晚，尔工部遣人驰驿往谕云南守臣，罢其役。"庚寅，敕天下卫所屯田将士，以时耕作，毋怠其事，每岁秋后，遣人上数京师。癸巳，上命有司，凡军士居没官屋室者，免征其赁钱。（《洪武实录》卷二三五，第二页）

洪武二十七年十二月己巳，赐致仕指挥姚德等四十余人麦三千余石，以其督视山东，屯田有成，故赐之。辛未，广西爵林州民李友松上言："本州北流、南流二江，相去二十余里，乞凿河，通舟楫，以便行旅，仍乞蠲其所侵田税，及设右陡诸闸。"诏从之。（《洪武实录》卷二三五，第四页）

洪武二十七年十二月甲戌，申定皇城门禁法。……其工匠人等出入各门，依例搜检，有误带钞物在身者，许附寄各门，如出门夹带钞物者，许执奏。凡官民军人有事入奏，不许阻遏及问其事情，违者官

军皆坐罪。(《洪武实录》卷二三五，第五页)

洪武二十八年春正月丁酉，置四川盐井卫军民指挥使司儒、医、阴阳学官。时本卫新置，以儒、医、阴阳学并仓库、驿传未设官为请。吏部议仓库官以镇抚兼之，驿官以百户领，谪卒当传者兼之，儒学等官，宜许其请。从之。庚子，陕西行都指挥使司指挥佥事张豫言："治所北滨边塞，鲜有儒者，岁时表笺乏人撰书，武官子弟多不识字，无从问学，乞如辽东建学立师。本司卫所官俸，旧皆给钞，由是各占田耕种，多役军士。乞给禄米十之三，庶免役军之弊。甘州等卫隶兵者，多谪戍之人，例不给赏，然边地苦寒，不产木棉，乞给衣布，以为御寒之具。递年军士通负种粮积二千八百二十八石，贫不能偿者，乞免其征。"从之。于是置陕西行都指挥使司儒学，设官如府学之制。(《洪武实录》卷二三六，第一页)

洪武二十八年春正月庚戌，命户部以耕牛一万头给东昌府屯田贫民。先是命迁登莱之民屯田东昌，至是又虑小民贫窭无资市牛，故有是命。辛亥，遣使敕周王橚，发河南都指挥使司属卫马步官军三万四千余人，往塞北筑城屯田。甲寅，遣使敕晋王㭎，发山西都指挥使司属卫马步官军二万六千六百人，往塞北筑城屯田。(《洪武实录》卷二三六，第二页)

洪武二十八年二月戊辰，诏复置袁州府分宜县铁冶所，令循旧额办课。山东布政使司言："青、兖、济南、登、莱五府，民稠地狭，东昌则地广民稀，虽尝迁闲民以实之，而地之荒闲者尚多，乞令五府之民，五丁以上，田不及一顷，十丁以上，田不及二顷，十五丁，田不及三顷，并小民无田耕者，皆令分丁就东昌开垦闲田，庶国无游民，地无旷土，而民食可足也。"上可其奏，命户部行之。庚午，陕西行都司言："山丹、永昌、凉州、西宁四卫军士之马，系临边征调之数，宜以官仓所储料豆支与饲养，庶可调用其屯田军士之马，则于各军岁输数内，免其十之二以给饲之。"又言："甘州五卫军士，分耕塞上，一伍之中，有远至二百里者，军不成伍，将吏不能朝夕督视，以致军士怠惰，所获不足自食，继今宜令一百户为一屯，以便耕种。"

从之。西平侯沐春言："霑益、乌撒，地境相邻，连年争地不决，宜以所争地给乌撒卫官军屯种。"可之。（《洪武实录》卷二三六，第五页）

洪武二十八年二月戊子，诏工部罪人罚役，死者免补。先是有罚役死者，所司辄追其父兄至京补其役。上闻之恻然曰："朕以人犯法，多至于死，故不忍加刑，令罚役以全其生，殁则已耳，乃追其父兄补之，果何罪耶？"命释之。（《洪武实录》卷二三六，第七页）

洪武二十八年二月乙丑，应天府上元县典史隋吉言："农民之中，有一夫一妇受田百亩，或四五十亩者，当春夏时，耕种之务方股，或不幸夫病而妇给汤药，农务既废，田亦随荒，及病且愈，则时已过矣，上无以供国赋，下无以养室家，穷困流离，职此之由。请命乡里小民，或二十家，或四五十家，团为一社，每遇农急之时，有疾病，则一社协力助其耕耘，庶田不荒芜，民无饥窘，百姓亲睦，而风俗厚矣。"上善其言。（《洪武实录》卷二三六，第八页）

洪武二十八年三月戊午，罢太仆寺群监官，以其马匹隶有司牧养，计罢监群一百一十一处。先是和州民晏仁言："民间马户既养孳生马匹，又于有司供应差役，是一户而充两差，实为重复。"下廷臣会议，礼部等官言："直省牧马监群，就令有司兼掌之便。"（《洪武实录》卷二三七，第三页）

洪武二十八年三月己酉，诏中军都督府右都督刘谦、右军都督府都督佥事陈春、后军都督府都督佥事朱荣，往彰德、卫辉、大名、广平、顺德、真定、东昌、兖州等府，劝督迁民屯田。（《洪武实录》卷二三七，第二页）

洪武二十八年夏四月丁丑，诏增给福建新军月粮。先是广东诸卫新旧军士，其在内郡者，守城、屯种各居其半，其沿海屯种者十之三，守城者十之七，既而福建新军有诉月粮不给者，乃命有司增其数，俾屯种守城，例如广东。（《洪武实录》卷二三八，第二页）

洪武二十八年六月乙未，山东布政使杨铺奏："青、兖、登、莱、济南五府，民五丁以上，及小民无田可耕者，起赴东昌编籍屯种，凡一

千五十一户，四千六百六十六口。"（《洪武实录》卷二三九，第三页）

洪武二十八年八月辛未，遣官分诣河南、山东、湖广诸府州县，买牛分给山东屯种之民。壬申，新添卫指挥使司奏："军士缺粮，诏贵州都指挥使程暹整饬附近各卫军马以征，方命蛮夷寨栅俾之，因粮于敌，以给军饷，候至春作方兴，班师屯种。"（《洪武实录》卷二四〇，第五页）

洪武二十八年九月乙未，上谕户部尚书郁新曰："岷王之国云南，粮饷不敷，其王国岁与米六百石，金银则贮之王府，钱钞、海蚆之物，送布政司收，以备用。"（《洪武实录》卷二四一，第一页）

洪武二十八年九月壬寅，兵部尚书致仕唐铎言："长沙、宝庆、衡州、永州四府，郴、道二州，食盐缺少，广东积盐实多，而广西新立卫分，军粮未敷，若将广东之盐运至广西，召商中纳，可给军食。"户部议："先令广东布政司运盐至梧州，命广西官司于梧州接运至桂林，召商中纳，每引纳米三石，令于湖广卖之，庶几官民俱便。"从之。癸卯，户部尚书郁新言："山东已免秋粮，乞以他粮与民易布，以给军士。"上曰："此意甚善，然恐有司并缘为奸，以病吾民，且军士绵花布匹，递年给赏，今年且停给。"（《洪武实录》卷二四一，第二页）

洪武二十八年九月丁巳，置大同中、左、右、前、后五屯卫。时上以代王之大同，粮饷艰远，复命立卫屯种，以纾转运之劳。（《洪武实录》卷二四一，第四页）

洪武二十八年九月辛酉，命户部令广东、海北二提举司，运盐八十五万余引至广西桂林，以给商人之入粟者，且以先定纳米三石太重，令减其半，以便商人。（《洪武实录》卷二四一，第四页）

洪武二十八年闰九月庚寅，诏更定亲王岁赐禄米。先是上谓户部尚书郁新等曰："朕今子孙众盛，原定亲王岁用禄米各五万石，今天下官吏军士亦多，俸给弥广，其斟酌古制，量减各王岁给，以资军国之用。"至是户部议，更定亲王岁给禄米万石，郡王二千石，镇国将军一千石，辅国将军八百石，奉国将军六百石，镇国中尉四百石，辅国中尉三百石，奉国中尉二百石，公主及驸马二千石，郡主及仪宾八百石，县主及仪宾六百石，郡君及仪宾四百石，县君及仪宾三百石，乡君及仪宾二百石，皇太子、次嫡子并庶子，既封郡王，必候出阁，然后岁赐，与亲王子已封郡王者同，女俟及嫁，然后岁赐，与亲王女已嫁者同，郡王嫡长子袭封郡王者，岁赐比始封郡王减半支给。上于是重定祖训录，名为《皇明祖训》，其目仍旧，而更其箴戒章，为祖训首章。以是编之作将垂之万世，命大书揭于右顺门内西南廊下，朝夕谛览，斟酌损益，久而后定。既而遣使召诸王至京，谕以量减禄米之故，且以《皇明祖训》赐之。（《洪武实录》卷二四二，第二页）

洪武二十八年闰九月庚寅，工部臣言："各处续开炉冶，今已三年，而内库见贮铁，凡三千七百四十三万余斤。"上以库内储铁已多，诏罢各处铁冶，令民得自采炼，而岁输课程，每三十分取其二。辛卯，户部尚书郁新言："亲王岁米，既有定议，请令有司如数给之。"上曰："晋、燕、楚、蜀、湘给与如数；代、肃、辽、庆、宁、谷，远在边地，民少赋薄，岁且给五百石；齐府千石，嗣秦王幼应用米，有司月进周府，且未给各府，罢给及多寡不齐者，特出一时权制云。"（《洪武实录》卷二四二，第二页）

洪武二十八年十月辛亥，上谓兵部臣曰："江淮养马之民，遇有马死，有司令其买补，乃去家离业购于远方，至有历年不返毙于道路者，朕甚悯之。其令太仆寺，凡缺马者，免其偿。"乙卯，应天府溧阳县知县卢何生言："本县荒、熟田计一万三千二百七十四顷，丁男七万四千六百余，若量力均种，则官不缺租，民有恒产。"上敕户部议行之。户部言："若附近田地，令其量力均种；如僻远不便于民者，宜候生齿蕃息，以渐开耕。"从之。（《洪武实录》卷二四二，第五页）

洪武二十八年十一月壬戌，命中都留守司属卫士卒，于洛河山采取煤炭给军士造器械，以省民力。（《洪武实录》卷二四三，第一页）

洪武二十八年十一月癸亥，湖广湘乡县言："旧有盐井，本处人民私煎贩鬻，宜令官司开煎。"从之。甲子，诏徙直隶苏州等十七府州，及浙江等六布政使司所属府州县小民二万户，赴京占籍于上元、江宁二县，以充各仓夫役，名曰"仓脚夫"。（《洪武实录》卷二四三，第一页）

洪武二十八年十一月戊寅，后军都督佥事朱荣言："东昌等三府屯田，迁民五万八千一百二十四户，租三百二十二万五千九百八十余石，绵花二百四十八万斤。"右军都督佥事陈春言："彰德等四府屯田，凡三百八十一屯，租二百三十三万三千三百一十九石，绵花五百二万五千五百余斤。"癸未，北平都指挥使司言："燕山等十七卫屯田，凡一万四千三百六十二人，租十万三千四百四十余石。"（《洪武实录》卷二四三，第三页）

洪武二十八年十二月壬辰，上谕户部官曰："方今天下太平，军国之需，皆已足用。其山东、河南民人田地桑枣，除已入额征科，自二十六年以后，栽种桑枣果树，与二十七年以后，新垦田地，不论多寡，俱不起科，若有司增科扰害者，罪之。"甲午，诏代、辽、宁、谷四府，临边护卫常存步卒千人，骑士五百人，及守城者五百人，余皆屯种。（《洪武实录》卷二四三，第三页）

洪武二十八年十二月辛亥，太仆寺上孳生马驹之数。是岁凡九千四百七匹。乙卯，湖广布政使司上所属郡县果树之数，计栽过桑枣柿栗胡桃等树，凡八千四百三十九万株。（《洪武实录》卷二四三，第四页）

洪武二十八年十二月己未，是岁开天下郡县塘堰凡四万九百八十七处，河四千一百六十二处，陂、渠、堤岸五千四十八处。先是遣国子生人才，分诣天下郡县集吏民，乘农隙修治水利，至是工成。（《洪武实录》卷二四三，第五页）

洪武二十九年二月辛卯，四川永成盐井灶户言："井水涸竭，艰于煎办，岁课有亏，乞于附近南部县，开煎大成盐井，以助不足。"从之。癸巳，岳州卫言："临湘等县，民多荒田，请拨官军屯种。"从之。甲午，陕西行都指挥使司都指挥佥事张豫言："今迤西所统边卫，人稠地狭，供给粮储，惟藉内地转运。况各卫军士，多由罪谪，既有壮丁代役，而老幼尚同在营蚕食，如将此辈听于黄河以南，直抵陕州以北地旷州县，寄籍屯种，每岁供给正军，俟三年后与土著军户一体输租应役，若军伍有缺，就于幼丁内选壮者补役为便。"又言："各卫军士年七十以上，并老疾无丁可代者，若留在伍，虚费粮赏，宜令回乡依亲。其因罪谪戍守者，则令罢役，在营自给。所缺之伍，别调补之。"上并从其言。惟老疾无亲可依者，令送至京养赡。丙申，征南将军左都督杨文言："广西新立卫所，奉议、庆远二卫水陆并通，粮储足用，独南丹不通舟楫，山路崎岖，商人中纳盐粮，避远就近，宜令先于南丹输粟为便。"先是监察御史严震直尝以为言，命户部定广西中盐则例，南丹每引纳米二石，已而减为一石五斗，至是因文言，又以盐价太重，定南丹每引五斗，奉议、庆远一石五斗，俱于顺便仓所支盐，仍定行盐地方，梧州盐于田州、龙州、柳州、南宁、浔州、庆远、思恩、太平鬻卖，广西盐于长沙、宝庆、衡州、永州、全州、道州、桂林鬻卖。（《洪武实录》卷二四四，第四页）

洪武二十九年三月癸未，大宁卫言："屯田军士，多乏农具，红螺山旧有铁场，宜开炉冶造具以给。"上曰："远戍勤苦，不可重劳，其令有司运农器给之。"（《洪武实录》卷二四五，第三页）

洪武二十九年夏四月乙丑，广西布政使司言："新设南丹奉议、庆远二卫，及富川千户所，岁用军饷二十余万石，有司所征，不足以给。"上命俱屯田，既而奉议卫奏："本卫地控蛮峒，若俱出屯种，设有缓急，卒难调用，宜以三分守城，七分屯田为便。"上不许。（《洪武实录》卷二四五，第四页）

洪武二十九年夏四月戊戌，中军都督府都督佥事朱信言："比岁海运辽东粮六十万石，今海舟既多，宜增其数。"上命增十万石，以苏州府嘉定县粮米，输于太仓，俾转运之。（《洪武实录》卷二四五，第四页）

洪武二十九年五月庚午，上以湖广诸郡宜桑，而种之者少，命于淮安府及徐州取桑种二十石，遣人送至辰、沅、靖、全、道、永、宝庆、衡州等处，各给一石，使其民种之。乙亥，苏州府言："是岁海

运粮米，凡八十万四千四百二十二石有奇。"（《洪武实录》卷二四六，第一至二页）

洪武二十九年六月戊申，户部尚书郁新言："海北之盐，往者召商人于桂林入米二石，钞三贯，给盐一引，其时米贱盐贵，商人利之，故中盐者多，比来米贵盐贱，虽累榜招之不至，今宜减其价，每引米一石钞五贯。"从之。太子少保、兵部尚书致仕唐铎言："昨运广东盐已至广西，宜召商人于南丹奉议、庆远卫仓依例纳米，给梧州所贮之盐偿之，其原定桂林府盐粮，宜且罢中。"从之。（《洪武实录》卷二四六，第三页）

洪武二十九年秋七月己巳，遣中使至桂林等府市牛，给南丹奉议等卫屯田军士。丙子，辰州麻阳县言："荒田四十四顷六十余亩，岁租五百七十余石，无征。"上命蠲之，以其田与沅州、平溪二卫军士屯种。丁丑，命给钞偿水西、金筑、乌蒙马直。初大军征云南，命水西、金筑、乌蒙出马，以给军用，水西马一千余匹，金筑安抚司及乌蒙军民府马各五百匹。至是命给钞偿之，匹二十锭，凡给钞四万余锭。（《洪武实录》卷二四六，第五页）

洪武二十九年九月丙辰朔，修广西兴安县灵渠三十六堤，其渠可溉田万顷，亦可通小舟，国初尝修浚之。至是兵部尚书致仕唐铎，以军务至其地，图其状以闻，且言："修治深广，可通官舟，给军饷。"于是命监察御史严震直发旁县民丁修之，浚渠五千余丈，筑渼潭及龙母祠土堤百五十余丈，又增高中江石堤，改作滑石陡。凡陡碉之石碍舟行者，悉以火煅凿去之，于是可通漕运矣。朝鲜国王李旦遣其门下评理赵胖等，贡金银器、布、席等物。（《洪武实录》卷二四七，第一页）

洪武二十九年九月丁巳，户部尚书郁新言："近置开平卫军士粮饷，皆仰给于北平，道里辽远，所费不赀，宜广募商人于开平纳米，以淮浙盐偿之，庶免转输之费。"从之。庚申，陕西行都指挥使司言："自凉州至庄浪马驿递运所九，其大河、黑松林、岔口三驿，以谪发刑徒充役，余役夫皆临洮等府民，与庄浪等卫军参为之，其民去乡既远，赏给不充，往往捕逃，宜皆以刑徒充之。"又言："白城子去肃州百有余里，北通和林亦集，乃路当冲要，今令肃州卫遣军沙山侦守，去城四十余里，倘遇烽警，猝难策应，如置千户所，分拨精壮骑卒，就彼屯守，庶得备御。"诏并从其言，仍命右军都督府，遣军戍白城子。（《洪武实录》卷二四七，第一页）

洪武二十九年九月庚午，陕西行都指挥使司都指挥马溥言："甘州中纳潞盐，商人稀少，盖是各处盐池常以私盐侵鬻，故官盐沮遏不行，请禁之。"上命户部遣人封闭延安、绥德、庆阳三郡盐池，仍令军士巡逻察罕脑儿一十三池之地，有以私盐出境者，罪之。（《洪武实录》卷二四七，第二页）

洪武二十九年冬十月庚子，金吾前卫军钱伯奴言："京卫士卒有老疾无丁壮代役者，其江西、淮西诸处屯田军士多壮勇之人，乃委置农亩，不能振拔，今宜选拔更代，庶兵不缺伍，农无废业。"从之。（《洪武实录》卷二四七，第五页）

洪武二十九年冬十月乙酉，更定云南、通海盐价。初以二处盐价未定，遣官与布政使张纮议之，纮以通海去云南尚三百余里，米视云南价复减，于商人不便，今宜输米云南府，二斗者给淮浙盐，一石三斗者川盐，三石者安宁井盐，二石三斗者黑盐井盐。输米通海者，三斗给淮浙盐，一石五斗川盐，四石安宁井盐，三石黑盐井盐，其川盐及安宁、黑盐二井，视入米先后，为支盐之次，淮浙勿拘。从之。（《洪武实录》卷二四七，第五页）

《明穆宗实录》经济史资料编年

　　嘉靖四十五年十二月乙卯，户部奏："明年天下户口食盐应征钱钞，市民男女减半纳钞，乡民分派缺粮仓分纳米，愿纳钞者听。司府州县该起运京库者，如嘉靖十六年例，每钞一千贯，钱二千文，折银四两征解。其起运宣府等处者，照例折征，存留者本处贮库，准折官军俸粮，仍行大名府遵嘉靖二十四年例，将应解保定府库钱钞，内拨钱二十八万五千七百六十文，钞一十四万二千八百四十贯解部，转发蓟州贮库，以备营州五屯卫并宽河一所官员折俸支用。以后年分，如例行。"从之。（《明穆宗实录》卷一）

　　隆庆元年春正月丙寅，户部覆南京户科给事中岑用宾奏："其一言：南京供用库酒醋面局并光禄四署所积米谷豆麦，足支数年，宜暂征折色解部，其后以三年为率，征本二年，折色一年，庶无虚费。其一言：锦衣卫乌龙潭等三十六仓，每仓有看仓余丁，少者十名，多或二十名，月饩不给，宜仿正统十四年例，每丁准月粮三斗，于各仓耗米内支给，以示优恤。"得旨："折色银两征解户部济边，余如议。"

　　己巳，户部言："嘉靖初年，御用监供用库岁派黄蜡止八万五千斤，白蜡四千斤，末年黄蜡增至二十余万斤，白蜡不下十万。此外复有召买，有折色，视正额不啻三倍。又上用香品旧无征派事例，近行广东采办，及顺天府召商收买，岁亦数十万斤。增费扰民，宜一切裁省，如嘉靖初年例征派，其采办诸令即行停止。"从之。（《明穆宗实录》卷二）

　　隆庆元年正月辛未，户科给事中何起鸣言："迩来漕政废弛，旧制江北粮米当十二月以里过淮，远者不过明年之三月，今或至六七月，山东粮米当四月运完，远者不过七月，今或至十一月，其故在有司怠缓，军卫迁延，重以运官科求，旗甲侵费，弊端莫可深诘，漕运失期，多由于此。今监兑主事虽系专官，而部署权轻，尝不得尽施其法，巡按御史可以执法，而事务繁剧，又不得专意于漕。按会典，沿河闸坝每三处设御史一员主攒运，今宜复国初之旧，于南直隶浙江杭、嘉、湖添差御史一员，给之敕书，令其专理漕运，其济宁以南河道、旧属两淮巡盐御史带管者，并以委之。监兑时，则巡历淮安以南，水盛时，则巡历徐州以北，此河道漕运可兼摄而并举者也。"户部覆奏。从之。

壬申，敕礼科左给事中王治御史王好问查盘内府各监局钱粮。已而太监崔敏等奏，请免查。户科给事中张宪臣劾敏等抗违明旨，当治其罪。得旨："内府钱粮，诏书所载者，自嘉靖四十一年始备开收支见在之数，与科道官查理，不许违抗，其诏内不载者，亦不得概查，敏等勿论。"于是治等复言，诏令已下，不宜以中官言辄罢，给事中何起鸣亦极言其不可。上谓："敏等所奏，具有实数，令遵旨免查。"（《明穆宗实录》卷三）

隆庆元年二月乙未，司礼监太监梁钿等奏："裕府庄田累年增税太重，宜如旧额，亩征银三分五厘，宝源、和远二店及煤窑树株等条税止遵正额征解，不得复征房课。"从之。

释原任四川按察司佥事赵祖鹏为民，祖鹏前为翰林编修，结姻权贵，颇为士论所鄙，及罢居家，其族人赵驯讦奏祖鹏作诗讪上，自以宋代子孙僭拟逾等，及侵夺寺宇田宅诸不法事，诏征下狱论死。

丁酉，时京城内外钱法不通，诏户部都察院议所以便民者。户部奏言："钱法之弊，其说有三当：当嘉靖初年崇文门等处税课皆征钱，官吏俸给、小民贸易皆资于钱，故钱之用广，其后铺户滥收恶钱，以充俸钞，钱稍不售，及税课专征银，又民间止用制钱，不用古钱，于是钱法始壅，一也；又法令疏阔，私铸者多，真伪混淆，则烦拣择，拣择太精，则碍行使，二也；又无知小民，听信讹言，转相摇惑，谓制钱且罢，遂格不行，三也。臣等以为伪钱及滥恶者可禁勿用，其余若洪武、永乐、宣德、弘治及嘉靖制钱并先代一切旧钱，俱宜听民间相兼行使，其税课房号行户等银，俱令收钱，如伪造及阻挠低昂价值者，重罪之。如此则伪钱不售，钱法自通。"诏从其议。兵部覆御史顾廷对条上马政便宜："一保定等府各被灾伤，其起俵马，宜以差减征折色，如完、唐、曲阳、灵寿、行唐、沂、费、郯、滕、峄十州县减十之四，沧、盐山、安、庆都、邢台、内丘、沙河、邯郸、滨、蒲台、沾化、海丰、新城、济宁、汶上十五州县减十之三，清苑、安肃、蠡、博野、定、平山、开、滑、内黄、滦、武定十一州县减十之二，每马折价八两解部，以苏民困。一有司贪纵，马政废弛，宜核其瘦损分数以轻重议罪，朝觐之日开报吏部，以待黜陟。一兵备道所辖有种马州县者，宜于敕中增入，带管马政一事，每岁令查点二次，务举实政，毋滋烦扰。一孳牧种马，以公差借用，多至疲死，宜严行禁约。一种马人户，宜如寄养事例，五年一编，务择丁田相应之家编充马头，责令专养，其余止充贴户，不得轮养，以致推诿倒损。"上皆允之。（《明穆宗实录》卷四）

隆庆元年二月戊申，户部奏："定内府各监局岁派钱粮，供用库白熟粳米五万石，芝麻七千三百五十石，绿豆一千二百石，叶茶三万五千斤，芽茶四万五千九百斤。酒醋面局小麦五千九百石，白熟糯米七千五百石，黄豆二千五百石，黑豆一千三百五十石，绿豆三百二十五石。内官监白熟细粳米一千二百石，白熟粳米九千石。光禄寺小麦三万二千石，豌豆一百五十石，白熟粳米五万三千石，白熟糯米一万四千石，细粟米五万七千五百石，赤豆五百五十石，黄豆一千六百石，绿豆八千石，青绿豆三百石，萼秫五千三百五十石，芝麻六千石。惜薪司白熟糯米一十五石一斗，枣一万五千五百七十斤。司苑局黑豆一千九百五十石。御马仓大麦三千五百石，豌豆三千五百石，绿豆五千七百石，马草四十四万束。甲字库银朱三万一千七百五十斤，贰朱二万二千九百五十斤，靛花青四千四十斤，黄丹五千八百斤，乌梅四万一千八百斤，紫草二千三百斤，明矾二万五千斤，碌矾七千八百斤，藤黄二千九百斤，光粉一万七千斤，黑铅二万四千斤，槐花一万斤，水银一万斤，红花一万斤，蓝靛二千斤。丁字库黄熟铜二万九千三百斤，红熟铜二万三千斤，黄蜡二万四千六百斤，生漆八万四千二百八十斤，桐油九万七千三百七十斤，锡八万三千七百斤，牛筋三千九百四十斤。因言内官一切供应，大率嘉靖初年与弘治年间数目略同，自嘉靖二十年以后征派渐增，视正额加倍，臣等仰体皇上敦崇俭约至意，酌往准今，悉从裁减，乞敕监寺衙门永为遵守，不得擅议增派，本部亦不许曲意奉行。"得旨："各项钱粮依拟减派，各该抚按官其严察有司毋容混征，有负朝廷德意。"先是昌平、密云二镇，自嘉靖庚戌坐拨漕粮，径运该镇，边军便之。已而运军告困，仍改通仓乞运，奸商猾吏因缘为奸，末至腐烂不可食，总督右都御史刘焘请复改运该镇。户部议言："该镇粮饷乞运，则蠹弊杂出，为边军病，径运则转般甚难，为运军病。宜通融立法，自今年为始，将去年漕粮令江北山东二总拨赴两镇，自后年分循次均派，毋得偏累一卫一所，密云粮由通州水路运至牛栏山，交车户接运，昌平粮由通州石坝更船至大通桥陆路，交车户接运，仍付各运官上纳，该镇沿途委官二员督察，勿令稽迟，致有侵盗。交纳之地至龙庆石匣等近仓而止，收仓日即给通关，毋令淹滞，其漕运衙门仍查给耗米脚价及应支粮饷如数，庶边军足食而运军亦得沾优恤之惠。"从之。（《明穆宗实录》卷五）

隆庆元年三月甲戌，宣大山西总督侍郎王之诰奏："两镇军储已奉诏蠲免十分之五，亏边军半岁之需，宜各补给及添设军马粮草岁用之数，宣府七万二千余两，大同四万五千余两，宜增入岁额。"户部议，以见征四十五年钱粮及带征四十三年以后逋欠者，补给军饷，其年例，宣府主兵银十二万两，客兵银一十三万五千两，大同主兵银二十四万九千六百两，客兵银六万两，移太仓给发。上是其议，诏见征及带征钱粮，行各抚按官严督有司作速完解，有违误者听该部劾治。

己卯，兵部以蓟、宣二镇修边募兵，移户部发太仓银协济。户部奏言："募兵之费，屡经科道会议，明旨处分，责在兵部，其以本部助修边，先帝尝一行之，然因马价不足，故为权宜之计，今马价收贮六十余万，而修边之费才一万有奇。本部岁派钱粮，奉诏蠲免过半，九边军储尚不能给，乃欲分外责办，其何以堪。乞敕兵部自今凡系各镇修边募兵，务尽马价支给，如果匮乏已极，本部储蓄稍充，然后议处。"从之。

甲申，巡按直隶御史苏朝宗条奏盐法六事："一蠲工本以苏商困。言盐课自都御史王绅建议，扣留余盐银八万二千两，每引官给灶户银二钱，收买余盐，谓之工本。后以引盐积滞，旋议停罢，而银两亦无见贮者，议于正盐外，每引附带余盐二十斤，淮南八单，淮北四单，共征银八万二千两有奇，以抵工本之数，而盐课逾重，商本愈亏。今宜稍从宽恤，将附带盐斤，秋季以后，即为停止，每引照旧以五百五十斤称掣，则额课减而商困少苏。一明分地以正盐法。言直隶淮安、庐、凤、河南南阳、汝宁、陈州，系淮北行盐地方，载在铜板与盐法志，近南阳十二州县为河东所侵，迄今未复，今淮北、淮南两受其敝，宜敕该部查照旧界，将南阳所属地方，悉行淮盐，以充国额。一定科差以恤贫灶。言灶丁粮差，如嘉靖二十年黄册恤灶之法甚备，近来有司务为苛刻，混加佥派，动行勾摄，更徭杂出，迫之逃亡，盐课积负，率由于此，宜敕抚按行淮扬二府，将灶户税粮存留本处上纳，一切徭役悉与蠲除，非有重犯，毋得勾扰。一通零引以均户则。言灶丁贫富不一，今九则编派之法，自四引起至二十引止，皆以偶起数，甚于贫灶不便，宜兼用奇偶之数，下下丁以三引四引起算，下中丁以五引六引起算，至于上三则更加一算，如十五引至二十三引而止，辨事产之厚薄，分丁力之壮弱，斟酌损益，务使灶丁人得其平。一掣河盐以疏边商。言国初边商亲自支盐，至仪淮二所掣卖，其后困于余盐，将河盐堆置淮扬，存积渐多，不暇守候，乃分拨引目鬻之居民，故内商坐致富饶，而边商奔走益困，宜照嘉靖四十年事例，淮盐河盐相兼称掣，则盐法疏通，而边储给足。一革滥费以肃官箴。言两淮运司设有商店户居停官商，各场有工脚充抬盐看仓之役，近来店户计引征银，岁以万计，及隶卒既已额编，而别取工食，皆有奸私，宜一切禁革。"户部上其议。上允行之。（《明穆宗实录》卷六）

隆庆元年四月丙戌，河南监察御史陈联芳疏陈五事："一资辅弼之益。请退朝之后，时御便殿，召对辅臣，凡国家大政令大刑赏，及陛下起居举动之类，使得因事纳忠。一务从谏之实。请于群臣章疏时勤省览，如事关君身，可为修齐治平之助者，亲赐披绎，务见诸行事。一重诏令之施。言改元一诏，中外传颁，而辇毂之下，近侍之臣阻挠不行，如迩者查盘内府钱粮之类是已，乞将近日诏条严行遵守，有怀私阻格巧词破调者，必罪无赦。一慎爵赏之权。言近日传奉世袭官数至三十七员，颇闻其中有以子而荫父，以同姓而荫异姓者，甚至都指挥重职，亦与世官，尤为例所未有，倖途一开，人怀觊望。请自今一切恩泽荫袭之官，俱敕该部拟议以请，其传奉一节，永为裁罢，有分外陈乞者，容臣等参论。……"

云南巡按御史刘思问奏："请以该省积负盐课，自嘉靖三十一年至四十四年查系灾伤失误借解别年者，悉与蠲免，以惠灶丁。黑白安宁等井提举盐课司官多课少，事简费繁，宜将安宁盐课司改属安宁州带管，其提举司等衙门设官并行裁革。"户部议："盐课姑免二岁，余仍带征。安宁提举司仍留正提举一员管事，余从汰省。"得旨："如议行。"

丁亥，户部覆直隶巡按御史刘翾条奏盐政四事："一调停商灶，言灶丁积负盐课，奉诏蠲免。商人先已报中，无从支给，宜将盐课如旧追征，其灶丁贫乏者，别议优恤。一议处食盐。言在京官吏食盐，皆责场灶起解，有装载包赔之苦，宜令各衙门公处，脚价自行关支。一清查灶丁。言近者灶户贫苦，往往审名军伍中，丁口日损，额办日耗，宜行各督抚将召募军丁严行查勘，如系灶户不得收伍，其各运司官亦宜加意抚绥，毋困以徭役。一严禁私贩。言权贵射利者，指以内监等衙门为名，贩载私盐，络绎道路，沿河势要之家窝藏寄顿者尤众，公行贩卖，莫敢谁何，宜行尚膳御马二监，今后唼马凉盐及鱼蛤等盐，止许易买商盐，不得入场贩载，一切指称者听所司擒治，其豪右窝藏及皇船夹带者，官兵设法搜捕，重则巡盐御史劾奏以闻。"从之。

先是徽王国除，其庄田界鹿邑、亳州者，召民佃种，鹿邑民佃种一百一十六顷，亳州民佃种六百三十五顷，亩征银三分，入河南布政司补放宗藩禄粮。时亳州民赵桂等积负租银一万七千余两，乃谩言前地系本州军民田土，往时奸徒以献徽府，逼取军民子粒，不胜重困，今徽府已废，前地宜各给主。事下两省抚按会勘，有司匿不报，已而勘实，得其地于牛寺孤堆等处，有司籍报又不以实，所收租银称一千三百七十余两，而解银止九百余两。于是巡抚都御史孟养性奏："请严限追征解部济边，毋令奸民侵占，仍治桂等罪如律。"从之。

丁酉，户部覆巡按御史周弘祖奏三事："一言文思院官匠、锦衣卫官校、各监局匠作、光禄寺厨役，额外增设者，宜悉裁省，以复嘉靖初年之旧。一言官吏优免丁粮，各有定数，今贵势之家多冒名诡籍以幸蠲复，宜定为审编之法，每甲明载官员举监生员等应免数目，送驿传道印记及府县收贮，不得违例多免。一言岁稍不登，辄请发内帑奏留漕粮，甚非久计，宜仿古社仓之法，令贫富出粟有差，推有行谊者一人为社长，主其敛散，非甚贫者不得贷，贷者稍出倍息，如此数年，村社皆有蓄积，即遇凶馑，不必仰赈于官。"诏如议行。

戊申，户部尚书葛守礼等奏："直隶山东等处土旷民贫，流移日众者，以有司变法乱常，起科太重，而征派不均也。夫因田制赋，按籍编差，国有常经，今不论籍之上下，惟计田之多寡，故民皆弃田以避役。且河之南北，山之东西，土地硗瘠，岁入甚寡，正赋尚不能给，矧复重之以差役乎？往臣在河南亲睹其害，近其行之直隶，浸淫及于山东，沂、费、郯、滕之间，荒田弥望，招垦莫有应者，今行此法，将举山东为沂、费、郯、滕也。夫工匠佣力自给，以无田而免差，富商大贾操资无算，亦以无田而免差。至裋褐胼胝、终岁勤动者，乃更受其困，此所谓舛也。乞下明诏，正田赋之规，罢科差之法，使小民不离南亩，则流移渐复，农事可兴。又国初征纳钱粮，户部开定仓库名目及石数价值，行各省分派，小民照仓上纳，完欠之数，了然可稽，其法甚便。近年定为一条鞭法，不论仓口，不开石数，止开每亩该银若干，吏书因缘为奸，增减洒派，弊端百出，此派法之变也。至于收解，乃又变为一串铃法，谓之伙收、分解，收者不解，解者不收，收者获积余之资，解者任赔补之累，是岂得为平乎？且钱粮必分数明而后稽查审，今混而为一，是为那移者地也，不惟不便于民，抑不便于官。宜敕所司查复旧规，其一条鞭等法，悉为停罢，庶税额均而征派便矣。"上曰："尔等以司计司农为职，兹所奏悉举行，其他可以足国裕民者，宜勿避嫌怨，尽心干理，以副朝廷委任之意。"（《明穆宗实录》卷七）

隆庆元年五月甲子，户部请以钱粮文册定式颁行天下，自嘉靖二十六年至四十五年，凡起运京边钱粮，完欠、起解、追征数目及贫民不能纳完者，备记册中，自州县以达府，自府达布政司，于来岁入觐，送户部查考，如有隐漏、那移、侵欺及不如式者参治。得旨："文册如议行，应参官员部臣，具以名闻。"

壬申，户部言："本部专理财赋，内供国用，外给军需，必周知天下仓库盈虚之数，然后可以通融节缩，调停经费。祖宗时令天下所司岁以文册报部，立法明备，为虑深远。而迩者有司以为虚文，漫不加意，或久而不报，或报而不详，欺谩混淆，弊难枚举。圣明临御之始，百度维新，虽是旧典，相应振饬，请遣御史四人，分行天下，奉敕行事，查盘各仓库所积多寡，有无登记文册，一进御览，一备户部稽考，其冒破营私，一切弊政，勿论官之大小，岁之远近，从实劾治。"从之。命御史谭启往南直隶浙江，马明谟往江西、福建、广东、广西，张问明往湖广、四川、云南、贵州，赵岩往北直隶、山东、河南、山西，各赐之敕。（《明穆宗实录》卷八）

隆庆元年六月丙申，户部言："福建每年额征盐折屯、折粮，剩仓折盐粮料钞、鱼课、酒税，并应解事例，扣减弓兵驿递寺租科举赃罚等银约二十五万，自嘉靖三十六年至四十三年以倭乱兵兴，留为军饷，不复起解，其后抚按往往请留。今倭寇既宁，供亿渐减，请征解太仓，毋以国家常赋滋一方靡费。"从之。以霖雨坏民庐舍，令五城御史以房号钱、巡按御史以赃罚银分赈之，贫者，户给银五钱，次三钱，仍谕都察院左都御史王廷等督御史严加稽察，务使贫民得沾实惠。

庚子，时帑藏空虚，诏书多所蠲免，经费不足。户部条上其议："一南京户部折粮等项银三十万，南京兵部马价二十万，南京工部太仆寺料价等银并地租各十万，临清广积二仓、德州仓、四川湖广采办大木，各布政司及直隶府各库所贮银两，宜令量留三分之一，以备本处支用，其二分尽起运入京。一本部会议奏行条件，内开分取军饷，变卖番货，税粮存利，抽收铁税，鱼课引钱，楚府芦州盐课河银，申明茶禁，官产寺价，屯田银，税契引钱，查取引钱改折马价，酌处驿递水夫工食，历日纸张、缺官柴薪并开纳事例等项银，本为边饷不足，计无所出，多方括索，而有司不行查解，部檄屡下，未有至者，宜令查盘御史严督解京，如有愆缓及它弊者劾奏。一各处派征农桑布绢及额办冬夏布匹，原以备内府供应，今各库所积，足支二三年，宜改嘉靖四十五年为折色，每匹于原估外，量加二钱，临清、芜湖、荆州、九江、南北新关、苏州外，淮扬、河西务等处钱钞，亦改折色，待三年后，仍解本色如故。其织造采办等项，已奉诏停止，其原行征办价银与南京苏杭织造余银尽数解部供用，甲丁等库物料，既积有赢羡，当悉改折色。一赃罚银两，每十分则留用二分，解户、工二部各四分，而工部营建，今已诏罢，宜悉归户部，并僧道度牒吏承班银，有司如期起解，不得怠缓。"议上，从之。改折银两，仍属御史查理完解。赏春班官军赵举等二万三百十员名，各银一两，以礼、兵二部覆镇远侯顾寰奏也。

辛丑，兵部覆御史王友贤条陈边务可行者六事："一重将领以专责成。言今用将之弊，多由选择不精，而迁转太骤，事权甚轻，而文法甚密，必严简择之法，行久任之规，而又假以事权，略其细故，然后真才而得可用也。一严清勾以实行伍。言蓟镇自石塘岭至山海关，原额官军几满十万，属者尺籍徒存，行伍日缺，宜令备核原册勾补充数。一革赞画以除苛扰。言近年各边称赞画者，皆夤缘侥倖之徒，冗食军饷，冒滥首功，宜悉罢斥。一罢关税以重国体。言故事取山海关商税，以助抚赏，今征求无度，侵扣滋多，商人苦之。宜令守关分司验榷而求平道以时核之，勿委胥隶重为商困。一清抚赏以宣德威。言朵颜三卫岁有抚赏，而承委者往往侵盗，致扣军粮，采山木偿之，而犹不足，宜令兵备道同参游等官身诣隘口分给，毋蹈故辙。一节贡夷以防边隙。言夷人入贡，皆将领哄之使来，以自为功，而来者不过部落厮隶，藉以激赏者，以故需求无厌，甚者携入奸细，国家亦何假此属以为重乎？宜禁各总兵官，不得赂使入贡，其入者必都督等职，仍令守备官押护，节其出入。"从之。

丁未，兵科给事中张齐言："宣府牧马草场屯田团种等地，往以勋臣内官为镇守总兵佃种数十顷收租，以充公用，后虽奉旨革回，而占田如故，吏莫敢问，遂以开愚民投献之端，为奸人逋逃之薮，请一切清理还官。上令巡按御史查追具奏，如有势豪私占者，即以名闻，不得故纵。"

壬子，辽东巡抚都御史魏学曾言："本镇自开纳例行，卫所军舍余丁多援纳吏役，规免徭赋，以致尺伍日虚，乞罢其法。"许之。先是内府供用库太监翟廷玉等言："岁用黄白蜡、粳米、盐茶等物，行移户部办纳送库。"户部执奏："不可。有旨再议。"至是户部覆言："据查盘科道文册，所开内库所积，尚有赢余，俟此后支用不足，再行酌议，今圣政方新，请免加派，以信诏旨，以明俭德。"上是之。（《明穆宗实录》卷九）

隆庆元年七月己未，先是宣大总督王之诰、宣府巡抚冀錬以修理南山工费为请，而户、兵二部互相推诿，莫任其事，之诰等复疏白之，上乃令户、兵二部会同科道定议费所宜出，于是户部左侍郎徐养正、兵部尚书郭乾、户科给事中李用敬、兵科都给事中欧阳一敬等议，言："主客官军本折刍饷，则隶户部；募兵及本折马匹，则隶兵部；赏功则隶礼部，业有专任矣。惟修边一节，往岁皆各镇自办，后以工大，始开请乞之端，而户、兵二部当事之臣，因为酌量调停之术，马价有余则兵部多发，马价不足则户部多发，盖以二部事本相关，义当共济云耳，行之既久，在兵部则惟恐马价之无余，在户部则惟恐帑藏之不充，持议纷纭，迄无定说。至今以后，凡各镇以此请者，以十分为率，户部给十分之七，兵部给十分之三，永为定例。"

得旨："如议行，不许推诿误事。"

庚申，酒醋面面局署局事太监冯明等请加派米麦刍饷，以充经费。户部左侍郎徐养正等执奏："此奉诏所裁省，明等违例妄请，不可许。"上从部议。原任总督浙直江西侍郎刘畿奏言："顷特陛下威灵，海波不扬，浙江布政司所存军需银十八万六十余两，度可支数岁，宜罢赋勿复征。各部官兵又可及无事时，渐次散遣，以苏民困。"兵部覆议，报可。辛酉，诏以京库绢布改折色一年，各关钱钞改折色三年，从御史谭启等奏也。

辛巳，刑科给事中王之垣言："河南、山东、川、广等处流民失业者，乞行所在招抚，五年之后方为起科，其粮长见面，称收火耗、夫马干折、廪给扣送诸弊，一切厘革。"户部覆议，从之。(《明穆宗实录》卷十)

隆庆元年八月癸未朔，辽东镇臣奏："自五月来霪雨不止，坏垣墙禾黍，物价腾贵，斗米银二钱，束草银二分，而广宁军日支银人三分，不足以充一马半日之费，乞加给人二分，俟秋熟更议。"上许之。

己丑，裁革遮洋运粮把总，而以所属淮安、大河、四川三卫分属江北淮安总，高邮州、扬州二卫属江北扬州总，长淮一卫属中都总，俱充运南粮，以在北德州等九卫与江北淮安总所属徐州、徐州左、归德三卫俱并入山东一总，兑运山东、河南之粮，德州九卫与临清、平山二卫拨运苏州仓粮，旗军行粮每石加增四斗，徐州等三卫与山东各卫拨运京通天津仓粮，旗军行粮如故；其山东把总每岁将京粮催至白河，复督运至蓟州，使南军无裹粮之苦，而北卫得近地之便，从漕运总兵等官李延竹、方恩、马森、张瀚等议也。

癸巳，宣大总督王之诰言："大同与宣府邻近，而军士之苦特甚者，其故有三：夫兑屯者为其身自屯种，不欲输官，以其月粮抵补，官免催科之劳，而军省加耗之费也。然军士之领屯者无几，而屯丁之逃故者日多，逃故者之所逋，何与于军，而管粮郎中期于足额，凡每月军粮，概从半给，不论有屯无屯，而以一切之法行之，是削军士之衣食，而偿屯丁之流亡，一矣。今内郡之田，有司往往以荒芜请蠲租赋，而沿边玉林、云川、威远、平虏各镇屯田之处，比岁苦虏，或变为卤碱，或没为沙碛，或荡为沟壑，乃其额粮独不得视内郡未减，二矣。原额屯田抛荒既多，官军扣补，力已不胜，而屯田御史又于额外新增本色粮六千七百石有奇，折色粮一千四百石有奇，草四万八千束有奇，牛具之银不与焉。边民闻之，往往弃产亡去。今新开之地，复成污莱，而新增之粮，遂为常课，是使国家冒重敛之虚名，而遗边郡无穷之实祸，三矣。今欲足兵足食，先除此三害乃可。"户部请下其章于赏军科臣及抚按管粮官议，从之。命应天府属江东等宣课司局等衙门，嘉靖四十五年以前者课钞，每贯折银二毫，先行上纳，隆庆元年以后者，每贯折银六毫，不用本色，从南京户部尚书马森奏也。

庚子，吏科给事中郑大经奉命赏蓟辽军还，条上十事："一苏驿递。言辽镇驿递，原系各卫所额设军户，与内地徭编者殊，又不给月粮，比大祲之后，耗减七八，诸夷入贡，动满千人，一年数过，诛索无厌，马羸不足，借堡马以充，死则鬻偿，故驿递日急，而行伍日虚，请以犒军余银量发五六千两济之，禁毋复借官马，重累堡军，而以辽镇市课买马分俵。一增兵防。言镇武西与西宁二百余里，一线之路，辽之咽喉也，旧隶海盖参将，近以镇武堡置游击一人，西宁、西兴悉隶焉。道远应援不及，宜以西宁、西平二堡割属海盖参将，有急而与游击互援便。一豫修守。言宁铁场堡至椵木冲二十一处，与虏北邻，兵力单弱，运道所在，可为寒心，宜及时修补。又镇北至丁字泊十堡大水后，无复华夷界限。虏入无宁日，宜召募军民浚墙下濠，以防零骑之入。一复马市。言辽东长安堡旧马市默存驭虏之权，且资戎马之利，后以叛服不常，诱而歼之，市遂以罢。北虏往往求复，宜许之以制虏。一便铃制。言险山参将管理镇东等十三城堡，而瑷阳守备沿江备御为之属而分治焉。顾地理纡回驰骤不及，宜改镇夷甜水站属守备，险山宁东青台谷属备御便。一严勘报。言勘事之官，功罪所系，而今纳赂曲词者多，故人心愤而边事坏也。宜申饬将士，虏入境而婴城不援，致亡人畜多者，亦坐守备不设之罪，勘官纳赂不以实闻者，以受财枉法论。一清勾补。言宁前、锦义、沙岭、高平，比岁祲以来，十卒亡五，宜查河东各卫寄籍逃军，悉行征发，仍谕矿洞守备捕解，宜申饬所司，严行勾补。一革科敛。言辽镇军粮年例本折间支，折色月银二钱伍分，本色则岁不满两月之用，较他镇三分一耳，而尚为官司所渔，宜严其罚。一优哨望。言墩军夜不收，劳苦特甚，乞将本色加五斗，折色概给五钱，略仿蓟镇之例。一恤贫军。言镇武、西平、西兴、西宁四堡迫边虏境，又会岁歉，斗米二钱，人不聊生。自今每年月粮，请上半年给本色，下半年给折色。"疏下户、兵二部，议皆如其言，惟哨探月粮止许加增本色，夜不收五斗，墩军三斗，而复马市便钤制，则以属守臣议处。从之。(《明穆宗实录》卷十一)

隆庆元年九月乙丑，初，湖广抚按官奏："兴都额赐涮马滩、罗小山、池河、焦山、罗铁沟、利河六庄，赤马野、猪芦洑二湖，计地八千三百六十八顷。自先帝龙飞始，命内臣主之，后听信校舍王道等夤缘为奸，肆行兼并，新增田地八百八十顷，分为三十六庄，军民受害为甚，乞将近地纯德山园陵者仍属司香内臣管理，其余六庄二湖，纳租者悉付有司征收，侵占者给还原主。"已奉旨允行。道等下所司逮治矣。至是承天守备太监张尧奏留前地养赡，仍为道等称冤。上复从之。户科给事中魏时亮上疏谏，谓宜如前旨。不听。

丁卯，户部尚书马森奏："太仓银库岁入仅二百一万四千一百有奇，岁支在京俸禄粮草一百三十五万有奇，边饷二百三十六万有奇。各省常赋诸边民运，今年诏蠲其半，以出入较之，共少三百九十五万一千四百有奇。昔谓国无三年之蓄，国非其国。今查京通二仓之粟七百万余石，以各卫官军月粮计之，仅支二年之用。岁漕四万石，内除拨蓟镇乞运班军行粮，并免湖广显陵二卫起兑，实入二仓三百四十九万二千六百余石，逋负漂流，岁更不下二十余万，改折凑补别用不与焉，欲为三年之蓄不可得，况六年九年乎！且今四方虚耗，百姓困穷，边饷增多，原无额派，有如运道告阻，臣恐所忧不止各边而已。因条上目前所急及善后事宜：一各省坐派南京仓米，近改折色六万石，每石征银八钱，请将五钱解南，三钱解北，可得一万八千两。一南京工部贮库银十九万三千余两，先经本部取用十万两，新增芦课一万九千余两，昨行巡江御史清查，数不止此，宜尽数起解，定为岁额。一漕粮奉诏改折十分之三，该兑运米九十万六千六百七十九石，改兑米一十八万七千九百四十石，宜遵先年额折九钱八钱之例，计可得二十一万九千余两。一漕粮既行改折，其减存料银行粮扣价约计十三万五千五百余两，内将十万解京，以其余数留河工用。一南京两总每年拨运江浙粮二十万石，旗军例有行粮、余银各得二千八百九十余两。一南京上元县库贮各衙门赎锾，计得四万四千二百三十余两。一各郡邑额金防夫，此为闲役宜革去，折银类解。一各省所编民壮快手机兵诸役及巡检司弓兵，本为防护巡逻而设，今止听州县差遣而已，宜于原数每十名中革去二名，折银解京。一官马寄养民间，而兽医编银仍解太仆寺公用，实为冒滥，以后尽纳太仓，作岁用之数。一各省税契银，有侵没数多未经追纳者。一近邈四十三年以前宿逋，有已征在官及马价皇木籧夫银两库者。一工部大工料价事出一时，州县多有重征重纳者，请行抚按官悉查解部。以上所闻，乃日前救急之务也。一漕粮四百万，迩来改折，乞运数多，宜复原额。一湖广显陵、承天二卫免运漕粮，宜分派各总代运，不得改折，其江西原议改折者，仍复本色。一蓟镇班军行粮，因庚戌虏警奏拨，原非旧额，当仍改纳京通二仓，在密云、昌平二镇者亦如之。一临、德二仓设在运河之北，旧皆有数十万之积，以防河道之阻，便于转输，后因仓攒困于守支，部官远嫌避事，致亏旧储，宜仍前积贮为便。一在外预备仓，旧制甚周，今奉行者视为虚文，设遇师旅饥馑，辄请内帑，宜戒饬有司从实举行，以备不虞。以上所陈，乃将来经久之计也。"奏入，上允行之。仍令内外诸司各实心经理撙节，以济国用。

湖广巡按御史郝光先奏："没入故犯陶仲文家产，估价三万一千八百余金，解京济边。"报可。

辛未，初户部议派内府供应白粮，以弘治及嘉靖初会计之数折中定五万石，会上登极覃恩，例当减半，于是太监翟廷玉奏："见在内官一万四千五百余名，岁用米六万九千六百余石，即如原派之数尚少二万，请为补给。"下户部，覆奏："今岁会计已定，加派不及，请暂借光禄米给之。"报可。吏科给事中郑大经条陈蓟辽屯、盐二事，其议屯田，谓："蓟屯当量地利而定其则，辽屯当改营田而足其额，此兴复屯政之大较也。而根本之地则当轻徭省赋，劳来失业者，如额外之征求，武官之侵克，禁厂庄田之豪占，宜尽行裁革。"其议盐法，谓："今蓟盐滞而不行，辽盐行而不广，弊在余盐日广，正课不通，请酌议裁减。至于收纳之际，则当均派仓口，严立禁防，使奸商无所规避，而官攒不得需索，此公私两便计也。"户部覆奏："余盐岁课例办，难以遽减，余俱如议。"从之。

丁丑，户部覆巡抚陕西都御史杨巍奏："屯田给种征税，别无差役，不得比民田诏蠲之例，宜行各边如旧输纳。"诏可。户部奏："预开隆庆二年各边中盐一百四十五万六千八百六十八引，内派甘肃淮盐一十二万七千引，浙盐一十五万引，得银一十万二千一百五十两。延绥淮盐一十二万七百一十二引，浙盐一十万五千七百七十引，得银九万七千三百七十五两五钱。宁夏淮盐八万四千九百八十引，浙盐一十三万引，得银七万七千九百十两。宣府淮盐一十四万三千四百八十八引，又改拨二万二千二百九十六引，长芦盐九万七百七十五引，得银八万九千八百九十九两。大同淮盐七万三千三百七十九引，又添派五千引，长芦盐四万五千引，得银四万三千一百八十九两五钱。辽东淮盐六万一千八百一十二引，山东盐六万二千五百引，得银四万二百八十一两。固原淮盐二万七千八百七十八引，浙盐一万引，得银一万七千四百三十九两。山西淮盐五万六千七百八十一引，浙盐四万八千九百九十九引，山东盐六万三千六百一十引，得银五万五千八十二两。蓟州淮盐九千一百四十九引，长芦盐四万五千三十三引，得银一万三千五百八十一两。其各边引价，淮率五钱，浙率三钱五分，而惟甘肃各减五分，长芦率二钱，山东率一钱五分。"制曰可。罢靖州参将曹镗盖，以浔梧参将祝明代之，从贵州巡抚杜拯极奏也。戊寅，以水灾免顺天、永平、真定、保定、河间秋粮有差。（《明穆宗实录》卷十二）

隆庆元年十月乙酉，巡抚保定右佥都御史曹亨奏："易州岁饷二十八万八千有奇，顷奉恩诏半免，军无见粮，乞将真、保等府来岁军需银先借二万给之。"报可。

丙戌，巡仓御史蒋机奏："漕粮四百万石，除折改边饷，其入京、通二库者三百三十余万，而京仓仅二百万，根本之地出多入少，非所以权轻重、备缓急也。自今请无拘三七、四六之例，凡兑运者悉入京仓，改兑者入通仓。"户部覆议。从之。

戊子，御史李叔和条陈屯盐二事，谓："辽东屯田半废，近行营田之法，拨军耕种，致行伍空虚，且岁收田租，止备修边工费，而各军支给粮赏如故，有损无益。臣愚以为此法止可行于河西人少之处，若河东地方人稠，当广召种之令，授田征税，悉抵岁饷，以省内输，简为壮勇，以实行伍，仍特敕寺道诸臣董之，一如内地屯田之制。又辽东中盐，弊丛奸积，公私俱病，盖吏胥官攒，因缘为奸，则费多商苦，不得不宽斗头招徕之，斗头既宽，上纳数少，是在官之弊，宜革也。盐商暗贿营私，避远就近，以至插和虚出、卖窝，奸计百出，莫可究诘，是在商之弊，宜革也。若镇西诸堡则久废未派，镇武诸堡则收纳无仓，黑庄窠诸堡则应议添设，请令管粮部臣斟酌计处。"户部覆奏。从之。

庚寅，先是上允言官议，将江南田粮诡寄、花分诸弊，尽行查革。至是巡按直隶御史董尧封奏，查出苏、松、常、镇四府投诡田一百九十九万五千四百七十亩，花分田三百三十一万五千五百六十亩，因条上便宜事："一议丈量，谓将境内田地履亩丈量，定肥瘠荒熟，均官民轻重，为一劳永逸之计。二定粮册，谓粮差当以黄册为准，吴中又有白册、书册，展转滋弊，宜置实征白册，五年一造，其私立者禁之。三均粮役，谓地方粮役繁重，其间又有叠役、朋役之苦，宜将通邑户田，分别等则，从公编审，而官籍大户则令其自兑，以宽粮役。四明优免，谓士夫优免之例，累经言官建白，乞更加酌议行之。五平均徭，谓取各县十段丁田，逐为查审，裒多益寡，务得其平。六裁供亿，谓将均徭里甲供亿诸类裁定章程，务使出入相符。此外不得外滥，编科罚。七申法守，谓法轻则易犯，以后投诡、花分，田请尽没入官，里书为奸者，罚戍边。八严责成，谓前项诸弊，当专责掌印官不时查覆改正，附载册中。"户部覆奏："丈量均赋私兑，恐烦扰难行，优免虽有定例，但吴中起科甚重，若止论粮石似为不均，宜视田亩之数为差，其余悉当如议。"报可。

庚子，刑科左给事中孙枝言："都城九门税课定有则例，迩年倍征横索，弊孔滋多，请自今分属五城御史各委兵马一员监收。"岁终会同部官覆奏："其原设监生吏典，悉行裁革。"上允之，仍令申明原定则例，榜示瓮城。巡按山西御史周咏奏："阳和、高山二卫雨雹害稼，请蠲免田租。"户部覆："各边屯田，原无蠲租之诏，宜将二卫灾重者，每石折银三钱，稍轻者折银二钱五分。"报可。

丙午，巡边兵部左侍郎迟凤翔条上密云便益，谓："本镇荒田，近得兵备张守中开垦二千余顷，边士赖之，但近曹家寨地方，军民告争疆界，纷纷不已，宜踏勘查明，以杜阻挠。又石塘岭一路有裕陵、泰陵护榛闲地，旧令军士民佃种，每亩纳租二三分，请臣给本路官军之无业者，宽其租入。"从之。

庚戌，御史刘翾言盐法七事："一新行禁私盐法，每月限以捕获之数，其封域小大、户口多寡弗问焉，故不及数者多，掊克取盈以避罪，甚为民累，宜酌量裁减。一山东官台等十一场盐积课逋，宜比旧票盐一引，加包索余盐六十斤，定纳票银二钱五分，免其牙税，内将一钱五分充本丁课银，一钱为附余盐银。一灶丁多被豪右侵夺，宜视旧籍履亩清查，不许私相典卖。一各州县居民佃种逃亡灶地，逋税甚多，争竞展转，渐失故额，悉宜清理。一奸豪收远年间引，抑卖商人，以致正课缺乏，此为盐政大蠹，宜禁治之。一长芦山东灶丁，宜比两淮完课事例，通行赏责，以寓优恤激劝之意。一场官位卑禄薄，有数年不得支俸者，何以责廉，宜立定限，令县官如期给之。"户部覆奏。报可。兵部以军兴缺马，请量派各府州县加征本色，惟南直隶全派折色。上从之。仍令太仆寺加意饲养见在马匹，其有亏损误俵兑者，听本兵及印马御史劾治。（《明穆宗实录》卷十三）

隆庆元年十一月辛酉，辅臣徐阶等以上谕示文武群臣集议防虏之策，于是府部卿寺科道等官各陈所见，阶等因上议曰："……一理盐法。夫防边莫要于足兵，而足兵又莫先于足食，先年商人中盐，例于各边上纳本色，谓之飞挽，其利甚大，且军士之有屯田，而贫不能耕者，商人则资以牛种，至秋成计所得之息，分其粟而输之官。于是时野无不耕之田，市无甚贵之粟，故盐法与屯田相为表里，足边之上策也。近来盐法大坏，及今复不整顿，将来商人必至不肯中盐，而各边乏食之忧，盖有不可言者。乞敕吏部会同九卿科道，公举素有才力、熟知盐法之臣奏请简用，重其事权，俾之清理，因以兴屯田之利，裕塞下之民。"

庚午，巡抚河南都御史刘应节奏："河南奉诏蠲租，缺岁供禄粮之半，乞将布政司所贮事例，民兵缺官柴薪马皂等银二十万两补给。"户部覆："乃前银济边急用，不宜轻发，请以本省屯粮及兑运扣余折色与之，若更不足，当于夏税存留积岁逋欠处补。"上是之。兵科给事中张齐条上屯盐便宜："曰广召种，曰清隐占，曰行丈量，曰除伪增，曰禁屯害，曰革余盐，曰恤边商，曰填勘合，曰宽斗头，曰重监收。"户部条覆如议："惟余盐一事，供边百万，仰藉于此，势难遽革。又内商以余盐纳价，在掣卖之后措办易，以正盐报中在数年之先上纳难，灶丁纳一引正盐，仅得赈银五分，而鬻余盐常获价数倍，故革余盐者边商之利，而内商灶丁之病也。况余盐尽革，又必多加正引，引多不能行，则势益壅，而边商亦病，宜行理鹾诸臣悉心计议，或立量减递减之法，以渐图之。"报可。

己卯，户部覆漕运都御史张瀚、总兵官李竹会议六事："一漕法征兑缓期，有司军卫同罪，今但法行于武弁，而州县文职间以佐贰阘茸者塞责，宜一体劾治，毋得偏纵。一苏、松、常、嘉、湖宦家纳粮，不赴水次，每逼军私兑，宜遵例禁革。一凡及三年将运官庶别淑慝，送户、兵二部会考，举其最者超擢示劝。一南京上下江造船二厂，旧无上官督率，事多废弛，宜分属九江、苏松兵备道兼理之。一密云、昌平边粮甚为运卒之累，数年以来，变革不常，请如大同例，发银预粜，勿再纷更。一裁革遮洋，分派南北诸卫事宜，已经题覆，当著之令甲遵守。"得旨："运官贤否，惟以钱粮完欠为据，如漂失挂欠数多，纵有他长，不得滥举，余俱依议行。"（《明穆宗实录》卷十四）

隆庆元年十二月丁亥，户部覆巡抚应天等处都御史林润条陈复粮额、议改折二事，谓："各省粮额俱以夏税秋粮马草为正赋，差徭增编为杂派，惟是苏松诸郡不分正杂而混征之，名曰'平米'。其中如马役料价议役，原非户部之加增，如轻赍脚米、户口盐钞，亦非粮额之正数。杂派渐多，常赋反累，诚有如润所增之数，通行造册送部，以凭裁减。至于两京各衙门俸银改折之议，则当斟酌轻重，事难尽从，盖南京水陆四通，米谷饶裕，便于改折，若一概施之北地，有如运道告阻，内鲜蓄聚，缓急之际，何以为谋。请将南京各衙门官吏人等月米及嘉靖四十年以前积欠京储尽行改折，每石七钱，在北者量折十二之二，每石一两。若米贵仍复本色。"得旨，允行。

辛卯，发银一万六千两昌平给军。初兵科给事中严用和疑陕西巡抚杨巍清补军屯不实，请下御史覆验。至是巍复奏："平凉、固原二卫，共清出屯地三千七十八顷六十亩，召补军士一千六十五人，乞如科臣言，以前后清补之数下御史并勘，而靖虏、庆阳、河州等卫尚未清补者，宜申饬有司一体行之。"

戊戌，上谕户部查内库太仓粮银出入数。尚书马森奏："太仓见存银一百三十五万四千六百五十二两，岁支官军俸粮该银一百三十五万有奇，边饷二百三十六万有奇，补发年例一百八十二万有奇，通计所出须得银五百五十三万有奇。以今数抵算，仅足三月。京仓见存粮六百七十八万三千一百五十一石，岁支官军月粮二百六十二万一千五百余石，遇闰又加二十二万余石，以今数抵算，仅足二年有余。窃惟积贮天下大命，故无三年之蓄，则曰国非其国。今帑藏所积似此，可谓匮乏之极矣。平居无事，尚难支持。万一有不虞灾变，供费浩繁，计将安出？今日催征急矣，掊括穷矣，事例开矣，四方之民力竭矣，各处之库藏空矣。时势至此，即神运鬼输，亦难为谋。臣愚以为生财未若节财，多取不如俭用。恭惟皇上登极首诏锐意节省，止土木之工，罢珍宝之市，损无益之费，损不急之官。其一念节俭，天下固已喁喁然歌诵盛德，兹复稽帑藏出入大数，忧深虑远之心，更出寻常万万。臣切以为皇上兴念及此，国家之福也。然《书》有之曰：'慎乃俭德，惟怀永图。'夫俭，美德也，慎之诚是也，而必曰惟怀永图，盖慎夫俭德之不终也。伏愿上计国储之匮乏，下恤民生之艰难，视银数之少若此，则百金之费必思所以惜之；视粮数之少若此，则九年之蓄必思何以致之，持守此心，终始不变，由朝廷以及百官，由百官以及万民，共成恭俭之化，渐致殷富之盛，则一切权宜掺括，可以勿行，而皇上忧国爱民之心，亦当少慰。"疏入，上手诏曰："帑藏之积，何乃缺乏至此，朕于一切用度十分省减，正供之外，未尝妄费分毫。尔等尚当悉心措处，以济国用。"森复奏："臣查祖宗旧制，河淮以南以四百万供京师，河淮以北以八百万供边境，一岁之入，足以供一岁之用，边境未尝求助于京师，京师亦不烦掺括于天下。后因边庭多事，支费渐繁，一变而有客兵之年例，再变而有主兵之年例，然其初止三五十万耳，迩来渐增至二百三十余万，屯田十亏之七八，盐法十折其四五，民运十逋其二三，悉以年例补之，在各边则士马不加于昔，而所费几倍于先；在太仓则输纳不益于前，而所出几倍于旧。如是则边境安得不告急，而京师安得不告匮。加以改元诏蠲其半，故今缺乏视往岁尤甚焉。昨本部两疏议处，已为算及锱铢，然东掺西括，不过为目前之计，而于国之大体，民之元气，未暇深虑，乃今复蒙明旨，责令臣等悉心措处，敢不益殚心力，仰舒宵旰之忧。但今时诎计穷，臣等闻见有限，宜乘此朝觐之期，广集众思，令各陈所见，采酌施行。"报可。

是岁天下户口、田赋之数，户一千万八千八百五，口六千二百五十三万七千四百一十九，田四百六十七万七千七百五十顷一十一亩有奇，钱粮除蠲免外，米一千三百九万八千六百九石有奇，麦二百三十二万三百一十三石有奇，丝三万六千九百四十三斤有奇，绵一十九万二千九百三十七两有奇，绢一十六万一百九十九匹有奇，绵花绒一十二万三千三百一十四斤有奇，布三十一万二千八百四十五匹有奇，折色钞四百七十九万八千一锭有奇，杂课钞二十九万三千三百八十六锭有奇，米三万六百七十二石五升有奇，银一万四千六百四十七两七钱有奇，盐课二百三十二万七千二百九引有奇，盐钞折银三万四千二百二十两六钱有奇，盐课银六十三万四千二百一十七两九钱有奇，茶课茶二十九万一千八百八斤有奇，屯田籽粒一百八十六万四千三百六十九石七斗有奇，屯牧地银二万四千一百一十六两有奇，年例金一千两，水银一百一十四斤八两，朱砂二十三斤四两，漕运实米三百五十二万二千九百八十二石三斗，各处运纳粮五百一十八万三千二十一石有奇，本年奉诏减免天下田粮九百九万八千六百九石有奇。（《明穆宗实录》卷十五）

隆庆二年正月辛亥朔，直隶巡按御史顾廷对条陈六事："一议兵饷。言山东、河南等处岁调防秋民兵六千人，骑兵人给银四十两，步兵二十四两，所在骚扰，而莫能用命，宜行革罢，征其银解边，以备召募。一清国税。言各关税课不益，其弊有三：姑息者避谤怨，闇弱者滋侵渔，近赋者多染污。今欲清税课，莫若更易部臣，敕巡按御史总理，轮委府推官一员验收，一季一易，则宿弊尽革，常课可以渐增。一查班银。言近时承差吏农待缺者，率纳班银，听其回籍。计真定一府岁不下六千余两，河南一省岁不下万余，其他可以例见，而有司不行申报干其中，请行御史立法清查，岁终解部，以佐度支之费。"上览之，时贪官止于罢黜，诚不足示惩。今次考察诸司，赃多迹著者，部院列其罪伏，奏请处治，其余下所司议闻。

丙辰，内官监太监李芳等请停征近年加增白熟细粳米五千四百石，白青盐三万斤，隆庆二年以后岁派，止照成化、弘治间事例，米一万一千五百石，盐十三万斤，令所司办纳。上嘉其节费惠民，从之。

壬戌，巡抚顺天都御史刘应节等以永平西门直抵海口至天津凡五百余里，可通漕。议令永平通判及指挥等官募诸县民习知海道者，与俱赴天津领运，仍同原运官军驾海舟出大洋，至纪各庄更小舟，运至永平仓。其造船及水夫雇诸募转般之费，取诸漕运轻赍及仓粟之余者。户部覆言："故事独蓟镇有遮洋总，而无永平海运，今驱漕卒冒不测之险，于计不便，即如抚臣等言，请以山东、河南额派蓟镇漕粮分拨折色十万石，俱改本色，运至天津交兑，永平通判指挥等官经自领运，不必同原运官军，其沿途入仓转搬工费，皆如漕规扣给，以原拨永平民运及太仓所发年例如数抵还蓟州。"上从部议。

戊辰，陕西按察司副使姜子羔言："入觐官各有道里费及馈遗私赍，宜令进献羡余，以佐国计，布政司官三百两，按察司官二百两，苑马行太仆寺二官一百，运司及府正官二百五十，佐贰官一百，州县正官二百，佐贰官五十，首领及边远者量进。"疏入，上曰："进献非事体，朝廷亦不藉此足用。"不许。第以诸司路费皆取诸民，令御史查照原给银数追收贮库，自后进表朝觐官，更不得派给累民。

庚午，广东抚按官李佑、王同道以该省用兵，奏留应解户部盐引、纸价、事例、铁税、路引、柴马、俸廪、寺田、酒税、驿传、富户等银七万三千余两，以佐军费。户部覆言："广东素有番舶之利，而盐课又遍行广西及湖广之衡永、江西之南赣袁吉，且各府桥税不下万金，而漏报者多，官取其一，民得其九，即盐课引目三四年间不赴南京户部刷给，其他可知，所司不为清理，而欲取常供以充兵饷，非计也。请量留事例、盐引、铁税、路引、缺官、柴马、俸廪等银一万六千九百余两，与浙江等处旧余悉解京如故。"上是部议，并以盐课、桥税二事属佑查考，有势豪阻挠、奸商作弊者，具以闻。

戊寅，蓟辽总督曹邦辅欲令昌平、永安、巩华、标兵四营军粮皆乞运近地，免其赴京关支，其行粮七合五勺，宜增为一升五合。顺天巡抚刘应节欲以昌平、怀柔、顺义、密云、三河、蓟州、玉田、平谷、丰润、遵化、迁安、抚宁、卢龙、昌黎各州县改为卫所，惟间设一二府佐官约束之。又言边宿蠹，大者有五："道路间关，仓廪隔远，军士所支十无六七，边地物价踊贵，虽折不能当本色之半，此支粮难也。养马折银，岁不过八九钱，而马死责偿或四五两，此养马难也。原发抚夷银仅数十金耳，而费至数千，乃克军粮以助之，军粮不足，继以樵采，樵采不足，继以私家之银，此抚夷难也。行边之使，相望于道，所役者边军，所乘者战马，所食者军饷，既不能厚，又从而削之，此迎送难也。武弁类多贪墨，而文法之吏往往绳之太过，其势不得不曲意迎承，以干荐达，虽厮养陪台，皆过为款遇，其所供亿，皆出军士，此科敛难也。凡此五难，诸边有之，而蓟镇为甚，宜下所司悉心计处。"于是户部请以应节请言下督抚诸臣熟计兴革，月粮本折当视米之贵贱，毋使公私交困，其改郡县为卫所事不可行。上如部议。福建巡按涂泽民、王宗载以兵事未戢，请再留本省解京钱粮备用。户部覆议，以屯折银一万九千三百两，事例赃罚银一二万两听留，余征解如故。从之。

庚辰，工科左给事中王玺等言："内库之弊，其在外者有三，曰包揽花费，曰解户私逃，曰那移延缓，欲严择官保，籍其年貌，以便稽查；其在内者有四，曰铺垫，曰守门科克，曰茶果馈仪，曰棍徒需索诓骗，欲如会典所载，令铺户辨验钱粮，每季辄易，库夫、盘运、看守三岁一更，科道给与印记年貌木牌，方令进库。至于纸笔、盖席、车价，虽难尽革，亦宜酌量扣算，立为定额。抽验上库者，即用印记，以防他日移咎委官，其解户在逃与系狱者，岁月寝深，物久必坏，当先寄库，执其人付法司，情有可原者赦弗治。"得旨："俱如议行。"（《明穆宗实录》卷十六）

隆庆二年二月庚子，诏行开纳事例于延、绥、榆、庆四卫，军民以其银充刍饷，又发太仓年例银二十九万九千余两助之，西安、延安、庆阳三府额派延绥镇民运粮，俱复本色如故，从户部覆巡抚李尚智奏也。

丙午，发太仓银一十一万两于宣府镇，为主兵饷。户部覆御史蒋机调上四事："一漕运总兵官每岁九月漕舟过淮，则以催督事付之参将，而身自赴京会议，仍亟还，派拨新运参将领运，至者免其朝谒，亟遣还，漕艘不得停泊陈阻。一杭州、嘉兴、湖州、苏州、松江、常州运解白粮，必以府佐贤能者任其事，毋概委之首领，及验发批单水程簿，毋令稽延，又通行关津，量免其税。一户部司官管理太仓银库者，必满岁方代，且给关防，以防诈伪。一咨工部管河郎中，凡仓廒、桥梁以时修葺，使转输委积者无所患，若石坝、普济、上平津三闸，各增给旧运剥船十只，小脚四名，以资盘运。"从之。辽东管粮户部郎中丁诚言："本镇客兵利于支银，故折色不足，主兵便于支米，故本色日少，彼此假借，人易为奸。今以客兵盐引银一万两抵补主兵京运年例，此后户部查发，改定京通主兵银十六万三千九百九十八两有奇，客兵四万两，主兵盐引三万二百八十一两有奇，客兵一万两，且著为例。"从之。……发太仆寺马三千五百五匹，分给宣、大二镇及标下官军，仍发本寺银三万六百两买马，从总督陈其学请也。（《明穆宗实录》卷十七）

隆庆二年三月丙辰，发太仓银一十二万两于大同镇，并督催河南、山西未完民运本折色粮草。以山西布政司例解太仓银六万四千余两为雁门三关兵饷，从督抚等官请也。

戊午，南京户部尚书刘体乾等言："湖广、江西、南直隶各府积逋本部银一百四十万余两，米八十九万六千余石，绢布共三十四万八千余匹，请责成各布政司督粮官、直隶郡县正官以时征完，其怠玩者，部臣及总督南粮都御使劾奏如户部例。"许之。发太仓银十八万两于辽东镇，为主客兵饷。先是有旨，命太监李佑往督苏杭织造。工部言："顷以明诏取回织造内臣，中外传颂圣德。今诏墨未干，而制使复出，殊骇观听。请行抚按官如法督造，而罢佑弗遣，毋渝大信，而损俭德。"上谓："已有成命，趣予佑敕令亟去。"于是都给事中孙枝、御史郝杰各疏言："比来东南诸郡赋役烦苛，财力困竭，即乘舆服御有数，而工役科派，费实不赀，且内侍声势尊严，有司奉承惟恐不及，一切供亿，皆民脂膏，惟陛下如部臣议，以苏东南久困之民。"俱报有旨。

己未，发太仓银五万一千余两于延绥镇，五万一千余两于固原镇，三万三千余两于宁夏镇，四万一千余两于甘肃镇，为主客兵饷，并补工本盐引之不足者。

庚申，发太仓银五万六千余两于蓟州镇，三万八千两于永平镇，二万三千余两于密云镇，二万七千余两于昌平镇。

癸亥，初永乐时尚膳监有羊房在韩家川冷泉，至景泰间移于西琉璃窑厂，凡牧地一十三顷四十一亩。又置司牲司官吏及军士护守，岁费数千金。至是光禄寺卿赵锦请以羊供本寺之用，其官吏、军士皆宜罢设。太监孟冲等疏争之。上从冲等言。

壬申，凤阳巡抚都御使方廉言："徐川水患视他郡殊甚，而漕挽之供应，河渠之浚筑，视往岁不啻倍蓰，请留本州商税以充夫厂之用。"户部覆奏："听留一年，以后解部如故。"从之。南京兵部尚书刘采等言："南京各营马，每岁用三百匹，除江南原改解马九十七匹，其二百三匹出于上、江二县马户，极为民累，乞用南京太仆寺议，于庐、凤、扬三府滁、徐、和三州折色马千六百余匹内，量改二十分之一为本色，可得马八十三匹，发营骑操，每匹改折色银一十八两，本部经代解京以补营用之数，余一百二十匹仍令上、江二县买纳。"上从之。内织染局太监陈洪复奏，以上用龙袍及纻丝、纱罗、绫绸，行所司织造如式。工部言："前者以织造事属太监李佑，计不下四十余万，东南民力尚不能堪，今佑未行，而征派之令复下，计不啻六十余万，是益其用也。且东南财赋之薮，不宜重朘削以伤国脉。"上乃止。（《明穆宗实录》卷十八）

隆庆二年四月辛巳，户部覆御史王廷瞻奏："勋戚庄田请乞太滥，或本宗已绝，为异姓所冒；或身后陵夷，为势家所夺，使国家优恤之典，为奸宄射利之资，甚无谓也。宜于初给时酌为定数，不得过多，仍限以世次，递为裁减，其无宗无爵者悉归之官。至于各卫屯田，必择卫官之贤者使任其事，有司查盘得并覆其勤惰，仍以屯粮完负，分为三等，以行劝戒。"得旨，如议。其勋戚初给庄田，令部臣酌议则数，临时奏请。湖广抚按官刘慤等言："承天府元祐宫，故玄妙观也。自陶仲文请易今名，以为祝延圣寿之所，而高士刘永德因奏乞供养之田，岁入千七百余金。又比显陵兴邸例，使有司季为佑修，抚按岁为奏报，僭拟不经，无过于此，请追夺入官，征其租以供汉江筑堤之费。"户部覆奏，报可。

壬午，先是上令内承运库太监崔敏以户部银六万两，买金一万两进用。户部尚书马森等言："皇上知太仓之不足以供边饷，故出内库银买金，甚盛心也。第黄金产自云南，所出有限，岁额不过二千，尚多逋者，至于商人尤难责办。先帝时曾买金二千，日积月累，仅能足数，不能足色，寻诏停止，以此金暂贮太仓。今欲于数日之内即满一万之数，臣等知其不能，请先进见贮太仓者，督云南布政司亟进年例，以供上用。又祖宗时御札皆司礼监传之阁臣，转示各部院，无司礼监径传者，更望陛下率由旧章，以示重命令之意。"得旨："银两且不必发，取见在金进用。"

戊子，户部覆直隶苏州府知府蔡国熙奏："民运白粮如内官监白熟细米，每石加耗一斗，供用库白熟粳米，酒醋局白熟糯米及景、汝、涂三王府禄米，俱如内官监白熟粳米例，每石加耗五升。至于铺垫等费，每石酌议银三分，与光禄寺禄米仓白糙粮一体遵收，上纳者不得藉口妄索，监收者不得越例需求，其粮长包揽之弊，下抚臣严禁。"得旨，允行。

壬戌，总督陕西三边侍郎王崇古请蠲宁夏一镇屯粮，添发内帑，复延绥边饷本色，其二镇主客兵饷，宁夏宜改拨淮盐，延绥宜加拨盐引，并减折武职俸禄，如宗藩事例。下户部，以屯粮不可尽蠲，内帑已有年例，不能增给，及二镇引盐武官俸禄之议，皆不可行，第请以太仓未发年例银二十余万，补给该镇兵饷，其西安延安额派延绥粮草俱本色，立法转运兑支。上从部议。

丁酉，福建巡按御史王宗载言："本省荔枝等料每年额派脚价三千三百九十余两，自嘉靖四十三年增银六百三十余两。甲、丁二库银朱等料大约不过五千两，后增至一万八千九百九十余两，黄白蜡本折色初止一万四千余斤，后增至四十倍以上，当如诏裁革。"又言："嘉靖初年，每丁石征料钞银八分，岁有余积，将盐钞纲银并工料钞支用，嘉靖十七年议以盐钞纲银另行征派，每丁石止征料钞银六分，今料钞仍加至八分，而盐钞纲银不兴，宜量行减免。"户部议以为凡坐派国课骤加于民，故民必惊疑，至于沿袭已久，则民亦习服，且时异势殊，不得尽援嘉靖初年之例，请于福建所解黄蜡仍加派一万四千二百斤，白蜡亦加派一万斤，黄蜡自额定本色送库之外，每斤征银二钱，白蜡尽改折色，每斤征银四钱，计八万余两，俱解太仓，而白蜡于三年之后仍改本色六千斤，供内库用，其果品牲口加派银三万有奇，亦解太仓为边饷，甲、丁二库银朱等料皆内库会数斟酌坐派者，难以改易。上是部臣言。

己酉，巡抚应天都御史林润勘上御史董尧封所奏丈量出兑优免事宜。其略言："苏、常等府田地已经丈量，止按册清理，松江等府未经丈量者，已属良有司董其事，完有日矣。所谓宦籍大户自兑者，盖于各水次增设仓廒，粮五十石以上者，每年如期上仓，官为验收，俟运军至时，官为交兑。是漕卒无久候之费，而粮长免包赔之患也。所谓优免者，如张承荩言，每亩以三升为率，粮以品免，田以粮免，法亦甚平。而品级之中，亦非概论，以京朝外任相参，其致仕闲住与见任等监生生员典吏人等更加斟酌。又丁田有多寡，田亩有饶瘠，其应免之内，当以丁田相准，每丁一名，准粮一石，止及其身，无概庇其族人。官田二亩，准民田一亩；山荡四亩，准民田一亩，皆以实征粮册为率。"户部覆请。从之。（《明穆宗实录》卷十九）

隆庆二年五月辛亥，户部奏："内府甲、丁二库布匹颜料初运本色，其后折价买办，而有司不行督解，辄移借太仓，且物料非京师所产，其价自倍，糜费损课，莫甚于此。请令出产地方以后仍供本色，其积岁代买之数，务严征抵补济边。"上是之。

癸丑，户科给事中陈行健等言："京营马匹倒损过半，由料价太少，宜比巡捕例，月给银八钱五分，或以历年扣存银，或以牧地子粒太仆桩朋银增给，或汰其病损不堪者发卖收价。又祖宗时，牧马草场在蓟州、霸州、固安、新城、雄县、香河等处，近为勋戚奏讨侵没，存者无几，宜视旧籍查复，且民间种地一亩，差徭租税出其中，而牧地皆膏腴，产亩税银三分太薄，宜如先朝屯田例，税外增一分，以充料价。"户部覆："请以太仆寺子粒及南北直隶草场岁租银四万三千六百余两，近归兵部者，仍还户部，以备增给料银，其变卖清查增税诸事，俱如行健等奏。"上曰："京营草场子粒征解兵部已久，宜仍旧，余皆允行。"

壬戌，巡抚山西都御史杨巍奏："本省驿递岁征站粮银三十四万四百余两，除支用外，尚存十万余两，请量蠲站粮四分之一，以示优恤，即以见存者抵数。"户部以站银之征，不关白本部，疑有滥派混冒之弊，请查核旧籍，以待改正，其余银以抵石州被虏地方税粮并三关蠲半之数。有旨："该省岁征钱粮，抚按从实查数以闻。"

癸亥，南京户部尚书刘体乾条上六事："一各仓关防不严，亏耗殊多，宜令甲斗诸役均数赔补，典守官攒抵罪；一贮库各关钞料、茶引、屯仓折席、赃罚，岁久易于干没，宜令科道官查刷。莞库旧止主事一员，宜如太仓例，每十日轮郎中一员，协同收发；一衙门歇家书皂夤缘为奸，宜酌量汰革，犯者如议单遣戍；一杭州、北新、淮安、扬州各钞关，宜比南关例，给赐关防敕书，其司局等官，俱听各关定贤否，以备考察；一都税司折钞银仅一百一十两，而官攒巡拦俸银工食，岁费又不下四百余两，应议裁革；一各卫苜蓿地及没官房税一千二百余两，岁久侵没，并宜查覆征解。"户部议从其言。因请征杭州、北新关买钞余银接济边饷，其他存留以备修理诸费，及浒墅、九江、临清、河西务并给关防敕书，惟都税课司费多入少，疑有侵匿，不当议罢。得旨："赃赎修理如近例行，钞关宿弊多端，其司府州县隐匿钱粮，亦不止税课一事，户部及工部各设法厘革清查，条议以闻。"

戊辰，南京户部言："故事铸钱工费取办芦课，今芦课不足所费，工料银亦复不赀，宜行停造。"工部请从其议，因请属巡江御史及管洲主事清核芦洲隐占者，征其课银，解送该部。上从之，令严行查勘，势豪阻挠请托者，具勘以闻。

辛未，提督四夷馆太常寺少卿武金上言："种马之设，专为孳生备用，今备用马既已别买，则种马可遂省，且种马有编审之害，有杂役之害，有点视之害，有岁例之害，有交兑之害，有轮养之害，有倍偿之害，重之以官吏之需索，里甲之影射，民日益穷，沿袭至今，滋弊尤甚。乞命兵部验计，每年应解之马若干，某省若干，某州县若干，俱照原数买马，按季查解。如备用马已足二万，则令每马折价三十两，输太仆寺，遇各边缺马分发估买，一马折价可买战马二匹，不必加赋，而马数自倍。且令各府州县取前所养无用之种马尽卖，以输兵部，如一马定价十两，则直隶、河南、山东十三府可得银一百二十万，其草料令各府州县每马折银二两，计又得银二十四万。夫战马之数，解俵之丁，不更旧制，而边饷获急用之资，百姓免无穷之害，足国裕民，无逾于此。"疏下兵部议，于是御史谢廷杰言，孳生种马，乃祖宗旧制，军机所系，但当修法以除弊，不当因弊而废法。万一有警，无可调发，咎将谁归？金议非是。兵部主事廷杰议，亦言金议不可行。上独可金奏，谓备用马久已买俵，种马徒存虚名，百姓乃受实害，姑革其半，以苏民困。合行事宜，兵部覆议以闻。已而兵部言："明旨卖种马之半，其半尚存，尤资民牧，而养马者费多，折征者费少，恐有不匀之叹，宜下南北直隶、山东、河南及两京太仆寺，令变卖其半，每马价银十两，征收草料银二两，如金言，其存留之马户为正头，变卖之马户为帮头，养马则轮流，折征则摊派，庶惠泽均，而法可经久。"上从之。（《明穆宗实录》卷二十）

隆庆二年六月己卯朔，工部条上厘革清理钱粮六事：一厂税，一局税，一军器，一段匹，一麻铁，一苇地。大略言："杭、荆二厂，卢沟桥等局，漏税甚多，有欺隐抵换、包揽侵克等弊。自今厂税责成主事督同该府佐贰官亲自验收，互相稽察，局税责巡视御史及各主事查盘估计，如法抽分，军器、段匹、麻铁多薄恶不堪，有经数岁不解者，有司怠缓，解官侵盗，往往有之，宜严饬所司如式制造，及依期督发。顺天、河间二府苇地为豪右所占，逋课日积，宜令屯田御史及管河郎中清查原额，占者还官，逋者追解，水所冲没，悉蠲除之。"上是其议，令所在抚按官及原管御史郎中等，严行清理以闻。

甲申，山西乐昌王充爌奏："禄粮积负数多，贫不能存，乞拨两淮残没盐引救赡。"户部言："国家盐引，专以济边，屡经建白，宗藩不得奏讨，惟有代州库贮盐银可以借支。"得旨："准给一万两。"

御史马明谟奏："请清理班匠以补原额，折解军器以图实用，严督解官以厘宿弊。其言解官之弊，率以科取侵盗，不能操束解户，互相容隐，或以考察去任，辄回原籍，道远日久，未易关提，解户贪缘为奸，至莫可诘，即禁治家属，无益于事，非设法追提，无以惩宿蠹，正国法。"工部覆奏。上是之，令所在巡按御史严行究提完解，其逃回原籍不服拘提者，具以名闻，遣官校逮治之。

戊子，御史赵睿奏："河东运司积欠消折盐一百三十余万引，捞补无期，乞将虚数蠲豁。"户部覆："盐池乃天地自然之利，不劳人力所为，但采办在盐丁，而及时催督在有司耳。臣查四十年前本地盐课额数完足，自嘉靖三十六年始开次岁捞补之例，遂致人心怠玩，每遇盐花春结，非爱其力，即营其私，迁延至于盛夏，风雨解散，则幸有新例可援，指以藉口，有司不能催督于先，而辄为奏免于后，过矣。积逋旧数，请如议蠲豁，宜行盐运有司，此后当乘时捞采，如法苫盖，仍将采办实数按时计月呈报巡盐宪臣，以凭稽查，视勤惰迟速为贤否殿最。"得旨："该司官吏巡盐御史逮问，查奏捞办苫盖稽查事宜，俱令从实举行。"

太监赵坉请议处给织造工料银两。工部言："供应钱粮，部臣自当措处，不必仓皇请给，宜令会同南京户、工二部及科道官估计，且南京去苏杭不远，物价工力宜与太监李祐一体痛革宿弊。"得旨："会估并革弊，俱遵敕行事，应用钱粮工部即行南京该部处给，不得迟误。"

乙未，巡抚陕西都御史张祉奏："本省藩禄边饷匮乏，请将事例、度牒、税契、路引、罚赎等银六万七千一百余两存用，再发帑银补之。"户部覆："补给如议，第全陕税粮额数计一百九十二万九千五百六十六石，今造报册籍，亏旧额二十余万，宜令抚臣查核。"上以该省钱粮失额数多，命抚臣严督各司道官清查具奏，如迟玩及开报不明者，户部并该科参治。诏停差真定抽木内臣，岁令府佐领之。时太监李芳以灾异频仍，奏先年差官侵渔宿弊及诸府管解之苦，请以明年为始，勿遣内臣抽印。止委府佐，仍以抽过木植易银济边。工部是其议，故有是命。（《明穆宗实录》卷二十一）

隆庆二年七月壬子，御史马明谟条陈四事："一严征赋之期，二核扣存之数，三重侵冒之罚，四复屯田之旧。"户部覆："四事俱当如议，屯盐之法，今日所以寖不如初者，盖祖宗朝边备振举，虏不敢深入，民得尽力于南亩，而富商因得以私财募人开垦塞下，输纳盐粮，当时公私饶富，不藉内帑而给，实由于此。今诸边岁岁苦虏，塞下既无可耕之田，而鹾商又无可籴之粟，当事者乃议发帑银开余盐以佐之，于是屯政迄不可复，而盐引滋滞矣。夫京师天下根本，内帑国计所关，以天下供京师，其势顺；以内帑供四方，其势逆。此复屯盐之利，诚为永久之图也。近已专敕重臣分理其事，宜申饬之务底成绩，使地利尽而商贾通，则边饷有裨，而国储可裕矣。"得旨："依拟行。"

庚申，户科都给事中魏时亮言："今天下有三大患，藩禄不给也，边饷不支也，公私告匮也。藩封有一时教养之计，有百世经久之计。创立宗学，教之礼让，禄厚万石千石，能赈施贫宗者，以玺书劳勉，此一时计也；各宗聚居一城，地方有限，宜令就近散处，或给以没入闲田，使之自耕代禄，而花生滥冒者，则当重斥削之条，优首告之赏，此百世计也。边饷莫急于屯盐，近遣大臣经理，事权虽重，顾一人而兼内外之事，非惟地广难周，亦恐分力易诿，当令专主塞下，久任而责成功，庶几有益。今府库空虚，百姓困穷，近议尽笼天下货财，悉输入内府，以充旦夕之用，铢两不遗，甚非地方之福也，宜亟为停寝。夫养民之责，寄诸守令，守令要务，在劝农商以足食，减杂徭以清赋，行钱法以生财，重乡约以励俗，严保甲以防乱，而簿书狱讼及催科之巧拙不与焉。迩来守令失人，当事者议举卓异之赏，以昭激劝，夫人才不甚相远，而此独以卓异称，徒令贤者解体，不肖者生心，官风愈伪，吏治渐虚，率由于此。但当重举劾之典，严连坐降罚之令，则恤民足国无遗策矣。"户部覆奏："屯盐专主塞下，诚分遣初意。当如科臣言，近来有司不务清赋，而但徼抚字之名，令奸人得以干没，宜严其禁。钱法屡行屡罢，辇毂之下，尚有阻隔，宜从民便，不可强也。卓异止当严名实之辨，不当议革。"礼部亦覆行其宗藩一事。上俱从之。

壬戌中元节，御史马文炜奏："两淮余盐银，近多移借，不便稽考，请如旧规，每岁定掣淮南八单，淮北四单，征完则按季解部，毋得多寡越数，先后愆期，庶出纳明而弊端斯革。"报可。

甲戌，巡按直隶御史孙代言："朝廷每岁发银各边籴买粮草，其初止是招民出粟，两平贸易，出纳既明，法令且简。后失此意，遂用商人，奸狡者视为囊橐，殷富者畏如陷阱，安边足储之计，将为扰民蠹财之术矣。其故始于价值之不敷，继于出纳之不明，而加以查盘之纷扰，由是官民不相信，而倚办于商人，其卒也，商人又不得所，而苦于官攒之需索，弊端丛起，法令滋繁，其至一仓而盘之者数官，一人而罪之者数处，吏胥得以从中上下其手，而公私俱病矣。自今请立程限，每岁定以秋初发银，秋中估价，有司自行与民平籴，十月之内，各如数完报，出纳责之郡倅，查盘属之顺天巡按御史，其有奸商黠吏舞文玩法者，罪之。"得旨允行。

乙亥，给皇亲锦衣卫千户杜继祖养赡田七十顷。巡按直隶御史张槚上言："大名、真定二府既亩出粮以养马，而今复有马地余银之征，盖起于正德间为流贼之乱，额外权立此名，征银市马，其后遂因而不革，非经制也，请悉蠲之。"上命自嘉靖四十五年以前，悉从蠲免，而下抚按官会勘余地有无以闻。（《明穆宗实录》卷二十二）

隆庆二年八月辛巳，礼科都给事中何起鸣条上四川茶盐二事，谓："保宁府一州三县茶征本色，输运甚艰，宜如嘉靖中旧例，改征折色，或解藩司为赏番之费，或解陕西备买马之用，所设甘州茶马司当为裁革。川中盐场旧定上中下三则纳课，迩来井塌丁逃，旧者有赔纳之累，新者有增课之扰，宜酌出产厚薄，以定课额，招集灶丁，广开小井，以补旧数。而保宁、重庆、嘉定、潼川、夔州商人不利跋涉，宜量增引票，使之就近告给，仍严立禁防，使奸商不得影射，官吏不得诛求。"得旨允行。

壬午，户部覆前御史孙以仁奏："近都御史鄢懋卿议增余盐银百万余两，追征严急，搜括无遗，至借河工赈济诸银充数，出纳纷纷，不便稽考。自今请以一年课银定作一年起解，不得那借，其用存贮库者，仍行所司岁一报数，不必待查盘之期。又两淮丰利等三十盐场，地广人稠，宜悉藉乡兵灶男，团结训练，以备非常，所得私盐，即以界之。"报可。南京户部尚书刘体乾奏："凤阳陵寝重地，九卫官军不下四万人，今仓粮无一月之给，宜下有司严征逋负，管仓部官仍于每岁会计，具报所入多寡，以便参核。"上从之。

戊子，御史蒙诏条上漕运十事："一严催征。谓漕粮征收开兑，俱有定期，载在议单，至为详备。迩来漕政废弛，多因有司假抚字虚名，而忽催科实政，以致开兑愆期，宜严行振饬。一明赏罚。谓漕卒粮完，例有羡余之赏，运官效劳者，亦宜量加奖赉，而严需索之罚，使人知劝惩。一专责成。谓两淮新增都司官与把总职守相关，临事莫肯专任，宜责都司以先期料理，责把总以及时督率，不得相仗误事。一议私兑。谓浙直士夫近设'自兑'之法，使之明犯禁令，抑困漕军，不肖者既重以自恣，而贤者又不获全其令名，宜仍旧，官民公兑为便。一足船数。谓国初漕制，每船不过正耗米四百七十二石，迩来船数滋少，或一艘并受七八百石，而又益以私货倍之，致多败溺，宜尽数清补。一增货具。谓随船什物诸费，皆责办贫卒，坐亏正粮，宜将存留米麦折银给买，以示宽恤。一核漂流。谓议单载漂溺之法，至为严密，迩来通同妄报，真伪莫辨，宜令州县正官亲行水次验实。一清挂欠。谓扣补挂欠之法，以解淮粮折银及该卫军粮充数，移借多端，奸弊丛起，今宜明稽其数，临仓挂欠者，如律问遣，若系漂流，止许将羡余及本船官军鬻产扣粮补之，甚则稍借概卫官军一月二月之粮，不得轻用淮银，以滋侵克。一重民运。谓江南粮长之役有三害，在家则苦催征，在途则苦逼勒，抵京则苦完掣。宜令京漕二解户通融抵数，互相代运为便，载米任就轻舸，不必拘以大号长船，粮长各给小批，俾得完报，不致牵累。一严部运。谓部粮官推避科索，以致岁运失期，积逋无算，宜选廉能吏督之，而汰其不职者。"得旨："允行。仍以诏精勤任事，升俸一级。"

乙未，南京户部尚书刘体乾条议凤阳仓粮六事："一苏、松、常、镇旧派粮四万有奇，近漕司奏留该府兑军，而以淮安仓粮抵还，为其转输均便，今淮安全无征解，积欠至五十余万，请查覆彼此旧额为便。一淮安旧征本仓折色，每石六钱，昨议扣留一钱，事出权宜，当仍复旧数，所借之数，令其陆续补还。一高墙庶孽衣粮、儒学师生俸廪，自有正阳关料税及岁派存留以为常供，乃今悉仰给仓粮，于名实无当，请行改正。一九卫停俸武职，旧不关白仓场，朦胧混支，今后并宜查革。一本仓米麦，近以灾伤改折者，此后当复征本色。一管仓主事，宜比漕司理刑，给以关防，视京仓监收例，满三岁方得更代，庶出入有稽，人无玩愒。"从之。

先是，湖广抚按官奏革承天元祐宫住持没入庄田八十七顷，以备汉江修堤之用。已得旨允行。至是守备太监张尧又奏，称前田系碑载旧数，乞留征租进御。户科执奏，租银以之进用，于国用不加多，以之修堤，则拯万民之溺，而且以保护陵寝，彼此轻重较然，宜如抚按官议。上命遵前旨，听有司征收，不得再行奏扰。

丙午，少保兼太子太保礼部尚书武英殿大学士张居正上疏曰："……恭惟皇上嗣登大宝，首下蠲恤之诏，黎元忻忻方切更生，独昨岁以元年蠲赋一半，国用不足，又边费重大，内帑空乏，不得已差四御史分道督赋，三都御史清理屯盐，皆一切权宜，以佐国用之急，而人遂有苦其掺括者。臣近日访之外论，皆称不便，缘各御史差出，目睹百姓穷苦，亦无别法清查，止将官库所储尽行催解，以致各省库藏空虚，水旱灾伤，视民之死而不能赈，两广用兵，供饷百出而不能支，是国用未充而元气已耗矣。"（《明穆宗实录》卷二十三）

隆庆二年九月甲寅，给事中魏时亮、御史王加宾各上疏，请召还清理屯盐都御史。于是吏部集户、兵二部议覆："清理屯盐大臣，在江南、山西二处可罢，在江北不可罢，宜将九边屯田归并江北屯盐都御史庞尚鹏总摄，而各省屯田当如大学士张居正议，责成所在抚按官自行经理。"上是之，召江南屯盐都御史邹应龙、山西屯盐都御史凌儒回京别用，尚鹏令仍旧清理各边屯盐。户部覆直隶巡按御史刘世曾奏，言："勋戚庄田占据已久，今虽奉旨清查，转相蒙蔽，宜敕各该府卫衙门备查诸臣世派爵级，列状以闻。容臣等酌议，予夺占怪及容隐不举者，悉治以罪。"诏可。

窃太仓库银被盗，降管库户部郎中宋诺、员外郎刘自化、许自新、主事王宇一级，调外任，夺主事任汝亮、彭富、周标、席上珍俸半年。先是，银库监督官每半年或三月一月辄易，更代弗常，代时交盘又徒具成数而已，未尝一开库细验。以故典守官攒得私构军匠人等巧窃阴携，盖不记年所矣。其所亏折，亦莫定其数，是年春盗窃外库银六百余两，又窃老库银七百余两，为怨家所发。上切责诺与自化交盘不明，事连先后接管员外许自新、主事任汝亮、彭富、周标、王宇、席上珍，俱下法司验问，而令科道官查二库银钱实数以闻。于是给事中王玺、御史蒋机上外库银数实少八百余两，钱少五万五千余文。给事中刘继文、御史周禧上老库银数，反溢出旧额，而封识锁钥多磨灭难辨者，恐亏失之数尚多。上乃命法司穷治，尽得先后为盗主名胡仲谦等，及官攒与盗通者张汉等数十人，各枷号发遣有差，而自新宇则以新受代，与诺等得遣特重焉。上处分毕，因令自令管库主事各注选三年，不得辄易，其贮库银限以三千两为一匣，固封编号，以便稽查。

丙辰，给原任总督三边兵部右侍郎兼都察院右副都御史曾铣家没官田地十顷，从都御史庞尚鹏之请也。

丁巳，都察院覆御史张榗言："近奉明旨裁革入觐官路费，诚恤民省费盛心也。但官有崇卑，各官恐俸入不足充费，未免取偿于民。自今请酌议定规，通行遵守，如云南、贵州、广西、广东、福建，此地之至远者，二司官百五十两，府官百两，州县官六十两，首领官三十两；江西、浙江、湖广、四川、陕西，此地之次远者，二司官百二十两，府官八十两，州县官四十两，首领官二十五两；河南、山东、山西并南北直隶，此地之稍近者，二司官八十两，府官六十两，州县官三十两，首领官二十五两。而进表官住京月日，比之朝觐甚少，宜依省分量给其半。"得旨："朝觐进表官既议有盘费银，不许仍前擅用勘合，骚扰驿递，抚按官亦不得徇情给与，违者听该科参治。"

两广总督张瀚奏留该省解京盐课、铁税、罚赃等银五万七千五百五十两给军饷。许之。御用监太监滕祥言："上用漆器物件，不宜入年例中减革，乞敕工部查嘉靖二十七年、隆庆元年故事，如数征办。"尚书雷礼奏："此系传造钱粮，本无定额，皇上登极之始，服御更新，自合加办。今尚未逾年，龙床卤簿之类，已不必改作。其他杂器，止宜于年例物料内关支，而欲臣等岁岁开端，仍引嘉靖中明诏裁革之数，执为故事，非臣等所敢知也。"得旨："传造钱粮姑如数送监，此后不必援以为例。"

戊午，户部奏："预开明年中边盐引；甘肃镇两淮盐一十二万七百一十二引，两浙盐一十万五千七百七十引；宁夏镇两淮盐八万四千九百八十引，两浙盐一十三万引；宣府镇两淮盐一十四万三千四百八十八引一十五斤，又改拨山西、辽东存积盐二万二千二百九十六引一十五斤，长芦盐九万七百七十五引八十六斤；大同镇两淮盐七万三千三百七十九引，又派添存积盐五千引，长芦盐四万五千引；辽东镇两淮盐六万一千八百一十二引三十斤，山东盐六万二千五百引；固原镇两淮盐二万七千八百七十八引，两浙盐一万引；山西神池等堡两淮盐五万六千七百八十一引五十五斤，两浙盐四万八千九百九十九引一百四十九斤，山东盐六万三千六百一十引一十九斤；蓟州镇两淮水乡盐九千一百四十九引一百斤，长芦折布盐四万五千三百三引，共盐一百四十五万六千八百六十八引五十四斤。甘肃两淮盐每引价银四钱五分，两浙盐每引三钱，其延绥等镇淮盐引五钱，浙盐引三钱五分，长芦盐引二钱，山东盐引一钱五分为率。"制可。

丙寅，直隶巡按御史周禧申议仓漕四事："一近议漂流粮米，不计多寡，概行奏勘，甚苦运军，宜如旧例，凡粮船过洪，卒遇风浅漂流不多者，押运官勘实，即给该帮羡余银两，令其买补。一各库军斗，宜金派正身，毋容雇役。一漕折银两，宜收贮别藏，于秋冬二季折放军粮，不惟可以存留本色，且得余银之利。一漕粮系国家大命，运道所经，宜慎选官旗，增置器械，以防不虞。"部覆从之。

丁巳，巡青户科左给事中刘继文等奏，言："近例酒醋面局商人兼办内官监宝钞司稻草钱粮，不胜重困，宜分其役为二，使众轻易举。又商人三年一更，更不逾年辄派，事属烦扰，宜令科道官每岁会审一次，贫无力者即更之，既更五年方许复佥，庶劳者得息。"部覆，从之。

辛未，户部覆大学士张居正所陈固邦本一事，言："财用当经理者有十：其一言兵饷之费，倚办屯田。今屯盐废弛，未可遽复。宜稍仿汉法，民愿得爵及赎罪者，皆令入粟于边，酌地远近而递减其赀，使人乐从，则塞下之粟必多。其一言贵豪隐占人丁，逋负租税，一切重役，悉苦贫民，而吴中尤甚，宜敕各巡按官申严法纪，禁戢豪强，以赋役均平，毋有偏累。其一言驿递勘合，诈冒数多，宜加检察，以杜骚扰。各处坐船，抚按官不得过二只，外官方面以上，京官科道部寺行人中书以上，方许乘坐，余悉禁之。其一言各府州县送迎上司，不得额外增编皂卒及靡费供张。其一言士民服用僭侈，当痛绳以礼法。其一言劝课农桑，令崇本业。其一言各省钱粮文册开载欠明，不便稽阅，本部请置格眼号纸，每年画为十二格，每月将征收起解某项钱粮填注格内，岁终类报本布政司，布政司类报本部。凡迁升行取给由朝觐者，各执号纸赴抚按衙门查明，并公文投部，以此别其才否。又湖荡等地为势豪侵占者，宜悉查覆。河泊鱼课量征水税备赈，其鱼课米非额派者悉除之。其一言京卫军士及顺天府食粮，孤老多虚冒者，宜悉查汰。其一言奸猾军民有将田宅投献王府者，宜行有司验契追夺，募民佃种收租，以补禄粮，宗人占怗者，即扣其应得禄米抵补粮差，有司阿纵不举者论罢。其一言各省进解钱粮，多被奸徒揽纳，以致侵欠，宜令巡视科道等官严法禁戢。"上命从实举行。

甲戌，总理江北等处屯盐都御史庞尚鹏奉诏条陈盐法二十事："……而国赋可充。"部臣上其议，诏悉从之。

乙亥，时扬州府起运民粮共九万石，而兴化一县额派三万有奇，有议将灶田尽免起运者，巡抚凤阳都御史方廉以为有田则有租，今民田已入灶户，而又使代为输粮不便，请将灶田自捍海堰运盐河西以至县治一带，尽数派入该县征粮额内，若起运存留站粮以田起科者，与民一体征纳，其银、力二差，系以丁起科者，俱责办民户，毋概苦灶丁，斯灶丁与民各得其平。从之。

户部等衙门会议漕运事宜："一酌处羡余以恤军困。言运军南还，全仰给于羡余，今一帮漂欠，扣留各帮；一卫漂欠，扣留各卫，既阻回船，兼误新运，非法之善也。请自今年为始，凡处补羡余，俱于本年内大患先尽本帮，次及本卫，次及本总，小患先尽本船，次及本帮，其别帮别卫不得一概扣留。一议处带砖以速粮运。言运船过临清，于上、中二厂顺带城砖，水次辽远，宜就近改派于闸外下厂，毋致耽延。一添铸铁斛以息争端。言瓜仪石土等坝，因斛有增减，互相争执，原铸铁斛不能遍较，宜每总添铸铁斛二张，分发各总带赴水次，仍令司府州县如式铸造木斛，以备交兑，不得异同。"诏如议。（《明穆宗实录》卷二十四）

隆庆二年十月壬午，巡抚江西都御史刘光济奏："袁州府宜春、分宜、萍乡县没入严世蕃田土，请稍宽租额，岁征折谷银六千四百余两，以充南赣军饷。"报可。

戊子，陕西总督王崇古、巡抚李尚智、总兵赵岢以本镇马料不充，奏："将每月料豆四斗五升之外，增一斗五升，草价银五钱之外，东、中二路增一钱，西路增五分，总计岁增料草银三万九千七百二十一两，请增入年例给发。"部议："据本镇开报，节年士马物故者不下三万余。计应扣粮料银两，所余不赀，宜将增添之数，准于士马失额余银内扣给，其节年欺隐侵冒之弊，仍行督抚核实以闻。"诏如议。

庚寅，总理江北屯盐都御史庞尚鹏条上屯田四事："……官军侵欺者，举无所逃罪矣。"部覆，诏如议。

辛卯，顺天府丞何起鸣条陈审编事宜："一本府所属州县官户丁粮，俱照嘉靖二十四年事例，照品优免，其隶籍禁卫者，将军准免二丁，校尉一丁，各取该管衙门印信公文为据，毋容远方别族一概滥免。一大兴县既有递运所，而宛、大二县复佐以日行车辆银一千二百五十三两，嫌于太多，宜减宛平县银二百两，减大兴县银一百五十两。其审编额数，立限追征，本府仍立信印文簿一扇，凡遇拨过车辆、给过价银，备为登记，以便查考。一原编厂卫衙门荆杖银二百八十五两，出入不明，未免虚冒，宜每年减半编银解府，委官收买，凡遇支领，取该衙门印信公文方准给发。一原编各府州县协济通州搬运瓶坛脚夫银三百一十九两，先年题解折色，已而仍复本色，请于内量减银一百两。一宝坻县原编北新、西城、明智、安仁等坊草场库役共八十四名，每名编银三两六钱，俱系棍徒包揽，求索无厌，宜每石再加银三两六钱，共足七两二钱，解府募役，以绝烦扰。一原额显灵宫庙户一十三名，大慈仁寺佃户二十三名，蜡烛寺䐈夫四名，真武、回龙、城隍等庙各庙户四名，皆属冗役，宜裁其半。一遵化县喜峰、大安等仓斗库及各都税司巡拦俱应裁革。"部覆："起鸣所言切中民瘼，独仓场斗库税司巡拦未可全革，宜下抚按再议。"上是之。

己亥，催攒漕运御史蒙诏条陈漕河二事："一议优恤。言南阳独山一带，诸水经注，占没民田一千二百余顷，原额税粮宜分派山东通省，以惠失业之民。一议洪夫。言徐州所属丰沛萧砀，当水陆要冲，岁编两洪，夫役二千四百五十一名，该工食银一万五千一百九十六两，民不胜困，宜于轻赍银两内，每石扣银二厘，以资雇值。"部议："水没田粮，当如诏议，轻赍银两备分派、盘剥、车脚及修船、给军之费，难以议扣，即今仪真、瓜州二坝扣取脚米，岁计银二千五百余两，该州四县派剩麦价银一千五十九两，近议运司挑河银三千余两，总计六千五百余两，悉听本州收抵夫费，宜可以纾民困矣。"诏如议。

（《明穆宗实录》卷二十五）

隆庆二年十一月癸丑，辽东巡抚都御史魏学曾奏："定辽、沈阳等六卫，海州、开元、铁岭等三卫，金、复、盖三卫，各清出屯田共二千余顷，该粮五万有奇。"

陕西巡抚都御史张祉条陈三事："一请复本镇年例钱粮八万余两之旧；一请复淮盐每引四百斤、浙盐每引三百斤之旧；一请均延庆二府田粮。"部覆："后二事皆有成议，不必纷更，至于延宁甘肃三镇官军自嘉靖三十七年以后，已耗去原额三分之一，即本省存留税粮办此有余，今反称不足，欲增年例银给之，此其中不无侵冒之弊，宜令一一查数以闻。"报可。

丁巳，总理江南屯盐都御史邹应龙条上盐法四事："一议额课。言旧制每引盐二百斤，后增至五百六十斤，今虽减为四百斤，引目尚多积滞，宜改行三百斤小盐，以二百斤为'正数'，以七十斤为'余盐'，以三十斤为'包索'，则引目将自通，然每年盐课额解一十四万两，除水乡、草场、仓基、税票、囚徒、没官、引价等项银四万五千两，该余盐银九万五千两，今改行小盐，每引纳银一钱四分五厘，计四十七万引，该银六万八千一百五十两，尚欠二万六千八百五十两，当于派引内商之际，每引令纳纸价银一分，可得银四千七百两，中津桥税票，每票增税银三分，可得一千八百两。至各场折色，如永嘉、双穗、南监、北监、长林五场，每年一万八千引，今改认仁和、许村二场买补，每引加银三钱五分，该加银六千三百两，运赴杭州称掣，照例每引又加银六分二厘，该加银一千一百余两。袁浦、浦东、清浦三场每年二万一千二百四十一引，改认下砂、青村二场买补，每引加银一钱七分，可增银三千六百余两。芦沥场每年一万五千二百二十二引，改认西路场买补，每引加银一钱二分，可增银一千八百余两。以上三项，共该银一万九千三百六十余两，所少者才七千四百余两而已，然引目疏通，开中日广，是部计稍歉，而边储常有余也。一祛奸党。言边商引目难于守支，必分拨内商。近奸徒射利，或抑勒价值，或冒名支掣，或以贿请托，买没官之盐，或以债折盐，收倍入之息，或不截引角，重复执买，或未掣批文，先行盗卖，稍持以法，则谤议沸腾，运使而下咸畏其口，宜下巡盐御史严加缉访，但干坏盐法者，即时收捕坐罪。一厉法禁。言今私盐盛行，由地方豪右把持县官，而卫所巡司应捕之卒，皆积年无赖，反为盗主，宜行法自贵势始，官司窝纵者，以不职论罢，弓兵遣精壮有力者充役，仍不时更番，以防通同之奸。至私盐出没所在，如福山、狼山二港，尤宜添兵船，专官防御。一清弊源。言私贩由于私煎，今水次山乡，人人得操煮盐之柄，白昼列肆，莫敢谁何，欲禁私贩，不可得也。宜复国初团煎之规，酌灶居远近，每场就便立舍数区，官置锅盘，安聚灶户，俾为保伍，使相觉察，运司官仍不时按籍稽查，有犯者处以重法。"户部覆议，从

之。(《明穆宗实录》卷二十六)

隆庆二年十二月戊子，户部奏河东、四川、云南、福建、广东灵州盐课事宜，其略言："河东盐池额办盐六十二万引，价银十九万八千四百两，内给宗粮，外佐边饷，而余皆贮之布政司，以备灾伤抵补之用。近因有司采办无法，收顿不时，池南盐花至积厚数寸，而弃之远地，坐亏旧额，宜按行前任巡盐御史黄宗架桥捞采之法。四川盐井额办盐一十万九千一百二十七引八十四斤，各场征课，近分为上、中、下三等，立法虽详，未合时变，盖各场又自有上、中、下三等，亦有下井在上场、上井在下场者，兼有旧井堙塞而盐额应除者，有新开小井当编入者，并宜稽核。云南额办盐四万九千二百三十四引四十五斤，共银三万七千六百四十四两，地远人玩，恐尚有遗利，当行彼中酌处，或听民自市，或商中官给，务求便安。福建额办大引盐十万五千三百四十引二百六十五斤，小引盐二十一万六百八十一引六十五斤，不出本省，商利甚厚，而征价甚轻，若上里等场，每引价银二钱五分，惠安场每引七分，浔、沔、浯三场每引才五分耳，而又止行于延、建、邵、汀四府，不及福、兴、泉、漳，其利多为官吏所渔，宜量增引价，兼令八府通行，或于津要之处照票抽税，是亦一法也。广盐国初七万二千七百六十二引，其后渐有增益，岁入不下一二十万金，自有总府以来，兵饷之费，不俟他求而足，今广东、海北二提举司岁征课银不过一万六千余两，而输京师者不能万金，每岁逋负常十之五，宜亟图复兴。灵州大池额盐共二万六千余引，以供延绥，小池二万三千一百五引，贮府以备客兵，其利甚饶，但止行于平、庆二府，而凤、汉二府以有解盐，禁弗得达，是损额课以资私贩也，且解盐隔省，而灵盐在邦域之中，令凤、汉行灵盐，顾不便耶。以上六处盐法，请下抚按官酌议，并核盐引实数以闻，乃行南京户部查照铜板给发勘合引目，一如淮、浙、山东、长芦之例。"诏如议。

丁酉，先是户部奉旨酌议裁革勋戚冒滥庄田，勋臣传派五世者限田百顷，戚畹限田七百顷至七十顷，宗枝已绝及失爵者夺之，奸民影射者征租入官。至是巡按直隶监察御史刘世曾查奏："勋戚传派五世、田一百顷以上者，成国公朱希忠田千三百余顷，定国公徐文壁、英国公张溶、惠安伯张元善田各五百余顷，泰宁侯陈良弼、锦衣卫指挥李光先等田各百数十顷。戚畹受赐太滥者，驸马都尉李和田二千八百余顷，许从诚田一千五百余顷，锦衣卫指挥谢守朴、林荐、张澍、陈书、文龙、邵辅、千户夏时际等田各千数百顷，以上宜酌量裁减。恭顺侯吴继爵、丰城侯李儒、宁阳侯陈大纪、安乡伯张铉、崇信伯费甲金、武进伯朱承勋、宁晋伯刘斌、锦衣卫指挥甄辅等皆传派五世，田不能百顷，玉田伯蒋荣、安平伯方承裕、驸马都尉邬景和、都督佥事沈至等皆戚畹，田不能七百顷，以上宜令承业如旧。支派已绝、爵级已革者，兴济郡主保圣夫人、阳武侯薛伦、永顺伯薛斌、故京山侯崔元、瑞安侯王源、驸马都尉李民焦、敬王彝、锦衣卫指挥钱昂、蒋秉正等田约三千五百余顷。名为钦赐庄田，而册籍不载者，武定侯郭大诚、武安侯郑昆、彭城伯张熊、成山伯王维熊等田约二千余顷。勋戚本无其田，而奸民隐种者，若阳武侯薛伦、平江伯陈王谟、指挥周世臣、百户郭勇、故都督陆炳等庄田约三千余顷，宜悉追夺。"部覆："勋臣中系元勋世裔及戚畹至亲，不得概拟定限，宜稍宽其数，以示优礼之恩。其册籍不载，若武定侯等田，宜令覆核陈书，母后亲侄准留五百顷，谢守朴、林荐而下宜递减，守朴、荐三百顷，张澍二百顷，文龙五十顷。内宗绝及失爵者，如有先世坵墓，其田二百顷者，量留五顷。百顷以下者量留三顷，以资供祀之费，余如世曾言。"疏入，上曰："传派五世勋臣及公主见在驸马各庄田，仍会同屯田御史议定应留顷数规则以闻。"部乃更议元勋世裔限田以二百顷，勋戚半者限百五十顷，驸马李和于原议七百顷外，益以三百顷，以足千顷之数。诏如议。

己亥，户部覆南京户科给事中张应治奏，言："各运司盐引预刷待领，则库房狭隘，恐致浥烂，临时方给，则辐辏并至，不免稽留，宜定为法，将各运司引目酌量多寡，分为四起，先两淮，次两浙，次长芦、山东、河东，次福建、广东、四川，先期半年移文该部知会，行应天府买纸委官印造，每十引为一封，收贮后钞库，临期以次给领，如印匠不敷，量增工役，给以口粮，事毕则已。"报可。

是岁天下户口、田赋之数，户一千万八千八百五，口六千二百五十三万七千四百十九，田四百六十七万七千七百五十顷一十一亩有奇。秋粮米奉诏蠲免存留十分之三，实征米一千九百八十四万七千八百六十六石八斗有奇，麦四百六十二万六百二十六石有奇，农桑丝七万三千八百八十六斤有奇，绵三十八万五千八百七十四两有奇，绢三十二万三百九十八匹有奇，绵花绒二十四万六千六百二十八斤有奇，布六十二万五千六百九十匹有奇，折色钞九百五十九万六千二锭有奇，杂课钞五十八万六千七百七十三锭有奇，米六万一千三百四十四石有奇，银二万九千二百九十五两五钱有奇。盐课盐二百三十二万七千二百九引有奇，盐钞折银六万八千四百四十一两三钱有奇，盐课银一百二十六万八千四百三十五两九钱有奇，茶课茶五十八万三千六百一十七斤有奇，屯田子粒三百七十二万八千七百三十九石有奇，屯牧地银四万八千二百四十三两六钱有奇，年例金二千两，水银二百二十九斤，朱砂四十六斤八两，漕运米四百万石，内除旧例及奉诏改折外，实运米二百七十一万四千一百三十五石九斗，各处运纳米一千三十六万六千三石有奇，奉诏蠲免天下存留田粮二百三十四万九千三百十二石。（《明穆宗实录》卷二十七）

隆庆三年正月庚申，巡视库藏吏科右给事中龙光言："内官监供用钱粮错杂，难以稽查，乞自今年为始，将该监库厂积贮并户、工二部相关出入之数，通行查刷，以备上览。"从之。

癸亥，工科左给事中管大勋条陈查盘节慎库五事："一该部各工厂必有司官一人督察工程、验收物料，凡所据以综核而出纳者，惟印信实收也。今司官往往转委卫所等官代收物料，听其纳贿作奸，遂使实收为一弊孔，宜增立循环文簿，将工厂每日夫匠物料实数，管工官自行填注，递换呈堂，以为会估磨算之计，且革卫官之承委者。一该库每岁收银七八十万两，外加积羡银一千二百余两，以备该公堂支用，故解者每苦称头之重，而给者又病支领之轻，夙弊踵袭，猝难厘正，宜罢遣贴库主事，而以科道官之监盔甲厂者兼之，使之稽查出入，严革羡余，该部公用即于正银数内取给。一往年召买柁散等木，率取之湾河，价值腾起，糜费不赀，宜仍令在京收买，量材定价，不得浮于旧估之额。一载运楠板，旧例见方称斤，以二千二百斤为一"车"，给之运价，后以车户妄乞，准照楠木长围折算，侵冒者多，宜悉遵前估，以为定则。一各库积贮，先年籍没金珠银钱等项，庋阁岁久，吏缘为奸，宜令随时变易，以其值供库藏之需。"工部覆奏，从之。

甲子，工部尚书朱衡奏："本部岁派各省料银计五十万两，今节年积久至百余万两，见存不及二十万两，而圜丘砖料及卤簿军器之用费且倍之，帑藏诎乏，无甚于此，请令有司刻期办纳。臣又惟朝廷之供应，皆小民之脂膏也，今内外诸臣不思撙节，甚者又从而朘削之。臣等目击时艰，不敢不更相戒饬，为国家守财，至于内府监局一切加征浪用，则在皇上亲发训辞，府容臣等随事执奏，庶宫中府中俱为一体，而国用民命两有所赖。"上是之。因命所司责逋省费，悉如衡言。

诏留山西赃罚银三万二千两于本省，以备赈恤，从部覆抚臣杨巍奏也。

户部覆巡抚甘肃都御史王轮所奏禁虚名、宽虚税二事："虚名谓查盘，委官勒抑、官吏妄报附余，以猎能者；虚税谓有司丈量屯田，多不亲行，止凭询访，虚加税额，以病民者。二事有伤天和，俱宜禁止。"上是其言。（《明穆宗实录》卷二十八）

隆庆三年二月丁丑，户科右给事中王玺言："光禄寺所积白粮数多，仓廒不足以容，宜令各监局工役应给折色者尽给本色，俟会派南粮时量减其数。"部议亦以为然。奏上不允，乃更请修建新廒四十间贮之，报可。

己卯，复命给进表官勘合，勿予路费。先是御史李叔和言："国家设驿递，所以传王命而驻使节，今来朝诸臣独使之露宿野次，而所议路费复窘甚，势不可久，请更议之。"兵部亦以为请，故有是命。

庚辰，发太仓银二十二万六千两给延绥军饷，蠲陕西西安、凤翔、庆阳、平凉、延安今年秋粮有差，以地震旱灾故也。

辛巳，户科右给事中刘继文条陈牧政五事："一大坝等马房牧地侵占浸多，地削课亏，宜履亩勘踏，明立界限，令巡青官每年阅视查理。一马房修理地亩增至二千二百余顷，以十年计之，内监所入下下六万余金，今屋舍损坏如故，侵渔莫诘，宜照旧止留四百三十顷，令部属督征贮库，以备修葺。一二十四马房均备法驾骖乘之用，内外事体，原自关相，请将内监马发出三五百匹，付外厩分牧，庶马乘刍秣，其数可稽。一内府旧有环吉三尖等印，辨诘牧产，全藉于此，今革不行，请将所蓄马牛，三年印烙一次，以杜抵换混冒诸弊。一马匹倒损，料价犹存，极为靡费，请择其茁壮者留用，羸瘦者卖价买补，所省不赀。"户部覆奏，上命修理马房地税，仍付内监征收，余如议行。

癸未，总理九边屯田金都御史庞尚鹏条上蓟镇九事："一屯田私相典卖……蓟镇自嘉靖三十七年始开中，盐粮额数徒存，报中甚少，在官则务算锱铢以足额，在商则务规升斗以逐利。又估价者先从州县历兵备管粮衙门至部堂而后定，每虚增其数，以待递减，避嫌观望，公私兼病，愿于估计时少从宽恤，付之兵备管粮官，免关白部堂，以滋烦费，仍酌地里远近，傲费多寡，务使商有赢余，乃为足边长策。"户部覆上其议，得旨允行。

己丑，发太仓银一十八万三千九百两，给辽东主客兵饷。户部都给事中魏时亮言："属者甘肃抚臣王轮查出该镇钱粮虚数粮料二十六万有奇，银七万八千有奇，草三百七十万有奇。夫以边饷重计，亏损至此，咎在收掌官之干没，查盘官之怠玩，宜特敕巡边御史俟交代之后，仍留本镇数月，通查实数以闻。"报可。（《明穆宗实录》卷二十九）

隆庆三年三月甲寅，户部覆御史刘世曾查理庄田五事："一曰清隐地。谓丈量昔常行之而卒不能清者，凡以委非其人，行不尽法耳。宜选廉干有司，亲核原数，务使肥瘠均配，数外者立界以防侵占，抛荒者开垦以增课税，影射欺隐者许其首告，不则没入之，若能告者，轻其常税之半。二曰恤贫户。谓查出地土将以裕国恤民，苟不给之小户耕种，则终归势豪耳。宜尽与贫民，或复籍人户，若有冒名私占者，事发重治。三曰议收解。谓旧设"庄头"征解，侵匿殊多，今后公私租税，俾散户自纳为便。四曰清册籍。谓田数文册遗漏十九，仅存者又略而弗详，今丈量后宜备细登录，别广狭，定高下，析肥硗，分荒熟，载佃户，郡县宪司屯田户部各存一册，以备稽考。五曰责实效。谓申饬有司克期毕务，实心干理，毋以彼此推诿，毋以恩怨规避，凡迁延岁月、徒烦虚文者劾治之。"奏入，命如议行。

乙卯，巡抚直隶御史谢廷杰上言马政八事：其公编审，谓近例种马既已变卖一半，正帮各户宜均其役，请于审编之时，摊地量力，定以正头养马，帮头津贴。五正五帮共为一群，每岁共俵二马，其所纳变卖马价十两，各令量贴，毋独累贫户。其重验解，谓进俵马匹多不合式，宜责府正官先亲验阅，而设法记号，择官押解，以防抵换之弊。其慎征俵，谓旧制种马一群，岁俵一驹，后因听民朋买而弊端遂滋，有势家以不堪马赂，嘱验中高索其直者，有积年贩乞解中途抵换盗以逃者，有用药助膘寄养不久死者，有官吏侵渔重科者，今宜并责之府正官，而正户之以孳驹俵者，令各头并如买价贴之。其防贪滥，谓各州县正官每末视马政，而不才佐贰营求摄理，又积年群长吏书科敛为害，宜一切罢革，止令群头自俵。其禁轮养，谓国初设轮养之禁甚严，今法宽人玩，宜以马之蕃耗专责正头所不得诿之余户。其宽点视，谓拘集数则民劳而马耗，欲以夏冬仲月令州县自点查，而该道则以春秋仲月亲阅之，岁惟四次。其杜差拨，谓宜申饬洪武中榜例，禁有司不得差拨种马迎送。其革科敛，谓马户不苦于养马俵马，而惟苦于额外科敛，宜令有司清稽痛革，以恤民艰。兵部议覆，俱从之。

丁巳，户部覆四川抚按官奏："蜀中茶引，旧有边方、内地之别，在边者少而易行，在内者多而常滞。请将原设五万引内裁减一万三千，以三万引派黎雅，四千引派松潘诸边，止留四千引于内地。其在黎雅者宜比旧增税银一钱，余悉如故。每岁南京户部给发引目召中上纳，共计岁税银一万四千三百六十余两，解部济边，永为定规。"报可。

辛酉，户部覆给事中温纯所奏理财用事，言："今年京边诸费约用银三百七十余万两，而赋入不过二百二十余万，且东南民力日竭，西北戎马岁增，加以天变物妖，时势可虑。今欲年例无增，则当惩虚冒、省召募；欲武职无滥，则当严比试、核功实；欲屯田修举，则当明侦探、讲战守。而责在本兵及各边将吏，宜令集议理财足用之策，克期以闻。"报可。（《明穆宗实录》卷三十）

隆庆三年四月丁丑，云南抚按官奏："黔国公沐朝弼庄户多不法，乞将寻甸、嵩明、三泊、澜沧、十八寨等府州县卫所原属有司地方者，令官为征税，以纾民害。"诏可。

癸未，总理盐法屯田都御史庞尚鹏言："今军国之费与王府禄粮，较之国初不啻数十倍。……题曰隆庆某年会计录进呈御览，时或有所增减，各于项下改填，每季翻刻成书，照常封进。伏望皇上朝夕罢之座右，并颁行各王府及内外衙门，使君臣上下共知国用之诎，民力之窘，务求所以撙节而变通之。臣职司馈饷，方切殷忧，愿陛下留神，为社稷生民计。"疏下户部议闻。

上谕户部取太仓银三十万两进内用。尚书刘体乾言："库银见存止三百七十万，九边年例该发二百七十六万有奇，在京军粮商价不下百万有奇，蓟州、大同各镇例外奏讨不与焉，此皆急需一不可少者，即尽发库银，犹不足用，若复取三十万，经费何支？前诏乞且停止。"上不允，体乾复言："今国计缺乏，内外大小臣工所知，陛下试垂博访，若有一人异同，臣甘伏欺罔之罪。况此存库之数，乃近差御史所括搜，明岁则无策矣。万一有仓卒之变，征调四集，军无见粮，马无见草，患生不测，臣不足言，如国事何？"于是给事中李巳、杨一魁、龙光、御史刘思问、苏士润、贺一桂、傅孟春交章乞如体乾言。大学士李春芳、陈以勤、张居正亦上疏曰："祖宗朝国用、边储俱有定额，各处库藏尚有赢余，自嘉靖二十九年虏犯京师之后，边费日增，各处添兵添马，修堡修城，年例犒赏之费，比之先朝数几百倍，奏讨求请，殆无虚日，加以连年水旱灾伤，百姓征纳不前，库藏搜括已尽。臣等备查御览揭帖，计每岁所入折色钱粮及盐课、赃赎、事例等项银两，不过二百五十余万，而一岁支放之数乃至四百余万，每年尚少银一百五十余万，无从措处，生民之膏血已罄，国用之费出无经。臣等日夜忧惶，计无所出，方与该部计议设处，支持目前，尚恐不给，若又将前项银两取供上用，则积贮愈虚，用度愈缺，一旦或有饥荒盗贼之事，何以应之。该部所以恳切具奏，诚事势穷蹙，有万不得已者。仰惟皇上嗣登大宝，屡下宽恤之诏，躬行节俭，以先天下，海内欣欣，方幸更生。顷者以来，买办渐多，用度渐广，当此缺乏之际，臣等实切隐忧，辄敢不避烦渎，披沥上请，伏愿皇上俯从该部之言，将前项银两免行取进，仍望念国储之日乏，怀俭德之永图，节赏赉以省财用，停买办以宽民力，如上供之费有必不可已者，照祖宗旧制，止于内库取用。至于该部所储，专以备军国重大之费，庶国用可以渐裕，而民力可以少苏矣。"上曰："卿等所奏已谕，但今内外库俱告缺乏，且取十万两以济急用，卿等传示，不必再来奏扰。"

辛丑，总督蓟辽左侍郎谭纶奏："本镇新选忠顺军二千名，保定、定州二营新增战马六百匹，其衣粮刍料乞比各边主兵之例，增入会计数内。"户部覆："会计今已过期，难复加派，宜发太仓银一万四千四百七十两暂给一年，此后命抚臣查各郡堪动库银，如河间额办商税课钞之类，分解天津、易州仓贮给，如有不足，则于各省府京运银内改派民运补之。"报可。（《明穆宗实录》卷三十一）

隆庆三年五月丁未，谕户、工二部："近闻京城百姓为签报商人负累困苦，朕甚悯之，其亟议处以闻。"于是礼科给事中刘继文、兵科给事中杨一魁、湖广道御史刘思问、陕西道御史李学诗及巡视五城御史孙裔兴等各疏言："恤商事俱下二部并议，谕下之日，闻者欣然若更生焉。"户部奏："南京盐引铜板，岁久文不可办，引目增多，印给失时，乞加数铸造。"报可。

壬子，提督太和山太监柳朝乞留岁收香钱四千三百余两修理本山。上从之。户部尚书刘体乾言："太和山香钱岁入不止此数，旧虽守土藩臣与内臣共理，而收掌出入，多内臣主之，宜比山东泰山事例，令抚按官选委府佐一员，专收正费之外，余银尽解部供边。其修理诸务，俱命有司董之，内臣不得干预。"疏入，忤旨，令自陈状。体乾疏谢曰："臣愚不能顺明命，渎冒天威，罪不容诛，但以职司钱谷，目击时艰，窃不自揆，欲为朝廷节财用耳。"上责体乾不遵明旨，屡次奏扰，夺俸半年。

甲寅，云南道御史詹仰庇言："臣查内官监钱粮，如各库厂及房租地租一切糜费，动以御前供用为名，阴入私橐，则是利归于己，而以过归朝廷也。乞命户、工二部及巡视科道官备查应留应革及出入多寡之数，以杜奸欺。再照人君之奢俭，四方系之以安危；朝廷之嗜好，左右视之为趋向。陛下前取户部银，在廷诸臣将谓充足内帑，以备缓急，今乃尽以供造鳌山、修理宫苑、花栏、龙凤船、秋千架，传造竖柜玉盆之费，使群小得因而干没，为圣德累不小。伏望念生财之有限，思国计之甚艰，毋作无益以害有益，近侍之臣或以织造采办玩好逢迎者，悉屏黜而深罪之，以彰圣断。"疏入，上怒，责仰庇悖逆狂妄，累次不悛，命锦衣卫逮治午门前杖一百为民，各监局科道大使俱革去，悉如旧行。

工部奉圣谕议覆科道官刘继文等所陈恤商事，其略谓："诸臣所论，言人人殊，然大端不外签点之初，在清冒滥，选充之后，在照时估发，预支时给领，禁需索，均肥瘠而已。今商人隶在本部，不过五十余名，编审公而法制定，凡言官所陈，略已施行，诸商不称困也。惟是赴监输纳之际，横索多门，剥肤锥体，则臣等不能越职而争，惟望皇上亲加训饬，仍令科道官备查各监局年例加增之数，量为裁减，庶前旨不为空言，而商困可以少舒。"上是之。

戊午，户部奉圣谕，议覆给事中刘继文等所论恤商便宜五事："一明智各场刍藁、太仓黑豆，原系营马及防秋支用，本折之间，时有变更，然军商咸以折色为便，而官费亦省，请今后京营所给不必拘泥成限，但视价贱即许全折，防秋月支草料亦不必别立名色，但令在场有草六十万束，有豆三万石，通融接济，召买亦易。又御马监马数未经核实，宜会同巡视科道验数登籍，送部关给，以杜冒支。二仓场各商多系中户，宜令巡青科道五城御史尽心查审，必求其当，除文武正途如例优免，若援例监生锦衣官校传升乞升纳级买功诸类，止免本身，其弟侄子男一体均派，且商人名数无用过多，旧朋户诸类宜尽除之，免致骚扰。三科道部臣会估料价，每多避嫌过刻，宜令稍加从宽，定以每岁十月中籴买。又御马监草料视各仓场多寡悬绝，殊非事体，今后并不许多估，以滋侵渔。四给放料价，旧多不时，今后各商纳料过半，宜即与全给，仍陆续补完以前欠数，山东、河南督粮参议钱粮未完不许辄回，其在顺天府轮委通判一员，责以督催之事。五诸司书办诸役需索无厌，宜令部臣科道查数厘革，其商人纳粮领银，自本部及监收两道之外，凡各衙门点卯挂号，一切停止。又象房草束守支留难，增耗独多，甚为商累，请令锦衣卫官一员同部属监收，即以军役看守，耗草如各场例，止加二斤，毋得增溢。"奏入，得旨允行。商人名数既已裁省，令五城御史悉心查审殷实人户充当，不许势豪阻挠影射，累及贫民。

己未，总理屯盐御史庞尚鹏条上辽东屯田便宜十一事："一曰设圈台。谓辽阳沃野千里，去城堡稍远者，多因虏骑出没，鞠为蒿莱，宜于可耕之处修筑圈台，俾远近联络，以便收保。一曰宽粮额，谓开荒之初，即苦征敛，无利有害，往往中废，宜限六年之后，方酌远近肥瘠定则起科。一曰开沟洫。谓辽东地平无沟洫以备旱潦，宜察原隰高下，开凿渠堰，不惟蓄泄有赖，亦可捍虏。一曰别功罪。谓屯兵积弱怯而畏虏，宜责成将官，督令并力耕获，仍视秋成多寡，以定殿最。一曰广召种。谓见卒数少，自今请无论兵民，有力能开荒者给以牛种，宽限起科，若逼近虏巢，永不征税。一曰清逃丁。谓将见在丁户分主客二等，不许隐漏，示谕流寓诸人，旧时逋负罪名，俱置勿论，每五丁抽一，壮者守御地方，余给屯田，令其开垦。一曰议营田。谓营田军士耕种有名，而防守无赖，赋入少而粮费多，宜于应纳粮内抵其岁支，但免战征，仍责分成。一曰宽海禁。谓海禁不通，止以登莱造船及布花本色之扰，故议者纷纷，辄以风涛寇盗为解，殊不知辽左咽喉全恃宁前，宁前若扼，则全镇更无可倚，止有金州通海一线，奈何闭之。一曰革关税。谓山海关旧止查引验货，先年太监李能始起抽税之例，已经主事邬阅奏革，近仍复之。今宁远、广宁既有税课司，又有关税，民何以堪，宜复祖宗旧制为便。一曰增盐额。谓本镇屯粮不足充军饷之半，乞将长芦新开盐课五万引改辽东报中，比宣、大、蓟州例，价止二钱，以抵存积停止之数。一曰酌引价。谓两淮引有定价，新旧配掣，官民称便，山东、长芦宜比两淮事例，酌议通行。"户部覆："海运、关税二事，请行抚按诸臣计处以闻，其余当如议。"报可。

辛酉，礼部仪制司郎中戚元佐上疏言："方今宗藩日盛，禄粮不给，不及今大破常格，早为区画，则将来更有难处者，昔高皇帝众建诸王，皆拥重兵、据要地，以为国家屏翰，此固一时也；迨靖难以后，防范滋密，兵权尽解，朝堂无懿亲之迹，府僚无内补之阶，此又一时也。嗣是而后骄侈渐盈，间作不典，法多圜土之收，辟有勒尽之惨，此又一时也；今则人多禄寡，支用不敷，仍有共蓬而居，分饼而膳，四十而未婚，廿载而不冠，强者劫夺于郊衢，弱者窜入于舆皂，此又一时也。夫高皇帝草创之初，利建宗子，文皇帝靖难之日，思鉴前事，用意不同，各有攸当，至列圣以迄于今，时移势改，恩以义裁，其分其理，自有不能曲尽者矣。国初亲郡王将军才四十九位，女才九位，永乐间虽封爵渐增，亦未甚多也。而当时禄入已损于前，不能全给，今二百年宗支入玉牒见存者二万八千四百九十二位，视国初不啻千倍，即尽今岁上供之输犹不给其半，况乎十年之后，所增者当复几何，又将何以给之。议者谓祖制不敢擅更，不知法穷则变，变则通，通则久，且国初亲王之禄五万，他段、绢、茶、盐等用亦复万计，然不数年而止给禄米，又不数年而减为万石，又不能给，而于代、肃、辽、庆、宁国诸王，且岁给五百石，是高皇帝令出自己，而前后之言已不符矣。永乐间禄数日殊，秦、鲁府各五千石，辽、韩、伊府各二千石，肃府仅七百石，庆府虽七百五十石，而郡王常于数内拨给，是文皇帝去国初未远，而祖训之文亦不尽守矣。况亲王出城，岁时训练，蒐兵以备武，祖训也，而靖难以后则寝之。郡王子孙一体任用升转，祖训也，而累叶以来皆无之，则高皇祖训，列圣已难悉遵而行之矣。其在今日，事势愈难，尚可胶柱以调瑟乎？臣不揆狂陋，敢僭拟五事上请，惟陛下裁择。一限封爵。查得嘉靖中议者请行限子之法，而先帝未允，臣谓生不必限，封则可限，今国朝历世二百余年，以亲论之，亦递降矣。除初封亲王，姑照例袭封侯，三世而后再加详议外，其累朝所封，宜立为限制，如亲王嫡长子例袭亲王矣，嫡庶次子，许封其四，共五位焉。郡王嫡长子例袭郡王矣，嫡庶次子许封其二，共三位焉。镇辅奉国将军有嫡子，许封其二；无嫡子，止许以庶子一人请封。镇辅奉国中尉不论嫡庶，许封一子。以上各爵职，如有生子数多，不得尽封者，照旧请名。有志读书者，与民间俊秀子弟一体入学应举，登名科甲者，一如亲王事例，止任外官，其他力田通工等业，从便生理可也，如虑其力不能谋生，宜量为给赏。亲王之子不得封者，年至十六，赐之冠带，给银六百两；郡王之子不得封者，年至二十，赐之冠带，给银四百两；将军中尉之子不得封者，有志入学，赐之衣巾，与各子俱给银二百两，则或仕或不仕，咸可无失所之虞。倘其中更有游荡废业者，则譬诸家有不肖之子，亦付之无可奈何而已。或曰，如此则擅出城郭，如国之明禁何哉？然臣尝稽之祖训，并无禁出城郭之文，盖为近日放纵不法日设也。苟能各务生业，谨守王度，一有不检，稍加绳之，虽出城何害。或曰，宗室有罪，例不加刑，今入仕失职与交易愤争，将刑之乎？亦一切贷之乎？臣谓宗室不加刑责，原非古道，夫人情有欲，所以平其情而不乱者，恃法耳。今宗室有过，不治以有司，是导之乱也。且闻今之贫宗，佣工、隶卒，无所不为，匿名执役，甘心捶楚。若显拔缙绅之列，而均受举劾之公，分授四民之业，而平以市官之法，此大公至正之道，何辱之有。一议继嗣。查得郡王无嗣，止许本支奉祀，不得援兄终弟及之例，近已申明，人知共守，惟亲王尚得以亲弟亲侄继袭。臣愚以为亲王之得封，谓其为天子之次，故崇其体貌，不使与兄弟行辈大相悬绝耳。今子孙相继，世世富贵，固不必言，但至乏嗣，则统绪已绝，即以本支奉祠，使香火不泯亦已矣，而何为又使亲弟亲侄继袭其爵哉？请自今有绝嗣者，止推一人管理府事，不得冒请复继王爵。一别疏属。查得国制，郡王六世孙以下，世授奉国中尉之职，自亲王而推则七世矣，自郡而推则六世矣，即自奉国中尉而推，世世不改，则与国终始将世世矣。臣观祖庙之制，亲尽则祧，在祖宗且然，而于卑属，乃禄及祖免以下，不倒置乎？今后奉国中尉授封，再传而下不必赐封，止将所生第一子给银一百两，使为赀本，传至五世而止，其余听自便。一议主君。查得郡、县主及郡、县、乡君各随父之差等请封，初不限其数之多寡，今男封既有限制，合无将亲王之女止封其三，郡王之女止封其二，将军、中尉之女各封其一，主君之禄俱各照旧外，其选配仪宾，既有职事诰命，列之官阶，足为荣宠，合将俸米免给。以上各女有不尽封者，仍各给以婚赀，使为赡用，出自亲王者给银二百两，出自郡王者一百两，出自将军者八十两，出自中尉者五十两，选配之婚，听其自为生理，其应举入仕者，悉授外任，宗女宗婿，除以前者勿论外，以后各女婿给银五十两之外，不必另给冠服婚赀，一体听其自便。一议冒费。查得冒妾子女、擅婚子女、革爵子女，与一应庶人，既许其各从生理，则口粮可以无给，但其间或有年长废弃及家贫无业者，一概论革，恐不聊生，合无将以前者俱各照旧外，自今以后所生之子，各宜预为教训，听其从便生理，不必给以口粮。一议擅婚。查得宗室婚礼，例经本部再行覆请，方许成婚，今各府擅婚最多，皆不显言其弊，假挽名色，人各不同，彼既不肯自首，而奏抄到部，必不能违例题覆，则一切立案不行，固其法之不得不然者也。夫各宗格于例，而无由伸其愿，臣等拘于法，而难以徇其情，乃有老大未婚，而饔飧不给，种种苦抑，不可胜述者矣。今莫若使各宗自首，明言其为擅婚之子，照例给以本等口粮，士农工商仍听自便，以后生者止许赐名，不必再给口粮，听令从宜生理，庶宗室有资生之路，而国家垂永久之图矣。"疏入，上下其章礼部，尚书高仪言："元佐所奏，凿凿可行，但事体重大，臣等不敢擅议，请通行各王府将奏内事理虚心评议，务求允当，条列以闻，容臣等再会廷臣熟议，上请宸断施行。"上从之。

甲子，户部奏："预开四年分各边盐课共一百二十万五千三百一十四引，常股：两淮四十九万三千六百二十六引，两浙三十一万一千三百三十八引，长芦一十二万六千五百六十五引，山东八万六千一百一十引有奇。存积：两浙一十三万三千四百三十引，长芦五万四千二百四十二引有奇。派中各边俱用常股：甘肃镇两淮八万八千九百引，两浙一十万五千引，计银七万一千五百五两；延绥镇两淮八万四千四百九十八引，两浙七万四千三十九引，计银六万八千一百六十二两；宁夏镇两淮五万九千四百八十六引，两浙九万一千引，计银六万一千五百九十三两；宣府镇两淮一十万四百四十一引，长芦六万三千五百四十二引，计银六万二千九百二十两；大同镇两淮五万一千三百六十五引，长芦三万一千五百引，计银三万一千九百二十二两；辽东镇两淮四万三千二百六十八引，山东四万二千五百引，计银二万八千九两；固原镇两淮一万九千五百一十四引，两浙七千引，计银一万二千二百七两；山西镇两淮三万九千七百四十六引，两浙三万四千二百九十九引，山东四万三千六百一十引，计银三万八千四百一十九两；蓟州镇两淮六千四百四引，长芦三万一千五百二十三引，计银九千五百六两。以上引价，两淮在各镇俱五钱，惟甘肃者四钱五分，两浙在各镇俱三钱五分，惟甘肃者三钱，长芦俱二钱，山东俱一钱五分，外两浙、长芦存积盐俱各运司开中，以备发边支。"

丙寅，矿贼千余人突入徽州婺源县，焚库及官舍。事闻，知县李志学坐失守，降边方杂职，主簿詹翔鹭、指挥翟凤翔等各黜罚有差。

戊辰，户部奏："浙江、苏松等处，岁派内库折银百万有奇，近来逋负数多，乞行催解。"上命各抚按官严限催征，作速完解，违者部臣劾治。（《明穆宗实录》卷三十二）

隆庆三年六月丙子，河南巡抚都御史李邦珍奏："本省宗藩繁衍，积负禄粮至六十余万，请将南陵王所遗赀产一半，免其解京，即留补本府宗仪禄米。"诏可。

壬午，初御用太监赵迁劾工部主事刘佩违例纳钞税，擅留皇船，事下工部，行山东巡按御史勘详以闻。至是御史罗凤翔奏："迁语受之湖州通判仝祉，祉初以部运私装货物，为佩所持，因嗾迁以祸中

之，佩无罪，当反坐祉，而责迁误听之过。"上是之。（《明穆宗实录》卷三十三）

隆庆三年闰六月甲辰，总理屯盐都御史庞尚鹏条上宣大屯田事宜："一两镇屯粮，往年清查过严，妄增虚额，军民不胜赔累，今宜辨田之上下，分别等则，酌量征科，自非民田，凡一切占种者，悉改入屯田额内，照则均摊。一均丈田地，责在委官督察，稍疏则奸弊百出，宜先期行各卫所管屯等官，督同管种人户，将原田表植木签，备书四至及亩数等则，听委官丈勘，开报不实，罪坐管屯官，因循顾忌，枉法行私，坐委官。一各将官指称养廉，请乞官田多至数十百顷，甚妨屯务，宜照品级，限以顷数，悉还官给军。一武职官管屯多相比为奸，宜坐委通判等官兼理征收，按季报数该道及部管粮衙门，在该道则分比所属，在户部则通比全镇征收多寡，以行赏罚。一两镇屯军尽废，各以余丁充之，往往坐累逃徙，自今三年一次，委文官会同卫所掌印官查审丁力贫弱者，即择壮军更替，量给牛种，如遇荒歉，即为勘免，以示存恤。一豪猾之徒，多将屯田投献内臣及公侯之家，名曰'香火功臣等地'，占据日久，莫敢谁何。今宜尽行查夺，其占恡不发者，重罪之。一两镇地瘠粮重，虏患频仍，开垦之人多不乐就，宜将各卫屯田查有抛荒，无论主客军民，悉听开种，待其成业，方许起科。一屯粮以给主兵，召买以给客兵，客兵之粮尝有余，而主兵之粮多不足，故籴买入仓有五六年不及放者，商人甚苦守支之累，宜将收贮客兵粮饷改给主兵，如有不堪，许搭配屯粮通融支放，因将主兵银两估计补边，亦出陈易新之一法也。一奸商射利之徒，凡遇开派盐粮，辄夤缘占中，有斗粟不入而坐致千金者，宜行各守巡兵备及管粮郎中，凡遇开中，先期榜示所属，明开盐引数目，及时估价值，听各商赴仓上纳，其粮未入仓，而先告认状者，不得徇情听受。一今盐法通行，边商乐中，除当年引目尽数报中，又有预给米豆者，前议存积三分暂行停中，难以复开，查有题准长炉灶丁积负残盐三十余万，已经豁免，听商报中，宜改发两镇填给，各商预纳之数，若果数多，非残盐所能尽补，即将预发来年引目，尽数填给，庶商本不亏，而边储益裕。一屯田事务，以开垦责之将官，以监督责之该道，事权不一，动辄掣肘，宜如辽东事例，巡按御史兵备守巡各给敕书，令守巡专意清理，岁终将屯田废兴，将官殿最，岁敛登耗，报之抚按，抚按严加覆核，并查该道督理有无实效，会题举刺，分别劝惩。一旧制召商定估，多在九月，物价欠平，且召买钱粮，甚苦浮费，自今时估每年分为四季，酌量定拟，如春夏时估，即限春夏上仓，若延至秋成，即改从秋估，以革迁延之弊。其斗脚、工食等费，悉估入正数，纳完之日，即付官攒守支，不得复累商人。其官军关支勺粮，该道委官监放，毋令凌虐官攒。"部覆，诏悉如议。

丁未，巡仓御史杨家相言："国家漕粮四百万石，原定为京七通三之制，分贮京、通二仓，近因京仓空虚，议将通仓原额正兑三分，全改京仓，臣切以为非便。请将通仓递年支放之数，多增一二月，或将折放银两月分在京仓月粮内折之，无所不可，盖通仓多放一月，则京仓省一月之给；折银一月，则京粮余一月之储，非必减通粮而后可以充京仓也。"部覆以家相所言为是，但兑运改兑分拨二仓，则粮数错杂，且有转贴脚价之烦，宜遵嘉靖八年以后事例，将改兑尽入通仓以省脚价，仍将兑运粮内拨六十六万二千石以补通仓原额，其余粮米俱拨京仓，毋拘三七、四六之例。其折支月分已有成规，不必更议之。

巡视库藏礼科左给事中刘继文条议八事："一豁民解。言各处起解布绢、军器等项钱粮，宜委司府州县首领官总批类解，以复国初之旧。二严起运。言上用诸物，宜申明弘治三年例，办纳不中度者，司府州县正官住俸责偿。三处补垫。言内府收放钱粮，创立补垫之名，额外多索，今势不能尽革，则当如近议内官监白粮事例，通查各库局当费几何，立为定例，行各省增入正额。四专办验。言办验官物，本部自有专官，而该库仍加覆验，决美恶于铺户之口，徒滋奸弊，宜令委官督同铺户从公验入，验后止许科道官问。一抽拣，如有不堪，治原拣铺户罪，该库无有所与。五查拖欠。言解户领解钱粮，有侵费拖欠，指以变产，告回者有擅收轻赍，至京营利，不即投批者，宜严法查究。六明职掌。言内府库藏令内臣主守，而设库官库吏以司收验记籍之事，今乃招纳亡赖，名为司房书手者，恣其科索，而官吏反坐拥虚，宜尽驱此辈，毋使侵挠职掌。七疏积滞。言各库旧贮各皮张，率多腐蚀，而监臣利于铺垫，不肯以壅积为言，宜尽数发出，以充年例靴鞋之用。八严法禁。言钱粮之蠹，莫大于包揽，奸徒射利，无所不为，比其事觉，或牵连解户，或注误平民，或诡籍以逃，或行贿而脱，法纪荡然，人心滋玩。今宜查照原案，先追赃而后发遣，即有逃亡，亦必穷治其家属，以尽其辜。"议上，户、工二部覆言："继文诸议皆善，惟铺垫一节，当别行计处。"上是之。

壬子，云南武定叛酋凤历伏诛。历武定府土官，知府凤索林支属，先年凤继祖叛诛，索林坐削籍，安置省城，改设流官代之，犹不欲绝凤氏后，授历子思尧经历，给庄田百余处。历以不得知府怨望，阴结四川七州及水西宣慰安国亨谋作乱，知府刘宗寅数遣人抚谕之，不听，遂聚众称思尧为知府，夜袭府城，城中严备不能入，退屯鲁虚，宗寅夜出兵矷其营，贼溃，追至骂剌山擒历，余党悉解。镇巡官以闻，并上文武诸臣及土司总管头目功罪状，且言国亨谋叛未发，乞宥其罪，下贵州抚按官戒饬。兵部覆奏。上命诛历，而升宗寅俸一级，与诸有功者各赏银币有差。（《明穆宗实录》卷三十四）

隆庆三年七月甲戌，先是诏取光禄寺银二十万两进用，该寺以见贮库银止十五万，无以奉诏，上乃减其半。礼部覆言："光禄寺钱粮以供膳羞、奉祭祀、充宴飨，其费甚巨，征派省府其办甚难，初年奉旨取三十万，次年取二十万，非原额有余，盖由先帝留心稽查，皇上加意节省，积有此数。今旧蓄已尽，新派未完，总计所储不足以支半岁，若乃不时宣索，将来何所倚办，且内府不足，取支该寺，不足，又必别为处分，益重征求之扰，惟上幸追寝成命。"于是礼科给事中王之垣、户科都给事中刘继文、给事中杨镕等俱以为言，俱报有旨。

乙酉，户科都给事中刘继文言："曩者言官建议行天下有司会所积谷备赈，视其所积分数为殿最，法至严也。而有司怠于奉行，抚按疏于督责，岁终奏计其文而已。今灾伤日奏，而有司方且请发内帑，请蠲租赋，问以积谷几何，则不能知，岂为民司牧之道耶？臣窃计内帑方诎，难以遍给，而蠲赋之惠，无救贫民，请下各该抚按亟查被灾地方，应赈丁口，将贮库赃赎及无碍官银，先籴谷备赈，其积谷事宜，敕抚按严核，有司军卫奏报积谷数目，以俟稽察。”户部是其议。上曰：“积谷备赈，所在有司其从实举行，奏报之日，该部如例分别以请。”

丙戌，直隶巡按御史傅孟春条上盐法七事：“一长芦额盐与折布盐，往时分派相等，故无残积，近官吏为奸，北场派多，南场派少，五六年间，南场积至数十万引，贻累灶丁，宜今运司查照场分，以次搭派，南北均停，则残盐易销，其布折勿限场分，许就便买补，庶岁额易完，商灶俱便。一验掣欲速，权量欲平，今每岁春秋两掣，委官不以时，至而鄢懋卿所置法为太重，商人往往告争，称掣迁延，敝实坐此，宜定为限，春掣毋过四月，秋掣毋过九月，法为以部降为主，其新置者，亟命毁之。一频年灾伤，灶丁消耗而课额不减，为灶丁累，请以摊价银羡余抵补折色，各场旧盐一万九十余引抵补本色，则逋负可完。一往时鄢懋卿定拟补额，去场五百里内者，月六千斤；五百里外者，月三千斤，补额既重，数难取盈，势必赔抵，宜量为宽减，以季易月，其一地而衙门并建者并其额，一县而行盐千斤者免补。一天津小直沽批验所，商人僦地堆盐，各为盐坨，顷锦衣官校措称芦厂，计引科索，其势滋横，宜行天津道严法补治。一长芦所属益民、海阜、闰国、三义沽四场课少丁贫，宜将官吏裁革，改并阜财、海闰、富民、丰财四场，以省供费。一长芦残盐，近议开中，而各商未有至者，以残盐纳银过重也，宜照改拨存积事例，量行裁减，其余没等银亦照南北两所上纳，庶事体归一，而商人乐从。”部覆：“残盐已经题给各商，难以便拟，余皆如孟春言。”上允行之。（《明穆宗实录》卷三十五）

隆庆四年四月癸丑，大学士高拱言：“臣奉召至京，窃见里巷小民十分凋敝，有资产一空者，有鬻子女者，有散之四方者，而向时富室不复有矣！臣惊问其故，则曰商人之为累也。问其所以为累，则曰朝廷未尝亏商，商人私费太冗故耳。如供办百金，即有六七十金之费，少亦四五十金，是私费与官价常相半也。乃官价不以时给，则又有称贷之费，有求托吏胥之费，比及领价，所得不能偿其所失，故派及一家即倾一家，人心汹汹，恶得而宁居也。夫至尊所居，根本重地，必使百姓富庶人心安，而缓急亦可有赖。祖宗取天下富室填实京师，盖为此也。独奈何使凋敝至此乎？先朝供用钱粮，召商买办，国用不诎，而商人得利。今估价给商，比之先朝非节缩加少也，而民不沾惠，及凋敝若此，岂非敝源所在未尽搜剔之过软？乞敕各衙门查先朝官民两便其法安在，奏请施行，凡商人办纳钱粮，必估给价直，即银两不敷，亦必那移处给，无得后时。更须痛厘宿敝，凡公私费用悉为禁止，则庶乎商困少苏，而京邑之民可有宁居之望也。至于钱法不通，则由指点多端、事体不一所致。盖小民空手无资，日觅数钱，以苟朝夕，必钱有定用，乃可通行。今旦议夕更，迄无存说，小民恐今日得钱，而明日不用，将饥而死，是以愈变愈更，愈纷乱，愈禁约，愈惊疑，人情汹汹，职此故耳。臣惟钱法之行，当从民便，试观当年未议钱法而钱法行，近年议之而反不行，其理可知也。臣愿陛下特降圣谕，行钱但从民便，不许更为多言乱民耳目，如此则人心自定，人心既定，则钱法自通，小民各得以为朝夕矣。古云：天下本无事，庸人扰之耳。此二事者，实有人扰之于前，乃相沿至今为累。臣目击其弊，故不得不为皇上言之，幸圣明裁决焉。"上曰："览卿奏，具见为国恤民之意，钱法委宜听从民便，不必立法纷扰。商人一事，该部亟议以闻。"

丁巳，先是屯盐都御史庞尚鹏奏将山东积引改拨长芦派支，至是直隶巡按御史苏士润议其不便，请将长芦改拨盐引仍还山东。部覆，从之。

丁卯，初浙江额设民壮一万六千二百九十名，每名日给工食银二分，率市井营差，无裨实用。至是府官请留四千二百二十一名，备各府州县守城之役，而以一万二千六十九名征收工食银八万六千八百九十六两，贮之各府，令别选壮丁以充原额，前银即以给饷，每名三钱，将本省裁革冗役等项银佐之。自隆庆四年为始，编为十五总属之名色，把总分练，杭、湖、严、绍、宁、台、温每府分派一总，加金、衢、处每府分派二总，听各该总参都司及巡海兵备等官互相督视，毋徒仍具虚文。上可其奏。（《明穆宗实录》卷四十四）

隆庆四年五月庚午，延绥巡抚都御史李尚智请以前岁所少粮料草银一十六万有奇，并原议增添料草银三万九千有奇，俱增入年例中。上从部议不允，惟以太仓新储该镇游兵银三千六十五两补主兵存积盐银二万二百八十七两与之。

己卯，命山东、河南郡县附近临、德二仓粮三百里内者，俱征本色，三百里外者，征折色八钱被灾，九分以上者六钱，发德州仓陈米，以补卫军月粮。

庚辰，户部奏："预开五年各边常股存积盐一百四十五万六千八百六十八引有奇。"

乙酉，诏以漕运各总过江过湖脚银之奇羡者，解贮淮安府库为军船买办什物之用，每船给以四两，如再有余，则以助修船之费，仍著为令。

户科左给事中张国彦言："今天下大计，无先兵食，户部掌钱谷者也，按尺伍之籍而与之粮是矣，岂知兵部所清勾者，即此领粮之辈乎？兵部掌军旅者也，据逃亡之数而为之清是矣，岂知户部所食粮者，即此见清之军乎？东胜等卫军人多发南海子、黑窑、神木厂等处工作，自洪武至嘉靖中未闻有逃亡者，近乃创为逐名清勾之说，沿袭不改，或一县而勾至千余名者，徒以为郡县吏胥之资，饱卫官溪壑之欲耳。臣以为兵部清军，当取户部及在外放粮册阅之，必至正开除者，量为勾补，其支粮不缺而亡称失伍者，希勾摄以营利，则罪及卫所掌印官，且没其虚冒之粮；户部放粮，当取勾军册阅之，必实在者方令领粮，则弊庶乎可革矣。"又言："各处岁额日亏，由户部不能操黜陟之柄，动为抚按掣肘，有今日参降而明日荐擢者，自今请著为令，凡系逋赋，有司令督粮道以报抚按，虽贤者毋得概荐；户部以咨吏部，虽贤者毋得概擢，有能招流民、垦旷土、完积逋、佐度支之缓急者，不拘官级超拜，要在彼此一体，赏罚信明，然后人知趋避，而法可修举也。"章下部臣议以为然，请行之，报可。

工部覆总理道河都御史翁大立条陈议处河工钱粮三事："一宝应河滨碧霞元君祠香钱，宜择府佐之治河者综其出入。一开新庄闸，以通商船，量船广狭征税，径一丈六尺以上者银五两，一丈四尺以上者三两，一丈以上者银一两，由仪真闸者以递减之。一济汶以北各湖地，皆膏沃之壤，宜募民田作，每亩征银四分，输之工所。"从之。

己丑，巡按陕西御史杨相议茶马四事："一议兑领。欲将四川课茶折色银两扣该买马二百八十五匹，听苑马寺就近市养，而以西宁司应解寺者径输甘肃给军，余存二百四十五匹仍旧起解。一议改骟。请复监苑课兑旧规，所积儿马至二百匹外始许改骟，以图孳息。一议招中。谓洮河西宁三茶司岁例马匹固有定额，而额外增鬻者，宜尽各番调来壮马与茶司见存茶蓖通融招易，不得拘泥常数，以拂夷情。一议清丈。谓牧地久为军民互易，豪强侵占，欲会同陕西督抚、巡按等官履亩查勘，公断收籍，以杜争端。"兵部覆奏："相所言俱有裨马政，宜即施行。至于清丈一事，已经总督王崇古建白，稍有异同，盖屯民占牧地，每愬之抚按；牧军占民屯，每愬之茶马。及其行勘，则守巡、苑马寺官，又每以私心逆料批词者之意，各其偏护，以故军民两不能平。今相欲会督抚诸臣虚心查勘，诚得理棼息争之道，宜即以崇古及相所议下诸臣务实举行。"得旨，如议。

壬辰，户部覆原任陕西三边总督王崇古条陈陕西善后事宜："一黔国公庄田在固原州境内者，止将五十顷给其家人沐住等，余悉分为三则，载入屯田册内征粮，以充军饷。一各镇卫所附近屯粮分为上、中、下三等，在府城百十里内者为上等，听征本色；稍远者为中等，本折兼征；又远者为下等，俱征折色，屯草亦然。一清西安、固原、平庆、环县等卫所屯地，属正军者，收伍差操，准支正粮；属佃户者，免其应军，分等征科，以济军饷。又河参将居番虏之冲，军无见粮，而西、固、阶、文四守备士马刍饷颇有奇羡，宜衰多益寡，以均岁支之数。"报可。（《明穆宗实录》卷四十五）

隆庆四年六月壬寅，吏科给事中贾三近疏陈时事曰："臣闻圣王攘外必先安内，安内之本，在于休养百姓，而加意于四方守土之臣。方今四方民力疲矣，九边将士终岁防胡，中原山海寇盗，处处烽起，加以岁恶不入，民且艰食，转徙流离之状，言之可为痛心。诚于此时守土之臣，循祖宗之法，去烦蠲苛，与时休息，安养民命，犹可以维系根本，培植国脉。乃相习以建立为能，安静为钝，驾言通变，锐意更张，兵方销而议招，官甫裁而议设，或均丈土田，或更革驿传，或分派税粮，用一条鞭，或输金里甲，变十段锦，或革除库役，代以吏胥，或审编徭役，兼用丁田，诸所变更，难以悉举，语其措注，大约病农，务本者孑立之身并应租庸，逐末者千金之子不占一役，视法土梗，变法如蝟毛，移文旁午，议论纷纭，计其究竟，曾无毫发之效。夫以频年灾害，未息肩之民方呻吟喘息之不暇，而又加以劳攘之法，愈不得休息，是以强者哄相啸聚，而弱者竟展转于沟壑，民不堪命，坐阽危亡，譬诸尫羸之人，惟当断聚外事，安坐饮食，假以岁月，以渐复已耗之血气。若朝从而攓之，暮从而操之，则元气日消，危期且至。今之吏治何以异，兹臣以为法在天下，能去其所以弊，除其所以害，则虽因今之法而有余，弊不能去，害不能除，虽百变其法而不足，善治者守法宜民，因法究弊，则斯民之受赐多矣。臣又惟守令最称亲民，而令视守为尤切。迩年以来，人知自爱，号称得人，然而寇贼未尽、流亡未复者，弊在烦文乱实，令出多门，而苟简之政多也，即如州县长吏一身，上而抚按司府之长贰均被统属，而马政、屯田、盐法、清军、茶马、仓粮、江关、查盘诸使者，纷然四出，各以职任有事地方，临边则有总督，临河则有漕运，于分俱当送迎，供应不一而足，使值会城，益加繁苦，策马晨出，抵暮方归，比执烛视民事，则愆已甚矣。而诸司犹或以体貌疏密，或以应对工拙为低昂喜怒，其间牵制多端，何能展布。至于二京通道、水路要冲，则贵官大吏及百执事衔命去来者，往往以厨传饬谨为称职，稍不如意，议论风生，雌黄出其唇吻，朱紫由其咳唾，有司于此，奈何肯省财于百姓，而敛怨于一己也。又如各处乡官，中间固多贤者，而亦间有以请托为媒，以货贿为市，从之则枉法，拒之则拂意，且第宅塞郭，田连阡陌，课其赋税，率多后时。又有迁延规避不落一毛者，有司于此，然诺少不如意，征赋欲足常额，则媒孽四出，攻陷百端，或具揭上司，或投劾当路，或匿名文书，以快私谋，或为童谣里语以彰公道，上之人纵相知信，鲜不投杼矣。夫有司所望以宣广德意，调和民事者也，而奔驰牵制，危疑之患，从而摇夺其身心，纷扰其职业，欲其安意展布也，得乎？此守令之所以数易，而斯民之所以坐毙也。且今庙堂之令不信于郡国，郡国之令不信于下民，令蠲租矣，而督催科者愈急；令赈济矣，而责逋负者如故；令钦恤矣，而含冤瘦死者相望也。君门万里，何所控诉，事属有司，有司不能自专；事属监司，监司不能上请，纵请矣，不能减正额之征，纵减正征矣，不能减上供及边方诸费，形格势禁，莫可奈何。况监司殿最，多取振作集事之人，而略宽厚平易之士，故守令虽贤，安养之心渐移苛察，抚字之念日夺征输，则民安得不穷，而国安得不细乎？乞下该部，通行所在有司，一如臣言，以守法省事，保养元气之本，而监司各处此评骘，毋得计较礼文，信惑浮议，贪旦夕之功，失惇大之体，则安内攘外兼举之矣。"疏入，下所司详议，俱允行之。

甲辰，户部条议恤商事宜："一定时估。言物价与时低昂，而钱粮因时办纳，若先期估计，则贵贱无凭，或仓场远近，僦费多寡，遥度悬断，岂尽合宜。此后九门盐法委官，与十三司掌印官，及巡青科道估价，上半年定于五月，下半年定于八月，俱以十六日为期，务在随时估价，不得执一，其内库监局召买物料价，亦仿此。一议给赏。将御马三仓坝上等马房钱粮，原属山东、河南督理京粮道者，俱改于太仓关领，各仓场料草，原派数少者，给以全价，数多者，预给三分之一，完日补给，皆以时估为率，其两省督粮官既无关领之扰，则催督宜严，如有怠玩者，劾治。一严禁革。各库监局及牛羊象马房等仓，西安等门典守官吏，有需求抑勒者，悉治其罪。一裁冗费。量减各仓场草束斤数及脚夫库秤之冗食者。一酌坐买。凡料草数多，一时难以卒办者，量于秋冬二孟收成之月坐买，不得仍前全坐，致费高价，陈草悉令发卖，或如数补放，未给价者，速给之。一公金报。各商果贫困不能供役者，具通状告部，转行巡青衙门验实，方许举报富户更代。"疏入，上悉从之。

己酉，宁安长公主奏，钦赐庄田，裁革数多，乞恩加给。诏以千五百顷与之，不为例。

辛亥，诏以浙江沿海各卫所军储粮改拨折色，从浙江抚按官奏也。

庚申，工部覆大学士高拱所陈恤商事言："贫商困累，惟多给预支银可以拯之。乞将年例钱粮办纳之数，以难易定其多寡，以迟速定其先后，多者预支十分之四，递减至一分，半年以内全给，一年以外，先给其半。"诏可。（《明穆宗实录》卷四十六）

隆庆四年七月戊辰，户部奏："两京十三省积逋京库银二百万，苏州、松江、常州三府为甚，请行催解。"得旨："切责有司怠玩，令户部移文抚按，如期征解，有延缓者，以名闻。"

辛未，巡抚宣府兵部右侍郎王遴奏上清理屯田事宜："一屯田官地，宜以丈量实数为主，其他亏少荒芜之数，尽行除豁，征粮无过一斗，如田少粮多，则加派地亩粮足之。一团种官地，宜悉如屯田则例。一功臣香火新设新召地土，即屯种所少之数，即不能清如原额，宜姑存其名，亦以屯田之法行之。一地亩起科，新增牧地等项田土，虽军余开垦，亦多所隐占，故其数溢于原额，宜总名曰地亩，以实征粮数，分为三则，北路稍减，南路稍增，东、中、西三路如故，仍兼派本折以宽之。一屯团地亩等粮，自今宜以嘉靖十一年所入一十八万四千五百三十五石为准，有虚增者悉汰除之。一赡军土地，乃国初优恤边卒之意，岁久湮没，或私相卖买，欺隐滋多，宜并入地亩，一例征粮，以补屯额。一抛荒地土，宜募民佃作，初年免征，次年每亩征黑豆五合，三年以后全征，每亩黑豆一升而止，仍许为世业，勿丽军储。一公务驿传地，所入计银三千余两，以充抚臣公费，自改为军饷，而抚臣不得用以犒士，军兴一切安所取给，臣以为仍旧便，其每亩有征银五分或三分者，无复改易。"户部上其议，得旨，允行。

乙亥，巡视光禄寺御史张守约疏陈五事："一肃官常。言光禄四署宜如五城兵马，动关钱粮，其中多怠缓优柔狡为恣肆者，岁终听科道举劾，堂官甄别贤否，开报吏部，仍久任正卿，使得尽心执法。一清仓廒。言大官等署仓廒，其支放白粮有重支隐冒那补之弊，自今如放银例，以年月先后为次，令堂官执其筦钥，照票随销，坐门报完，备载实数，送科道官查核。一苏行户。请如户、工二部商人例，满三岁则代，其贫下者，皆易以富民，最难办者，许令新户补，仍预给物价，严禁需求。一酌改折。言菉笋、荔枝之类，多朽败不可用，可令间一岁以折色进。一均厨役。言旧额厨役三千二百五十人，而大庖执事者七百人，役占买闲者甚众，宜每岁查核，酌量存留，即大庖人数涉浮冗者，亦量与裁减者。"部覆，多采用其言，独署官五年考察，仍如故事，大庖厨役以太监孟冲等言，特免查理。(《明穆宗实录》卷四十七)

隆庆四年八月辛丑，户部尚书张守直言："国家贡赋自有定额，条目虽繁，总其大要，惟在量入为出而已。臣尝考天下钱谷之数，计一岁所入，仅二百三十万有奇，而其中多积逋灾免奏留者；一岁所出，京师百余万，而边饷至二百八十余万，其额外请乞者不与焉。隆庆二年用四百四十余万，三年则三百七十九万，此其最少者，而出已倍于入矣。顷者遣四御史括天下府藏二百年所积者，而尽归之太仓，然自老库百万之外，止二百一十万有奇，不足九边一年之用，国计至此，人人寒心。然以其事大而不敢言，或举其端而不竟其说，或竟其说而亦未有能毅然行之者，如入卫之兵，无不言其当罢，而今数年未决，诚以边事未宁，虏患叵测，异日者或有以中之也。自嘉靖十八年被虏以来，边臣日请增兵，本兵日请给饷，盖自五十九万而增至二百八十余万，士马岂尽皆实数，刍饷岂尽皆实用耶？臣不敢远举，第以近年十二镇言之，如宣府之主兵一也，在嘉靖四十二年发银二万，后三年止一万，今乃至一十二万矣；大同之主兵一也，在嘉靖三十六年发银二十二万，次年二十三万，乃今至二十七万，又以加兵复费十一万矣。举主兵而客兵可知，举二镇而九边可知，天下焉得不困乎！今即不能如国初故额，亦宜考嘉靖十八年以前近规，而汰其浮甚者。且九边去虏有远近，兵事有缓急，岂必尽烦内帑然后足用，宜令廷臣酌议减省，不得过岁入常数之外。臣亦移文督抚，俾以岁用实数报部。臣具其籍以进，惟陛下留神省览，其财用俭于往昔者，必忠臣也，则有赏；糜费溢于故常者，必非忠也，则有罚。一切出入，许臣执奏上闻，国计幸甚。"上从其言，令各边督抚从实议处以闻。

丙午，巡抚山东都御史梁梦龙等条上赋役三事："一正夏税秋粮之规。言税粮征收，载在律例明甚，顷行一条鞭法，同时并征，民力不堪，奸弊滋起，宜如旧例，以次第征解。一正分收分解之规。言往者编金大户，分定仓口，令近为一串铃法，总收分解，转移侵匿，常课益亏，宜复旧例，给大户收完交纳司府，司府差官类解。一正均徭原编之规。言料价银五万三千余两，乃均徭正额，今派入地亩，偏累农家，抛荒移徙，职此之故，亦宜仍旧编还均徭，各州县如数征解。"户部覆奏，从之。

己酉，户科给事中雒遵言："臣前以主事管理太仓银库，甫十月余耳，以出入较之，大约出浮于入者六十余万，不出三年，太仓之积贮竭矣。今诸臣议论徒多，无裨实用，宜令各上方略，议可以佐国家者。"户部覆言："京边钱粮未完者多，以那移借贷为故常，以侵欺逋负为无害，有司缓公课，先私囊，即有贤者，亦借口抚字，避怨沽名，边储国计坐是交病。请以遵言，行两京诸司在外抚按官及所遣查盘御史，各陈所见，以俟会官酌议，请自上裁。"上曰："京边钱粮，有司不行征解，情弊非一，抚按官坐视不理，致误国计，深负朝廷委任之意。自今未完数多者，其并夺巡抚官俸，俟催征完日，乃得推用。余如议行。"

甲寅，河东巡盐御史郜永春言："盐池南北产盐，非有丰啬之异，而采盐者往往在北而不在南，以往来之未通，招募之无术，压支之为患，丁夫之有限也。然迄未有议处者，其故有三：司官习晏安而不便于收支，盐丁习于偷纵而不便于捞取，牙侩习于罔利而不便于处分也。臣盖有四策焉：夫运司居地北岸，必自北而南，不下百里，请于南岸开门以通往来，使省伐木远涉之劳，一也。池南人迹罕至，而盐又频年弃遗，与其置之无用，孰若因之以为利乎？请招贫民以取盐，不必给与募直，即以所取之盐，每一料外以十车给之，得以小票发买，民将攘臂而争趋矣，二也。南岸视北地势稍下，污莱已久，未及修治，而各商复以派场守支之法行之，其消折当滋甚，宜令旋服旋支，无为雨水所伤，三也。往者盐丁二万余名，每二十石立一料头，初无远近贫富之分，其后令富者纳直于官，官为募召以充役，是以贫民之力益弱，而富民之力日逋。臣以为当令民盐合而为一，凡盐夫当如里甲编番，一料给赈济银八两，或给工盐二十五引，以为转输俯仰之资，打草修墙之外，不复滥役，即有大工仍取给里甲，有里甲则有丁夫，而盐丁之名亦可除矣，四也。"又言："河东盐行三省，地有远近，引目多寡，自宜计口均分。太原、汾州所属十四州县改食票盐，户口既除，引目当分析于三省，要在丁引相参，以户口成数均引额数。一引仍定价三钱二分，以备边镇缓急，而痛革压支还场之弊。"又言："南岸新盐招商掣放，有余积者，许补大同藩禄，补完之日，再有新课，或备户部来年应解及边镇年例之数。"户部覆奏，皆报可，惟民盐合差一事，下所司详议以闻。

南京兵科给事中李崧疏言："南京织染局续添机张，增募匠役，皆已奉诏革去，而太监刘安等辄以上供所亟奏，请复之。今南畿水旱相仍，民困日甚，又额外加派，将何以堪，且祖宗旧制额设机三百张，军民匠三千名，不为不多，今不论司局之非人，而妄为机匠之不足，废旧章，损圣德，安之罪不可逭也。惟陛下恤民穷，遵祖制，自今工竣之日，诸司增加，悉行停止，而治安之罪，以惩欺蔽。"工部尚书朱衡题覆不明，请加罚治。上以崧等渎扰，又诋毁大臣，诘责之，衡亦自上疏劾罢，上慰留，不允。（《明穆宗实录》卷四十八）

隆庆四年九月丙子，辽东抚按奏："本镇岁荒饷匮，山东布政、盐运二司永平府积逋民运税银至二十七万有奇，乞选廉干部臣专敕催督，克期解纳，此后请比宣、大完粮分数，有司官俱听抚臣查参，著之令甲，庶责成专而逋负少。又被灾屯田，乞视轻重，每亩蠲税五分，以示宽恤。"户部覆议，报可。

戊寅，御史李学诗又言："两淮盐法自常股、存积一时开中，又额外倍增工本引目，盐法始壅，后虽停止，工本引目渐减，而积滞已久，卒难疏通，故欲流壅滞，在消堆盐；欲消堆盐，在减边引。今淮南积下堆盐三十三单，凡三百四十六万九千引，淮北积下堆盐十五单，凡八十五万二千八十引，即常股、存积全不开中，大约四年而后可尽。皇上抚恤商人之困，特允部议，专开常股，暂停存积，且节缩内帑恒数，以抵边饷，内外私相庆幸，以为盐法自此可通。今行之一年，复令开中，臣恐引目仍增，堆盐仍滞，纵使刘晏复出，其何能为？况内库岁进八十万，数不为少，若加意撙节，严禁侵冒，亦自足用，何不暂宽数年，以借供边，使盐法一为之疏通乎？假令盐法通行，边储充实，兵强虏遁，内帑何患无财；若任其法之大坏，不为整理，将来报中无人，输挽不继，一旦戎马交驰，粮刍莫办，即烦朝廷区处，恐亦晚矣！"户部请从其议，不允。（《明穆宗实录》卷四十九）

隆庆四年十月己酉，户部覆漕运侍郎赵孔昭条处淤阻粮船便宜："一计看守。谓军士量留数名守船，月给耗米三斗，修船之费，以各总羡余银给之。一计督理。谓参将、把总等官，有当押船回南修理者，有当逮问及革任者，俱宜暂留淤冻之处，候漕粮起运方可离去。一计淤运。谓江西、湖广淤粮数多，正兑者仍旧运京，若改兑并耗米八万七千五百余石，请准抵各总来岁行粮，每石折银五钱解纳太仓。一计新运。谓江、湖二总新运缺船，今淮、扬、徐州灾伤，乞尽令改折，即以船代运为便。"户部议覆："来岁准折，淮安米五万石，扬州米三万石，徐州米三万五千石，兑运者石折七钱，改兑者石折六钱，令该省雇船运送仪真交纳，余如奏允行之。"

壬子，户科给事中雒遵言："我祖宗念漕务重大，岁定议单以便遵守，诚令典也。第历年条奏有增无减，或一事而前后异出，或连牍而意旨同归，祖述旧章，饰以新语，实事不足，虚文转烦，夫令简则易从，言多则乱听，欲求捄弊，其弊弥甚。请敕下该司参考祖制，酌以时宜，存要删繁，俾词简而事备，自后会议，务采切当者载之。"
上然其言。(《明穆宗实录》卷五十)

隆庆四年十一月乙丑朔，户部会廷臣议漕运便宜。在漕司条陈者
四事："一曰清理敝总。谓江西、湖广粮运常迟，率因官旗挟货所致
耽延，请令督粮藩佐严法禁革，押至瓜、仪付攒运郎中参将，再委府
佐数员沿江催督，其应天、太平、安庆、池州、宁国、广德州运务比
两浙例，责成南直隶屯田御史赐以专敕兼摄之，其原差主事但令专管
江北。二曰铸给关防。谓浙东一十二总，俱有轻赍减存等银，一切收
支漫无印记，弊端不可胜语，请各给关防，以杜奸伪，凡遇升迁革
职，必交代明白，方许离任。三曰查催民运。谓杭、嘉、湖、苏、
松、常六府民运白粮，宜令备载数目及解官船只申白漕司，庶可给发
帮牌，责限运纳，而考其完欠之数。四曰申明劝典。谓运官罚罪甚
严，而赏格未备，胡以示劝，请令兵部查完多功次，如例升级，超等
擢用。"在户部者应议九事："一平收纳。各仓收粮，仍复一平一尖之
旧。二联帮次。运船宜令首尾联络，依次而进，使漂流迟速，便于稽
查。三处挂欠。欠粮官旗虽经参治，每借口新运，辄自逃回，今移后
文漕司别委令运务，严督旧官尽法示惩。四催空船。令把总押过天
津，参将尾后过，督令过淮，各省转委都司官一员赴淮，催还本卫。
五处兑运。昌、密漕粮仍旧，令各军径运，待深夏抵湾起运，以省僦
价。六防冻阻。自今凡遇冻阻者，不拘道路远近，择地寄贮，留军看
守，发船回南，另补官旗，以整新运，旧者必掣通关，方许回卫。七
严改折。岁漕四百万石，今后必十分灾伤，万不得已者，令附近州县
照例拨补，或临、德等仓所积堪抵支运，方准议改，毋以小灾市恩，
致损旧额。八速运期。漕粮宜酌道里远近，克定限期，若兑完开帮，
责之监兑，瓜、仪责之攒运，过淮责之漕司理刑，过洪责之徐州兵
备，入闸之后，责之各管仓主事，将经过日期，即时登记，惩治之条
惟按时日久近为差。九稽运程。粮船过淮之后，请敕徐州兵备每年三
月前后请清河、桃源、宿迁等处驻扎，选委府州县佐分方查催，漕司
将过洪日期一体具奏。"疏上得旨："俱如议行。"

庚午，户部奏："各省府岁运内库京边钱粮，率被解户揽头侵冒，有一人而假充数名者，有一家而擅利一省者，奸诡万状，法纪荡然。今将积岁输纳干没分数纤悉条列，共一百八十七款，乞下诏切当事臣工务体国任事，法期必行，庶大计有济。"上曰："钱粮已经起解，既不在官，又不在民，悉为奸徒包揽侵匿，玩法殊甚，其令各巡按御史尽法严追，克期完报，如御史徇情宽纵，逾期不报者，都察院查劾以闻。

辛未，巡盐御史苏士润奏："济南、东昌、兖州三府本行官盐，今积滞四十余万引，而前所奏罢四万，复令开中，是愈壅也。夫行盐地狭则消引有限，若徒募增课虚名，而不顾其后，则何异下流不泄而复决，上流灌之安得不泛滥耶！青、登、莱三府本行灶盐，但盐票出入，不为期限，又偏行于灶而不通于民，遂令猾者影射，强者争夺，无赖亡命之徒，惊动州县，不惟侵损恒课，而且以养衅矣。请以所增四万引仍旧存积，即以增引余银偿之，永罢开中买补之例，给票鬻盐，无论军民匠灶，每票稍加税银，无越府界，其缴票责成有司以季终为期，则法可疏通，而衅可永戢。"户部覆："议增引停罢四万不便，第量停三万引，差可给足。"从之。

乙酉，湖广抚按官奏："辽庶人宪㸅已发高墙，旧府长史、承奉等官俱当裁革，旧拨荆右二卫军士并江陵等县民校量留管理府事，处以听进表公用，余各令金役，承奉司宜改建荆州右卫，一切基地屋宇俱卖价济边，金宝器物，精者解京，不堪进而非民间可用者，留抵宗仪禄钞，其店房、庄田、洲地原系投献侵占者，给还小民，余者查数征税，以备各藩庙济赡贫寡之需，抵江陵、公安、石守积荒无征之粮，及施州军饷、松滋修堤诸用。"诏曰可。（《明穆宗实录》卷五十一）

隆庆四年十二月甲午朔，赐皇亲锦衣千户姜泰庄田二百顷，从其请也。

壬寅，蓟镇总督刘应节等言："近行永平、密云、霸州等处，防采矿银，止将军营、横岭口二处稍生矿砂，开取甚难，得不偿费，且聚众起衅无益。"上是其言,遂罢之。

甲辰,户部覆巡盐河东御史郜永春、陕西巡盐御史郭庭梧,请令陕西延安府旧属河东行盐地方改行池盐,使地近民便。大池岁课二万六千二百三十二引,小池岁课三万三千一百五引,勿论原额、新增,俱作正课,毋得纷更。上是之。

己未,巡抚宣府都御史孟重奏:"山东、河南、山西、北直隶河间、顺天、保定、真定等郡积欠本镇民运银甚多,军饷缺乏,乞行各地催解,并权借本省库银及预发年例,以济缓急。"户部覆言:"该镇边储自隆庆元年以来,岁终皆报有存积,多者一十七万二千余两,少不下四万五千。今四年终,尚有两月粮饷未给,而库银存者止有二万一千余两,即民屯多逋,亦或经费不能撙节所致。"上曰:"该镇今岁支费,何仍比常数,多过民运屯粮,巡抚官何不催并,专一仰给内帑,殊无任怨任事之忠,姑不究,今后务加意撙节,亟为查催,如有司怠玩、将领冒被者,劾奏重治。"

癸亥,太仆寺卿王好问言:"故事太仆寺备用马,岁派本色二万匹,折色五千匹,若兑军有余,则又减派,盖寄养户籍定以二万五千,而本色马匹常以二万,所以宽民力也。今岁例兑马率不满万,而见马几二万,备用有余,请减征折色,解每马纳银二十四两,此可得二十万之储饷边。"兵部乃请如隆庆元年例,派本色三分,折色七分。报可。

是岁天下户口、田赋之数,户一千万八千八百五,口六千二百五十三万七千四百一十九,田地四百六十七万七千五百五十顷一十一亩,米二千二百一十九万七千二百一十九石六斗,麦四百六十二万六百二十六石,农桑丝七万三千八百八十六斤,绵三十八万五千八百七十四两,绢三十二万三百九十八匹,绵花绒二十四万六千六百二十八斤,布六十二万五千六百九十四,折色钞九百五十九万六千二锭,杂课钞五十八万六千七百七十三锭,米六万一千三百四十四石,银二万九千二百九十五两五钱,盐课二百三十二万九引,盐钞折色银六万八千四百四十一两二钱,盐课银一百二十六万八千四百三十五两九钱,茶课茶五十八万三千六百六十七斤，屯田子粒三百七十二万八千七百三十九石，屯牧地银四万八千二百六十六两五钱，年例金二千两，水银二百二十九斤，朱砂四十六斤八两，漕运米四百万石，内除旧例并灾伤改折一百二十三万一千九百一石六斗五合五勺，实运米二百七十六万八千九十八石三斗三升，各运纳米一千三十六万六千四十三石。（《明穆宗实录》卷五十二）

隆庆五年正月乙亥，诏取太仓银十万两入内用。户部以军国费用不给，请以抵春季年例之数，不许。

丙子，户部覆巡盐御史苏士润奏："一北直隶、山东行盐地方，旧各计里拨引，后因商人告指而盐法遂壅。今宜酌量户口多寡及地远近，随宜填拨，定其价值，有听各商告指及商人越制兴贩者，罪之。一各场残盐无虑三十万引有奇，弃之可惜，而骤开之，反以病民。今宜均搭派之数，每岁召商开边，各兼给残盐六万余引，期以六年而尽，派支之时，每引量免五十斤以宽之。一先年量增盐额五万引，后又改派辽东，引目愈繁，阻塞愈甚，今宜罢免，勿令改中运司，以滋壅滞。一山东青、登、莱三府俱小民领票通贩，但正课之外，不论远近，概令纳银一钱，不无彼塞此通之患，宜量为增减。一正盐与私盐相为消长，正盐既行，则不宜苛为私盐之罚，如岁课倍原额者，一切勿问；不及原额者，第其所亏多寡，以法绳之。一各运司皆无盐钞诸税，独长芦有之，且岁征有不过三百余金，不足以裨益县官，而于灶户称困，今宜尽罢勿征，仍禁官攒等科扰，以示宽恤。"诏如议行。（《明穆宗实录》卷五十三）

隆庆五年二月丙辰，以籍入陆炳庄田一百二十二顷八十七亩，赐皇亲锦衣卫佥事指挥李钰。（《明穆宗实录》卷五十四）

隆庆五年四月乙未，河东巡盐御史郜永春疏言："盐法之坏在大商专利，势要根据，以故不行。"因指总督尚书王崇古弟、吏部左侍郎张四维父为大商，崇古及四维为势要，请罚治崇古，而罢四维。四维自辩，其父未尝为河东运司商人，亦无他子弟。永春奏不实，因乞避位候勘以自明。上谓："四维日侍讲读，素称清谨，令供职如故。"

四维再请行勘，不许。

乙未，蓟辽督抚官刘应节等议上御史傅孟春所陈折支积贮事："宜请令各镇立为定则，每米一石，折银七钱，除旧例秋冬俱折支外，其春夏应支本色者，当酌量改折，视地里远近为差，在蓟镇有漕屯盐粮，则远者折支五月，近者四月；在密云人众地狭，米价翔贵，则远者二月，近者四月；在永平虽止有民屯粮，而米价常平，则远近俱四月。大略折色不足，则借客兵余粮；本色有余，则改客兵以召买，蓟镇、密云积二十万，永平至十五万，则出陈易新，计年岁丰歉，通融增减。常时以折色便军，可以积粟；凶岁以本色济荒，可以积银，此敛散随时、公私并济之法也。又顺、永二府缘边州县税粮马草亡虑数十万，解京则用折色，则常以本色减价而售，召商籴买，本色则又以折色增价而给，宜通行改正，令就近输纳便。"户部覆奏，从之。（《明穆宗实录》卷五十六）

隆庆五年五月丁卯，巡抚广西都御史殷正茂以古田既平，欲修举盐法，以足兵食，乃疏言："贩盐在广西，而出盐在广东，行盐在湖广衡、永，诚令官出资本，岁买盐三百艘，逐时估消息，收其奇赢，可以不烦朝廷，不用民力，而广西岁饷数万金充然有余，且十年之后，舳舻交通，货物充轫，广西遂为富藩矣。"因条上八事：一议法守，一明赏罚，一计工本，一造官船，一谨防范，一限时月，一禁私贩，一明职掌，一谨事始。户部是其议，请饬正茂及时修举，兼行两广提督、湖广巡抚及巡按御史协心共计，所议船只，或酌量修造，或暂雇民船，俟通行更议，有未尽事宜，及掣肘不便者，令各讲求长策，以图永久。上是之。

庚午，总督三边都御史王之诰言："陕西苑马寺牧地，旧惟熟地一万六千顷，养马一万二千匹，迩年牧卒开占，凡八万顷，而所养儿骒马仅七千，地弥加而所养马弥少，奈何以此资豪猾，不以佐国家之费。请视辽东苑马寺例，量配荒熟地三万顷，养马一万匹，余地五万顷，分别征银，收解固原，以充军饷，抵减岁例京运。"从之。（《明穆宗实录》卷五十七）

隆庆五年六月丁未，礼部覆河南抚按栗永禄、杨家相、礼科给事中张国彦等奏，其略言："今天下之至重而难处者，莫如宗藩，至急而不得不处者，亦莫如宗藩，臣等历考前代，未尝有宗室而坐食县官者，我圣祖独厚宗亲，世授爵禄，恩至渥矣，然圣祖当天潢发源之始，故奉以数郡，而易供至于今日，当宗支极茂之时，则极天下之力而难给，以天下通论之，国初亲郡王将军才四十九位，今则玉牒内见存者，共二万八千九百二十四位，岁支禄粮八百七十万石有奇，郡县主君及仪宾不与焉，是较之国初殆数百倍矣。天下岁供京师者，止四百万石，而宗室禄粮则不啻倍之。是每年竭国课之数，不足以供宗室之半也。然此特论平时耳，万一遇水旱凶荒，征输无出，将何以处之。此特论目前耳，将来传世万亿，生齿无算，又何以处之，今在国家，则苦于供给之无措，而意外之变可虞，在宗室则苦于禄粮之不给，而颠连之状可悯，上下公私两受其困，此无他故，良以恩施寡节而输供之策穷，禁缚太严而资生之路绝，今日之势有不容不变通者也。且祖庙之制，亲尽则祧，而封袭之典曾不稍变，是待祖宗者薄，而待子孙者厚，恩礼不几于倒施乎。今之论者动曰，祖制不敢轻议，然观洪武初亲王禄米五万石，不数年后以供给难济，减至万石，其后待、肃、辽、庆、谷诸王且岁给五百石，是高皇帝制禄已无定矣。永乐间，秦、鲁、唐府各五千石，辽、韩、伊府各二千石，肃府仅一百石，庆府岁七百五十石，而郡王常于数内拨给，是文皇帝颁禄已变更矣。盖二祖酌时通变，初未尝执一定之法，以伤民病国也。假令二祖复起，见国家宗室受困如此，其议变通，又岂待于今日哉？近年诸臣建言，俱奉旨通行各王府酌议，而今永乐等所建白视诸臣为剀切明审，臣等反复思之，为今长计，惟有限服制以杀其禄给，听自便以开其生路，严法制以禁其为非而已。盖国家财力既已无措，则不得不限制服，以杀其禄给；禄给既减，则不得不听其自便，以开其生路；生路既开，则不得不严法制，以禁其为非，盖审时酌变，为国经久之图，莫过于此者。伏望皇上特加轸念，将臣等及诸臣所奏，俯赐采择，或视朝后时御便殿宣召辅臣咨求长策，务求定论。本部以先后诸臣条议，通限各王府一并议覆，如违限者，治辅导官罪，候各王府议至之日，本部即请大集廷议，恭候圣明独断，以成一代章程，以定万世法守。"从之。（《明穆宗实录》卷五十八）

隆庆五年七月甲子，户部覆户科右给事中梁问孟奏："国初经费原有定额，边饷未尝借支于内，京师未尝搜括于外，盖不加赋而用足也。迩来弊坏已极，官民交困，请敕户部侍郎一员督同司属有心计者，通将中外财赋每岁增减出入之数，行各处抚按官悉心议处，前有可因，固不必过为裁省，以伤国体；后有可革，亦不许滥为縻费，以损民财。事完之日造册呈部，听该部及与议官员类编为司职掌，以定遵守，仍将内府钱粮先后额数，首录进览，庶费出有经，而岁给可裕矣。"从之。

戊寅，诏留两淮解存盐银五万两，收买边引，转拨内商征银补库，从御史李学诗请疏通滞引奏也。

丙戌，吏部言："国家用人，不得官于本省，盖于亲族所在，难以行法；身家相关，易于为奸，此惟有民社之责者则然耳。若夫学仓、驿递、闸坝等官，其所司者不过训诲出纳之常，供应启闭之役，初非有民社之寄者也。而又其官甚卑，其家甚贫，一授远地，或弃官而不能赴，或去任而不能归，零丁万状，其情可矜。近例教官系边远人者，得授本省地方，甚以为便。乞前项杂流得视此为例，酌量隔府近地铨补。"从之。（《明穆宗实录》卷五十九）

隆庆五年八月甲辰，兵部覆给事中梁问孟等条陈马政事："一太仆寺马价银，非边情重大，不得轻发。一变卖种马之半，每匹止征草料银一两。一本寺常盈库定以五年遣官一查，著为令。一专用新造法马。一禁解纳上下之弊。"报可。

辛亥，蓟辽总督刘应节奏言："顺、永二府所属等州县，自明年为始，一应存京边税粮马草，并丰润县备边子粒、卫所官营屯米屯豆秋青马草等银，悉依永平先年改纳事例，以银数定价，责令各富户上纳本色，其旧日京运及协济银两，即于太仓应发年例银两内扣除补给。"户部覆奏，从之。

乙卯，命保定府所属州县岁办各仓场料草，改征折色，以充商价，从巡抚宋纁议也。

戊午，户部覆巡盐御史卢明章条上盐法六事："一清理实籍，毋令灶产民产互相影射。一禁戢私贩，以通官课。一饬治分司，申明春秋两巡之法。一严督行地方验单销缴，不得阻滞。一蠲免长芦、利民等二十四场白盐脚价。一御马盐岁用啖马凉盐，止许见卖商盐，不许交通私贩，挠坏盐法。"报可。（《明穆宗实录》卷六十）

隆庆五年九月辛酉，总督仓场侍郎陈绍儒条上漕政五事："一重责成。言每年兑运事宜，当专责各处巡抚，而令盐兑官揭报迟速，庶事权归一。一通派运。言江北中都等三总，每年拨兑河南、山东二省粮斛船南粮，北人精求便宜，于中轮拨一总，周而复始。一严货禁。言各船私货，不许妄溢四十石之外，有逾制者，尽没之，以省牵挽。一足船额。言各总船缺坏者多，宜及时修补，限以三年为率，务足全数。一时疏浚。言京口小滩等处原设浅溜人夫，宜今有司督治。"户部覆言："诸议皆于漕政有裨，独派运事相承已久，第命漕臣于中酌议，俾漕务人情两不相碍可矣。"从之。

丙寅，山东守臣言："青、登、莱三府海岛潜住辽人，辽东累年勾摄，既不可得，而山东虚文羁縻，终非永图。臣等博采群策，有安集之议七焉：……严保甲。大岛每十家为一保，保有长，仍立一总保、副保以约束诸保长，小岛止立一保长，朔望诸州县受事，岁报户口之数。一收地税。各岛见耕之地八千三百八十六亩，宜比寄庄事例，每量税银五厘，每岁十月各送保长输官，以充巡察海道备倭都司修船之用。新垦者续报，敢匿者罪之。一查船只。各岛辽人渔贩船只，大则税银二钱，小则一钱二分，各输州县以充修船之用，敢有擅用双桅，远泛海洋，或近高丽者，罪无赦。一平贸易。辽人既为编氓，一切贸易，宜与土人彼此均平，禁不许入夜私交，以生他衅，亦不许货违禁物。……"上从之。

乙酉，山东巡抚都御史梁梦龙等上《海运议》曰："今漕河多故，言者争献开胶河之说，此非臣等所敢任也。第尝考海道，南自淮安至胶州，北自天津至海仓，各有商贩往来，舟楫屡通，中间自胶州至海仓一带，亦有岛人商贾出入其间。臣等因遣指挥王惟精等自淮安运米二千石，自胶州运麦一千五百石，各令入海出天津以试海道，无不利者。其淮安至天津一道，计三千三百里，风便两旬可达，况舟皆由近海，海中岛屿联络，遇风可依，非如横海而渡风波难测比之。元人殷明略故道，实为安便，大约每岁自五月以前，风顺而柔，过此稍劲，诚以风柔之时出并海之道，汛期不爽，占候不失，即千艘万橹，保无他患，可以接济京储，羽翼漕河，省牵挽之力，免守帮之苦，而海防所犬牙错落，又可以严海禁、壮神都，甚便。"事下户部，部覆言："海运法废已久，非常之原难以尽复，乞敕漕司量拨近地漕粮十二万石，自淮入海，工部即发与节省银万五千两为雇募海舟之资，淮扬商税亦许暂支万五千两，充佣召水手之费。"从之。（《明穆宗实录》卷六十一）

隆庆五年十月丙午，巡按陕西御史刘尧卿言："肃府折禄庄田地计四千四百八十七顷有奇，计征子粒粮银一万一千有奇，今宗室缙㷔既袭肃府之封，又支辅国之禄，宜即以其折禄田租在甘凉固原者，收充二镇军饷。"户部覆奏，从之。

丁巳，河东巡按御史俞一贯言："河东岁办正余盐共六十二万引，近因霪雨决堤，盐花鲜结，乞暂宽本年课额，候盐池盛生之年，尽力捞捕。"又言："各州县原编捞采盐丁，有力者纳银，无力者供役，近来有司多漫不经意，宜严责清查，务使人银两足，费用不滥，违者罪之。"户部覆："盐丁之议良是。至河东额引，所以供宣大山西年例、军饷、粮禄之用，不容分毫缺者，宜敕抚臣及巡盐御史备行运司，将隆庆五年额解三镇银两，先尽库贮悉数输边，期于完足，待来岁盐花生结，概行偿补，庶于彼此两便也。"从之。（《明穆宗实录》卷六十二）

隆庆五年十二月乙未，宣大总督王崇古条陈边计八事："……一理盐法，谓边商报中日寡，由各运司坐司大商占引抑困之故，宜严法禁治。一开屯田，谓大同屯地多荒，请移山西屯田佥事于代州，专理三关及大同镇屯务。……"疏入，下所司议，俱从之。

辛亥，漕运都御史王宗沐奏："漕粮漂失，虽因河决，亦多有贫军侵冒，凿舟自沉者，宜先议优恤，凡各运船轻赍银两，在湖广、江西、浙江原议三六者，改为三三；直隶江北、江南原议二六者，改为二四；山东、河南原议一六者，改为一五。令有司各将扣下米数给军，其各军兑完起运之后，责令五船联为一甲，中推一人有才能者为甲长，如一船有失，五船同坐，庶人乐用力而漂损可渐少也。"户部复议，从之。

乙卯，户部进乾清宫庄地子粒银九千三百两有奇，仁寿、清宁、未央三宫官地子粒银二万三千二百两有奇。

丙辰，两淮巡盐御史张守约奏，言："两淮密迩南京，积年商匠往往表里为奸，挠坏盐法，乞敕南京户部岁委司官一员，专理盐引，但遇各运司起纸输到之日，严束匠役计纸分工，不许任其预划及夹带等项。"又言："引价太重，内商有高价之苦，而边商有守候之难，乞酌议量减原价五分。"户部覆奏，从之。

是岁天下户口、田赋之数，户一千万八千八百五，口六千二百五十三万七千四百一十九，田地四百六十七万七千七百五十顷一十一亩有奇，米二千二百一十九万七千二百一十九石六斗有奇，麦四百六十二万六百二十六石有奇，农桑丝七万三千八百八十六斤有奇，绵三十八万五千八百七十四两有奇，绢三十二万三百九十八匹有奇，绵花绒二十四万六千六百二十八斤有奇，布六十二万五千六百九十匹有奇，折色钞九百五十九万六千二锭有奇，杂课钞五十八万六千七百七十三锭有奇，米六万一千三百四十四石有奇，银二万九千二百九十五两五钱有奇，盐课盐二百三十二万七千二百九引有奇，盐钞折银六万八千四百四十一两三钱有奇，盐课银一百二十六万八千四百三十五两九钱有奇，茶课茶五十八万三千六百一十七斤有奇，屯田子粒三百七十二万八千七百三十九石有奇，屯牧地银四万八千八百八十三两二钱，年例金二千两，水银二百二十九斤，朱砂四十六斤八两，漕运米四百万石，内除旧例并灾伤改折二十九万二千九百三十四石七斗，实运米三

百七十万七千二百六十五石三斗，各处运纳米一千三十六万六千四十三石有奇。(《明穆宗实录》卷六十四)

隆庆六年正月癸酉，云南抚按官曹三旸等言，该省年例金二千两已苦难办，今又加派三千两，夷民骚然，莫知所出，请每金一两输银八两召买京师中便。户部覆："请征解年例如故，余暂停止，候采进宝石年限完日别议。"许之。

丙子，户部尚书张守直条例漕政事宜："一申严议例。言漕粮征兑完纳各有例限，顷以开兑后期，及至淮之日，漕司不亲查核，因循成弊，今责分别责成，如粮船到淮后期，责在各处巡抚，已到淮而更迟误，则在漕司，并听本部会同科道官参奏。一查处粮船。言迩来造船者多侵克料价，一遇风涛即立致漂流，今宜行抚按及漕司查各总浅船，已回水次者，责令委官严修，及行各把总官验船坚脆，酌量分派，毋令重载易坏。其有守冻未回者，预觅民船装粮抵坝，候冻船回日修理，仍将委官查考参究。一查刷船军。言近来佥选运军，多以私意放免，募工充，稍遇艰危，即弃不顾，今宜查刷弊源，诸股实精壮户丁，俱照额佥运，不得以无赖滥充，仍令五船编甲，互相觉察，以惩奸弊。一议处漂流。言粮米漂流，原无免耗之例，今此例一开，各领运官旗多所侵盗，自知粮数缺少，往往自沉其舟，得照例开豁，多方处补，比照数上纳者，复利数倍，人复何所创惩。自后粮船漂流，务将官旗先行擒治，仍严审他弊，不得轻扣各军月粮，务尽家产抵偿，仍晓谕沿途有司，亦不得妄行勘奏，违者以赃论，令各仓监收主事以漂流捞获余米，别贮仓廒，先行支放。"奏上得旨："如议，从实举行。"

癸未，给皇亲锦衣卫带俸正千户魏昊、秦奉、李柰、刘贤、董雄、马越等各庄田三十顷，从其请乞也。(《明穆宗实录》卷六十五)

隆庆六年二月丙午，诏取太仓库银十万两。户部言："比岁诏旨征发内库银多取至一百一十万两，视祖宗百万旧额既已增加，兹又复取十万，非制也。夫祖宗帑藏充积，然犹未尝轻举一事，轻费一钱，今视祖宗之时如何哉？百费日增，先臣丘濬所计已十倍往昔，嘉靖十八九年以后，复被当事奸贪之臣，开边方冒滥之请，财竭民穷，诛求无策，今又迫而取之，或以启弄潢脱巾之衅，谋之何及。愿皇上咨询往迹，收回成命，果用有不足，即以将到金花银八万余两进用，为今年夏季正数，仍乞加意撙节，使经费不滥，成法不渝。"疏入，上虽是其言，犹命遵旨以十万进。于是户科都给事中张书等、浙江道监察御史侯居艮等、巡视太仓科道官蔡汝贤等皆上疏谏，俱报有旨。

辛亥，兵部覆蓟镇督抚官刘应节等所议清革十事："一议军田。凡清出军人，人给田帖，备书户丁贯址并军继军装、解边之日，仍载入新定卫所，十年一更给，不惟便取军装，亦可据为他日清勾之地。一议军册。应清军丁及摘发永远军，逐一造册开载，亦如田帖之制，以防逃伍及为军士损失。告给之地，每大造黄册年类造送部。一议军装。清解之军例有供贴，有司核其田产酌中定数，严令户丁以时赍送，毋许缺之。其在镇军士，贫者一体经理。一议军伍。蓟镇军伍，每因调度分更，故顶补淆乱，即有逃亡，无从稽考，宜将解至军士，依营定卫，使相保相倚，以免流亡。一议军解。清出军丁，不必编立伍长肃队而行，仍照旧例佥妻，解定限期。一议军继。军既清出，仍审户内殷实一丁听继，如有逃亡，即行勾补。一议安插。军士解至，必须营房安置，请发帑银二万一千两修造。一议收补。各省解至军人，转解卫所，不免留难需索之弊，宜定卫分，径发营伍，止令该卫所记籍，至于收补之序，先遵化、三屯，建昌、石匣诸营次之，各路又次，三屯、遵化、密云各辎重营及车营有余，则委将官一人会同守备各领新军一枝操练，俟营伍既成，另议发边。一议粮饷。军新至边，艰苦备至，乞破格优恤，月饷之外加口粮三斗，期以二年为止，至边三月以上者，全支布花，免其工役。一议督责。所在有司但开去逃军务，一一清理，御史差完，分别荐奖劝戒，营卫官不得善抚恤致军逃亡者，各定拟分数，以行谴罚。"上从其议。

壬子，巡按广东御史赵焞言："岭海多盗，陷城池，杀吏民甚众，宜敕督抚官议征剿防御之略，选用将领，计处兵饷，久任而责其成。"事下兵部，覆言："广东无日无警，无地无贼，诚有可虑，第今日所当破格者，莫急于钱粮。濒海之地为豪右侵夺，逋税至十余万，一查核则以为生事，一催征则以为激变，积弊已久，宜令侍郎殷正茂务修举一切选将用兵理饷诸务，及当更张查核者，毋避劳怨，毋恤利害，有梗桡者，参奏如法，其地方功罪下巡按御史勘报。"从之。（《明穆宗实录》卷六十六）

隆庆六年闰二月己未，南京户部尚书曹邦辅奏："南京各卫仓粮，临江水兑三十万石，支放以三月为率，第令军佐消乏，辄延至五月不得完，令输纳者有守候之苦，且水兑之月既增，则仓支之月自少，计在仓积陈二百万石，至七年始尽，其红腐不可食之患，尤有甚者，请令自今水兑仍以三月为限，仍照嘉靖九年例，止以二十一万充三月支放，余一十六万五千石改为折色，四年已尽复征本色，则可以疏通仓粮，暂苏输纳之民。"户部覆奏，从之。

壬戌，河东巡盐御史俞一贯奏："大同、浑源等州县地瘠民贫，所煎土盐，仅可给日食，充地赋，与太、汾等处利源繁衍者不同，乞免抽税，第禁其越境兴贩，毋与他境争利。"户部覆奏，从之。

户部言："见今旧太仓等处料豆告竭，而应役商又往往讼言籴买守候甚苦，请及今豆价稍平，发太仓银三万两，委官于京城内外召买，此后岁以为常，价平则收，价贵则止，其各仓商人一切暂免，以示苏息。"从之。

癸亥，兵科都给事中章甫端等以广寇充斥，条陈要务四事："一禁交通以绝祸本。言广东地远法疏，奸豪嗜利之徒往往交通番夷，潜相贸易，酿成大患，宜严加体访，必真之法。一选文武以济时艰。言盗贼蜂起，地方鼎沸，必赖才识卓荦、精忠任事之臣，宜量才受任，惟奖取大节，毋惑浮言，毋搜细故。一严法令以肃战守。言今之将帅平居则剥削军士，法令不行，临敌则仓皇震怖，观望披靡，士无退避之戮，将无失律之诛，是以多败。自今一以军法从事，不得仍前姑息，有功者超格升赏。一严核催以裕军需。言岭南富庶，本无乏财，而濒海之地利悉为势家所夺，加以积弊多逋，民困日用，而有司不敢诘，馈饷不足，实由于此，宜令抚按官严核催征，无避嫌忌。"兵部

请以其议下督抚举行。从之。（《明穆宗实录》卷六十七）

隆庆六年三月庚子，南京湖广道试监察御史陈堂奏言："国制十年大造黄册，凡户口、田赋之役，新旧、登耗之数，无不备载，所以重国本而存故实也。今沿袭弊套，取应虚文，奸吏得以那移，豪强因之影射，其弊不可胜穷。臣尝询之，盖有司征钱粮、编徭役者自为一册，名曰'白册'，而此解后湖之黄册，又一册也。有司但以白册为重，其于黄册则惟付之里胥，任其增减，凡钱粮之完欠，差役之重轻，户口之消长，名实相悬，曾不得其仿佛。即解至后湖，而清查者以为不谬于旧册斯已矣，安辨其真伪哉？臣窃谓欲理图籍，必严综核，必专责成，夫书算豪猾，类非守令之法所能制也，顷苏、松、常、镇添设督粮参政一员，请赐之敕，责令兼理黄册事务，凡人丁事产悉照白册攒造，其欺隐脱漏者，如例问遣，驳回者依限完报，田至一万亩以上者，仿古限田之法，量为裁抑，如势要阻挠，有司阿纵，听抚按官参奏，庶册籍清而赋役可均。"部覆，诏如议。

丙午，总督漕运都御史王宗沐言："国计之有漕运，犹人身之血脉通则人身康，漕运通则国计足。我朝运河几百六十年，法度修明，疏通无滞。迩来事多弊滋，兼以黄河泛溢，数患漂流，故科臣复议海运，而缙绅之虑，猥云风波。夫风波在海，三尺童子知之，然其利害有辨。古语云：地不满东南，东南之海众水所委，渺茫无山，则趋避靡及，近南水暖，则蛟龙窟居，故元人海运多警，以起自太仓、嘉定而北也。若自淮安而东引登、莱以泊天津，兹谓北海，中多岛屿，可以避风，蛟龙有往来而无窟宅。又其地高而多石，行舟至登、莱，因其旷达，以取其速，而标记岛屿，以避其患，则明虽同于元人，而利实专，其便易佐河运之缺，计无便于此者，然此犹举时宜而言耳。若语全势，则其说有三：一曰天下大势，二曰都燕专势，三曰目前急势。唐人都秦，右据岷凉，而左通陕渭，是有险可依，而无水通利也。宋人都梁，背负大河，而面接淮汴，是有水通利，而无险可依也。若国家都燕，北有居庸、巫闾以为城，而南通大海以为池，金汤之固，天造地设，圣子神孙，万年之全利也。而乃使塞不通焉，岂非太平之遗虑乎？此所谓天下大势也。夫三门之险，天下之所谓峻绝也，然唐人裴耀卿、刘晏皆百计为之经营者，以彼都在关中，输挽所必由故也。若夫都燕，则面受河与海矣，然终元之世，未尝事河而专于海者，彼终岁用兵，无于事河也，彼又以为河运入闸，则两舟难并，不可速也，鱼贯逆溯，一舟坏则连损数十舟，同时俱靡不可避也。一夫大呼则万橹皆停，此腰膂咽喉之譬，先臣丘濬所忧不可散者也。若我朝太平熙洽，主于河而协以海，自可万万无虑，故都燕之受海，犹凭左臂从腋下取物也。元人用之百余年矣，梁、秦之所不得望也，此所谓都燕专势也。黄河西来，禹之故道，虽不可考，然不过自三门而东出天津入海，是腹虽稍南，而首尾则东西衡也。我朝弘治二年决张秋，夺汶入海，其首犹北向，乃今则直南入淮，而去岁之决阎家口支出小河，近符离、灵璧，则又几正南矣。自西北而直东南，途益远而合诸水益多，则其势大而于决未可量也。故以汉武之雄才，尚自临决塞；王安石之精博，且开局讲求。河之为患，讵直今日然哉？且去年之漂流，诸臣闻之，有不变色者乎？夫既失利于河，又不能通变于海，则计将安出，故富人造室，必启傍门，防中堂闭，则可自傍入也。此所谓目前急势也。风波系天数，臣岂能逆睹其必无，然趋避占候，使其不爽，当不足以妨大计，惟圣明采择，因条上海运七事：一定运米。言海运既行，宜定拨额粮，以便征兑，除隆庆六年已有缺船粮米，足备支运，以后请将淮安、扬州二府兑改正粮二十万一千一百五十石，尽派海运，行令各州县于附近水次取便交兑，遇有灾伤改折，则更拨凤阳粮米足之。一议船料。言漕运二十余万，通计用船四百三十六艘，淮上木贵，不能卒办，定酌派湖广、仪真各厂置造，其合用料价一十一万八千四百两有奇，即将清江、浙江、下江三厂河船料价并浙江、湖广本年折粮减存及河南班匠等银解用，不足，以抚按及巡盐衙门罚赎银两抵补。一议官军。言起运粮船宜分派淮、大、台、温等一十四卫，责令拨军领驾，每艘照遮洋旧例，用军十二人，以九人赴运，其三人扣解粮银，添雇水手，设海运把总一员统之，其领帮官员于沿海卫所选补，所须什物即将河船免运壮丁粮银扣解置办。一议防范。言粮船出入海口，宜责令巡海司道等官定派土岛小船置备兵仗，以防盗贼。一议起剥。言粮船至天津海口，水浅舟胶，须用剥船转运至坝，每粮百石给水脚银二两九钱，其轻赍银两，先期委员官由陆路起解，听各督粮官收候应用。一议回货。言海运冒险，比之河运不同，旗军完粮回南，每船许带私货八十担，给票免税，以示优恤。一崇祀典。言山川河渎，祀典俱载，今海运所畏者，蛟与风耳，宜举庙祀以妥神明。"疏下，部覆："如宗沐言。"诏允行之。（《明穆宗实录》卷六十八）

隆庆六年四月甲申，兵部覆直隶巡按御史苏士润奏："畿辅诸郡驿递南马银两，岁久拖欠，百姓苦役，逃亡者多，宜行顺天、保定各抚臣，自隆庆六年为始，征草场子粒等银解部收贮太仆寺，每季终分属该道抵补南马银数，其南直隶、浙江等处应解各府马价，亦以本年为始，径运京师，有不及数者，如例参治。其隆庆五年以前拖欠者，令巡按御史催征，本部遣司官一员往督，以此少苏内郡之民，俾无重困，其余各省应有南马州县，不得援以为例。"上是之。（《明穆宗实录》卷六十九）

隆庆六年五月乙酉朔，户科右给事中栗在庭言："顷者漕臣以运船漂溺过多，请改折五十余万石，且乞岁折百万石以为常，此为一时权宜之术则可，非百世经久之计也。盖每岁漕粮四百万石，除转饷诸镇、漂流及挂欠、灾伤改折，殆且百万，其纳京、通二仓者，实止三百余万，仅供官军匠役一岁之食耳，而太仓陈粟，计不足以支三年，今复岁减百万，京师米价翔贵，万一事出非常，运道梗塞，畿民枵腹，卫士脱巾，将何以待之。且人情倡之以裁省之说，则易从假之，以岁月之久则易玩，臣意改折之法若行之数年，人心渐弛，或天时为沴，即三百万又不能必其不挂欠不漂流，则运输愈减，而积贮愈匮矣。以一岁之失利，而遽忘百世之隐忧；便漕司之运输，而不恤国家之利害，此臣之所大惧也。"部议是在庭言："请令漕司自明年仍复运额。"报可。

丁亥，复广西全州灌阳县编户。国初灌阳编户十四里，以猺寇残破，居民流徙，田多荒芜，仅存八里。又调他卫军屯田，许自占田垦种，田租归军卫者十六七，民籍日减，存者仅六里。至是抚臣郭应聘以古田赋平清丈田亩，请以军余承种民田者时入有司，以复十四里之额。从之。

辛卯，以广东用兵，诏免高、雷、廉、惠、潮五府是年田租十之三及旧逋未完者。河东盐池以雨潦不结，运司惧无充岁课，请劝借富商银，俟产盐给偿。事下，巡按御史俞一贯议：“边储民命，轻重相当，取彼益此，徒滋骚扰，商人必不乐从。”事遂寝。戊申，陕西抚臣张瀚言：“行太仆、苑马二寺及监牧诸臣并属巡按巡茶御史督察。”部议以为便。瀚又言：“今岁解盐踊贵，至斗三四钱，而花、马二池，每有余盐，行地太狭，宜兼行之西、延、凤、汉四郡，量加引数，以抵河东之课。”部议以为：“事属改创，恐商不乐，就地可暂行，令瀚与巡按巡盐二御史详议。”报可。（《明穆宗实录》卷七十）

《菽园杂记》中史事重校

说明：《菽园杂记》十五卷，明陆容撰。陆容，字文量，号式斋，太仓人。生于明正统元年（1436），卒于弘治九年（1496）。成化二年（1466）进士，官至兵部职方主事。传世著述，仅《菽园杂记》。《四库全书提要》称其书的特点是"于明代朝野故实，叙述颇详。"确是如此。该书尤重明代始发生的事物，可补史乘之缺，具有相当的价值。因此，在20世纪30代，梁方仲先生便据完善的《墨海今壶》本，以此原则，逐录以下数则，作为该书札记。梁山伯、祝英台一则，虽不是明事，却告诉我们：东晋时，任官不迴避本籍，对明代现实有一定意义。《菽园杂记》有明刻本以及清《墨海金壶》本、1982年中华书局点校本，可供研究参考。

梁山伯祝英台

梁山伯、祝英台事，自幼闻之，以其无稽，不之道也。近览《宁波志》，梁、祝皆东晋人。梁家会稽，祝家上虞，尝同学。祝先归，梁后过上虞，寻访之，始知为女。归乃告父母，欲娶之。而祝已许马氏子矣。梁怅然若有所失。后三年梁为鄞令（不回避本籍之证），病死，遗言葬清道山下。又明年，祝适马氏，过其处，风涛大作，舟不能进，祝乃造梁塚，失声哀恸。忽地裂，祝投而死焉。马氏闻其事于朝，丞相谢安请封为义妇。和帝时，梁复显灵异，效劳于国，封为义忠。有司立庙于鄞云。吴中有花蝴蝶，橘蠹所化也。妇孺以梁山伯、祝英台呼之。（《菽园杂记》卷十一，第六至七页）

土兵始于明代

土兵之名，在宋尝有之，本朝未有也。成化二年，延绥守臣言，营堡兵少，而延安庆阳府州县边民多骁勇耐寒，习见胡骑，敢于战斗。若择作土兵，练习调用，必能奋力，各护其家，有不待驱使者。兵部奏请敕御史往，会官点选，如延安之绥德州、葭州、府谷、神木、米脂、吴堡、清涧、安定、安塞、保安、庆阳之宁州、环县，选其民丁之壮者，编成什伍，号为"土兵"。原点民壮，亦改此名。其优恤之法，每名量免户租六石。常存二丁，贴其力役。五石以下者，存三丁；三石以下者，存四丁。于时得壮丁五千余名，委官训练听调，此陕西土兵之所由始也。（《菽园杂记》卷七，第十三页）

茶马

国初官马，养于各苑马寺各监苑而已。永乐中，始以官茶易和林等处马，养之民间，谓之"茶马"。正统十四年，京师有警，乃选取以备军资，养于顺天府近京属县，谓之"寄养骑操马"。及京师无事，寄养之马不复散去，至今遂为故事。每岁孳生赔补之法，悉与各处茶马无异。养马之家虽云量免粮差，而赔补受累者多。北方民力疲弊，此其大端也。成化丁酉，予尝差往畿内及山东、河南三处印马，咨访马政之弊。力能行者，尝为处置一二。其最害事者，牝马每岁通淫而不孕，谓之"飘沙"。新乐县一家养此马，每三年赔二驹，九年已赔六驹。产已废矣，有司莫肯为理。予为核实，呈于木部，拟行各府县，如民间有此，勘验无诈，以马送驿走递，别给课马，责令领养孳生，以纾民患。适该司一无状者掌事，以予为掠美而寝之。（《菽园杂记》卷四，第十页）

驿传

袭封衍圣公每岁赴京朝贺，沿途水陆驿传，起"中马站船"廪给。回日，无马快船装送。而张真人往回水陆，起"上马站船"廪给，且有马快船之从。盖其时方崇道教，而内官梁芳、左道李孜省辈方用事，故致隆于其所尊如此。予闻之颇不平，言于尚书余公，欲优厚之。公慨然曰："是义举也。"即日奏允。自是衍圣公往回陆路，得起"上等马"，回日应付马快船装送。于吾道实有光云。时成化十六年三月初五日也。（《菽园杂记》卷八，第一页）

长生军

汉、唐、宋兵制皆取兵于民，壮则入伍，老则放归，即三代寓兵于农之遗制也。本朝军伍，皆谪发罪人充之，使子孙世世执役，谓之长生军。且谪发之地，远者万里，或数千里，近者千余里。南北易调，非其土性，难以自存，是以死伤逃窜者，十常七八，行伍实数，能几何人？况有罪谪发者，率皆奸民，善于作弊，无惑乎什伍之亏耗也。在京惟府军前卫幼军皆止终其身，与前代兵制暗合。旗手卫有等军士，永乐间奉有不逃止终本身，逃者子孙勾补之旨，宁老死行伍，无一人逃者。府军前卫幼军，旧亦多逃。近比旗手之例，著为常令，故今亦无逃者。盖逃者特为身谋，其不敢逃者，为子孙谋也。使当时议兵制者，以前代之制为主，而以此法绳之，则隐匿脱漏之弊，固不能保其必无，想亦不至今日之甚也。（《菽园杂记》卷八，第七页）

僧官

京师巨刹大兴隆、大隆福二寺，为朝廷香火院。余有赐额者，皆中官所建。寺必有僧官主之。中官公出，必于其寺休憩。巧宦者率预结僧官，俟其出则往见之，有所请托结纳，皆僧官为之关节。近时大臣多与僧官交欢者以此。京卫武学之东智化寺，太监许安辈以奉王振香火者。天顺间，主之者僧官然胜，读书解文事。时阎禹锡以国子监丞掌武学事，胜则往拜焉，禹锡托故不见。他日馈茶饼，却之；以诗投赠，又却之，终始不与往还。禹锡可谓刚介之士，其贤于人远矣。（《菽园杂记》卷五，第九页）

漕运

元起朔漠，建都北平，漕渠不通江、淮。至元初，粮道自浙西涉江入淮，由黄河逆水至中滦旱站，陆运至淇门，入御河。中滦，即今开封府封丘县地。淇门，今属大名府，浚县乃淇水入御河之处，即枋头也，去中滦旱站一百八十余里。自黄河逆水至中滦，自中滦陆运至淇门，其难盖不可言。况运粟不多，不足以供京邑之用，于是遂有海运之举。然海道风涛不测，损失颇多，故又自任城开河，分汶水西北至须城之安民山，入清济故渎，通江、淮漕，经东阿，至利津河入海。由海道至直沽，接运至京。任城，今之济宁州也。须城，今之东平州也。其后海口沙壅，又自东河陆运二百余里，至临清始入御河，其难尤不可言。时有韩仲晖、边源辈，各出己见，相继建言，乃自安民山开河，直抵临清，属于御河，而江、淮之漕始通矣。然当时河道初开，不甚深阔，水亦微细，不能负重载。所以又有会通河止许一百五十料船行之禁。海运之初，岁止得米四万六千余石，其后岁或至三百余万石。会通河所运之米，每岁不过数十万石。终元之世，海运不罢。国初定鼎金陵，惟辽东边饷则用海运。其时会通河尚通，今济宁在城闸北岸，见有洪武三年晓谕往来船只不得挤塞闸口石碣在。至二十四年，河决原武，漫没安上湖，而会通河遂淤，自是江、淮舟船始不至御河矣。永乐间，肇造北京，粮道由江入淮，由淮入黄河，水运至阳武，发河南、山西二布政司丁夫，旱路般运，至卫辉上船，由御河水运至北京，亦不可谓不难矣。后得济宁州同知潘叔正建言，工部尚书宋礼等提督，始开凿会通河。潘之建言，止为济宁州往北旱站递运军需等项艰苦，欲开此河以省民力耳，初未尝言开此漕运也。河成，宋尚书建言，始从会通河漕运，而海运于是乎罢。当会通河漕运之初，又得平江伯陈瑄，于凡河道事宜莫不整顿，所以至今京储充羡，不至缺乏者，会通河之力，开凿经理，以底于成者，斯又数君子之力也。此出刑部侍郎三原王公恕《漕河通志》，节其要语记之。

（《菽园杂记》卷六，第一至二页）

海道都漕运使司

永乐五年，会议北京合用粮饷。虽本处岁有征税及屯田子粒，并黄河一路漕运，然未能周急，必藉海运然后足用。见在海船数少，每岁装运，不过五六十万石。且未设衙门专领，事不归一，莫若于苏州之太仓，专设海道都漕运使司，设左右运使各一员，从二品，同知二员，从三品，副使四员，从四品，经历司照磨所品级官吏，俱照布政司例。本司堂上官，于文武中择公勤廉干者以充其职，行移与布政司同。各处卫所见有海船并出海官军，俱属提调，以时点检，如法整治。奏上，太宗有再议之旨，遂不行。（《菽园杂记》卷六，第十二页）

何寅丈田

丈量田地，最是善政，若委托得人，奉公丈量，见顷亩实数，使多余亏欠各得明白，则余者不至暗损贫寒，欠者不至虚陪粮税，弊除而利兴矣。周文襄巡抚时，尝有此举，以属户部主事何寅。寅日惟耽酒，未尝遍历田野，亲视丈量，只凭里胥辈开报，辄与准理。丈量稍多分毫者，必谓之"积出"，比原数亏欠者，皆谓之"量同"，更不开亏欠一项。如太仓城中军民居址，街衢河道，皆作纳粮田地。量至北郊二十七保，多出田亩若干，将内二顷九十三亩有奇，拨与太仓学收租。盖缩短于城市，而伸于郊墟，故有此积出，非原额之外田也。别处量出多余者，则以送京官之家。自正统初至今，量同者纳无地之粮，京官家享无税之利。是虽何寅贻患于民，而文襄安于成案，不察其弊，盖亦不能无责也。寅广东南海人，尝问其家世，已荡然矣，或者为官不忠所事之报耶。（《菽园杂记》卷七，第五页）

皇庄

前代赐诸侯有汤沐邑，赐公主有脂粉田，而皇庄则未闻也。今所谓皇庄者，大率皆国初牧地及民田耳。岁计之入，有内官掌之，以为乘舆供奉。然国家富有，天下尺地莫非其有，仓廪府库莫非其财，而又有皇庄以为己有，此固众人所不识也。闻大臣中惟彭文宪尝言之，其疏留中不出。而言官不闻有议乞革罢者，何邪？或云正统、天顺间尚无之。（《菽园杂记》卷七，第八页）

钞币考释

钞字，韵书平去二声，皆为略取写录之义，无以为楮币之名者。今之钞，即古之布。《诗》云"抱布贸丝"、《周礼》"宅不毛者，有里布"是也。但古以皮，故曰皮币；今以楮，故曰楮币耳。宋有交子、会子、关子、钱引、度牒、公据等名，皆所以权变钱货，以趋省便。然皆不言其制，惟入中盐粮有盐钞，钞之名始见《宋史》，盖即今盐引也。今文移中有关子，僧道簪剃有度牒，乡试举人投礼部有公据，茶、盐等货俱有引，皆公文耳。《金史》记交钞之制，外为阑，作花纹，其衡书贯例，外书禁条，阑下备书经由行换之法。及其印章花押，一贯至五十贯，名大钞；一百文至七百文，名小钞。以七年为限，纳旧易新。《元史》记钞之文云："以十计者四，曰一十文、二十文、三十文、五十文。以百计者三，曰一百文、二百文、五百文。以贯计者二，曰一贯文、二贯文。"然皆不详其尺寸之制。今之钞，盖始于金，而元承其制，本朝沿袭之欤！闻洪熙、宣德间，犹有百文钞。今但有一贯文者，每贯值银三厘、钱二文，非复国初之直矣。其制，以桑楮皮为之，竖长一官尺，横八寸，额上横作楷书，云"大明通行宝钞"，中作楷书"一贯"二字，字下图一贯钱形，左右作叠篆各四字，云"大明宝钞""天下通行"，其下楷书钞法禁例，上下钤户部印，四围花纹阑。（《菽园杂记》卷八，第十二页）

巡抚官

巡抚官永乐间已有之，然仅设于要处耳。洪熙、宣德初年，添设渐多，侍郎、通政、大理寺卿惟其人，不皆都御史也。景泰以来，悉置都御史。初意盖以御史在外，多浮薄不逊，以此轧之耳。以今计之，亦太盛矣。苏松等处，凤阳等处，宣府等处，顺天等府，保定等府，延绥等处，甘肃等处，河南、山东、山西、辽东、大同、宁夏、陕西、湖广、江西、两广、云南、四川、贵州、福建，凡二十人。内署衔不同者，两广曰总督军务，苏松等处曰总理粮储，凤阳等处曰总督漕运，辽东、湖广、云南皆曰赞助军务，山西曰提督雁门等关，保定曰提督紫荆等关，顺天等府曰整饬蓟州等处兵备，余止称巡抚。郧阳等处曰抚治，盖主流民也。凡推举各边及腹里干涉军务者，吏、兵二部会同；干涉钱粮流民者，吏、户二部会同。惟总督漕运者，吏、户、兵三部会同。江西、福建、山东地方，有事则设，事宁则革之。（《菽园杂记》卷九，第二页）

亩税一斗

两浙田税亩三斗，钱氏国除，朝廷遣方赘均两浙杂税，赘悉令亩出一斗。使还，责擅减税额，赘以为亩税一斗者，天下之通法。两浙既为王民，岂有复循伪国之法，上从其说。故亩税一斗者，自方赘始。福建犹循旧额，盖当时无人论列，遂为定式。赘寻除右司谏，终于京东转运。有子五：皋、准、覃、巩、罕。准之子为丞相，其他亦多显。岂惠民之泽欤！出《绍兴志》。（《菽园杂记》卷十，第六页）

马尾裙

马尾裙始于朝鲜国，流入京师，京师人买服之，未有能织者。初服者，惟富商、贵公子、歌妓而已，以后武臣多服之，京师始有织卖者。于是无贵无贱，服者日盛，至成化末年，朝官多服之者矣。大抵服者下体虚奓，取观美耳。阁老万公安冬夏不脱，宗伯周公洪谟重服二腰。年幼侯伯、驸马，至有以弓弦贯其齐者。大臣不服者，惟黎吏侍淳一人而已。此服妖也，弘治初始有禁例。（《菽园杂记》卷十，第六至七页）

抄纸

浙之衢州，民以抄纸为业，每岁官纸之供，公私靡费无算，而内府贵臣视之，初不以为意也。闻天顺间，有老内官自江西回，见内府以官纸糊壁，面之饮泣，盖知其成之不易，而惜其暴殄之甚也。又闻之故老云：洪武年间，国子监生课簿、仿书，按月送礼部。仿书发光禄寺包面，课簿送法司背面起稿，惜费如此。永乐、宣德间，鳌山烟火之费，亦兼用故纸，后来则不复然矣。成化间，流星、爆杖等作，一切取榜纸为之，其费可胜计哉？世无内官如此人者，难与言此矣。（《菽园杂记》卷十二，第十一至十二页）

漕运定规

漕运定规，每岁运粮四百万石，内兑运三百三十万石，支运七十万石，分派浙江、江西、湖广、山东各都司，中都留守司，南京、江南、江北、直隶十三把总，管辖各卫所旗军领运。浙江都司运船共一千九百九十九只，每船或军十名，或十一名，或十二名，共该旗军二万一千六百七十名。每船大约装运正米三百石，连加耗四百余石，共该装运七十余万石。该运粮者，杭州前、杭州右、海宁、温州、台州、处州、宁波、绍兴，凡八卫，海宁、金华、衢州、严州、湖州，凡五所，其余沿海备倭卫所，俱不运粮。自宣德八年，里河漕运到今皆然。运船每五年一造，每一船奏定价银一百两，军卫自备三十两，府县出价七十两。"兑运"者，各卫所军驾船至府县水次仓兑粮起运，京仓、通州仓交纳。"支运"者，原系民夫民船，运至淮安、徐州、临清、德州四仓。军人驾船于四仓支运京、通二仓。近年又有"改兑"之名，盖免民起运淮安等仓，加与耗米，就令军船各到该运府县兑粮，直抵京、通二仓也。（《菽园杂记》卷十二，第八至九页）

两浙盐场及制盐方法

两浙盐运司所辖共三十五场，清浦等十三场在苏、松。嘉兴地居浙之西，而天赐一场，隔涉崇明县海面，西兴等二十场在绍、宁。温、台地居浙之东，而玉泉一场，隔涉象山县海面。其杭州府仁和、许村二场，虽居浙西，场分则归浙东。凡浙东盐共一十万七千五百余引，除水乡纳银外，该盐一十万六千一百九十余引，浙西盐共一十一万四千八百余引，除水乡纳银外，该盐七万二千六百余引。各以一半折价解京，一半存留给客。浙西多平野广泽，宜于舟楫，盐易发散，故其利厚，解京银每一大引折银六钱。浙东多阻山隔岭，舟楫少通，不便商旅，故其利薄，解京银每一大引折银三钱五分。俱便灶户，凡盐利之成，须藉卤水，然卤之淋取，又各不同。有沙土漏过，不能成咸者，必须烧草为灰，布在摊场，然后以海水渍之，俟晒结浮白，扫而复淋。有泥土细润，常涵咸气者，止用刮取浮泥，搬在摊场，仍以海水浇之，俟晒过干坚，聚而复淋。夏用二日，冬则倍之。始咸可用，于是将晒过咸泥，约五六十担，挑积高阜，修为方丈池，槽旁下掘成井口，用管阴通，再以海水倾渍池中咸泥，使卤水流入井口，然后以重三分莲子试之，先将小竹筒装卤，入莲子于中，若浮而横倒者，则卤极咸，乃可煎烧。若立浮于面者，稍淡；若沉而不起者，全淡，俱弃不用。此盖海有新泥及遇雨水之故也。

凡煎烧之器，必有锅盘。锅盘之中，又各不同，大盘八九尺，小者四五尺。俱用铁铸，大止六片，小则全块。锅有铁铸宽浅者谓之镦盘，竹编成者谓之篾盘。铁盘用石灰粘其缝隙，支以砖块；篾盘用石灰涂其里外，悬以绳索。然后装盛卤水，用火煎熬，一昼一夜可煎三干。大盘一干，可得盐二百斤之上；小锅一干，可得盐二三十斤之上。若能勤煎，可得四干。大盘难坏而用柴多，便于人众，浙西场分多有之；小盘易坏而用柴少，便于自己，浙东场分多有之。盖土俗各有所宜也。（《菽园杂记》卷十二，第五至七页）

采矿烹炼之法

五金之矿，生于山川重复高峰峻岭之间。其发之初，唯于顽石中隐见矿脉，微如毫发。有识矿者得之，凿取烹试。其矿色样不同，精粗亦异。矿中得银多少不定，或一箩重二十五斤，得银多至二三两，少或三四钱。矿脉深浅不可测，有地面方发而遽绝者，有深入数丈而绝者，有甚微久而方阔者，有矿脉中绝，而凿取不已，复见兴盛者。

此名为"过壁"。有方采于此，忽然不现，而复发于寻丈之间者，谓之"虾蟆跳"。大率坑匠采矿，如虫蠹木，或深数丈，或数十丈，或数百丈，随其浅深，断绝方止。旧取矿携尖铁及铁锤，竭力击之，凡数十下，仅得一片。今不用锤尖，惟烧爆得矿。矿石不拘多少，采入碓坊，舂碓极细，是谓矿末。次以大桶盛水，投矿末于中，搅数百次，谓之搅粘。凡桶中之粘分三等，浮于面者谓之细粘，桶中者谓之梅沙，沉于底者谓粗矿肉。若细粘与梅沙，用尖底淘盆，浮于淘池中，且淘且汰，泛飏去粗，留取其精英者，其粗矿肉，则用一本盆如小舟然，淘汰亦如前法。大率欲淘去石末，存其真矿，以桶盛贮，璀璨星星可观，是谓"矿肉"。次用米糊搜拌，圆如拳大，排于炭上，更以炭一尺许覆之。自旦发火，至申时住火候冷，名窖团。次用烊银炉炽炭，投铅于炉中，候化即投窖团入炉，用鞴鼓扇不停手。盖铅性能收银，尽归炉底，独有滓浮于面。凡数次，炉爬出炽火，掠出炉面滓。烹炼既熟，良久以水灭火，则银铅为一，是谓铅驼。次就地用上等炉灰，视铅驼大小，作一浅灰窠，置铅驼于灰窠内，用炭围叠侧，扇火不住手。初铅银混，泓然于灰窠之内，望泓面有烟云之气飞走不定，久之稍散，则雪花腾涌，雪花既尽，湛然澄澈。又少顷，其色自一边先变浑色，是谓窠翻，乃银熟之名。烟云雪花，乃铅气未尽之状。铅性畏灰，故用灰以捕铅。铅既入灰，唯银独存。自辰至午，方见尽银。铅入于灰坯，乃生药中密陀僧也。（《菽园杂记》卷十四，第八至十页）

采铜法

采铜法，先用大片柴，不计段数，装叠有矿之地，发火烧一夜，令矿脉柔脆。次日火气稍歇，作匠方可入身，重锤尖采打。凡一人一日之力，可得矿二十斤，或二十四五斤。每三十余斤，为一小箩。虽矿之出铜多少不等，大率一箩可得铜一斤。每烊铜一料，用矿二百五十箩，炭七百担，柴一千七百段，雇工八百余。用柴炭装叠烧两次，共六日六夜。烈火亘天，夜则山谷如昼。铜在矿中，既经烈火，皆成茱萸头，出于矿面。火愈炽，则镕液成驼。候冷，以铁锤击碎，入大旋风炉，连烹三日三夜，方见成铜，名曰生烹。有生烹亏铜者，必碓磨为末，淘去粗浊，留精英，团成大块，再用前项烈火，名曰烧窖。次将碎连烧五火，计七日七夜，又依前动大旋风炉，连烹一昼夜，是谓成鈲（音嘲）。鈲者，粗浊既出，渐见铜体矣。次将鈲碎，用柴炭连烧八日八夜，依前再入大旋风炉，连烹两日两夜，方见生铜。次将生铜击碎，依前入旋风炉坪炼，如坪银之法。以铅为母，除滓浮于面外，净铜入炉底如水，即于炉前逼近炉口铺细砂，以木印雕字，作处州某处铜，印于砂上。旋以砂壅印，刺铜汁入砂匣，即是铜砖，上各有印文。每岁解发梓亭寨前，再以铜入炉坪炼成水，不留纤毫深杂，以泥裹铁杓，酌铜入铜铸模匣中，每片各有锋窠，如京销面，是谓十分净铜。发纳饶州、永平监应副铸。大率坪铜所费不赀，坑户乐于采银，而惮于采铜。铜矿色样甚多，坪炼火次亦各有异。有以矿石径烧成者，有以矿石碓磨为末，如银矿烧窖者。得铜之艰，视银盖数倍云。（《菽园杂记》卷十四，第十一至十二页）

《山樵暇语》中的经济及习俗资料

说明：《山樵暇语》十卷，明俞弁撰。弁字子容，又号守约居士，正统、嘉靖时人，吴人。该书杂录古今琐事、辞章典故。原为抄本，涵芬楼将其影印。后又收入《丛书集成续编》子部。梁方仲先生所录数则，主要是有关经济及习俗的，值得关注。

吾乡赵处士同鲁豪迈能文辞，性刚直，遇事敢言，无所讳避。弘治辛丑，吴中大饥，同鲁上书于巡抚三原王公恕，其略云："宋元间，苏郡岁入苗百六十二万五千九百之数，以土地言之，昔之土地也，今有司欲倍常数而遇征，民如之何？矧今天时人事不利黔庶，积雨累月，民几为鱼鳖矣。财尽于私，贱加于官，莫此为甚。"王公读之甚加称赏，其年岁粮大减，公欲荐之于朝，同鲁力辞不就。（《山樵暇语》卷四，第八页）

东海张武部汝弼云：中国古无折扇，王秋涧《恽玉堂杂记》载：元初东南夷使者持聚头扇，当时皆笑之。我朝永乐初始有折扇，但仆隶下人所持，以使事人耳。及倭国充贡，太宗遍赐群臣，内府又仿其制，以供赐与，天下遂遍行之，而团扇古制废矣。江南妇人仅存其一二。余按《容斋续笔》载朱新仲折叠扇词云："宫纱蜂赶梅，宝扇鸾开翅，数折聚清风，一捻生秋，意摇摇，云母轻，袅袅琼枝细。莫解玉连环，怕作飞花坠。"折扇宋时已有，其来尚矣。汝弼在当时最号博洽，不知何以云然，想未见续笔故也。（《山樵暇语》卷五，第六页）

成化辛丑中，贵人索取奇玩，骚扰东南，挟王瘌子为羽翼，东吴

珍玩宝玉为之一空。（《山樵暇语》卷五，第八页）

谚云：亥日渔人撒网，比常倍之，元微之谪通州，白乐天诗云："寅年篱下多逢虎，亥日沙头始卖渔。"又《东南行》云："亥日饶虾蟹，寅年足虎豹。"张籍云："江村亥日长为市。"山谷亦有："渔收亥日妻到市。"亥日得鱼之语，其来尚矣。李淳风《易镜》云："取鱼宜见水忌土。"盖亥子属水，乃知鱼收亥日所有。（《山樵暇语》卷六，第八页）

国初京师士夫不尚虚礼，往谒必设拜，或偶不值遇，则投刺而已。至成化间，士夫则以立马人家门下，投三指一刺，惟恐主人出，主人亦惟恐客入，互相投刺而已，不知其何义哉？张修撰泰有诗云："一刺来投一刺还，交情一日遍长安。直须不作虚文事，可便离群出世间。"士风之偷薄，于此可慨。（《山樵暇语》卷六，第十四页）

国初宋瑄、张璧二万户以通海运功，太祖宠之，诏赐钞印，令自造行用，是以富倍王室，及事败死于京。（《山樵暇语》卷八，第三页）

国朝通行历代好钱，谓之当一。次用新钱，谓之折二，民其便之。正德十六年，吴中蓦地不用好钱，惟用折二。嘉靖改元，则用折三折四恶钱，由是私铸者日盛，钱法之弊莫甚于此。郡守胡公缵宗严加刑法禁止，愈禁愈盛，民间扰扰，不能聊生，终莫能禁。余阅温公《涑水纪闻》云：文彦博知永兴军起居舍人，毋湜鄠人也。至和中，湜上言陕西铁钱不便于民，乞一切废之。然朝廷虽不从，其乡人多知之，争以铁钱买物，卖者不肯受，长安为之乱，民多闭肆。僚属请禁之，彦博曰：如此是愈使民间惑扰也。乃召丝绢行人，出其家缣帛数百匹，使卖之，曰：纳其直尽以铁钱，勿以铜钱也。于是众晓，知铁钱不废，市肆复安。潞公可谓知大体者，惜吾侯未之察耳。（《山樵暇语》卷九，第三至四页）

正德戊寅，江西有黑云，红云若相斗者，久之分为两城，人马汹汹若攻城，城中人应之。明年六月宁藩叛，苏守徐公瓒以富民为约长，其次为副长，又令一家出一人，每户给谷五斗，上城巡护。时有

童谣云："百姓上城，天下太平。"未几王守仁举兵讨之，童谣果验。（《山樵暇语》卷九，第五页）

田价、粮长

弘治间，常熟桑民怿悦尝访一富翁，适值其主买田立契，忙不加礼，桑遂口占一绝诮之云："广买田庄真可爱，粮长解户专相待。转眼还看三四年，挑在担头无处卖。"近年以来田多者为上户，即金为粮长应役，当一二年家业鲜有不为之废坠者。由是人惩其累，皆不肯置田，其价顿贱，往常十两一亩者，今止一二两尚不欲买，盖人皆以丧身灭家为虑故也。江南之田，惟徽州极贵，一亩价值二三十两者，今亦不过五六两而已，亦无买主。民怿之言，虽出于戏，以今观之，切中时弊。噫！民为邦本，民之生本乎五谷，五谷之本系乎田，今弃其本而贱之，良有司者盍不知所务以复于古哉？（《山樵暇语》卷八，第二页）

附：刘惠，字逢甲，惠安人。……万历癸未进士。……巡按广东。……按广东时，过家，值倭警，以久入民籍寺田增价至万七千，民弗堪，即走白当事，悉从蠲免。里人德之。（民国《福建通志·列传》卷二十七《明十一》）

酒价

唐时酒价甚高。白乐天与刘梦得闲饮诗曰："共把十千沽一斗，相看七十欠三年"，李太白"金樽沽酒斗十千"，王维"新丰美酒斗十千"，许浑"十千沽酒留君醉"，权德兴"十千斗酒不知贵"，陆龟蒙"若得奉君欢，十千沽一斗"，或谓诗人托物寓言耳，然一时诸公岂尽以十千为言哉？然乐天最号纪实者，岂酒有美恶价不同欤？抑何其辽绝耶？惟老杜云："速来相就饮一斗，恰有三百青铜钱。"真宗问唐之酒价，丁谓举此句以对，遂为定价。按《唐书·食货志》云，德宗建中三年，禁民酤以佐军费，置肆酿酒，斛收直三千。《唐会要》正元二年，京城榷酒斗百五十，比子美已减其半。此可见唐之酒价不

一。汉昭时卖酒一升四钱，古谓一升，即今之一碗，其价逮与今同。（《山樵暇语》卷八，第五页）

晚唐酒禁尤甚，江南富民悉以犯酒没入家产者。韦庄以诗讽浙帅云："谁氏园林一簇烟，路人遥指尽长叹。桑田稻泽今无主，新犯香醪没入官。"浙帅见诗遂上疏，得改酒法不入财产，但惩罪而已。韦庄一诗之力也。（《山樵暇语》卷八，第六页）

双陆

高承《事物纪原》云："双陆，刘存、冯鉴皆云魏曹植所制。"考之《北史》，胡王之弟为握槊之戏，近入中国。又考之竺具，双陆出天竺，名为波箩塞戏，然则外国有此戏久矣。其流入中国，则自曹植始之也。其戏最盛于唐，当武后时，宫中梦双陆不胜，则唐人重此戏可知。宋人多不能者，但名存而已。胡金元至我朝，此戏尤甚于唐。予尝考之，古凡白、黑各用六子，所谓六甲是也。何以知其然？昔人有对云："三个半升升半酒，两行双陆陆双棋。"即是所以知之。今人用黑、白各十五子，似失古意。按《韵语阳秋》载赵抃《双陆诗》云："紫牙缕合方如斗，二十四星衔月口。贵人迷此华筵中，运木手交如阵斗。"是知宋人用黑、白各十二子，是知历代不同也。（《山樵暇语》卷八，第十四页）

刘教正《思斋杂记》云："天顺初，翰林各人送行文一篇，润笔银二三钱可求也。"叶文庄公云："时变之后，文价顿高，非五钱一两不敢请。"成化间，则闻送行文求翰林者，非二两者不敢求，比前又增一倍矣，则当初士风之廉可知。正德间，江南富族著姓求翰林名士墓铭或序记，润笔银动数廿两，甚至四五十两，与成化年大不同矣。可见风俗日奢，重可忧也。（《山樵暇语》卷九，第十至十一页）

《消夏闲记摘抄》中的明清史料

说明:《消夏闲记摘抄》上、中、下三卷,清顾公燮撰。公燮字丹午,号澹湖。爵里无考,据无锡孙毓修跋称,他为吴郡诸生,好搜罗稗野,著书自娱,有《消夏闲记》《致穷奇书》若干卷,均为抄本,又前书不知何人摘抄而改今名。原书为《涵芬楼秘笈》本,前附菱舫道人《顾澹湖传》和作者自序,后有孙毓修"跋",1985 年苏州博物馆等单位据嘉庆二十三年(1818)的抄本,题名为《丹午笔记》出版,内容与涵芬楼本有出入。后来将涵芬楼本收入《丛书集成续编》中,可以查阅。先师据涵芬楼本摘录的,都是重要的明清社会经济史料,原有标题,可供研究明史的读者参考。

钞关

元末钱多银少,议行纸钞。明太祖登极,设立天下各关隘,命以钞纳税,渐次收尽,故名钞关。(《消夏闲记摘抄》卷上,第二页)

凤阳人乞食之由

明太祖念濠州(即今凤阳府)为发祥之地,乱后人少地荒,徙江南富民十四万以实之,私归者有重罪。又设立蛋户、渔户、教坊等名色,禁锢敌国大臣之子孙妻女,不与齐民齿。永乐将建文殉难诸臣之妻女,尽发教坊司入平康院为妓,此皆非所以培植本原也。相传濠州富民欲回乡省墓,无策,男女扮作乞人,潜归祭扫,冬去春回。迄今沿以为例,届期不得不出,竟为生意,非省墓之谓也。(《消夏闲记摘抄》卷上,第四页)

苏州郡盗

国初，群盗蜂起，白布缠头，号曰"白头兵"。太湖有赤脚张三、毛二、沈泮、柏相甫、扒平大王等，盘踞淀山、长白荡、澄湖，白昼抢劫，名曰"打粮"。择缙绅富人及其爱子，擒匿盗穴，勒千金万金取赎；愆期不至，有水牢、河泥、粪窖、烟熏眼等刑。亲自投刺拜谒巨家，口称贷饷，不允则夜必烧劫。惟村农贫人，仍公平交易，献新者或邀厚赏，故众多归之。流毒几十年，渐次剿灭。（《消夏闲记摘抄》卷上，第二十六页）

崇祯末年钱价

前明京师钱价，纹银一两，兑钱六百，其贵贱在零几与十之间。至崇祯十六年，竟兑至二千矣。时私钱过多，奉旨处以严刑，令厂卫多人督察，而不知钱价更贱也。凡兑钱铺对面现付，必如钦限，一两应买二千四百，其一千四百则于桌下私授，或少转再取，以掩人耳目。有生员蒋臣盛建言用钞，帝决意行之，议以乡会中式朱墨卷，与直省文宗岁科考解部试牍，为钞质之资本。后因流贼渡河乃止。（《消夏闲记摘抄》卷上，第四页）

明季绅衿之横

明季缙绅，威权赫奕。凡中式者，报录人多持短棍，从门打入厅堂，窗户尽毁，谓之改换门庭。工匠随行，立刻修整，永为主顾。有通谱者，招婿者，投拜门生者，乘其急需，不惜千金之赠，以为长城焉。尤重师生年谊，平昔稍有睚眦，即嘱抚按访拿，甚至门下之人，遇有司对簿，将刑，豪奴上禀主人呼唤，立即扶出，有司无可如何。其他细事，虽理曲者亦可以一帖弭之。出则乘大轿，扇盖引导于前，生员则门斗张油伞前导。婚丧之家，绅衿不与齐民同坐，另构一室，名曰大宾堂。盖徒知尚爵，而不知尚德尚齿矣！至本朝康熙年间，尚有此风。捐职州同，亦坐大轿，持扇盖，传以为笑。迨我世宗宪皇帝

整纲饬纪，一洗从前积习，绅衿皆知敛迹，非公不至，绝无坐大轿者矣。（《消夏闲记摘抄》卷上，第五至六页）

明季缙绅田园之盛

前明缙绅，虽素负清名者，其华屋园亭，佳城南亩，无不揽名胜，连阡陌。推原其故，皆系门生故吏代为经营，非尽出己资也。至于豪奴悍仆，倚势横行，里党不能安居。而市井小民，计维投身门下，得与此辈水乳交融，且可凭为城狐社鼠。由是一邑一乡之地，挂名童仆者，什者二三，至国变后，犹然颐指气使，舆情不服。试观康熙壬寅，金坛逆奴之变，缙绅罹祸最惨，物极必反，此亦其恶报欤？（《消夏闲记摘抄》卷上，第六页）

金粟道人

顾仲瑛名德辉，富甲江左，读书好士，居正义马鞍山。偶入昆邑署，见大汉荷校，询之，答曰："吾盐枭张士诚也。"顾壮其貌，劝其改过。张首肯。顾保释回。士诚居公家半年，忽谓公曰："欲借银一万贸易。"公与之。未几，公游西湖，见士诚以扇障面，如乞人状。公呼与之坐，问其故，则曰："资本不充，一时费尽，羞见故人之面。倘再贩私，恐累及保人，甘为乞人而弗辞也。"公诘其必得若干而后可？士诚曰："需十万。"公慨然如数与之。讵知士诚招集亡命，据平江，自称吴王。迨明太祖兵屯吴，询悉士诚兴兵颠末，遂诣公，借银助饷。公留众军一飨，四人一席，咄嗟而办。太祖益羡之。公已知天命有归，潜隐于澄江小泾，将家产尽佐军饷，自号金粟道人。旋从其子迁临濠，卒，以子恩封男爵。后澄江小泾别墅售马姓。马故富者，每见其子读书坐机脚辄折，曰："此子必破吾家。"乃请捐资修昆山太仓官塘，未几死。其子果荡费遗资。媳佣工某姓，一日某宴客，谓其媳曰："此菜名燕窝，珍味也。"媳笑曰："昔年曾当小菜吃，何足贵乎？"某骇问出身，叹息曰："吾即汝夫之师也。"立唤其夫，以五百金赠之，而归其妇。未及半年，夫妇仍佣工度日矣。俗言人摇财散，

果然。（《消夏闲记摘抄》卷中，第一至二页）

明季生员

明季廪生，官给每岁膏火银一百二十两。三科不中，罚为吏。五等生员，亦罚为吏。五年期满，抚按考选，分别等次，以八品、九品、未入流铨补，仍准乡试。岁考等次，不先出案。临时发落，始知前后。又贫生无力完粮，奏销豁免。诸生中不安分者，每日朔望赴县恳准词十张，名曰乞恩。又揽富户钱粮，立于自名下隐吞。故生员有坐一百走三百之语。（《消夏闲记摘抄》卷中，第二页）

捐银入泮

康熙初年，因兵饷不敷，凡入泮者除照定额录取外，另出案一张，拔取一百余名，捐银一百二十两，一体入泮。吴中名士何义门焯亦出于此。（《消夏闲记摘抄》卷下，第十八页）

门槛税

万历年间，凡家中有大厅者，即加门槛税。今人称大户云有门槛人家，盖指此也。（《消夏闲记摘抄》卷下，第六页）

苏松粮重之由

明太祖恨苏松人为张士诚守城，抚拒二年有余。士诚国破，将户籍焚毁无稽。太祖即取沈万三家租簿定额，格外加赋。每亩完粮七斗五升，其重十倍他邑。惟绅衿贫户有奏销豁免之例，民困不堪。迨我朝裁减浮粮，每亩止完一斗七八升，诚千古特恩也。（《消夏闲记摘抄》卷下，第一页）

四始

建元，自汉武帝始。常平仓，自汉宣帝始。文牒朱出墨入，自北魏苏绰始。商籍，自鄢懋卿始。（《消夏闲记摘抄》卷下，第二十四页）

前明田价

前明中叶，田价甚昂。居间者辗转请益，彼加若干，此加若干。甚至鸡鸣而起，密室成交。谚云："黄昏正是夺田时"，此之谓也。（《消夏闲记摘抄》卷下，第六页）

附：董应举，字崇相，闽县人，万历戊戌进士……天启……擢太仆卿兼河南道御史，专领屯务，疏陈十难十利，帝悉敕所司从之。乃分处辽人万三千余户于顺天、永平、河间、保定，诏书褒美，遂用公帑六千买民田十二万亩，合闲田凡十八万亩。……

土寇洗村之报

顺治二年春，巡抚杨文骢甫莅任，南都已失，王师即日下苏，人心惶惑不安，既而杨抚宵遁，次日晌午，尚未开门，守者入视。出曰：抚院逃矣。此言一播，纷纷大乱，倾城士女出奔，阊门吊桥挤断，死尸填河，有顾贡生某，逃至羊山田庄，寓某村佃户家中，一夕夜半起，闻佃户私相语曰：顾贡生收租甚刻，何不杀之。骇而即徙他处远避，不日土寇起，尽洗此村，亦报也。是时民苦无米，河中死尸累累，鳗入腹中以为食，大而肥，渔者举网得之，价廉而可以饱，贫民争买食之。遂成瘟疫，死者枕藉。（《消夏闲记摘抄》卷上，第二十一页）

帐目

北魏书诏曰：城中旧寺及定皆有定帐，帐目之名始此，俗作赈字，未知始于何时。（《消夏闲记摘抄》卷上，第二页）

苏州鱼鳞册

明太祖破苏城，张士诚将鱼鳞图籍焚毁，无册可稽。至康熙十五年八月，大吏委长邑令李公念兹敬修，履亩亲勘，清查邱段，分别此疆彼界，至十七年六月始竣。惟长洲一邑独无，不免移邱换段之弊。

乾隆三十六年，吴邑令禇公邦礼信漕书孙姓条陈，彻底清查，花户十四万有奇。其二万余无着，如西山紫藤坞一带，俱崇山峻岭，难以清丈，迄用无成，想李公当日亦难为力，故未及此，乃天限之也。（《消夏闲记摘抄》卷上，第三至四页）

苏俗奢靡

苏郡俗尚奢靡，文过其质，大抵皆典借侵亏，以与豪家角胜，至岁暮，索讨填门，水落石出，避之惟恐不深，其作俑在闾胥阛阓之间，东南城，向俱俭朴，今则群相效尤矣。虽蒙圣朝以节俭教天下，大吏三令五申，此风终不可改，而亦正幸其不改也。自古习俗移人，贤者不免。山陕之人，富而若贫；江粤之人，贫而若富。即以吾苏而论，洋货、皮货、绸缎、衣饰、金玉、珠宝、参药诸铺，戏园、游船、酒肆、茶店如山如林，不知几千万人，有千万人之奢华，即有千万人之生理，若欲变千万人之奢华，而返于淳，必将使千万人之生理，亦几于绝，此天地间损益流通，不可转移之局也。况此种暴殄浪费之徒，率皆骄盈矜夸，不知稼穑艰难，使必定以限制，不得逾越，势必尽归于嫖赌一途，是外虽不奢华，而其实比奢华尤甚。谚云：救了田鸡饿杀蛇。窃恐田鸡未能救，而蛇先饿死矣。故圣帝明王，从未有以风俗之靡，而定以限制者也。（《消夏闲记摘抄》卷上，第十七页）

赵朱斗富

康熙初年，阳山朱鸣虞富甲三吴，迁居申衙前文定公旧宅，左邻有吴三桂侍卫赵姓者混名赵虾，豪横无忌，常与朱斗富。凡优伶之游朱门者，赵必罗致之。时届端阳，若辈先赴赵贺节，饮酒皆留量，赵以银杯自小至大，罗列于前，曰：诸君将往朱氏，某不强留，请各自取杯，一饮而去，如何？诸人各取小者立饮，赵令人暗记。笑曰：此酒是连杯偕送者。诸人悔不饮大杯，其播弄如此。元宵，朱挂珠灯于门，赵无以对，命家人碎之，朱不敢较，商于雅园顾吏部松交予咸，顾定计，以重币招吴三桂婿王永宁来宴饮，席散游园，置灯于侧。王问曰：可惜好珠灯，何碎不修？朱曰：此左邻赵虾所为，因平西之人，未敢较也。王会意，耳嘱家人数语，连夜逐赵另迁，一时大快人心。鸣虞之子典入翰林院，王永宁住北街拙政园内，先三桂死。（《消夏闲记摘抄》卷上，第三十至三十一页）

抚军设誓

康熙年间，米价不过七八钱一石，至末年抚军吴公存礼抵任，米价骤长，亦不过一两一石。金云：抚军粜米出洋所致。公设誓曰：果有此事，棺木不得还乡。雍正初年，吴以亏空落职，毙吴县狱，停棺瑞光寺，直至乾隆十五年，浮厝于寺旁隙地，迄今未归，果如所誓。噫！由今观之，一两一石真贱价也。要知目前之贵价，即将来之贱价，总由生齿日繁，物产有限，博施济众，尧舜其犹病诸。（《消夏闲记摘抄》卷上，第三十九页）

籍富民为粮长

明末江南岁输白粮于京师，例用富民主运，名曰粮长，往往至破产。官为五年一审实，先期籍富人名，诸富人在籍中者，争衣褴褛衣为穷人状，哀号求脱，向例白粮二十万石，责之苏、松、嘉、湖，而他郡不与焉。其京仓耗羡铺垫名色，吏胥需索诸费，大率十六釜而致一石，岁溢月增，竟致二十石而致一石，二十万石之供，实费二百余万石，不幸有覆溺，则身家糜碎矣。布衣陈某上书诉苦，诏减尖六米万余石，他费率减什五，而富民已受困不堪矣。（《消夏闲记摘抄》卷中，第八页）

芙蓉塘

旧闻吾苏自枫江以下，河面阔有里许，两岸植芙蓉，故名芙蓉塘。行舟过者，必祀天妃，其险可知，今之娘娘浜是也。大抵唐宋年间事，沧桑变易，不可深考。然近代如前明公卿跨街坊表，今两旁俱占屋舍，乃知康庄大道，有五马并行之说，洵非虚语。推原其故，盖因前明数百家布号，皆在松江枫泾、洙泾乐业，而染坊、踹坊商贾悉从之。又东西两洋未通，货物寥寥，南濠亦非辐辏之区，国初湖寇揭竿，上下塘又遭兵火，以后渐占官路，人居稠密，五方杂处，宜乎地值寸金矣。即如盘葑两门，乾隆初年，或有华屋减价求售者，望望然去之，今则求之不得。噫！万家烟火，莠稗杂出，仁里固不能择，倘孟母处，将迁何地以教子耶？（《消夏闲记摘抄》卷中，第十三页）

苏抚安公任内事二则

乾隆初年，米价每石钱一千二百，钱串七，四十三年亢旱，米价至二十文一升，有愚民顾尧年者，住仰家桥，似痴非痴，于四月二十四日忽自绑缚，耳挂木牌，书为国为民非为己字样，跪抚辕，求平米价，随行者不下万数。中丞安公宁大怒，发长邑令郑公时庆讯究，掌数十。舆情不服，拆毁公堂，抢出顾尧年。郡守姜公顺蛟闻声赴援讫，随上抚辕禀知此事。岂知众人尾随其后，抛砖掷瓦，挤毁辕门，迫官兵四出，拿二十四人，众乃逃散。抚迁怒于姜守率众闹辕，摘印参革。姜公素得民心，众更不平。旋杖毙顾尧年烟筒店陈二郏氏小奴三人，重责为从之枣子阿大陈三，永远枷号，余俱薄责省释。越三月抚军以他事去任，后仍为苏州织造，继为藩司，而卒于苏。（《消夏闲记摘抄》卷上，第四十二页）

乾隆二十年，秋虫为灾，粒米无收，次年瘟疫时行，道殣相望，至八月始安，米价至三十五文一升。是夏，夜即闭户，鲜有乘凉者，亲友数日不相见，则问安否，相见之下，惟谈鬼神事。时安公在苏，笑曰：较余任内二十文一升之米，已多十五文矣，何民情之宁谧若此也？（《消夏闲记摘抄》卷上，第四十二至四十三页）

宋皇祐二年，吴中大饥。时范文正公领浙西，发粟赈济。吴人喜竞渡，好为佛事，公乃纵民竞渡，太守日出宴于河上，居民空巷出游。又召诸佛寺主守，谕之曰：饥岁工价至贱，宜兴土木。于是诸佛寺工作并兴。又新仓廒吏舍，日役千夫。监司劾其不恤荒政，公乃条奏所以如此，正欲发有余之财，以惠贫者，使不致转徙于沟壑耳。是岁惟杭州饥而不害。盖凡出游者，必其力足以游者也。游者一人，而赖游以活者无数。所以《周礼》荒政十二，或兴工作，以聚失业之人焉。万历时，吾苏大荒，当宁以岁俭，禁游船，富家率治馔僧舍为乐，而游船皆失业流散。乾隆三十二年，方伯胡公文伯禁戏馆，商贾咸借会馆演戏。此皆不知权宜之道也。（《消夏闲记摘抄》卷上，第四十三至四十四页）

乾隆五十年乙巳旱荒

乾隆五十年，江南旱魃为虐，几至赤地千里，较之二十年尤甚，与康熙四十六年仿佛，二十年，不过苏属偏灾，尚有产米之区，源源接济，今则两湖、山东、江西、浙江、河南俱旱，舟楫不通，贫民在在失业，米贵至四五十文一升，肉价每斤一百五六十文，其他食物或贵至二三倍，以致死亡相望，白日抢夺。中丞闵公鹗元劝绅士捐米赈粥，齐盘、葑门、王路庵、木渎各设一厂。每厂日有万余人，死者日各有千人，至五十一年三月停厂。物价渐平，民心稍安，时钱串九十，此自康熙四十五年以来未有之奇荒也。是年太湖水涸，在在有井露出，俱系砖砌，上镌晋太康年间制，吴某监造，未知何故。（《消夏闲记摘抄》卷上，第四十四页）

《典故纪闻》中的明代经济史料

说明：《典故纪闻》，明余继登撰。继登字世用，交河（今河北省属县）人。万历五年进士，累官至礼部尚书。曾参与修会典，故对明代典章制度十分熟悉，是编就是摘撮实录及起居注材料完成的，初刻于万历年间，题曰《皇朝典故纪闻》。《畿辅丛书》据此本再刻，《丛书集成》又据《畿辅丛书》本排印，《畿辅丛书》本校勘颇精，是好的本子。1981 年中华书局据此校点重印。现据《畿辅丛书》本，选其关于明代重要的经济制度篇章，加上标题，以供研究参考。

农工

宣宗召蹇义等，语曰："朕昨谒陵还，道昌平东郊，见耕夫在田，召而问之，知人事之艰难，吏治之得失，因录其语成篇，今以示卿，卿亦当体念不忘也。"其文曰："庚戌春暮，谒二陵归，道昌平之东郊，见道傍耕者俯而耕，不仰以视，不辍以休，召而问焉，曰：'何若是之勤哉？'跽曰：'勤，我职也。'曰：'亦有时而逸乎？'曰：'农之于田，春则耕，夏则耘，秋而熟则获，三者皆用勤也，有一弗勤，农弗成功，而寒馁及之，奈何敢怠？'曰：'冬其遂逸乎？'曰：'冬然后执力役于县官，亦我之职，不敢怠也。'曰：'民有四焉，若是终岁之劳也，曷不易尔业，为士、为工、为贾，庶几乎少逸哉？'曰：'我祖父皆业农，以及于我，我不能易也。且我之里无业士与工者，故我不能知，然有业贾者矣，亦莫或不勤，率常走负贩，不出二三百里，远或一月，近十日而返，其获利厚者十二三，薄者十一，亦有尽丧其利者，则阖室失意，戚戚而忧，计其终岁家居之日，十不一二焉。我业是农，苟无水旱之虞，而能勤焉，岁入厚者可以给二岁温饱，薄者一岁可不忧，且旦暮不失父母妻子之聚，我是以不愿易业也。'朕闻其言，嘉赐之食。既又问曰：'若平居所睹，惟知贾之勤乎？抑尚他有知乎？'曰：'我鄙人，不能远知，尝躬力役于县，窃观县之官长二人，其一人寅出酉入，尽心民事不少懈，惟恐民之失其所也，而升迁去久矣，盖至于今民思慕之弗忘也。其一人率昼出坐厅事，日昃而入，民休戚不一问，竟坐是谪去，后尝一来，民亦视之如途人。此我所目睹，其他不能知也。'朕闻其言叹息，思此小人，其言质而有理也。盖周公所陈无逸之意也，厚遣之，而遂记其语。"
（《典故纪闻》卷十，第四至五页）

屯田

太祖初命诸将于龙江等处屯田，惟康茂才所屯充牣。乃下令申谕诸将曰："兴国之本，在于强兵足食。昔汉武以屯田定西戎，魏武以务农足军食，定霸兴王，莫不由此。兵兴以来，民无宁居，连年饥馑，田地荒芜。若兵食尽资于民，则力重困，故令尔将士且耕且战，数年以来，未见功绪。惟茂才所屯，得谷一万五千余，以给军饷，尚余七千。以此较彼，地力均而入有多寡，盖人力有勤惰故耳。自今宜及时开垦，以收地利，庶兵食充足，国有所赖。"（《典故纪闻》卷一，第五页）

正统初，大学士杨士奇等言："国家岁用粮储浩大，皆仰给江南，军民转运，不胜劳苦，况河道难通，少有阻隔则粮饷不足，实非长久之计。今在京官军数多，除操练造作应用外，余者悉令于北京八府空闲田地屯种，倘遇丰年，必有蓄积，可省南方转递之费，此实国家经久长策。"于是拨京军三万，就近地下屯。（《典故纪闻》卷十一，第二页）

景泰间，镇守尚书孙原贞条陈时政，内一款言屯种，曰："太宗皇帝置立红牌，备开军士屯种定例，颁行天下都司卫所，种样田以验其收成，计子粒以较其多寡，行赏罚以励其勤怠，此诚良法，而万世攸赖者也。今屯军因缮工馈饷等差占，妨误屯种者多，乞敕户部于各卫所官军内，简精锐以操备，拨冗杂以屯种，如添万人下屯，岁省支仓粮十二万石，又积余粮六万石，若天下卫所各照旧屯种，则粮储不可胜计，兵食岂有不足者哉?"（《典故纪闻》卷十二，第十五页）

成化时，定西侯蒋琬言："养兵之利，莫善于屯田，今竭东南民力，漕运以实京庾，又劳八府民力飞挽以供边饷，民兵俱弊，费出无经。屯田之利，则未遍举。且大同、宣府等处，膏腴土田，无虑数十万顷，悉为豪强占种，租税不供，稍遇兵荒，全仰内郡。其八府良田，又多为势要之家妄以抛荒奏乞，日渐侵剥，失业之民控诉无所。脱使边关有警，内郡何由接济? 运河有阻，京师何以仰给? 居安思危，不可不虑。乞令户部会议，遣刚正给事中、御史二员，视往年甘肃增粮事例，检勘丈量，定著科额。八府民田，亦乞严立禁条，不许豪夺。庶几兵民足食，内外有备。"（《典故纪闻》卷十五，第七页）

成化时，真定知府余瓒言："陕西、山西大同、宣府、辽东等处边墙内，地土肥饶，近皆为镇守内外等官私役军士尽力开耕，所获粮草甚富，凡遇官民买纳，加倍取息。以此观之，则各边所出者，皆足各边之用矣。请敕遣科道部属官刚正有为、深达大体者数员，往会巡抚巡按镇守内外等官勘视，凡堪种熟地，系军民并千百户以下者，听如旧管业，其在指挥以上者，请定则例，量拨多寡，以资其用，余皆计常操官军若干队分拨，每人宅地二亩，田地二十亩，每队分为两班耕守，以备征操，亦但征取十一，则民可免转输之劳，军可无饥寒之苦矣。"（《典故纪闻》卷十五，第十七页）

弘治时，山西沁、潞等处屯田，被水灾不及三分，例不免粮。孝宗以其民饥困，方发仓赈济，不可复征，特免之。（《典故纪闻》卷十六，第四页下）

正德三年三月，户部请发年例银于各边。得旨："各边既设屯田，又有各司府岁输粮草，天顺以前，初无送银之例，其例始于成化二年，盖因警报，或以旱潦，事变相仍，行权宜接济之术耳，其后遂为岁额，且屡告缺乏，得无盗取浪费之弊耶? 户部其会官查究事端，议处经久长策。"

正德初御史周熊查核辽东屯粮，言："辽左二十五卫，原额屯田二万一千一百七十一顷五十亩，该粮六十三万五千一百四十五石。今田止一万二千七十三顷，该粮二十四万一千四百六十石，外给操练舍余田二千三百一十四顷，该粮三万七千二十四石，又地亩田园之类一万一千四百一十三顷，该粮五万九千五百四十石，皆先年创法征之以补屯粮者。今查新增田共一万三千七百二十顷，该粮一十一万三千三百六十六石，通共四十五万一千三百九十一石，较之永乐间田多一万八千三百五十顷，而粮反少二十八万三千七百五十三石。其永乐年征之屯军者，比今多三之一。又今粗细相折，该去粮一十三万六千七百七十石，实少粮四万六千九百八十三石，皆常操军承种逃故屯田从轻征收之故耳。又永乐年间，常操军士一十九万，以屯军四万二千有余给之，而受供者又得自耕，边外军无月粮，以是边饷足用。今军止八万有余，皆仰给于仓，边外之田，无复敢耕，军饷告匮，实由于此。"读此疏，则举一镇而各镇可知。延至于今，岁增月益，夫赋有定额，而边饷无定额，国储安得不竭？竭则何以措手？司国计者不可不一严核之也。（《典故纪闻》卷十六，第十七页下至十八页）

佃租

（宣德十年）给事中年富言："江南小民佃富人之田，岁输其租，今诏免灾伤，税粮所蠲，特及富室，而小民输租如故。乞命被灾之处，富人田租如例蠲免。"又言："各处饥馑，官无见粮赈济，间有大户赢余，多闭粜增价，以规厚利，有司绝无救恤之方。乞命自今或遇荒歉，为贫民立券，贷富人粟分给，仍免富人杂役为息，候年丰偿本。"从之。（《典故纪闻》卷十，第二十页下）

鱼鳞图册

国初，两浙富民畏避徭役，往往以田产诡托亲邻佃仆，谓之铁脚诡寄，久之相习成风。乡里欺州县，州县欺府，奸弊百出，谓之通天诡寄。太祖素知其弊，及即位，乃遣国子生往各处，集里甲耆民，躬履田亩，以量度之，图其田之方圆，次其字号，书其主名，及田丈尺四至，类编为册。而所绘若鱼鳞然，故号鱼鳞图册。（《典故纪闻》卷四，第二十页）

占田

隆平侯张信强占练湖八十余里，又占江阴县官田七十余顷，为都御史陈瑛所劾。成祖曰："昔中山王有沙洲一区，耕农水道所经，其家僮尝据之以擅利，中山王闻之，遂归其地于官。今信何敢贪纵厉民如此，命法司杂治之。"（《典故纪闻》卷七，第十一页）

正统初，达官军校人等居畿甸者，多占民田、掠民财。御史成规以为言，英宗诏锦衣卫兵马司分捕之，犯死者于犯所枭首，徒流者发边卫充军，仍罪其头目。若地方被劫夺而官校纵容者，重治以罪。（《典故纪闻》卷十一，第四页下）

景泰六年，永嘉大长公主奏："愿以置买无锡县田一千二百余亩，岁入租粮七百余石，尽归有司，以助供给军马之用。"（《典故纪闻》卷十二，第十八页）

成化时，户科左给事中丘弘言："近嘉善公主累请文安等县闲地，西天佛子札实巴奏求静海县地及宛平佃户。夫公主食禄之家也，札实巴佛之徒也，乃反慈爱之教，而以削剥为事，溪壑之欲，必至无厌。承行者受其嘱托，略无执辩之词；勘报者畏其权势，俱作空闲之数。原其所由，皆无籍之徒窃假投献而渔猎其中，奸狡者投为管业而囊橐其内之所致也。况地逾百顷，百家之产也，岂可徇一人之好恶，而夺百姓之恒产哉！"疏上，诏以"田土除勘明给赐外，其余乃核实以闻，继今凡有求者，一切不许，著为令"。（《典故纪闻》卷十四，第二十页）

嘉靖时，世庙因大学士杨一清言："八府土田，多为各监局及戚畹势豪之家乞讨，或作草场，或作皇庄，使民失其常产。"有旨："八府军民征粮地土，多为奸人投献，势家朦胧请乞，逼取地租，虽有勘断，终不明白。民失常产，何以为命？京畿如此，在外可知。宜令户部推侍郎及科道官有风裁者各一人，领敕往勘，不问皇亲势要，凡系滥请及额外占夺民业曾经奏诉者，查册勘还。各项草场亦有将军民地土混占者，一体清理。外省令御史按行，诸王府及功臣家惟祖宗钦赐有籍可据则已，凡近年请乞及多余侵占者，皆还军民。各处势要，亦有指军民世业为抛荒猎而有之，皆宜处置。事竣具上其籍，户部务综其实，以副朕恤民固本之意，承委官有畏避权势、保私蔽公者，以状闻。"（《典故纪闻》卷十七，第六页下）

庄田

正德四年九月，兵部侍郎胡汝砺丈量过公侯伯指挥等官张懋等庄田地，共一千八百余顷。得旨："公侯伯等官既有常禄，在外庄田，徒使利归佃户家人。即今边储缺乏，各官岂无忧国足边之心？查出土地，宜照例起科，革去管庄人役，各家愿自种者听，不愿者拨与附近空闲舍，余种纳还。量地利厚薄，以定则例，令各边查出地土，视此令行之。"

正德时，湖广巡抚都御史王纶以岁累祲，预备仓已竭，欲礼劝富民，纳粟赈济，有不从者，疏闻究治。武庙曰："劝济固救荒权宜之法，但近年逼迫太甚，民情不堪。其令镇巡官再行斟酌，须富室乐从，不可强之。"（《典故纪闻》卷十六，第十九页）

附：庄田册疏　周嘉谟

看得沐镇握兵符，世守兹土，禄俸外听置田庄，国家所为优待也。查十六年册，税粮田地共八千三十一顷三十七亩，其税粮三千四百一十九石，不为不多矣。推而上之，西平八滇，尚未有此。其后岁积代累，乃及此数。以其时万里之勋，非常之眷，岂不能厚自封殖而顾俭于今，其忠君爱民，不犹有可想者乎？自十六年来，迨兹仅二十四年，又复增加于旧，环滇村内，莫非总庄，有更仆难悉数者，于是乎镇不得不委之之参随，分之大小管庄火头佃长，正征之外有杂派，杂征之外有亡名，虐焰所加不至，膏见髓干不止，嗟嗟，此固朝廷二百余年所休养汉夷出诸鸟言卉服而归版图者也。饿寒既迫，相率寇盗，抑何惮而不为，拔木塞源，非尽镇庄而属有司，则燎原滔天之势殆日，寻干戈肝脑涂地，虽有智者不能为滇计耳。幸两院会题，圣明俞旨，司道郡邑奉以从事，竭半年之力，而始犁然称，钦赐者仍从免科，以广皇仁于无穷。宽投献者，姑不例遣，止令认纳差粮，以开法网于大宥。新垦置者，一体齐民亦弗尽依会典，以昭作贡于任土，且有司征解，其体统崇也。户免鱼肉，其输将乐也。有参随庄佃向所侵渔，镇弗及知而坐受怨谤者，今悉征纳，其收入实也，行之一二年，官民相得，粮粒不逋，将伴芥之区，胥成沃壤；夷獠之种，悉为良民，绿林之衅自消，素封之瑕不起。能独编粮差者，止照民间则例起科，而小民亦不得均沾一分之赐，盖赋役均平，惠泽溥遍，皆以广朝廷浩荡之恩也。惟是参随人等无名之科派，下乡之骚扰，庄民平日敢怒而不敢言者，不得不通行裁革，以苏民困，绝盗源，是则庄民踊跃欢呼，而参随人等不无缺望者，似亦不暇顾矣。矧其中有镇臣徒负虚名，未得实惠，利归于下，怨归于上者，今一旦尽数清出，其所利于镇臣尤多乎。若夫严督有司及时征解，毋得逋负，使镇臣藉为口实，灾伤并议减免收纳，必须公平，毋得偏累，使庄民永有依归，则又臣等抚按司道之责，无烦庙堂过虑者矣。（赵州师范荔扉纂辑：《滇系》八之二《艺文系》，第十三至十五页）

漕船

（弘治朝）旧例，漕船运船，松木者五年一造，给价六十一两九钱；楠木者七年一造，给价七十七两五钱，俱军三民七出办。乃后则渐求增加，非复当时之例矣。（《典故纪闻》卷十六，第五页下）

边储

（洪武二十年春至八月）守太宁都督佥事商暠言："见储粮粟，大宁三十一万石，松亭关五十八万石，会州二十五万石，足供数年边用。"太祖谓左右曰："守边之计，足食为先。今暠言储粮足用，边郡

之民可免挽运之劳矣。"（《典故纪闻》卷五，第一页）

洪武二十五年十一月，北平行都司奏："大宁左等七卫及宽河千户所今年屯种所收谷麦，凡八十四万五百七十余石。夫都司所收军饷且如此，何今之不然也？"（《典故纪闻》卷五，第十一页）

（洪武二十八年闰九月至三十年）太祖尝谕晋王、燕王以备边十事，内一款："今年屯种，自东胜至开平，开平至大宁、广宁，须于五月一报禾苗长养何如，七月再报结实何如，十月又报所收子粒若干。一岁三报，不惟使朕知边储虚实，而屯军亦不至懈力矣。"按圣祖之留心屯政如此，今何独不然？（《典故纪闻》卷五，第二十二页）

正统四年，英宗问户部臣，永乐、宣德间，宣府、大同二边军粮供给若何，及有无运送银绢布匹之数。户部言："国初，大同粮料俱系山西布政司供给，永乐十九年方起倩军夫于京仓运送粮料二十万一千一百余石于宣府，宣德六年至十年，亦于京仓通州攒运粮料三十八万石赴宣府，其山西税粮岁止拨四十万石或三十万石赴宣府备用，并无运送银两布绢。其后宣府陆续添设保安等卫所，通旧八卫，共一十九卫所，官军数多，于是每年奏令粮户赍价于松江等处收买布匹，或遣人解银前去准籴，或出京库绢运彼，准作官军月粮。此皆权时制宜以足边防之用也。"（《典故纪闻》卷十一，第七页下）

成化间，户部覆甘肃巡抚宋有文奏言："边储亏折，非独甘肃为然，如辽东、大同诸处，往往事觉，盘究未报。大抵粮储乃生民膏血，而边方险远，类难急致。其间侵盗之徒，率多延缓，以觊脱免。今宜定为通例，凡盗粮五十石、草一千束、钱帛直银二十五两者，仍用常典，多者一如近例，监追充军，四倍其数，则无问文武职官吏典斗库部运诸人，虽宥不赦，正犯或有逃故，逮其亲属。如此则粮不重费，人知谨守。"疏上，诏如议，且令正犯逃故，于同籑至亲家属追之。（《典故纪闻》卷十五，第七页下）

成化十四年，巡抚宁夏都御史贾俊奏："边储无措，请开纳银。"十三道御史言："堂堂天朝，富有四海，供输贡入，不可数计。使能量入为出，用一省百，则边储何患不充，军需何患不足，而为此卖官鬻爵之事。伏乞痛革前弊，别为经久常行之策，务使边备不乏，名器不滥，旧章不紊，异议不生。"疏上，宪宗曰："汉文帝从晁错边储之策，令民纳粟拜爵，后人惜其作俑。迩者有司以乏边储，又议行纳银事例，后世又将谓何？御史所言是也，宜一切罢之勿行。"（《典故纪闻》卷十五，第十二页）

嘉靖时，詹事霍韬言："旧例监一引输边粟二斗五升，故富商大贾悉于三边自出财力，招游民垦边地，艺菽粟，岁时屡丰，粟石值银二钱。时有计利者曰，输粟二斗五升，支盐一引，是以银五分得盐一引，请更其法，课银四钱二分，支盐一引，银二钱得粟一石，盐一引，得粟二石，是一引之盐得八引之利。户部以为实利，遂变其法，凡商人引盐悉输粟于户部，由是商贾耕稼积粟无用，遂辍业而归，边地荒芜，米粟边一石值银五两，皆盐法更弊之故也。今欲足边储粮，其复输粟之旧制乎？"按韬此议最是。（《典故纪闻》卷十七，第九页）

嘉靖时，兵部尚书潘潢因镇巡官以召募新军，疏请加，饷言："国初各边粮钱粮，取办民屯二种，马料取之采青牧放，岁有常供，未尝告乏。迩者民粮逋负，屯种废弛，而动请内帑，虚腹心以奉四肢，非完策也。乞行巡按御史先查各省起运钱粮、各卫所屯田子粒，别其积欠，严限催征。是后会计岁用，先尽民屯二粮、开中盐引及各税课等项，通融计算，衰多益寡，或有非常蠲减，方许奏发帑银，庶边臣奏讨之烦非所虑矣。"（《典故纪闻》卷十七，第十八页下）

嘉靖时，延绥巡抚王纶言："陕西四镇边储，自嘉靖十年查核，今经二十余年，士马日耗，粮饷日增，如绥延镇旧设军六万六千余名，今止五万余名，马二千余匹，今止一万三千余匹，岁用五十六万有奇，计浮费不下一十四万。宁夏镇旧设军四万四千余名，今止二万八千余名，马二万四千余匹，今止一万二千余匹，岁用四十一万有奇，计浮费不下十万。甘肃镇旧设军四万五千余名，今止三万五千余名，马二万七千余匹，今止一万八千余匹，岁用四十一万有奇。固原镇旧设军七万九千余名，今止一万一千余名，马三万五千余匹，今止八千余匹，岁用三十四万有奇，计浮费各不下一十六万。求其增费之源，与耗散之弊，有逃亡倒失，朦胧滥支，此浮冒积习之弊；通负侵没，因缘为奸，此征解积习之弊；报警则以小为大，出师则以少为多，地里远近、日期后先，或可缓先发，或应掣故留，此征调积习之弊；使车宾旅，实繁有徒，供给馈遗，冒支储胥，此支放积习之弊。夫额外之费既已日增，法外之奸从而日蠢，即竭内地之财以供边，愈加而愈不足矣。"（《典故纪闻》卷十七，第二十一页）

九边旧无客兵，止有主兵，岁派民运屯盐足以自给，后因民运多逋，屯盐渐弛，又客兵调遣不常，遂致奏讨数多，中间靡耗特甚。世宗一日谕户部曰："朕见诸边疏请内帑，想初因急需，后遂援为口实，岂无侵冒自私之弊？今后必慎度以给。"圣心之明见如此。

嘉靖时，蓟辽总督许论奏："密云、昌平二镇年例饷金，俱防春用尽，防秋仍用三十二万有奇。"于是户科都给事中郑茂言："各边钱粮虚靡之甚，奏讨之多，莫有过于蓟镇者，臣查嘉靖三十六年边饷，密云止八九万，今三十四万有奇，昌平镇止三五万，今十四万有奇，何前后悬绝如是？夫春防小警，为费若此，防秋何以加之？诸边效尤，又何以应之？论在镇三年，一卒未练，而粮饷独倍往昔，岂无侵冒之弊？宜敕大臣风宪官赴边计议，较数岁之中酌为定规，庶边臣不敢妄求，司计得有所执。"世宗是其言，令论回籍听勘。总理宣大粮饷侍郎霍冀等言，奉旨勘上蓟镇客兵粮饷不敷之数，言："蓟镇主客钱粮自二十九年而京运始发，至三十九年而额数愈增，如蓟州主兵年例不过六七万，今则十四五万矣；客兵不过十数万，今则三十万矣。密云主兵年例不过一二万，今则七八万矣；客兵不过八九万，今则二十二三万矣。盖缘往时蓟镇主客止四五路，今则增为十区，而副参游守增添数倍矣。往时未有客兵，俱主兵调遣，今则山、陕、辽、保分番征调矣，往者在边止于防秋，今则戍守无虚月无虚岁矣。此年例之所以愈增而愈不足也。"

嘉靖时，廷臣议上理财事，内一款言："国初岁派边储，足供岁用，原无请发帑银之例。后缘边疆多警，或广召募，或增营堡，额派钱粮，支费不敷，不得不仰给于京储。然考嘉靖十八等年，各边岁发仅及五十九万，今且增至二百三十余万，盖近来各边或无故调遣，或假名按伏，因而干没，其费不赀，司计者将何以应之？宜行各督抚官，亲诣各城，从实拣选，汰其老弱虚冒，以还先年主兵原额。诸所新设营垒，查非要害，尽当随宜省并。"世宗报曰："近年边饷，侵冒多端，各督抚官正己率属，厘革积弊，违者听部臣并该科参治。"（《典故纪闻》卷十七，第二十五页下至二十七页）

运粮加耗

嘉靖初，巡仓御史刘寓生言："运粮加耗之弊，有曰太监茶果者，每名三厘九毫，岁银一万五千六百两；曰经历司、曰该年仓官、曰门官门吏、曰各年仓官、曰新旧军斗，俱每石一厘，共银一万六千两；曰会钱者、曰小荡光银者，各每石一分，共银八万两；曰救解面银者，每石五厘，计银二万。皆民膏血也。乞痛革其弊。"世庙命内外总督粮运等官，严行禁革，违者重治以罪。（《典故纪闻》卷十七，第二页）

内官监收白熟粳米，科索无厌，大率正粮一石，加费二石，始获批单。嘉靖时，以应天巡抚吴廷举言，始令今后内官监收粮悉如故事，每石加耗一斗，不许分外多收。军余人等，有仍前巧立名色科索民财者，如法究治。（《典故纪闻》卷十七，第三页）

揽纳户

景泰时，赦款内有诓诈财物免追者，于是京师揽纳户、车户得人财物，皆援以为例，不如约办纳装载。户部谓其骗民财，亏国用，请令法司追完，庶使奸计不行。从之。（《典故纪闻》卷十二，第五页）

收粮

成化元年十一月，上谓户部臣曰："律条明开收受税粮，听令纳户亲自行概，平斛交收，比来收粮者作弊多端，且每石加耗米一尖不过五升，今军官愿明加一斗，可见官攒人等侵害过多。今后收粮俱用平斛，听令旗军行概，每石耗米五升，二十斛加与一石，落地余米，旗军自收，不许随斛上仓，亦不许官攒人等勒要，囤积财物。仍严加禁约，敢有仍前作弊，许令巡仓御史参奏究问。"（《典故纪闻》卷十四，第十三页下）

折纳

洪武三十年敕户部，凡天下积年逋赋，皆许随土地所便，折收绢布金银等物，以免民转运之劳。（《典故纪闻》卷五，第二十三页下）

铁冶

洪武时，广平府王允道言："磁州临水镇地产铁，元时于此置铁冶，岁收铁百余万，请仍置冶。"太祖曰："朕闻治世天下无遗贤，不闻无遗利，且利不在官则在民，民得其利则利源通，而有益于官；官专其利则利源塞，而必损于民。今各冶铁数多，军需不乏，而民生业已定，若复设此，必重扰之。"因杖其人流海外。（《典故纪闻》卷四，第八页）

盐法

故驸马富阳侯李让家人有中盐虚买实收者，锦衣卫鞫之，言告者不实。成祖命六科给事中孙琳等共审之，实锦衣受贿。成祖曰："富阳侯之子，朕外孙，孰敢诬之？朕但虑锦衣卫故抑告者，初不虑其纳贿。"命付都察院鞫之。于是侯之子恳谢过丐免，成祖曰："法度与天下共之，岂为私亲废？尔曹政当奉法保恩，岂可恃恩挠法！夫欺慢以苟利，与贿赂以逃利，虽尔曹亦不可得免，况尔家人乎！"遂召都察院臣，谕曰："宥罪可施于疏贱，而贵近不可侥免，行法必先于贵近，则疏贱可以知警。富阳侯家人，其治之如律。"（《典故纪闻》卷六，第十九页）

正统九年，敕户部曰："朝廷令人易纳马草开中盐粮，本期资国便民，比闻各场纳草之人，多系官豪势要，及该管内外官贪图重利，令子侄家人伴当假托军民出名承纳，又行嘱托，规从轻省之处。如东直门牛房，岁计用草止十五万，今添纳至三十余万。积聚既多，久则必致下人乘隙侵欺。又各处所中盐粮，亦系官豪势要之家占中居多，往往挟势将杂糙米上仓，该管官司，畏避权势，辄与收受，以致给军多不堪用。及至支盐，又嘱管盐官搀越关支，倍取利息。致无势客商守支年久不能得者有之，丧赀失业，嗟怨莫伸，其弊不可胜言。此皆尔等不能体国利人、徇情受嘱之故，今姑宥尔等之罪，以后必须严谨禁约。草听殷实军民承纳，御史监收，但作弊者即拿问具奏。官豪势要及该管官员之家，不许仍前承纳，与民争利，违者听御史举劾。各场务会计岁用之数拨纳，果有多余，设法另行堆积，以备支用，毋得滥收作弊。各处中纳盐粮，务要干圆洁净，敢有仍前挟势将杂糙米上仓，及该管官司听嘱收受者，听巡按御史及提督官拿问，情重者具奏处治。御史提督官纵容不举者，并治以罪。"（《典故纪闻》卷十一，第十九页）

旧制，岁遣御史二员于长芦、两淮巡盐，又遣御史分巡南北河道，有司供费不给，给事中李瓒以为言，都察院遂请罢巡河御史二员，令巡盐御史兼之。（《典故纪闻》卷十二，第四页）

景泰三年秋，罢两淮、长芦巡盐御史、盐法、河道，命抚按官兼理。（《典故纪闻》卷十二，第五页）

旧例，中盐者皆户部定则例，出榜召商，无径奏者。成化二年，有富人吕铭等投托势要，奏中两淮运司存积盐五万五千引，有旨自中出允之。时户部不能执奏，盐法之坏自此始。

祖宗朝，河道但命巡盐御史兼巡之。成化二年冬，姑命御史一员提督通州以南抵临清及卫辉一带河道。（《典故纪闻》卷十四，第十四页下）

成化初，尚膳监太监潘洪奏，令其侄潘贵中纳两淮运司积余盐，户部奏其阻坏盐制。宪宗曰："朝廷存积盐课，以待边用，祖宗明有禁例，食禄之家尚不可中，况内臣乎？内臣给事内廷，凡所以养生送

死，皆朝廷为之处置，固不必营私以殖生，况乃损国课以益私家乎？其勿与。"（《典故纪闻》卷十四，第十九页）

河东盐池，旧止以巡按巡视，成化九年三月，户部郎中文志贞言："巡按等官不得以时临视，故人得私贩，官盐阻坏，客商少中，无以济边用之急。请岁遣御史一人，往彼禁治料理，岁满更代，如巡茶之例。"乃始设河东巡盐御史。（《典故纪闻》卷十五，第三页）

成化十九年三月，内官王钿奏令家人中河东盐二万余引。户部请治其罪，宪庙曰："祖宗之制，内官不许私置产业，矧敢违例中盐，与民争利？且其服食之需，皆自内给。今钿营利于外，将焉用之？户部其查，例揭榜禁约，后有犯者，必罪不宥。"（《典故纪闻》卷十五，第十四页下）

弘治时，内府供用库岁派青白盐十七万五千斤，正德以后，加至三十五万一千八百四十四斤。嘉靖初，以御史郑光琬言，始复弘治旧额。（《典故纪闻》卷十七，第一页下）

旧制，在京各衙门食盐，岁遣拨办吏一人下场收买，吏倚官势，往往倍收为奸利，沿途私贩，莫敢诘捕。巡盐御史乃请令运司食盐较定斤两，筑包于司，俟支盐人役至，数包予之，自外不许别有夹带，诸役亦不许自行下场，违者论如律。各役既无所获利，而一应纳钞儳挽之费，悉其所出，多坐累不支，至有弃役逃去者。嘉靖四十三年九月，验封郎中陆光祖言于尚书严讷，疏请革之。自后百司遂停食盐，唯户部十三道岁支如故。（《典故纪闻》卷十七，第二十八页）

隆庆时，御史马明谟请复屯盐之旧，言："祖宗时，边备振举，虏不敢深入。富商得以私财募人开垦塞下，输纳盐粮，故当时公私饶裕，不藉内帑而给。今诸边苦虏，塞下无可耕之田，乃议发帑，国计所关，以天下供京师，其势顺；以内帑供四方，其势逆。乞敕重臣分理屯盐之利，使地利尽而商贾通，则边饷有裨，国储可裕矣。"（《典故纪闻》卷十八，第五页）

太仓

嘉靖三十八年，给事中龚清言："太仓之财，岁以千万计，中间请乞频仍，给予泛滥。乞敕提督侍郎，月具银库内外出入之数，务在简易明白，一览可见赢缩。各司自当畏惧撙节，而所省不赀矣。"诏可。太仓银库之月报出纳自此始。（《典故纪闻》卷十七，第二十五页）

隆庆初，诏内承运库太监崔敏，以户部银六万买金一万两进用，尚书马森等言："皇上初知太仓之积不足以供边饷，故出内库银买金，甚盛心也。第黄金产自云南，所出有限，岁额不过二千，尚多逋者，至于商人，尤难责办。先帝时曾买金二千，日积月累，仅能足数，不能足色，寻诏停止，以此金贮之太仓。今欲于数日之内，即满一万之数，臣等知其不能，请先进见贮太仓者，督云南亟进年例。又祖宗时御札，皆司礼监传之阁臣，转示各部院，无司礼监径传者。更望率由旧章，以示崇重命令之意。"得旨："银两不必发，取见在金进用。"（《典故纪闻》卷十八，第三页下）

官俸

文武官俸，每石旧折钞二十五贯，宣德九年春，掌户部事礼部尚书胡濙议，欲每石减作十贯。少师蹇义言："仁宗皇帝在春宫久，深知官员折俸之薄，故即位特增数倍，此仁政也，岂可违?"濙乃减作十五贯，自是小官不足者多矣。（《典故纪闻》卷十，第十七页下）

正统初，成国公朱勇言："在京文武官员俸粮，每月关米一石，食用不敷，乞每年运粮，除正数外，每军增米二石。至京文武官，按月添米一石。"英宗以带运艰难，不欲重困军士，止而不行。（《典故纪闻》卷十一，第八页）

官吏折俸布旧于甲字库折支者，每阔白布一匹折米四十石。成化十六年，户部以为言，始改折三十石。然布极细者不过值银二两，而米遇贵，石值银一两，已有悬绝。后又以粗绵布值银三四钱者支与，是粗布一匹，准价银三十两矣，从古所未有也。（《典故纪闻》卷十五，第十一页）

抽分课

正统三年五月，御史郑颙奏，张家湾宣课司崇文门分司每遇商货贩到，积至数多，方差内官锦衣卫官抽盘，不无停滞损坏，张家湾宜专委内官抽分，崇文门宜令本门收钞，内官兼管，其顺天府都税司并塌房课钞，宜令顺天府置簿按季填报，以凭稽考。英宗命但戒所司，勿致停滞，不必专委内官。（《典故纪闻》卷十一，第七页）

成化间，禁京城九门并通州等处抽分，内外官不得违例多取商税，违者治以重罪，命都察院榜示之。（《典故纪闻》卷十四，第二十三页下）

太平、芜湖、荆州、沙市、杭州税课，旧无抽分官，成化七年，工部尚书王复始请添部属三员，分往抽分，竹木变银为营缮费，是年所得仅千两，后至者以多得为能，至万余两。岁岁加增，朘削无极。言利之臣，贻害如此。（《典故纪闻》卷十五，第一页）

税课

洪武十三年六月，太祖谓户部臣曰："曩者奸臣聚敛，深为民害，税及天下纤悉之物，朕甚耻焉。自今如军民嫁娶丧葬之物，舟车丝布之类，皆勿税。尔户部其榜示之天下，使其周知。"（《典故纪闻》卷四，第三页下）

（洪武十五至十七年）解州学正孙询讦税使曾必贵为胡惟庸党，又讦故元参政黎铭尝自称老豪杰，讪谤朝廷。太祖曰："询不思以圣贤之道教人，而为告讦之事，岂儒者所为？"置不问。（《典故纪闻》卷四，第八页下）

旧制，税课司局官攒不给俸，日令巡拦供给。正统九年，山西太原府税课司巡拦言其所收钞少，供给太重。英宗命各处官攒悉照资品给俸，革其供给，后河泊所官亦照此例。（《典故纪闻》卷十一，第二十一页）

国家优厚运军，许其带土产物货以资用度。成化元年，漕运总兵

杨茂复奏免其各关之税，而今乃严为之禁，不许顺带物货，浸失祖宗初意矣。（《典故纪闻》卷十四，第十三页）

弘治元年十二月，御史陈瑶言："崇文门旧设宣课分司，止收商税，近差御史主事往监其事，以掊克为能，有伤国体。"孝庙曰："御史言是。此分司曩被校尉及无籍者挟持搅扰，因命御史主事监收，今后止许称盘客货，其余行李车辆，毋得搜检阻遏。"（《典故纪闻》卷十六，第二页下）

御用监

嘉靖初年，御用监供用库岁派黄蜡止八万五千斤、白蜡四千斤，末年黄蜡增至二十余万斤，白蜡不下十万斤。此外复有召买，有折色，视正额不啻三倍。又御用香品旧无征派事例，嘉靖末年，行广东采办，及顺天召商收买，岁办数十万斤。隆庆初，以户部言其扰民，始裁省，如嘉靖初年例，诸采办一切停止。（《典故纪闻》卷十八，第一页）

光禄寺

嘉靖时，光禄岁用银计三十六万，世宗以为多，疑有干没，乃谕内阁："今无论祖宗时两宫大分尽省，妃嫔仅十余，宫中罢宴设二十年矣。朕日用膳品悉下料，无堪御者，十坛供品，不当一次茶饭。朕不省此三十余万，安所用也。"阁臣对："祖宗时，光禄寺除米豆果品外，征解本色岁额定二十四万，彼时该寺岁用不过十二三万，节年积有余剩，后加添至四十万。近年稍减，乃用三十六万，其花费情弊可知。而冒费之弊有四：一传取钱粮，原无印记，止凭手票取讨，莫敢问其真伪。一内外各衙门关支酒饭，或一人而支数分者，或其事已完而酒饭尚支者。一门禁不严，下人侵盗无算。一每岁增买磁器数多。臣查得会典内一款：凡本寺供用物件，每月差御史一员照刷具奏，内府尚膳监刊刻花拦印票，遇有上用诸物，某日于光禄寺取物若干，用印钤盖，照数支领进用。本寺仍置文簿登记，岁终会计稽查。此一例不知何年停罢，若查复旧规，则诸弊可革矣。"乃切责该寺官，而添差御史，月籍该寺支费进览。（《典故纪闻》卷十七，第二十四页下）

内庭冗费

英宗初即位，敕省诸冗费，于是礼部尚书胡濙等议，钦天监历日五十万九千七百余本，省为十一万九千五百余本，太医院药材九万八千一百余斤，省为五万五千四百余斤，光禄寺糖蜜果品减旧数三之二，其添造腌腊鸡鹅猪羊二万七千只，子鹅二千只，酥油四千斤，尽行革罢。厨役六千四百余名，拣选老疾者悉皆放回。湖广、江西等处荐新茶芽七千五百余斤，省为四千斤。（《典故纪闻》卷十一，第一页）

亲王岁禄

洪武二十八年闰九月，太祖谓户部尚书郁新曰："朕今子孙众盛，原定亲王岁禄各五万石，今天下官吏军士亦多，俸给弥广，其斟酌古制，量减各王岁给，以资军国之用。"于是定亲王万石，郡王二千石，镇国将军一千石，辅国将军八百石，奉国将军六百石，镇国中尉四百石，辅国中尉三百石，奉国中尉二百石；公主及驸马二千石，郡主及仪宾八百石，县主及仪宾四百石，县君及仪宾三百石，乡君及仪宾二百石。皇太子、次嫡子、庶子既封郡王，必俟出阁，然后岁赐，与亲王子已封郡王者同。女俟及嫁，然后岁赐，与亲王女已嫁者同。郡王嫡长子袭封郡王者，岁赐比始封郡王减半支给。（《典故纪闻》卷五，第十九页下）

永乐时，户部言："比年旱涝少收，诸王岁给禄米，宜各撙节。"成祖命辽、宁、伊、秦及靖江王府皆循旧例，沈、唐、郓、鲁王府俱依祖训，万石内岁给米三千石，余支钞，安王府岁给米千石，顺阳王五百石，余皆支钞。祖宗时通融如此，今何不仿而行之也。（《典故纪闻》卷七，第十二页下）

《皇明祖训》：郡王岁禄二千石，后以边境用粮浩烦，止给千石。

英宗复辟，诸王以情自陈，各量增之，如河东王给一千三百石，内五百五十石折钞。（《典故纪闻》卷十三，第四页下）

王府禄米多预支，及病故，辄乞免还官。正德时有旨："今后禄米，俱按季关支，未及期而支者，巡按御史究问以闻。"（《典故纪闻》卷十六，第十八页下）

嘉靖初，詹事霍韬言："洪武初年，天下田土八百四十九万六千顷有奇，弘治十五年，存额四百二十二万八千顷有奇，失额四百二十六万八千顷有奇。是宇内额田存者半，失者半也。因备查得湖广额田二百二十万，今存额二十三万；河南额田一百四十四万，今存额四十一万；广东额田二十三万，今存额七万。此皆欺隐于小民者也。洪武初，户一千六十五万有奇，至弘治四年，仅九百一十一万；洪武初，口六千五十四万有奇，至弘治四年，仅五千三百三十八万。国初宜少而多，承平宜多而少，何也？又按天下藩府，洪武初山西惟晋府一王，岁支禄一万石，今增郡王、将军、中尉而下共二千八百五十一位，岁支禄米八十七万有奇，则加八十七倍矣。举山西而天下可推也。又按天下武职，洪武初二万八千余员，成化五年至八万一千余员，增四倍矣。锦衣卫官，洪武初二百一十一员，今一千七百余员，增八倍矣。户口日减，费用日增，可不思所以处之也？"（《典故纪闻》卷十七页）

达人俸米

正统初，吏部主事李贤言："窃见京师达人不下万余，较之畿民，三分之一，其月支俸米，较之在朝官员，亦三分之一，而实支之数，或全或半，又倍蓰矣。且以米俸言之，在京指挥使正三品该俸三十五石，实支一石，而达官则实支十七石五斗，是赡京官十七员半矣。边军常居苦寒之地，其所以保妻子御饥寒者，月粮而已，粮不足以赡其所需，欲其守死，不可得也。今若去此达官，岁省数十万之费，可以全生民之命，可以赡边军之给，可以足京官之俸，利莫大焉。又惟夷狄人面兽心，贪而好利，乍臣乍叛，恍惚无常，彼来降者，非心悦而诚服也，实慕中国之利也。且达人在胡，未必不自种而食，自织而衣；今在中国，则不劳其力，而坐享其有，是故其来之不绝者，中国诱之也，诱之不衰，则来之愈广，一旦边备有警，其势必不自安矣。前世五胡之乱，可不鉴哉！乞敕兵部将达官渐次调除天下各都司卫所，彼势既分，必能各安其生，不惟省国家万万无益之费，而又消其未萌之患矣。"（《典故纪闻》卷十一，第三页下）

永乐以来，夷人来降者多散处于畿辅之地，谓之鞑官鞑舍，给以月粮，久而生息渐繁，犷悍如故。成化初，南京御史郑安言："门庭之内，非豺狼所宜伏，万一四方有警，彼时伺变而动，昔晋徙戎内地而五胡云扰，近曹钦用达军谋叛，其明验也。愿将畿甸降虏，设法处置，或远徙边郡，或分置外卫，配隶军伍之中，治以中国之法，其原管头目，亦调隔别卫分，不得群聚一处，坐生其心。夫人少则易制，势分则易制，庶戎心永遏，中国底宁。"此疏甚是，于时部覆乃谓，徙戎之论，朝廷往因言者有达官不必动之诏，事遂寝。（《典故纪闻》卷十四，第三页）

和买

永乐时，开平卫卒蒋文霆言："王者以天下为家，以百姓为子，今有司岁办各色物料，名为和买，其实强取于民，万不偿一。若其土产，尚可措办；非土地所有，须多方征求，以致倾财败产。今后有司妄取民一钱者，以受财枉法论。其各色物料非土地所有者，禁勿取。"从之。（《典故纪闻》卷七，第四页）

官价

隆庆时，大学士高拱言："京师商人之累，非朝廷亏商，乃商费太冗耳。如供办百金，即有六七十金之费，少亦四五十金，是私费与官价常相半也。乃官价不以时给，则又有称贷之费，有求托吏胥之费，比及领价，所得不能偿其所失。故派及一家，即倾一家，人心汹汹，恶得而宁居也。夫至尊所居，根本之地，必使百姓富庶，人心乃安，而缓急亦可有赖，祖宗取天下富室，填实京师，盖为此也。独奈何使凋敝至此乎！先朝供用钱粮，召商买办，国用不诎，而商人得利。今估价给商，比之先朝，非节约加少也，而民不沾惠，反凋敝若此。乞今后凡商人办纳钱粮，必估给价值，即银两不敷，亦必那移处给，无得后时。更须痛厘宿弊，凡公私费用，悉为禁止。则庶乎商困少苏，而京邑之民可有宁居之望也。（《典故纪闻》卷十八，第十五页下）

物价

太常寺奏："牺牲所见畜羊少，请给钞遣官于出产之处市买。"仁宗曰："能爱人而后可以事神，朝廷事神之道，岂当惜费？比年有司不达大体，于市牺牲但准洪武中价值，凡物直随时低昂，岂有一定之理？今民间诸物，视洪武时直率增数十倍，而祀神之物，独仍旧直，民怨于下，神其享乎？自今供祀牺牲，悉准在京时直给钞往市，如于所产之处时直不足，则就所在有司不系赃罚钞内补给，畿内从巡按御史，在外从按察司官监市，毋致扰民。"（《典故纪闻》卷八，第十三页）

衣价

太祖于奉天门见散骑舍人衣极鲜丽，问制用几何？曰："五百贯。"责之曰："农夫寒耕暑耘，早作夜息，蚕妇缫丝缉麻，缕积寸成，其劳既已甚矣。及登场下机，公私逋索交至，竟不能为己有，食惟粗粝，衣惟垢敝而已。今汝席父兄之庇，生长膏粱纨绮之下，农桑勤苦，邈无闻知。一衣制及五百贯，此农民数口之家一岁之资也，而尔费之于一衣，骄奢若此，岂不暴殄？自今切戒之。"（《典故纪闻》卷五，第二十三页下）

马政

国初官员到任多无马，或假借于人，或乘驴。太祖谕兵部曰：

"礼莫大于别贵贱、明等威，今布政司、按察司，皆方面重臣，府州县官，民之师帅，闻多乘驴出入，甚乖治体，其令官为市马，布政司、按察司二十匹，府减其半，州县又减府之半。一马率十户饲之，岁终则更其役。"（《典故纪闻》卷五，第七页）

洪武二十五年三月，罢民间岁输马草。凡军官之马，令自刍牧；各卫军士马匹，则令管马指挥千百户各择水草丰茂之所，率所部卒及其妻子屯营牧养。（《典故纪闻》卷五，第十页）

成祖曾问兵部尚书刘儁："今天下畜马几何？"儁对："以兵兴耗损，所存者二万三千七百余匹。"成祖曰："古者掌兵政谓之司马，问国君之富，数马以对，是马于国为最重。我朝置太仆，专理马政，各军卫皆令孳牧，卿等宜严督所司，庶有蕃息之效。"（《典故纪闻》卷六，第二页）

洪熙中，礼科给事中黄骥言："西域使客，多是贾胡，假进贡之名，藉有司之力，以营其私，其中又有贫无依者，往往投为从人，或贷他人马来贡，既名贡使，得给驿传，所贡之物，劳人运致，自甘肃抵京师，每驿所给酒食刍豆之费不少，比至京师，又给赏及予物直，其获利数倍。以此胡人慕利，往来道路，贡无虚月，缘路军民递送，一里不下三四十人伺候于官，累月经时，妨废农务，莫斯为甚。比其使回，悉以所得贸易货物以归，缘路有司出车载运，多者至百余辆，男丁不足，役及女妇，所至之处，势如风火，叱辱驿官，鞭挞民夫。官民以为朝廷方招怀远人，无敢与较，其为骚扰，不可胜言。乞敕陕西行都司，除哈密忠顺王及亦力把里、撒马儿罕等处番王遣使朝贡，许令送赴京，来不过一二十人，正副使给与驿马，余与驿驴，庶几陕西一路之人，可少苏息。臣又窃见西域所产不过马及磠砂、梧桐、碱之类，惟马国家所需，余无裨于国，乞自今有贡马者，令就甘肃给军士，余一切勿受，听其与民买卖，以省官府之费。"仁宗谓礼部尚书吕震曰："骥尝奉使西域，故具悉西事，所言其皆从之。"（《典故纪闻》卷八，第八页）

宣德间，兵部尚书张本奏："驿马之设，本以飞报军机重务，今在外，凡有符验官司及镇守官，每以常事泛滥给驿，皆宜禁止，请令年终各具一岁给驿起数，及所干事务、所差人员，造册奏闻，以凭稽考。"从之。（《典故纪闻》卷九）

旧制，御史皆乘驴。宣德间，御史胡智言："御史任纪纲之职，受耳目之寄，纠劾百僚，肃清庶政，若巡按一方，则御史以朝廷所差，序于三司官之上，或同三司出理公务，三司皆乘马，御史独乘驿驴，颇失观瞻。自今请乘驿马为宜。"宣宗谓兵部臣曰："御史所言，亦合大体，其从之。"（《典故纪闻》卷十，第十一页下）

正统时，陕西管粮参政年富奏，各处进贡马无应付事例，英宗命每匹日给料豆四升、草一束。（《典故纪闻》卷十一，第十六页）

景泰中给事中白莹言事，内一款言："洪武中，凡京官本户杂泛差役俱为优免，今闻各处将京官之家，编作水马驿站等役，请申明旧章，一概优免。"从之。（《典故纪闻》卷十二，第四页下）

种马养在民间，一儿四骣，此祖宗定制，不可轻易。隆庆二年，提督四夷馆太常寺少卿武金言："种马之设，专为孳生备用，今备用马已别买，则种马可遂省。"且言种马之害，变卖种马之利。于是御史谢廷杰言："当修法以除弊，不当因弊而废法。"兵部亦主其议，议上，不允，竟如金言，每马变卖价银十两，征收草料银二两，解太仆寺。今太仆寺马价用尽，而种马亦废国初旧制，皆金之罪也。（《典故纪闻》卷十八，第四页）

马快船

（宣德间）德州民奏："本州路当冲要，每遇军务，官船经过，例给丁夫，而督运者多不守法，威逼有司，以一索十，以十索百，前者未行，后者踵至。本处丁夫不敷，有司无计，或执商贩行道贫人补足其数，督运者中路逼取其赀，无赀者至解其衣而纵者，有为所逼迫不胜而赴水死者。在船军士，本用操舟，乃得袖手而坐，所载私货，多于官物，沿路发卖，率以为常。乞敕所司禁约。"奏下行在兵部，兵部奏："请自今运物船、马快船，俱令掌船者每船预置木牌一，大书本船军夫数目姓名，有急运应增者，上水不过七人，所司给与印信帖子，大书所增贴于牌上，以牌竖于船头，所过有司如牌所增给之。下水不给，违者许被害之人及有司指实以闻。仍遣内外官不时沿路搜检私载物货，究治其罪，庶使小人知所警惧。"从之。（《典故纪闻》卷九，第十七页）

天顺时，南城县知县陈升陞疏言时政，内一款言："臣以考满来京，见马快等船，所载官物少而私货多，甚至夹带商旅，以规厚利，沿河索军卫有司挽夫以千百计，稍有稽缓，辄加笞辱。丁夫到舟，受诸棰楚。质其衣鞋而役使者有之，要其钱米而纵放者有之，忍视其饥寒至于僵殍而不恤者亦有之。乞敕今后每舟令载官物若干，著为定式，不许擅带私货及商人等。仍将其舟会数，分定班次，如差前次舟，即拨后次舟，所编军夫一半助驾，沿河亦酌定每舟一只，贴助挽夫若干，余外不许多索。至差后舟亦然。"命会官议行。（《典故纪闻》卷十三，第六页）

天顺时，阁臣言："南京马快船装载官物，一船可载者分作十船，却搭客商人等私货，俱要人夫拽送，动经二三百号。又阻滞粮船，深为不便。乞令南京守备官，今后若有进来品物，一船只载十五扛，其余一应供用官物，尽船装载，不许仍前多拨船只，劳人拽送。"英宗从其言，敕南京内外守备如所言行之。（《典故纪闻》卷十三，第十三页）

成化元年秋，南京吏部郎中夏寅奏："马快船只，供应艰苦，所载官物，一箱一柜而已，辄用一船，夹带客商，装载私货，所至骚扰，法宜禁约。"部覆，从其言。凡送官物，务尽船装载，每船添夫，上水二十名，下水五名，军卫三分，有司七分。违者并应付之人，皆治以罪。（《典故纪闻》卷十四，第十三页）

成化时，户部会议漕运事宜，内一段言："邻近河道南北往来马快流船，昼夜不绝，起集军夫接递，常以一二千计，凌冒风雨，送往迎来，艰苦万状。而经过官船，往往附载私盐客货，应付稍缓，辄将官吏高悬痛棰，不徒索夫，兼且求贿。原其所由，皆其随从仆隶指使之也。宜禁约内外公差官员，船运载官物，不许附带私盐客货，其随从仆隶姓名，及上水下水夫数，悉于关文明白开写，敢有多索一夫一军及分关前驱逼取钱物者，许巡河御史、按察司官将各人随从仆隶并附船客商拿问，民编口外，军发戍边，盐货入官。"（《典故纪闻》卷十四，第二十页下）

僧道

洪武二十年八月，诏民年二十以上者，不许落发为僧，二十以下请度牒者，俱令于在京诸寺试事三年，考其廉洁无过者，始度为僧。（《典故纪闻》卷五，第一页下）

（洪武二十五年）国初，京师百福寺隐囚徒逋卒，往往易姓名为僧，游食四方，无以验其真伪。于是命僧录司造《周知文册》，自在京及在外府州县寺院僧名，以次编之，其年甲、姓名、字行及始为僧年月与所受度牒字号，俱载于僧名之下。既成，颁示天下僧寺，凡游方行脚至者，以册验之，其不同者，许获送有司，械至京，治重罪。隐容者罪如之。（《典故纪闻》卷五，第十一页下）

洪武二十七年，诏僧道不许奔走外方题疏强求人财，有于崇山深谷修禅学真者，止许一二人，三四人者勿听。仍毋得创庵堂，有妻妾者，许诸人捶逐，相容隐者罪之。亦不许收民儿童为僧，违者并儿童父母皆坐以罪。（《典故纪闻》卷五，第十二页下）

永乐间，直隶、浙江军民子弟披剃为僧，赴京请度牒者千八百余人。成祖怒甚，曰："皇考之制，民年四十以上始听出家，今犯禁若此，是不知有朝廷矣。"命悉付兵部编军籍发戍辽东、甘肃。因叹曰："朕遵承旧制，一不敢忽，下人尚纵肆如此，何况后来？此不可宥。且此辈皆螟螣不可蓄育。"（《典故纪闻》卷七，第二页下）

成祖尝谓侍臣曰："闻近俗之弊，严于事佛，而简于事其先，此教化不明之过。朕于奉先殿旦夕祗谒，未尝敢慢，或有微恙，亦力疾行礼。世人于佛老竭力承奉，而于奉先之礼简略者，盖溺于祸福之说，而昧其本也。率而正之，正当自朕始耳。"（《典故纪闻》卷七，

第四页下）

（永乐六年前）嘉定县僧会司言，旧有僧六百余人，今仅存其半，请以民之愿为僧者给度。成祖谕礼部臣曰："国家之民，服田力穑养父母，出租税以供国用，僧坐食于民，何补国家？度民为僧，旧有禁令，违者必罪。"（《典故纪闻》卷七，第六页）

成祖谓礼部臣曰："近有一种无知愚民妄称道人，一概蛊惑，男女杂处无别，败坏风俗。洪武中，行瑜珈法、称火居道士者，俱有严禁，即揭榜申明，违者杀不赦。"（《典故纪闻》卷七，第十三页）

永乐十五年，成祖以洪武间天下寺观皆已归并，近有不务祖风者，仍于僻处私建庵观，僧尼混处，屡犯宪章，命礼部榜示天下，俾守清规，违者必诛。（《典故纪闻》卷七，第十六页）

永乐十六年十月，成祖以天下僧道多私簪剃，定制：愿为僧道者，府不过四十人，州不过三十人，县不过二十人，限年十四以上、二十以下，行邻里保勘无碍，然后得投寺观从师受业。俟五年后，诸经习熟，然后赴僧录司考试，果谙经典，始立法名，给与度牒。不通者，罢还为民。亡命黥刺者不许。（《典故纪闻》卷七页，十八页）

宣宗谕礼部尚书胡濙曰："今僧道行童，请给度牒甚多，中间岂无有罪之人潜隐其中者？宜令僧道官取勘，如果无之，尔礼部同翰林院官礼科给事中及僧道官同考试，能通大经，则给与度牒。"（《典故纪闻》卷九，第七页）

（宣德时）虞谦为杭州知府时，曾建议："江南寺院田多或数百顷，而官府徭役未尝及之，贫民无田，往往为徭役所困。请为定制，僧道每人田无过十亩，余田以均贫民。"闻今不复然矣。

中官裴可力督事浙江，有汤千户者以贿结之，因倚势渔猎百姓。按察使林硕初至，振举宪纲，汤惧不容，谗硕于裴，裴诬奏硕讥诽及沮格诏书，遂逮硕至京。硕言："臣昔为御史，巡按浙江，小人多不便。臣今升按察使，至浙未久，小人旧不便臣者，设谋造诈，欲去臣以自便耳。"宣宗曰："朕固不信，是以面问，汝今既明白，汝即驰驿赴任，但遇民瘼事，悉奏来。朕推诚心以待臣下，汝无他虑。"谓侍

臣曰："小人造言，谗害君子，归必罪之不贷也。"（《典故纪闻》卷九，第十页下）

宣德二年冬，礼部奏："永乐十六年，太宗皇帝定制，凡愿出家为僧道者，府不过四十人，州不过三十人，县不过二十人，额外不许滥收，俟五年后考试，如果精通经典，给与度牒。今天下僧道行童赴京请给者，多系额外滥收，且不通经典者多，请如例悉遣归。若系额内之数，亦待三年考试给与。"从之。（《典故纪闻》卷九，第十二页）

宣宗尝谓都御史顾佐曰："佛本化人为善，今僧人多不守戒律，不务祖风，往往创造寺院为名，群异佛像，遍历州郡，化缘所得财物，皆以非礼耗费。其申明洪武中禁令，违者必罪之。"（《典故纪闻》卷十，第十二页）

宣宗闻各监局小内使多为僧人所惑，有长素食者，亦有潜逃削发为僧者，召监局之长，谕之曰："人立身自有常道，为臣必忠，为子必孝，忠孝之人，自然蒙福，何必素食诵经乃有福乎？佛只教人存心于善，所论天堂地狱，亦只在心，心存善念，即是天堂；心起恶念，即是地狱，所以经云即心是佛。今后汝等戒之，但存心善，即是修行，敢有潜逃为僧者，皆杀不宥。"（《典故纪闻》卷十，第十六页）

宣德间，湖广荆门州判官陈襄言："各处近有惰民，不顾父母之养，妄从异端，私自落发，贿求僧司文凭，以游方化缘为名，遍历市井乡村，诱惑愚夫愚妇，靡所不为，所至，官司以其为僧，不之盘诘，奸人得以恣肆。乞敕天下有司、关津，但遇削发之人，捕送原籍治罪如律。果是僧，止居本处，不许出境，庶革奸弊。"从之。（《典故纪闻》卷十，第十七页）

（宣宗末）年富又言："近年军民之家，逋逃规免税徭，冒为僧道，累以万计，不织不耕，坐食饱温，或有拥妻妾于僧房，育子孙于道舍，败伦伤化，莫此为甚。乞敕礼部令各处寺观僧道未度者，悉遣复业，隐占者逮问还俗。"（《典故纪闻》卷十，第二十页）

正统十年，英宗召礼部尚书胡濙等，谕之曰："洪武以来，寺院庵观已有定额，近年往往私自创建，劳扰军民，其严加禁约。除以前盖造者，遇有损坏，许令修理，今后不许创建，敢有故违者，所在风宪官执问，治以重罪。若纵容不问，一体究治不宥。"（《典故纪闻》卷十一，第二十二页）

正统十一年，有僧四人私建寺于彰仪门外，为御史林廷举奏，英宗特命发边卫充军。（《典故纪闻》卷十一，第二十四页下）

正统时弥陀寺奏："本寺原种宛平县土城外地十八顷有奇，近蒙户部委官踏勘，令臣输税，然臣空寂之徒，乞赐蠲免。"英宗曰："僧既不能输税，其地令没官。"（《典故纪闻》卷十一，第二十四页下）

正统时，给事中张固奏："释教以慈悲清净为本，为其徒者当寡欲持戒，岂期无赖贪饕，载佛像于街市乡村，鸣铙击鼓，无端诞说，惑世诬民。乞敕巡视御史及五城兵马缉拿究罪。"从之。（《典故纪闻》卷十一，第二十六页下）

正统时，内使金荣等三人变其衣帽潜出禁门，至密云县青洞口内剃发为僧，被缉事人擒获，锦衣卫鞫实以闻，英宗命诛之。（《典故纪闻》卷十一页，二十七页）

景泰时，兵部尚书于谦以雷震塔庙，奏言："佛者以清净为本，慈悲为用，其教之行与否，不系于世道之轻重与其徒之多寡也。今四方多流徙之民，而三边缺战守之士，度僧太多，恐乖本末。一人为僧，则一夫不耕，衣食之费，虽不仰给于官府，亦必出自于民间。其度僧之举，亦乞少缓。"（《典故纪闻》卷十二，第三页）

景泰间，户部尚书金濂言节用粮储十事，内一款言："僧道潜住京师，动以万计，虽不费官粮，而米价踊贵，实由其冗食所致。宜除在京寺观及奉旨存留外，余令回原寺观住居，仍令五城兵马司挨捕，违者俱如永乐间例发遣充军。"（《典故纪闻》卷十二，第七页）

景泰中，给事中林聪等因灾异陈言，内一款："汰僧道以去游食。先儒有曰：'国无游民，则生者众矣。'游食者为国之蠹也，今京城内外，僧行道童，皆以请给度牒为名，或居寺观，或寓人家者，动以万计，或有已给度牒而不回，假托游方而来此，皆不耕而食，不蚕而衣，虽朝廷未尝给以粮饷，散以衣布，然其所服食者，皆军民之衣粮也，蚕食京师，莫此为甚。况此辈既无家室，又无差役，服夷狄之服，心禽兽之心，是以昔者猖妖言之赵才兴固僧人也，近者造妖书之净庆亦僧人也。复有佯狂而直入禁庭，有谋财而杀伤人命，其他奸盗诈伪，不可胜计。且景泰二年已度僧三万有奇，若今岁复度，恐天下之民，将半为僧道矣。乞令锦衣卫、五城兵马司查究各寺观及人家，但有游方挂搭、寄住僧道，悉皆驱遣出京，各回乡里，有敢隐藏者，治以重罪，庶民有正业之趋，国无冗食之费。”（《典故纪闻》卷十二，第十二页）

景泰时，云南虚仁驿驿丞疏言时政，内一款言：“今年以来，释教盛行，满于京，络于道路，横于郡县，遍于乡村。聋瞀士民，诱煽男女，廉耻道丧，风俗扫地。呜呼！元气乌得不伤，沴气乌得不作？此盖前之掌邦礼者，屈于王振之势，今年曰度僧，明年曰度僧，百千万亿，日炽月盛，今虽云止度裁抑，不过示虚文、应故事而已。臣以为宜尽令长发，勒使归俗务农，庶邪术不兴，沴气自息。”（《典故纪闻》卷十二，第十五页）

景泰时，御史叶峦言：“窃见天下僧徒冗滥，败俗伤化，其间有因户内丁多求避差役者，有因为盗事发更名换姓者，有系灶丁灶户负盐课而偷身苟免者，有系逃军逃匠惧捕而私自削发者。乞敕该部议，取各僧度牒审验，若年貌相同，名籍俱实者，仍与执照为僧；若买借他人度牒及无度牒者，究问，递发前项卫分充军。”（《典故纪闻》卷十二，第十六页）

景泰六年夏，命礼部移文天下，今后僧道务要本户丁多，本人持行修洁，不系军匠盐灶等籍，里老保结，呈县覆实，具申府司，类呈该部，方许收度。如有扶捏诈冒不实者，巡按御史、按察司将本人并保送金书官吏，一体治罪。仍勘各寺院原定额数，如有不及，给与度牒；如有数多，不与出给。（《典故纪闻》卷十二，第十七页）

天顺初，留守左卫小旗陈福奏：“洪惟太祖高皇帝创业之初，建创寺观，设立僧道，已有定额，其后往往私创庵院，滥将无籍之徒收充，亦有逃军囚匠改名易姓，削发顶冠，人莫之识，偷享安闲，不耕而食，不蚕而衣，不货殖而财用有余，故人皆乐为之。近年旱潦相仍，百姓艰食，其游惰之人，或托为僧道，游食四方而愈盛矣。以在京观之，寺观动至千百，僧道不可数计，求财索食，沿街塞路，张挂天神佛像，擅言祸福，以盖造寺观为名，务图肥己，饮食酒肉，宿歇娼妓，无所不为。又有燃指焚香，刺肤割股，警骇人目，扇惑人心，不惟饕餮于民，抑且有伤风化。乞在内令巡城御史、五城兵马司，在外令巡按御史及有司等官拿问发落，仍敕礼部将各府州县盖定寺观额设僧道名数，除已给度牒者，暂令各寺观附籍，其余查无度牒，悉发宁家随住当差。遇有额内缺数，方许簪剃。设有仍前私自簪剃及指称行者道童名色，躲避差徭，将本犯并寺观住持悉发充军，其余滥设寺观尽行拆毁。"从之。（《典故纪闻》卷十三，第一页下）

宪宗初，太监陶荣乞寺额，敕礼部曰："京城内外寺院已多，而势力之家往往增修不已，或豪夺民居，诡称古额，假名禳灾，而实因以生灾。今后不许妄自增饰，辄求寺额。"未几，礼部尚书姚夔因皇太后诞日，建设斋醮，会百官赴坛炷香，为礼科都给事中张宁等所劾，言："臣之于君，愿其福也，当劝以修德善；愿其寿也，当劝以去逸欲。今不能尽所当为，乃瓣香尺楮，列名其上，宣扬于木偶之前，相率而拜，曰为朝廷祈福祝寿，为后世笑。昔英庙复位，属有足疾，其时一二大臣不察古人行祷之义，亦尝为此举，非以扶名教、全治体也。"得旨："所言有理，今后斋醮，不许百官行香。"（《典故纪闻》卷十四，第三页）

成化元年二月，巡抚湖广都御史王俭言时事，内有挨查僧道一款，谓："我朝裁损二教，明示禁约，今游手之徒，冒名僧道，动计万千。乞如律禁革私自簪剃者，勒令还俗，解发原籍当差。仍严官民人等布施之禁，及云游行脚、寺观潜匿者，一体治罪，如此则人少游惰，户口可增矣。"（《典故纪闻》卷十四，第九页）

成化初，西僧以秘密教得幸，服食器用，僭拟王者。出入乘樏舆，卫卒执金吾仗前导，达官贵人莫敢不辟路。每召入大内诵经咒，赐予骈蕃，日给大官牲饩酒馔至再，锦衣玉食几千人，中贵见辄跪拜，坐而受之，法王封号有至累数十字者。（《典故纪闻》卷十四，第十九页）

成化时，总督漕运都御史张鹏请给僧道度牒，鬻米济荒。宪宗曰："僧道给度，不宜太滥，且鬻米之数，所得几何？而所损于国者多矣。其在官吏监生，尚不可以为常，况此辈乎？其勿许。"（《典故纪闻》卷十五，第三页）

成化时，锦衣卫奏："京城内外，盗贼生发，前后捕获七百余人，其中强盗多系僧人。乞自后僧行道童，不给有司文凭，私自来京者，缉出俱发边卫，并罪其所主之家。"从之。（《典故纪闻》卷十五，第六页下）

嘉靖时，礼部尚书方献夫等言："尼僧道姑有伤风化，乞将见在者发回改嫁，以广生聚，年老者量给养赡，依亲居住。其庵寺拆毁变卖，敕赐尊经护敕等项追夺。戒谕勋戚之家，不得私度。"世庙是其言，因谕献夫曰："昨霍韬言，僧道盛者，王道之衰也。所言良是。今天下僧道无度牒者，其令有司尽为查革，自今永不许开度，及私创寺观庵院，犯者罪无赦。"（《典故纪闻》卷十七，第七页）

炼丹

洪武间，有道士献道书者。太祖谓侍臣曰："彼所献，非存神固形之道，即炼丹烧药之说，朕乌用此！朕所用者圣贤之道，所需者治术，将跻天下生民于寿域，岂独一己之长生久视哉！苟受其献，迂诞怪妄之士必争来矣。故斥之，毋为所惑。"（《典故纪闻》卷五，第十八页下）

成祖与侍臣论及养身之道，曰："人但能清心寡欲，使气和体平，疾病自少。如神仙家服药导引，只可少病，岂有长生不死之理？近世有一种疲精劳神佞佛求寿，又愚之甚也。"

守卫卒有自陈母病笃乞假省视者，成祖曰："何不早言？"曰："昨告守卫官，不听。"成祖大怒，曰："父母病而不听归，彼非父母

所生耶？在朕前尚尔，况远外哉！谪其官戍边。"（《典故纪闻》卷七，第六页）

（约永乐十五年）欧宁有进金丹及方书。成祖曰："此妖人也。秦皇、汉武一生为方士所欺，求长生不死之药，此又欲欺朕，朕无所用金丹，令自食之，方书即与毁之，勿令别欺人也。"（《典故纪闻》卷七，第十七页）

民壮

成化时，谕德孔公恂言："京师天下根本，今内政不修，将老兵弱，何以应变？北虏近为边患，兵部榜谕各处，召募壮勇。夫朝廷养兵百年，才有小警，辄欲募兵，似有示弱之意。万一黠虏窥我虚实，拥众南下，不知谁可御之者？臣见京师以南，德州、临清、东昌、徐州等处，皆襟喉要路，除运粮操备之外，守城不过疲卒二三百人，间亦有空城者，小有阻滞，粮道不通。请于德州抵徐、扬及真定、保定等处，起集民壮，分属军政官训练，以备不虞。诏下其奏于所司。"（《典故纪闻》卷十四，第十一页下）

官妓

宣德四年八月，宣宗谕礼部尚书胡濙曰："祖宗时，文武官之家不得挟妓饮宴。近闻大小官私家饮酒辄命妓歌唱，沉酣终日，怠废政事，甚者留宿，败礼坏俗。尔礼部揭榜禁约，再犯者必罪之。"此革官妓之始。（《典故纪闻》卷九，第二十页下）

正统间，广东海南卫指挥使以进表至京宿娼，事觉，谪戍威远卫。（《典故纪闻》卷十一，第十八页下）

祖宗时，法度甚严，如弘治时郎中顾谧在校尉张通家饮酒，令优人女粧为乐，事觉，即令冠带闲住。今大纵矣。（《典故纪闻》卷十六，第十四页下）

内官

景泰时，南京锦衣卫余丁华敏言："内官十害，广积家财，金银珠玉动以万计，此从何而来？非盗府库之钱粮，则削生民之膏血，其害一也；内官专权倚势，侵占公侯房屋，兴工造作，役军劳民，其害二也；内官家人义男外亲，尽是无籍之徒，肥马轻裘，纵横豪悍，任意为非，甚至纳粟补官，贵贱不分，其害三也；盖造佛寺，费用无算，以一己之私，破万家之产，其害四也；广置田庄，不纳粮刍，寄户府县，不当差徭，彼则田连阡陌，民则无立锥之地，其害五也；家人中盐，虚占盐数，转卖与人，先得勘合，倍支巨万，坏国家之权法，夺客商之利息，其害六也；奏求塌房，邀接客旅，倚势赊卖，混赖不还，商人受害，莫敢谁何，其害七也；卖放匠人，名为伴当，办纳月钱，内府监局之人造作，工役烦重，捶楚不堪，其害八也；家人包揽各色物件，官府畏惧，以一科十，亏官损民，其害九也；内官监工，非法酷刑，军匠涂炭，不胜嗟怨，其害十也。"（《典故纪闻》卷十二，第六至七页）

太祖对待富民政策

洪武初（洪武元年），有告富人谋反者，命御史台刑部勘问，皆不实。或言元时告谋反不实者，罪止杖一百，以开来告之路。太祖曰："奸徒若不抵罪，天下善人为所诬多矣，自今凡告谋反不实者抵罪，著为令。"（《典故纪闻》卷二，第八页下）

（洪武十八年）丽水有卜者干求富民陈公望不遂，诣阙诬公望等五十七人聚众谋乱，太祖命锦衣千户周原往捕之。知县倪孟贤审其妄，谓寮属曰："朝廷命孟贤令是邑，惟欲抚辑斯民，安于田里。今使良善者受恶逆之名，岂朝廷命孟贤意哉？"卒具疏白公望等冤，而论妄告者罪。（《典故纪闻》卷四，第十八页）

预备仓

（洪武二十一年）太祖谓户部臣曰："曩者山东岁歉民饥，盖素无蓄积以备不虞故也。今岁山东夏麦甚丰，秋稼亦茂，尔户部可运钞二百万贯往各府州县预备粮储，如一县则于境内定为四所，于居民丛集之处置仓，榜示民家，有余粟愿易钞者，许运赴仓交纳，依时价偿其直。官储粟而扃钥之，就令富民守视，若遇凶岁，则开仓赈给，庶几民无饥饿之患。"（《典故纪闻》卷五，第四页）

洪武间（洪武二十五年），湖广孝感县言民饥，请发预备仓廪以贷之者。太祖谓户部臣曰："朕尝捐内帑之资，付天下耆民籴粟以储之，正欲备荒歉以济急民也。若岁荒民急，必候奏请，道途往返，民之饥死者多矣。尔户部即谕天下有司，自今凡遇岁饥，则先发仓廪以贷民，然后奏闻，著为令。"（《典故纪闻》卷五）

《两山墨谈》中的明代社会经济材料

古之行者必挟过所，释者谓若今路引之类，然未详二字缘何而名。偶阅《礼经会元》，谓周人之制，徙国中及郊者，必有所授；徙于他乡者，必有旌节，无授无节，是必以过恶而妄徙者，此无所容，彼无所授，过其必所有呵问。是过所者，就迁徙之人经过所在而言，后世谓二字为《周礼》之文，用遂立以为文券之名也。（陈霆：《两山墨谈》卷二，第二页）

盐虽遍天下皆产，然惟东南煮海为盛，其余川贵则盐井，河东则盐池，沙漠则盐泽，皆为斥卤润下水泉咸淖，积而成盐。予至山西，经行忻、崞间，平原广野，或曰二三十里之地，弥望若晨霜积雪，时方秋仲，意甚讶，问之，则地所生盐花也。土人刮而熬之辄成盐，微有苍黄色者，此犹疑其地近滹沱，意者下湿之故，及巡行太谷、榆次，彼皆高亢之地，而亦复产此，甚则寻丈之间，彼固生盐，此则种艺，盖有不可晓者，乃知化工之妙，有出于常理之外者如此。（陈霆：《两山墨谈》卷七，第七页）

古人以饮茶始于三国时，按《吴志·韦曜传》，孙皓每饮群臣酒，率以七斤为限，曜饮不过二升，或为裁减，或赐茶茗以当酒，据此为饮茶之证。予阅赵飞燕别传，成帝崩后，后一夕寝中，惊啼甚久，侍者呼问方觉，乃言吾梦中见帝，帝赐吾坐，命进茶，左右奏帝云，向者侍帝不谨，不合啜此茶云云。然则西汉时，已尝有啜茶之说矣，非始于吴时也。（陈霆：《两山墨谈》卷十四，第四页）

古者以车战，三代以前未用步也。晋伐无终及群狄于太原，将战，魏舒曰："彼徒我车，所遇又阸，以什攻车，必克。困诸阸，又

克。请皆卒，自我始。"乃毁车为行，设又阵以相离，诱之群狄，大则是后世之步战始此。（陈霆：《两山墨谈》卷十五，第二页）

近世泥金画漆之法，本出于倭国。宣德间，尝遣漆工杨某至倭国，传其法以归，杨之子埙遂习之。又能自出新意，以五色金钿并施，不止循其旧法，于是物色各称，天真烂然。倭人来中国见之，亦醋指称叹，以为虽其国创法，然不能臻此妙也。（陈霆：《两山墨谈》卷十八，第十页）

《昨非庵日纂》中的社会经济史料

江南经济情形

王克敬为江浙行省。有松江一大姓，岁漕米万石献京师。其人既死，子孙贫且行乞。有司仍岁征，弗足，则杂置松江田赋中，令民包纳。克敬曰："匹夫妄献米，徼名爵，以荣一身，今身死家破，不可使一郡均受其害，国家宁乏此耶？"具奏免之。（郑瑄：《昨非庵日纂》二集卷一《宜泽》）

滇濘子为政，未尝受民一尺帛，食民一鸡子。以钱易笋，百钱当得笋十斤，守门者取十一斤。滇濘子召还卖笋者，而杖守门者，自后无贱直买者矣。守藏吏告公费且竭，备己赀二十八金，滇濘子处偿之。或曰："守藏吏先后盗千金伏法，而使君又偿之。彼不愈得志乎？"滇濘子曰："吏盗官钱，自当伏法，我奈何以二十八金累吏，是使之亏损而取偿于盗也。"（郑瑄：《昨非庵日纂》第一册一集卷二，第六页）

汪一麟以知州升刑曹，给俸银十两，令州民赵锷修船北行，修完，公携家登舟，见缮治坚好，问所费几何？锷以十两对。密唤各匠细查，实用二十两，乃取银六两，扇三十把，墨三勋，二物值四两有余。唤锷曰："吾知尔陪十两，今以三物偿尔。"锷勉受之。退，其夫人语公曰："既知十两，即当偿足其数，而以扇、墨酬其劳可耳？"公亟补银四两，锷愈不敢受，公面颈发赤曰："是则使我不如一妇人矣，必不许辞。"（郑瑄：《昨非庵日纂》第一册二集卷二，第八页）

刘师文明州人，成都杨氏纳为婿。杨死数年方婚，既而谋归江南。妻晨起与母兄议事，师文窃窥，见其母兄立文书，反复再三，有不豫色。妻至问故，曰："父遗议，以田四十亩为嫁赀，约铜钱二千缗。迩来多故，鬻之殆尽。今货居室之半，仅得千缗而已。"适立券也，刘曰："岂有为婿而令人卖屋以畀者？"取券焚之，携妻竟归。呜呼！今人有无嫁赀而不纳其妇者，何相去远也。嫁娶责财，若偿宿负然，真夷狄之道，使贫家杀女，皆是故也。又则有翁婿相忤于讼者矣，姻娅相对如仇者矣，安得如师文者，以转移一世也。（郑暄：《昨非庵日纂》第二册一集卷三，第二页）

曾公亮布衣游京师，闻旁舍泣声甚悲，诘之，旁舍生欲言而愧久之曰："仆向用官钱若干，吏督急莫偿，乃以女鬻商人，得钱四十万，行与父母诀，所以泣也。"公亮曰："商人转迁不常，且无义，爱弛色衰，即弃为沟中瘠矣。吾士人也，曷与我？"旁舍生曰："君愈商人数倍，然已书券纳直，不可追矣。"公亮曰："偿直索券，不可则讼于官。"即与四十万钱，约后三日，以其女俟于水门之外。旁舍生如教，至期携女往，公亮舟行已三日矣。（郑暄：《昨非庵日纂》第二册一集卷三，第二页）

南阳李文达大父，家种棉花，载湖湘间邸舍。有三商议值三百两，交讫，邸忽失火烧罄，三商抱哭欲自尽。李慰之曰："汝货未及舟，尚为我物，物失值存，我应还汝。汝失此货本，无以为生，我尚能力业。"即还其价。（郑暄：《昨非庵日纂》第二册一集卷三，第三页）

韩琦在政府时，以三十万钱买女妇张氏，姿色美丽，券成，张忽潸然曰："妾本修职郎郭守义妻也，部使者挟私，劾以败官，今秋高岁晚，实恐尽室饿死京师，愿没身于人，以活守义儿女。"琦恻然悯之，遣张持钱还舍，令语守义败官果非辜，可诉之朝，事白，汝却归我家。郭后得辩雪，张来如约，琦不使至前，曰："吾位宰相，岂可妾士人妻，向者钱费用应尽取前日券，包金二十星，助汝之官，善视儿女。"张涕泗感激，百拜而去。（郑暄：《昨非庵日纂》第二册二集卷三，第十二页）

《识小录》

说明：《识小录》，明徐树丕撰。树丕字武子，长洲人。明季诸生，生于明末，卒于康熙癸亥（二十二年，1683）。他博览群籍，著有《中兴纲目》《杜诗注》《识小录》《埋庵集》四种。他研究宋明的历史，以札记写了《识小录》四卷（有《涵芬楼秘笈》本及《丛书集成续编》本），第三卷记宋季逸事，其他各卷记明事较多，翔实扼要。现把有关明季经济的篇章，抄录于后，并加标题，方便查阅。

粹

春米一石，得四斗，曰精；三斗，曰凿；二斗，曰粹。（《识小录》卷一，第七页）

亩收百石

晋孝武太玄七年，秦苻坚国内大熟，上田亩收百石，下者五十石。其在幽州境内，上田亩收七十石，下田三十石。是年又有蝗，蝗不食麻豆。按自古以来，服田力穑未有收若此者，及常为妖，其坚亡之兆乎？不然，或传闻之误、传写之误乎？（秦自郑国开渠之后，关中历代富饶。臆见度之，百石者百斗也，当是亩收十石耳。司马公亦不详。）（《识小录》卷一，第十五至十六页）

竹炭

北方多石炭，南方多木炭，蜀中有竹炭，烧巨竹为之，耐久而无烟，亦奇物也。又邛州出铁烹炼，利于竹炭更奇。（《识小录》卷一，第十七页）

沙糖

沙糖，中国本无之。唐太宗时，外国贡至，问其使人，知为甘蔗汁所煎。自此中国始有沙糖。唐以前书传凡言糖者，大率皆糟耳，即宋时尚有之，坡公所云，蟹之将糖，躁扰弥甚。余初疑之，谓蟹用糖，令人何可食，知此始释然。（《识小录》卷一，第二十一页）

水银

拂林国当日没之处有水银海，周围四五十里，国人于近海十里许掘井数十，乃使健夫骏马满身皆贴金薄，行近海边，日照金光晃耀，则水银汹涌如潮而来，其人即回马疾驰，若缓则人马俱扑没矣。水银势远力微，则溜入坑堑，然后取之，用香草同煎，皆成银也。按此说与中国所产不同，今人有误服水银不得出者，以金物热熨之即出，此亦物性相感之理，亦与此说符。（《识小录》卷一，第二十三页）

刘瑾金银数

正德中籍没刘瑾金一千二百五万七千八百两，银二万五千九百五十八万三千六百两，姑置金弗论，即以银论之，已当天下六十年惟正之供，盖自内而出者多于自外而入者也，然此仍入内矣。内帑每言乏，何耶，岂又有出之者耶？（《识小录》卷一，第二十四页）

赵风子

正德七年十月，流贼赵风子械送京师，题驿壁云："秦庭有剑诛高鹿，汉室无人问丙牛。"指宦竖专权、宰臣尸位也。治道不臧，至为盗贼所借口，悲哉。（《识小录》卷一，第三十二页）

时尚

画当重宋，而迩来忽重元人；窑器当重哥、汝，而迩来忽重宣德、成化，以至嘉靖亦价增十倍。若吴中陆子刚之治玉，鲍天成之治犀，朱碧山之治银，赵良璧之治锡，马勋之治扇，周桂之商嵌及歙吕爱山之治金，王小溪之治玛瑙，蒋抱虚之治铜，亦比常价数倍。近日嘉禾之黄锡洪添，云间之玉铜顾绣，皆一时之尚也。（《识小录》卷一，第五十页）

贡纸

宫女衣以纸为护领，一日一易，取其洁也。江西玉山县贡。（《识小录》卷一，第五十九至六十页）

国朝器制

国朝创制器物，前代所无者：儒巾，襕衫，折扇，围屏，风领，酒盘（一名护衣盘），四方头巾，网巾，水火炉。（《识小录》卷一，第六十页）

俗尚之侈

风俗至今日华伪已极，而吾吴更甚，自非圣人出，恐无挽回之几。阅《通鉴》萧道成奏禁民间华伪杂物，凡十七条。今日辇上君子或未之知也。禁不得以金银为箔，马乘具不得金银镀，不得织成绣裙，不得道路着锦履，不得用红幡盖衣服，不得剪彩帛为襟花，不得以绫作杂服饰，不得打鹿行锦及局脚柽柏床牙箱笼，杂物彩帛作屏障锦缘荐席，不得私作器仗，不得以七宝作乐器。又诸杂饰物不得以金银为花，兽不得辄以金铜为像，皆颁墨敕，凡七十条。愚谓诸款皆今日救贫之要策，而禁金银及铸像尤救贫之要策也。（《识小录》卷一，第六十三页）

紫草茸

凡小儿患痘死极酷，惟乌斯藏有草名紫草茸，磨药中服之，功可起死回生，走番人常有带来者。周公建说。（《识小录》卷一，第六十八页）

豆腐

豆腐始于淮南王，其屑尚可作蔬，名雪花菜，加油盐姜为供，此儒家风味，不可不知。（《识小录》卷一，第五十一页）

差内臣

内臣豫政，历朝大蠹，其至苏杭者止管织造，今乃至无所不统，观其敕书可为寒心，坚冰之忧不啻履霜矣。敕书曰："敕谕内官监太监崔林，兹以军兴费烦，财用孔棘，两浙盐务积运宜清，特命尔清理两浙盐务，总查起存钱粮，尔即星速前去，会同巡盐御史及运官查照所辖省直地方，将岁办新旧引自常股及积盐割没等项各课银两，起解若干，存留若干，彻底清查，严加厘剔，照数总解，以济军需。仍与设法疏通，裨益国课。凡有势豪专串假引混冒徇情、宦舫粮艘夹带私贩、书棍衙蠹交通包揽等弊，俱尽行严加禁绝。抗违阻挠者，轻则竟自惩治，重则飞奏处治。沿江滨海盐盗大船，列械集众，尤宜严督巡捕官司及谕将领兵丁协力擒挐，务绝根株。一切兴革未尽事理，俱听便宜酌行。至于浙直苏松等府起存钱粮，向来弊窦多端，尔等不时监查，如有神豪抗捔飞诡、官户吏书侵隐那移及起解沉延、折干插和等弊，不拘军卫有司，轻则会同巡抚处分，重则指实纠参。其修炼储备各款，平时并听稽核。特谕。"此敕所少止提督学校四字耳，且大哉王言，竟似老讼师之笔，读之可胜浩叹。崇祯十二年。（《识小录》卷二，第十一页）

二祖不行苟且之政

吏部尚书许赞以军需匮乏，请发帑、借俸括财、鬻爵以济。世庙以借俸括财非盛世事已之。万历初辅臣以陵工费大，议百官捐俸助工。上知百官俸薄，输诸公必反取之民，亦报罢。二事若合符契，真唐虞之事也。（《识小录》卷二，第十六页）

严氏

相嵩富敌国，而奉旨所籍金银数，仅得金二万三千，银二百二万七千，然其他珍奇亦称是矣。闻之故老云，相嵩死于墓所，亦无吊者，而至神庙时，其子孙尚殷富，则所藏匿不少矣。万历中所籍江陵相公物不及数万，而皆出尚方之赐，籍没之典固有冤有不冤哉！（《识小录》卷二，第二十六页）

庚辰民变

己卯亦丰年也，第米贵而钱贱，小民始不聊生。夏四月，巡抚黄公至（名希宪，江右人），下令禁米出境，禁不能止，而吏胥因缘为奸，米遂腾涌。六月初九日，娄门富人姚天倪粜米百石，其邻恶少十余人凑银强籴，遂至斗争。无良者乘之将家伙尽行毁碎，入内室取金宝衣饰之类，四散撒开，然犹未抢也。至十四日，而孝廉章维九家遂抢劫一空，至有至戚近邻因为利者。十五、十六，凡大家皆遍，几为罢市，延及西郊，处处皆然。城中良民不平，协力捉二人解抚公，抚公毙之杖下，得稍定，而国体宪体已坏尽矣。黄公未来时有能名，莅事后颇溃溃。当十四、十五，苏城抢劫四起，而十五清晨见诸孝廉犹云，贵地还喜太平。诸孝廉咋舌不敢对。而十八日浒墅难民抢劫施家，放火烧其屋，解难民三四人至，则发吴县问，夫抢劫而至放火何问之有，吾吴不幸觏此一班人居民上，将来之祸正不可知，此关朝庭气运，非第一隅之事也。向使抚公当乱民于姚家发难时，捕一二为首者置之法，间里定当晏然，乃上下若罔闻知，方更相为蒙蔽，至不可救药，可为痛哭流涕长太息也。（《识小录》卷二，第三十二至三十三页）

关政之恶

从来浒墅主政狼藉者有之，然未有如朱术珣者之穷凶极恶也。术珣倚恃宗室，目不识丁，以荐得官。其在关杀人无数，凡过关之灰粪及惠山泉皆有税，而客舟妇女每人诈银二两，不期年积赀巨万。桐城左侍御光先弹之，奉旨令抚按察明，先褫其职矣。抚黄者愤愤，乡绅之嗜利无耻者，受术珣千金，因以危言吓黄抚，以为其人狠心辣手，不期年而课已及额，继之者不胜其任，上必恩之。于时死灰复燃，将行报复，则事政不可知。黄鄙夫也，大以为然，而术珣之白镪三千，昏夜迤至，遂令兵三百护之行，小民聚而击之以瓦砾，兵发矢中，而踣者数人，遂纵之，满载而逸。乡绅者一词林素以贿闻，一比部则浒墅居人也，比部更指他人吓术珣银无算，时方新丧，衣麻衣而狎妓云。（《识小录》卷二，第四十七至四十八页）

戏具之始

尧作围棋，乌曹作博（见《世本》），老子入胡作樗蒲，黄帝作蹴踘（见《博物志》），曹植作长行局，即双陆也，胡玉作握矟，亦双陆也（见后魏李郡序），汉武帝作藏钩（见《辛氏三秦记》），刘向作弹棋（见《西京杂记》），晋挚卫尉作四维戏纸局木棋（见李秀赋），齐武陵王晔作侧揪棋局（见冯鉴《续事始》），后周武帝作象戏（见《后周书》）。（《识小录》卷二，第九十五页）

朱梁轻赋

朱梁之恶最为欧阳公《五代史》所斥骂，然轻赋一事，旧史取之，而新书不为粘出其语云。梁祖之开国也，属黄巢大乱之余，以夷门一镇外严烽侯，内辟污莱，厉以耕桑，薄以租赋，士难苦战，民则乐输，二纪之间，俄成霸业。及末帝与庄宗对垒于河上，河南之民虽困于辇运，亦未至流亡。其故无他，盖赋敛轻而丘园可恋故也。及庄宗平定梁室，属吏人孔谦为租庸使，峻法以剥下，厚敛以奉上，民产虽竭，兵食尚亏，不三四年以致颠陨。其故无他，不过赋役重而寰区失望故也。此有国有家之龟鉴，《资治通鉴》亦不载此一节。（《识小录》卷三，第三至四页）

伽南香

伽南香一名奇南，《本草》不载，惟占城有之。有坚软浅深不同，其木最大，枝柯窍露，大蚁穴之，蚁食蜜归，遗矢于中，木受蜜气而坚润则香成矣，香成则木本渐坏，其傍草树咸枯，香本未死，蜜气复老，谓之生结上也。木死本存，蜜气凝于桔根，润若锡片，谓之糖结次也，其称虎班结金丝结者，岁月既浅，木蜜之气尚未融化，木性多而香味少，斯为下品。生结红而坚，糖结黑而软。生结国人最重，不以入中国，入中国者乃糖结。试者爪揭土，即入爪起便合带之香可芬数室，价倍白银。万历年间，彼国曾贡至四百斤，琼州亦有土伽南，白质黑点，所谓鹧鸪香，入手终日馥郁，其价每斤亦值金半斤。郭尚书应聘开府时，有遗糖结数斤，曰：知君不爱金珠，敢以清物贡。公曰：此亦尤物，吾闻之墨者名臭，其宁以香博臭。端人至今述之。（按《三国志》，魏文帝求雀头香于吴，当即此香类也，俟博考。）（《识小录》卷三，第三十一至三十二页）

阿魏

阿魏名阿虞，又名薰渠，天竺呼为形虞，《涅盘经》谓之尖匮，《本草》云：生波斯国及伽阇那国，木长八九尺，皮色青黄，取其汁和米豆屑合酿而成。一云有草木二种，出火州及沙鹿海牙国者，草高尺许，根枝独立，枝叶如盖，臭气逼人，生取其汁，熬作膏。或云其脂最毒，人采时以羊系树下，自远射之。脂之毒着羊，羊毙，即为阿魏。唐山人云：前说皆非，曾见汪道人者，自西洋杲言，阿魏树最大，其上有大蜂窠如盘，人不敢近，欲采者以皮蒙身，用山羊去其毛，系于树旁，仍择健马日行数百里者骑之，以矢射蜂窠坠地，其人急策马走，蜂逐之约几十里，蜂不能前，还将嗜死，蜂散而树气在羊身矣，用以煎膏，遂成阿魏。《本草》只言其杀虫破癥积、去臭气、下恶、辟瘟治疟、治痢、辟鬼、除邪、去败精恶血及癖块噎膈。汪道人云：此物久服强阳壮阴，消食强脾，三年之后，鬼神退避。其治法：用磁碗将醋煮一时，醋干退火，取出至半冷温为丸。每服五厘，久之神气异常，但忌醋与猪菜。西洋人每日服此与阿芙蓉二物，一日不服，便欲失精，犹西番不能一日去茶也。 （阿芙蓉俗名亚片。）（《识小录》卷三，第三十七至三十八页）

梁山伯

梁山伯、祝英台，皆东晋人。梁家会稽，祝家上虞，同学于杭者三年，情好甚密。祝先归，梁后过上虞寻访，始知为女子，归告父母欲娶之，而祝已许马氏子矣。梁怅然不乐，誓不复娶。后三年，梁为鄞令，病死，遗言葬清道山下。又明年，祝为父所逼适马氏，累欲求死，会过梁葬处，风波大作，舟不能进，祝乃造梁冢失声哀恸，冢忽裂，祝投而死焉，冢复自合。马氏闻其事于朝，太傅谢安请赠为义妇。和帝时，梁复显灵异，助战伐，有司立庙于鄞县，庙前橘二株相抱，有花蝴蝶橘蠹所化也。妇孺以梁称之。按梁祝事异矣，《金楼子》及《会稽异闻》皆载之。夫女为男饰乖矣，然始终不乱终能不变，精诚之极至于神异，宇宙向何所不有，未可以为诞。（《识小录》卷三，第四十八至四十九页）

禁书帕

往时书帕惟重两衙门，然至三四十金矣。外舅宫詹姚公为翰林时，外官书帕少者仅三四金，余所亲见，此不过往来交际之常，亦何足禁。自今上严旨屡申，而白者易以黄矣。犹嫌其重，更易以圆白而光明者，近年来，每于相见揖时，口叙寒暄，两手授受，世风日偷如江河之下，不可止矣。一人焦劳于上何益哉！于此益信律设大法、礼顺人情二语千古格言。（《识小录》卷四，第八页）

钱贱

之恶至戊子间极矣，二月即撮新折，每亩五分四厘，又撮冬间仓粮。纵兵四出打劫，事露，则反坐其失主，大小官俱强盗也。冬春之交，顺治钱尚卖八九钱，三月望后忽大贱，逐日贱去。至月尽仅二钱一千耳。此殆有鬼神司之，记之以俟将来。(《识小录》卷四，第七十页)

元明财经文选

故朝列大夫浙江行省左右司都事苏公墓铭（有序） 宋濂

洪武十一年四月二十五日，元朝列大夫浙江等处行中书省左右司都事苏公卒，郡之寿俊与旁州之贤，凡知公者无不潸然流涕，然公以政事闻于时，高年至八十三而终。五男子尝与仕版，七孙亦嶄然见头角，皆可以无憾。顾乃哀之弗置者，诚以一时遗老日就凋谢，而公又云亡。古今文献，将何从而征之邪？其子祖允等以其年某月日葬公于某山之阡，乃命弟伯衡踽门请制墓上之铭。濂公之里中子，其哀公尤切于他人，固不宜以不文为辞。初公之生也，不闻啼声，视之唯紫胞在地，而脐带萦络之，乳妪拨开，儿始啼，识者已知为祥征。及长，学经于许文懿公，以才推择充府史，寻入闽海宪府为奏差，宪使以廉直为同官所忌，嗾御史劾之，章未下，即命夺使印，公毅然持不可，使亦捃拾同官之过，欲讼系之。公诤曰："两虎共斗，其势不俱生，明公奈何类之。"已而皆止。汀寇谋袭临漳，公往督长吏为备，长吏欲借民为兵。公曰："民不知兵久矣，一旦借之，必大致纷纭，此非御盗，是增盗也。"长吏曰："计将焉出？"公曰："吾知所处矣。"阅兵籍，得放逸者二千，使帅之击贼，竟获其首祸者。广东部使者闻公贤，稽其年劳，辟为书吏。南海、番禺二县，输恒赋之外，复有所征，号"税外钱"，以给上官燕私之须，小民怨讟盈道路，公闻白罢之。朝廷每颁新钞，诸郡部使者必监焚旧钞，此故事也。时使者与广州守有隙，恚不往，司钞吏积十五年不得调，公复白而焚之。俄再入闽，补令史于宣慰司，声称籍籍，行宣政院延公为掾，久之，赵郡苏君天爵来参江浙省政，极才公，复挽之入省，公逊与舒常弗之。从苏君，遂两用之，公以苏君知己，遇事失当辄诤，凛然有峭直风，苏君敬惮视之异他掾。海漕之粮，岁不下三百万，漕官多强取赢，无锡州独不与，乃诬其粮恶，不宜上供，省臣怒，欲加罪，公命复核之，事获免。海盗起，省发官粟，募民舟载军捕之，舟未尽发，而盗请降，省逮民归粟，公曰："言犹在耳，恶可背之，况民得粟，必已食之，既今将焉征？即征，唯征未发者可尔。"省臣从其言。蕲州红巾构乱，陷於潜、昌化，犯杭州，省臣皆遁，参政樊君执敬独坐堂上，以死自誓。公说樊君曰："明公以身死国，义则得矣，如一城生聚何？今城中健儿不下数十万，公库金帛以万计，与其委诸盗贼，曷若募民使战邪？战而不胜，就死何晚也。"樊君不能从，上马迎战而死。公与掾李枢谋，以苏李署号召民杀贼，杀一人即携首授钱二百五十缗，民持刀争奋，数日之间，献馘者充庭。未几，辨章教化君复杭州，公绝口不言功，考满，谒选铨曹，中书参议汝中柏闻公名家子，欲引为右曹掾，公察其威权太横，力辞南还，擢绍兴路萧山县尹。萧山民诡名匿其田赋，科徭不能均一，公令其自实田，辑为册书，凡有征发，皆视书重轻之。兵兴以来，县粮输衢、处二州，民惮远征，往往皆属吏，吏并缘为奸利，粮不时集，主运者妻孥恒坐系。公释之而罪吏，期月咸足，且为立法，每乡置督运一人，趣民各以粮赴江滨，仍验粮寡多赋钱，僦舟以行，民大便之。县为吴越要冲，师旅经从无虚月，诛索毫芥，少不惬则侵掠居民，民畏之甚于鬼，公储峙既丰，有犯者擒实于法，士卒入城，如见大将，不敢出语相谁何。会岁俭，弛湘湖之禁以利民，不足，启常平仓以活饿者，僚属力沮之。公大言曰："发天子粟，活天子民，有何不可？傥有谴责，吾自任之。"民赖以生者以数万计。帅阃以元日至，檄县市穀核诸物，公发视恚甚，执笔书檄尾曰："四郊多垒，正臣子痛心疾首之时，奈何袭太平故态，饮酒为乐邪？"闻者愧服。府公趣公之为，有难决之狱，移公讯之。诸暨知州袁元以散耆年帛不明，将构以赃墨，公推其情，乃吏与里胥为滥，元但不躬给尔，公各坐以其罪，元致白金为寿，公曰："吾知执法尔，岂私尔邪？"卒却之。岁余改本路总管府经历，不上，阶自承事郎转文林郎、行枢密院照磨。伪吴张士诚据姑苏，既降，公持诏书往湖州，责其戍将潘允明行郊迎礼。礼成，允明欲西向坐公，公正色曰："以爵则我幕僚，虽相向坐，亦以为过，然我所持者诏书，君敢与诏使抗礼邪？"挟胡床中席以坐，允明惧服。临发，赆米百斛，锦二十端，公笑辞曰："君谓使者而可以货取耶？"时士诚新授淮南平章政事，开省苏州，士诚闻之，请于康里丞相曰："诏使四出，唯苏照宋廉介士，愿得为幕属，君耻之不往，复超今官。"参政石抹君宜孙分省于处，请公与青田刘君基从，石抹君方以讨贼自任，浙东倚之为重，每事必谋于公，公劝其礼贤下士，安辑流亡，招徕群盗，抚之以恩。石抹君始从之，众心翕然归，后好自用，幕下士多散去，部将胡君深、章君溢亦拥兵观望，公独左右之不变，复移书胡君等惓惓以共济国事为戒。石抹君多用故人摄县，弃行省承制所用者，公曰："今朝廷不通，事当一出行省，奈何违之？"石抹君惭谢。越部书佐李伏喜夸诞，石抹君贤之，荐授员外郎，位居公上，数狎侮公，人为之不平，公不与校，既而伏以反复受略觉，石抹君械系之，公解之曰："参政始荐之，今乃因之，古之以礼进退人者，其亦如是耶？"伏因得引去。经略使李君国凤循行至处，久留不去，以十羊授公牧，公曰："某以非才为省属，天使命之牧羊，固当，然大敌压境，天使能出奇计歼之，虽日烹百羊何害？否则某亦不保首领，欲久为天使牧羊，得乎？"李君默然。元季处多盗，征行吏多受盗金，既降而复叛，公秋毫无所犯。大溪吴诚七成擒，官簿录其家，得帐籍验之，幕府官无不受略者，独无公名，已而浙水东诸郡悉入皇明版图，而七闽犹未附，怨家告公长子仕闽，宜谪徙滁阳，公就从无难色。丞相李韩公悯公无辜，欲奏而官之者再，公以年耄力辞，遂归卧金华某山中，左图右史，超然自得，越十二春秋乃终，未终一日，精神如常时，忽不晡食，越翼日瞑目端坐，至夜，诸子进问所欲，公曰："静以俟命，无所欲也。"漏下四鼓，撼之，则逝矣。是夜大风雨，居民见士马杂遝，前笼绛纱灯诃叱东去，民叩，后来者云接苏伯夔，君子以为异。公性敦恪，尚风义，孳孳务行及物之政，唯恐有受其害者，至于修水利、兴学校，皆具有成迹。然识量坚凝，不为威武所迁，尝从大司农受海盗降，分比其众，寇不悦，啸其部曲，大噪辕门下，众皆相顾失色，公独进曰："天子以尔等本良民，迫于不得已为盗，故遣使者谕尔降，尔果欲反，不畏十万横磨剑邪？"俱逡巡而退。复从樊君督海漕事，用牲牢祠天祀庙，始降神，寇舟突而入，陪祀官解散，公谓樊君曰："事不可中辍。"成礼而退，神色自若。与人交，缓急可倚借，部使者有托其妻子者，使者亡，公礼之益厚。避兵登舟，逢故人兄弟徬徨走水滨，亟呼与共载。行数里所，又见妇女群泣，亦其友母妻也，命舟师迎之。或止公曰："舟重不能前，追兵且及，遑恤他人邪？"公曰："死生有命，吾不忍独济也。"公之善行如此类者甚夥，姑取其著者书之，余不尽载。公讳友龙，伯夔字也，人称之曰栗斋，而不敢字。其先居眉州眉山县，文定公辙之长子、宋吏部侍郎徽猷阁待制赠少傅迟来知婺州，因家金华，殁葬兰溪之紫岩乡，遂为金华人。少傅生龙图阁直学士广南东路经略使赠少保简，少保生江东提刑秘阁修撰大理卿谔，大理生吏部郎中江西提刑林，吏部生朝奉大夫显谟阁待制知贵州熙，贵州生通直郎两淮转运司干办公事圭，运干生从政郎淮安县主簿镇，淮安君娶潘氏，无子，以三从弟太学生镐之次子为后，即公是也。上距文定公盖九世矣，公娶宗氏，忠简公泽七世孙，柔顺惠嘉，为一乡妇仪。子男子六人，四仕于元，一仕皇朝，一早卒，祖允，将仕佐郎、浦城县主簿；师道，广东宣慰使司奏差，继兄肖德后；伯衡，前乡贡进士，今自国子正擢翰林国史院编修官，文辞雄丽，较之小坡《斜川集》有过无不及焉；思诚夭；止善，东阳县尉；崇德，将仕郎行枢密院管勾。子女子三人，长适俞坦道，余皆夭。孙男七人，恒、悟、悦、恢、恺、怦、忻。孙女五人，归曹源宗涵、徐道，余在室。呜呼！苏氏之世非惟以文学忠孝著称，而为政及物之美，亦代不乏人。有若少傅奏减吾婺市罗之额二万八千有奇，民为立祠；少保历典大郡，所至以遗爱见思；而大理之树善划奸，吏部之忠厚敦俗，奕叶之间，簪笏相映。公又起而继之，声名烜赫，亦不昭于前烈，何其一姓之皆贤哉？呜呼！自奋于荣名者易为力，而能缵先绪于弗坠者难为谋，非天欲报功，俾之世济其美，吾知未必能尔也。呜呼！是则然矣！娄之苏氏，其积累深长，实自少傅始，后人因引而伸之。公之仁民之功可谓侈矣！其子若孙乌有不振拔者乎？当知后之视公者，亦犹今之视少傅也，夫何疑哉！伯衡与濂有文字之雅，故竭蹶来山中请文，遂历序其事而归之。铭曰：眉山苏氏称三文，光芒万丈烛乾坤。少傅守娄政以仁，紫岩生气凛然存。珠明玉润多后昆，簪绂缤纷绚朝暾。贵而尸位玉之珉，能守家法斯足珍。维公挺生嘉兆甄，鸣歧彩凤瑞世麟。从事大府历粤闽，其职虽卑气益振。峭直犹如古诤臣，得失利害辄屡陈。闻民有病眉则颦，浙垣招充幕中宾。孰知薪寇红为巾，啸聚山泽动作屯。犯我属部窥大藩，用姓给号令编民。杀贼如杀狐兔群，有功默默不自言。大官受降东海滨，忽尔跳踉欲舞鞯。一叱鼠伏不敢嗔，身佩县章鱼悬银。煦妪扞御一以恩，设心不让汉吏循。拔彼水火脱溺焚，错之华樏借锦茵。参赞宥密待咨询，手持玺书谕嚣昏。中坐以示王人尊，嗷我以利耳不闻。栝氓构乱奔狂澜，障遏勿使成渺漫。海桑既变光岳新，携书归卧丘壑云。执节不仕为全人，庶几不负名家孙。春秋之高逾八旬，倏焉观化只逡巡。大风挟雨来掀翻，士马杂遝向东奔。绛纱笼灯光吐吞，驺卒前呵啸灵氛。生为良臣死明神，丈夫如斯世罕伦。白石可磨媲瑶琨，史濂造铭焯墓门。石纵可泐名弗谖。（宋濂：《宋学士集》卷之二十，第十二至二十一页）

许丞传　戴良

君姓许氏，名原，闽人也。其父素业儒，老为里校师。君自幼传父学，虽朴而颇赡于书，多所观览，为诗与文，务达其意而已。疆土入职方，有司强起赴乡选，召对吏部，授明州府定海县丞。始至县，人以君盛年未更事易之，及观君所为，始皆大畏服，一县耸然。然上之人多未知君果可以有为也，时时有所责，君不为动，虽棰辱横加，未尝一明其非罪，亦不以是伤其民。于是西北用兵未已，征需尚繁，戈甲之攻造，旌棨之营置，调发无虚日。且地濒大海，岁修治海舟，盖难以数计，而官直不时降，或已降而为吏胥所欺隐。每事第差民之中次者一二人，以主其出纳，谓之库子。凡所费用，皆令其代输，期会迫促，至日受榜笞不恤也，以故岁弊民产恒数十家。君恻然曰："是岂为民父母意哉？"即诣府请其直，集里役之长分授之，俾售其物，次第归之库，为召集人匠造之使如法，吏皆不得有所与，仅令持笔治文书，以防稽勘耳。是以功成而民不知扰，乡之人不惮为库者，盖自君始也。县以业海为生，自民船不出海，所恃以存者独田租，然当民产之无制，里役之无艺，都鄙之间常纷然不宁，而民病甚矣。君曰："救弊之急，孰甚于此者？"乃取其田分计之，受差之家，悉准田之多少，田多者应重差而不可辞，田少者称其出而不得以横扰，中下无告之民，庶乎其少瘳矣。其他宿弊之未除，君止正其尤蠹民者，余皆一听其自新。或有所笞罚，惟豪剧吏苟得萌蘖，一切摘发穷治之不恕，吏胥视君皆侧目，至以鄙语目君，卒不得已，潜以他计出君，俾不久于位。会慈溪阙令，府檄君摄令事，君治慈溪如定海，兴利除害，不一月而大治。民以私醝被获者，吏受其赇，而罪以旁连，君微行得实，卒更其狱，使罪有所归，而受抑者得以伸，人至今言之。县久不雨，君祷之白龙公，不应，后以策钩致吏之枭狡者，大书其背曰："天不雨，吏弊为之也。"既而雨随至，县乃大稔。君色仁气温，言若不出口，及见义辄矫矫不可挠，慷慨辨且强也。为政去觚角，绌雕琢，以平易质实为务，而尤谨持其廉行，每出入，月俸必负以自随，一钱之费必已出。民以饮食进，悉却之不听。有私致一肉于舟者，则举而投之江。自奉寡约甚，菅履徒步，不问道里远迩以为常，虽祈寒未尝御靴袜，衣服仅取其蔽体，虽甚垢弊弗易也。日食饭一盂，蔬二味，非公亨酒藏不入口，视民如子女，与之语，款款若恐不得当其意，至有甚恶乃始绳以法，有可已者即不究，以故民之爱君，亦如子之于父母。君在其位则色喜，得以事出则皇皇如有失。一日，台檄下宪府，追君甚急，老幼闻者咸错愕。比上道，号泣而送者殆千人，且虑乏行资，无一人不怀金以至，自府尹而下及县之僚佐，与他官之在城邑者，亦皆割俸金驰赠于道左，君悉谢遣无所受，曰："造次颠沛，见人之所守，纵死不易吾心矣！"抵京，上之人卒明其非罪，未几乃还。及还，远近大夫士无不交口称贺，喜其公论之有在。后数月当得代，然以父忧去。先是，父年老不可以迎养，留其妻子使养之。居官计日用俸，辍其余以归，为具甘旨居其父，然父年益老，则念辄悲之。此君之事，予得于所闻者也。昔司马迁记前世循吏，详者人数事，略者三事而止。今予所论次君事，视迁之所记多矣，然犹以为闻之者少也。今所闻者多，则其事可胜书耶？姑即是所次为君传，庶使世利知劝焉。论曰："《诗》称恺悌君子，民之父母。"孔子曰："吾未见刚者。"若许君，非所谓恺悌而能刚者欤？君以诸生起家，始受命而为丞，其所树立已卓卓可称若是，使磨礲灌养不止，吾未量其所至也。古语有云："天下之宝，当为天下惜之。"岂谓君哉？（戴良：《九灵山房集》卷十九）

长洲县丞杨君去思碑　戴良

国家置县令，以治其县事。丞者令之贰，所以述县事而辅令者也。是故辅之无缺，则一县蒙其福；毫发有间，则百里为之不宁矣。丞之设岂虚也哉？长洲为吴大县，按其图，乃泰伯、仲雍过化之地。其土疆沃美硕大，有江湖川泽原隰之富；其植物丰茂繁畅，有黍稷秬秠之饶；其俗有树艺商贾之利。则丞是县，宜乎其益重矣。然自国初，县始置史，于今几百年。而为之丞，能以智虑措诸事，德泽施于人，岂可以一二数哉？顾无语言以宣之，文字以达之，而智虑之见诸事功者，不得以久著；德泽之浃乎人心者，或至于遗忘，得非记载之缺文，而士民之遗恨乎？乃者钱塘龙井寺僧子元，以为泰州杨君之为丞是县也，政治廉明，他县吏所不及。今以年劳改调，留之既不得，则退而图所以昭永久者，以余方执笔从诸公后，来请纪述其事，以慰县人去思之情。余以不知让，子元则告吾僚友陈子经氏，子经来言曰："昔崔思立为蓝田丞，仅以破崖岸而为之。陈南仲为武功丞，仅以简靖辅之。昌黎韩子、河东柳子犹为之作文夸美，以传示后来。今君之政，有不在二人下，而子元之请之也固宜。"余于是有不得而终辞者矣。今相国之治吴也，以便宜擢君于戎行，方佐治昆山，施于有政，决群疑于片语，而细民之服之也深，集庶务于移刻，而长守之倚之也重。其来而处斯职也，剔奸戢暴，植善翼良，上不畏乎强御，下不听乎私谒，惟知执法以奉公，竭劳以尽职。时当藩翰事殷，用兵未息，东南民力，乃多在于吴郡，吴郡所需，乃多出于长洲，长洲为县，名之曰都者三十，计每岁出田赋上送于官者，约有五十余万。君之未至也，每以疲弊之贫民，配之兼并之大家，都鄙之间，常纷然不安，而民病甚矣。及君之来，取其都之田而分计之，受差之家，悉准其田之多少，田多者应重差，而不可辞，田少者称其所出，而无倖免，均齐方正，较若画一，而中下无告之民，庶乎其少康矣！迩者大发民开白茅河，所在县邑骚动，而君严立法程，俾贫者出其力，富者输其财，为之发舍资粮扉屦酒醢医药以劳徕之，而居者无艰瘁之虞，行者无寒饿之厄，是以功成而民不知扰，此其为治之大略也。君以某年某月某日上任，以某年某月某日受代，在任岁月与众人同，其所著见独章章如是，亦难矣哉。于是吴之士大夫与夫在邑在野之民，以及外教之流，咸以君之去为可惜，愿得伐石琢辞，述其去后之思。而余则以子元之请，特为次第其言，采其歌诵而载之。其词曰：于维我国，惠绥黎蒸。既设之令，复佐之丞。维吴有县，甲是南土。维是杨丞，民之父母。丞之未至，孰父母余。我民伥伥，莫宁其居。丞来抚之，乃遂食息。卒不追呼，吏不蹿突。民有征徭，丰俭倍蓰。丞来均之，大小具宜。民有力役，我是用瘁。丞来舒之，如舟斯济。丞之视民，如鉴之明。善良显迹，奸宄遁形。丞之守己，如水之洁。出无文车，居不华棁。匹夫匹妇，感慕靡忘。豆羹必祝，蕲之寿康。吾侪小人，朝不及夕。获保室家，皆丞之锡。老者日亡，壮者日衰。我丞之泽，民得以知。载歌载谣，托之贞石。于千百年，纪此成绩。（戴良：《九灵山房集》卷十）

论考较钱粮封事　郑士利

前月九日，钦遇陛下涣发德音，广开言路，此二帝三王之盛举也。侧闻迩来中外臣民大有所陈，惟考较钱粮事未有言者，意者当陛下赫怒之余，故人容容各自重耶，不然，何其宜言而不言也？臣草野布衣，闻见浅近，政事之得失，生民之利病，臣焉能知！惟考较钱粮，得闻一二。谚所谓"耳闻不如目见"，向非臣兄士原，为先任怀庆府同知，考较钱粮事，断发工役，臣亦盖不知也。自诏书之下，臣欲言之久矣，特以臣兄之故，恐陛下以臣为假公营私者，不敢言，欲进复退者累一月。既窃自念，以为当陛下求言之急，岂恶直言之士！若乃畏首畏尾，避嫌远疑，是忠臣义士之心不白于天下也。辄不自揆，故僭言之，亦不自量已。昔有野人食芹而美者，则欲以献于其君，区区愚忠，政与此类，陛下幸垂察焉。夫考较钱粮，用使空印，自昔已然，非至圣代而然也。陛下即位已九年矣。诏条之内，不见禁革。而律令之内，所不该载，上下承习，以为当然。天下之人咸知之，惟陛下未之知耳。一旦生事之人，撼拾此事，致使忠良老成，咸被其害，臣愚请试言其故。夫考较钱粮，各府赍将文卷，越行省攒造，千百宗卷，攒于一册，牵查照算，岂无错误。故曰："寸寸而度之，至丈必缪；铢铢而数之，至石必差。"是以必须空印无弊也。向使有司官吏欲偷盗挪移，理没作弊，当预于本处文卷补完，然后赴省部攒造，岂不藏锋敛锷，便且易耶？又何必用空印，省部旋补而旋生弊也。又况出纳钱粮，各府州非奉省部，不敢专擅，一丝一毫之出入，其原皆出于省部。故省部卷中所有府州文卷不能损也，府州文卷所无，省部卷中不能益也。若网在纲，有条不紊。特散漫于各卷，未之归一。查照攒造之间，不能无误，空纸所以为笔误差错之设，无弊也。且各省府至户部，里路远者半年余，近者亦不下半月，攒写之偶有差错，理须扣换填补。若待复至本处衙门用使印信，即非旬日可及。省部置局，督并攒造，有如星火，若尔展转迁迴，岂不大误事耶？是以必须空印无弊也。今行移文书除张缝中印信外，后面必有年月，年月之傍必有注语，然后官吏金押于年月注语之间。用使印信，今考较文册下面，张缝印信虽多，而后面年月之傍，注语已定，又止一印信。向使掾典欲假此空印行移文书，潜谋不轨，下面张缝固有印信可征，而后面年月即无印信，又无封皮，不知复可作何行移，而何处不晓法律铺兵，便与承接递送，而何等庸愚官吏，辄便凭信与之施行，空印之不可以行移递送亦明矣。臣窃迹前世兴亡之故，大抵亲贤人、远小人以兴，而亲小人、远贤人以败，未尝以空印也，空印之不能为国家患益明矣。陛下以天纵之资，日月之明，岂不烛此情理，然而盛怒未解者，意者左右之臣未尝以此言进欤。臣愚窃以为考较官吏止可以坐之以不勤之罪，而不当坐之以重罪也，况所犯在律令颁行之先乎！空印既不可以行移文书，又不可以挪移作弊，免死杖一百，工役终身。前此复有充军者，假使偷盗挪移，潜谋不轨，不审陛下复加之何罪？陛下必欲禁革空印，不过罪一二人，下半纸诏书，明谕天下，使天下后世之人知惧而不敢犯足矣。何必牵枝引蔓，罪及各省府耶？夫人才之难，自古为然，十年长养，十年教养，十年历练，至于四十，血气既定，见识既明，然后适用。故曰："人惟求旧。"今内而尚书，外而参政等官，允所谓国之重臣，功能俱茂者也。自非圣人，不能无过，纵有罪过，臣犹谓得与八议之科。今乃俱为考较钱粮，有不保首领，复追俸者，有断发工役，改发充军者，中外老成，荡然一空，并使晚进后生，布列中外，未审孰为陛下画此策也？使彼在任之内，所言所行，果皆考较钱粮事邪？抑亦有忠国爱民之事也？如果俱系考较钱粮，固为得罪，若亦有一班半点为国为民，亦可绝长补短，以功掩过，三年之俸亦不足为国重轻也，而追之，是导天下之人而为贪污也，奚补哉？今犯赃私者工役，而用使空印者亦工役，复终身焉。彼富裕者固不复忧，而此贫乏者则受苦楚。其平日赃私者，至此自为得计。臣窃恐自是之后，廉谨者愈无所劝矣。昔秦穆公赦食马之徒，厥后犹得其死力，考较官吏非歧下野人比也。陛下幸赦之，又岂特得其死力而已哉？古人有言曰："人之所言，不得已也。"臣兄已断发工役，固不敢辞，而甘心输作以赎罪矣。臣复勤勤恳恳，不避斧钺，为陛下言者，非不知触忤天颜，罪在不赦。顾以朝廷大体，当务从平恕，不宜持法过当，有累圣明盛德。盖亦不得已言耳，固非为兄一人之计而言也。言辞粗鄙，不能回护。陛下倘以臣为草野疏愚，不识朝廷忌讳，恕其狂瞽，而纳用其言，又岂特考较官吏感恩无穷？天下之士必皆鼓舞欢忻而乐于仕进矣。谨于中书省投进以闻，干冒宸严，无任战栗屏营之至。（《皇明文衡》卷六《奏议》，第八至十一页）

附：方征，字可久，莆田人。洪武壬子举人……升怀庆知府……因星变求言，首于风宪官以激浊扬清为职，今乃计其事迹多寡定为优劣。以故不闻旌拔廉能，而专务罗织入罪，多征赃罚，此大患也。又言去年诸行省官吏悉坐空印被罪，而河南参政安然，山东参政朱芾反得升擢。朝廷赏罚有失明信，曷示劝惩。太祖曰："安然率齐东军民内附，朱参政有干才，吾之乡旧所得升擢，议功能也。尔言罗织入罪何人？多征赃罚何官？"具对，征指河南佥事彭京实之。太祖怒，降沁阳驿丞。十三年以事逮至京，卒年三十一……（民国《福建通志·列传》卷十七《明一》）

送两浙转运司副使分司西路归武林序　贝琼

至正二十有一年，上以两浙转运司官非其人，纲纪大坏，择中外臣有能者任之，乃以南台御史铁木儿不华为都运，新昌州达鲁花赤信合世礼副之。既至都运，遂诣丞相，曰："濒海之场凡三十有四，军兴以来，其隶转运司者，仁和、许村、西路而已。复经寇掠，人多流亡。西路岁办盐八千引有奇，十九年裁四千一百十二引，明年益至五千一十三引，又明年益至七千八百一十引，益二场为下，副使外严内宽，宜往督之。"丞相曰："法弛久矣，上无以给经国之费，下无以为业民之资，往懋哉？"乃孟春正月，公乘小舟至。浃旬之间，黜吏之冈上为蠹者，复丁之庇于强家者。召父老立庭中，申以三则，奸者有罚，禁其私贩。于是咸喻其意，小大竞劝，莫敢违教。自六月至于秋八月，功毕，而不笞一人，插前仁和县六百引，补旧额一百九十引。乌乎！天下之利莫重于盐，而病亦甚矣。上之人徒知其为利，而不知病民，往往肆虎狼之毒，严刑峻法以驱之，其弊有不可胜言者。今公不临以赫赫之威，而有煦煦之仁，辟之冬日，民爱之矣。视唐之刘晏，吾何左右焉？初，公之来也，以苍头自随，入视治所，古槐秋屋，日色旁射，四无周垣，不以为陋，遂命葺而居之，坐无重席，食具藜藿，泊如也。视彼苟禄而为一身计，择高敞之第，醉酿饱鲜，而于所当务者，一不经意，宁无愧乎？今都运寻拜治书之命，公亦不久于此矣。于其还也，因举其略而书之，复作诗系其后，以著民之思。至正二十有二年冬十一月望日，檇李贝琼序。诗曰：东海水不枯，煮盐何日已。丈夫行负薪，妇女面如鬼。所悲力已穷，鞭挞岂无耻。欲食管桑肉，富国那尚此。朝廷擢老成，抚我犹赤子。昔逢使者忧，今识使者喜。呜呼凋瘵余，坐使讴歌起。天门有诏催，振翼抟万里。（贝琼：《清江贝先生文集》卷一）

盐商行　杨维桢

人生不愿万户侯，但愿盐利淮西（淮西或作两淮）头。人生不愿万金宅，但愿盐商千料舶。大农课盐析秋毫，凡民不敢争锥刀。盐商本是贱家子，独与王家埒富豪。亭丁焦头烧海榷，盐商洗手筹运握。大席一囊三百斤，漕津牛马千蹄角。司纲改法开新河，盐商添力莫谁何。大艘钲鼓顺流下，检制孰敢悬官铊。吁嗟海王不爱宝，夷吾策之成伯道。如何后世严立法，只与盐商成富媪。鲁中绮，蜀中罗，以盐起家数不多。只今谁补货殖传，绮罗往往甲州县。（杨维桢：《铁崖先生古乐府》卷一）

论盐法　帖木儿

近蒙委巡历奉元东道，至元元年，各州县户口额办盐课，其陕西运司官不思转运之方，每年豫期差人分道赍引，遍散州县，甫及旬月，杖限追钞，不问民之无有。窃照诸处运司之例，皆运官召商发卖。惟陕西等处盐法近年散于民户，且如陕西行省食盐之户，该办课二十万三千一百六十四锭有余，于内巩昌、延安等处认定课钞一万六千二百七十一锭，庆阳、环州、凤翔、兴元等处，岁办课一万七千九百八十五锭，其余课钞，先因关陕旱饥，民多流亡，准中书省咨至顺三年盐课十分为率减免四分，于今三载，尚有逋负。盖因户口凋残，十亡八九，纵或有复业者，家产已空。迩来岁颇丰收，而物价甚贱，得钞为艰。本司官皆勒有司征办，无分高下，一概给散，少者不下二三引，每引收价银三锭，富家无以应办，贫民安能措画？桑终岁之粮，不酬一引之价，缓则输息而借贷，急则典鬻妻子，纵引目到手，力窭不能自运，止从各处盐商勒价收买，旧债未偿，新引又至，民力有限，官赋无穷。又宁夏所产韦红盐池不办课程，除巩昌等处循例认纳干课，从便食用外，其池邻接陕西环州百余里，红盐味甘而价贱，解盐味苦而价贵，百姓私相贩易，不可禁约。以此参详河东盐池，除捞盐户口食盐外，办课引数，今后宜从运官设法募商兴贩，但遇行盐之数，诸人毋得侵扰韦红盐法。运司每岁分输官吏监视，听民采取，立法抽分，依例发卖，每引收价钞三锭，自黄河以西，从民食用，通办运司元额课钞，因而夹带至黄河东南者，同私盐法罪之，陕西兴贩解盐者，不禁，如此庶望官民两便，而课亦无亏矣。（雍正《陕西通志》卷八十六《艺文二》，第二十六页）

请陕西兼食韦红盐疏　胡通

陕西百姓许食解盐，近脱荒歉，流移渐复，正宜安辑，而盐吏不察民瘼，止以恢办为名，不论贫富，散引收课，或纳钱入官，动经岁月，犹未得盐。盖因地远，脚力艰涩，今后若因大河以东之民分定课程，买食解盐，其以西之民计口摊课，任食韦红之盐，则官不被扰，民无荡产之祸矣。且解盐结之于风，韦红之盐产之于地，东盐味苦，西盐味甘，又岂肯舍其美而就其恶乎？使陕西百姓一概均摊解盐之课，合食韦红之盐，则盐吏免巡禁之劳，而民亦受惠矣。（雍正《陕西通志》卷八十六《艺文二》，第二十七页）

请本色入由单疏　李鹏鸣

臣乡西安，所属钱粮，旧例皆征折色，自国初大兵驻省，所需粮草，取给于泾渭南北十六州县，每年本折兼征，而由单所载止有折色原数，无本色新额，每征本色，其数目不预定也。上司陆续檄催州县，节次派征，随时价为低昂，年年盈缩不同，其间衰多益寡，官吏虽能了然，而百姓不知也。究竟军中所得刍糗，未尝溢额，而民间输纳终难明晰，朦混之弊恐不能免。臣思驻防兵马原有定数，则粮草亦有定数，既不以丰歉为增减，安得以贵贱为多少，乃不额定征数，而必游移为之，岂良法美意乎？请敕抚臣严檄藩司，酌议估定米豆草束价值，核实十六州县原额地粮若干，每粮一石，每年应征折色几分，为数若干，应征本色几分，为数若干，将银数与米豆草束之数，逐款分列，刊入由单，仍于本户名下注明应纳细数，使百姓预先明晰，然后按数征收，可以杜吏胥混派之端，可以清里排包揽之弊，民力既裕，军需无误矣。（雍正《陕西通志》卷八十六《艺文二》，第四十五页）

请豁滨河地粮永禁现役马头疏　刘荫枢

秦豫滨河冲坍田地，宜行核豁。查黄河在秦者，由龙门出山南至潼关，将三百里。高原田地常无水患，独堆下滨河滩地，东西相望，远者三十里，近者将二十里，除河水经流之地，原无钱粮，其去河稍远之处，俱照中地起科。河之在豫者，自荥泽出山东至虞城，将五百里，堤内中地常无水患，惟堤外南北相望，远者二十里，近者十余里，除河水经流之地，原无钱粮，其去河稍远者，俱照下地起科。河性激怒，常好湾曲而行，一经扫刷，动至数里，坍入水中，是地既去，而粮仍存也。有司各官以分数计之，不及十分之一，又渐次冲坍，与冲决不同，不敢具文报灾，督抚坐镇省会，何由周知。臣思我皇上一行蠲赈，动至数百千万，岂忍滨河百姓独有向隅？祈敕督抚细行查核，量为豁减，赔累去而室家安，皆皇仁之推广也。一在秦现役马头，当永行禁革。查督催正项钱粮，有催头粮长，民乐自应，此海内所同也。独秦省自故明以来，催头粮长之外，有现役马头名色，每里分为十甲，十年一轮，周而复始，时行时止，莫可稽考。三逆变乱而后军兴旁午，接济一时，势所必需，然此时所办者，皆公事也。事平之后相沿未革，不肖有司巧为侵渔，彼不立私派之名，而令民间自派，每里报殷实大户数人，常在衙前供役，假办公之名，为济私之计，现役马头，均令办应。臣查别省州县正项之外，亦有必需差徭，然皆为数无几，阖县公应，不为苦。独秦省十甲轮流，是一年办十年之事，一人应十人之役，故民当应役之年，计其所费倍于正赋。皇上轸念秦民灾伤，百法拯救，地方大吏三令五申，时行禁饬，其稍知爱鼎者，自行约束，而贪墨不肖者，犹阳奉而阴违也。臣查定例，内州县官私行征派与上司各官不行纠察者，载在条例，处分甚严，但法犹器也，器具而不用，久而必敝；法立而不行，久而必玩。祈敕督抚严加申饬，将从前积习永行断绝，则横索去而民乐业，皆皇仁之推广也。臣亦知臣所言者皆有定例，遵行在案，但伏读恩诏煌煌，谓现行事例不便于民者，令督抚详察具奏，仰见我皇上明烛万里，知现行之例，诚有宜因时而变通者也。（雍正《陕西通志》卷八十六《艺文二》，第五十七页）

兵粮请照旧斗支给疏（朱植仁代稿）　　博济

钦惟我皇上体天育物，凡兵民日用以及大小事宜，无不经营睿虑，措置咸宜。去岁秋间，特奉谕旨，念民间所用升斗，大小不同，令部臣较铸平准，通行颁发，使普天画一，率土均平，此实皇上之大政，不易之章程。查各省收粮仓斗，大概相同。惟陕省仓斗较别省独大，故各属民粮俱照依陕省旧用仓斗交纳，亦即以此仓斗支放，兵丁百姓交纳为常，不觉其苦，兵丁日用无缺，俱已深荷天恩。今以部颁新斗，以陕省旧斗较量，一石计短少三斗，如以此新斗收受，即以此新斗放给兵丁，则十分之中，已减其三分，兵马粮料不无艰窘不足之虑。况陕甘兵马较他省最多，倘有行走，全赖士马饱腾，臣遵奉谕旨，将私派杂差重耗等项，严行禁革，惟收粮浥烂折耗额外多收者，未能尽绝。今将此耗粮亦永行禁革，百姓交粮，令照旧斗之数以新斗交收，支给兵粮亦照旧斗之数以新斗量给，则耗粮革绝，百姓即已沾沐皇上弘恩，自是乐输恐后，而陕甘满汉十余万兵丁亦俱仰沐圣主格

外深恩矣！（雍正《陕西通志》卷八十六《艺文二》，第五十九页）

申明盐法旧例疏　叶镗

题为申明旧例，以杜纷更，以一政体，以便民情事。近日接到浙江巡盐御史宿应参一本，题为申明统辖以饬盐政，以裕国计事。内开两浙行盐地方，如浙江杭州等十一府，南直隶苏、松、常、镇、徽州等五府，江西广信一府，皆在所属。但浙江南直隶滨海产盐去处，旧例身亲巡历，惟徽州、广信二府止系行盐地方，原无巡历举劾事例。近因前任御史将徽州题入统辖，故御史宿应参欲行比例，乃有此奏。臣等待罪该科，职司举正，若不究言其弊，诚恐将来比例陈乞纷纷变更，上失祖宗立法之意，下启事端纷扰之源，政体民情皆所不便。辄冒昧一一为皇上陈之。查得《大明会典》，山东、两浙、两淮、长芦、河东、广东、海北、四川、福建、陕西、云南等处，皆系产盐地方，惟两浙、两淮、河东、长芦四处利源最大，济边尤急。故先年添差御史四员，重其事权，令其禁革奸弊，约束豪强，使占中卖窝、私煎盗贩者，不得肆行乎其间，法本善也。但行盐之说，其端有二，有产盐地方，利源所在，其势必有所趋，故设有运使等官，而复设御史以临之者，利重而弊多故也。其凡于行盐地方，统辖寥阔，势难归一，但使课额不亏，流行无滞，斯足矣。固未尝琐琐称量，而必求事权之偏重也。且以两淮行盐地方论之，如应天、凤、庐、淮、扬、宁、太、池、和等九府州，江西南昌等十二府，湖广武昌等十七府州，其地方可谓广矣。然两淮御史之所巡历者，不过南直隶滨海产盐诸府州县而已，如欲尽行专统辖之权，申巡历之例，操举劾之柄，非惟力有不能，抑且日亦不足矣！推之他省，无不如此。盖天下无不食盐之家，而有不必巡盐之处。矧祖宗立法之意，尽善尽美，如福建、广东、海北诸处，虽有盐利，止设运司提举等官，而不添差巡盐御史者，盖以海邦边境不尽取于民，而亦不废乎权括之术，乃圣人义以理财之中，而默寓仁以阜民之意，其旨微矣。近日以来，惟务己意之所便，不念大体之所存，故张官置吏，益启纷扰之端；朝令夕更，茫无归宿之处。且以广信一府言之，东为浙江之境，西为江西之辖，而浙江常山一县实当交界，山行百里，狭径崎岖，又非舟车可通之地，故山商之不乐往，诚有如御史宿应参之所陈者，然非地方官不行用心之罪也，乃其势所不便，而自不乐往耳。且以一夫尽日之力，肩挑盐止可百斤，脚价当得银一钱，而舟资居停之费不与焉。但此盐止可行于广信之境内，幅员纵横，不过二百余里，而又不能远通乎境外，此山商之所以不乐往也。然前此百八十年来，贫民但知有食盐之乐，而不知有食盐之苦，借接递之力，需斤两之盐以为食，官府固未尝禁也。近因巡盐衙门之责备，巡捕有司之苛求，肩挑背负尽入弓兵机快之手，而反加之罪，张口嗷嗷，摇手触禁，甚至有以硝代盐扫卤为食，不但三月之无盐而已。况山川界限，则文移之往来者，动经旬日；事权分辖，则有司之参谒者，越境千里。且事在得已，例在可因，原不系产盐地方，既非利源所生，又非弊端丛积，该府岁派引盐不满八千之数，而宪台巡历所驻，难免供应之烦，讦讼者借是为逋逃之薮，参谒者因是招旷废之尤。况相仍已久垂二百年，前此系籍江西之人，每多两浙巡盐之使，揆厥所由，已非一朝一夕之故矣。设使此例一开，漫无底止。福建、海北等处将有添差御史之说矣，各省行盐地方，又将有比例巡历之举矣。上于国计无裨，下于生民无益，纷纷烦扰，日引月滋，圣朝浑厚博大之治体，固不如是之琐屑也。伏乞敕下该部，查照旧例，寝格斯例，不必纷更，以启多事之渐，庶事体人情两为便益，其于治理，未必无小补也。偶有所见，不敢缄默。伏乞圣明裁察，臣等幸甚，天下幸甚。（雍正《陕西通志》卷一百十五《艺文·奏疏一》）

盐法

户口食盐，折钞七万六千七百六十贯。

盐院盐斤，每年解银二十二两。

巡盐民壮，每季五名。

按食盐固取给国赋，实民生一日不可缺此，禁遏私贩，开通官盐，制亦善矣。近有垄徒，承严禁私贩之时，藉齐天难抗之势，载盐无数，欺压职司，挨门强给，非惟斤数不足，又且价银加倍，虽安石之青苗法亦不过是。夫东安自洪武以来，未有挨门强散之法，自万历九年始。噫！盐本养民之物，而反为虐，以一商兴利之故，而害及概县，为民父母宁不为之痛心乎？近蒙知县阮宗道一为国赋计，一为民生计，平日严禁私贩，官盐至亦不照前强散，特令盐商平价自卖，国赋、民生两得之矣。噫！后之司民牧者不可不留心于斯。

按食货志所记者，户口、贡赋、力役、物产，国初户口繁多，贡赋宽裕，力役减省，物产饶洽。迩年以来，浑河为害，户口日损，工赋日急，力役愈繁，物产愈耗，司民牧者观此，宜加存恤，亦可以望凋瘵之渐苏矣。（《东安县志》卷二《盐法》，第七页）

边盐壅滞饷匮可虑疏

延镇兵马云屯，惟赖召买盐引，接济军需，岁有常额。往时，召集山西商人，承认淮、浙二盐，输粮于各堡仓，给引，前去江南投司，领盐发卖，盐法疏通，边商获利。二百年来，未闻壅滞。及至于今，商人苦称边盐不通，引积无用，其情甚苦，其词甚哀。细询其故，盖缘江南盐官失政，恣肆渔猎，弊窦多端。如边盐每引每包重止五百五十斤，例也。而彼盐每引每包重至二千五百斤，人情孰不欲利，谁肯舍多而就少乎？是彼得利四倍，而边盐利少，无人承买，其困一也。边盐堆积三四年发卖，亦例也。而彼盐朝中暮鬻，无容堆积，人孰不急于趋利，孰肯舍速而就缓乎？是彼获利快捷，而边盐迟滞，无人承买，其困二也。盐志开载，商盐必挨单顺序，候盐院委官盘掣，而后发卖，彼盐不登单目，任意中发，既免守候之艰，又无掣盘之费，人皆乐趋，所以边盐壅滞，引不得售，其困三也。且彼盐发卖，执有小票，联艚贩运，江浙吴楚之间，何处不到？夫行盐之地有方，食盐之人有限。彼之余盐既已盛行，虽有边盐，寻无买主，其困四也。先年，盐法通行，或边商安于故土，不乐远涉，则有南商来边，收买盐引，引亦无壅，今小票便而得利广，孰肯驱驰数千里遐荒之路而贸引乎？近年以来，塞上无南商之迹矣。边商迫于官刑纳粟中引，无人承买，赍之江南，株守累月，盘缠罄尽，虽减价而不得售，其困五也。边方淮盐，每引官价五钱，并在彼加纳余价，共七钱五分。今江南价银止得四钱四分，是亏折本银三钱一分，边方浙盐每引官价银三钱五分，今江南价银止得一钱六分，是亏折本银一钱九分。然皆强而后售，共计淮、浙二十二万六千余引，亏短价银五万七千余两，四五年间不能周转。及至还乡，债主逼索，变产赔偿，其困六也。如此六蠹，率由私盐遍行，小票通而官引滞。所以山西之商，忿折赍本，尽归原籍。土著之商，力穷难支，逃亡过半。止余见在数家，号呼告退。新盐引目，节行催派，并无一人承认。三路盐粮，所借以佐军储者，尽化乌有。司饷者，日夜皇皇，束手无策。边事至此，深可寒心。夫三军之为国家效力者，恃有此月饷耳。月饷之所以充足者，恃有此盐商耳。今南方盐法阻滞，商盐不行，盐引不售，盐商不愿赴边纳粮中引，则军饷无所复出，三军枵腹荷戈，何以责之竭力，以御意外之虞哉？伏乞敕下户部，从长酌议，务使盐法疏通，边饷充足，无狃目前之近，永贻社稷之安，熟数利害，覆请施行。（《延绥镇志》卷六，第四十二至四十四页）

送邑令李龙冈擢户部主事序　唐顺之

嘉靖甲辰至丙午，东南连岁大祲。先是为户部者，疑有司之缓于其赋而私于其民，于是水旱霜蝗之奏，十不一听。而沮抑推勘之令严，军储国需窘乏常在目前，而里闾疾苦常在千万里外。于是蠲租发帑之请，十不一得，而督责迫促之纲密。李侯为武进，既遭大祲，则计以为户部之不信有司，非其壅膏以自润之为咎，而患在不尽知有司之急；有司之不见信于户部，非其籍灾以庇民之为罪，而患在不尽通户部之情。如使为户部者，知有司之急，则固可越法破例以为贷，而曲全乎有司。为有司者，通户部之情，则亦可据法奉例以为请，而无逆于户部。然而有司常冒求于法与例之外，而不知裁请于法与例之内；户部不能靳恩于法与例之内，而亦不能借恩于法与例之外，是以其势常相左。然则户部之不信有司，非户部之拒有司，亦有司之自拒于户部也。今纵不敢望户部设以身处有司之地，而为之计，犹可使有司设以身处户部之地，而为之计。于是日夜搜检故牍及访之邑中士大夫家，得户部支运折兑故事，丝发无耗于国，而百万有益于民者凡四五条，为疏以请于抚按，抚按以请于朝，而下之户部，户部果以为便，不终岁而奏行之。自武进一邑得免米若干万石，及东南诸郡邑共得免米若干万石，三数年间，东南连遭大祲，而民不尽捐沟壑者，李侯之功为多。居久之，李侯以政最擢户部主事。夫李侯之为有司也，既已能辨户部之事，为户部也，其必不忘有司之心。为有司也，能设以身处户部之地而为之计；为户部也，有不能设以身处有司之地而为之计乎？韩退之以为天下之事成于自同而败于自异。余以为其自同者，始于气脉之相贯；其自异者，始于气脉之相壅。盖在周时，司徒主国计，而州长县正实受法焉，安有为有司而不能通户部之情？司徒敛财贿而荒政，聚民尤必先焉，安有为户部而不能知有司之急如今日者乎？然而司徒之属有司，救一官实周旋于上下之间，凡岁时有天患民病，则以节巡于州县，以告之司徒，而施惠焉。是以长正与司徒气脉恒相通，惟司牧焉是赖。今之世无是官，而户部郎出为郡守县令，入为户部郎，则犹有通融之意。且国家财赋委之户部，而源于东南诸郡县。李侯佐户部，倘尚书有问钱谷盈缩与国计民力之孰利孰害，李侯必且举所尝治县者以对。至于异日四方水旱，凡有请焉而无不得者，必李侯为之周旋其间也。（唐顺之：《荆川先生文集》卷十一）

松阳知县胡君墓志铭　唐顺之

君既卒，而余往吊其家。君之弟露出所遗嘱示余，大要教诸子弟孝友廉谨退让，或各随其材性所病而分与之药，井井一如家人居常语。其字画遒谨，亦与君平时手书无异。盖前属纩三日也。及属纩，露请诀，无他言，第曰："做人，做人！"嗟乎，死生亦大矣！能精明若是，是足以知君矣。君年四十余，游南都，师事吕先生仲木、邹先生谦之，始闻古儒者之学，时尚以牵于举业，故未能竟其意也。君自南都归，而余罢编修家居，时时与其弟露候余。君峭立直刚，而露恂恂朴实，余心喜两君之为人，每相过辄竟日语，其语大率世所谓迂僻者，而两君独心喜之。然君之意，每若恨于向未有闻先生长者之言，既有闻于先生长者之言而已晚者。余尝谓之曰："回头即岸矣，何晚之云？"嗟乎！君今卒矣，岸乎与否，君其自知之矣。而余窃谓观君所以处死，其足以知君者也。君且卒，嘱其弟请余铭君之墓。君讳云，字雨之，号霁斋。胡氏谱相传以为安定先生之后，自海陵徙无锡。大父讳辕，父讳岳，号西崖。君自幼寡言笑，不嬉弄，不敏于他艺，亦不习于便獧。稍长习举子业，为文丰约，拘纵有法，其居庠，所与游多豪士。至戊子岁，举于乡，余亦以是岁举。己丑，君下第，入南监，始见吕、邹两师而问学焉。乙未，复试京师，会闻母丧而奔，哀号劳顿，涉数千里，入门骨立，每哭辄仆，三月后始力疾营葬事，三年未尝展颜色。自君痛西崖之早世也，揭一联于书舍曰："思亲每忆临危日，对卷常怀赴考时。"弟露稍疾痛，则君竟夕不寐。露有三子，接而殇也。露鞿，君为之蹙于额；露展，君为之解于颐。君之病也，露左右寝处如子，盖君所以感之。戊戌，又不第，始就选为松阳知县。松阳，处州属邑也。处州古称难治，而松阳僻在山岩中，先是数馑于水，又属开矿，居人争骇散。君周旋抚谕，仅而安集，其诸奄校以矿事至者，又竞欲扇勃威君以浚于民，而土人之不逞者，又阴唆之，君慷慨辨诘不少屈，竟与抗礼。君又素廉，摭拾无所得，其人至相诫曰："毋生事，非他县比也。"是以矿事首尾二年，而民不甚骚。君尤为分巡胡君有恒所知。胡君介士也，尝谓君曰："官如水，衙如冰，我最甘于清苦，犹不及也。"松之俗嫁女破产，虽富族亦多不举女，有逾四十不能妻者，虽其良族，亦率以抢婚为常事。君患之，始下令曰："毋溺女，溺女者重坐之。"又以为母子天性也，惟痛节其送女之费，则女可蓄，女可蓄，则抢婚可不禁而息。又下令曰："送女毋过若干，过若干重坐之。"由是女亦浸育，然去官竟以抢婚事也。始诸生王宰聘徐女，有豪者夺而婚诸其子，君怒将置之法，遂诬君于上官，反复辨诘，久之事白矣，然竟以误朝觐，遂坐罢。君性刚微类褊，于人不能瓦合，其为令尤不肯脂韦骫法，务在惠贫弱、抑豪强。其抑豪强也，取中法而已，三年未尝杖杀一人。君既归，每独坐一小池亭，或时与诸相知游息论学其间。既老矣，不复泛观他书，惟好王阳明先生文集，日玩诵之，有疾尚手摘其要语，以为子孙训。其居闲，非庆吊未尝辄入郡邑城，或时入郡城，一问讯余也。始君为小池石焉，嵌以"临深"字，而问铭于余，余未及铭而君卒矣。于是铭其墓，君娶云云。铭曰：众之生也，如偶借机，自多其能；逮其卒也，如偶去机，遂颠其灵。君之生也，趑趑踽踽，不能为巧；逮其卒也，垂绝之言，一何了了。不遭于生，而妥于死。盖昔人有言，岂以其重若彼而其轻若此。（唐顺之：《荆川先生文集》卷十四）

李元阳传

李元阳，字仁甫，太和人。少梦神人授锦三丈，令吞，既寤，词藻奇丽。举进士，选授庶吉士。以议礼不合，谪分宜令，有异政，拜监察御史，侃侃敢言，独立不阿，当事者衔之。会銮驾至荆州，荆州守缺，即推元阳，无何竟罢之。元阳俶傥有奇节，文章德行皆为中外崇重。家居孳孳为善，惟恐不及，两修郡乘，卓然成一家言。年八十余，卒。元阳为御史时按闽，墨吏望风解印绶去，遇文人墨士，虽布衣与抗礼，后大理高斝至，风裁尤峻捕，境内豪强一空，闽至今称两御史云。（《滇系》卷六之一《人物》，第十三至十四页）

宋御史（租徭不免）　　冯汝弼

嘉靖丙申，余谪官潜山丞，奉委至东流阅徭册，有宋邦辅名。因忆居京时识御史宋邦辅者，问之，果宋御史也。问其产，曰："有田四十亩。"问："何不优免？"曰："与县令俞不合。"继俞者李，适来会，因问宋居家。李曰："宋道长督子躬耕，夫人亲饷，茅屋数椽，才蔽风日，安贫乐道，晏如也。"余谓："何不周之？"曰："馈纸数张即受，他物即不受。"昔巡抚公馈坊银百两，而书却之曰："某贤未至于可养，贫未至于可周。"强之再三，卒不受。余至池州，谓太守陆所默曰："郡有古人，宁识之乎？"陆曰："宋道长也，杜门扫轨，乐道安贫。"余谓："何不周之？"陆曰："求一见且不可得，可得而周之乎？"盖自始学至筮仕，至归田，表里同操，始终一节者。呜呼！高风远韵，海内钦仰，廉顽立懦，为百世师，其亦可以无愧也夫。（平湖冯汝弼：《祐山杂说》普集第七，第六页）

孙燿（佃户卖田代弟还欠租）　冯汝弼

余佃户孙燿，世居当湖之东。弟炤，愚且聋，兄弟各负余租，卖田五亩以偿之，其弟者多于己。余意其租产也，而多以予弟，义之。一日，其邻有吴尧者，代弟还租若干，且欲以其所乘舟与弟共之，吴与弟素不相协。余异之，问其故。吴曰："吾邻孙燿代弟还租，吾亦有弟，安忍坐视。"余始知向所卖者，乃燿己产，其义尤可尚也。而化及其邻，及薄归厚，又以见天理之在人心者，不容泯灭，顾无以动之耳，因匾其室曰尚义，而还其田，并吴所代租以为世劝。（平湖冯汝弼：《祐山杂说》普集第七，第八页）

应变操纵　冯汝弼

甲辰凶荒之后，邑人行乞者什之三，逋负者什之九。明年，本府赵通判临县催征，命选竹板重七斤者，检枷长三寸者。邑人大恐，或诳行乞者曰："赵公领府库银三千两来赈济，汝何不往？"行乞者更相传播，须臾数百人相率诣赵，赵不容入，则叫号跳跃，一拥而进，逋负者随之，逐隶人，毁刑具，呼声震动，赵惶惧莫知所措。余与赵上莘辈闻变趋入，赵意稍安，延入后堂，则击门排闼，势益猖獗，问欲何为？行乞者曰求赈济，逋负者曰求免征。赵问为首者姓名。余曰："勿问也，知其姓名，彼虑后祸，祸反不测，姑顺之耳。"于是出免征牌，及县备豆饼数百以进，未及门，辄抢去，行乞者率不得食，抵暮，余辈出，则号呼愈甚，突入后堂矣。赵虑有他变，逾墙宵遁，自是民颇骄纵无忌。又二月，太守郭平川应奎，推为首者数人干法，即惕然相戒，莫敢复犯矣。向使赵不严刑，未必致变，郭不正法，何由

弭乱，宽严操纵，惟识时务者知之。（平湖冯汝弼：《祐山杂说》普集第七，第五页）

甲辰荒变 冯汝弼

嘉靖十七年至二十二年，嘉兴各县荒。二十三年甲辰，大荒，平湖、海盐尤甚。乡民力田之外，恒以纺织为生。是岁木棉旱槁，杼柚为空，民皆束手待毙。水上浮尸，及途中饥殍，为鸢狗所食者，不可胜数。又官粮逋负，苦于催科，田无所售，则拆屋货之苏湖各邑，不足，即鬻妻女于宁绍，宁绍人每以此为业，官府知而不禁也。盖鬻之则妻女去，而父与夫获生，否则均为杖下鬼耳。有就食于野者，草根芰蔓，采撷无遗。或行乞于市，遇货食者，辄抢而奔，比追及，已入口矣。又有数十为群，至人家求食者，或不与，即相凌夺。其无赖者，伏草野中，遇人持布入市，即掩击夺之，谓之打布贼。数人为伙，即行劫于路及村落间，日未没，即不敢出，相结防御，通宵不得就寝。时平湖未有城，余居县市西，佃户及邻居将百人，椎牛飨之，白于县，书牌备器为守望计。至除日，忽惊传乍浦军人自东湖抢入县市矣。县市人仓遽惶惑，披靡失措，居者争收店铺，行者尽气狂奔，虽县中兵皂，亦各星散，尹丞簿尉，相聚泣下而已。惟余所飨百人者，相率备御，既而寂然无闻，始知为讹言矣。盖饥馑流离之际，民心易摇，变起仓卒，虽智者亦无如之何矣，故当此时，蠲免之令，赈济之事，备御之策，皆不可不之讲也。（平湖冯汝弼：《祐山杂说》普集第七，第五页）

盐祸

乾嘉间，滇中以官盐苦民，民疾之。嘉庆二年三月二十四日迤西诸州县一时民变，各赴衙门呼闹，缚亲门丁书役及本地绅衿之为害者，百端凌辱，竟有抉眼折足者。时姚州已聚至千人，将为乱，贡生王元旦、廪生徐斯茂、生员官宗贤三人晓以利害，力阻之，众感悟，散去。（按滇中盐政旧系官运官销，然买盐多寡，听民自便，尚未大为民累。积久弊生，遂至按户压卖，计期取值，笞棰追比，或立弊于庭，或系死于狱，民不堪其苦，故致此变。嘉庆四年初中丞彭龄奏请由民间销运，于是滇人大悦。）（《姚州志》卷十一《杂志·志余琐录附后》，第三十五页）

粮祸

咸丰初，州属钱粮有弊政，民苦之。五年正月四界穷民聚至二三千人，入城喧让，呼声鼎沸，折毁书役房屋，缚门丁窘辱之，三日乃散。

光绪八年因科粮不均，东界妇女聚至百余人，赴憩州署，数月不归，李公光舒莅任，事乃解。（《姚州志》卷十一《杂志·志余琐录附后》，第三十五页）

荒年减租　知县郑扬芳

丁丑之秋，冷风伤稼，十日不晴，余甚忧之，轻骑往勘，田稼十熟二三，其全不熟者较多，嗷嗷遍野，闻之恻然。随即请赈，通禀大宪，委员会勘详复批，拨昆阳、晋宁两州条丁银两，解呈买谷赈之。但念钱粮既经奏免，而佃户之租自应一体从减，若再照常纳之，则家无升斗，势必除扣佃银，致穷民再佃无资，转徙失业，一年荒则不荒之年亦荒也，仁者岂忍出此。余商之绅士，出示晓谕，租宜减其半焉，缓至次年三月纳之，庶灾黎得延残喘。其各田主允宜遵之，勿蹈为富不仁之议。嗣后如遇有灾，灾不同，照此例酌轻重以减之，勿违。（《呈贡县志》卷七《艺文》，第六十一页）

武定变　邓渼

邓渼，新城人，进士，明万历时官云南巡按。

朝登武定城，暮宿抵罗次。有何庞眉叟，遮车泣诉事。问叟何所苦？问叟何所觊？叟耄复健忘，忆一不记二。往者万历初，边守幸康乂。守令咸得人，民物鲜札厉。伍伯不到门，什一有恒税。斗米才十钱，半锱易一醉。龟贝自转输，工价集骈坒。相欢太平人，但供角抵戏。鸣呼廿载间，乾坤一幽闭。中丞文且武，抵掌谈封拜。羽檄岂虚来，兵革靡宁岁，忍以百万命，而快一人意。忍白千里地，而希茅土赐，守臣本蟊贼，中珰甚狂猘。此辈纨袴子，况彼粪除隶崛，逢者鲜不噬。不忍因民怨，奈何虎冠吏。一夫敢倡难，余孽竟昌炽。讹传寇初集，颇遭守者啻。黾勉授残甲，垂头望睥睨。蜂涌围已合，蚁薄城遂溃。巷战力不敌，免胄期殒碎。烈烈金与王，阃门竟死义。宛转蛾眉女，慷慨丈夫气，泣抱黄口儿，牵挽及娣姒。相继付烈焰，义不污贼镝。草间苟求活，羞彼郡都尉。难扑燎原火，易成破竹势。中丞文且武，小丑曾芥蒂。下令城中外，毋得辄引避。安堵第如故，已定退贼计。贼来如风雨，剥肤患孔亟。晨兴牙门启，文武咸就位。寇贼在门庭，请问计安出？中丞嚬无语，汗流手颤悸。但云乌合众，不久自当退。城外鼓盈天，城中哭震地。贼徒皆重铠，踉跄错其臂。每闻得汉儿，刳腹必洞刺。剒肠挂树枝，乌鸢下争食。尸积云津桥，血流滇海澡。中丞非不武，空拳安可试。登楼望贼徒，悚然思所畏。或用缓贼谋，姑为好语慰。彼贼若罔闻，嗔目仍攘袂。恶诟至不堪，左右皆沮愧。甘受城下盟，窃发虞奸细。犒用十二牛，文锦先皮币。葚紫织成衣，黄金钩落带，银印龟形钮，本自上方制。名器敢轻假，曾谢挈缾智。贼众始拜舞，观者犹惴惴。贼来荷戈入，贼去驼金逝。可怜窈窕娘，抑作犬羊配。虏获动无算，男妇必累骑。辎重百里间，绵绵行不绝。猡贼固骠悍，小胜辄忸怩。中丞文且武，开门悉精锐。击归伺其怠，小丑安足殰。但闻攀墙看，谁将一矢遗。夷民旧部落，府主新仪卫。前歌后且舞，送归刺史廨。昭昭汉日月，几向蛮天坠。忍死幸须臾，延颈王师至。焚香拜马首，双颊如雨泪。不意沟壑躯，复睹汉旌帜。感激活我恩，人持一筥饵。长跪主帅前，帅闻乃大悴。怒声吼如雷，立命三军士。居此围城中，尽与贼勾结。从贼有显戮，任其所斩刈。军士拥向前，两手捽其发。举刀便欲斫，观者但睊眙。叩头连乞命，我辈有何罪，尔辈实无罪，是尔命尽日令，首开购级例。重赏不逾时，以此竞趋利。搜贼无所得，失利且有害。头颅许借我，谁能别真伪。老幼闻此言，号擗泪盈眦。生既无门控，死当诉上帝。骈首就锋刃，流血如泉沸。次第列功状，报捷日三四。中丞启捷书，抵掌大称快。催军益前进，功多赏亦倍。传教诸将营，努力功名会。今年杀诸贼，金印如斗大。当取悬肘后，急击慎勿失。天网恢恢布，多杀神所忌。逆贼既就俘，将吏亦被逮。糜烂同一理，谁逃百六厄。叟昔有三子，诸孙绕膝嬉。酷经丧乱来，并无髫龇嗣。田园既芜没，居室遭焚爇。亲友凋残尽，生理迷所寄。人皆羡高年，高年有憔悴。叹惜老叟语，停鞍重歔欷。召变良有初，妖象著为祟。町疃作战场，噫嘻岂偶值。（《续云南通志稿》卷一七四《艺文志·杂著·诗》，第十三至十五页）

赠太常寺少卿彭公传（子端吾）（丈量、水稻、农具）

李绂

彭公讳好古，字子述，庐陵人，徙河南夏邑。父举人，讳中美，有儒行。母刘氏，生公时云有异兆。弱冠举嘉靖丁酉乡试，十试于礼部不售。就县职，得直隶新城，理极冲如无事，刻苦自励。时有欲行元人水田之议者，檄下新城，白沟河水利可用。公为书白上官言："夺民桑枣禾黍成利，冀秔稻未必然之获，不可一；春分浴种需水，而白沟冰始泮，入秋未收稻，而九河下流倒漾，稻且无遗种，不可二；农器水陆异用，农事南北异习，养农师，易农具多费困民，不可三。"事乃中止。至穆庙时，兴水利，三辅骚然，民益思公功。新城与兴州屯地牙错，民地占籍颇赢。奸民以欺隐，持小民请清丈，公力持不可，谓丈量事烦扰，增课无几，而重困吾民，且藏富于民，即藏富于国也。大吏韪之。后江陵张公居正大括民田，朋家作仇，新城父老慨叹，谓："向匪彭公，此令不待今日矣。"新城有为缇帅者，善大学士徐公阶，属所知讽公曰："由我通相公，可立跻台省。"公谢曰："吾闻相公贤，若由窦以进，必以为不肖矣。"府推官侯则素贪冒，行县时，公不具例金，因短公于巡抚张公。张，襄阳人，公姻娅，有分巡襄阳者，张方为举人，以事相连，因迁怒公，又入推官潜，遂调公新安简县。新城民千余人赴吏部乞留。尚书杨公博曰："令果贤耶，调则难为令，留则难为巡抚。"遂改令陕西同官。同官，古役裙地，边饷所道，田瘠而役烦，士习苦窳，公日劝农桑，课经义，教养并修。漆沮水啮城，筑其岸捍之。大市陈炉村为陶冶所，盗哨聚其间，公劝筑小堡，严更埭，盗因以息。石州之乱，三秦震动，县有金锁关，为西安咽喉地。公察其西南高山，筑济阳寨，与关为犄角，屹然天险。俄获一谍者，军门讯之，云石州虏使侦道，欲由延安趋长安，今已知险难越，无忧也。同官以漆沮既同得名，山高水驶，田不可稻。耀州、富平欲凿山通漆沮灌田，其邑人吏部尚书孙公丕扬主之。公抗言劳己民以利邻，非智，同官固不为；用人力以利己，非仁，耀、富平独安乎？孙公无以夺，第曰："令强项！强项！"已而直隶巡抚张公移节抚陕西，同列危之，公笑曰："吾尽吾职已耳。"既至，果檄公察平凉、延安、巩昌、凤翔四府兵马钱粮，意以困公。公夏出冬归，历三千余里，登对款件，无毫发舛违，张公大才之，悔向时不能知公。然公寻得疾，遂不起，检橐止俸银四两，士民尽伤，共伐木为棺，同僚赙助，始得归葬，而巡抚赙尤厚。公清劲，屹然特立，遇事径行，务利民，不苟悦上官，卒能使忮者悔心，非所谓"诚能动物"者耶？子八人，端吾尤知名，以其官赠公太常寺少卿。

端吾字元庄，少而卓荦，颀身玉立，音吐如洪钟。万历乙酉乡试，魁其经，辛丑成进士，授内阁中书舍人。丁未考选山西道御史，时朝臣各立门户，公疏数十上，力掊权贵，破依附之习，著《破党论》，极言其害，为党者患之。戊申出巡盐，两淮课半天下，而盐政日坏，边商内商与水商相为灌输，水商困则二商皆困，司课者法令苛密腹削，水商罄囊不能支，往往徙业去。公至，布宽政劳来抚恤之，禁剪单绪掣诸弊，四单齐发，掣无时，视上江盐值低昂为缓急，缉贩枭，清奸侩，择贤吏，司掣商，困大苏。富安有东河，中分三团，为齝运要路，久淤窒运，公亲相度，奏请浚治。又建二闸，使淮泗不下泄，遂为永利。江都有汉儒董公祠，辟而新之，课士其中，比报，命课倍旧额，而囊不私一钱，人称为冰御史云。寻改按漕，是春水涸，滞艘四千余，又漕臣谢事去，公乘单舸，昼夜驰督无遗策，运道始通，小滩以部员监兑无益而滋扰，特奏罢之。事竣，奉命巡四川，建南猓蛮方犯顺，边报旁午，公侦得猓情，非大创不可，奏请以吴公用先为巡抚，刘公綎为帅，必平猓。神宗方倦勤，疏多留中，独公奏辄报可，已复为刘公画策，凿重庆山路进兵，时咸谓非便，卒平猓，改设流官，事具公所为《平猓全书》。后川南奢氏乱，诸路惟重庆一线通，尤赖其济，乃益服公方略。公在川，执法不避势要，有依藩王为大憝者，捕得即杖杀之。是时庐陵彭给事芹生与公并以伉直著，人称二彭，以比汉二鲍。然终为忌者所中，外补参议道，未几入谪籍，公怡然以归。光宗即位，起用言事诸臣，补公行人司副，旋迁光禄寺丞，晋少卿。公方图报效，综出入，核浮费不苟为依，随改太常寺少卿，祀祝步趋唯谨，升右通政，同僚皆后进，独公嶷然老成，咸奉为典型焉。熹宗在位，逆珰魏忠贤擅命，朝士必出其门，颇重公，使私人致辞上公，欲一识公面，公谢曰："不佞居官三十年，守身若处子，岂少而守节，老乃呈身耶？"珰大恨。天启五年，崔呈秀为逆党画策，令京堂官自陈，欲尽去善类，公即具疏乞休，阁议留公，珰恚曰："此人面目何状，我不识何留为。"遂勒令致仕，既归，闻缇骑四出，杨、左诸君子皆下狱，愤郁致疾，年七十竟卒，所著《嵩螺山人集》若干卷，嵩螺其别号也。又有《兰台奏议》《盐漕两志》《按蜀纪保家规》《爱日斋语录》及《平猓全书》，并藏于家。（雍正《江西通志》卷一四二《艺文·传》）

欧大任传（盐法）

欧大任，字桢伯，号苍山，陈村人。其先自金陵迁韶，宋建炎避金兵来居广州，自右文修撰志平，凡十三传至世元，称沙洲先生者，其父也。世元能词章，与李子长游，家蓄四部，大任早禀家教，聪慧绝伦。五岁口授书辄成诵，始就傅读经，一目无遗。稍长，博涉诸史，攻古文词。年十四补诸生，督学林云门、张希举尝合十郡隽异士试之（杨瑞云撰行状无张名，今以郝志），皆第一，名噪胶庠，与梁有誉、梁绍震、黎民表、潘光统定交，相与受学于黄佐，教以心性、文艺、经济、律吕之学。归里闭户，精研有得，入应乡举不录。尝与其师佐修《广东通志》，多所考订，补正其缺陋。嘉靖癸亥以岁贡廷试，瞿景淳得其卷惊曰："一代才也。"进呈列首，由是声称藉甚都门，齐之李于麟、谢茂秦，吴之王元美、汪伯玉、徐子与，楚之吴明卿，约同盟结社，过从甚昵。隆庆四年，循资授江都训导，上两淮屯盐事宜，曰："私盐不禁，官盐不行，官盐既平，私贩自息。祖宗时，商人支盐，本少利重，民食贱盐，盐灶有工本之给，受惠甚厚，私盐岂能复行。今客商用本既多，支买岁久，而官盐贵矣。灶丁每正盐一引，仅得赈银五分，而恩意薄矣。此民间灶户所以宁不畏法，而愿食贱盐，敢于贩也。不求其本，必欲尽法绳之。朝鞭夕挞，日亦不足，徒苦肩挑背负易食小民耳。必如明示，效工本钞遗意，官收灶户余盐，恩威并举，著为令甲，渐复旧制，是谓澄源。且两淮盐课，除水乡征银外，三十场俱征本色，惟筦湲一场折色，后白驹场准纳折色五分，西亭场准折色三分。嘉靖十八年大水，各场俱暂免纳本色，每引折价一钱四分，其递年总催拖欠，折追价银二钱。自今言之，其纳本色不若折色为两利也。纳本色，在灶丁则有篸席之费，风雨消耗之费，吏胥常例之费，合无比照两浙见今事例，俱纳折色，每引以二钱为率，量其场分丰歉，价因低昂，类解运司，榜派扣商应纳赈银支给，听商贾自补，庶灶商两利，而包赔之患可免矣。屯田之弊，莫甚于夺占，清理既明，必公于拨给。今须查每卫指挥一员，管屯军若干，千百户每员，各管屯军若干，某某下该屯田若干顷亩，又各官军余家人自耕种者若干顷亩，年故者除，新签者补，造立册籍，沿卫查清，如多者即属占夺，有军无田者，即应拨给。盖闻国初屯田盐法相为表里，边屯既广，粮草日贱，商人中纳本色，飞挽易集，此边境所以富强而夷虏所以畏惧者也。"当事遂采为令。会纂修实录，召至都。（《粤大记》：庚午授江都训导，纂修实录至都，漕运中丞荐光州学正，家传荐学正在己巳。今从《粤大记》。）事竣漕帅方濂荐转光州学正，历下诸词坛见大任争相推毂，名愈起在七子间，迁邵武教授，寻丁内艰归，服阕补南康，未赴。万历三年，升国子监助教，六馆生咸执经门庭，一以作人劝学为事。（按家传、行状均不载与修实录事。）尝应诏上封事，明实学，广生徒，重掌故，表贤才四条，其意以为国初荐辟、科贡并行，即嘉靖初年申三途并用之例，于是以举人监生孙鑨为给事中，岁贡监生张澍为御史，一时六馆诸生争思奋励，皇上光嗣祖宗敦学明伦之治，伏乞敕下该部，甄拔六馆行谊端方之士，容臣等从公荐举一二，以备擢用，安知贡无师逵、许观，举无夏原吉、陈献章，荫无张敷华，例无罗玘辈哉？疏上称旨，帝已耳大任名，亲书"不二"二字额赐之。会临雍献颂，赐衣一袭。寻改大理寺左评事，每谓刑狱至重，遇巡城御史及刑部郎论囚，至必夜阅文牍而后朝审囚徒，凡可平反者，无不殚心细鞫，罪从轻出者多不胜计。黄太监有侄杀人，刑部定谳，以小火者抵罪，大任再三驳正之。会火者击登闻鼓鸣冤，刑曹原鞫者谓政府亦宜蔽火者辜，大任曰："火者殴人在一月前，及再殴致命加功非火者也，岂得以贿入人罪，大理不知畏人，但知畏三尺法耳！"卒直之。一日大理两封事入，其一则许戚畹家人论绞事也，中贵自内出。受诸臣封事，曰："大理两封且将去。"大任遂裂眦大呼曰："大理臣奉陛下法评当论奏，谁敢阻却御前封章耶？"一时府部卿寺台省同上奏者，相顾吐舌。尝扈从南郊，命赐果饼回国，贡千里马，帝却不受，大任为作《天马篇》以颂。时权相当国，将奔走天下人才，欲留大任入为两制，预使所知喻意，大任闻即思引避。辛巳遂迁南京工部屯田主事，凡屯种、芦课、班匠，按科籍理积弊，稍稍厘正。壬午，转本部虞衡郎中，诸军器械及窑冶工作，多与内府盟局相连接，一一按以旧章，营造宫殿陵庙城垣，率先备具，既而督修孝陵，有白金文绮之赐，而大任已怀去志。甲申秋建元武门，工竣遽上书乞骸骨，再请而后得旨，即就道归。年八十卒，祀乡贤。大任少习礼节，自傅还，必揖其亲，夫妇出入，亦相揖，终其身无妾媵，不问家人生产，归就赤花洲上鉴池开径，艺杞菊以供客。楼贮御书宝翰，性嗜读，非大寒暑不辍，远近乞文诗者无虚日。设宗法、立族正以率其宗，冬至三千余众衣冠拜祠下，为他族所仅见。爱山水，督学郭某造庐，偕入罗浮，盘桓旬月。先是令叶初春延叶春及畀以志事，梁柱臣大言非桢伯不可，令以大任未乡举不听，而不知望重海内，非科目人比也。存有《百越先贤志》四卷，《平阳家乘》二十卷，《广陵十先生传》一卷，《思元堂集》八卷，《旅燕集》四卷，《辂中集》一卷，《浮淮集》七卷，《游梁集》七卷，《南矗集》一卷，《北辕草》一卷，《雍馆集》四卷，《西署集》八卷，《秣陵集》八卷，《诏归集》一卷，《蓬园集》十卷，《虞部文集》七十卷。从孙必元，字子建，聪敏而淹博，与何相国吾驺、李宗伯孙宸同学。十五为诸生，试辄第一，尝以时事多艰，慷慨诣巡抚，上书条陈急务，善之而不能用。当时缙绅称之曰岭南端士，六十方岁荐，与修府县志乘，颇餍士论。晚游山水，兴到千言立就。著有《勾漏草》《罗浮草》《溪上草》《琭玉斋集》。国朝康熙中，行取大任文，遂及必元遗集上之。子宠贤、思贤，同为唐王监纪推官，死赣州之难，同族永禄亦与焉。有同县李英字少芝者，为大任仆，颇知声律，楚楚有致，朋从诗酒之会，每令步和，既而遂用为记室，宦游所至，恒得其力，人称之曰李生，海内多知其名，士夫有诵所为诗者。王世贞辈每遇大任，必问："君家青衣安否？"大任卒无所依，遂卖酒于小洞村口所家也，与佣保杂作啸歌自得，居然隐者，著餐霞、历游诸集，天目序，徐中行序之，与《当垆集》附大任书以行。（《明史》《粤大记》《郝通志》《沙洲先生传》《南园后五先生集》《西樵游览记》、行状、家传、《五山志林》。）（按姚志叙著述，止游梁、雍馆、思元三集，固失考，其他旧志稍详者，亦但云著《平阳家乘》《百越先贤志》《广陵十先生传》及各诗集而已。今以道光丙午其族孙显庭等所重刻之全集目次，与家传合者排载传后，其书见在已分录各编，入艺文，据家传称，家乘二十卷，不云平阳名目，稍异旧志，然实即一书。当时太仓相国王文肃尝索阅称善，为序其首者是已，《广州乡贤传》有《百越人物考》，即《先贤志》。又世传王弇州不欲七子粤得其二，故绌桢伯，进公实，不知在江都始与王定交，盖桢伯后出，不获与七子之列，观其序《浮淮集》

可证矣。）（《顺德县志》卷二十四《列传四·明三》，第八页）

条陈蓟镇补兵足食事宜　唐顺之

臣窃惟补兵如补敝衣，敝坏则易，而补缀则难，故叙补兵之说凡五条。兵之与食吃紧相关，故附以筑墙、工食及边粮之说凡三条。伏蒙圣谕，令臣悉心区画来闻，臣不敢不竭其愚，伏惟圣明裁择。

一清弊源以收逃卒。臣阅军蓟镇，究军所以多逃亡之故，皆曰边墙之工卒岁不休，转石颠崖，伐树深涧，力办不及，贷钱赔贩，加之各关夷人乞讨无时，旬抚月赏悉出穷军。将官侵克，毛厘剥削，文吏盘点，悉增渔扰。穷军生计止是月粮，斗割升除，而月粮得入军腹者几何矣？至如召募之军，多非土著，不缘身迫穷窘，谁肯自同罪谪？衣粮既不满望，工作又尽其力，势如鸟徙，亦何足怪？兼以石塘、古北，本号苦寒，地既虏冲，土尤硗确，哨守之劳已甚，资生之计无尽，原与逸肥之军一切衣粮不异，是以募军之逃，尤甚于他军，而石塘、古北之逃，又甚于他处也。窃惟国家恩爪士以冀死力，岂欲缩其口食，以餍饿豕之私求，而又夺其生计，以佐设险之公费乎？且国家岁出筑边银数十万两，而又令穷军赔贩，岁给抚夷银三万两，而又以累穷军，臣不知其说也。今欲抽军操练，则一身不能两役，墙工自须别议。至于抚夷之费，合令督抚诸臣仔细计算，如国家岁给毂用则已，不毂则请于朝庭，别为区处，一毫不以累穷军。其将官文吏贪饕之辈，重法禁治，但使穷军全得一石月粮，长孤畜妻，自然不走。至于苦寒之辈，缘军士衣粮，普天同例，纵欲加厚，其道无由。臣思得一说，京边折银给军，皆是六钱五分，蓟镇独是四钱五分。始者盖因本镇米贱，权为节减，原非经制。且夫籴之贵贱，因地瘦瘠，假如腹里籴价五钱六钱，则穷边断是八钱九钱，奈何使苦寒与逸肥一样同折，非称物平施之义也。合令户部量地均算，自蓟镇苦寒米贵之处，照例给与折色银六钱五分，在国计则本分之外毫末不加，在穷边则同辈之已稍优厚。其逸肥米贱去处，自不得援此为例。若谓银不可增，则如前时总制杨博所题镇边、横岭事例，每年十二个月悉与本色，亦无不可。如此百方体悉，庶足系属其心。不然，虽终日撄以徽缠，犹难保其不掊锁而夜走也。

一专责任以严勾补。照得蓟镇之兵，自内地卫所抽往边关，譬之泉货，卫所乃其出产，而边关是其转输处，其逃边关而潜回卫所，则卫所实渊薮之区。转输有缺，责之出产，逋逃不获，问之渊薮。然而逃军往往不补者，盖是营卫互相推调，营官则曰卫所窝逃军，纳月钱而不肯解也，卫官则曰营官剥削军士，以致之逃，而我无奈何也。营卫本为一体，而矛盾若此，则无官以兼制之之故也。该镇得兼制营卫者，惟督抚，而督抚大臣专理兵机，势不得亲细事，其下惟有兵备道。合无请敕一道，以补军责之兵备，其营官之剥削与卫官之窝逃者，兵备皆得重法治之。营官以逃军多少而轻重其罪，卫官以补军多少而轻重其罪，并论卫官补军之多少，与营官逃军之多少，又以为兵备功罪。责任既专，缺额自足。其补军之法，逃军先尽本身，故军先尽子孙，不足则均之同伍，均之同队，以至通一卫之余丁而补之，又不足则取之城操正军。于勾补之中寓垛充之法，大率务如原额而止。然缺之于数十年，而补之于一旦，太急则人情不堪，合令督抚与兵备计议，量其缺军分数，一年可补完几分，年终如其分数而责之其可也。

一定班戍以便人情。照得古北、石塘一带，曩缘旁近州卫被虏残破，因而垛募远军。当时垛者，迫于令而不敢不行，募者贪于利而不顾其后，及至戍所，营房亦无。晁错云："人情非有匹偶，不能久居其所。"此辈往往身寄穷边，家悬千里，采薇之遣既久，及瓜之代无期，赍送屡空，衣鞋莫继，始于潜返，驯致久逃，揆之人情，殊非得已。是以日逃日解，随解随逃，逃解相仍，徒滋烦扰。近者督抚开移远就近之例，臣亦有首逃区处之文，因而首者纷然，益可见其情矣。臣以为不与区处，则无以回逃者之路；若与改编，则又恐摇居者之心。酌中二者，颇得一说，但系六百里之外，或分为两班，一班备春，一班备秋，或并为一班，半年城操，半年秋戍。其在官，则向之终身逃窜，孰与得半军之用？其在军，则向之终岁浮寄，孰与得半乡之闲？既可稍近人情，又不改移原戍，询诸逃卒，亦尽称宜。且戍军在其乡，则食减支六斗，在边则食行粮四斗五升，则是一军止食半军之米，在边扣其余米，亦足顾募半军。待本处募军足毂原数，然后将远军更议改编。其五百里之内，及旧额之军，不系以后垛募者，自补原戍处所，绝不得援此为例。

一处民兵。臣闻长民者，贵因事以为功，则民不困，而事易成。今蓟镇民力亦已竭矣，不可以加矣，而蓟镇之兵与马，方患其不足也。查得永平府志书所载，本府原无民壮。正统末胡虏寇边，金设民壮二千五百名，可见畿甸民兵原为备虏而设也。即以本府备虏之设，还为本边备虏之用，闲时则州县驻操，有警则就近守边。度永、顺二府可得民兵六千人，分为二枝，每枝统以一游击，督之兵备，而隶于巡抚。闲时止用原设工食，守边则给行粮而已，此为官不增粮，民不增赋，而坐得兵六千人也。又查得山东有马，民兵三千名，原为蓟镇而设，今暂用之南征，事已则须仍还蓟镇。若使不用其人，而征其工食，以为本镇就近顾募之用，则山东民兵每名岁该工食银三十余两，三千名岁征银九万余两，就近可顾募步兵七八千人。又查得蓟镇事例，岁该取腹里减存民壮工食，以为本镇募兵之用。今此银不知积之何所，但得银三万两，足顾募三千人，此亦为粮不增于官，帑赋不加于蓟民，而坐得兵万余人也。又查得蓟镇缺马，多从兵部兑给，合永平一府，岁该解备用马九百余匹，若停两年该解之马，又贴以遵化等县寄养马一千余匹，以给蓟镇民兵，足成马兵三千人。且京师之马不必给蓟，蓟镇之马免于解京，互相抵兑，两为便益。其两年之后，自照例解京如故，此所谓民不困而事易成者也。

一处班兵。窃闻聚兵者先料其食。蓟镇主兵若足原额将及十万，即使月粮一半折银，亦须本色米六十万石。岁岁转漕，胡以办此？则是旧额不足，正苦少兵；旧额若足，又苦少米矣。今补主兵以免客兵也，免客兵以省费也。臣尝计之，客兵每岁防秋四月，该支行粮一石八斗，主兵一人每岁该支月粮十二石，出戍百里，行粮又在其外。主兵一人之费，足抵客兵七人之费而有余。主客之马费亦如之。然则调客兵代主兵，计各处则为增费，在蓟镇则为省费也；补主兵代客兵，计各处则为省费，在蓟镇则为增费也。今欲米不增于蓟镇，兵不烦于远调，惟是班军可以经久。查得蓟镇、天津、河间等卫，春秋两班官军已有二万二千八百八十二员名，或于京班中再拨一枝两枝，或于班军原卫抽补余丁一枝两枝，足成三万人，以充该镇主兵之数，而以游击十人分统之。闲时则于原卫驻操，防秋则于该镇上班。驻操则本处兵备监督，上班则该镇兵备监督，其原卫官听该管游击节制。班军如有老弱逃亡，原卫即与佥补，此其粮不增而兵足，所谓经久之道也。

一筑边工费。自来边墙皆是军民兼筑，今欲抽军操练，所谓墙工自须别议。其原编顺天等八府民夫，远则征银顾募，近则派夫上工，若以派夫计之，每夫一名，一月该盘缠银二两，百名该银二百两。每夫百名，一月止筑墙二丈，每墙二丈，又该官给盐菜银十两，则是二百十两之费，止縠筑墙二丈。若以顾募计之，每墙一丈，该银十五两，则是二百十两，该筑墙十四丈矣。顾募十四丈之费，止抵派夫二丈之费，是差却七倍，来往若一概征银顾募，则官得七倍之赢，民免去家之扰，墙获早完，征发亦息。只是夫与价互换之间，而其利如此。

一复本色以存久计。照得蓟州仓粮，遮洋总二十四万石，百余年来，元运本色，并无升斗折色。至正德末年，始议折十万石。嘉靖十二年又议折四万石，彼时建议之臣，偶见本镇米贱，籴价不上四五钱，以为九钱一石征银，而以六钱一石给军，则国与军皆有赢羡，又省造船漕卒之费，是以轻议变法，曾不虑及岁有丰歉，籴无常贱。今年滦东饿馑，一石折色不足以籴四斗本色，诸军坐困，菜色至今。况自古转饷，以人权米，以米权银，必三相称，乃无偏重。彼时蓟镇原无大虏，聚兵甚少，故减米增银，犹谓时宜。今聚兵至十余万，岁费主客银七八十万，而米不及十四五万，一旦窘急，无处籴买，不得已则乞运京师，脚价转多，骚扰尤甚，非得计也，故臣以复本色为便。又诸边皆是陆运，故致米为难；蓟州一路水运，故致米则易。至于造船漕卒诸费，但取昔年未变折色以前之旧法，即是今日欲复本色以后之定规，故牍尚在，无俟他求。纵不能尽复本色，亦可先复一半七万石，使该镇每年给军之外，余粮常有二十万石在仓，然后更议减本加折。盖尝览《史记·货殖传》，载诸富家多积金帛，而任氏独窖仓粟。遇岁饥，诸富家金帛尽折而入于任氏。赵充国亦言湟中籴米三十万斛，诸羌不敢动矣。谚曰小可喻大，田舍翁作家，与老将筹边，未尝不以多积粟为先务，虑之深也。

一处转般以便支给。照得滦东一带军士，原在永平、山海等仓支粮，后海运既罢，始移在蓟州仓。蓟州去滦东远者五百余里，自来未有往返千里而负粮者，甚至一石之米，不足以偿盘剥之费，穷军毒苦，不能尽言。前年虏酋入犯马兰谷，止因墙军远出支粮，嚓援不及，竟至深入，破堡杀将，其为边境之害深矣。边境之害既如此，穷军之苦又如彼，而卒莫有为之处者，户部重惜脚价也。臣窃计之，滦东之运，一岁须米三万石，自蓟州仓运至永平，急则驴驼人负，度用脚价八九千两；缓则车载，脚价可六千余两而足。国家岁为蓟镇费银百余万两，乃靳此百分之一，至使军苦无诉，又使虏得乘隙，则是所惜至小，所损甚大。合无置一户部分司于永平，使与蓟州郎中相首尾，岁增脚价六千两，其本色三万石与折色银数万两，悉运至彼处支给，军无远支，边不缺戍，计亦甚便。又臣所谓脚价者，非必岁岁而用之也。访得滦东等处，大率十岁而九收。丰收之年，不必运米，但取银于蓟州，而籴米三万于永平本处，则脚价亦自不用。即以减存脚价亦作籴米本银，六千两银可得米万四五千石，若十岁丰收，则米当至十四五万石。即以此脚价所积之米，贱则籴，贵则粜，收其羡利还充脚价，而本米常在，则十年之后，所谓岁增脚价出于户部者，亦不必用矣。此亦富边之一策也。则是国家所损至小，所利甚大，特在立法之初，户部择一有心计司官经画之而已。（唐顺之：《荆川外集》卷二）

户部郎中林君墓志铭（窑课、米商）　唐顺之

……君讳性之，字帅吾，一川其号。……嘉靖元年举于乡，八年

举进士，授浙江丽水县知县，三年擢南京户部山西司主事，监龙江、天策诸卫仓，丁主事君忧，服除，改户部浙江司主事，为尚书梁公材所知，委监龙庆、古北口仓，三年迁贵州司员外郎，监天津仓，以病乞改南京，遂迁南京户部广西司郎中，过家病卒，年五十二。……其始令丽水也……邑故有窑课，后窑户以课重徙尽，则均其课于并窑居人之不为窑者。至君疏除其额凡若干。会造籍，时里中以窜绝自言者三十余户，吏以为无故减三十余户且得罪，君竟减之。守令本以盈课额多户口为功最，而君之为令盖如此。律令仓法最重，坐者往往累死，而老仓曹方收粟，时贪升斗之赂，不择美恶、干湿，岁久浥烂，辄系死不能赔，死则连系其妻子坐。监龙江仓时款款戒语其属曰："奈何以升斗故坐重法乎？"顷之，适有浥烂坐罪者，君辄愀然曰："奈何以升斗故坐人重法乎？"遂命发数仓粟与其浥烂者，均给于军，曰："此一军所亏粟粒耳。"于是诸属感泣至不忍犯法。其在龙庆以为商贾边储所本，商贾病则粟不来，粟不来则边人坐困，故一切条去其所不便，高其价以招之，自是粟溢于廪，而君得以时其出纳，以济边人之急。至在天津，时值仓粟空，又寒冻，饷道阻，军无所食，君即奏请发旁近德州仓粟给天津军三月食，或谓于法不得相借。君不为止，已而朝廷竟从君议。当是时，微君，一军几讻讻，君本细谨畏事，为户部慎出纳，守尺寸法不敢失，至其越法有所移用，如天津时事；而曲法有所宽贷，如龙江仓时事，有足多者。仕宦十五六年，历县令户曹最久，家无多赀，割田四十亩以给族人之不能婚与葬者。……（唐顺之：《荆川先生文集》卷十四《志铭》，第二十一至二十三页）

请禁四川省咽匪疏　张汉

奏约风闻事，窃惟治国在于安民，安民在于除暴。语曰："稂莠不除，嘉禾不生，安民之道也。"又曰："樵蘖不剪，将寻斧柯。"则杜渐防微，亦不可不为豫计也。臣闻四川省有暴民一种，绰号咽噜子，扰害良善，不可胜言。臣曾道过川中，亲见其事。近闻为患渐烈，间有聚党山中者。四川介在边陲，地险民悍，尤不可不思患而预防，臣是以鳃鳃过虑，不敢不为我皇上陈之。按啯噜子一种，多是福建、广东、湖广、陕西亡籍之人，递窜入川，结成恶党，各州县皆此辈盘据，大概居无定所，每于州县赶集之区，占住闲房，时于集上纠众行强，酗酒打降，非赌即劫杀人，非梃即刃，甚至火人房屋，淫人妇女，常有其事。贫弱之民，莫敢谁何，有司亦惧凶强，只图无事，万一民不得已告愬，有司一经缉拿，则此县逃之他县，积年累月，不获到案，无可如何。本地住民，近来亦有附入其党者，巡抚藩臬诸臣，未必不下檄防范，而奉行不力，未见宁谧。此则四川养痈之大患也。合无仰恳皇上敕下川抚转行守令佐杂，严察保甲，倘有生事行凶，令各有司通缉，务获正法示众，株连者即行递解原籍，重者充配极边，渐孤其党，以杀其势，亦不至剿伐太急，激成事端。嗣是关津隘口务令弁员严加盘诘，无籍可疑之人，必不许轻入川省，以杜后患，亦绥靖边方之道也。伏乞皇上圣裁施行，臣谨奏。（此疏可谓深谋远虑。后三十余载，周海山司马上言啯匪之害，上为嘉纳，特调福制军督川查办。乃于嘉庆丙辰后，楚北教匪突起，勾结川匪肆出抢掠，扰及秦豫，致劳挞伐，犹狼奔豕突者数年，槎蘖不剪，将寻斧柯，诚有味乎其言之也。）（赵州师范荔扉纂辑：《滇系》八之十二《艺文系》，第十七至十九页）

刘清卿传

元大德元年，云南行省刘正，字清卿，方正有干才。时有建言征缅者，正以为不可。俄俱被放，又极言其不可，不从，师果无功。时云南民多输金银，近省户口多诡称逃亡，其甸寨远者，季秋则遣官带兵往征之，凡人马刍粮往返道里费以万计，所差官皆重赂。省臣得之，其征收金银之数必十加二，折阅之数亦如。其送迎馈赆，亦如纳官之数，所遣官赍银还，均掇杂铜上纳。正首疏其弊，给官秤，俾土官身诣输纳，其弊始革。观此则差官至土司征收滋扰之弊，断不可行也。《元史》诸王表封缅国王，与高丽国王王愖、安南国王陈光昞

并封。缅之以王自号，本自元封之也。以上二事记待夷之得失。（《腾越州志》卷十一《杂记》，第十四页）

修书疏（修会典）　霍韬

臣等奉命修《大明会典》，各该衙门未见送到册籍，未及编纂，臣等私家先将旧典各书翻阅，窃见洪武初年天下田土八百四十九万六千顷有奇，弘治十五年存额四百二十二万八千顷有奇，失额四百二十六万八千顷有奇，是宇内额田存者半，失者半也，赋税何从出，国计何从足耶？臣等备查天下额数，若湖广额田二百二十万，今存额二十三万，失额一百九十六万；河南额田一百四十四万，今存额四十一万，失额一百三万，失额极多者也。不知何故致此，非拨给于藩府，则欺隐于猾民，或册文之讹误也，不然何故致此也。若广东额田二十三万，今存额七万，失额十六万，又不知何故致此也。盖广东无藩府拨给，而疆里如旧，非荒据于寇贼，则欺隐于猾民也。由洪武迄弘治百四十年耳，天下额田已减强半，再数百年，减失不知又何如也。伏望敕行户部；考求洪武初年额田原数，备查弘治十五年失额田数，及今日额田实数送馆稽纂焉。仍乞特召户部尚书询之曰，洪武初年甫脱战争，人庶鲜少，田野多芜，田额宜少也，乃犹垦辟八百万顷。今奕世承平，人渐生聚，田野尽辟，田额宜多也，乃犹失额四百万顷。总国计者若何为心乎？天下有司受猾民赃利，为之欺隐额田，蠹国害民弊无纪极。次年造籍册献田额数，盍预行法处之乎？再按天下户口，洪武初年户一千六十五万有奇，口六千五十四万有奇，时甫脱战争，户口凋残，其寡宜也。弘治四年，则承平久矣，户口蕃且息矣，乃户仅九百一十一万，视初年减一百五十四万矣；口仅五千三百三十八万，视初年减七百一十六万矣。国初户口宜少而多，承平时户口宜多而少，何也？伏愿再敕户部，覆实洪武、弘治递年户口原数，及今日实数，送馆稽纂焉。俾司国计者知户口日减，费用日增，而思所以处之也。再按天下藩封，户部题称，洪武初年山西惟封晋府一王，岁支禄米一万石，今增郡王镇辅奉国将军中尉而下共二千八百五十一位，岁支禄米八十七万有奇，由一万石增而八十七万石，则加八十七倍矣。臣等考山西额田初年四十一万顷，弘治十五年存额三十八万顷，减额者三万顷矣。禄米则由一万石增而八十七万，额田则由四十一万顷减而三十八万顷，此山西额数也。举山西推之，天下可知也。伏愿敕行礼部，备查洪武初年各省藩封员数几何，今日员数几何；行户部，备查禄米总数初年几何，今日几何，核实送馆纂焉。俾司国计者知赋税日减，禄米日增，而思所以处之也。再按天下武职，洪武初年二万八千余员，成化五年增至八万一千余员；锦衣卫官，洪武初年二百一十一员，今增一千七百余员。由二万而八万，增四倍矣；由二百而一千七百，增八倍矣。臣等考天下额田，初年八百万顷，今仅四百万顷。夫额田赋入则由八百万减而四百万，军职员额则由二万增至八万，此亦成化以前之大略也。弘治以后则未之稽也。伏望敕下兵部，备查洪武年间武职大数几何，今日大数几何，类为册帙送馆稽纂焉，俾司国计者知额田减一倍，军职增四倍，而思所以处之也。再按天下文职，洪武初年，官有定额，故数易稽；今冗官日多，职守日紊，数亦难稽。臣等博考前古，若光武中兴，鉴前世冗官之弊，裁省天下四百州县官止七千五百余员，额数适中者也。宋制文武官二万四千余员，额数极多者也。我朝自成化五年，武职已逾八万矣，合文职计之，盖已逾十万矣，是职员极冗未有甚于此时者也。是供亿所以日乏，而民日益困也。伏望敕下吏部，详查洪武年间文职几何，今日冗职几何，裁革几何，通文武职员几何，送馆稽纂焉，俾司国计者知官愈多则国愈困，民愈病，而思所以处之也。再按内臣监局官员，伏读《皇明祖训》，置职甚详，惟弘治年间，儒臣失考而不及纂述，致我圣明圣制所以严内外之限，慎宫闱之防，建昭代之规，立万代之极者，人不得知之。伏望敕下礼部行司礼监，备查洪武年间各监局职掌何如，员数何如，列圣以来钦差事例何如，今日员数何如，送馆稽纂焉。臣等窃观《周礼》内臣之职，统之天官，今监局事例多由礼部，若钦遵祖训，添修内臣职掌，请编列礼典，亦圣朝礼以制治之理也。若刑工二部、都察院，凡累年匠役之制，宫府供需之式，四方料物之准，律令异同之式，我太祖皇帝有定典在，惟弘治年间庸臣舞智，更为新例，阴坏成宪多矣。伏乞敕下廷臣，共加酌议，凡近年事例，有阴坏太祖成宪者，俱从削黜，用订积年之谬，定天下可行之法，亦万世太平之幸也。再按修书旧例，只凭各部造送册籍，是致多讹，若各衙门官各一员共事编纂，则事例原委部官自能稽理，仍得算术二人，以备数算，则讹舛货赋，按籍覆焉，可寻源察也。伏望再敕礼部行各衙门，送官一员入馆供事，及取算术二人，专稽户口、田粮、官禄讹舛之数，以供稽纂之役，以诿臣等乖谬之罪，以不负圣明任使。（霍韬：《渭厓文集》卷三，第十三至十七页）

明代财政收支

老泉策云：方今田之在官者有二，职分也，籍没也。职分之田，募民耕之，敛其租之半而归诸吏；籍没之田，募民耕之，敛其租之半而归之公。乃知今之官田，其来远矣。猝未能去，为是也夫。

正统以前，天下征岁粮凡三千六百三十二万一千余石，内三百二十万九千石，折银八十一万四千余两。户口商税，除折米外，并船料钞折银可得四十三万九千余两。两淮盐场盐课银，岁不下数万千两。各处税粮折征，共一百三万余两。云南闸办三万余两，各钞关船料四万余两，马草折征二十三万余两，盐课折征二十余万两。每年入数共二百四十三万两。

送内库预备成造等项十余万两，或二十万两，官军折俸三十三万六千五百余两，宣府、大同、辽东、陕西年例共四十万两，若有声息紧急，奏讨加添四五十万，或二三十万，圣旦、千秋等节用三十九万千八百余两，亲王、王妃、公主及上用，及天下王府银盆、水罐、仪仗等用共十三万七千五百余两。每年出数共百余万两。

正德以来，天下亲王三十，郡王二百十五，镇国将军至中尉二千七百，郡文职二万四百余员，武职十万余员，卫所七百七十二，旗军八十九万六千余，廪膳生员三万五千八百二十名，吏五万五千余，各项俸粮约数千万。浙江等十三布政司并南北直隶额派夏秋粮税，大约二千六百六十八万四千五百五十余石，出多入少，故王府久缺禄米，卫所缺月粮，各边缺军饷，各省缺俸廪。（王鏊：《震泽长语》卷上，《借月山房汇抄》本）

《震泽长语》谓籍没刘瑾货财金二十四万锭又零五万七千八百两，

白金元宝五百八十万锭又零一百五十八万三千六百两，宝石二斗，金甲二，金钩三千，玉带四千一百六十二束，狮蛮带二束，金银汤盒五百，蟒衣四百七十袭，牙牌二柜，穿宫牌五，金牌三，衮龙袍四，八爪金龙盆甲三千，玉琴一，玉宝一颗。以上金一千二百五万七千八百两，白金共二万五千九百五十八万三千六百两。而《宪章录》《皇明通纪》大略亦因之。余甚疑其事，以为汉王莽时黄金尚余六十万斤，梁孝王没黄金四十万斤，若以十六两为一斤，则莽之金尚不及一千万两，而孝王亦不及七百万两也。以四两为一斤，则莽止二百四十万两，而孝王止百六十万两也。毋论白金之数又有二十倍于黄金者，莽与孝王无之也。汉之富过后世数倍，而其最盛者曰大司农，钱四十余万万，水衡钱十八万万而已。董贤产直钱四十三万万，梁冀产直钱三十万万，其时钱最贵，止于万钱为一金。大概俱不能当瑾二十之一也。假令所籍金钱果如数，则岁输边白金三百万两，总之可百年而尚不乏也。瑾之专滥者首尾五年耳，自二年而前尤未尽宠也，四年而后稍以张綵言有节也，如岁入至多千万止矣，何以有此数也？后考之史，云上初未有意诛之，见金银累数百万，其他宝货不可胜计，及伪玺、牙牌、衣甲、弓弩之属，始大怒，曰："奴果反矣。"谓之累数百万，尚不能千万也。又考，狱上，诏旨云瑾招权纳贿金银数百万，可知矣。盖好事者之妄传，而震泽公书生易信，因从而笔之耳。（王世贞：《弇山堂别集》卷二十六，第十八页，广雅书局刊）

明史参考书目

说明：此篇主要记于 20 世纪 30 年代前期。

甲、本书之异本

1. 清乾隆武英殿本
2. 清同治间湖北崇文书局刊本
3. 清同治岭南陈氏葄古堂仿刊殿本
4. 清光绪间湖南宝庆三味书房翻刻殿本
5. 清同文书局影印殿本
6. 清五洲同文书局影印殿本
7. 清图书集成局铅字排印本
8. 清竹简斋石印本（有大、小两种）
9. 清焕实斋石印本
10. 清史学斋石印横行本
11. 现代商务印书馆影印殿本（百衲"二十四史"本同）
12. 现代中华书局排印《四部备要》本

乙、关于本书之考证质疑者

《明史考证捃逸》四十二卷、《补遗》一卷，清王颂蔚辑，子季烈补，吴兴刘氏嘉业堂刊本

《明史西域传地理考证》一卷、《外国传地理考证》一卷，清丁谦撰，《浙江图书馆丛书》本

右专书

《十驾斋养新录》二十卷、《余录》三卷，清钱大昕撰，《潜研堂全集》本，浙江书局重刊本（附年谱一卷）

《二十二史札记》三十六卷附《补遗》，清赵翼撰，原刊本、通行本、广雅书局刊本

《陔余丛考》四十三卷，清赵翼撰，原刊本、上海文瑞楼影印铅刊本

《援鹑堂笔记》四十卷，清姚范撰，家刊本、道光间刊五十卷附《刊误补遗》

《炳烛编》四卷，清李赓芸撰，滂喜斋校刊本、上海古今图书馆影印滂喜斋本

《无邪堂答问》五卷，清朱一新撰，家刻《拙盦丛稿》本，广雅本，上海坊间石印本

《古籍举要》十七卷，近人钱基博撰，民国二十二年世界书局排印本

右兼及

丙、关于本书之增补整理者

《建文帝后纪》一卷，清邵远平撰，世楷堂刊《昭代丛书》本

《圣安皇帝本纪》六卷，明季顾炎武撰，《荆驼逸史》本、明季《稗史汇编》本（二卷）、光绪间吴氏刊《亭林全书补遗》本（二卷）

《懿安后事略》一卷，清贺宿撰，《荆驼逸史》本

《明懿安皇后外传》一卷，清纪昀撰，昆山赵氏峭帆楼刊本

《建文逊国之际月表》二卷，清刘廷銮撰，刘氏唐石簃刊《贵池先哲遗书》本

《残明宰辅年表》一卷，清傅以礼撰，《华延年室题跋》附印本

《季明封爵表》一卷，近人毛乃庸撰，南京龙蟠里国学图书馆石印本

《明督抚年表》五卷，近人吴廷燮撰，排印本

《残明大统历》一卷，清傅以礼撰，《华延年室题跋》附印本

《小腆纪传》四十六卷，清徐鼒撰，光绪间金陵刊本

丁、关于本书之赏析评论者

《明事断略》一卷，不著撰人，《借月山房汇抄》本

《读明史札记》一卷，清潘永季编，《昭代丛书》本

《明史十二论》一卷，清段玉裁撰，《昭代丛书》本

戊、关于本书之博闻广征者

《明太祖高皇帝实录》二百五十七卷，明董伦等修，解缙等重修，胡广等复奉饬修，南京龙蟠里国学图书馆传抄本

《明仁宗昭皇帝实录》十卷，明蹇义等奉敕修，传抄本

《明成祖文皇帝实录》一百三十卷，明杨士奇等奉敕修，传抄本

《明宣宗章皇帝实录》一百十五卷，明杨士奇等奉敕修，传抄本

《明英宗叡皇帝实录》三百六十一卷（内正统一百八十六卷、天顺八八卷附代宗景泰八十七卷），明陈文等奉敕修，传抄本

《明宪宗纯皇帝实录》二百九十三卷，明刘吉等奉敕修，传抄本

《明孝宗敬皇帝实录》二百二十四卷，明刘健、谢迁等奉敕修，焦芳等续修，传抄本

《明武宗毅皇帝实录》一百九十七卷，明费宏等奉敕修，传抄本

《明世宗肃皇帝实录》五百六十六卷，明徐阶等奉敕修，张居正等续修，传抄本

《明穆宗庄皇帝实录》七十卷，明张居正等奉敕修，传抄本

《明神宗显皇帝实录》五百九十六卷，明温体仁等奉敕修，传抄本

《明熹宗悊皇帝实录》不分卷，明温体仁等奉敕修，传抄本

《明庄烈愍皇帝实录》十七卷，不著纂修人，传抄本

《弘光实录抄》四卷，不著撰人，商务印书馆排印《痛史》本

《思文大纪》□卷，不著撰人，《痛史》本

《永历实录》二十三卷，明季王夫之撰，《船山遗书》本

《皇明诏制》十卷，明孔贞运集，明刊本

《皇明本纪》一卷，不著撰人，《纪录汇编》本

《大明太宗皇帝（成祖）宝训》五卷，明刊本

《武宗外纪》一卷，清毛奇龄撰，《西河合集》本，《艺海珠尘》本、《胜朝遗事》本

《明肃皇大谟》□卷，南京龙蟠里国学图书馆有残本一卷

《皇明肃皇外史》四十六卷，明范守己撰，丁氏八千卷楼藏明抄本（今归南京龙蟠里国学图书馆）

《烈皇小识》八卷，明文秉撰，《明季稗史汇编》本

《隆武纪年》一卷，明季黄宗羲撰，《梨洲遗著汇刊》本

《永历纪年》一卷，明季黄宗羲撰，《梨洲遗著汇刊》本

《永历纪年》一卷，清丁大任撰，《荆驼逸史》本

《鲁纪年》二卷，明季黄宗羲撰，《梨洲遗著汇刊》本

《鲁春秋》一卷，清查继佐撰，张氏《适园丛书》本

《名山藏》一百六卷，明何乔远撰，明刊本

《皇明通纪直解》十六卷，明张嘉和撰，明刊本

《天潢玉牒》一卷，明解缙撰，明刊《金声玉振集》本、《纪录汇编》本、清道光二十二年楚香书屋刊《胜朝遗事》本

《续藏书》二十七卷，明李贽撰，万历刊本

《石匮书》六十三卷，清张岱撰，南京龙蟠里国学图书馆藏抄本

《陆子史稿》不分卷，不著撰人名，南京龙蟠里国学图书馆藏抄本

《明史稿》三百十卷，清王鸿绪撰，敬慎堂刊本

《明史稿点勘》□卷，清吴汝纶撰，排印《桐城吴先生群书点勘记》本

《明史分稿残编》二卷，清方象瑛撰，光绪二十年汪氏振绮堂刊本

《拟明史传》残卷，清姜宸英撰，南京龙蟠里国学图书馆藏抄本

《明书》一百七十一卷，清傅维鳞撰，《畿辅丛书》本

《国史考异》六卷，明季潘柽章撰，潘氏《功顺堂丛书》本

《明史例案》九卷，近人刘承干辑，自刻本

《皇明启运录》八卷，明陈建撰，明刊本

《皇明资治通纪》十卷，明陈建撰，明刊本

《皇明从信录》四十卷，明陈建撰，明刊本

《昭代典则》二十八卷，明黄光昇撰，万历刊本

《皇明大政记》三十六卷、《大训记》十六卷、《大事记》五十卷，明朱国祯撰，崇祯五年浔溪朱氏刊《明史概》本

《国榷》不分卷，明谈迁撰，丁氏八千卷楼藏抄本（今归南京龙蟠里国学图书馆），张宗祥有手写本将付印

《国史纪闻》□卷，明张铨撰，清刊本（南京龙蟠里国学图书馆残存四卷）

《明纪辑略》十六卷，清朱璘撰，康熙间聚锦堂刊本（附《纲鉴汇纂》后）

《明鉴前纪》二卷，清齐召南撰，光绪间金峨山馆刊本

《明纪》六十卷，清陈鹤撰，江苏书局刊本，《四部备要》排印本

《明通鉴》一百卷，清夏燮撰，同治十二年宜黄官舍活字本、湖北崇文书局刊本

《明通鉴义例》一卷，清夏燮撰，原刊本

《小腆纪年附考》二十卷，清徐鼒撰，原刊本、扶桑使馆排印本

《皇明鸿猷录》十六卷，明高岱撰，嘉靖刊本、万历刊本、《纪录汇编》本

《明史纪事本末》八十卷，清谷应泰撰，顺治十五年刊本、南昌书局刊本、郁冈山房刊本、石印《九朝纪事本末》本（七十九卷）

《明朝纪事本末补编》十六卷，清彭孙贻撰，丁氏八千卷楼抄本（今归南京龙蟠里国学图书馆）、排印《涵芬楼秘笈》本

《续明纪事本末》十八卷，清倪在田辑，光绪癸卯上海书局铅印本

《三藩纪事本末》四卷，清杨陆荣撰，康熙五十八年刊本、石印《九朝纪事本末》本

《龙兴慈记》一卷，明王文禄撰，《纪录汇编》本、《盐邑志林》本、《续说郛》本、《胜朝遗事》本

《一统肇基录》一卷，明夏原吉撰，《续说郛》本

《国初（明初）群雄事略》十二卷，清钱谦益撰，《张氏适园丛书》本

《平汉录》一卷，明童承叙撰，《金声玉振集》本、《纪录汇编》本、《胜朝遗事》本、道光间陈氏刊《泽古斋重抄》本、《借月山房汇抄》本

《平夏录》一卷，明黄标撰，《百川学海》本、《纪录汇编》本、《续说郛》本、《古今说海》本、《胜朝遗事》本、《泽古斋重抄》本、《借月山房汇抄》本

《皇明平吴录》一卷，明吴宽撰，《金声玉振集》本、《纪录汇编》本、《胜朝遗事》本、《泽古斋重抄》本、《借月山房汇抄》本

《陈张事略》一卷，明吴国伦撰，《借月山房汇抄》本

《隆平纪事》一卷，清史册撰，《昭代丛书》本

《平胡录》一卷，明陆深撰，《金声玉振集》本、《纪录汇编》本、《胜朝遗事》本、《今献汇言》本

《北平录》一卷，不著撰人，《金声玉振集》本、《纪录汇编》本、《胜朝遗事》本

《平蜀记》一卷，不著撰人，《金声玉振集》本、《纪录汇编》本、《泽古斋重抄》本、《借月山房汇抄》本

《明氏实录》一卷，明杨学可撰，《学海类编》本、《仰视千七百二十九鹤斋丛书》本（清徐松校补）

《洪武圣政记》一卷，明宋濂撰，嘉靖刊《明良集》本、明刊《帝王纪年纂要附刻》本、《金声玉振集》本、《胜朝遗事》本、《泽古斋重抄》本、《借月山房汇抄》本、《金华丛书》本

《国初礼贤录》二卷，明刘基撰，《明刊》本、《金声玉振集》本

（一卷）、《纪录汇编》本（一卷）、《胜朝遗事本》（一卷）

《国初事迹》一卷，明刘辰撰，《金声玉振集》本、《泽古斋重抄》本、《借月山房汇抄》本、《金华丛书》本

《蓟胜野闻》一卷，明徐祯卿撰，《百川学海》本、《历代小史》本、《纪录汇编》本、《续说郛》本、《胜朝遗事》本

《云南机务抄黄》一卷，明张纮撰，《金声玉振集》本、《纪录汇编》本、清道光刊《惜阴轩丛书》本

《姜氏秘史》一卷，明姜清撰，丁氏八千卷楼抄本（今归南京龙蟠里国学图书馆）、近刊《豫章丛书》本（五卷，又校勘一卷）

《东朝纪》一卷，明王泌撰，《续说郛》本

《革朝志》十卷，明许相卿撰，《明刊》本

《革除逸史》二卷，明朱睦㮮撰，丁氏八千卷楼抄本（今归南京龙蟠里国学图书馆）

《建文朝野汇编》二十卷，明屠叔方撰，万历刊本

《革除遗事》六卷，明黄佐撰，《金声玉振集》本、《续说郛》本、《泽古斋重抄》本、《岭南遗书》本、《借月山房汇抄》本（以上三本俱系节本）

《明逊国臣传》五卷，明朱国祯辑，《明史概》本

《建文忠节录》一卷，明张芹撰，《学海类编》本

《备遗录》一卷，明张芹撰，《百川学海》本、《历代小史》本、《续说郛》本、《古今说海》本、《胜朝遗事》本、《借月山房汇抄》本、《豫章丛书》本

《致身录》一卷，明史仲彬撰，《百川学海》本、《续说郛》本、《学海类编》本、《乾坤正气集》本

《革朝遗忠录》二卷、《附录》一卷，明黄佐撰，明刊本，明青州府重刊本

《逊国记》一卷，不著撰人，《续说郛》本

《奉天刑赏录》一卷，明袁裒撰，《金声玉振集》本

《靖难功臣录》一卷，明朱当㴐撰，《历代小史》本、《纪录汇

编》本、《古今说海》本、《胜朝遗事》本

《平定交南录》一卷，明丘濬撰，《纪录汇编》本、《续说郛》本、《龙威秘书》本、《岭南遗书》本、《胜朝遗事》本、《借月山房汇抄》本

《前北征录》一卷、《后北征录》一卷，明金幼孜撰，《明良集》本、《百川学海》本、《金声玉振集》本、《纪录汇编》本、《续说郛》本、《胜朝遗事》本、《古今说海》本、排印本（题《金文靖公前后北征录》）

《北征记》一卷，明杨荣撰，《明良集》本、《历代小史》本、《百川学海》本、《纪录汇编》本、《续说郛》本、《古今说海》本、《胜朝遗事》本、排印本（附《金文靖公前后北征录》后）

《明仁庙圣政记》二卷，不著撰人，清宣统元年沈氏刊《晨风阁丛书》本

《三朝圣谕录》三卷，明杨士奇撰，《明良集》本、《胜朝遗事》本

《廷枢纪闻》不分卷，明于谦撰，丁氏八千卷楼抄本（今归南京龙蟠里国学图书馆）

《庭闻述略》一卷，明王文禄撰，《百陵学山》本

《北征事迹》一卷，明袁彬撰，《金声玉振集》本、《纪录汇编》本、《续说郛》本、《泽古斋重抄》本、《借月山房汇抄》本、《豫章丛书》本

《正统北狩事迹》一卷，明杨铭撰，《纪录汇编》本、《胜朝遗事》本

《正统临戎录》一卷，明杨铭撰，《纪录汇编》本

《否泰录》一卷，明刘定之撰，《历代小史》本、《纪录汇编》本、《续说郛》本、《胜朝遗事》本、《豫章丛书》本

《北使录》一卷，明李实撰，《纪录汇编》本、《续说郛》本、《胜朝遗事》本

《复辟录》一卷，明杨暄撰，《历代小史》本、《纪录汇编》本、

《百川学海》本、《续说郛》本、《古今说海》本、《学津讨原》本、《豫章丛书》本

《天顺日录》一卷，明李贤撰，《明良集》本、《纪录汇编》本、《续说郛》本、《胜朝遗事》本

《古穰杂录》一卷，明李贤撰，《历代小史》本、《纪录汇编》本（此本别有摘抄一卷）

《安南弃守始末》一卷，不著撰人，丁氏八千卷楼抄本（今归南京龙蟠里国学图书馆）

《西征石城记》一卷，明马文升撰，《金声玉振集》本、《历代小史》本、《纪录汇编》本

《兴复哈密记》一卷，明马文升撰，《金声玉振集》本、《历代小史》本、《纪录汇编》本、《续说郛》本、《学海类编》本

《抚安东夷记》一卷，明马文升撰，《金声玉振集》本、《纪录汇编》本、《续说郛》本

《平夷赋》一卷，明赵辅撰，《纪录汇编》本、《续说郛》本

《平番始末》一卷，明许进撰，《金声玉振集》本、《纪录汇编》本

《平蛮录》一卷，明王轼撰，《纪录汇编》

《本勘处播州事情疏》一卷，明何乔新撰，《纪录汇编》本

《平播全书》十五卷，明李化龙撰，《畿辅丛书》本、《丛书集成》本

《治世余闻》八卷，不著撰人，《纪录汇编》本

《燕对录》一卷，明李东阳撰，《明良集》本

《秘录》一卷，明李梦阳撰，《续说郛》本

《江海歼渠记》一卷，明祝允明撰，《历代小史》本、《今献汇言》本

《征藩功次》一卷，明王守仁撰，《续说郛》本

《平濠记》一卷，明钱德洪撰，《学海类编》本

《继世纪闻》六卷，不著撰人，《纪录汇编》本

《明伦大典》二十四卷，明杨一清撰，嘉靖内府刊本

《云中事记》一卷，明苏祐撰，《纪录汇编》本、《续说郛》本

《东征纪行录》一卷，不著撰人，《今献汇言》本

《茂边纪事》一卷，明朱纨撰，《金声玉振集》本

《圣驾南巡日录》一卷，明陆深撰，《纪录汇编》本、《续说郛》本

《大驾北还录》一卷，明陆深撰，《纪录汇编》本、《续说郛》本

《广右战功录》一卷，明唐顺之撰，《金声玉振集》本、《借月山房汇抄》本、《泽古斋重抄》本

《乌槎幕府记》一本，明钟兆斗撰，《盐邑志林》本

《制府杂录》一卷，明杨一清撰，《丛书集成》本、《纪录汇编》本

《嘉靖平倭通录》一卷，明徐学聚撰，丁氏八千卷楼抄本、南京龙蟠里国学图书馆影印本

《倭变事略》一卷，明采九德撰，《盐邑志林》本

《备倭纪略》一卷，明归有光撰，《续说郛》本

《靖海纪略》一卷，明郑茂撰，《盐邑志林》本、《胜朝遗事》本

《海寇议前编》一卷，明范表撰，《金声玉振集》本

《海寇议后编》一卷，明茅坤撰，《金声玉振集》本

《徐海本末》一卷，明茅坤撰，《泽古斋重抄》本、《借月山房汇抄》本

《汪直传》一卷，不著撰人，《泽古斋重抄》本、《借月山房汇抄》本

《筹海图编》十三卷，明胡宗宪撰，天启刊本

《海防图论》一卷，明胡宗宪撰，长恩书室本、《后知不足斋丛书》本

《明倭寇始末》一卷，清谷应泰撰，《学海类编》本

《明代广东倭寇记》不分卷，广州私立圣心中学辑印本

《西征记》一卷，明宗臣撰，《续说郛》本

《保孤记》一卷，不著撰人，《续说郛》本

《江上孤忠录》一卷，清黄曦明撰，《艺海珠尘》本

《青溪暇笔》一卷，明姚福言撰，《今献汇言》本、《纪录汇编》本、《历代小史》本

《遇恩录》一卷，明刘仲璟撰，《纪录汇编》本

《震泽纪闻》二卷，明王鏊撰，《学海类编》本、《历代小史》本、《泽古斋重抄》本、《借月山房丛抄》本

《守溪长语》一卷，明王鏊撰，《今献汇言》本

《世穆两朝编年信史》六卷，明支大纶撰，明刊本

《皇明三朝法传录》十六卷，明高汝栻撰，崇祯刊本

《四朝大政录》二卷，明刘心学撰，世德堂刊本

《两朝从信录》三十五卷，明沈国元撰，明刊本

《三朝野纪》五卷，明李逊之撰，《荆驼逸史》本

《三朝大议录》一卷，明顾苓撰，民国十五年罗氏排印《殷礼在斯堂丛书》本

《三朝要典》二十四卷，明顾秉谦撰，丁氏八千卷楼影写本（今归南京龙蟠里国学图书馆）

《启祯两朝剥复录》三卷，明吴应箕撰，《荆驼逸史》本、清同治二年江西刊本（六卷，附夏燮校证一卷）、《楼山堂集》本（六卷，附夏燮校证六卷）、《贵池先哲遗书》本（六卷，附刘世珩札记一卷）

《先拨志始》二卷，明文秉撰，清同治二年江西刊本

《东林本末》三卷，明吴应箕撰，《荆驼逸史》本、《楼山堂集》本、《贵池先哲遗书》本

《东林始末》一卷，清蒋平阶撰，《学海类编》本

《东林列传》二十四卷，清陈鼎撰，康熙刊本、山寿堂刊本

《东林同难录》三卷，清李清臣等撰，缪敬持补，缪氏刊《烟画东堂小品》本

《东林点将录》一卷，明王绍征撰，《贵池先哲遗书》本

《复社纪略》三卷，明季陆世仪撰，丁氏八千卷楼藏抄本（今归

《复社纪事》一卷，清吴伟业撰，《赐砚堂丛书》本、《昭代丛书》本、《胜朝遗事》本、《借月山房汇抄》本

《复社姓氏传略》十卷、卷首一卷，清吴山嘉撰，道光十一年南陔堂刊本

《复社姓氏》二卷，明吴应箕撰，《贵池先哲遗书》本

《复社姓氏补录》一卷，清吴铭道撰，《贵池先哲遗书》本

《社事始末》一卷，清杜登春撰，《昭代丛书》本、《艺海珠尘》本

《明季编年》十二卷，明钟惺撰，清王汝南补定，清顺治刊本

《崇祯朝纪事》四卷，明李逊之撰，《常州先哲遗书》本

《崇祯遗录》一卷，明王世德撰，丁氏八千卷楼抄本（今归南京龙蟠里国学图书馆）

《烈皇勤政记》一卷，清孙承泽撰，《借月山房汇抄》本、《指海》本、《泽古斋重抄》本

《思陵典礼记》四卷，清孙承泽撰，《泽古斋重抄》本、《借月山房汇抄》本

《经略复国要编》十四卷、附行状一卷，明宋应昌撰，万历刊本（南京龙蟠里国学图书馆影印本）

《三朝辽事实录》十七卷，明王在晋撰，明刊本、南京龙蟠里国学图书馆影印本

《北虏纪略》一卷，明汪道昆撰，《续说郛》本、《百川学海》本

《边略》五卷，明高拱撰，罗氏刊《玉简斋丛书》本

《伏戎纪事》一卷、《挞虏纪事》一卷、《靖夷纪事》一卷、《绥广纪事》一卷、《防边纪事》一卷，明高拱撰，《纪录汇编》本

《病榻遗言》一卷，明高拱撰，《纪录汇编》本

《江陵纪事》一卷，不著撰人，《荆驼逸史》本

《张司马定浙二乱志》一卷，明王世贞撰，《纪录汇编》本

《太和御寇始末》二卷，明吴世济撰，《清道光间如皋白蒲吴氏

刊》本

《炎徼纪闻》四卷，明田汝成撰，《纪录汇编》本、《历代小史》本、《借月山房汇抄》本

《水西纪略》□卷，清李珍撰，《赐砚堂丛书》本

《西征录》八卷，不著撰人，明刊本

《征东实纪》一卷，明钱世桢撰，清光绪刊《观自得斋丛书》本

《郧事纪略》一卷，明王禹声撰，明刊《震泽先生别集》本

《庚申纪事》一卷，明张泼撰，《借月山房汇抄》本

《甲乙事案》二卷，明文秉撰，丁氏八千卷楼藏抄本（今归南京龙蟠里国学图书馆）

《乙丙纪事》一卷，清孙奇逢撰，《赐砚堂丛书》本、《昭代丛书》本

《存是录》一卷，明姚宗典撰，《借月山房汇抄》本

《平蜀纪事》一卷，不著撰人，《荆驼逸史》本

《徐念阳定蜀记》一卷，明文震孟撰，《荆驼逸史》本

《攻渝纪事》一卷，明徐如珂撰，《荆驼逸史》本

《平吴事略》一卷，不著撰人，《荆驼逸史》本

《全吴纪略》一卷，明杨廷枢撰，《荆驼逸史》本

《幸存录》二卷，明夏允彝撰，《胜朝遗事》本、北京排印《明季稗史汇编》本

《续幸存录》一卷，明夏完淳撰，《明季稗史汇编》本

《汰存录》一卷，明黄宗羲撰，民国四年排《梨洲遗著汇刊》本

《袁督师事迹》一卷，不著撰人，《岭南遗书》本

《袁督师计斩毛文龙始末》一卷，明李清撰，《荆驼逸史》本

《东江始末》一卷，明柏起宗撰，《借月山房汇抄》本

《平叛记》一卷，清毛霦撰，《殷礼在斯堂丛书》本

《存汉录》一卷，明高斗枢撰，赵之谦刊《仰视千百二十九鹤斋丛书》本

《汴围湿襟录》一卷，明白愚撰，《荆驼逸史》本

《守汴日志》一卷，清李光壂撰，康熙刊《说铃》本、《昭代丛书》本（题大梁李光壂口授，鄞县周斯盛补编）

《纤言》三卷，清陆圻撰，国粹学报社排印《古学汇刊》本

《三垣笔记》四卷，明李清撰，丁氏八千卷楼抄本（今归南京龙蟠里国学图书馆）、《嘉业堂丛书》本（八卷）、《古学汇刊》本（三卷，附识三卷）

《人变述略》一卷，明黄煜撰，《荆驼逸史》本

《天变邸抄》一卷，题《燕客具草》，《指海》本、《泽古斋重抄》本、《借月山房汇抄》本

《诏狱惨言》一卷，不著撰人，《指海》本、《泽古斋重抄》本、《借月山房汇抄》本

《北京察疏略》一卷，明吴应箕撰，《贵池先哲遗书》本

《清流摘镜》四卷，明王岳撰，丁氏八千卷楼藏抄本（今归南京龙蟠里国学图书馆）

《颂天胪笔》二十四卷，明金日昇撰，明刊本

《北使纪略》一卷，明陈洪范撰，《荆驼逸史》本

《烬宫遗录》二卷，不著撰人，张氏《适园丛书》本

《崇祯癸未榆林城守纪略》一卷，清戴名世撰，《荆驼逸史》本

《崇祯甲申保定城守纪略》一卷，清戴名世撰，《荆驼逸史》本

《甲申纪事》五卷，明冯梦龙撰，刊本

《甲申朝野小纪》□卷，题之江、抱阳生辑，《痛史》本

《甲申忠佞纪事》一卷，清钱邦芑撰，《荆驼逸史》本

《甲申纪变实录》一卷，清钱邦芑撰，《荆驼逸史》本

《甲申传信录》十卷、《订录》一卷，明钱士馨撰，丁氏八千卷楼抄本（今归南京龙蟠里国学图书馆）、国学保存会排印本、《胜朝遗事》本

《燕都日记》一卷，明冯梦龙撰，《纪载汇编》本

《燕都识余》一卷，不著撰人，《昭代丛书》本

《伪官据城记》一卷，清王度撰，《荆驼逸史》本

《历年城守记》一卷，清王度撰，《荆驼逸史》本

《蜀碧》四卷、附录一卷，清彭遵泗撰，嘉庆刊本、通行本、《借月山房汇抄》本

《蜀难叙略》一卷，清沈荀蔚撰，《昭代丛书》本

《蜀破镜》三卷，清孙锓撰，道光刊《古棠书屋丛书》本

《滟滪囊》五卷，清李馥荣撰，道光二十七年退思轩刊本

《欧阳氏遗书》一卷，清欧阳直撰，退思轩本（附《滟滪囊》后）

《荒书》一卷、附书札一卷，清费密撰，怡兰堂刊《费氏遗书》本

《孑遗录》一卷，清戴名世撰，《荆驼逸史》本

《乘余集》一卷，清许新堂撰，排印本

《恸余杂记》一卷，明史惇撰，丁氏八千卷楼抄本（今归南京龙蟠里国学图书馆）

《青燐屑》二卷，明应喜臣撰，《明季稗史》本

《劫灰录》一卷，不著撰人，丁氏八千卷楼藏黑格抄本（今归南京龙蟠里国学图书馆）

《临安旬制纪》二卷，清张道撰，南京龙蟠里国学图书馆藏当归草堂红格抄本、光绪刊巾箱本（附《全浙诗话刊误》一卷）、《武林掌故丛编》本（有罗渠附录一卷）、《正觉楼丛书》本（三卷）

《江南闻见录》一卷，不著撰人，《明季稗史》本

《弘光朝伪东宫伪后及党祸纪略》一卷，清戴名世撰，《荆驼逸史》本

《弘光乙酉扬州守城纪略》一卷，清戴名世撰，《荆驼逸史》本

《扬州十日记》一卷，清王秀楚撰，《荆驼逸史》本、《明季稗史》本

《江阴城守纪》二卷，清韩葵撰，《荆驼逸史》本

《江阴守城纪》一卷，清许重熙撰，《荆驼逸史》本

《江上遗闻》一卷，清沈涛撰，《粟香室丛书》本、《纪载汇

编》本

《东塘日劄》二卷，清朱子素撰，《荆驼逸史》本、《纪载汇编》本（一卷）

《嘉定屠城纪略》一卷，不著撰人，《明季稗史》本

《海虞被兵记》一卷，不著撰人，民国六年丁氏排印《虞阳说苑》本

《海角遗编》一卷，不著撰人，《虞阳说苑》本

《粤游见闻》一卷，清瞿其美撰，《明季稗史》本

《东明闻见录》一卷，不著撰人，《明季稗史》本

《天南逸史》一卷，不著撰人，丁氏八千卷楼抄本（今归南京龙蟠里国学图书馆）

《金陵野抄》十四卷，明顾苓撰，丁氏八千卷楼抄本（今归南京龙蟠里国学图书馆）、《殷礼在斯堂丛书》本（一卷）

《行在阳秋》一卷，不著撰人，《明季稗史》本

《使臣碧血录》一卷，清查继佐撰，《适园丛书》本

《行朝录》十一卷，明季黄宗羲撰，丁氏八千卷楼抄本（今归南京龙蟠里国学图书馆）、《荆驼逸史》本（六卷）、《绍兴先哲遗书》本

《绍武争立记》一卷，明季黄宗羲撰，《梨洲遗著汇刊》本

《赣州失事记》一卷，明季黄宗羲撰，《梨洲遗著汇刊》本

《四明山寨记》一卷，明季黄宗羲撰，《梨洲遗著汇刊》本

《日本乞师记》一卷，明季黄宗羲撰，《梨洲遗著汇刊》本

《海外恸哭记》一卷，明季黄宗羲撰，《梨洲遗著汇刊》本、《古学汇刊》本

《两广纪略》一卷，明华复蠡撰，《明季稗史》本

《杨监笔记》一卷，明杨德泽撰，《玉简斋丛书》本

《所知录》三卷，明钱澄之撰，《荆驼逸史》本

《也是录》一卷，清罗谦撰，《三异词录抄》本、《明季稗史》本

《风倒梧桐记》二卷，清何是非撰，《荆驼逸史》本

《求野录》一卷，题宗溪樵隐撰，《三异词录抄》本、《明季稗史》本

《安龙逸史》二卷，明季屈大均撰，嘉业堂刊本

《螳臂录》四卷，清丁业撰，丁氏八千卷楼藏鸣野山房蓝格抄本（今归南京龙蟠里国学图书馆）

《航海遗闻》一卷，清汪光复撰，《荆驼逸史》本

《闽海纪略》二卷，不著撰人，《鸣野山房抄》本

《闽事纪略》一卷，清华廷献撰，《纪载汇编》本

《海东逸史》十八卷，题翁洲老民撰，《邵武徐氏丛书》本

《浙东纪略》一卷，清徐芳烈撰，《痛史》本

《舟山兴废》一卷，明季黄宗羲撰，《梨洲遗著汇刊》本

《沙定洲纪乱》一卷，明季黄宗羲撰，《梨洲遗著汇刊》本

《滇考》一卷，明季黄宗羲撰，《梨洲遗著汇刊》本

《滇载记》一卷，明杨慎撰，《历代小史》本、《广百川学海》本、《纪录汇编》本、《古今说海》本、《函海》本、《艺海珠尘》本、《学海类编》本

《江变纪略》二卷，清徐世溥撰，《荆驼逸史》本、《豫章丛书》本（一卷）

《湖西纪事》一卷，清彭孙贻撰，《适园丛书》本

《海滨外史》三卷，清陈维安撰，《涵芬楼秘笈》本

《书事七则》一卷，明陈贞慧撰，《昭代丛书》本、强善堂刊《宜兴陈氏家言》本、《常州先哲遗书》本（附《秋园杂佩》后）

《见闻随笔》二卷，清冯甦撰，《台州丛书》本

《吾学编》六十九卷，明郑晓撰，隆庆刊本

《吾学编余》一卷，明郑晓撰，《盐邑志林》本

《今言》四卷，明郑晓撰，万历刊本、《纪录汇编》本、《续说郛》本

《今言类编》六卷，明郑晓撰，《盐邑志林》本、《胜朝遗事》本

《古言类编》二卷，明郑晓撰，《盐邑志林》本

《野获编》三十卷，《补遗》四卷，明沈德符撰，清道光间姚氏扶荔山房刊本

《弇山堂外集》一百卷，明王世贞撰，万历刊本、广雅书局刊本

《皇明典故纪闻》十八卷，明余继登撰，明刊本

《二申野录》八卷，清孙之騄撰，原刊本

《后鉴录》一卷，清毛奇龄撰，《西河合集》本、《胜朝遗事》本

《贤识录》一卷，明陆钁撰，《今献汇言》本

《见只编》三卷，明姚士粦撰，《盐邑志林》本

《遵闻录》一卷，明梁亿撰，《今献汇言》本

《逐鹿记》一卷，不著撰人，万历间孙氏刊《稗乘》本

《星变志》一卷，不著撰人，《纪录汇编》本

《皇明末造录》二卷，明金钟撰，童本削定，南京龙蟠里国学图书馆藏抄本

《明季实录》一卷，明季顾炎武撰，《昭代丛书》本

《明季遗闻》四卷，清邹漪撰，日本宽文二年（当清康熙元年）刊本、《昭代丛书》本（一卷）

《明季续闻》，清汪光复撰，《商务印书馆排印》本

《明季南略》十八卷、《北略》二十四卷，清计六奇撰，北京琉璃厂半松居士排印本

《残明纪事》一卷，清罗谦撰，《适园丛书》本、《三异词录抄》本

《南疆逸史》五十六卷，清温睿临撰，丁氏八千卷楼抄本（今归南京龙蟠里国学图书馆）、北京琉璃厂排印本（题《南疆绎史》，三十一卷，李瑶改订，有附录二种并卷首二卷）

《绎史摭遗》十八卷、《恤谥考》四卷，清李瑶撰，《南疆绎史》附印本（即前书附录）

按：李瑶，字子玉，苏州人。道光十年庚寅岁，《南疆绎史勘本》三十卷、《绎史摭遗》十八卷、《绎史恤谥考》八卷，传行于萧山蔡（聘珍）氏之城南草堂。（民二十四《萧山县志稿》，卷二十一《人

物·寓贤》，页五）

《明史南都大略》□卷，清沈鸣撰，丁氏八千卷楼藏残存抄本二卷（今归南京龙蟠里国学图书馆）

《东南纪事》十二卷、《西南纪事》十二卷，清邵廷采撰，《邵武徐氏丛书》本

《明末纪事补遗》五十四卷，题南沙三余氏撰，清同治刊本、商务印书馆排印本（改题《南明野史》，凡三卷，附录一卷）

《中兴伟略》，明冯梦龙撰，日本正保三岁（当清顺治三年）下春风月宗知刊行本

《福王登极实录》，明文震亨撰，《痛史》本

《记福王之立》一卷，不著撰人，商务印书馆排印本、《明季稗史汇编续编》本

《鹿樵纪闻》，清吴伟业撰，《痛史》本

《北征纪略》一卷，明张煌言撰，《适园丛书》本

《明亡述略》二卷，题锁绿山人撰，《荆驼逸史》本

《虎口余生记》一卷，明边大绶撰，《龙威秘书》本、《知不足斋丛书》本

《平寇志》十二卷，清彭孙贻撰，北平图书馆排印本

《绥寇纪略》十二卷、《补遗》三卷，清吴伟业撰，照旷阁刊《学津讨原》本

《续编绥寇纪略》五卷，清叶梦珠撰，排印本

《赐姓始末》一卷，明季黄宗羲撰，《明季稗史》本、《梨洲遗著汇刊》本

《台湾郑氏始末》六卷，清沈云撰，沈垚注，嘉业堂刊《吴兴丛书》本

《延平王户官杨英从征实录》，国立中央研究院历史语言研究所排印本

《清代官书记明台湾郑氏亡事》，国立中央研究院历史语言研究所排印本

《郑延平年谱》一卷，近人许浩基撰，杏荫堂刊本

《海寇记》一卷，清洪若皋撰，《昭代丛书》本

《皇明开国功臣录》三十一卷续一卷，明黄金撰，明刊小字本

《明开国臣传》十三卷，明朱国祯撰，崇祯刊《明史概》本

《造邦贤勋录略》一卷，明王祎撰，《广百川学海》本、《续说郛》本

《皇明名臣言行录前集》十二卷、《后集》十二卷、《续集》八卷，明徐咸撰，嘉靖刊行本

《皇明名臣言行录新编》三十四卷，明沈廷魁撰，明刊本

《国朝名臣言行略》□卷，明刘廷元撰，明刊本

《明名臣言行录》□卷，清徐开仕撰，康熙辛酉刊本

《昭代明良录》二十卷，明童时明撰，万历刊本

《明良录略》一卷，明沈士谦撰，《百川学海》本、《续说郛》本

《皇明人物考》七卷，明薛应旂撰，明刊本

《国史献征录》一百二十卷，明焦竑撰，万历刊本

《续献征录》三十七卷，不著撰人，明刊本

《国朝名世类苑》四十六卷，明凌迪知撰，万历刊本

《皇朝名臣琬琰录》二十四卷、《后录》二十二卷、《续录》八卷，明徐纮撰，明刊本

《皇明应谥名臣备考录》十二卷，明林之盛撰，明刊本

《名卿绩纪》四卷，明王世贞撰，《纪录汇编》本

《今献备遗》四十二卷，明项笃寿撰，万历刊本

《皇明辅世编》六卷、《续编》五卷，明唐鹤征撰，清初刊本

《国琛集》二卷，明唐枢撰，嘉靖刊本、《纪录汇编》本

《纪善录》一卷，明杜琼撰，丁氏八千卷楼藏抄本（今归南京龙蟠里国学图书馆）

《新倩籍》一卷，明徐祯卿撰，《纪录汇编》本

《国宝新编》一卷，明顾璘撰，《金声玉振集》本、《纪录汇编》本、《续说郛》本

《金石契》一卷，明祝肇撰，《纪录汇编》本、《续说郛》本

《畜德录》一卷，明陈沂撰，《纪录汇编》本

《藩献记》四卷，明朱谋㙔，《续说郛》本

《阁臣行实》八卷，明雷礼撰，明刊本

《国朝内阁名臣事略》十六卷，明吴伯与撰，崇祯刊本

《嘉靖以来内阁首辅传》八卷，明王世贞撰，明刊本、《借月山房汇抄》本

《崇祯五十宰相传》一卷，清曹溶撰，丁氏八千卷楼抄本（今归南京龙蟠里国学图书馆）、顺德龙氏《知服斋丛书》本、国学扶轮社排印本

《崇祯阁臣行略》一卷，清陈盟撰，《知服斋丛书》本

《兰台法鉴录》□卷，明何出光等撰，万历刊本

《殿阁词林记》二十二卷，明廖道南撰，嘉靖刊本

《皇明词林人物考》十六卷，明王兆云撰，万历刊本

《掾曹名臣录》一卷，明王凝斋撰，《百川学海》本、《续说郛》本

《烟艇永怀》三卷，明龚立本撰，《泽古斋重抄》本、《借月山房汇抄》本

《明儒学案》六十二卷、前附《师说》一卷，明季黄宗羲撰，清乾隆刊本

《明儒言行录》十卷、《续录》二卷，清沈佳撰，四库抄本

《山阳录》一卷，明陈贞慧撰，《陈氏家言》本、《昭代丛书》本、《常州先哲遗书》本（附《秋园杂佩》后）

《思旧录》一卷，明季黄宗羲撰，《昭代丛书》本、嘉庆刊《二老阁丛书》本、《梨洲遗著汇刊》本

《启祯野乘》十六卷，清邹漪撰，原刊本

《明辅起家考》一卷，明徐仪世撰，《续说郛》本

《续表忠记》八卷，清赵吉士撰，四明卢宜清刊本

《四朝成仁录》，明季屈大均撰，丁氏八千卷楼抄本（今归南京龙

蟠里国学图书馆）

《熹朝忠节死臣列传》一卷，明吴应箕撰，《荆驼逸史》本、《楼山堂集》本、《贵池先哲遗书》本

《碧血录》二卷、附《周端孝血疏》一卷，明黄煜汇次，《胜朝遗事》本、《知不足斋丛书》本

《天问阁集》三卷，明李长祥撰，《仰视千七百二十九鹤斋丛书》本

《南都死难纪略》一卷，明顾苓撰，《殷礼在斯堂丛书》本

《恩恤诸公志略》二卷，明孙慎行撰，《荆驼逸史》本

《自靖录考略》八卷，明高承埏撰，清咸丰间竹里王氏槐花吟馆刊本

《忠义录》□卷，清朱溶撰，丁氏八千卷楼藏残存抄本二卷（今归南京龙蟠里国学图书馆）

《明末忠烈纪实》二十卷，清徐果亭撰，鉴止水斋刊本

《前明忠义别传》三十二卷，清汪有典撰，道光二十五年排印本、光绪二十五年刊本（题史外，八卷）

《胜朝殉节诸臣录》十二卷，清乾隆四十一年舒赫德等奉敕撰，通行本

《胜朝殉扬录》二卷，清刘宝楠撰，淮南书局刊本

《皇朝直省分郡人物考》一百一十五卷，明过庭训撰，天启刊本

《皇朝中州人物志》十六卷，明朱睦㮮撰，隆庆刊本

《续吴先贤赞》十五卷，明刘凤撰，万历刊本

《续名贤小纪》，明徐晟撰，《涵芬楼秘笈》本

《明史窃》一百二卷，清尹守衡撰，光绪丙戌刊本

《明皇将略》□卷，明李同芳撰，天启刊本

《胜朝粤东遗民录》□卷，清陈伯陶撰，真逸寄庐刊本

《甲申后亡臣表》，清彭孙贻撰，抄本

《沧江野史》一卷，不著撰人，《续说郛》本

《沂阳日记》一卷，不著撰人，《续说郛》本

《泽山杂记》一卷，不著撰人，《续说郛》本

《溶溪杂记》一卷，不著撰人，《续说郛》本

《郊外农谈》一卷，不著撰人，《续说郛》本

《江人事》一卷，清章于今撰，《野史廿一种》本

《胜朝彤史拾遗记》六卷，清毛奇龄撰，《西河合集》本、《胜朝遗事》本

《四藩本末》四卷、附《除奸檄文除马阮疏》二卷，清钱名世撰，丁氏八千卷楼抄本（今归南京龙蟠里国学图书馆）

《吴耿尚孔四王合传》一卷，清钱名世撰，《荆驼逸史》本、《明季稗史》本

《大明会典》二百二十八卷，明申时行等奉敕重修，明内府刊本

《国朝典汇》二百卷，明徐学聚撰，明刊本

《皇明世法录》九十二卷，明陈仁锡撰，明刊本

《明会要》八十卷，清龙文彬撰，光绪间永怀堂刊本

《大明集礼》五十三卷，明徐一夔等奉敕撰，嘉靖内府刊本

《皇明典礼志》二十卷，明郭正域撰，万历刊本

《皇明三礼述》二卷，明郑晓撰，明刊本

《明内廷规制考》三卷，不著撰人，《借月山房汇抄》本

《辨定嘉靖大礼议》二卷，清毛奇龄撰，《西河合集》本、《艺海珠尘》本、《胜朝遗事》本

《辟雍纪事》不分卷，明卢上铭撰，明刊本

《泮宫礼乐疏》十卷，明李之藻撰，万历四十六年刊本

《科场条贯》一卷，明陆深撰，明刊本

《酌中志》二十四卷，明刘若愚撰，《海山仙馆丛书》本，《学津讨原》本（五卷，题《明宫史》）

《酌中志余》二卷，不著撰人，《正觉楼丛书》本

《仪注便览》一卷，明吴遵撰，明刊本

《铨曹仪注》四卷，明唐伯元撰，明刊本

《皇明异典述》五卷，明王世贞撰，世经堂刊本

《皇明藩府政令》六卷，明皇甫录撰，明抄本

《翰林记》二十卷，明黄佐撰，《岭南遗书》本

《四译馆则》二十卷，明吕维祺撰，日本昭和二年（当民国十六年）京都帝国大学文学部东洋史研究室重刊本

《四夷馆考》二卷，不著撰人，东方学会排印本

《南雍志》二十四卷，明黄佐撰，明刊本、南京龙蟠里国学图书馆影印本

《皇明太学志》十二卷，明郭鎜撰，明刊本

《南京太仆寺志》十六卷，明雷礼撰，嘉靖刊本

《万历辛亥京察记事始末》八卷，明周念祖撰，明刊本

《官爵志》三卷，明徐石麒撰，《学海类编》本

《官级由升》二卷，明胡文焕校正，明刊本

《土官底簿》二卷，不著撰人，丁氏八千卷楼抄本（今归南京龙蟠里国学图书馆）

《锦衣志》一卷，明王世贞撰，《纪录汇编》本、《续说郛》本

《明制女官考》一卷，清黄百家撰，康熙间霞举堂刊本

《盐法考略》一卷，明丘濬撰，《学海类编》本

《荒政考》一卷，明屠隆撰，《墨海金壶》本、《守山阁丛书》本、瓶花书屋本

《大明律》三十卷，明太祖敕撰，明刊黑口本

《大明律例临民宝鉴》十六卷，明苏茂相撰，明刊本

《律例笺释》三十二卷，明王樵笺，王肯堂释，清顾鼎重编，康熙三十年刊本

《明律目笺》三卷，近人沈家本撰，《寄簃先生遗书》本

《大明令》不分卷，明太祖撰，《陆庵丛书》本

《明大诰峻令考》一卷，近人沈家本撰，《寄簃先生遗书》本

《大明刑法志》□卷，清姜宸英撰，丁氏八千卷楼藏残存抄本一卷

《续文献通考》二百五十四卷，明王圻撰，明刊本

《大明一统志》九十卷，天顺五年李贤等奉敕撰，万寿堂刊本

《一统志案说》十六卷，明季顾炎武撰，道光间清芬阁活字印本

《大明一统赋》三卷，明莫旦撰，嘉靖刊本

《舆地名胜志》二百八卷，明曹学佺撰，明刊本

《肇域志》不分卷，明季顾炎武撰，丁氏八千卷楼抄本、南京龙蟠里国学图书馆抄本

《天下郡国利病书》一百二十卷，明季顾炎武撰，丁氏八千卷楼藏黑格抄本（今归南京龙蟠里国学图书馆）、光绪二十七年排印本（附《读史方舆纪要》后）

《洪武京城图志》一卷，不著撰人，弘治重刊本、南京龙蟠里国学图书馆影印本

《全边略记》十二卷，明方孔炤撰，北平图书馆排印本

《边纪略》一卷，明郑晓撰，续说郛本

《九边图说》一卷，明孙应元等撰，明刊本

《九边图论》一卷，明许论撰，清咸丰刊《长恩书室丛书》本、光绪刊《后知不足斋丛书》本

《九边考》四卷，明魏焕撰，清同治刊《明辨斋丛书》本

《剿奴议撮》一卷，明于燕芳撰，明刊本、南京龙蟠里国学图书馆排印本（附陈继儒建州考）

《夷俗记》一卷，明萧大亨撰，明刊本、《续说郛》本、《百川学海》本（二卷）、《宝颜堂秘笈》本

《西南夷风土记》一卷，明朱孟震撰，《学海类编》本

《四夷考》八卷，明叶向高撰，《宝颜堂秘笈》本

《百夷传》一卷，明钱古训撰，明抄本、南京龙蟠里国学图书馆影印本

《瀛涯胜览》一卷，明马欢撰，《续说郛》本、《广百川学海》本、《纪录汇编》本、《胜朝遗事》本

《改正瀛涯胜览》一卷，明张昇撰，《纪录汇编》本

《星槎胜览》一卷，明费信撰，《历代小史》本、《纪录汇编》

本、《古今说海》本（四卷）、《学海类编》本（四卷）、《借月山房汇抄》本（四卷）、排印本（二卷）

《海槎余录》一卷，明顾岕撰，《续说郛》本、《广百川学海》本、《宝颜堂秘笈》本

《西洋朝贡典录》三卷，明黄省曾撰，《别下斋丛书》本、《粤雅堂丛书》本、《借月山房汇抄》本

《殊域周咨录》二十四卷，明严从简撰，民国十九年故宫博物院图书馆排印本

《海语》三卷，明黄衷撰，纷欣阁刊本、《学津讨原》本、《岭南遗书》本

《拟明史乐府》一卷，清尤侗撰，尤珍注，《尤西堂全集》本、康熙刊本（无注）、忏花庵本（无注）

《明史杂咏》四卷，清严遂成撰，乾隆刊本

《洪武宫词》一卷，明黄省曾撰，《借月山房汇抄》本

《天启宫词》一卷，明秦兰征撰，清嘉庆十六年刊本、常熟瞿氏铁琴铜剑楼刊本（二卷）、常熟丁氏刊《虞山丛刻》本（二卷，并附校语一卷）

《天启宫词》一卷，清蒋之翘撰，《昭代丛书》本、《学海类编》本、《借月山房汇抄》本

《天启宫词》一卷，清陈悰撰，《昭代丛书》本

《崇祯宫词》一卷，清王誉昌撰，嘉庆十六年刊本、《借月山房汇抄》本、《昭代丛书》本、铁琴铜剑楼刊本、《虞山丛刻》本（二卷，有吴理注，并附校语一卷）

《启祯宫词》一卷，清高兆撰，《昭代丛书》本

《宫词》一卷，明朱叔承撰，《借月山房汇抄》本

《宫词》一卷，明朱权撰，《借月山房汇抄》本

《明宫词》一卷，清程嗣章撰，光绪刊《观自得斋丛书》本

己、关于本书之目录

1. 《晁氏宝文堂书目》三卷，嘉靖开州晁瑮（千顷堂书目作

"璪")及其子东吴编

书名下多注明版刻，可考见明代版刻源流。

2.《徐氏红雨楼书目》四卷，万历三十年闽县徐𤊿编

所收明代集目较多，"明诗选"部分更详注作者履历。

以上两书，都著录了很多的小说、戏曲目录。1957 年古典文学出版社有合印本。

3.《百川书志》二十卷，嘉靖十九年涿州高儒编

每书之下写有提要。卷六野史、外史、小史三门著录演义、传奇、小说、戏曲等著作（皆列入"史志"中）。

4.《古今书刻》上下编二卷（一作四卷），隆庆或万历麻城周弘祖编

上编记录明代各公私机构所刻印的书籍，下编记各直省所存石刻。

以上两书 1957 年古典文学出版社合印刊行。

5.《赵定宇书目》不分卷，一册，万历（?）常熟赵用贤撰

书中载有《稗统》244 册的目录，不见于他书中。

1957 年古典文学出版社影印刊行。

6.《脉望馆书目》一卷，赵开美（后改名琦美，用贤之长子）撰

《玉简斋丛书》二集（一卷）、《涵芬楼秘笈》第六集（不分卷），著录古今杂剧多种。

7.《世善堂藏书》目录二卷，陈第撰

《知不足斋丛书》第十九集（丛书集成初编·总类）

8.《箓竹堂书目》六卷，成化七年昆山叶盛（字与中）撰

《丛书集成初编·总类》据《粤雅堂丛书》本排印。

按本书在清代有真、伪二本传世。上本依据《文渊阁书目》节抄而成，乃伪本、但记各书册数而无卷数。真本四库尚存其目，但今天还没有觅到。

9.《天一阁书目》十卷，附碑目一卷、续增一卷，鄞范懋柱辑，

嘉庆十三年戊辰扬州阮氏文选楼刊

10.《虞山钱遵王藏书目录汇编》（瞿凤起编）卷四《明·史部·玉牒》（《述古堂书目》，国朝抄），页116

11.《文渊阁书目官本》四卷，正统六年杨士奇等编

《丛书集成初编》据顾修（荩厓）《读画斋丛书》戊集排印（亦收入《国学基本丛书》中），析为二十卷。

12.《内阁藏书目录》八卷，万历孙能传、张萱等编（民国张钧衡辑《适园丛书》第一集）

明史艺文志·补编·附编上册"出版说明"页4作二十卷。记景泰、天顺、成化、弘治、正德、嘉靖、隆庆至万历各朝所收进的书。

以上为公家书目。

13.《行人司书目》一册不分卷，万历三十年壬寅徐图编刊

北京图书馆藏原刻本、1939年王大隆重印，收入己卯丛编中。

14.《经厂书目》一卷

四库全书总目提要册十八卷八十七《史部四十三·目录类·存目》。《千顷堂书目》有此书，亦作一卷。明内府所刊书目也。经厂即内翻经厂，明世以宦官主之。书籍刊版，皆贮于此。所列书114部，凡册数页数、纸幅多寡，一一详载。大抵皆习见之书，甚至《神童诗》《百家姓》，亦厕其中。

15.《中国历史要籍介绍》，张舜徽著，湖北人民出版社，1955年

16.《中国历史要籍介绍及选读》，郝建樑、班书阁编，高等教育出版社，1957年

17.《书目答问》四卷（丛书目、别录、姓名略附），南皮张之洞撰，光绪二年四川精刻

光绪五年湘乡成邦干重刊。光绪五年贵阳重刊本、后附《四川尊经书院记》。光绪乙未仲夏上海蜚英馆石印本。

18.《书目答问笺补》四卷，汉川江人度撰，光绪三十年仲秋汉川江氏刊

《千顷堂书目》卷九中的明代经济书目

《洪武中招抚逃民榜文》一卷

汪鲸《大明会计类要》十二卷，字时跃，绩溪人，嘉靖戊子举人，保宁府通判

《万历会计录》四十三卷

《户部新饷款目》

《万历九年清丈田粮录》四卷

王仪《吴中田赋录》，字克敬，文安人，嘉靖癸未进士，右副都御史

娄志德《两浙赋役成规》十卷，字存仁，通许人，正德丁丑进士，为浙江右布政司时辑，后官山东巡抚都御史

《两浙赋役全书》十二卷，万历壬子吴用先序

《均平全议》二卷

《均平录》

徐民式《三吴均役全书》四卷

《均役均田条议》一卷

《西北治田说》一卷

《长洲县清查全书》六卷

钱嵘《赋役详稿》四卷，字民望，南直隶通州人，嘉靖壬辰进士，浙江参政

章嘉祯《里役书》

丁宾《排门条编便民册》

刘斯洁《太仓考》十卷，万历八年订

周之翰《经理通储录》四卷，又《通粮厅志》十二卷

许豸《仓储汇核》

《江北北储考》

《天津储考》

《中都储志》

《常盈仓志》四卷

《临清仓志》二卷

《德州仓新集便览》一卷

《松潘兵粮考》二卷

张朝瑞《常平仓记》

《南国畜艾编》

余懋学《留储志》

席书《皇明漕船志》一卷，又《漕运录》二卷

邵宝《漕政举要录》十八卷

杨宏《漕运志》四册，字希仁，大河卫人，嘉靖中漕运总兵官

徐学谟《建漕折议》一卷

王在晋《通漕类编》九卷，万历甲寅序

陈仁锡《漕政考》二卷

杨一鹏《运事摘要》

《户部漕运议单》，万历十七年重刊

《漕乘》八乘，一曰囗，二曰船，三曰卒，四曰官，五曰河，六曰海，七曰仓，八曰刑，不著撰人名氏

《漕运通志》十卷

《漕船新志》一卷

《漕务全书》

《漕运图说》

张鸣凤《漕书八论》一卷

崔旦《海运编》二卷

郑若曾《海运图说》一卷

王宗沐《海运志》一卷

程可试《海运议》

于仕廉《海运筹略》一卷

刘体仁《海道漕运记》一卷

梁梦龙《海运新考》三卷

《海运详考》

《海运胶河通考》

《海运则例》一卷

《海运末议》一卷

蒋宗鲁《齐梁监兑录》

赵官《后湖志》五卷，附录，字惟贤，合州人，正德辛未进士，南□科给事中，杨廉序

《后湖黄册志》六卷

《重修后湖志》十一卷

《后湖图志》

陈钟盛《运册新考》，字惟德，临川人，万历己未进士，漕濮兵备副使

林希元《荒政丛言》一卷，嘉靖八年希元为广东按察司金事，上凡六纲二十三目，参酌古法，体悉民情，帝以其切于救民，从之

何孟春《备荒书》一卷

于仕廉《救荒策》一卷

贺灿然《救荒议》一卷

蒲登辰《救荒续录》

宋𬙶《荒政辑略》二卷，万历十五年河南、陕西灾荒，户部尚书宋𬙶条奏事宜

刘世教《□荒箸略》一卷

钟化民《河南救荒录》

龙诰《庐阳荒政录》

张朝瑞《金华荒政》

朱维吉《救荒活民补遗》三卷

史记事《救荒补遗》二卷

张世昌《西江振粟策》

陈幼学《救荒全书》

余汝为《荒政要览》十卷

杨德周《荒政纪略》一卷

倪复《救灾集议》

《三河闻荒条议》二卷

《长洲县救荒全书》八卷

《九江府条议》一卷

《煮粥议》

《三省矿防考》二卷

刘畿《矿防考》一卷

胡彦《茶马类考》六卷

陈讲《茶马志》四卷，遂宁人，嘉靖□□进士，山西提学副使

谭宣《茶马志》，蓬溪人

徐彦登《历朝茶马奏议》四卷

汪宗元《马政条例》，官南京太仆寺卿时修

何熊祥《马政事宜》

蒋宗鲁《牧政事宜》

杨时乔《皇明马政记》十二卷

王宗圣《榷政记》十五卷，字汝学，义乌人，□□□□进士，福建按察司佥事

薛侨《南关志》六卷

杨时乔《两浙南关榷事书》一卷

许天赠《北关志》十二卷

田艺蘅《北新关志》□□卷

王廷榦《北新关志》十五卷

荆之琦《北新钞关志》十六卷

张裕《浒墅关志》十六卷

焦希程《维扬关志》四卷

潘潢《清原关志》四卷

袁表《河西关志》六卷

《芦政条例》一卷，嘉靖己酉南京工部营膳司主事，惠安庄朝宾序刊

何士晋《厂库须知》十二卷

沈启《南厂记》

沈启《南船记》四卷

《船政新书》四卷

《船政要览》二卷

《船政条议》一卷

《司船例言》二卷

《缮司条议》

张志淳《谥法》二卷，古谥法，苏洵修定，谥法一卷，本朝谥法一卷，正德壬申序

何三省《帝后尊谥纪略》

王世贞《谥法考》六卷

郑汝璧《皇明臣谥类抄》二卷

鲍应鳌《皇明臣谥汇考》二卷，字山甫，歙人，礼部祠祭司郎中

叶秉敬《皇明谥考》三十八卷

孙能传《皇明谥法纂》十卷，字一之，奉化人，万历壬午举人，中书舍人，后官主事

《明史》拟目资料索引

说明：这是梁方仲先生《〈明史〉拟目资料索引》的一部分，自卷136 至卷254 止，非是《明史》全部。但从这部分拟目看，可以作为示范，反映了他研究明史的方法和深入程度。

政风

《明史》卷210 徐学诗，页6 下（极论严嵩父子纳贿情状）

卷210 厉汝进，页8（严世蕃纳贿事）

卷210 王宗茂，页9（严嵩纳贿）

卷210 赵锦（同上），页13 下

卷210 吴时来，页17

卷210 张翀，页19

卷210 董传策，页20 下

卷210 邹应龙，页22

卷213 高拱（拱初持清操，后其门生、亲串颇以贿闻，致物议），参考徐阶传、张居正传，页15；页21 下（居正自夺情后，益偏恣。其所黜陟，多由爱憎。左右用事之人，多通贿赂。）

卷214 葛守礼，页12 下（王府行贿）

卷215 欧阳一敬，页3 下（党争之始）

卷215 詹仰庇，页8（神宗嗣位，录先朝直臣，以仰庇在京时尝为商人居间，不得内召。）

卷240 叶向高（万历末……曹署皆空，页4；东林党争，页6）

卷240 何宗彦（页23 下，齐党）

卷241 周嘉谟（页2，齐、楚、浙三党）

卷241 孙玮（万历四十年后，朋党势成，页15下）

卷241 钟羽正（时当朝觐，请禁馈遗。）

振饥、蠲免

《明会要》卷54，页12f（荒政）

《野获编》卷12，页21（救荒）

《明史》卷150 刘辰（以徭代偿息）

卷150 汤宗

卷157 张凤（四方报凶荒者，凤请令御史勘实。议者非之。）

卷157 杨鼎（淮、徐、临、德四仓旧积粮百余万石，后饷乏，民饥，辄请移用，粟且匮。）

卷157 陈俊（平粜，豪民乘时射利。时米石值六钱，乃定籴以升斗为率，过一石勿与。）

卷157 林鹗（岁饥，奏减民租十五万石。）

卷159 李侃（鬻盐振饥）

卷159 彭谊（景泰六年……下迁绍兴知府。岁饥，辄发廪振贷……［不］俟朝命。）

卷159 牟俸（岁祲，请发仓储减价以粜，又令关税收米麦济振。）

卷159 李侃（景泰，户部尚书金濂违诏征租。侃论濂，下之吏。）

卷160 金濂（参考卷168 江渊）

卷214 杨博（子俊民），页5下（十九年，还理［户］部事。河南大饥，人相食，请发银米各数十万。或议其稽缓，因自劾求罢。疏六上，不允。）

卷240 韩爌（崇祯初……皇长子生，请尽蠲天下积逋，报可。）

卷241 张问达（万历……宁夏用兵，请尽蠲全陕逋赋，从之。……三十年后……巡抚湖广，所部水灾，数请蠲贷。）

卷241 王纪（万历四十一年……巡抚保定诸府。连岁水旱，纪设法救荒甚备。税监张晔请征恩诏已蠲诸税，纪两疏力争……不报。）

卷241 孙玮（万历三十年……巡抚保定。……岁比不登，旱蝗、大水相继。玮多方振救，帝亦时出内帑佐之。所条荒政，率报允。）

卷242 翟凤翀（万历末，山东大饥，以凤翀疏，遣御史过庭训赍十六万金振之。）

军政

《明史》卷210 王宗茂（严嵩败政事）

卷210 周冕（冒功），页11b；参考同卷赵锦，页15

卷210 吴时来，页17（严嵩纳贿事。并请专练边兵，省诸镇征调。）

卷210 张翀，页19

卷210 董传策，页20

卷210 林润，页24下

卷211 马永，页1下（军士生计）

卷211 周尚文，页6（战术）

卷211 沈希仪，页18（狼兵）

卷212 戚继光（狼兵等）

卷212 李锡（狼兵），页23下

卷213 徐阶（军营积弱之故，卒不在乏而在冗），页3b，页7b

卷213 高拱（上级官员之储选）

卷214 杨博（冒功）

卷214 靳学颜（腹兵不足用。故在北则借盐丁矿徒，在南则借狼土。）

卷215 王治（冒军功领赏）

卷239 杜桐传附杜松，页16（满清旗兵）

卷239 萧如薰，页19（隆庆后，边将倾赏结纳文士，诸边物力为耗，军中患苦之。）

卷240 韩爌（崇祯……时辽事急，朝议汰各镇兵。又以兵科给事中刘懋疏，议裁驿卒。帝以问爌，爌曰："汰兵止当清占冒及增设冗兵尔，冲地额兵不可汰也……"）

田制

《明史》卷 214 葛守礼（仿古井田制，浚治沟洫）

卷 215 周弘祖（隆庆二年春言："皇庄则亲收子粒……尤祖宗朝所绝无者。"）

卷 215 詹仰庇（隆庆三年巡视十库，疏言：……按京城内外园廛场地，隶本监〔内官监〕者数十计，岁课皆属官钱，而内官假上供名，恣意渔猎。利填私家，过归朝宁……）

卷 215 陈吾德，页 12b（万历初操江都御史王篆劾吾德为饶州知府时违制讲学，用库金市学田，遂除名为民。）

卷 240 叶向高（福王不肯之国……万历四十一年春廷臣交章请，复谕改明春。已，忽传旨，庄田非四万顷不行。）

卷 240 何宗彦（万历末，太子生母王贵妃薨，不置守坟内官，又不置坟户赡地，宗彦力争之。）

卷 241 汪应蛟（天津"水田"亩收至四五石。）

卷 241 孙玮（万历三十年巡抚保定，朝鲜用兵，置军天津，月饷六万，悉派之民间。先任巡抚汪应蛟役军大治水田，以所入充饷。玮踵行之，田益垦，遂免加派。）

卷 242 陈邦瞻（万历二十六年进士……分理〔河南〕彰德诸府，开水田千顷。）

卷 242 董应举（天启二年，擢太仆卿，兼河南道御史，经理天津至山海屯务。……乃分处辽人万三千余户于顺天、永平、河间、保定，诏书褒美。遂用公帑六千，买民田十二万余亩，合闲田凡十八万亩，广募耕者，畀工廪、田器、牛种，浚渠筑防，教之艺稻，农舍、仓廪、场圃、舟车毕具，费二万六千，而所收黍麦谷五万五千余石。廷臣多论其功。）

赋役苛重

《明史》卷 150 刘季篪

卷157 郑辰（民苦徭役为盗）

卷158 黄宗载（武陵多戎籍，民家虑与为婚姻，徭赋将累己，男女至年四十尚不婚。）

卷159 王宇（石亨及从子彪骄恣，大同其旧镇地，征索尤横。）

卷159 刘孜（濒江官田多废没，仍责输赋。……邢宥传：苏州奸民揽纳秋赋。）

卷159 夏埙（有司抚字乖方，贼因得诱良民为徒党。）

卷160 王彰（永乐……［陕西］新安民鬻子女偿赋。）

卷160 石璞（京师盗贼多出军伍。间有获者，辄云粮饷亏减，妻孥饥冻故。又闻两畿、山东、河南被灾。穷民，多事剽掠，不及今拊循，恐方来之忧，甚于边患。）

流亡

《明史》卷157 杨鼎附翁世资（成化初巡抚山东，岁饥。……抚流亡百六十二万人。）

卷158 耿九畴（正统末……招来［凤阳］流民七万户。）

卷159 陈镒（尝恐襄、汉间流民啸聚为乱……至成化时乃有项忠之役。）

卷159 曾翚（南阳诸府多流户，众议驱逐。）

卷159 原杰（成化荆、襄流民数十万）

卷160 罗绮传附张固，页116（正统裕州流民）

杂课

《明史》卷150 刘季篪

卷157 杨鼎附翁世资（苏松织造）

卷157 夏时正（江西灾伤，除无名税十余万石。）

卷159 贾铨（贡马、差发银、海肥，及食盐米钞）

卷159 刘孜（房钞、河泊所课、官牛、荒租）

卷160 魏源（永乐……奏减浙东濒海渔课。）

赋法

《明史》卷 159 崔恭（均徭法。李秉改定周忱耗羡则例。）

卷 159 刘孜（周忱法多纷更）

卷 159 原杰（成化湖广、河南、陕西流民附籍者，用轻则定田赋。）

卷 213 张居正，页 20（居正以江南贵豪怙势及诸奸猾吏民善通赋，选大吏精悍者严行督责。赋以时输，国藏日益充，而豪猾率怨居正。）

卷 214 葛守礼（会计法、一条鞭、一串铃）

卷 242 朱吾弼（万历矿税盛行时，奸人王遇桂请税田契。）

课程

《明史》卷 214 杨博（子俊民），页 5 下（小人竞请开矿，俊民争不得，税使乃四出，天下骚然。时以咎俊民。）

卷 214 王廷（嘉靖末，淮安大饥，与巡按御史朱纲奏留商税饷军，被诏切让。）

卷 215 周弘祖（隆庆，太和香钱，织造使）

卷 240 叶向高（矿税）

卷 241 周嘉谟（万历……［四川］榷税中官邱乘云播虐）

卷 241 张问达（陈矿税之害，言：“阉尹一朝衔命，辄敢纠弹郡守，甚且纠抚按重臣。而孙朝所携程守训、陈保辈，至棰杀命吏，毁室庐，掘坟墓。不一按问，若万方怨恫何！”故事，令商人办内府器物，金名以进，谓之金商。而诸高赀者率贿近幸求免，帝辄许之。问达两疏争执……并寝不行。）

卷 241 汪应蛟（陈易州矿使王虎贪恣状，不报。）

卷 241 王纪（［保定］税监张晔请征恩诏已蠲诸税。）

卷 241 孙玮（畿辅矿使倍他省，矿已竭而搜凿不已。至岁，责民赔纳。玮累疏陈其害，且列天津税使马堂六大罪，皆不省。）

卷242 萧近高（万历二十三年进士……擢礼科给事中。甫拜官，即上疏言罢矿税、释系囚、起废弃三事，明诏已颁，不可中止。帝怒，夺俸一年。顷之，论江西税使潘相擅刑宗人罪，不报。既而停矿分税之诏下，相失利，擅移驻景德镇，请专理窑务。帝即可之。……相不久自引去。……辽东税使高淮激民变。近高劾其罪，请撤还，帝不纳。……廷臣多劾淮者，帝不得已征还。）

卷242 白瑜（万历三十年京师旱，陕西河南黄河竭。……瑜言……矿税之害，皆不报。）

禄米

《明史》卷150 郁新

卷154 黄福（仓粟不足，给以公田。）

卷157 张本（官田租减，影响于外官俸及生员军士之月给。）

卷157 杨鼎（景帝尝谕旨欲取江南折粮银实内帑，而以他税物充武臣俸，［户部尚书］鼎不可。）

卷158 顾佐（官俸太薄）

卷159 陈泰（正统……时百官俸薄，折钞又不能即得。泰上章乞增禄廪。）

卷159 李侃（［土木］军兴，减天下学校师儒俸廪，侃奏复之。）

卷159 牟俸（乞开纳粟例救荒）

卷159 高明（天顺……纳马入监者至万余人。）

屯田

《明史》卷150 郁新

卷151 王钝，页4（北平屯种）

卷151 郑赐，页5（安东屯）

卷153 宋礼

卷154 黄福

卷155 谭广（调戍军屯种）

卷 155 陈怀，页 12（侵夺屯田）

卷 155 任礼（边将家僮垦塞上田者，每顷输粮十二石，礼连请于朝，得减四石。）

卷 157 柴车（宣德六年大同屯田多为豪右占据，几二千顷，页7a；又清出六百余顷，页 7b）

卷 158 耿九畴（边民春夏出作田，秋冬辄徙入塞。）

卷 160 魏源（免屯军租一年）

卷 170 于谦（募民屯田）

官禄

《明史》卷 214 刘体乾（冗官冗费）

宗禄

《明史》卷 210 林润，页 24

卷 214 靳学颜，页 15（隆庆初应诏陈言："唐、宋宗亲，或通名仕版，或散处民间。我朝分封列爵，不农不仕，吸民膏髓，费三也。"）

漕运

《明史》卷 144 顾成

卷 150 刘辰、虞谦（页 11）

卷 153 宋礼

卷 157 郭敦（卫卒代民运）

卷 157 林鹗（春夏启闸，秋冬度坝）

卷 159 牟俸（截留漕粮备振荒）

卷 160 李裕（浚白塔、孟渎二河以便漕。）

粮运

《明史》卷 150 古朴、虞谦（页 11）

卷 154 黄福

卷 157 张本，页 3（车运）

卷 159 熊概（发诸府赎罪米赡军，因粮运不继也。）

卷 160 罗通（宣德……出理宣府军饷，奏言："朝议储饷开平，令每军运一石，又当以骑士护行，计所费率二石七斗而致一石。今军民多愿输米易盐，请捐旧例五分之二，则人自乐输，饷足而兵不疲。"帝可之。）

卷 160 张瑄（成化黄河水溢，请移王府禄米于他所，留应输榆林饷济荒，石取直八钱输榆林，民称便。）

水利

《明史》卷 150 刘季篪

卷 151 严震直

卷 153 宋礼

卷 157 金纯（会通河、永通广运二闸）

卷 157 郑辰（河堤决）

卷 159 崔恭（苏松水利）

卷 159 邢宥（丹阳河、奔牛闸）

卷 160 石璞（河决沙湾）

工役

《明史》卷 151 严震直

卷 157 张本

官纪

《明史》卷 160 金濂（宣德……尝言郡县吏贪浊）

卷 160 张鹏（进奉风盛，又传奉武官多）

卷 160 李裕（考察科目有四）

盐法

命兼户部侍郎，并理盐政。应举至扬州，疏请厘正盐规，议商人补行积引，增输银视正引之半，为部议所格。应举方奏析，而巡盐御史陆世科恶其侵官，劾之。……落职闲住。）

折色

《明史》卷150 郁新

卷159 陈镒（仓储充溢……官军月饷不复折钞。……秦中饥，蠲租十之四，其余米布兼收。）

卷159 牟俸（岁祲，令临清关税收米麦济振。）

卷160 张瑄（成化……石取值八钱）

赏赐

《明史》卷157 潘荣（官赏冗滥）

采办

《明史》卷158 黄宗载（宣德三年督采木湖湘）

卷158 顾佐（永乐督采木四川）

卷160 石璞（正统八年，任山西布政使，以朝廷岁用物料，有司科派扰民，请于折粮银内岁存千两，令官买办，庶官用可完，民亦不扰。从之。）

卷210 赵锦（穆宗即位，起故官。擢太常少卿，未上，进光禄卿。江阴岁进子鲚万斤，奏减其半。）

卷210 董传策

卷213 张居正（言官请停苏松织造，不听。居正为面请，得损大半。）

卷214 刘体乾，页9b（隆庆诏购猫睛祖母绿诸异宝。）

卷215 周弘祖，页5 下（隆庆二年冬诏市珍宝）

卷215 詹仰庇，页6（隆庆初穆宗诏户部购宝珠）

卷215 陈吾德，页11（隆庆四年……诏遣中官督织造，吾德偕同官严用和切谏，报闻。帝从中官崔敏言，命市珍宝，户部尚书刘体乾、户科都给事中李已执奏，不从。吾德复偕已上疏曰："伏睹登极诏书，罢采办，蠲加派，且云各监局以缺乏为名，移文苟取，及所司阿附奉行者，言官即时论奏，治以重典。……比者……买玉市珠，传帖数下。人情惶骇，咸谓诏书不信，无所适从。……陛下奈何以玩好故，费数十万赀乎？……"帝震怒。……附李已传，页12f；传奉官，页13。）

卷240 刘一燝附一焜，页13（浙江织造）；叶向高（矿税）

卷240 朱国祚，页20下（万历……时皇长子储位未定，冠婚逾期……抗疏言："顷岁趣办珠宝，户部所进，视陛下大婚数倍之。远近疑陛下借珠宝之未备，以迟典礼。且诏旨采办珠宝，额二千四百万，而天下赋税之额乃止四百万。即不充国用，不给边需，犹当六年乃足。必待取盈而后举大礼，几无时矣。"）

卷241 张问达（万历三十年后……帝方营三殿，采木楚中，计费四百二十万有奇。问达多方拮据，民免重困。）

卷242 洪文衡（万历中，起补南京工部，历郎中。力按旧章，杜中贵横索，节冗费为多。官工部九年。）

宦官乱财政

《明史》卷215 王治，页1b（干没内府诸监局岁费）

卷215 周弘祖，页4下（荫袭太多）

卷215 詹仰庇（隆庆三年巡视十库，疏言："内官监岁入租税至多，而岁出不置籍。按京城内外园廛场地，隶本监者数十计，岁课皆属官钱，而内官假上供名，恣意渔猎。利填私家，过归朝宁。……陛下前取户部银，用备缓急。今如本监所称，则尽以创鳌山、修宫苑、制秋千、造龙凤舰、治金柜玉盆。群小因干没，累圣德，亏国计。"）

卷215 骆问礼附杨松，页10（隆庆……巡视皇城，尚膳少监黄雄征子钱与民哄，兵马司捕送松所。）

卷240 朱国祚（湖广税监陈奉横甚）

卷 241 王纪（万历四十一年后……［保定］税监张晔请征恩诏已蠲诸税，纪两疏力争，晔竟取中旨行之。纪劾晔抗违诏书，沮格成命，皆不报。）

卷 241 钟羽正（天启三年言："内官请乞，朝至夕从。"）

卷 242 翟凤翀（万历末，中官吕贵假奸民奏，留督浙江织造。冉登提督九门，诬奏市民殴门卒，下兵马指挥欧相之吏。邢洪辱御史凌汉翀于朝。）

金银

《明史》卷 210 王宗茂（嘉靖三十一年上疏劾严嵩："往岁遭人论劾，潜输家资南返，辇载珍宝，不可数计。金银人物，多高二三尺者。下至溺器，亦金银为之。……广市良田，遍于江西数郡。又于府第之后积石为大坎，实以金银珍玩。"）

卷 212 俞大猷（平岭海贼，严嵩抑其功不叙，但赍银五十两而已。）

卷 214 马森（帝［穆宗］尝命中官崔敏发户部银六万市黄金，森持不可。……事乃止。既又命购珠宝，森亦力争，不听。）

卷 214 刘体乾，页 8f（金花银）

卷 214 靳学颜（用银，官俸军饷请银钱兼支。）

卷 215 詹仰庇，页 7 下（隆庆初取户部银，用备缓急。）

卷 215 陈吾德附李巳，页 12 下（隆庆中频诏户部有所征索。）

卷 215 刘奋庸，页 16 下（隆庆六年三月上疏曰："……三、慎俭德。陛下嗣位以来，传旨取银不下数十万，求珍异之宝，作鳌山之灯，服御器用，悉镂金雕玉。"）

卷 241 汪应蛟（万历二十七年后，会奸人柳胜秋等妄言括畿辅税可得银十有三万。应蛟三疏力争，然仅得减半而已。）

漕河

《明史》卷 213 张居正（以孟冬月兑运，及岁初毕发。）

卷 240 刘一燡附一焜，页 13 下（浙江塘工）

卷 241 汪应蛟（直隶水利）

卷 242 毕懋康（畿辅水利，漕运）

卷 242 白瑜（万历三十年后，论治河当专任，［帝］遂责其剿拾陈言，谪广西布政使照磨。）

马政

《明史》卷 138 朱守仁附单安仁传

卷 144 顾成

卷 150 杨砥

卷 157 张本（山东、河南养马之始）

卷 157 刘中敷（正统六年，请以供御牛马分牧民间。）

卷 157 杨鼎（马牛刍乏，议征什二。）

卷 157 陈俊（奏减天津诸卫军新增草额三十五万束）

卷 159 贾铨（天顺……河南饥，请停课马。……许之。）

卷 159 王宇（天顺二年……中官严顺、都督张林等令家人承纳刍粮。）

卷 159 李侃附李纲传（天顺……巡畿辅马政，尽却有司馈。）

卷 159 原杰（正统十二年……复按顺天诸府。大水，牧官马者乏刍，马多毙。有司责偿，杰请免之。）

卷 160 罗通（给价问题）

卷 160 李裕（太仆征预备马二万匹）

卷 213 高拱（［隆庆入相后，］言："马政、盐政之官，名为卿、为使，而实以闲局视之。失人废事，渐不可训。……"诏皆从之。）

卷 213 张居正（互市骁马，乃减太仆种马，而令民以价纳，太仆金亦积四百余万。）

卷 214 刘体乾（神宗即位……奏言请发贮库草场银买马。）

卷 215 周弘祖（隆庆二年春言："……事涉内庭辄见挠沮，如阅马、核库，诏出复停。"）

卷240 刘一燝（削官追夺诰命，勒令养马。）

驿传

《明史》卷136 崔亮（帝［太祖］以灾异所系尤重，命有司驿闻。）

卷137 桂彦良传附徐宗实（名垕，以字行，黄岩人……洪武中被荐，除铜陵簿。请告迎养，忤帝意，谪戍淮阴驿。）

卷139 郑士利传附方征（……以乡举授给事中。尝侍游后苑，与联诗句。太祖知其有母在，赐白金，驰驿归省。……出为怀庆知府……［后因事］贬沁阳驿丞。）

卷144 何福（成祖即位……充总兵官，镇宁夏，节制山陕、河南诸军。福至镇，宣布德意，招徕远人，塞外诸部降者相踵。边陲无事，因请置驿，屯田积谷，定赏罚，为经久计。）

卷149 夏原吉附邹师颜（仁宗立，释为礼部侍郎。省墓归，还至通州，卒。贫不能归葬。尚书吕震闻于朝，宣宗命驿舟送之。诏京官卒者皆给驿，著为令。）

卷153 宋礼（漕运递运所）、陈瑄、周忱

卷154 黄福，页7下（［永乐四年后］……安南既平，郡县其地……福请循泸江北岸至钦州设卫所，置驿站，以便往来。）

卷155 费瓛（永乐八年春，凉州卫千户虎保、永昌卫千户亦令真巴等叛，众数千，屯据驿路。）

卷155 谭广（仁宗嗣位……镇宣府……［正统九年十月］召还……在宣府二十年，修屯堡，严守备，增驿传。）

卷158 黄宗载（永乐初，以荐为湖广按察司佥事……车驾北征……［坐事］劾谪杨青驿驿夫。）

卷159 熊概（宣德间行在都御史顾佐疾，驿召概代领其职。）

卷160 王彰（宣德元年……谕侍臣曰："两京相距数千里，驿使往来为扰。"）

卷160 魏源（宣德五年，河南旱荒，民多转徙。帝以源廉正有

为，命为左布政使，俾驰驿之任。）

卷210 王宗茂（嘉靖三十一年上疏发严嵩奸状，其一曰："畜家奴五百余人，往来京邸。所至骚扰驿传，虐害居民，长吏皆怨怒而不敢言。"）

卷210 董传策，页21

卷210 邹应龙，页22

卷212 戚继光，页14（隆庆二年五月，命以都督同知总理蓟州、昌平、保定三镇练兵事，总兵官以下悉受节制。至镇，上疏言："……边塞逶迤，绝鲜邮置，使客络绎，日事将迎，参游为驿使，营垒皆传舍，二也。"）

卷212 李锡（隆庆六年春，以征蛮将军代大猷镇广西平乐。府江者，桂林抵梧州驿道也。南北亘五百里，两岸崇山深箐，贼巢盘亘。自嘉靖间……道路梗塞，城门昼闭。）

卷213 高拱（隆庆入相后言："教官驿递诸司，职卑禄薄，远道为难。宜铨注近地，以恤其私。"诏皆从之。）

卷213 张居正，页19（然持法严，核驿递，省冗官，清庠序，多所澄汰。公卿群吏不得乘传，与商旅无别。……多怨之者。）

卷240 韩爌（崇祯……时辽事急，朝议汰各镇兵。又以兵科给事中刘懋疏，议裁驿卒。帝以问爌，爌言："汰兵止当清占冒及增设冗兵尔。冲地额兵，不可汰也。驿传疲累，当责按臣核减，以苏民困，其所节省，仍还之民。"帝然之。）

卷242 朱吾弼（万历矿税盛行时，言："闾阎以矿税竭，邮传以输挽疲。"）

政府官吏与民争利（占田附）

《明史》卷150 李庆，页4下

卷155 蒋贵，页15下（豪右占田）

卷156 李英，页7（边将置庄垦田，豪夺人产。）

卷157 郭敦，页4b（王田夺民业）

卷158 轩䩱，页14（正统末宋孝宗、理宗及福王陵墓俱被豪民侵夺）

卷158 黄孔昭，页16（成化末南京有官地十余区，为势家所侵，奏复之。）

卷159 熊概（宣德初浙西豪持郡邑短长为不法。）

卷159 李棠附曾翚（天顺五年迁山东布政使。民垦田无赋者，奸民指为闲田，献诸戚畹。）

卷159 李侃（石亨从子彪侵民业，侃请置重典，并严禁勋戚、中官不得豪夺细民，有司隐者同罪。）

卷159 原杰（成化二年……巡抚山东……黄河迁决不常，彼陷则此淤。军民就淤垦种，奸徒指为园场屯地，献王府邀赏，王府辄据有之。杰请献者谪戍，并罪受献者。从之。）

卷159 杨继宗（成化……巡抚顺天，畿内多权贵，庄田有侵民业者，辄夺还之。）

卷159 彭谊（辽东镇守中官横征诸属卫）

采办激变

《明史》卷150 师逵

卷159 熊概（宣德初，时屡遣部官至江南造纸、市铜铁。概言水涝民饥，乞罢之。）

佃户

《明史》卷210 王宗茂（嘉靖三十一年擢南京御史。时先后劾严嵩者皆得祸，沈炼至谪佃保安。）

仓储、库藏

《明史》卷210 王宗茂（嘉靖三十一年上疏论严嵩奸状："陛下之帑藏，不足支诸边一年之费，而嵩所蓄积，可赡储数年。与其开卖官鬻爵之令以助边，盍去此蠹国害民之贼，籍其家以纾患也。"）

卷 210 张翀，页 19

卷 210 董传策，页 20

卷 213 徐阶，页 4（发畿内麦数十万石输边）

卷 213 张居正，页 16（太仓粟充盈，可支十年）

卷 215 周弘祖（隆庆初请仿行古社仓制。从之。）

卷 240 叶向高（熹宗初年……有请括天下布政司、府、州、县库藏尽输京师者。向高言："郡邑藏已竭，藩库稍余。倘尽括之，猝有如山东白莲教之乱，何以应之？"帝皆不纳。）

卷 242 毕懋康（临、德二仓漕粮石数）

卷 242 翟凤翀（万历末……出按辽东……请所在建常平仓，括赎锾，节公费，易粟备荒。帝善其议，命推行于诸边。）

兵饷

《明史》卷 214 马森

卷 214 刘体乾

卷 214 靳学颜

卷 215 詹仰庇（隆庆初两广需饷，疏请再三，犹靳不予。但诏户部购宝珠。）

卷 240 叶向高（熹宗立……旋纳向高请，发帑金二百万，为东西用兵之需。）

卷 240 韩爌（天启元年……廷臣以饷大绌，合词请发帑，爌亦以为言，诏发百万两。）

卷 241 汪应蛟（天启……熊廷弼建三方布置之策，需饷千二百万，应蛟力阻之。）

鬻官

《明史》卷 210 何维柏（万历初……极论鬻官之害）

卷 210 王宗茂，页 10 下

卷 210 赵锦（嘉靖二十三年进士……军兴，民输粟马，得官锦衣，锦极陈不可。）

卷 210 张翀，页 19

卷 210 董传策，页 20

倭寇

《明史》卷 210 谢瑜附童汉臣（［嘉靖中］泉州知府，倭贼薄城，有保障功）

卷 210 吴时来，页 16 下

卷 210 林润，页 25

卷 211 何卿，页 16

卷 212 俞大猷

卷 214 王廷（时倭乱未靖，廷建议以江南属镇守总兵官，专驻吴淞；江北属分守副总兵，专驻狼山。遂为定制。）

邓茂七

《明史》卷 145 陈亨传附陈懋，页 17

卷 154 梁铭

卷 155 费瓛，页 9 下

卷 160 金濂，页 5

卷 160 石璞 ，页 6 下（叶宗留）

南北人

《明史》卷 147 黄淮（吏部追论"靖难"兵起时，南人官北地不即归附者，当编成。淮曰："如是，恐示人不广。"帝皆从之。）

卷 159 崔恭

籍贯

《明史》卷 214 杨博（隆庆改元……时方计群吏，山西人无一被黜者。给事中胡应嘉劾博［时为吏部尚书，蒲州人］庇其乡人。博连疏乞休。并慰留，且斥言者。）

卷 215 欧阳一敬（隆庆元年正月吏部尚书杨博掌京察，黜给事中郑钦、御史胡维新，而山西人无下考者。吏科给事中劾博挟私愤，庇乡里。）

干儿义子、家奴

《明史》卷 210 王宗茂（嘉靖三十一年上疏论严嵩奸状："募朝士为干儿义子，至三十余辈，若尹耕、梁绍儒早已败露。"）

卷 210 董传策，页 21 下（万历初……免归。绳下过急，竟为家奴所害。）

卷 211 马永（家军）、梁震（素畜健儿五百人）

卷 211 马芳，页 11（家蓄健儿）

卷 212 戚继光，页 14（隆庆二年上疏："家丁盛而军心离，六也。"）

卷 239 张臣附孙应昌（崇祯八年，洪承畴出师河南，令率私家士马以从。）

卷 242 白瑜（天启二年……郑贵妃兄子养性奉诏还籍，逗遛不去，其家奴张应登讦其通塞外。……请抵奴诬告罪。）

乡试主考用本地人

《明史》卷 137 安然传附杜佑（安邑人，尝三主本布政司乡试，称得人。）

地方官用本地人

《明史》卷 160 王彰（终明世，大臣得抚乡土者，彰与叶春而已。）

卷 160 魏源（宣德九年，永丰民夏九旭等据大盘山为乱。帝以源江西人［建昌县］，命抚之，都督任礼帅兵随其后。未至，官军擒九旭，因命二人采木四川，兼饬边务。）

云南交通

《明史》卷138 杨靖传，页8

粤先贤

《明史》卷138 李质（德庆人）；黎光（东莞人）；薛远（琼山人）（薛祥传附）。

卷143 陈思贤（茂名人）

卷146 孟善（海丰人）

卷159 邢宥（文昌人）

卷159 彭谊（东莞人）

卷210 何维柏（字乔仲，南海人）

卷215 岑用宾（顺德人）

卷242 郭尚宾（南海人）（翟凤翀传附）

折价银

《明史》卷159 牟俸（以寄库银易米振济。边饷用银。）

卷160 石璞（岁用物料折银，令官买办。）

卷160 张瑄（石取直八钱）

用银

《明史》卷157 杨鼎（景帝尝谕旨，欲取江南折粮银实内帑。）

卷157 陈俊（父母丧，同事醵金赙。豪猾侵苏松改折银七十余万两。）

卷159 李侃附雷复（［成化七年后，］……巡抚山西。……时山西大祲，而廷议以陕西用兵。令预征刍饷，转输榆林。复上言："自山西至榆林，道路险绝，民赍银往易，价腾踊，不免称贷，责偿多破产。今雨雪愆违，饥民疾病流离，固悴万状。而应输绫帛、药果诸物，又不下万计。乞依山东例蠲除。仍发帑振赡。"帝从之。）

列女

《明史》卷 180 张宁

卷 213 徐阶，页 8 下

卷 239 萧如薰，页 18

占田产

《明史》卷 210 王宗茂（嘉靖三十一年上疏论严嵩奸状，一曰"广布良田，遍于江西数郡"。）

卷 210 赵锦（万历十一年召拜左都御史，是时方籍［张］居正赀产。锦言，世宗籍严嵩家，祸延江西诸府，居正私藏未必逮严氏，若加搜索，恐贻害三楚，十倍江西民……）

卷 210 邹应龙（嘉靖三十五年进士……上疏劾严世蕃曰："嵩父子故籍袁州，乃广置良田美宅于南京、扬州，无虑数十所，以豪仆严冬主之，抑勒侵夺，民怨入骨。外地牟利若是，乡里又何如。"）

卷 212 俞大猷，页 2（乃诣何老猫峒，令归民侵田。）

卷 213 徐阶，页 6 下（［嘉靖末］景王之藩，病薨，阶奏夺景府所占陂田数万顷，还之民，楚人大悦；页 6：隆庆元年，御史齐康劾阶，言其二子多干请，及家人横里中状，阶疏辩乞休；页 7：阶既行，春芳为首辅，未几亦归，［高］拱再出，扼阶不遗余力，郡邑有司希拱指，争齮龁阶，尽夺其田，戍其二子。……）

卷 213 高拱，页 10 下（拱之再出，专与阶修却，所论皆欲以中阶，重其罪。……阶子弟颇横乡里，拱以前知府蔡国熙为监司，簿录其诸子，皆偏戍。……），参考张居正传，页 15；页 23（籍居正家……［司礼张］诚等尽发其诸子兄弟藏，得黄金万两，白金十余万两。……诏留空宅一所、田十顷，赡其母。）

卷 213 张居正，页 22 下（中官张诚复入……且谓其［居正］宝藏逾天府，帝心动。帝谪保奉御居南京，尽籍其［冯保］家，金银珠宝巨万计，帝疑居正多蓄，益心艳之……），参考页 23

卷241 周嘉谟（万历巡抚云南……黔国公沐昌祚侵民田八千余顷，嘉谟劾治之。）

卷242 董应举（万历二十六年进士，除广州教授，与税监李凤争学傍墙地，凤舍人驰骑文庙前，縶其马，用是有名。）

财政状况

《明史》卷213 张居正（时帝［神宗］渐备六宫，太仓银钱多所宣进……帝复令工部铸钱给用，居正以利不胜费，止之。）

卷214 马森，页6f（隆庆初，改北［京户］部［尚书］，是时登极诏书蠲天下田租半，太仓岁入少，不能副经费，而京通二仓积贮无几。……森奏祖宗旧制，河淮以南，以四百万供京师；河淮以北，以八百万供边。一岁之入，足供一岁之用。后边陲多事，支费渐繁，一变而有客兵之年例，再变而有主兵之年例。其初止三五十万耳，后渐增至二百三十余万。屯田十亏七八，盐法十折四五，民运十逋二三，悉以年例补之。在边则士马不多于昔，在太仓则输入不益于前，而所费数倍。重以诏书蠲除，故今日告匮，视往岁有加。……）

卷214 刘体乾

卷214 靳学颜（隆庆初应诏陈理财，凡万余言，言选兵、铸铁、积谷最切。）

卷215 周弘祖（隆庆二年春言："……事涉内庭，辄见挠沮，如阅马、核库，诏出复停。皇庄则亲收子粒，太和则榷取香钱，织造之使累遣，纠劾之疏留中。内臣爵赏，谢辞温旨，远出六卿上，尤祖宗朝所绝无者。"疏入不报。）

卷240 叶向高（熹宗初……有请尽括天下布政司、府、州、县库藏尽输京师者，向高言，郡邑藏已竭，藩库稍余。……）

流寇

《明史》卷210 张翀，页20（南赣种蓝户煽贼）

卷211 马永（矿贼，页1下；悍卒乘饥倡乱，率家众歼之，页3）

卷211 梁震

卷211 马芳（土寇，页14）

卷211 沈希仪（琼州黎不堪虐取为乱）

卷212 俞大猷附汤克宽传，页10b（曾一本突海丰、惠来间，[汤]克宽倡议抚之。令居潮阳下洤地，未几激民变，一本亦反。）

卷213 徐阶，页2下（"饥贼耳，不足患"）

史料种类研究提纲

说明：此篇记于 20 世纪 30 年代。

史料种类

兹分此项史料为下列各类：

土地史料

经济生活史料

交通史料

家产和家政史料

信用史料

票据史料

田粮史料

文化史料

考试史料

法律上生活史料

散在民间财政史料

史料中之重要文件

各种史料之中其间最有价值者另行列举如下：

土地史料

　　洪武时代之鱼鳞册

　　万历德字号分口册

经济生活史料

万历年间经营商业总账

同治年间义昌店各布作钱账

康熙年间建筑祠楼收支账

咸丰年间置办农具种子账

咸丰至同治年间农田出谷账

同治年间使用肥料账

光绪初年使用人工账

交通史料

光绪年间的船票和搭票

光绪年间运送行李发单

光绪年间私设信局挂号联票及咸丰年间脚票

乾隆年间自休宁至北平八十天日用总账并有日记

信用史料

万历年间银钱往来账

万历年间借据

康熙年间期票

票据史料

隆庆万历崇祯康熙年间税票

康熙年间的当票

正德嘉靖隆庆万历天启崇祯顺治康熙及乾隆年间地契

田粮史料

田粮征实票据及有关文件

文化史料

明代仿西洋画

明代图案画

乾隆年间新闻史料

法律生活史料

隆庆年间合同

天启年间立继文书

　　　　崇祯及康熙年间的遗嘱

　　　　顺治年间分阄书

　　版画史料

　　　　康熙年间信纸的版画

　　　　乾隆年间纸折子版画

　　　　清初三色套板的花卉的版画

土地史料

第一　土地的整理

明季洪武三十三都九保（休宁县属）卑自经理鱼鳞底册（白绵纸）

　　万历德字号分口册

　　崇祯壬午黄册六图陆、拾两甲各地山塘归汇实征底册

　　顺治庚寅省的六图推收底册

　　同治七年丈量规积

　　同治辛卯本户六甲汪光祖等依丈量实征钱粮册

　　六十甲推收实征便览康熙壬申限　康熙丁丑限

　　六十甲推收实征便览　康熙壬午限

第二　地契

（一）卖契

嘉靖三、九、十、十四（官契）、二十一、四十一（契尾）等年

隆庆六年　隆庆六年（契尾）

万历十二、二十、二十一、二十五、三十、三十一等年

天启七年

崇祯三年、五年（顺治十二年十二月赎回）、九年、九年

（二）典契

崇祯十六年

经济生活史料

第一　农业史料

（甲）农作

农家置办器具种子账，咸丰年间

杂记稽查仓谷账、使用肥料等账，同治年间

杂事人工账，光绪九年

各园事、各杂事、各祠事、男女名下工账，光绪四年

各园人工账，光绪五、六年间

（乙）经营

收支总登，光绪年间

经营田园养蜂养猪放鱼总账

（丙）出产

农田出谷账，咸丰至同治年间

第二　商业史料

（甲）总类

收买桐油米麦及大豆账

收买豆类总账

恒泰坊银洋总登，光绪年间

巢县桐杨隆记店总账，乾隆三十二年至三十八年

裕益号总账，咸丰至同治年间

（乙）布店

义昌店各布作钱账，同治年间

（丙）油坊

怡丰油坊各宅正本底账，康熙雍正年间

（丁）典业

湖典总集便览

雍正庚戌八年丰典年月总文谋典条约

第三　婚丧史料

总录　嫁女账，乾隆十五年

嫁长女账，乾隆十七年

婚事记，道光十六年

喜事账　行聘，庚寅年（以光绪庚寅年为最近，殆属光绪年间之账）

交通史料

第一　邮政史料

（甲）纪录

发信的纪录，道光年间

（乙）邮政局未设立以前私人信局的史料

（1）活动方式

姑苏全泰盛公记徽州信局戳记信封（有力讫及五十五号字样）

休邑公利信局、姑苏老公利信局戳记信封（有信资足钱一百文图章）

辛卯年（即光绪辛卯）姑苏老公利信局戳记信封（有此信明日立即差送务原班讨回信件切勿延误及如遇关税贵客自理图章）

壬辰年（即光绪壬辰）姑苏老公利信局戳记信封（同上）

癸巳年（即光绪癸巳）姑苏老公利信局戳记信封（同上）

南京正和协记、姑苏正和协记轮船信局戳记信封（有关税自理图章）

武穴全泰盛、九江全泰盛轮船局戳记信封

姑苏全昌仁、芜湖全昌仁轮船局戳记信封

李增保水路戳记信封

（2）信局的票据

陈金寿信局挂号联票

寓内脚票：此票有红印"代步临溪"四字，由临溪到潜阜约计二十余里，所谓"代步临溪"者即是差使脚力赴临溪之谓，亦即代客送信亦或运输行李货物之谓。

由此史料证明在咸丰年间即有专营送信或是代客运输之营业，此在中国邮政史上、运输史上尤其是交通史上有重要的价值。

（丙）邮局设立以后邮政代办所名称的演变

上海裕大四十二信箱戳记信封（光绪戊申年）

屯溪潜阜分箱戳记信封（光绪己酉年）

徽州第九号邮政信柜戳记信封（光绪庚戌年）

安徽潜阜邮政代办戳记信封（光绪庚戌年）

第二　航政

杭江船票，光绪十四年，有店章

杭江船票，光绪十五年，有印章

搭票，光绪十四年，有印章

第三　运输

运输行李发单，光绪十四年，有店章

第四　旅行

木石居出外收支账，康熙年间

家产和家政史料

第一　产业

万历年间富家产业总账

产业契据抄存，宣德正德弘治嘉靖隆庆年间

产业大略稽查，内有遗产置产契据及借约，乾隆年间

各会祀租目

文隐居杂记，即产业总登，康熙年间

第二　家用

万历年间家用账

爱敬堂公家并各房支用义昌店钱总

第三　红白喜事

置办嫁妆清单，约在光绪年间

寿诞总账，道光年间

棺木寿衣并斋七事项总登，乾隆二十二年

第四　族谱

修谱的谱稿，万历年间

票据史料

地契

第一　卖契

嘉靖十一年四月初二日

嘉靖十二年二月二十日

嘉靖三十八年六月初八日

嘉靖四十一年五月初七日

隆庆六年九月

万历十年三月初十日

万历十年七月十五日

万历十四年十二月二十八日

万历二十年十月初九日

万历二十年十一月初八日

万历二十一年四月初六日

万历二十一年闰十一月初九日

万历三十一年四月十五日

万历三十八年三月十八日

万历三十八年十二月

万历四十一年九月二十七日

万历四十二年三月初一日

天启三年五月十九日

崇祯四年十一月二十四日

崇祯六年二月十五日

崇祯八年正月初八日

崇祯八年三月初四日

崇祯八年六月三十日

崇祯九年正月二十五日

崇祯九年正月三十日

崇祯九年二月初四日

崇祯九年二月十七日

崇祯九年二月二十八日

崇祯九年三月二十三日

崇祯九年四月十九日

崇祯九年四月二十二日

崇祯九年十月初七日

崇祯九年十一月十一日

崇祯九年十一月十九日

崇祯九年十二月十一日

崇祯十年三月二十一日

崇祯十四年四月十一日

崇祯年间

第二　议约

万历三十四年十月二十七日

第三　典契

万历四十二年六月初十日

崇祯十六年二月初十日

第四　契尾

天启三年五月二十三日

第五　空白契尾

乾隆年间

税票

税契收据，隆庆六年（有官印）

税契收据，万历二十年（有县印）

收税票，崇祯六年（有官印）

割税票，崇祯六年（有官印）

归户纬税票，万历十年（有长章）

纬册归户票，万历十年八月（有长章）

业户收税票，康熙四十二年

业户割税票，康熙四十年

半票，康熙十三年，有官印，有私章

推票，万历十年，有长章

征钱串票，康熙十三年，有官印，有私章

厘金收照，光绪六年

典铺当票

康熙三十二年质票（有红印）

商店发票

马振昌粮食行发票，乾隆二十四年（有店章）

孙永聚发票，乾隆二十七年

关云号老店厚记发票，此票虽无年号，由其纸张及作风断之，似为乾隆年间之物。

礼记绸店发票，此乃古代绸缎庄之发票，虽无年号，就其纸张及其作风言之，仍属乾隆以前之物。不称绸缎庄而称绸店，迥与近代称谓不同，似属年代久远的证据。

信用史料

第一　立会

（一）会书

乾隆十一年	乾隆十二年三张
乾隆十三年二张	乾隆十五年二张
乾隆十六年	乾隆十七年二张
乾隆十九年二张	乾隆二十年
乾隆二十一年	乾隆二十二年
乾隆二十三年	乾隆二十四年
乾隆二十五年	嘉庆七年
嘉庆十四年	

（二）宗祠会书

乾隆年间

（三）会录

乾隆年间

（四）会单

摇会单，视其制作殆属乾隆年间之物

（五）会券

乾隆元年

（六）会约

万历三十九年

（七）会账

会款计算清单

浇会规账，乾隆十一年

第二　期票

康熙十七年二张　　乾隆五十二年三张

第三　借款

万历五年借据　　乾隆二十五年借约

汪肇周借据，汪为乾隆年间人，有会书可证

第四　账簿

万历年间银钱往来账

田粮史料

第一　田粮征实

甲、征实结算清单

康熙十一年八月二十九日　　　　康熙十二年十一月二十七日

康熙十四年十二月二十六日　　　　康熙二十二年十一月二十一日

康熙三十二年十月初三日　　　　康熙三十四年正月二十二日

康熙五十四年二月二十日

　　乙、征收实物粮则抄

康熙二十七、二十八年祁城粮则　　　　康熙三十三年粮则

丙、征实粮券

同治九年二月易知由单　　光绪二年兵米执照

光绪四年兵米执照

第二　粮券

纳户照票	康熙十六年分	
纳户执票	康熙二十九年分	康熙三十一年分
	康熙三十二年分	康熙三十五年分
	康熙三十九年分	康熙四十年分
执照串票	康熙四十一年分	康熙四十六年分
	康熙五十九年分二张	
花户执照	康熙四十九年分	康熙五十年分
纳户执串	康熙五十二年分	
纳户收票	康熙五十三年分	
纳户收执	康熙五十四年分二张	
	康熙五十五年分二张	
	康熙五十六年分	
	康熙五十七年分	
纳户执照	康熙六十年分二张	
上限执照	光绪二年分三张	光绪四年分三张
下限执照	光绪二年分四张	
兵米执照	光绪二年分七张	光绪四年分二张
易知由单	同治九年分三张	

第三　粮吏代收粮款收据

康熙二十六年正月二十日二张

康熙二十八年三月二十三日

康熙三十年正月三十日二张

康熙三十五年四月初十日

康熙四十四年六月二十日

康熙四十七年二月二十四日

第四　粮吏结算代收粮款清单

康熙二十八年三月二十四日

康熙二十九年正月十九日

第五　纳粮账

祁邑纳粮账，康熙雍正乾隆年间

第六　粮册

粮吏征粮底册，乾隆年间

第七　其他

清税对换簿，康熙年间休宁名儒吴维佐

家族公置此簿，维佐先生亦签押在上。

文化史料

第一　绘画史料

明人仿西洋画

查西洋画法在清季庚子以后始在我国流行，惟自何时输进中国，尚无明确记载。兹有此物可以解决左列问题：

一、远在明代以前西洋画法即已进入中国，进入以后，在明代即有人注意此类画法，因之可补历史上尤其是画史上记载之不足。

二、明人之西洋画法与今日之西洋画法微有不同，即是明人不加影景，今日即有影景。

三、又查基督教在明代已加重视，余不敏，认为尊重基督教之故由爱屋及乌心理的推测，所以当时即有艺术家重视西洋画者。总之，此物在历史上尤其是中西交通史上、中西文化史上、书画史上均有伟大的价值。

第二　图案史料

明代图案画

中国图案出现于金石竹木绣花书册者固属素见不鲜，惟以书画的资格出现者，迄至今日尚极罕见。

此物颜色鲜明，宝光四溢，就本身论已属奇珍，况属历史上名贵之物。

由余判断，此物在历史上尤其是图案史上可以大胆的认为历史上惟一无二的实物，以人间稀有之故。

第三　新闻史料

公慎堂月刊，乾隆四十一年五月十九日

第四　印刷史料

康熙二十四年间三色版小笺

乾隆十八年间三色套版折子

乾隆二十年间五色套版折子

嘉庆二十年间粉笺纸封面加印三色花枝的簿子

咸丰年间会券加色封面

嘉道年间彩色精印折子封面

明代奏折的副启（加印朱格）

考试史料

道光戊申科拔取徽州府属新进文童发案全录

光绪元年自休城赴金陵乡试账

入泮开货总记

法律生活史料

第一　户籍

十家联牌，同治四年休宁县编查保甲

第二　法律上合作

隆庆六年立的合同，万历九年加批

康熙二十一年合同

第三　诉讼

呈控归户纬册一案，康熙二十四年

随传随到报状，乾隆二十二年

第四　继承

立继文书，天启七年，白绵纸

杨林汪太初分阄书，顺治七年，白绵纸

遗嘱，康熙二十一年，白绵纸

遗嘱性文契，崇祯九年

散在民间的财政史料

第一　关税史料

中国不平等条约始于道光年间，关税不自主条约则始于《天津条约》，而《天津条约》则始于咸丰八年。

在嘉庆时代部颁《北新关则例》当然的完全属自主，查其对于外国输入物品所订税率，恒较国货为高，举例如次。

《则例》内开：

复定比例货物数（《则例》第三十五页）

西洋纳织布八甲　潞纳比上缎每匹该银五分五厘

以西洋之布比诸国内上缎，其税率之高可以推知。

第二　财政上票据

甲、地契

正德八年红契　　　　嘉靖二年白契

嘉靖十一年红契　　　嘉靖二十一年红契

嘉靖四十一年白契　　嘉靖四十一年契尾

隆庆六年红契　　　　万历九年红契

万历二十一年白契　　天启二年红契

崇祯元年红契　　　　崇祯七年红契

崇祯八年红契　　　　崇祯九年红契

顺治三年白契　　　　顺治丙戌年红契

乾隆四十五年白典契

乙、税票

收税票（空白），崇祯十年，有官印

割税票（空白），崇祯十年，有官印

推票，万历十年，有印章

归户纬税票，同上

半票，康熙十三年，有官印

纬册归户票，万历十年

分亩归户票，同上

牙厘局执照，光绪六年

丙、粮券

纳户执票　　康熙三十三年、三十五年、三十八年

执照串票　　康熙四十三年

花户执照　　康熙五十年

纳户收执　　康熙五十五年、五十六年、五十七年、五十八年
　　　　　　（两张）

纳户执照　　康熙六十一年

上限执照　　光绪二年（十二张）、四年（二张）

下限执照　　光绪二年（十二张）

兵米执照　　光绪二年（七张）、三年、四年（三张）

易知由单　　同治九年（十一张）

明代资本主义萌芽及其局限性（提要）

1. 明代（封建社会后期）

①洪武至正德、嘉靖

a. 农业——垦田户口之增加、小自耕农之安置、移民、大地主（杭州华兴祖、无锡华氏、吴江莫氏、华亭赵氏）之打击、棉花、水利、东南水田

b. 手工业——

c. 商业、交通、运输——永乐间大运河、城市

②万历后（资本主义萌芽时期）

a. 农业——西南（云、贵、广西）开辟、山田、经济作物蓝靛、番薯、花生、玉蜀黍、水利工具

b. 手工业——棉纺织业、银、铁矿、盐、茶、瓷器、造船、地方专业区化、西洋奇器

c. 商业——畸形发展、会馆及行会、山西帮（票号）、洞庭山、徽州府（新安）商人、粤帮

包买主、手工工场（官营丝织业、南京行铺户、机户、匠户。棉纺织基本上仍以家庭小手工业与农业结合为主——副业性质，但已有包买主参预其间，手工工场织布个别存在。）

流民出路、农民起义

经营地主、轮班与工匠之折银

盐商等资本之出路与土地之购买

生产工具之分离、资本原始积累、货币地租之迟

2. 萌芽的程度及其局限性

①商品经济建立在不等价交换基础之上，且与高利贷资本交织一起，对手工业生产作用不大。

②城市不代表自由工商业，居民不以工商业者为主。城市的封建统治与农村同，甚至利害些。

③行会制度。

a. 束缚力不全面。

b. 浓厚的地主性，表现为会馆（帮），为保障地方同乡利益，不可能支配全市场，只能分割市场。

c. 成立的动机为承办官府科派，面对封建政权作斗争。

④不可认为社会经济形态已起了性质的变化。

《山东经会录》

说明：1937年梁方仲先生在日本内藤乾吉的仁慈山庄读到《山东经会录》，随手写了几页读后记述，首先说明扉页批示，缺第一页，版心题作"序"。其次介绍了该书的卷目、收藏处所、印行时间。再次，该书编排的特点是横图形式，故特别介绍了税粮和徭役横图，记述了山东六府州县的赋役项目和内容。最后，对赋役制度的因革过程非常重视，从附录中抄录了嘉靖三十四年巡抚御史刘采为查议派征税粮、厘宿弊以苏民困的奏折一件，并作了注释。由于该书国内已失存，而《万历会计录》又缺了山东卷，因此，所作介绍，可供研究参考，弥感珍贵。

内藤乾吉仁慈山庄藏

《山东经会录》（批示五页，缺第一页。版心题作"序"）

隆庆五年十月刊行

目录

卷八　均徭因革下

卷九　均徭附录

卷十　里甲横图总额因革附录全

卷十一　驿传横图总额因革附录全

　　　　马政横图总额因革附录全

　　　　盐法横图总额因革附录全

税粮横图内容：

卷一　税粮横图

　　　　原额总数

　　　　起运总数

　　　　漕运仓口

　　　　起运仓口

　　　　存留总数

　　　　存留仓口

　　　　（顶格上端）各分府州县夏税、秋粮、马草盐钞

均徭横图内容：

卷五　徭役横图

　　　　银差

　　　　力差

卷十　里甲横图

　　　　青白夫

　　　　灯夫

　　　　解人送公文夫

　　　　看监夫

　　　　马骡驴

　　　　铺陈供应银

　　　　顶上各州县分档

卷五　粮付（页2—4）

　　嘉靖卅四年巡抚都御史刘[①]案验为查议派征税粮、厘宿弊以苏民困事，行司会同按察司税粮分巡等道将派征税粮事宜，从长酌议，要见某府所属田粮无大不均，贫富不甚相远，可用一条鞭之法，某府所属田有肥瘠荒熟，人有贫富亡存，须用三等九则之法，如必用三等九则，则人户高下作何据依，使里书不得以那移，税粮多寡作何限制，使富豪不得以飞诡，仓口轻重作何别白，使愚懦不受其欺蔽，或每州县造一实征，每人户给一由贴，使户则仓口晓然皆知。又恐田粮转卖不一，户则升擦不常，亦有难于定执者，知其弊而难救，求其说而未通；是在各司道集众思、广忠益，务求归一之说，用垂久远之规，晓告裁度，通行六府议报，续据济南府申知府项守礼关称，本府所属历城、长清二县，递年俱用一条鞭分派，章丘等二十六州县俱用三等分派，新泰、莱芜二县俱用四等派征，规制虽有不同，飞洒积弊则一，小民受累，相应议处。为今之计，莫若本司派粮之时，备查该县坐到京边某仓若干石，该折色银若干，存留某仓若干石，该收麦米若干，通共各仓该折色银若干，本色若干，将本县递年原定粮数通融均派，每粮一石，该折色银若干，准收几钱几分，本色米麦若干，明撒单尾发府、转发该县，由一石而上为十石百石以至千万石、由一石而下为

_____

　①　刘采：嘉靖三十三年七月壬寅福建右布政使刘采右副都御史巡抚山东。采，湖广麻城人，嘉靖乙丑进士，三十六年三月丁巳巡抚山东右副都御史刘采南兵部右侍郎。

一斗一升一合，百姓皆自能以类而推也。本府仍查某县每粮一石，该折色银几钱几分，本色米麦几斗几升，不许大户分外多收毫厘升合，刊刻告示，分发各处张挂，使小民晓然皆知今年税粮每石应该本色若干，已有定价，各执自己递年原纳粮数，查照告示，随使纳与大户而已，不必使之知为何仓口，亦不必令里书零分细派，纳者既有定数，收者自不敢欺冒，仍行该县掌印印官，将概县里分置簿品搭均匀，大县分为八区，小县分为六区或四区，每区为一柜，金收本色大户二名，折色大户二名，各给与一柜，由帖照数征收，亦不必定为何仓口，大户责之里长，里长责之拾排，拾排责之花户，及时输纳。收粮既有定制，起解亦须及时，本府仍查某县某柜该折色银若干，可以勾某几仓之数，即以某几仓坐之，每银二百两，金小大户二名，令其赴收粮大户处照数陆续领解，各县花户地粮仍于各里择委殷实知事富户一名，令其逐户挨查，每里造一手册，明开某人地若干，夏麦若干，秋粮若干，人丁若干，送县钤印。仓库仍誊一本解府候查，此册一定，十年一更，如册内地亩转卖不一，仍令原业之人赴承买人户取粮上纳，庶不致更换不常，而官有所凭据，小民知所遵守矣，或将兖东二府照济南府法行，而青、登诸府尤杂以三等九则之法，或查该县疲敝果极，则于派粮之时少坐以极重之粮，即是调停之术，奚必逐户分门、细别轻重之一二，以滋弊端之什佰哉？不如一概通行之为简易，而小民久自相安，申详抚院批行，本司会同按察司税粮道会议，山东所属地有抛荒，固难一概征派，但查嘉靖廿九年七月巡抚都御史应[①]题称沂、莒、郯、滕等州县抛荒地粮大约不出四十万石，要将岁派夏税钞麦一十八万石，每石一钱五分，秋粮米三十五万石，每石三钱，抛荒地亩麦尽派与钞，米尽与布责令见在之民一石，兼纳二石，比之无荒州县，尚不逮远，题奉钦依备行本司，行准守巡东兖海右道委官踏勘过沂州抛荒地四千一百九十一顷，费县抛荒地三千四百九十一顷，郯城县抛荒地三千五百七十五顷，滕县抛荒地五千九百四十八

---

① 应大猷：嘉靖二十八年十二月壬戌应大猷巡抚山东。大猷，浙江仙居人，正德甲戌进士。二十九年九月丙辰巡抚山东。应大猷吏部右侍郎。

顷，莒州抛荒地七千八百七顷，诸城县抛荒地六千五百一十六顷，安
丘县抛荒地四千四百一十七顷，日照县抛荒地三千一百六十六顷，胶
州抛荒地二千九百七十顷，高密县抛荒地三千二百六十四顷，即墨县
抛荒地三千一百三十六顷，莱阳县抛荒地七千九百四十五顷，宁海州
抛荒地一千八百三十顷，蓬莱县抛荒地二千一百七顷，文登县抛荒地
一千二百一十五顷，已将前项州县酌派极轻仓口征纳外，近该营都察
院将兖州府所属荒田，行令极力开垦，除已开耕有人承佃外，仍有滕
县抛荒四千三百一十七顷，郯城县抛荒三千一百七十五顷，费县抛荒
六百八十五顷，沂州抛荒二千三百五十五顷，峄县抛荒五千三百一十
七顷，阳谷县抛荒七十顷零，泗水县抛荒地三百八十顷零，鱼台县抛
荒二百七十顷零，曲阜县抛荒一十一顷零，邹县抛荒地一十五顷零，
嘉祥县抛荒地四十六顷零。今蒙抚院轸念疲民，案示会议但查本司旧
定各府州县原粮银数多寡不同，经今年岁凶丰不常，地方消长顿异，
相应酌处。且如历城县原额小麦一万三千六百七十三石二斗一升三合
八勺，起运九千八百石，每石原派银四钱三分，共银四千二百一十四
两，存留三千八百七十三石二斗一升三合八勺，俱本色。概县不分寄
庄上中下户，通为一条鞭，每额麦一石，实征折色起运计该七斗一升
六合七勺三抄，每斗以原坐银四分三厘计，该征银三钱八厘一毫九丝
四忽，本色存留计该二斗八升三合二勺七抄，每斗加耗八合，连耗计
该麦三斗五合九勺三抄一撮六圭，席草银四厘三毛五丝，不必定出各
项仓口，只责令花户照由帖内银麦数目上纳，其余州县俱照前例分
派，及将勘有荒田沂、滕、胶、莒等处亦一条鞭，责令熟地人户先行
追征，一面行令该府严督各州县掌印官将荒地勘明，应办银麦，仍令
概州县熟地人户通融均摊，亦一条鞭带纳。本司仍将今派本折定数，
填给由帖，发与该州县总告示并总由帖发各该府，府摘发各条刊发所
属，晓谕花户各照一条鞭银麦席草征办，各州县掌印官亲督里书备将
花户地亩麦数造册在官，分别起运存留二簿，俱用印钤盖，给与各大
户，即为赤历，不必再用零分，细派各户，对同原册，仍给印信由帖
小票一张，各执票赴大户处上纳，仍照花各地粮手册，送府备查。其

各州县坐金大户不必坐定仓口，止以本司坐去银麦总数多寡，定拟有身家殷实大户，多者七八名，或五六名，少者三四名，或二名，分柜专管，收受完日，各掌印官查照仓口应解之数，令金大户领解，部运官督率同行上纳依限掣批销，照各府仍每属摘刊告示一条，沿村粘贴，庶百姓晓然知户粮原数及今该纳本折若干，里书无所容其奸矣。议呈抚院详允通行讫。

卷九　均徭附录

抚院案行布政司查议时，惟兖东二府照议明编或暗编，各从民便，尚未画一。隆庆三年，巡抚都御史姜案验，为议处均徭以便遵守事，案行本司调取六府知府赴省，会同将各项均徭审编事宜，面相参订。济南府议均徭银差俱系明编，惟力差有暗编、明编之不同，明编虽使正户代役，皆知其工食之多寡，而不敢横索，第恐银数太多，非惟规则难入，抑且骇人听闻，若征银在官转给代役，则民之布帛菽粟皆不得以折纳；若令代役自行打讨，又恐人心无厌，法久生弊。今日之明编其非他日暗加之渐乎？是又重贻民病也。不如仍旧暗编，差由重而轻，户自高而下，每差编金正头加以贴户，或令自当，或听雇人，悉从民便。在上者免催比之劳，在下者无升加之患，其布帛菽粟等物，皆可以随便准折，纵使代役多索，不过足其日用工食而已。明编之法真不若暗编之可久也。合无将各项力差通行各该州县，除本处原自明编行有成效者，不必更改，其余胥照规则一体审编，或惧代役之多讨，将原编徭银若干随差开注由帖，仍计其多讨之数，亦于由帖后明注，每钱止许加讨银若干，其加数之多寡，视其差之劳逸定之，给付正户收执，使正户照数出办，代役不得多索，如是虽不用明编法而亦暗寓明编之意矣。东昌府议本府近集各州县议将各役工食何者当增，何者当减，著为定规，俱从明编，悉用征解，民颇称便。特各道快壮并河夫及各州县青白夫似难执一，仍令照旧打讨。其兖、莱、青、登四府所议大略与济南同，该本司覆议，各府所议皆以暗编为便。盖均徭原有银力二差，银差所以待下户之贫者，力差所以待上户之富者，若一概明编，恐人心无厌，将来以此为例，又复加倍收讨，民愈不堪，岂作法于凉之意，况均徭之法行之久矣，小民之输纳亦久矣，彼此顾代，自有常规，在小民固不肯多纳，在代役者亦势难多索，就有强横多索者，亦在贤有司禁戢之耳。明编之例，除东昌府称便，听其斟酌议行外，其余悉令照旧审编，决不可轻议明编，以乱旧章也。隆庆四年巡抚都御史梁①款开慎纷更，谓力差明编征银雇募，此宋免议法也，与驿递召募法不同，驿递行召募法甚宜，州县行免役法甚非宜，行令审官皆从暗编，凡六府所属俱一体遵行无异，顾今开局会议询谋于民，如恩县朝城递到册揭，仍欲议复明编，在恩县议将夫役尽数倍征，盖徒知为役人便，而不暇恤及徭民，在朝民议将夫役革去正头，盖徒知为徭民便，而不知勒限催征，中亦有不便者在也。今计合无查照济南府所议，凡力差仍旧暗编，只于由帖内明注打讨之数，如守城民壮一名编银四两，明注打讨九两。团操民壮一名，编银七两二钱，明注打讨十二两六钱。牌夫编银六两，明注打讨并冻河银共十六两，其间多寡各随俗便酌处，毋过损徭民，亦毋过抑代役，则法立而可久，然既暗编使非审官秉公秉明，权力足以慑奸，其中又多有投轻避重、卖富差贫之弊，或者谓将户之高下，差之重轻，各造鼠尾一册，顺叙编派，则吏书无所容其奸，不知户之高下，差之重轻，其数目实各不等，若只顺叙而编，一户之内编尽一差，方金一头，则其中亦有无头役者，亦有一户金两头役者，有重差多，上户少便，至金及下户者，有重差少，上户多力量本同，而轻重顿异者，此皆谓苦乐不均，非均齐方正之术，为今之计，合无行令审官通将本地力差查审，何项用力颇劳而使费多，则定为重差，何项用力颇逸而使费少，则定为轻差，何项似轻而实重，何项在他州县为轻而在此重，则俱定为重差，何项似重而实轻，何项在他州县为重而在此轻，则俱定为轻差，计之重者若干，上户若干，户与差其数相等，则每户各金一头，

　① 梁方仲先生注：梁梦龙，隆庆四年二月丁卯河南右政使梁××右金都御史巡抚山东。××直隶真定府定兴县民籍，嘉靖癸丑进士；五年十一月戊辰巡抚山东。梁××改抚河南。

内门丁余剩银尽编入轻差，其或门丁不敷一差工食，则于中等户内量金贴头以帮之，若上户少而重差多，除上户门丁尽编作重差外，其中等人户或二户或三户朋金一差，各户之内，不可使尽门丁银数，仍坐一半编为轻差，以示宽恤，其余俱金作轻差头役，凡头役惟七则以上可金，但不可金及八则人户，力差可令八则帮贴，但不可贴及九则人户，若银差多而力差少，虽八则以上亦宜通融均沾，八则以上力差编派不敷，方许于九则户内又分三等取其稍过者，每丁贴力差银二分，随时审俗，以诚其民，此在审官一推移耳，不可以执一论也。有一条鞭派法。隆庆二年委官同知弋正等呈为审编均徭事，照得均徭除力差有倍加之费，俱编殷实人户应役外，其一切银差止照原数征收，缘各审官分派之法，银以布政司坐单为序，人以该州县里分为序，照款逐项次第挨编，非不均平，但差有缓急，里有丰疲，差之紧要者，或挨编于凋疲之里，追征不前，差之稍缓者，或挨编于富庶之里，沿袭不纳，以致征解掣肘，此自其公平者言之，尚有前弊，又有挑选富民作柴薪马夫等项，以便己私，诚有如抚院所虑者，兼之奸豪之贿买，书写之那移，弊盖有难尽言者矣，要之皆立项款致之也。为今之计，合照抚院原行一条鞭之法，总计州县各项银差银若干，该州县门丁若干，除上户编贴力差外，将余剩银两并下户应出之数通融扣算，务与原额银差数目相合，削去项款名色，逐里逐户遍给由帖一纸，止写该银若干，并不开系何项，通金殷实大户四名，置簿给发，一总眼同收受收过银两，查照原坐款目，如某项急先尽某项完纳起解，稍缓者以次完纳起解，其京班柴薪料价等项该解京者付部运钱粮官代解，若胖袄等项该成造者仍令金大户照数给银成造起解，庶银差均平，不致加增，而书算亦免那移等弊，具呈巡抚都御史姜批允遵行。

卷十　因革

山东里甲照依黄册排甲轮年挨次十载一周，各府州县派征不一，有概州概县按门计丁按丁征银者，有十段锦丁地相兼出办者，有论则审为支应分数出办者，有轮流见年该甲出办者，其出办差役，则有走递青夫、白夫、灯夫、提锁夫、守库看监甲首皂隶、钟鼓夫、走递马骡驴铺陈等项，而买办支应下程酒席等项俱系里甲摊钱出办，供亿浩繁，费出无度，侵冒科敛，弊孔其多。小民每遇见年，辄至困惫，往往破产倾赀，应当不前。究其弊源皆缘规则无定，小民不知额数多寡，而包当积棍任其科派，东方坐此告匮非一日矣。嘉靖十五年、十七年、二十三年、二十六年，节蒙两院批申司道会议，或议谓额编系旧规，间有里排作弊亏损而不均者，纳银本救弊，亦有下户愿出力而纳银不便者，或议谓酌量里甲高下，均派夫马，责令轮流应当，如或不敷，自行添雇者，无非通变节省便民便官至意，然但为一州一县调停，随地随宜更定，旋议旋罢，迄无定规。嘉靖四十五年间，分守济南带管海右道周参政、分巡东兖道刘佥事以事无定则，民罔适从，恐累费日深，小民愈困，各条议里甲事宜具册，呈蒙巡抚都御史洪案行本司会同刊定规则，在济南府所属青白夫，上冲历城省会原系排夫三百六十名，德州系均徭编派七百五十名，俱实力走差，次冲泰安、平原、禹城、齐河、长清、肥城六州县各一百三十名，下冲武定、章丘、济阳、邹平、长山五州县各一百名，陵县、临邑、新泰、莱芜四县各六十五名，俱二分实力走差，一分征银听雇，不冲齐东、滨州、新城、青城、德平、阳信、乐陵、商河、利津、蒲台、海丰、沾化、淄川十三州县各止编四十名，俱实力走差，其各州县正官轿夫四名，俱于白夫内取用。灯夫本府所属州县掌印官四名，佐贰首领各二名，儒学教官各一名，附郭历城县有在省各衙门合用九十四名，德州有分巡道户部分司合用十名，又因士夫暮夜经行者多，复添十四名，武定州有兵备道驻劄合用六名，其余次冲十名，下冲八名，不冲四名，以备不时之需，每名月给工食银四钱五分。提锁夫上冲三十名，次冲二十五名，下冲二十名，不冲十五名，俱选殷实里长在官听差，每名月给工食银一两。看监甲首，各州县俱十名，每名月给工食银六钱，其看库原无定数，俱于守城民壮提锁夫轮流拨用。甲首皂隶各州县俱于青夫及提锁夫内相兼拨用，酌定掌印官八名，佐贰四名，首领二名。钟鼓夫各州县俱二名，每名月给工食银四钱五分。接递马骡，除历城县长生马九十八匹实力走差，每匹止编喂马夫一名，月给草料工食银一两五钱，上冲德州马三十五匹，骡二十五头，次冲泰安、平原等六州县马各三十匹，骡各二十头，下冲武定、章丘等五州县马各二十匹，骡各十五头，陵县等四县马各十五匹，骡各八头，俱二分实力走差，一分征银听雇，不冲齐东、滨州等十三州县马各十匹，骡各四头，每马月给草料银一两，每骡月给草料银八钱。铺陈除有驿免置外，其余无驿州县次冲上三中五下十，下冲上二中三下八，不冲上一中二下四，供应银上冲九百八十两，次冲六百五十两，下冲四百五十两，次等不冲三百两，上等不冲二百两。在兖州府所属青白夫，上冲济宁州七百名，滋阳、滕、邹、东平、汶上、东阿六州县各三百一十名，俱系均徭编派，次冲曹州、沂州、宁阳、曹县四州县各一百名，下冲巨野、嘉祥、金乡、平阴、郓城、鱼台、单县、城武、定陶九县各八十名，其曲阜县里甲编派青夫三十名，白夫于该县原编济宁南城驿水夫五十名拨回本县应役，不冲阳谷、寿张、泗水、郯城、费、峄六县各六十名，俱实力走差。轿夫各州县正官另编四名，每名月给工食，上冲次冲者一两，下冲不冲者八钱。灯夫上冲三十五名，次冲二十五名，下冲二十名，不冲十六名，每名月给工食银六钱，州县正官六名，佐贰首领学正官员各二名，训导各一名，余者留候迎送之用。提锁夫各州县原无定数，俱于甲首内轮流差拨上宿，看监库甲首不分冲僻，各州县俱编二十五名，每名月给工食银六钱，甲首皂隶各州县里甲内编，上冲二十四名，次冲二十二名，下冲二十名，不冲十八名，内掌印官添补八名，佐贰四名，首领二名，余者留为接递之用，每名月给工食银八钱。钟鼓夫，各州县俱二名，每名月给工食银四钱五分，接递马驴，上冲马各二十五匹，驴各二十头，内济宁州马原七十五匹，照上冲该革五十匹，因总理河道驻劄，恐不敷用，仍旧驴二十五头，次冲马各二十五匹，驴各十五头，下冲马各二十匹，驴各一十头，不冲马各十四匹，驴各六头，俱实力走差，马每月草料银一两，驴每月草料银七钱五分，择州县高户，免其里甲杂差，上者喂马，次者喂驴，役满准给以偿其劳。铺陈，次冲上二中四下八，下冲上一中二下六，不冲上一中二下四，供应银除附郭滋阳七百七十两，其余州县上冲六百五十两，次冲四百五十两，下冲三百两，不冲二百两。在东昌府所属青白夫，上冲临清、聊城各六百名，高唐、荏平、恩县三州县各三百一十名，俱系均徭编派，次冲堂邑、冠县、夏津、武城四县各一百名，下冲濮州、朝城、莘县、博平、馆陶五州县各八十名，不冲观城、范、丘、清平四县各六十名，俱实力走差。轿夫各州县正官四名，每名月给工食银，上冲次冲者一两，下冲不冲者八钱。灯夫，上冲三十五名，次冲二十五名，下冲二十名，不冲十六名，每名月给工食银六钱。州县正官六名，佐贰首领学正官员各二名，训导各一名，余者留候迎送之用。提锁夫原无定数，各州县俱于甲首内轮流差拨上宿，看监库甲首不分冲僻，各州县俱二十五名，每名月给工食银六钱。甲首皂隶，上冲二十四名，次冲二十二名，下冲二十名，不冲十八名，除跟正官八名，佐贰四名，首领二名，余者留为接递之用，每名月给工食银八钱。钟鼓夫，各州县俱二名，每名月给工食银四钱五分。接递马驴，上冲马各二十五匹，驴各二十五头，次冲马各二十五匹，驴各十五头，下冲马各二十匹，驴各十头，不冲马各十四匹，驴各六头，俱实力走差，马每月草料银一两，驴每月草料银七钱五分，满日准给喂养之人以偿其劳。铺陈，次冲上二中四下八，下冲上一中二下六，不冲上一中二下四，供应银除附郭聊城七百七十两，其余州县上冲六百五十两，次冲四百五十两，下冲三百两，不冲二百两。在青州府所属青白夫，次冲益都、下冲昌乐，其余州县俱为不冲，青白夫俱不添设，如遇上司按临，暂令里甲雇倩，事完归农。轿夫，除益都县于青社驿车夫取用外，其余州县正官俱编四名，每名月给工食银七钱五分。灯夫，各州县掌印官四名，佐贰首领各二名，益都有兵备道六名，知府六名，佐贰各四名，每名月给工食银三钱。解人送公文，原无定数，各州县俱里长轮流差拨，上宿看监库甲首每州县十五名，每名月给工食银四钱五分，甲首皂隶次冲三十五名，下冲三十名，不冲二十名，每名月给工食银七钱五分，俱一例拨与，佐贰每县四名，首领二名，其余俱掌印官差遣，如遇上司按临，通令接送接递马驴，次冲益都县马四十匹，驴十头，下冲昌乐县马一十四匹，驴六头，不冲临淄、寿光、沂水、博兴、乐安、高苑、蒙阴九州县马各十匹，驴各四头，俱实力走差，各州县俱系拾甲朋买，马每月草料银一两五钱，驴每月草料银一两，三年内倒死者，喂养人赔补。铺陈除益都、昌乐有驿，诸城、莒州、安丘、日照、沂水、博兴、高苑、蒙阴八州县偏僻俱免派置，若遇上司经临止令里甲暂雇，事毕给还，其寿光、临淄、乐安系登莱士夫过路，临朐接联东镇沂山俱照东兖不冲置备，上一中二下四，供应银，次冲三百两，下冲二百两，不冲一百五十两。在莱州府所属青白夫，次冲掖县，下冲平度、昌邑、潍县，不冲胶州、即墨、高密各州县俱不添设，如遇上司按临暂令里甲雇倩，事完归农。轿夫各州县正官四名，除掖县于驿传车夫，平度州、胶州俱于守城民壮内取用，其潍县、昌邑、高密、即墨四县俱于里甲编派，每名月给工食银七钱五分。灯夫各州县掌印官四名，佐贰首领各二名，掖县有分巡道六名，知府六名，佐贰四名，每名月给工食银三钱，惟胶州原系四隅门夫编定，免派里甲。解人送公文，各州县俱里长轮流差拨，上宿看监库甲首州县各十五名，掖县、昌邑、潍县、即墨四县俱于里甲内编派，每月给银四钱五分，其平度系六厢门夫，胶州系四隅门夫及守城民壮均徭皂隶，高密系守城民壮各轮拨看守，俱免派里甲。甲首皂隶次冲三十五名，下冲三十名，不冲二十名，每名月给工食银七钱五分，俱一例拨给，佐贰官四名，首领二名，其余俱掌印官差遣，上司按临通令接送。钟鼓夫平度等七州县照见行均徭则例令阴阳生司管，免派里甲，接递马驴次冲掖县马三十匹，驴一十二头，下冲平度马二十五匹，驴原无设立免派，昌邑、潍县马各二十五匹，驴六头，不冲胶州马十四匹，驴六头，即墨、高密马各十匹，驴各四头，俱实力走差。各州县俱十甲朋买，马每月草料银一两五钱，驴每月草料银一两，三年内倒死者，喂养人赔补。铺陈除掖县、胶州、即墨、高密四州县免置，若遇上司经临，止令里甲暂雇，事毕给还，其昌邑、潍县离驿窵远，平度旁通孔道，俱照东兖下冲置备，上一中二下六，供应银，次冲三百两，下冲二百两，不冲一百五十两。在登州府所属青白夫，次冲蓬莱，下冲黄县、招远，不冲莱阳、宁海、文登、栖霞、福山各州县青白夫俱不添设，如遇上司按临，暂令里甲雇倩，事完归农。轿夫各州县正官轿夫四名，除蓬莱县于驿传车夫内取用，其余州县俱编里甲，每名月给工食银七钱五分。灯夫各州县掌印官四名，佐贰首领各二名，蓬莱县有兵备道六名，知府六名，佐贰各四名，每名月给工食银三钱。解人送公文，各州县俱里长轮流差拨，上宿看监库甲首州县各一十五名，每名月给工食银四钱五分，甲首皂隶次冲三十五名，下冲三十名，不冲二十名，每名月给工食银七钱五分，俱一例拨与，佐贰每员四名，首领官二名，其余俱掌印官差遣，如遇上司按临通令接送，接递马驴次冲马一十六匹，驴六头，下冲马各十四匹，驴各六头，不冲马各十匹，驴各四头，俱实力走差。各州县俱十甲朋买，马每月草料银一两五钱，驴每月草料银一两，三年内倒死，喂养人赔补。铺陈除蓬莱、黄县有驿，莱阳、宁海、文登、栖霞、福山俱偏僻州县，不许派置，若遇上司经临，止令里甲暂雇，事完给还。招远旁通孔道，照东兖下冲置备，上一中二下六，供应银次冲三百两，下冲二百两，不冲一百五十两刊行。

庞尚鹏和《钦依两浙均平录》

　　说明：庞尚鹏，生于嘉靖三年（1524），卒于万历八年（1580），字少南，号惺庵，广东南海人。嘉靖三十二年（1553）进士，官至右佥都御史，曾巡按河南、巡抚浙江和福建。在浙江推行"均平银"，在福建推行"一条鞭法"，是明代赋役改革的推行者。著有《军政事宜》一卷（见《北京图书馆古籍珍本丛刊》）及《百可亭摘稿》。明中叶以后，里甲正役的征发，各地为政，没有统一的法规，弊病丛生，吏员贪污，财政困难，从而掀起了改革的风潮。其中庞尚鹏在浙江改革里甲正役，统一以银派征和支应办法，称为"均平银"。这一改革的办法，非出"一人谬见，实赖贤明司道及各该良有司讲求考订"，"早作夜思，苦心区画"，"更数月而后成"。可见这是集体的创作。最后经庞尚鹏审正编辑，并奏请皇上批准，于嘉靖四十五年（1566）刊刻成《钦依两浙均平录》一书，共十二册，分发三司各道并所属府州县一体着实奉行。该书国内早佚，梁方仲先生是在日本前田育德会尊经阁图书部读到的。该书分前、后两部分，前部分是改革，共二十九条，另附《均平由帖》《下程票》等式样，对均平银的缘起、派征原则、缴纳方式以及各办支应办法、细目、限额，都作了详细的规定。后部分是杭州等十一府州县征派的具体项目、数额。当年梁先生抄录了该书的目录和前部分，共二十多页，并作了初步的研究。他指出该书是白棉纸印刷，嘉靖刻本，《四库全书总目》及《明史·艺文志》均未著录，说明属于稀见的珍本。他还开列了十多种相关的研究参考资料。一并附于后，以供研究参考。

参考资料：

1. 杨瞿崃编：《岭南文献轨范补遗》卷一，庞尚鹏《通变宜民以苏困苦疏》

2. 道光《南海县志》卷三十七《列传六·庞尚鹏》

3. 万历《杭州府志》卷三十《田赋下》、卷三十一《征役》，内载"均平法"

4. 嘉靖《抚州府志》卷七《人道志》

5. 崇祯《兴宁县志》卷二《政纪》

6. 万历戊午（四十六年）后纂《琼州府志》卷五《均平》（弘治、嘉靖事）

7. 嘉靖《惠州府志》卷五《户口志》（均平录）

8. 万历《温州府志》卷五《食货志》（均平、十段锦）

9. 嘉靖《广东通志》卷二十二《民物志二》（均平银），万历《广东通志》卷十三《名宦》、卷三十三

10. 嘉靖《香山县志》卷二《田赋》（均平录）

11. 万历《会稽志》（北平图书馆藏）卷六，页19—20

12. 庞尚鹏《中丞奏议》，是为厘宿弊以均赋役事（《明经世文编》卷三百五十七）

13. 万历《汤溪县志》卷七《艺文》（嘉靖二十一年三司会议《赋役成规册》）

《钦依两浙均平录》，十二册。日本尊经阁，白棉纸。《四库全书总目》未著录，《明史·艺文志》亦未著录。

目录

均平录（16p）

均平由帖（1p）

下程票（3p，天、地、人叁种）

人夫票（1p）

夫马票（1p）

杭州府（77p）

嘉兴府（63p）

湖州府（56p）

严州府（59p）

金华府（63p）

衢州府（50p）

处州府（79p）

绍兴府（70p）

宁波府（46p）

台州府（54p）

温州府（49p）

　　浙江等处承宣布政使司为节冗费、定法守，以苏里甲事，准本司督理粮储道右参政张、按察司带管清军驿传道副使杨手本，嘉靖四十五年五月二十六日辰时抄，蒙巡按浙江监察御史庞案验。窃惟为政以爱民为本，而爱民以节用为先，盖财用不节，则横敛交征而公私坐困矣。两浙自兵兴以来，公家之赋役日繁，闾阎之困苦已极，若非督察郡县良有司爱养撙节，其何以堪命乎？本院自入境以来，周询博访，凡可以仰济时艰，少苏民力，莫不随宜酌处，悉已见诸施行。其它积弊万端，有难概举，惟里甲为甚，如供给买办，祗应私衙，馈使客礼仪，拨乡官夫皂，与夫公私燕会，酒席下程，无一不取给焉。有一日用银三二十两者，甚有贪鄙官员计其日费不足常数，即令折干入己，因而吏书等役，亦各乘机诓索，诛求万状，在在有之。就经案行布政司粮储道右参政张、按察司清军道副使张会同各该守巡等道就了剂量，从宜酌处，通行会计各府州县，每年合用一应起存、额坐、杂三办钱粮数目，仍量编备用银两以给不虞之费，俱于丁田内一体派征，名曰均平银。其所定数目固有盈于此而缩于彼，未必事事皆中，一一周详。若损有余而补不足，因时裁酌，随事通融，自足以供周岁之用。其余催征出纳之法，供给祗应之规，俱有成议，本院每巡历所至，质之父老，万口同词，率多称便。惟有司官吏多视为厉已，而欲去其籍。若非题奉钦依，著为成法，切恐时异势殊，不无朝令而夕改矣。已而具疏题请奉圣旨，该部看了来说，钦此。该户部尚书高等逐款开立前件覆议，题奉圣旨依拟行，钦此钦遵，拟合刊布，为此案行二道，照依案验内事理，即便会同将各府州县续议批允增损事宜再行酌议明白，径自改正，及将各院节次批详由语一并增入，逐府类成书册，仍行校阅明白，一面行布政司动支本院项下赃罚银两，集工备料，刊刷装钉，题曰《钦依两浙均平录》，分发三司各道并所属府州县各一体着实奉行，永为遵守等因，并开条款及发由帖票式到道，蒙此案照，先蒙本院案验前事备行各道，会同将杭州等十一府所属州县，每年征解一应钱粮及岁用一应支费备细查出，及将款开事件相兼参互，大率仿效赋役成规，补其阙略，要见某件可因，某件可革，某件尚有窒碍，某件尚未该载，大约某县每年共该用银若干，应否于丁田内一并审派，务须即事稽查，因人询访，参诸见闻之实，定以画一之规，必使合于民情，宜于土俗，官民两便，经久可行。仍用条分缕析，开立款目，以凭裁夺。其式于物理人情有不能尽已者，亦要损益适宜，更须稍存盈余，以便遵守等因，并粘单款蒙此，就经会同行准守巡各道及据杭州等十一府各开送所属州县里甲、额坐、杂三办一应钱粮文册前来，随该二道会同逐一参酌，如原议多者减之，不足者益之，不当派者裁之，应加征者增之，与降发均平录、两浙政议、赋役成规参互，条分缕析，造册具由通行呈蒙本院详批据呈随事经画，曲尽损益之宜，真可谓悉心民隐，极力相成者矣，即查照通行缴，又奉钦差总督浙直江西军务巡抚浙江地方兵部右侍郎兼都察院右佥都御史刘详批据议周悉，诚为苦心，但编派之法，尤须斟酌得宜，庶乎民情允协，而公务可完也。及查宁、台二府开报总兵参总供应廪给等项，而杭、嘉、绍、温四府略不言及，此或有遗漏也，仰各道查议，务令事体归一。此缴。奉经通行所属遵照，及查将总兵参总供应等银各府原派里甲者已议入册，其不派里甲者，听该府照旧支用，备由呈奉详批如议行缴，今蒙前因又经行准守巡各道，并杭州等十一府各查开应增应减及未尽事宜文册前来，复该会同备查先册失议，今应加派，原议不敷，今应量增，已经详允遵行加增，及原议有余，今应减免，并奉文停免者，重复细加参酌损益，逐一改正明白，合行刊布分发，永为遵守施行等因，并送各府文册到司。准此，随该本司左布政使蔡为查前项文录，事干因革，所系匪轻，兹欲刊布，必须专委官员监督对读，庶免差误，以垂永久。照得本司都事丁时涣在任堪委，合无候呈详允日，将前各道送到文录添注司衔发，仰本官照式督同吏农用心楷书，仍再加覆算银数，对读字画无差，才行发匠刊刻，完日仍与原册查对明白，刷印分布及送本院详阅，如此庶事体不致疏略，而文录垂久无误矣等因，具由通行呈蒙巡按浙江监察御史庞详批照拟行缴钦差总督浙直江西军务巡抚浙江地方兵部右侍郎兼都察院右佥都御史刘详批准照行缴，奉此拟合刊布，永为遵守施行，须至文录者。计开：

一、审编均平丁田，俱分守道每年预计合属州县里甲未出役三个月之前，定委廉干官员，不拘本衙门及府佐、别州县正官，亲行拘集该年里甲人户与实征丁粮手册、黄册，逐户吊审明实，通计合用本年额坐杂三办一应银数共该若干，除官员、举监生员、吏承、军、匠、灶等项照例优免，并逃绝人户免编外，其余均平科派，折田为丁，每丁该银若干，某户该银若干，一岁应纳之数，尽在其内，完日将审派人户花名银两细数给示晓谕，以便输纳，及造册缴道，以备查考。

一、给由帖所以一民耳目，凡委官审编丁田，揭榜之后，即照式刊刻由帖，每里甲分给壹纸，使各家喻户晓，知丁田银两数目，不致欺隐遗漏增减，如有前弊，许诸人告首，即问作弊之罪，充赏首人。各州县仍置空白簿三扇，每扇以百篇为率，送分巡道用印。一扇发回本县收掌，仍置一大柜于公堂，但遇里甲执由帖赴纳均平银两，就令当堂投柜，封锁记簿存照，仍将由帖注纳银数目日期，掌印官亲批"完纳"贰字给还备照，不得加取秤头火耗。一扇发领办吏，一扇发该房吏，大事先期一月，其余先一二日，照依原议给银买办，各登记支应数目，季终循去环来，缴该道查考，以防侵克，其收头及坊里班头名色悉行革除。

一、庶务既不役里长，支值各须得人，每年各州县轮委各该实参及候缺吏役以总理买办，立夫马头以总理夫马，仍量事势缓急，查拨民壮帮同各役使用，其夫马头给工食以酬其劳，掌印官仍不时查理，若有克减，即拿问招详，仍令各置印信簿，发与吏役及夫马头收执，如某官经临，该送某号下程，该拨某则夫马，各照本县发出刊刻小票，依数买办拨送，随将用过银两挨日登记，间有不收不用者，明白注扣还官，以备查核。其或上司取办物件，亦令承行该吏领银照依时值两平易买送用，不许给票指称官价，亏损铺行。

一、均平银两苟输纳逾时，未免支应告匮。凡审编丁田之后，即坐委管粮官追征，勒限三个月以里完五分，半年以里尽数完纳。本官仍依期赴分守道报数，以凭稽考。如限中不完及不亲赴该道报数，参提问罪住俸，候完日开支。如里甲恃顽不纳，枷号究治。

一、杭州等十一府所属州县额坐杂三办一应钱粮，将原额并近年加增应该起存等项成规开载相同，无容更议者开列于前，次将本县一应支费逐款各开银数备列于后，其间多寡损益，俱载本条项下，犹恐别有意外之费，各照县分大小，酌量另派备用银两，以给不虞之用，总名之曰均平银。每年一体征完，应起解者给批解纳，责限获批缴照，应支销者收贮县库听候支用。其里长止令勾摄公务，甲首悉放归农。此外再不许分毫重派，以滋别弊。

一、往年里甲供应各衙日生下程，初则买办供送，后则算取折干，通行裁革，不许踵袭旧弊，自玷官常。其分拨坊里赴本府各衙答应，尤为非法，守巡道不时稽查。

一、仁（和）钱（塘）二县原设坊头等役，扛抬尊俎，名曰火食扛，悉已革除。其外州县原非附省，虽无奔走之烦，然出入跟随，责令供给，更有甚于前项之费。除通行禁革外，其余凡系一应供费，如下程酒席之类，悉议入均平银内一体派征。

一、附郭县分如遇经过官员，供送下程油烛柴炭，相沿已久，势所不免。苟不爱惜撙节，其于民力何堪。今后凡系附府各县经过使客，止许府送下程，县送油烛柴炭，其余州县亦要酌量径行，仍照依议定叁等字号票式，不得分外妄增，庶糜费可革，财用自节矣。

一、馈送之礼，迩年侈靡相尚，困累已极，若不著为成规，未免任情滥用。今刻定叁样字号票式，如系九卿堂上翰林科道等官，天字号下程壹副，酌定用鹅贰只，鸡鸭共肆只，鱼肆尾，猪蹄贰只，京果时果各肆色，米壹斗，金酒壹坛，青菜贰盆，油烛拾枝，柴肆束，炭贰篓；部属寺评中书行人方面副总参游都司等官，填给地字号票下程壹副，酌定用鹅壹只，鸡鸭共肆只，鱼贰尾，猪蹄壹只，京果时果各肆色，米捌升，时酒壹坛，青菜壹盘，油烛捌枝，柴贰束，炭壹篓；运府州县正官，填给人字号票下程壹副，酌定用鸡鸭各贰只，猪肉壹方，鱼贰尾，京果贰色，米伍升，时酒壹小坛，青菜壹盘，油烛伍枝，柴贰束，炭壹篓。如遇使客经临，责令管理该吏照数买办，并具字号手本拜帖供送，以免下人克减，间有不受，如醃腊未宰并干果等项，仍旧收贮。其余不堪顿放者，暑月追原价拾分之叁，冬月追叁分之贰还官。

一、宴会已经议有规则，约计每席连品物柴烛等项用银叁钱伍分，其花段看席攒盒戏子俱裁革，另刊有书册通行。

一、夫马除本省公差真正牌票毋容别议外，惟使客勘合，间有例外增添、揸勒折干者，各州县合将应付规则，刊印票文，预将各夫马价逐一封贮。如遇火牌至日，掌印官就便填给票文，令夫马头雇觅。除亲临上司照牌答应外，如九卿堂上翰林科道等官，应付水路座船，上水五十名，下水四十名，平水上下亦俱四十名，站船上水二十五名，下水二十名，平水上下亦俱二十名。部属寺评中书行人进士方面副总参游都司等官应付座船上水四十名，下水三十名，平水上下各三十名；站船上水二十名，下水十五名，平水上下俱十五名；运司府佐州县正官座船上水三十名，下水二十名，平水上下俱二十名；站船上水十五名，下水十名，平水上下俱十名，俱照驿传道议详事规，县驿递共拨此数。其陆路人夫马匹，照人照扛验发。若有克减官价及擅增壹夫壹马者，罪坐各役与该吏，仍追价还官。

一、人夫马匹有议征银在官，照差计日支给者，有计程远近支给者，有议征给一年工食与人夫并养马之家，有余不足，听其走差答应者，有称州县偏僻，用马不多，照旧令粮里暂雇为便，不派均平者。为照各州县地方冲僻，水陆险易，原俱不同，程途远近，差拨繁简，亦自有异。是以规则不能画一，如严州府之夫，又该守巡道更议欲照旧规，递年里甲轮流差拨。其间人户或家道殷实及另有他役情愿征银在官，与贫寒小民无力办银，自愿服役者，俱应俯从其便，庶可宜于民情，各开具于府县项下。

一、夫马头只令雇觅夫马，其应给工价，各掌印官酌定数目，先期包封用印钤盖，取木箱收贮。临期照原封当面散给受觅之人，不许落夫马头及该吏之手，致有扣克之弊。

一、各县差拨河船，俱系临时刷掳量给过关米，即令装送，小民愁叹，真不忍闻。而出票差人取船，其间卖放之弊，更有不可胜言者。今后通计每年用雇船银若干，就于均平内派征贮库。若取船应用即照民间雇觅定价一体算给，不许出票差人，致有亏累小民不堪。其上水下水，远差近差，俱听守巡道酌议定价，刊立板榜于埠头，晓喻通知。若有用强取用，不照原价者，许不时赴院道禀告拿问。

一、各州县地方固有冲僻，而过客应用铺陈，亦当置备。除有驿递及不通往来处所外，其余州县俱该派入均平，酌量多寡置办。年久损坏，请支预备杂用银两修补，不许累及里甲。

一、分巡道三年一次整卷刷卷，合用纸劄笔墨供应书手米菜工食等项，俱令动支本道赃罚，不必派入均平。如驻劄县分库无赃罚者，许于所属州县查支解用。

一、上司按临及府州县官出入合用提笼，照旧坊厢里甲出办。其省城各院两关属各驿供应，贰司各道府县俱本衙门在官人役管执，并不用坊里。

一、祭丁用鹿，费虽不多，但地方所产有限，若市之不得，以牝代牡，亵渎尤甚。除郡宰照旧用鹿外，其各州县皆以羊代之。至于别项物件，有司较定官秤壹把，临时委佐贰或首领验秤齐足，交与该学，以杜揞勒。如该学纵生员吏书人等，故意刁难，真是名教罪人矣。事发师生戒饬，连吏书究赃重治。

一、乡饮酒礼，本敬老尊贤大典。近闻滥及匪人及举城士夫俱备席或折干分送，殊非事体，已经禁革，各府州县悉查照举行，毋容冒滥。

一、各衙门坐用船只，皆属各该驿递掌管，小修大修拆造，具载成规，俱有原额，水马夫银，自后拆造修理，各从实估计请详，俱于原额银内动支，不许贻累里甲，及滥报大户管造。

一、在外各守巡兵备等道岁用纸剳油烛柴炭及士夫交际下程酒席等项，俱动支该道项下赃罚，照数行府取发驻剳县分收候买办，其原编银数，仍旧派征，以备纸赎不足，便于支用。若或有余，即留充该县公费。

一、各府州县等官日用纸剳心红油烛等项俱议有定数，许支自理纸赎应用。但迩来赃罚多寡不齐，难以取必。仰各该府州县掌印官计算每年府若干，州县若干，府官应支之数，派各县均办，每季先查自理纸赎，如不足用，方许于本项下动支。

一、上司登岸出道扛抬卷箱，如兵备道有随捕团操兵，就令供役。其余无者，俱该驿募夫答应。如上司按临扛抬水薪敲梆直宿等项，俱用听事民壮，不得擅扰地方火夫及另支银雇募。如经临合送皂隶若驻剳行事者，许照旧规开送内外贰班。如或经过停宿昼夜，止拨壹班迎来送往，不必另送外班。至于祭祀及办送下程燕席，俱拨民壮扛抬。

一、上司按临并府州县官陈设酒席乡饮等项合用椅桌台帏磁器，通照坊里丁粮审派均平银两在官。估计合用物件，酌量置办。所置器皿送县号记，贮在一处，即给簿一扇，委该吏掌管，役满呈鸣（明？）交与下手。缺失者赔偿，损坏者即支轮年均平银修补。搬运人夫及合用民壮，各随宜拨用，其官府取用物件，间有揹匿不肯发出者，掌管之人亦要登时禀明掌印官，注簿缴道查究。他如考试阅操等项，合用椅桌搭厂竹木棚缆之类，亦于均平银内支用置办，事毕，变价还官。或存候别用，不许借办铺行，致有亏损。

一、兵备道驻劄处所辖赏获功员役合用花红公费，俱动支原派兵饷钱粮应用，不派均平。其经临上司中火有驿递者，驿递答应；无驿递者，该州县相度六十里以上设中火，一二日之程设宿食，俱派定均平中火银支用。

一、各衙门打扫划草等项，俱用本衙门跟随皂快及民壮等役，不许擅用地方火夫，致妨生理。查得各府州县有责令地方夫上宿守监及撮取短夫扛抬物件者，最为小民之害，已经严刻榜谕禁革。虽坊里且不许滥行拘役，况火夫乎？

一、杂办款目颇多，必须分别包封，另箱收寄，如遇某项应用，即于原款包内动支。仍于原登簿内前件下开写于某日支取若干，作为某用。明白注销，以备查考。庶免影射侵匿，捏开小民拖欠，复累该年里长。如或官迁吏满，各要一一交盘，申请守巡道清查无弊，各批详允，方许离任起送。若支有余剩，俱听申明，以抵别项公费支销。

一、议定规则，盖欲永为遵守。但时有变迁，事有损益，各项之中，用或羡余，听其截长补短，贮候凑支，此又通融之法也。间有意外之费，有司或难于开报，及一切士夫交际等项，果系礼不可废、义不容已者，许于备用银内动支。倘有不敷，就于该州县自理赃罚银两，一面请详，一面支应。若有复派里甲者，官以不职论，吏究赃重治。各有司若能着实举行，不惟生民有赖，而官亦赖以成令名矣。

一、里甲均平之法，非出本院一人谬见，实赖贤明司道及各该良有司讲求考订，更数月而后成。相与早作夜思，苦心区画，无非仰体朝廷勤恤民隐至意。若不蒇为空谈，愿举而力行之，今后各衙门填注府州县掌印官考语，须于贤否册内明注有无遵奉均平，以验其行事之实。若或故违，即是贼民自奉，甘为衣冠大蠹矣。秉笔查核者，各宜曲加廉察，毋使贪鄙之人得欺世盗名也。若自小民讦发，岂惟有司蒙面忍耻不能苟容，而照临督察者皆不能无愧矣。本院亦与有其责，故复以此申告，不惮烦。

均平由帖

右詩肆拾
縣
　　一戶今丁
　　共派銀今丁
　　本年月
　　右給付
　　日照數起勃納完納
　　右詩肆拾年　月　日吏
　　　　執照
　　　　承照

右詩肆拾年　　　一丁因号折丁　千
　　　　　　　　丁。每丁派民　　百
　　分厘　錢

准坊平之理此給由帖備開年分徵收數為付
照仰速照。正教前完送納之書出扶損所有
由帖填注納民當日引掌印發毆扶納完三字，
用印鈐蓋為付　遷備獻孟子行引外加收稱凡耗。
里長在發句撬由首先發婦農里遷次王出給署
本却諸派坊平民
　　　　　　　分厘　千百拾兩錢

下　　　程　　　票　（案引）

票　　夫　　人

月日蒙

总合内遵奉号

淮拟单夫运规则统

票仰本役印使遵照

管自立位若有封戡成发附及擅行壹夫夜

默守陆夫仍遵何追一发致妨须至票者。

计开人夫

名

右票仰夫头

赤贴单　年月日给

准字

票限子完即缴

夫　馬　票

右票仰夫馬驛　　　　准山

跟隨人役　　　　名　匹

乘夫　　　　名　行李　撲名

計開

須至票者。

右票仰夫馬驛准山

今以遵奉明例

本府年　月　日給

《清江贝先生文集》

贝琼，字廷臣，又名阙，一字廷琚，嘉兴崇德人。

《清江贝先生文集》卷一《送两浙转运司副使分司西路归武林序》（至正二十一年）（第九十六页）：盐法。

前书卷二第十页《古泉先生传》：论古代至元钱法。

前书卷十二第四页《石田说》："……属大明洪武之盛，黜吏用儒，天下之士应诏而起者，俱收并录，至翔金门、集紫垣者有之矣。……洪武六年岁在癸丑良月檇李贝琼造。"说中有士人不愿入仕之证。佣工。

前书卷十二第十一页《过孝子传》："过孝子宗一，海盐昭明里人。蚤丧父，独与母居。元至正十六年春，吴陵张士诚拥众自白茅渡江，遂陷姑苏，略地至海上。宗一负母逃。……既返益困，佣以给食，母卒，六年不克葬。……"佣工。

前书卷二十四第四页《杏田记》："吴门陈敬夫客隐濠泗间，辟室若干楹，广不逾寻丈，深与之等，中可坐客五六人。……按临濠古钟离国，而晋董奉尝居之，奉有神仙术，托于医以治人病，不责其报，惟令种杏一株，及成林，又令以谷一器，易杏食之，而积谷施贫无食者。……请以杏田名之，然不谓之林而谓之田者，盖祖于李长庚之诗。余固有其说矣。凡人所依以为养者，莫过于田，上者亩一钟，此秦阳遂雄盖一州；而火耕水耨，终岁不得休，其为劳苦何如也。……"

前书卷二十五《中都稿·归耕处记》："吴大姓谢伯礼氏由云间徙临淮之东园，筑室若干楹。……初余游九峰三泖间，尝爱其俗务本而好学，故无不耕之民，无不食之地，而诸谢雄盖一邑，比古之秦阳，时伯礼自松江别驾归，亦耦田夫野老于陇上，不以为耻焉，盖耕而仕也。……元季度之变，大发州郡丁操兵，以从征伐，远近骚然，虽欲耕而不可得者，非独三吴为然已。今天子受命，削平宇内，卒复于伍，民复于庐，农复于田，工复于肆，皆归之道也。……一日会于中都，属记于余，且言：'向之功而爵者不得田吾田，爵而醢者不得田吾田；获田吾田而不失为农者五十年，固无功而爵之荣幸，而免于爵而醢之祸，天之厚于吾者多矣。'……"

前书卷二十六《中都稿》第二页《沧洲一曲志》："华亭大姓邵文博氏治圃杨溪居第之东偏，垣而环之。……（所记园林结构颇详）名之曰沧江一曲。……洪武六年，余起为国子助教，越二年又奉命分教中都生。……则文博已没，且徙家临淮之东屯，而圃复湮为荒烟野草矣。……"

前书卷二十六《中都稿》第三页《葵轩记》："欧阳文忠记洛阳风土，称其花直五千，虽出于越者不能与之角。……"

前书卷二十九《中都集》第二页《送褚德刚序》："洪武十年夏大都督府断事官缺。……今国家重兵分为四十八卫，有裨有长，悉稽诸古。……"

前书卷三十《中都集》第九页《故徐居士碣铭》："……居士讳诚，字信之，姓徐氏，世居松江之上海。……居士以节俭起家，铢积丝累，至有田二万亩，他货无算，遂雄一乡。……呜呼！三吴之大姓非一，莫不剥下而自封，党权而树威，曾知推一毫为利人事。……生于元□□□戊寅闰十二月二日，卒于至正二十二年壬寅三月十九日，享年八十有六。……"

《华阳馆文集》

宋仪望《华阳馆文集》卷十《传类·族谱列传》（宋氏族谱，自宋末至明）：

韦原庆翁者，荣可翁长子也。……以勤厚起家，佐其仲事儒业，又以其余赀葺庐舍，治宾客，为里中富人。（按仪望为吉安永丰县人）自元季兵起也，里中陈海以贱裔起兵社洲，凡富人多被屠戮，翁乃与昆弟族众避匿山中，如是者数年。会我明遣大将常忠武王狗江西，师次吉安，陈海等皆以兵降，授行省参政，寻杀之，翁乃与仲辈归视故居。凡先世所藏故籍，散逸无有存者。然是时翁将其余产，应诏称上户，卒无子。……

号中隐翁者，荣可翁仲子也，韦普，字原忠。……按宗人侍御原端所撰行略云："处士居滁溪，为乡邑著姓。由宋元以来多忠厚长者，以诗礼相承。故族大以蕃，至处士凡若干世矣。处士……及壮将志于用世。值元季兵兴，奔遁四出。……迨圣明一扫区宇，得复旧业，而君已绝意于进取矣。拓赀财，广田园，复创中隐书院，日喜与贤士大夫游，馆舍间招延文学之士训诸子孙。……"

韦仲玉公者，中隐翁次子也，出为伯氏嗣。……从伯氏商于盐盐，亦往来江淮楚蜀间。公有丈夫子二，诸孙辈又皆岐然嶷然，井井振矣。无何，公复尽持余赀，从荆楚入蜀，入蜀十余年，又更多买姜婢，为终焉计。……久之，公竟客死蜀中，归葬十八都龟形。或云葬墓头事详高大父传。正德辛未之寇也，尽火其家庙。……

高大父韦正己，仲玉翁次子也。……弱冠丧父，而伯氏者又十余年不归。……公既请行［于母黄孺人］，会伯氏于荆门，乃相与收所得赀以归。是时诸父辈各治居室，公乃与伯氏计，念祖舍地隘逼当迁，迁莫若徙如西，于是卜之吉，乃购财治居，特高大其门，令他日子孙可容驷马。……

往高大父之卒也，贞寿公盖弱冠云。公讳邦铉。……少授诗学官弟子，洽闻强记，力事行业。考君既没，以大母、母、孺人故，于是始辍学事。予曾大母李孺人乃尽出其嫁时衣物佐公治生，久之遂与从兄商于荆襄、淮扬间，语具伯氏传中。公既得伯氏割钞，卒如左使王公言，不轻售。未几，钞乃大缺，往鬻之，获利数倍。居久之，家遂大饶。然是时尚有券数百未收息，或劝之往。公叹曰："天道忌盈，况人乎。予曩微时恒恐不能绍于先人，今幸有常产以长养子孙，尚可求赢余，昧止足之训乎。先是江南岁数饥，斗米数百钱。朝廷采纳廷议，诏下各郡县，凡富民慕义愿出粟一千石者，诏旌其门；三百石以上者，慰劳有差。于是邑令尽召诸富人置酒大会。令举觞揖诸富人言，曰："有能出粟如诏者坐上。"以次至贞寿公，令笑曰："君岂宜坐下。"贞寿公素谦谨，不敢当。令遂置公中坐，出粟四百石。久之，事闻于朝，有羊酒綵帛之赐。公尝于岁歉时因诸富人多不贷粟，公叹曰："粟贱则贷以求息，贵则尽以转粜，是何忍也。"于是仍贷其常粟于人，而以所赢粟收以待粜。于是里中人无不阴德公者。……县大夫两请公乡饮，公辞曰："予鄙人也，曷足炊执事。"及使者将命，则俯伏两拜谢。其谨厚如此。未几，孝宗皇帝践阼，诏天下，举高年耆德，赐冠带粟帛。于是有司按公年逾七十往输粟于公，累贷于乡人。德甚厚，又于例合，乃赍诏书函以致公，公乃服冠带，置酒大会宾客。是时余大父隐闲公业已应诏授七品散官。父子以布衣一时并蒙恩例。大夫士咸作世恩堂诗美之。……公殁后二年，从子敬爵公以易经起科，后五十四年曾孙仪望举进士。

隐聘公者，讳邦铭，贞寿公同母弟也。……年三十余，赀乃大饶。居左有隙地，稍敞。隐聘公请于贞寿公曰："吾欲构别业以奉慈训，又以显吾伯氏。……"治居既成，乃奉刘孺人及伯氏夫妇称觞堂上。……邑大夫素闻公贤，乃致书请公乡饮。公始辞如贞寿公，已强而复出为大宾云。正德辛未，公年七十有六，精力尚健。是岁六月，流寇猝掠境中，公生长太平，报至，则以为诳已。然诸寇业已杀人于螺狮岭矣。……须臾数贼突入堂中。……怒公以为诒已。既而索公，公又不与，遂逮系公。行至社洲，佯赴水死。贼曰："此诈耳。"遂遇害。已乃尽火其室庐。……殁后至嘉靖丁酉盖二十七年，曾孙龙复以《易经》起科。

《梅花草堂集》

　　说明：《梅花草堂集》，明张大复撰，大复字元长，昆山人。据《四库全书总目》："是书旧本名曰《梅花草堂集》，而以《皇明昆山人物传》《皇明昆山名宦传》为子目，盖皆编入集中，故总以集名，实则各一书也。"传主主要是明代昆山籍人，自洪武至万历年间共300余人，后又于官是土者取15人为名宦传附之。故梁方仲先生选择其人有关社会经济者推介之，而出两书之名，是有原因的。《四库全书总目》评该书云："叙述尚为雅洁，而词多扬诩，亦不免标榜之习。"值得研究者参考。

　　李宪卿，字廉甫。……嘉靖……戊戌第进士。……陞江西布政司左参议，均派额田，号称简易。……久之，陞湖广布政司右参政。……擢巡抚湖广右佥都御史。是时奉天殿灾，敕命大臣开府江陵，总督湖广川贵采办大本。……（按：采办经过）论曰：……归先生作御史大夫李公状，予颇采其说传之。大夫官江右时，盖有均田之法云。嘉靖某年巡抚江西副都御史某照得江西田土不甚相悬，秋夏两税多寡殊绝，如南昌、新建幅员百里，多湖山，税额十六万；广信县六、赣州县十，税六万；南安县四，税二万。三郡二十县之粮，不及建、昌二县，请照均支。天子下其议，于是抚臣檄粮储道折衷均派，大夫之力多焉，而惜乎其详不可得闻也。吾苏州郡田不及淮安之半，而吴赋十倍淮阴；松江、华上二县，粮与畿内八府百七十县，皆百二十万。盖国家以次削平伪僭，田赋往往因其旧额，故不均如此。归先生曰，吴郡异时常均田，多止于一郡，又破坏两税，阴有增羡，民病之，不若江右之善，而惜不及行也。由是观之，李大夫之法可知也已。（吴郡张大复：《梅花草堂集》卷八，《皇明昆山人物传》，谢刚主藏）

顾章志，字行之。……嘉靖……癸丑戊进士。……擢守饶州，饶濒湖多盗，其民悍而好斗。……七县宴然。浮梁故有景德镇，陶利被天下，五方之亡命数集之；其地又与安仁二县相错，小有睚眦，即依岨而哄，忽一日啸聚千人，势叵测，而公适视供器来，就舆占檄，喻以祸福利害，千人立解散。……在饶四年。……乙酉陞南京兵部右传郎……公言留都马快船为中贵人上供所需，岁编甲而役之。……请如马船例，凡役于船者俱用募以充，而稍益其直。……遂著为令。（吴郡张大复：《梅花草堂集》卷九，《皇明昆山人物传》）

朱熙洽，字鸿甫。……万历……甲戌成进士，除湖广潜山县知县。潜故土城，当汉水建瓴之势，善崩溃，法宜改筑。潜四封与邻境犬牙错，故有藩封洎军屯，又别隶各河泊所为渔课，宜清疆界。公到潜，台司筑城之令甫下，计无所得镪。公意欲令出于田，而田在境内者课多输于旁州县。渔之赋，仅当民田十一。豪右乘贫民求售而邀之，往往以民田约而以渔田剂，故多田去而赋存，梦不可问。公曰，嘻，吾知所以筑城矣。为设方略，请之当道，而清田之议兴。或有止公者曰，制，三岁而一令，宁无有念者，锐意剔抉，竟于逡巡而止，则大姓之捍令多，而犬牙互也，已乎！公奋曰，潜之田不清，将户益耗，赋益亏，是潜为无民，而朝廷无潜矣。会有檄公加丁以缮城者，公曰，噫，潜民已病矣，加之丁，其何以堪，吾清田，所以筑城也。乃属里宰，照所上方略，履亩而沟封之。其属诸王府者，为军之屯者，按所籍记归之；又以渔课归之邻，而民间之田尽出。因令民得入赀自占，积镪至万余，四阅月而筑城之役竣，尚以其赢代偿逋赋若干。初，潜之民亦有以清田不便拥马首哗者，至是帖然以服。辛巳，陞南昌府同知。（吴郡张大复：《梅花草堂集》卷九，《皇明昆山人物传》）

何天衢，字道亨，其先汴人。祖贵三公，徙昆山，数传至其父钺，领赋敢任怨，不调于诸赋长，徙常熟，生公。（吴郡张大复：《梅

花草堂集》卷九，《皇明昆山人物传》）

陈允升，字晋卿。家贫，幼失恃。……戊辰会试亦高第……出守开州。……开马头，苦役也，州故有种马一千六百有奇。分派孳生，轮户，输之京师，有银差、力差，银差解银，犹易；力差，解马最难，而贵势人，多方居间占其易者，令小民独任其难，破产亡身，多由于是。（吴郡张大复：《梅花草堂集》卷九，《皇明昆山人物传》）

王用章，字汝平，河南开封府祥符县人。以嘉靖乙丑进士，选知昆山。……会抚臣图头粮长之议下，侯喜曰，赋长其有赖乎？凡吾所苦民之领赋者，飞诡为甚。盖图甲有限，而诡寄无穷，故有一图之内，了无现田；一甲之中，寂无丁户。巧者寄荫于乡绅，拙者勉替于公府，赋税何得不诎，小民何得不病耶？然欲清飞诡，必先清图甲之路。乃下令严限推收，攒造征册，令主卖者不苦原户催征，主受者不至客户影射，于是七十二区之田尽出，而图甲中各有人矣。侯乃按图照田户以编役，按区照图甲以拨运，役均赋省，民欣欣有乐业之庆云。三年入计考上上，时新郑在政府，颇以美秩讽侯，意欲他调。（吴郡张大复：《梅花草堂集》卷十，《皇明昆山名宦传》）

聂云翰，字搏羽，直隶广平府曲周县人。万历壬辰进士，除授昆山知县。……期年，将编赋役。侯按上中下差，列为三等，覆阅户籍坵亩，则飞洒不可辨。侯曰，凡所据役于官者，为有田也。户清则田出，田出则役均。乃为总其户履亩而校之。自亩零以上至百千万计，名虎头鼠尾册，照册编役，自乡绅学士优免外，一体轮当，寂无哗者。当编户时，见有僧田若干，与民田错，侯曰，赋长催租于僧，不虎狼耶，则取僧田自为里甲相征输，而又以其赋隶恤孤。曰，毋令此辈免赋长催更为兑军鱼肉也。故事，里甲在乡谓之排年，在城谓之坊长。役等耳，而坊长职应上官，一切帐具奔命，烦费十倍排年。侯曰，嘻，此令民弱者怨其故习，而强者凭射为奸利矣。则取库银自为帐具，隶会计册中，以时修辑，而责掌应于坊长，遂制为令。……尝有役捕盗者户田二顷余，侯问役，若隶也，而田二顷耶？役以祖业对。侯笑曰，即昆山之盗，为若祖耳。盖其洞悉民隐，巧论事如此。

治昆四年。……乙未，召入兵部职方司主事。有醵者赍引金数百，溯淮涉河，以例请。侯笑曰，故非辞例以卖廉，由忆在昆时曾弛盐禁令若等不得志焉，盖以偿？（吴郡张大复：《梅花草堂集》卷十，《皇明昆山名宦传》）

秦霦，字光甫。……登嘉靖壬子乡荐。……又十年辛未……始谒选，令闽之德安。……补令宁陵。……县故多屯田，壤接睢阳卫，睢阳老兵谋侵地而移赋于县。公叹曰，宁有是耶？民倍赋税之输，而军享不役之利乎？挺入两御史台，请丈勘明黮，纵不归亩于邑，亦宜办粮于卫。（吴郡张大复：《梅花草堂集》卷九，《皇明昆山人物传》）

李同芳，字济美。（万历）壬子陞……巡抚山东，会福藩请赐土田，公奉严旨按视，曰，民以食为天，又荒落之后，而奈何夺民田以共邸业，义不可。即割湖壖荒田赐之，而荒田赔税，民必不堪。昭阳湖系国家运道，壖可割耶？力持不报。予告免。（吴郡张大复：《梅花草堂集》卷十，《皇明昆山人物传》）

张栋，字伯任。……万历……丁丑擢上第，选授新建县知县。……会清田议起。……丁亥，进刑科左给事中，条议荒田改折白粮、徭役改折之议，即赐施行，为东南永久之利，而白粮带解，未蒙覆允，盖政府实持之。……逆移疏引疾归。……庚寅……寻进本科都给事中。（吴郡张大复：《梅花草堂集》卷十，《皇明昆山人物传》）

《湄邱遗集》

《湄邱遗集》二卷，文昌邢宥（字克宽）著，道光辛丑重梓，本祠藏版。

（正统）戊辰（十三年，1448）登二甲进士。……己巳（十四年）擢四川道监察御史。明年，景泰庚午（元年，1450）有诬匿太监王振家财者，辞连二十余人，公竟辨其诬，皆得释。（梁方仲先生按，丘濬撰墓志铭作："……王振败，籍其家。有告其家人孙太安匿其财者。……公曰：'无其情而文致于法，是我杀之也。'竟辩白被诬者二十余人。"）叛贼黄萧养攻广东城，几陷。公献策与侍御史瑢同总兵黄兴征讨，得平。又明年……冬出巡福建。……或言邓茂七余党生乱，欲以镇东军易延平军，章下会议。［镇守］薛尚书（希琏）欲徙之。公独毅然曰："人情重迁，山海异习，轻动或生他患。"卒得不动。……乱后增筑永安等四城，奏留班匠助役。城成，民不告劳。甲戌，出巡辽东。……天顺戊寅还朝，出巡抚（梁方仲先生按：似为"按"字之误）河南，奏革旧驿，由黄河出颖上以达南京数口（十）所，民甚便之。……成化二年江南大水，苏民乏食者什七八，先尽发七县预备仓储，并劝借，共得米八十余万石，赈之。（梁方仲先生按：时宥知南直隶苏州府。）六月，粮不继，饥民相聚数百人，持券入积米之家投借，不与者，即强夺之。富室惊愕，驰白于郡。公即给示以谕之曰："积而不散者失乎义，取之以强者陷乎罪。汝辈知彼而不知此，今而后知其有积，必须指名告官，官为之借。"明日，饥民尽持状执券赴府，填溢街市。令收纸批发，付乡老，引同保借，又得米八万余石，聚者散焉。食又不继，又发军饷，一年之外，余米二十万斛。同官有以事未上闻难者。公曰："民命在须臾，奏允而后给，则无及矣。专擅之罪，吾自当之。"是年稻熟，民饥而不死者殆四十余万口。事闻，不上之罪。……是年秋……奉敕巡抚江南。……成化十七年……终于正寝，时五月二十日也，享寿六十有六。……成化十七年辛丑季冬月上浣南海戴缙拜述。（《文昌湄邱邢公行状》）

卷二《诗》，第七页，《银花句》：风俗年来流又流，中流砥柱赖吾俦。于今又作银花俑，礼义何时得转头。

《匏翁家藏集》

恭题粮长敕谕

昔在高皇帝初定天下，以苏松等府粮饷所资，择产厚之民，俾理其事，号以粮长。每岁将征敛，例赴阙下，面听宣谕而还。自鼎迁于北，累朝恪遵其制，率下敕词于南京户部，人给一道，此则长洲徐渊成化十三年所给者。渊家世力田，及为郡县所推择，能奉法无过，事皆先集，而民晏然不扰，众方赖之，不幸下世。其弟今兵部郎中源藏是敕惟谨，宽伏读一过，大哉王言，其意恳切，固汤武之诰天下者，其词易直，则欲民之皆晓而不及文耳。盖高皇帝之典则，所以导民为善者，凛然犹存。《书》曰："天佑下民，作之君，作之师。"君师之道，治教之理，于此数百言者，已具世余十纪，民安居田里，供赋税以食人者，惟恐或后，而国用饶足，仓粟红腐，如汉盛时，孰非吾君训戒之力哉？（《四部丛刊》集部第二百册，吴宽：《匏翁家藏集》卷五十二，第九页）

跋钜鹿耿氏公牍后

宽尝阅耿氏家乘，知其世序甚远，盖自金历元，累叶仕宦，虽不甚显，而未尝弃儒为业。及皇明有天下，始定户版，耿氏犹以儒系籍。至科举诏下，而卢氏教谕汝明先生遂登乡试，先生有四子，其季事英宗，为南京刑部尚书，卒谥清惠；清惠有三子，其仲事宪宗及今上，为吏部尚书，再世甲科，显庸于时，清德雅望，济美不绝，而耿氏遂为海内仕宦家之冠。噫！盛矣。于是吏部公检诸故箧，得其大父当时所给户帖及乡试公据曰："此吾家故物，不可弃也。"饰成巨卷，而谨藏之，以宽在寮末，公暇出以相示。夫所谓户帖，国初人家有之，而公据则凡预乡试者，未必无也。惟夫子孙贤，虽世逾十纪而断烂，故物犹相传如新，否则煌煌宝墨，玉轴牙签，往往有落于他人之家者。然则此盈尺之纸，岂独考见耿氏之先，而其后世之有人，不于是而见乎？耿氏初为钜鹿大族，后有讳昉者，仕平定为宣武指挥，因家焉。及汝明先生官卢氏，爱其风土，而诸生感其德教，且留居之，故今又为卢氏人云。（《四部丛刊》集部第二百册，吴宽：《匏翁家藏集》卷五十三，第九页）

陈处士墓志铭

成化己丑（五年）春，宽与处士之子琼同试礼部，不偶，将南归，半道，而处士之讣至，琼痛哭不自胜，即日易轻舸兼程而行，既抵家，哭尽哀，遂图所以葬其亲者，乃泣告宽曰："琼有大罪三，少远游乡校，不得朝夕居家，以事吾亲，吾罪一也。游学又不奋发，早取科第以光显吾亲，吾罪二也。以科第故去数千里外，亲痛不及尝药，亲没不及临棺，吾罪三也。负此三大罪，吾何名人子哉？呜呼！往矣，不可逭矣。虽然，亲有善而人不知，知之而传不远，亦罪也。然欲其传之远，非假文词不可，惟吾亲之葬某县某乡某围，既卜其地矣，其年某月某日又卜其日矣。其事行又有吾友王抑夫论撰而为状矣，子知我深者，愿畀一言，以逭我罪。"予悲其言，不能以他辞拒也。处士讳某字某，姓陈氏，家长洲之陈湖，世以善士称于乡，处士之父某，赘于邑大姓吾氏，国初吾既远徙，而陈亦衰落，处士极力田亩间，以赡其家，其妻钱氏躬纺织以助之，两税既充，至身之衣食，有不暇顾，盖其勤苦有如此者，久之，家乃裕。所买田宅，予人直宁厚，里之无行者以处士仁而可欺也，取其田欲更售之，处士再予之直不校也。他售田者，以处士真可欺也。辄欲更售，处士辄再予之，既而里人亦感愧，盖其醇悫有如此者。遭岁恶，富室贷民粟，取息倍他日。处士曰："此正吾行惠之秋也，反藉是以自利乎？"卒少取之。后人负其粟至八百余斛，叹曰："此非其家之果不足耶，不然宁有负我哉？"皆为之折券，盖其长厚有如此者。郡有纳粟补官之例，所司以处士名上，处士不欲，部使者固强之，处士亦固辞之，曰："吾宁出粟，不愿官也。"其后郡邑俾董区赋，处士辞之不获，则使其子珪代之，盖其高洁有如此者。处士年既老，母氏尚无恙，依依其旁，若孺子然，每旦问安否，莫必设酒肴于中堂，使子孙以次奉觞，欢呼歌啸，以极其乐。及亲以天年终，居丧尽礼，不以老故废，盖其孝敬有如此者。呜呼！处士之善行，此其大凡也。是不可使人知耶？是不可传之远耶？予交于陈民既久，视珪、琼犹兄弟，视处士叔父行也，南归之日，将拜处士于堂上，而乞言焉，然不意不可见矣，惜哉！处士生于癸未（永乐元年）十一月之哉生魄，没于己丑（成化五年）闰二月之旁死魄（年六十七岁）。子男二，长即珪，次即琼，女三皆有归，孙男六，曾孙男一，女一。铭曰：陈湖之滨，有此德人。其德伊何？曰义曰仁。仁不忮物，义不失身。问其名居，古可比伦。汉有太丘，鲁有收门。德人已矣，流泽未止。浩浩洋洋，如湖之水。经史满床，禾稼满场。遗厥子孙，如韦如庞。彼美仲氏，登贡于乡。尚有禄仕，为家之光。尚有龙章，贲于幽堂。（《四部丛刊》集部第二百册，吴宽：《匏翁家藏集》卷六十五，第一至二页）

乡贡进士徐君墓志铭

是为乡贡进士徐君元献之墓，元献名也，其字尚贤，常之江阴人，世隐于农，为大族，岁出田赋以供国用，多至数千石。其大父尤好义，朝廷为旌其门，江浙间字称曰景南是也。……（《四部丛刊》集部第二百册，吴宽：《匏翁家藏集》卷六十三，第一页）

山西道监察御史陆君墓志铭

成化丁未监察御史陆君，奉命出巡四川，明年为弘治戊申，八月二十六日以疾卒于成都察院，年五十，于是返枢至家。葬且有日，其子悦持乡贡进士周泽之状上京师以墓铭请。予昔过江都，始识君于舟中，江都君所为县也。则闻君论政事，多忧民之言，及询之，县人皆曰："君真爱我者也。"以是知其贤后，君将考绩，吏部未至，朝廷已召君为御史。初试职，俄以父丧去，服除实授，复以母丧去，服除还任，甫三月有四川之命，已而卒矣。盖君官虽且显，然两罹家艰，志不获畅，及是方有所为，竟抱其才以没，其可惜也乎！君讳愈，字抑之，姓陆氏，相传出唐相宣公之后，自曾祖昌四而上，皆居嘉兴海盐之东，以其姓姓塘，祖成始迁马厩里，后割其地为平湖，故今为平湖人。父桂娶朱氏，生君，君少游学，刻意诵习，岁壬午中浙江乡试，会试不偶，入太学，与四方文士讲业，号丽泽，会乙未竟登进士第。初知江都，至则每乡月召有齿德者一人，使陈民隐，以是民间利病知之无遗，吏胥无能欺者。田濒江湖，不时息宿，而税有定额能均之，贫民始安，以民遭旱涝，不知所备，教之凿港，以时蓄泄，邵伯镇堤，每为水啮而崩，以石甃之，岁省修筑之费。当岁饥，极力赈济，民多鬻子女于江南，为赎还其家，流民复业，则劝富人出牛种贷之，秋成遂皆沾利。其后有官银数万两，将输户部，言于巡抚大臣，得留为备荒之计，而县始有蓄积，尤称刚果。御史理军政，尝诬平民，戍边者百数家，抗之累月不从，竟得免。有屯军暴于一乡，人多畏之，即躬往擒置于法，以其地旷恐生变，特奏立巡检司，盖其见于为县者如此。及擢御史巡视京仓，使出纳必平，人莫敢违其法，至出巡，以蜀在万里外，官吏多纵弛也，宜以严治，属郡以至宣慰司而下，皆竦然相戒，其人或犯法，虽倚中贵人势，必按之不少假借，倚势者率其下，编竹绝流取鱼，人误触辄遭其虐，更痛治之。其所至多释系囚，平反冤狱，或修建养济院，以惠孤贫，慨然有尽举弊政之意。……（《四部丛刊》集部第二百册，吴宽：《匏翁家藏集》卷六十三，第二至三页）

明故中顺大夫江西南安府知府汝君墓志铭

弘治六年，南安府知府汝君，述职于朝，以老例得致仕，命下，君即日驰归，未几病作，以其年七月七日卒，享年六十一。其孤舟等，卜明年十二月某日葬于吴江县某都某地，托兵部主事吴銂，奉其先友史明古之状来乞铭。銂为君之子婿，初诉于予，予方为之悼惜曰："君劳于仕宦久矣，始就闲适，何遂至此？今之葬，予能忘情乎？且明古与君知契尤深，自以叙君平生甚悉，则予又能已于言乎？"君讳讷，字行敏，汝氏，苏州吴江人，其先盖出商之汝鸠、汝方，至春秋时，晋有大夫叔齐及宽，汉有鲁相郁，自魏晋以降未有显著者，今其族独盛于吴江居黎里者，十室而五，多不相通，盖同所出也。君之曾祖曰琪，祖曰玑，父曰思远，世掌田赋于乡，思远蚤丧，君赖祖母吕氏抚育以长，少从故进士奚昌授尚书。景泰四年，以县学弟子乡试中式，屡试礼部不中。君素善书，会修英宗皇帝实录，选入史馆岁余，将再从礼部试，期必取甲科，时李文达公为总裁官，沮之。实录成，竟授中书舍人，一时朝臣当受诰敕者，率欲得君书迹，来请于门者不绝。君不以劳辞，或以金币酬谢，辄却去，曰："此职业也。"秩满擢南京兵部武选司员外郎，再迁郎中，精勤明敏，益举其职，今家宰致仕三原公为司马，最器许君，公退辄召与语，凡掌武选十年，擢知汀州，俄丁生母忧，服除改知南安。南安距庾岭，为海南货物所入之道，其细民仰负荷为生，大姓则居积致富，商贾杂处，往往争利构讼，官吏受赇，多不得平，君视犯者，一断以法，迄无所上下。至于细民，尤加意抚恤之，不得已始施鞭挞，人以为得牧守体。自君入官，行履完洁，交游所与，能远贵势，且为人坦易，表里一致，平居善谈笑，脱去富贵气习，其于财利漠然，未尝枉己苟一介之取，尤不与人较。有粥田者，既受直后，辄倍约，或劝君讼，君曰："与小人较，自失多矣。"卒让与之。故仕宦三十年，田庐无所增益，卒之日家无遗财，其廉介可知也。君喜为诗，格韵平畅，所著有《学鸣集》若干卷。书法清劲，得晋人笔意。父思远以君贵，赠南京兵部武选司员外郎，母黄氏为宜人，生母计氏封太宜人，妻陆氏封宜人，先卒。三男子，曰舟、曰砺，皆业进士，曰霖，尚幼；五女，长即适主事吴銂，次适金泽，余皆在室；男孙一，曰世恩。铭曰：嗟嗟汝君，美而有文。我识其人，白而长身。孰不出仕，仕而不反。游乐于乡，君则不晚。南安之政，视君恐夷。岘山之泪，横浦之碑。曷不百年，以慰民思。乃敛以殡，子孙环视。亦有知友，事行以次。后知其藏，我铭在是。（《四部丛刊》集部第二百册，吴宽：《匏翁家藏集》卷六十三，第九至十页）

隆池阡表

惟沈氏之先，皆葬其里相城，至处士恒吉之卒也，其子周视先茔卑隘，始择地于吴县西山，行数日不得，他日得隆池焉，葬之。初其地名龙池，周以其土隆然而起也，更今名。沈氏故为长洲邑中大家，中衰，有曰良琛者始居相城，能辟田复其家以大，是生孟渊。永乐初，以人才征，引疾归卧江南，有诗名于时，而厚德雅量，福履最盛。配朱氏，生二子，其仲处士讳恒，以字恒吉行，别号同斋，自其少时，与其兄贞吉同学于家塾，而塾师为翰林检讨陈嗣初先生也。且其父征士好客，一时名流相过从者日常满座，处士因尽得接见前辈，而重其德、渐其艺以成其名。人以有子为征士贺，征士既老，奉养益厚，处士乃日以致乐为事，恒使人走市中求甘旨之味供之。尝夜有寇至，偶外寝得脱去，既而念父母所在，还入其室号呼之，寇挥刃及其袂，迫逐堕水中，水适浅不溺，人以为异，盖孝也。其配唯亭张氏，有贤行，子男三人，长曰周，次曰召，先卒，次曰嚻；女四人，皆嫁，其一蚤寡守节；孙男三人，曰云鸿、曰应蟾、曰应奎；女四人。处士貌厚而神清，望之温然美玉也，所居窗几明洁，器物古雅，而奇石嘉树掩映庭所，俨如画中。风日清美，每被古冠服登楼眺望，神情爽然，或时扁舟入城，留止必僧舍，焚香瀹茗，累夕忘返。善绘事，妙处逼宋人，然自重不苟作，亦善为诗，落纸可诵，平生好客，绰有父风，日必具酒肴以须，客至则相与剧饮，虽甚醉不乱，特使诸子歌古诗章以为乐，其视市朝荣利事，真有漠然浮云之意。以成化十三年正月晦卒，享年六十有九，葬以又明年正月三日。于是周泣告其友翰林修撰吴宽曰："不肖奉先训，获列于士大夫间，自愧无以显扬之者，惟幸得一言表于其阡耳，敢以状请。"宽惟处士以风韵高逸，为吴人称慕，岂其江湖之上足以自乐，而忘斯人乎？闻昔正统间，周文襄公以工部尚书巡抚畿内，慨然以经理国用为己任，戒郡县慎选长田赋者，处士在选中，公知其贤，待之不以庶人礼。适岁饥发廪赈贷，明年春督偿亟甚，民相视不堪，处士首率父老往诉于公，乞至秋乃偿，公不可，则为反复辨其利害，公悟，从之，后用其言为令。又民岁漕粟输纳多不足，豪家利以金贷，比比破产。处士当其往役也，辄预贷之而不取其息，民至今感其惠。若其忘怨释雠，恤贫排难，为惠不能尽书。盖沈氏自征士以高节自持，不乐仕进，子孙以为家法，遂使处士之仁心及于一乡，况又掩于文艺之美，人不尽知之乎？夫发潜阐幽，吾党之事也。故因周之请，书其事为《隆池阡表》，俾刻之。（《四部丛刊》集部第二百册，吴宽：《匏翁家藏集》卷七十，第十一至十三页）

姜正术墓表

将仕佐郎嘉兴府阴阳学正术姜君，讳雍，字尧民，其先郡之濮川人也。后徙汉溪，曾大父琼，当元季之乱，倾赀产募义兵，以保乡里，众赖以安。大父齐、父忠，皆不仕。君幼嗜学，务泛览载籍，尤喜为诗，稍长勤俭谨畏，才具充然。父尝长乡赋于官，出纳劳甚。君忧之，即请曰："有事服劳子职也。儿虽疲蒻，敢以身任。"比年赋益完，以其余力佐治家事，而事亦治也。里之长老皆以能子称之，而尤为郡守舒公所知。正统末，盗起于闽，朝廷命将往捕，浙东西诸郡皆率民壮以从，舒谓众可以议事者莫如君，乃挈君同行，一时军中多所赞画。盗平，欲酬以一官，即以正术荐，然非君所长也。君固长于治事，于是事辄属之，郡并海筑堤捍水，功久弗成，至君督工，卒成之。平生更廉，不以官小自弃，郡尝檄验盐货，无敢以利污之者，今浙江按察使杨公继宗方为郡，刚明廉洁最慎许可，独知重君，则君之为人，亦可见矣。久之君致其事，杜门以教子孙，凡数年而卒，享年七十有五，卒之日成化十四年五月十一日也。以其年十月九日葬于其邑林溪之原。君娶张氏，子一人，曰渭；孙三人，曰皋、曰学夔、曰龙；曾孙五人，曰震、霖、雯、霂、霁。于是学夔以明经登进士第，谒予告曰："学夔之有今日，皆先大父之教也。惟先大父即世五年于此，不明不仁，何所逃罪，惟是林溪之原，宜得铭文表于墓上。"因据其状录其事授之，且以慰其后人之孝思云。（《四部丛刊》集部第二百册，吴宽：《匏翁家藏集》卷七十一，第十至十一页）

承事郎邹府君墓志铭

无锡之士出而仕者多矣，然其野亦多隐君子，其尤以介直称者，静修邹府君也。君讳贤，字佑之，自号静修，世为无锡人，其族在江南，唐有都官霖，宋有忠公浩，世次可考。曾祖曰伯惟，祖曰洪昭，父曰以善，皆居田里，有隐德。以善娶同邑处士华思济女，生子四人，府君其长子也。少失父，能执丧如礼。稍长以嗣守先业为难，惓惓焉语诸弟，诸弟显之等既举其教，而府君经画尤勤劳，家益裕，乡人赖之，或空乏，辄造门称贷，府君一弗拒，惟其取息甚廉，且暮称贷者益多。后其人不能偿，在他人必逼取之，府君即戒其下曰："彼贫耳，非负我者。"遂折其券，不复校，人以为长者。当荒岁米价踊贵，他人多加息，府君不可，曰："乘时射利，吾不忍为也。且吾先世，以义起家，又何忍违之？"及佃人输租，遂减其额，荒甚则尽除之以为常。人感其惠，不特无所怨而已，异日输租皆争先而至，无敢负者。于是他召怨者纷然陈于官府，若府君终身名不挂讼牒，人又以为难。其治家严肃，晨起谒先祠毕，退御家众，俾分治公私事，必随其材授之。凡钱谷出入，吉凶百须，以及分给上下衣食，皆有常数，而籍记之，里族以空乏告者，视其亲疏而量助之。以尝出粟助官府赈饥，例授承事郎，强之始受。后更出财为工役之助者不一，或劝其行赂以结纳者，则痛拒之，曰："吾未尝为不法事，顾先干法耶？"势家有求婚姻者，必谢绝之曰："吾不敢以男女之好，凭借其气力也。"弟遂之先卒，抚其孤。其至族侄有早世者，妇孀居无子，乞其孙为后，曰："彼自有兄弟，后当生子可继，吾苟从之，是利其所有也。"其妇至诉于官，竟不从。故事有非义，往往违乎流俗，咈乎人情无暇恤者，于是乡族有为非义者，惟恐府君知之，固有化而为义者矣。府君性喜读书，尝有感于诸葛武侯之语，名其斋曰"静修"，因以为号。晚岁益自谨畏，作堂曰"戒得"，可以见其为人矣。弘治十一年，府君年六十八，四月二十二日其生辰也。俄以疾卒，远近伤叹有泣下者。娶华氏，出其母族，贤而克配，先卒。子男三，曰愚，承事郎，曰鲁，先卒，曰钝，邑学生；女四，适华铎、华奎、钱仁、徐元谷；孙男五，益、旦、尚、甫、申；女四……（《四部丛刊》集部第二百册，吴宽：《匏翁家藏集》卷六十四，第五至六页）

沈府君墓志铭

邑人沈纲闻其父翠云府君之讣，走予告曰："纲客居都下久矣，吾父病曾不得一日侍，此终身痛恨者，今将归治葬，如获一言为铭，则纲于临穴之际，尚可以逭罪也。"盖纲之妻实予亡妻陈淑人之侄女，故有是请焉。府君讳孜，字文庆，别号翠云，世为长洲人，而家比虎丘，为著姓。大父友之，在永乐、宣德间，巡抚大臣以吴中赋厚，方重粮长之设，友之于时已为郡县所推择。父行娶王氏，生府君，少为县学弟子，治《易》勤苦，后以父没而母更老，度不可远仕，遂谢归以农隐，而或业贾以养生，性笃学不事华靡，与流俗相违。治家尚节俭，故能保其业；待人以谦恭，故能处乎众。至其奉身之全，畏法之至，故姓名不挂于讼牒，里人以善士目之。其生永乐甲辰（二十三年）仲冬廿六日，其卒弘治丁巳（十年）季冬廿四日，以卒之又明年己未孟冬廿八日，葬于武丘乡袁家浜先茔之次。娶魏氏，宋文靖公九世孙。子男二人，长即纲，娶陈氏，次曰纪，娶姚氏，继吉氏；女一人适张瓛，孙男三人，元吉、元利、元贞；女二人。铭曰：际太平之时，望中寿之域，身既克全，志何所郁，归于兹丘，其永无陧。（《四部丛刊》集部第二百册，吴宽：《匏翁家藏集》卷六十四，第十至十一页）

素庵钱府君墓表

浙西有钱氏，莫盛于海虞，盖多出吴越国王之裔，然其间以诗书孝义蔼然闻望、久而不衰者，则莫盛于昆湖之族也。在宋既多显人，至元有曰希祖，仕为玉山县学教谕，生讳甡者，为人学博气豪，当国初以布衣上疏论星变，高皇帝嘉之，因命撰《祭元幼主文》，称旨，欲留用，竟辞归以全其身。人称谦斋先生，其仲子中得，娶赵氏宗室后，是为府君考妣也。府君讳完，字汝周，别号素庵，少孤，能守先业，与弟公达协力治家，家益拓以大。事母视其意所在，即承顺无违，其外祖母既老，而舅氏时中更丧明，母窃忧之，遂迎养于家，以终天年，而时中有子，复为买田筑室居之。每念世父迪少，即代父死于法，而无后以传，曰："凡吾子孙所以有今日者，以大父之幸存也。"特买田百亩，俾后人祀之勿忘。其器局深瀋，果毅多筹略，郡县推长田赋，事既克举，民不告劳。以地濒湖，数遭水患，尝募民筑堤捍之，数年皆成腴田，坐享其利。故自守令而下，有事辄谋之府君，而名誉益起，里有争讼者，往往就质，固有越竟而至者矣。好为义事，故都宪思庵吴先生《小学集解》成，谓是书有补于世甚大，亟命工刻之，苏守金华朱公方创社学郡中，岁出米三十斛，以助子弟之费，其余邻里亲戚之家，贫窭患难，所以周给之者尤多。盖又尝输财助边，得赐仕者冠服，以荣其身云。府君娶王氏，子男五人，曰昌，封监察御史，曰晔，浙江都司经历，曰昉、曰昇、曰昆，乡贡进士；女四人，适王震、秦桧、张汝嘉、夏伟；孙男十一人，曰承德，监察御史，曰承芳、曰承恩、曰承美、曰承源、曰承惠、曰承宪、曰承意、曰承绪、曰承智、曰承颜；曾孙男二人，曰稑、曰秬。府君卒以景泰庚午（元年）十月二十三日，享年五十有九，以明年三月三日葬于虞山先茔，时既有铭其墓者矣。后三十六年，为成化丙午，御史君奉父命请予表于墓上。嗟夫！十室之邑，必有忠信，而况海虞繁雄之地乎？如府君之为人，行义足以庇乎里间而无不怀，才谞足以动平郡县而无不信，虽谓一乡之善士可也。盖其先世孝义之泽为此，独惜其终于田间，不少见用于世，而后人科第仕宦，方显于时，卓然为昆湖之族，非府君有以遗之乎？吾是以表之。（《四部丛刊》集部第二百册，吴宽：《匏翁家藏集》卷七十二，第五至六页）

承事郎王应祥墓表

应祥讳凤，姓王氏，其先以为自河北从宋南迁，籍于长洲者累世矣。岁久族人满闾巷，应祥处其间，勤生劳力，竟拓其家。吴人皆知其名，然人所以知之者，不惟以其产业之盛，亦以其为人之贤耳。盖应祥事其父至善甫与其母许氏，承顺无违。兄麟为县学生，复资给不乏，及麟仕汉阳府幕，未几乞归，与之处，雍雍如也。其待宗族乡党，礼意周悉，家有佣奴千指，或有过不忍笞詈，其厚而有容如此。性好施予，贫困者多获济，至乞人往往候食于门，岁饥郡县劝分尝出赀以应，例受散官。应祥自陈不愿，强之始受。于是郡县有工役，辄委之。又尝遣之京师督赋事，皆克济，更以才谞称云。应祥娶高氏，子男二人，曰鼎，娶陆氏，曰钺，娶杨氏；孙男三人，曰楠、曰松、曰模；女三。其生宣德十年二月丁卯，没于弘治七年八月辛巳，乃卜以又明年三月甲申，葬于吴县马鞍山之原。前葬，鼎与予侄有连姻之好，来求文表于墓上，惟鼎少能承家，绰有父风，及是居丧尽礼，人尤称之。乃图葬其父，既得吉壤，以弟幼，能身任营筑之劳，其为人亦可谓贤矣，应祥可谓有子矣。虽然亦应祥之厚德所致也。故予书其平生而必及此者，以为其德之验耳。为王氏子孙者，其尚考于斯，而谨嗣之。（《四部丛刊》集部第二百册，吴宽：《匏翁家藏集》卷七十四，第十八页）

陋清阁记

京师民数岁滋，地一亩率居什伯家，往往床案相依，庖厕相接，其室宇湫隘，至不能伸首出气，王侯第宅，则又穷极壮丽，朱门洞开，画戟森列，所藏者唯狗马玉帛而已。二者人胥以为病，海虞凌君季行官于京师，家城之东南委巷中，余尝造焉，引余入一阁，崇广仅丈许，织筿为门，连楮为幕，中设一榻，自琴册棋砚之外无他物，余方侨居民家，坐而乐之，欲遂忘去。季行曰："吾治兹阁有年矣，子将何以名之？"余曰："噫！先生之居，若公子之苟完，然非小人之近市。若叔孙之必葺，然无大人之高堂，陋矣清哉，其兹阁也夫？盖木不加雕，土不加饰，不已陋乎？俗不能容，尘不能入，不已清乎？合而名之曰'陋清'，不已宜乎？"季行曰："善"。己丑三月晦日记。

（《四部丛刊》集部，吴宽：《匏翁家藏集》卷三十一，第三页）

崔巡抚辩诬记

国家屯军旅，为防奸御侮，计自京师达于边徼，曰卫、曰所，建置殆徧。而所谓军旅，多以罪谪发之人，于法，子孙绝，则以同籍者补充，惟别籍于谪发之先者，不豫其人，书于版册甚详。里有正、有胥、有耆老，版一出其手，岁久弊起，或脱漏、或隐匿，其罪著于律令甚重。每岁部符下府州县，俾专官理之，旁稽穷讯，若治狱然，又数岁，特遣御史理之，所以稽且讯者益密，谓之军政，其法载于条例甚备。盖使凡名在尺籍者，不得幸免，然亦不欲诬平民以充什伍之数，而吏不察，往往失法，意以为民患，若某卫军王阿隆者，故昆山县太仓二十九保人也，既没，而户且绝。其族子凯，一旦赴御史郭观自首，为隆之裔，匿他里。盖凯固王氏别籍子，特利隆所遗田产为是耳，观谓民无自诬以军者，信之。二里连坐如律者，凡二十四人悉配苏州卫，今职方郎中陆君文量，时尚游乡校，以其父某为里正，在连坐中，即状其事，求白于观，观以成案为词。众争称冤，适今南京吏部尚书致仕崔公以都察院右副都御史巡抚畿内，走诉之。公览状曰："是固可辩。"檄观辩之，观不理，众乃复诉于公。公委所属卫若府官，集二里父老辈核实，而凯之兄且自外归，白其事，竟坐凯以罪，悉复二十四人者为农，实天顺四年之八月也。时文量为雪冤颂，以献公其父，曰："公有恩德于吾人及吾子孙，是未足以报。"乃与其弟祐图于众，欲建公生祠，岁时祝之，顾有禁不可。既数年，众益思公，文量乃具始末请，既曰："此吾先职方公与里人之意也，幸书之。"予因述此以复。公名恭，字克让，世家顺德之广宗，登正统元年进士第，历仕内外四十年，政尚忠厚，而刚明善断，其出巡抚，尤号识大体，恩德被人者尚多。此其一事，其在公固不足书，然在昆山之民不可不书也。且世之健吏为民患也久，固有与其事类可书以示人者。闻昔宣德初，所谓《军政条例》始行于天下，御史李立往理苏、常等府。立既刻薄，济以苏倅张徽之凶暴，专欲括民为军。民有与辩者，徽辄怒曰："汝欲为鬼耶？抑为军耶？"一时被诬与死杖下者多不可胜数，苏人恨入骨髓，然畏其威，莫敢与抗也。并时常倅则有张宗琏，独不阿御史意，数被辱，宗琏痛民无辜，竟忿郁以死。死之日，民相率奔走哭奠，及丧出，白衣冠送者数千人，至立庙祀于江阴之君山，庐陵杨文贞公实记其事。而徽后犯法死刑部狱中，鼠食其肉，其子贫困寄食吴下，道路见者犹嗤骂之，此善恶之报也。夫观之刻不至立与徽之甚，而宗琏之遗爱可仿佛于公，因附记之，以为当官者之劝惩云。

（《四部丛刊》集部，吴宽：《匏翁家藏集》卷三十三，第九至十页）

华守方义事记

国家财赋，倚江南而给，郡县有官，都保有长，皆特设以治其事，连数郡有巡抚大臣，其职虽无所不治，其实以治财赋为急也。盖其事甚重如此。江南田赋在高等，农既受困，至输于公者，视常额大率又出什四五，以备蓄积之损，转运之费用，是民困益甚。禾始登，里胥征敛，日走于门，所收仅输于公，即不幸有水旱风霜之变，则家无宿储，惟屋庐子女之鬻以偿。夫水旱风霜一岁之灾也，其赋或可以例免，如濒湖之田，日沦于水，田亡而赋独存，又谁为之免者，故民指为子孙无穷之害，曰："吾宁遇灾也。"盖其害自苏、松、湖州皆然，若常之无锡，地势较三郡为高，然其东距邑六十里曰延祥乡有鹅湖焉，周可三十里，湖之北有荡田三，其曰清荡，故尝筑塘捍水，自永乐乙酉大雨，塘坏而湖决，田之为巨浸者，凡五百亩有奇，顾皆国初没入于官者，其赋视他为重，民破产偿，不足则均于里之人，久之亦不能偿也。乡有华氏曰守方甫，敦朴谨厚人也，数为代偿，尝自计曰："此法其可久乎？"昔者周文襄公行县，至固忧及乎此，具疏言于朝，始许民垦草田，以收其入，时民力已疲，且以乏食而止。吾今使垦之，于是视上福、梅李、怀仁三乡得地如清荡之数，乃发粟二千斛，使民从事，民曰："此举利我也。"争欣然而趋，已而其地皆成良田，而赋自此足，向之所谓害者始息。嗟夫！守方真善为义者哉！夫馈者，人持斗粟与之，未必不喜，然仅给数日之食而已，及粟尽而复与之，而复尽，复能与之乎？故其为惠也有时而穷，是以孟子谓郑子产以乘舆济人，惠而不知为政，而谓徒扛舆梁成者，民未病涉也。守方惟知此意，故能为此举，惜其老于田间，隐而不仕，其泽止及于一乡之人，是可叹也。夫予不识守方，独数闻锡人谈其义事，而其义之大者，莫甚于此，因记之以遗其诸子炯、燧、焕，俾视之，庶几兄弟间以义相劝，传之子孙，以为家法云。（《四部丛刊》集部，吴宽：《匏翁家藏集》卷三十五，第七至八页）

尚书严公《流芳录》序

汉承秦后，高帝与民约法三章，既除其苛政，及所用人，皆重厚长者，以革其浇风，盖天下不能户晓，惟示以意向，则人自化之，考之当时，如周勃、曹参、张相如数辈，及其后石庆父子，皆在显位，而啬夫喋喋利口者，竟不得用，汉之所以治安者，非更化用人之力乎？自汉以后，兴者必乘极敝之后，尚论其治，质而近古，皆莫汉若，盖历二千年而皇明兴，则元政之苛，虽不及秦，至于彝伦攸斁，所谓夷狄有君，特明于此，及其季世强臣跋扈，弑逆祸作，亦亡之甚矣。我太祖受天明命，肇修人纪，思有以变污俗，一时列于庶位者，其间智巧而喜事者，初或见容，旋复斥去，其憸佞奸顽之徒，必殄绝之，不使妨吾政令。故一时信任，莫非所谓重厚长者，往往拔于田野之间，置之庙堂之上，尊宠峻擢，不论资序，其人设有过误，又必委曲保全，而下及其家人，皆知上意，而翕然改行，淳风既回，而天下大治矣。求其人若兵部尚书唐公铎，国子祭酒宋公讷，春坊庶子郑公济，光禄卿徐公兴祖，可数者，自后则又若工部尚书严公震直，尤所信任，特被恩眷者也。公湖之乌程人，世力田，为旧族，洪武初设粮长，郡县推择得公，每岁率先输粮，乡民素感公德，恐后期累公，无逋负者。时方征富民出仕，号税户人材，上察公朴直勤事，召至授布政司参议，而留治通政司事，累迁工部尚书，俄以公过降监察御史。欲历试以练其才，远使者再事皆称旨，及所建白，皆见施行，遂擢都察院右都御史。其属复犯公过，引以自责，复降御史，未几仍拜工部尚书。凡公贬秩，则恩眷愈重，而公奉职益谨，卒能全其身，完其家，蕃其子孙，以至于今，盖历百余年，乡里称仕宦家，必以严氏为冠。公之平生大略，载于国史、郡志其详，见于郑庶子王教授所为记可考。至是公之曾孙思南府推官绩，虑公事行湮晦，奉家录二帙入京，谋于今太子太保刑部尚书闵公，将刻木以传，盖太保公严氏外孙也，为编次为六卷，名《流芳录》，乃率之来请序。宽生与公邻郡，幼则闻乡人多谈公事，至称其家，必曰严府，盖重之也。顾惟后生寡学，恐为公辱，而何以为言哉？是编凡公居官，屡蒙恩旨直述于前，不敢润色，恐失实也，次则公象赞及记序碑铭等文，而以《南游集》终焉，集则录公奉使安南时敕旨，并与其国往复书于前，而纪行诗，则使广西者俱在，公喜为诗，稿多不存，存者特此，又以见公有德有文，而汉吏亦有所不及云。（《四部丛刊》集部，吴宽：《匏翁家藏集》卷四十三，第八至十页）

《震川先生别集》

通议大夫都察院左副都御史李公行状

曾祖茂，祖聪，赠通议大夫都察院左副都御史，父玉，赠承德郎吏部验封司主事，再赠奉政大夫吏部验封司郎中，三赠通议大夫都察院左副都御史。

公讳卿，字廉甫，世居苏州昆山之罗巷村，以耕农为业，通议始入居县城，独生公一子，令从博士学，山阴萧御史鸣凤奇其姿貌，曰：是子他日必贵，吾无事阅其卷矣。先辈吴中英，有知人鉴，每称之以为瑚琏之器，公雅自修饬，好交名俊，视庸辈不屑也。举应天乡试，试礼部不第，丁通议忧，服阕再试中式，赐进士出身，明年选南京吏部验封司主事，历选郎中，吏在司者，莫不怀其恩。居九年，冢宰鄞闻公、奉新宋公，皆当世名卿，咸赏识之，升江西布政司左参议。江右田土不相悬，而税入多寡殊绝，如南昌、新建二县，仅百里，多山湖，税粮十六万，广信县六、赣州县十，粮皆六万，南安四县粮二万，三郡二十县之粮，不及两县，巡抚傅都御史议均之。公在粮储道，为法均派折衷，最为简易。盖国初以次削平僭伪，田赋往往因其旧贯，论者谓苏州田不及淮安半，而吴赋十倍淮阴，松江二县粮，与畿内八府百十七县埒，其不均如此。吴郡异时尝均田，而均止于一郡，且破坏两税，阴有增羡，民病之，不若江石之善，而惜不及行也。升山东按察司副使，兵备临清，先是□薄京城，又数声言从井陉口入临清，临清缩漕道，商贾所凑，人情恇惧，公处之宴然，或为公地，欲移任，公曰：讵至于此，境上屯兵数万，调度有方。□亦竟不至。师尚诏反河南，至五河兵败散，独与数骑走，莘县擒获之。在镇三年，商民称其简静。瓯宁李尚书自吏部罢还，所过颇懈慢，公劳送礼有加，李公甚喜，叹曰：李君非世人情，吾因以是识其人。会召还，即日荐升湖广布政司右参政。景王封在汉东未之国，诏命德安造王府，公董其役，又以承天修袚恩殿，升河南按察司按察使。受命四月，寻擢巡抚湖广右佥都御史，奏水灾，乞蠲贷，亲行鄂渚云梦间拊循之。东南用兵御日本，军府檄至，调保靖、容美、桑植、麻寮、镇溪、大剌土兵三万二千，所过牢廪无缺。公因奏土司各有分守，兵不可多，调且无益，徒糜粮廪。其后土兵还，辄掠内地人口，公檄所至搜阅，悉送归乡里。显陵大水，冲坏二红门黄河便桥，而故邸龙飞庆云宫殿多隳挠，奏加修理，建立元祐宫碑亭。是时奉天殿灾，敕命大臣开府江陵，总督湖广、川贵采办大木，工部刘侍郎方受命以忧去，上特旨升公左副都御史，代其任。先是天子稽古制，建九庙，而西苑穆清之居，岁有兴造，颇写蜀荆之材，公至则近水无复峻干，乃行巴庸樊道转荆岳至东南川，往来督责，钩之荒翳中，于是万山之木稍出。然帝室紫宫，旧制环瑰，于永乐金柱围长，终不能合。公奏言：臣督率郎中张国珍、李佑、副使张正和、卢孝达、各该守巡参政游震得、副使周镐、佥事于锦，先后深入永顺卯峒梭，梭江参政徐需、佥事崔都入容美，副使黄宗器入施州，金峒参政靳学颜入永宁迤东，兰州儒溪副使刘斯洁入黎州天全，建昌董策入乌蒙，参政缪文龙入播州，真州西阳佥事吴仲礼入永宁迤西落洪、班鸠井、镇雄，程嗣功入龙州，参政张定入铜仁省溪，参议王重光入赤水猴峒，佥事顾炳入思南潮底，汪集入永宁顺崖，而湖广巡抚右佥都御史赵炳然、巡按御史吴百朋，各先后亲历荆、岳、辰、常，四川巡抚右副都御史黄光昇历叙、马、重、夔，巡按御史郭民敬历邛、雅，贵州巡抚右副都御史高翀历思、石、镇、黎，巡按御史朱贤历永宁、赤水、臣自趋涪州，六月上泸、叙。而巨材所生，必于深林穷壑，崇冈绝箐，人迹不到之地，经数百年而后至合抱，又鲜不空灌，昔尚书宋礼及近时尚书樊继祖、侍郎潘鑑，采得逾寻丈者数株而已。今三省见采丈围以上楠木二千余丈，四五以上亦一百一十七，视前亦已超绝矣。第所派长巨非常，故围圆难合。臣奉命初恐搜索未遍，今则深入穷搜，知不可得，而先年营建，亦必别有所处。伏望皇上敕下该部计议，量材取用，庶臣等专心采办，而大工早集矣。上允其奏，命求其次者，其后木亦益出，自江淮至于京师，簿筏相接，而天子犹以皇祖时殿灾后十年始成，今未六七载，欲待得巨材，故殿建未有期，而西工骤兴，漕下之木多取以为用，三省吏民暴露，三年无有休息期，大臣以为言，天子亦自怜之。将作大匠，又能规削胶附极般尔之巧，而见材度已足用，公恳乞兴工罢采，以休荆蜀民，使者相望于道，词旨甚哀，而工部大臣力任其事，天子从之，考卜兴工有日矣。其后漕数比先所下，多有奇羡。凡得木一万一千二百八十九章，公上最推功于三巡抚，下至小官，莫不录其劳，今不载，独载其所奏。两司涉历采取之地，曰四川守巡督儒溪之木，播州之木，建昌天全之木，镇雄乌蒙之木，龙州蔺州之木，湖广督容美之木，施州之木，永顺卯峒之木，靖州之木，及督行湖南购木于九嶷，荆木购木于陕西阶州、武昌汉阳，黄州购木于施州永顺，贵州则于赤水、猴峒、思南、潮底、永宁、顺厓，其南出云南金沙江云。大抵荆楚虽广，山木少采伐，险远，必俟雨水而出，而施州石坡乱滩迂迴千里，贵阳穷险，山岭深峭，由川辰大河以达城陵矶，蜀山悬隔千里，排岩批谷，滩急漩险，经时历月，始达会河，而吏民冒犯瘴毒，林木蒙笼，与虺蛇虎豹错行，万人邪许摧轧崩莘，鸟兽哀鸣，震天岌地，盖出入百蛮之中，穷南纪之地，其艰如此，故附著之，俾后有考焉。昔称雍州南山檀柘，而天水陇西多材木，故丛台阿房建章朝阳之作，皆因其所有，金源氏营汴新宫，采青峰山巨木，犹以为汉唐之所不能致，公乃获之山童木遁之时，发天地之藏，助成国家亿万年之丕图，其勤至矣。是岁冬，征还内台，明年考察天下，官已而病作，请告，病益侵，乞还乡，天子许之，行至东平安山驿而薨，嘉靖四十一年四月乙亥也，年五十有七。公仕宦二十余年，未尝一日居家，山东获贼，湖广营造，东南平倭，累有白金文绮之赐，而提督采运之擢，旨从中下，盖上所自简也。祖考妣皆受诰赠，母杜氏封太淑人，所之官，必迎养，世以为荣。公事太淑人孝谨，每巡行，日遣人问安，还辄拜堂下，太淑人茹素，公跽以请者数，太淑人不得已为之进羞膳。平生未尝言人过，其所敬爱，与之甚亲，至其所不屑，然亦无所假借。在江陵有所使吏迟至，公问其故，言方食市肆中，又无马骑，故事台所使吏，廪食与马为荆州夺之，公曰：彼少年欲立名耳。竟不复问。周太仆还自滇南，公不出候，盖不知也。周公乡里前辈，以礼相责诮，公置酒仲宣楼，深自逊谢而已。为人美姿容，自少衣服鲜好，及贵，益称其志，至京师，大学士严公迎谓之曰：公不独才望逾人，丰采亦足羽仪朝廷矣。所居官，廉洁不苟，采办无虑数百万，先时堆积堂中，公绝不使入台门，第贮荆州府，募召商□赏购过当，人皆怀之，故总督三年，地穷边裔，而民□不惊，以是为难。是岁奉天殿文武楼告成，上制名曰皇极殿，门曰皇极门，而西宫亦不日而就。天子方加恩臣下，叙任事者之劳绩，而公不逮矣。……（《归震川先生集》卷二十五，《通议大夫都察院左副都御史李公行状》，第四至十页）

问两浙天下重藩，涵濡至治，生民乐业，盖二百年于兹矣。独以承平日久，吏治刓弛，芟孽或萌，殆不能不为民病焉。以田赋言之，豪右之兼并，里甲之摊税，其间欺隐飞诡，奸宄四出，今欲求经界之正，丈量之法，果当举欤？以差役言之：官司之征派，应办之频仍，其间夤缘规避，弊累百端，今欲行均平之政，雇募之法，果当因欤？自倭夷入寇，民间征调日广，迩者虽称裁减，犹未销兵，以蠲外加之赋，兹欲议兵食之省，而练土著之民可乎？自矿徒为梗，州郡驿骚尤甚。迩者稍已怗息，旋复纠众，尚隐内讧之忧，兹欲杜攘夺之源，而严封山之令，可乎？夫丈量似矣。而增税犹恐概及下田，不知何以合？夫遂人办野之规，雇募似矣。而输直犹恐累及贫户，不知何以得于司徒保息之道？土兵似矣。变或不测，事当豫防，既济衣袽之戒，其可思乎？筑塞似矣。利之所在，人不畏死，朴人厉禁之，守其可复乎？此四者，均为民病，诚宜蚤虑，而亟图之也。善救者，譬如良医之疗病，病已去而人不知，否则投之或误，未免重困，所以救之者，非也。是知变革之道，必斟酌剂量，识化裁之宜，而后可以与此士于穷居，天下之务，当无不究心者，矧是为乡土之患，诸士子必能悉其利弊，毋徒诿之不知也。（《归震川先生别集》卷之三，《策问二十三道》，第六页）

问周官之法，五家为比，十家为联，五人为伍，十人为联，四闾为族，八闾为联，使之相保相爱，刑罚庆赏，以相及相，共以受邦职，以役国事，周公之所以经纪天下者详矣。国初斟酌前代之制，定为里甲，实本于此。今天下编户不具，黄籍无稽，流冗与土著杂处，见丁著役牌面，沿门轮递之法，比郡罕有行之，所以奸宄窃发，四□交侵，夫岂不由于此也？夫周官自乡大夫至于闾胥，无非教民以孝弟睦姻，敬敏任恤，汉置三老，犹有此意。我太祖高皇帝手谕《教民榜文》固在，今欲遵行令乡老教决讼议者，以为不可行，何也？夫不遵典宪，而徒取一切，以务声名，岂国家所以任属长吏之意，兹欲求化民成俗之效，何道而可，诸士子为我言之。（《归震川先生别集》卷三，《策问三十三道》，第十三至十四页）

长兴县编审告示

长兴县示：当职谬寄百里之命，止知奉朝廷法令，以抚养小民，不敢阿意上官，以求保荐，是非毁誉，置之度外不恤也。为照粮长自洪武以来，具有成法，伏读《诸司职掌》，该办税粮，粮长督并里长，里长督并甲首，甲首催人户。又伏读《大诰》，粮长之役，本便于有司，便于细民，所以便于有司，依期办足，勤劳在乎粮长，有司不过议差部粮官一员，赴某处交纳，甚是不劳心力。又云：往为有司征收税粮不便，所以复设粮长，教田多的大户，管着粮少的小户，想这等大户肯顾自家田产，必推仁心，利济小民，特令赴京面听朕言，关给勘合。祖宗立法为民之意，如此之精详也。然在国初，亦多有不设粮长之处，惟江南田赋最重，所以特设粮长，至今二百年矣。名臣硕辅来至拊循者，岂不能深思远虑，为民兴利除害，补偏救弊，而卒莫能易也。今浙中所谓里递者，当职未能遍识朝廷典故，实不知所以奉行，往以愚直致忤分守道，盖当职实见本县里甲凋敝，一里之中，十甲少有全者，其有仅备名数，亦非丁多，有田之家，而丁多有田之家，常岁已充粮长无遗脱者矣。不当复求粮长于里甲之中，夫丁多有田之家，其在一甲，往往占十里之田，其在一户，往往占十户之丁，又有不止于此也。所谓豪民侵陵，分田劫假，莫甚于今时。乃又议将所谓豪民者优假之，而使单丁只户贫无立锥者，执絷箠楚而代之役，是诚非迂愚之所晓也。当职所以谓欲先丈量田土，重定里甲，使十甲俱全，如祖宗之制，然亦当遵奉《诸司职掌》，粮长督并里长，里长督并甲首，甲首催督人户，不应顿去粮长之名也。若此则所谓朝京勘合可废矣。如朝京勘合不可废，得不近于欺罔乎？前岁已迫十月，致忤分守道，至遣他官来代其事，当职恐重害小民，因连昼夜编定，虽承里递之文，实用第三年之粮长，所以用第三年之粮长者，以前官将一县大户堪当粮长者，编定三年轮当，此劳逸更休之法也。今审里递，即前二年者，已经役过，而后一年者，独得以规避，彼亦有不能心服者矣。今县中奸顽不逞之徒，造为谤言，诳惑大吏，违误府县，拘絷穷民以代之役，往往有逃移他境者矣。其有不能去者，或田止十亩，或二十亩，一家父子祖孙相传之业，尽粥之矣。又有少妻幼女离卖偿官者矣。其又有自缢于街市者矣。及豪民与奸吏为市，许之免以取其贿，而阴为认保侵收，而欠逋之数，仍注其人名下，使之终身逃逋，不得归者矣。又有欺其孤弱，管收粮银公为逋赖，方见追比，不能赔偿者矣。当职北还过江，沿途来愬，未尝不为之痛恻也。到任以来，稽查后来所更，既有逃户不曾应役者，彼拘勉强发兑，而解户亦力不能支，况署官虽已更变，亦自悔其非，原不曾定有册榜，见今上司催督起解各项钱粮甚急，缘后定里递出，豪民奸吏之手，漫无可凭，相应仍照初编榜册。其后定里递逃者，径除其名，使后无挂累，若漕粮已经发兑者，则免其收解，其白粮等项已解者，追原编大户，照数出银以还贫户，仍告地方招还逃亡之氓，使复其业。当职为民父母，岂不欲优恤大户，而专偏重小民，特以俱为王民，尔等大户，享有田宅僮仆富厚之奉，小民终岁勤苦，糟糠秕褐，犹常不给，且彼耕田，商贾大户又取其租息，若刻剥小民，大户亦何所赖。况大户岁当粮长，不过捐毫毛之利以助县官，若小民一应役，如今之里递者生计尽矣。如之何不为之怜恤也？当职为此惓惓告谕尔等大户，各思为子孙之计，毋得仍前侥幸剥害小民，幽有鬼神，明有国法，宜各深思，所有解户，仍前开具于后。（《震川先生别集》卷九，第九至十页）

《定香楼全集》

《定香楼全集》，四册，二十卷，南海月溪山农区庆云子卿著。民国乙卯（四年）十传孙区大原重印，铅印本。

庆云，万历丙午（三十四年）膺乡荐，历任云南顺宁、曲靖、临安、永昌各府知府。

《粤中稿》，序，卷一，页64—65，代修广东通志序；页67—68，代修南海县志序。

《粤中稿》，列传，卷一，页117："庞尚鹏，字少南，嘉靖癸丑（三十二年）进士。筮仕乐平县，治行卓绝，召为监察御史，命核浙直军饷。发总制胡宗宪监军鄢懋卿冒破之奸……再按浙江，首发归安豪宦纵横之罪，全浙不寒而栗。又立均徭条鞭法，岁省费百万。请著为令通行。恩遍海内，随在立祠祀之。矿徒倡乱，亟促抚臣刘畿剿平。纪功时释幼小千余，欢声载道。……庄皇帝践祚……时议兴复九边屯盐。晋右金御史……上会计录，言从古征敛繁多，则民穷盗起，天下遂大乱。臣亲视边方，生灵愁苦，语甚激烈。……"

《吴中稿》，公移卷二，页113—115，请查学田积弊文；页117—118，请立学田规则文。

按庆云为宜兴振铎，"复学田，正侵租，修怨凭城"。见周延儒序。此稿论学田事甚多。（参《粤中稿》，记，卷一，页96—98，吴政记）。万历四十三年三月除宜兴县儒学教谕，四十七年三月升。

《滇中稿》，序，卷三，页56，代修姚安府志序；议，卷三，页71—72，清田变价助饷议。

清田变价助饷议

窃惟顺宁之田地有三，有始领者，有转领者，有买受者。何谓始领？当日从征官兵与建筑工匠，或招来新民，告给开种，赐之帖照，以为世业者也。何谓转领？后来衙役之禀讨与豪强之指占，或冒认姻亲，承顶故绝，间亦有给照而未尽然者也。何谓买受？则凭中用价，明白交易，税契归户者也。顾天远法疏，弱肉强食，夫亡而妻在者夺之，父故而子幼者夺之。丛神为政，到处护身有符；侏儒难通，予夺惟凭大力。顺民苦此非一日矣。今兹之役，乃上台轸念民艰，欲均井地以平谷禄之意，非尽为助兵饷而设也。顾一法立即一弊生，如前诸豪首倡没田变价究欺追罪之说，筹张为幻，威吓蛮夷。兼以近日土舍横行，越境网诈，官莫能禁，民不堪命，遂有散而之四方者。职去岁仲冬至境，即见右甸士民遮道泣诉。比还郡，而闾井萧条，不成景象。各里长、火头禀称，人民逃往镇康、耿马夷方，遗下钱粮不纳，事大可忧。职即给示，仍刊刷小票数百张遍发，赵六斤、阿子列等四处招抚，迄今稍稍来归，集泽于垣有人矣。职乃以清田纳价一事从容细询，日进诸父老子弟，问民疾苦，语及助饷讨贼，未尝不知奉上急公。第其中民瘼隐情有不容不曲体而徐商者，职乃将木铎乡约王斌、兰子秀等连名控词，与云州知州金可教、署印州同王文琼再三促席商榷，皆谓躐丈不便、委官不便，二者断无可疑。但纳价助饷，概难剖折，互相扳扯，展转搜寻，则穷年莫竟，弊窦滋多无已。则论亩议价，其言出于众口，似亦可从乎？二官复以所见条陈呈报。职反复详阅，兴利不若除害，百闻不如一见，此皆先民之格言，要在当事者审其时势之便宜，权其利害之轻重，则益民即所以益国也。议者第知私卖官田当追价，不知承平三十年来官田即民田矣，更相授受，几经易主，今日卖田之人非尽当日领田之人也；第知草昧之初经制未备，不知余知府有丈，范运同有丈，李知府有审，计亩升科，法网渐密，皆给田形可凭，非尽漫无陇畔者也；第知原隰宽余，易于开辟，不知历年以后新增有报，契尾有税，皆存卷簿可查，非尽有田无粮者也；第知后人所领与夷民世业不同，不知当时诛者诛，审者审，安得复有世家。今日之所谓夷者，亦后来招抚之众，与汉人同一领田，概难分别者也。况近三四年间，为辽事加派，滇事加派，在右甸、达丙、枯柯、明邑四里，有岁征从戎之役，疮痍未起；在牛街、马街、观音东、水龙四里，有外府站丁之害，诛求不绝。祥羊坟而获薪浸，视叶榆金齿不啻过焉。今据乡耆之合诉如彼，覆议如此，则免行躐丈，计亩上价，众心乐从，事体果便。惟上价之额，职未敢清议，复与众官酌量，谓重则难胜，轻则易举，上则田每亩或可议价五分，中则四分，下则三分，地递减之，其转领一项则倍征之。通府旧管共田七万一千零三十亩，地七万三千八百八十八亩，合田地而总算，该得一十四万五千亩有奇，大约上价已浮四千之上矣。此外岂无续报新辟者，又岂无被告欺隐者？其中更代之情弊，等则之混淆，亦难悬断，非府官亲审不能知。幸今正当大造编审之期，职已于二月初一日悬示各里，次第赴审，亲酌其粮税之高下，人丁之多寡，通融衰益，以定价数，始知王州同论里分价之说不便于行，中有首欺者。近城卑职亲丈，远处委官代丈，然数亦不多。职仍立一田形新式，四围写东西南北丈尺弓口，下方写亩数税粮定额，上方刻"顺宁府奉两院清查官田，计亩上价完纳，准与永远为业，不许他姓妄争，给此为照"三十二字，印刷千万张，每审过一甲即给一甲，领换收执，强者不得并吞，势者不得冒占，务为夷民一劳永逸之计。职时时宣布本院司道均田厚下之德心，靡不欢声如雷、若崩厥角也。其余事务琐屑可径行者，听职从长料理，不敢一一聒奏渎。惟念职识暗才庸，任大责重，固不敢违道以干百姓之誉，尤不敢以其所以养人者害人。忆昔曾读《唐书》，开元十二年诏天下逃户自首，阅所在闲田，随宜收税。户部侍郎杨场独抗议，以为征籍外田，使百姓困弊，所得不足以偿所失。时论韪之。况兹边夷之地，反侧靡常，当日召之，惟恐不来，今日扰之，安得不去。万一激成他变，扑救无及，得失之数岂有定乎？人心大同处即是公论，公论处即是天理，天理处即是元气，言非无稽。职一片苦心，不识忌讳，倘蒙垂鉴，乞赐采择。或依众议，计亩上价，姑免躧丈，上以数千之饷补助军兴，下留一线之脉噢咻黎庶，地方之福也，民牧之幸也。惟复别奉裁夺，或免旧征新，或通行量减，此则本院格外之恩，卑职所敢望而不敢请者也。除候各里通审完日，将审过田地等则定价数目另行造册甲报。（《定香楼全集》，《滇中稿》，议，卷三，第七十一至七十二页）

封右甸银矿议

看得鲁多贤立心贪狡，矢口狙诈，乃甸民之最无良者。方窥矿苗之出现，欲行其盗窃也，则拼胆以私开。及遇本职于归途，欲掩其专擅也，则驾言于禀府。本职以其地近镇城，且恐聚徒日众，不得不先揭报。非奉本道之行查与雷知府之参究，则几为所卖矣。所可原者，本职单骑乘间直趋亲阅，则见鲁多贤与杨志仁、樊正春各开一口，大都不出百步之地，聚徒不过二三十人。惟鲁多贤所开之处获有青砂，堆聚不多，其余二口开出止是硬土，大非矿类。且雨水连月，四望淋漓，荒山之上，泥泞寸深，草房数间，尽为水湿，不能措炉，众目共睹。本职即谕令封闭，而此属泣诉，以为费过工本，未得煎验，必俟天色晴明，开炉试煎，有无虚实，众心始服等言。本职姑从其请，特差老成哨官，阴知贤王合在彼监守，限以五日回报。今据回称，杨志仁、樊正春二口竟未获有矿砂，但以鲁多贤之砂下炉一试，俱成饼块，色泽焦黑，不分阴阳。送职覆验无异，及多方体访相同，其非真矿明矣。计其开挖未广，获砂尚少，为日必未久，且值淫雨漂零，无容措手，盗窃之心虽有，而侵肥之事似无。是妄传本府言语，藉以号召多人，因而诳禀卑职，情殊可恶，姑拟杖警。杨志仁、樊正春乃因鲁多贤而波及者，似应免究。其本山硐口三处，即日责令地方封闭，永不许开。取具结状，递报查考，巡视堤防，则卑厅原有专责，不敢纵且不敢诿也。（《定香楼全集》，《滇中稿》，议，卷三，第八十六至八十七页）

封云州温蚌银矿议

此一役也，始称温蚌矿苗出现，告欲委官煎验者，此朱有爵也；

今称日挖日费，并无真矿，告乞封闭者，亦此朱有爵也。果无真矿，则当初一两七钱之获从何而来？不应昔盈而今涸；果有真矿，则鸠工取铅，方冀源源之未艾，不应旋踵而告封。意清军厅所谓草皮矿倏有倏无、变态靡常者，即此类乎？但此辈起于一时贪心，遂致拼命揭借，生寡食众，日居月诸，将为弗得弗措之谋，反受欲罢不能之害，直至今日而始甘心袖手也，愚亦甚矣。丸泥杜衅，断在无疑，但官山非私家之物，银坑岂漫试之场？任其倏往倏来，自告自止。即无侵肥之实，难免欺骗之心，拟以究惩，似不为过。合将朱有爵、杨应洪二名解赴审夺，其吏目夏栋原解银一两七钱，并解查验。本硐开挖日久，竟无真砂，应径行封闭，永不许开，以绝衅端。（《定香楼全集》，《滇中稿》，议，卷三，第九十页）

云州募夫议

切照云州治在极边之隅，非有轮蹄络绎之扰，东支西撑之苦，设立夫役，不过答应本州知州州同吏目与夫守备公出参谒，及署印官交代往来、送旧迎新之用耳。或因各官携有家眷，及查盘点兵，委官按临，难以预计，则用夫较多。但原编每年扛抬银六十两，通融衰益，亦尽足用，不知从前何故复派之十一里长歇户帮贴。鱼网鸿罹，浸成厉阶，彼歇户里长何辜之有，所茹苦者此十一里之民耳。然其赔用数目固可屈指算者，无所谓岁费民财三百余金之说也。自知州陈时举到任，见其岁编有名无实，波累里甲，于心不安，特议更弦，金立夫头吴国臣、郑宗禹，岁支工食银七两二钱，每次公出则另支库银，付彼募夫，革派里甲，初意甚善。后来渐以夫头站堂与健皂一同差遣，此属即指倚衙势，任意扣克。而本官又专慕撙节之名，每岁必求羡余之积。如云州西至顺宁一程百里而遥，止给夫价五分；东至公郎两程二百里而遥，止给夫价一钱。山箐崎岖，烟瘴蒙蔽，民不堪命，法不能行，不得不派之猛郎与新街两地之客丁矣，始犹藉口暂借，后遂为成例，不可破矣。库中名为积节民间，实暗输将，犹然掩耳盗铃之智也，曾不思十一里民也？两街客丁独非民耶？况十一里之民多，而两街之民寡，夺彼与此，其苦綦甚。宜本官一去而王恤民等遂相率遮道，泣诉无已时也。职虚心评论，夫价六十两既为扛抬而设，每年用数又难预定，与其徼积羡之虚声，贻闾阎之实祸，孰若明出纳之公数，使上下之相安。查得云州额设走递马十四匹，岁编马价银九十一两，草料银四十两二钱，跟随马夫十四名，工食银五十两四钱，俱付走马之人领出答应，并不销算，未闻有议其滥者，以不累及于民也。夫马一体，独不可仿而行之乎？职愚见，欲远比各省赡夫之例，近仿本州走马之法，除夫头吴国臣、郑宗禹已经革退外，此后并不设立夫头。即将工食扣还夫价之中，官照养马之数自募扛抬夫一十四各，每名每年议定工食四两，岁该银五十六两，按季当堂官自给发，既无克减之弊；周年出入迎送，不拘起数多少，用夫烦简，俱于此中取办，即遇修理城池公署，杂泛走使，亦皆此辈承当，免派乡夫，以宽闲之日补有事之日，又为劳逸适均，质之舆情称便。卑州已召募得长夫李忠等一十四名，取有任状，在官听候，计每年动银五十六两，于额尚该剩银四两，存待下年搭放。但陈知州申称，历年积出银一百二十七两五钱三分九厘二毫，据本官临行先已详允自动长短夫银共二十两九钱三分，又自放过五两八钱，共银二十六两七钱三分，不在交盘之数，止剩银一百两零八钱九厘二毫在库耳，已经张推官查盘明白。今议雇募夫役，合即于本官存积银内及新征四十八年额银六十两天启元年用剩之数接续动支，作正开销，明立文案，季报循环，与里街百姓并不相干。后来募夫敢有捏告帮贴者，严行究治，务使名正言顺。在上者不必厉民以博虚声，终事守财；在下者各得缘分以沾实惠，而支放简明，数目易查，亦衙门一大快事也。职非不知见夫销算，其名甚美，然夫头既不可设，里长又不可使，则临时雇募，事毕销算，属之何人？边州弊窦与内地不同，稍假名色，即生事端。职博访舆论，再三思维，不如照养马例，官自养夫之为便也。况修理城池公署，无岁无之，往时动派乡夫，今则并归此辈，小民交口称善，似一举而两得焉。候详允示日立石遵行。（《定香楼全集》，《滇中稿》，议，卷三，第九十一至九十二页）

详免云州阵亡兵饷议

切照自古荷戈披甲，身膏原野，无非为国捐躯；兴师十万，日费千金，亦无非厚生恤死。从来未有以死绥之众，而犹械系其家属，鬻儿卖女，以偿公帑者。况此一役也，罪在哨总，而不在兵；即论哨总之罪，不过曰重领二字。然其初之设心，非敢重冒，毋亦料从戎日久，必非一季可毕，徐议扣补，应自有时，不虞其遽为无定河边骨也。屡蒙上台轸恤批查，德意本厚，无奈代庖蠢吏忍心不行。及吴通判痛哭流涕，而当事府官亦复置之罔闻，迁延岁月，以致于此。夫冒昧重领，诚哨总之罪也，若不请而擅借，既借而不详，则谁之罪哉？哨总与兵已死，犹追论不休，而那移官吏自来无一问及者，不知是遵何法也？倘非职行州严提库吏江本源鞫究，则本犯终于漏网矣。今读吴通判、王州同先后详文，一字一泪，描写已尽，本府无容复赘。其未完银六十两，无处可追，相应尽豁，非惟慰亡魂于既往，所以倡勇敢于将来，关系边计军情似非渺小。江本源本当究革，但念主持自官，而鲁论已褫职回家，姑将本犯薄杖还役，从轻以结，前人之局则犹有未尽之法尔。（《定香楼全集》，《滇中稿》，议，卷三，第九十五页）

云州银场停止委官议

切照云州猛郎场课，初委释丞章可爱，大肆侵渔，岁解仅三十两。嗣后皆奉藩司委官不一，虽课则渐增，而弊亦不少。雷知府仅委一仓官陈业，遂以贪婪取败，其明验也。至马知府目击小官之不堪，乃授南安州表罗场例，举而归之该州，详允在案，已经遵行，而不免于逋课者。乃旧岁署篆更代不常，事无专责，故承委人役因而干没，非立法之不善也。今该州以正官表率于上，而精严粹白，如皎日之当空，如迅雷之启蛰，何弊不革？何法不行？据申欲另委官监理该州受成，此亦先有司之意，但查本府属员内寥寥三人，未见真有运斤之才、茹蘗之操者。若只尝试漫为，他日亏课误事，罪在委者，本府不能执其咎也。合无行州定委转详，庶为妥便。随据知州金可教申称，追完天启四年春季分该场课银一百三十两，批差听用，哨官李朝用先解藩司充饷讫。其天启三年冬季课银，俟严追何柱等上纳完日，另文申解外，但州场相隔之远，未能躬亲提摄，承委抽收人役，谁为仗义急公？且场民异夫，皆四外流集亡赖之徒，畏法者鲜，强悍者多，不务本等营求，专一抄尖截底，互相争殴，设扰公庭，动辄匿课潜逃，累民赔纳。视此刁顽之辈，非专官莫能制也。先经申详请委，未蒙允示，今奉宪檄，查得府属常裕仓候任大使李延樑、孟宗仁、邹学鲁在任空闲，堪以委用。合无请乞上裁，定夺一员，俯赐转详，行委下州，管理场务，庶国课无亏，而奸民知警，等因。回报到府，该职覆查，看得自古称有治人无治法，其来尚矣。职曾一署云州，彼时银场属府管理，抽收俱本府委官，虽与职无干，然彼中利弊，旁观最真。该州离场仅三十里，非若南安州之距表罗场百里而遥也。马知府先任楚雄，身所阅历，知其可行，故详文内有比照南安归属云州之说。州官近而且尊，弹压督催，事权最便。去年冬季欠课一百二十余金，此乃王州同委用哨官何柱，不得其人之故，亦因庖代无常，事体不一。今观金知州回任甫三月，立完本年春季一百三十两起解，则总揽之与旁寄，功效彰彰睹矣。而该州尚欲另委官者，盖亦鉴于先年章驿丞之污蔑卑职，与近日吴通判之详文为引嫌自远之意。不知南安州之去表罗场路更远，而课更多，未闻该府另委一官。而况云州政务稀简，金守才品过人，上下相信，办此无难。第令矿头课长立限赴必，罄地之毛，自无不足。若多差一人，则多一人之事，在哨官皂快且不可多，而况另委职官乎？本府大使李延樑闻委力辞，求赴给由，而邹学鲁则见任仓官，兼管司狱，原非空闲者。倘以此辈为空闲，则该州独无巡捕，何必借才于府属哉？一委官出，未免多带亲人仆从，谓能集事不扰，皆吃语耳。该州既不得司其贤否，本府又无所稽其勤惰，异时逋额，咎将谁归？职愚无知，以为仍照南安州以印官亲督之便，委官之议姑寝之可也。（《定香楼全集》，《滇中稿》，议，卷三，第九十六至九十七页）

赵州征粮革弊议

窃惟《易》称改邑不改井者，以其井养而不穷也。若乃穷则变，变则通，为政者亦恶能忽三就之言，而终用黄牛之巩，况有成宪之当遵、画一之可据者乎？夫赵固榆之支郡而滇之冲途也，岁征夏税秋粮、条鞭差发、军屯子粒，本折所入，合之不下四五千缗，不为不多矣。往牒勿论，即如近奉前按院潘申饬之明文，与户部覆疏之堪合，莫不曰："凡征收民间粮差，须金里长轮流直柜，听纳户之自封自投，为革库吏设也。"又曰："每双月将直柜姓名通报院司道府查考，为防壅蔽设也。"又曰："收头轮直守柜，俱要殷实户丁，不许情觅积棍代替，为杜侵渔设也。"通奉遵行在卷。先该本府同知邓一荐署印，节经申饬出示，报立收头，不啻炳如日星，不知该房缘何不遵。本年十一月二十二日，该职接管受事，除税粮已经邓同知收完，掣请通关外，其余未完者，属职开征。询收头则无所谓收头也，询入柜则无柜可入也，但见条桌二张，摆在仪门之外，每月开纳，只以初二十六为期，轮点六房书手七八人监收，刻日而收，过日而止。不论封之多寡，皆以一线穿系成行，收毕携去，各自登簿，以俟拆封。及至比较，桁杨篡楚，惟有小民当之已耳。职骤见惊讶，以为征收钱粮，是有司第一首务，其责自在户粮，于六房书手何与？书手原是衙役，与收头名色何干？银不入柜，惟凭线穿，人各其心，人各其手，非独加收顶换之弊无从稽考，乃以题准之明例、院道之通行，竟任胥史数辈变乱抗违，法体何由正，民隐何由达哉？职即欲查革令金，缘此岁晚务闲之时，民皆念山枢隰榆之乐。况从前弊窦正在金报，恐民间不知，反以职为骚扰，职不敢也。合无先行申请查照，节奉部院勘合、宪规事理，每岁轮点收头二名，以殷实里长充之。查赵州里有十五，曰四十里、曰瓦窑里、曰草甸里、曰山曲里、曰在城里、曰江头里、曰甸头里、曰甸中里、曰东道里、曰龙华山里、曰大庄里、曰小邑里、曰巧邑里、曰苴力里、曰弥只里，内除四十里赵来哥已充过四十六年收头，瓦窑里王宪章已充过四十七年收头，二里各不点外，今从天启三年正月起，即将草甸、山曲二里见役里长点充，以后挨里顺金，计七年而周，不得蓦越，不得买免。每二名管理一年，夏税秋粮止许直柜登数，不许动手敲针，悉听纳户自封自投，房吏不得暗派使用，官府不得明受拜见。每年正月，即将本年收头姓名申报院司道府，以凭稽查。仍照各府州县，动支官银，置立木柜二个，入口之处要用铁包，屈曲其喉，毋得径直，以防掏摸。本职向署云州，曾用此法，甚觉妥当，今亦可以仿而行之也。此柜日置仪门，夜收堂上，拆封会数，方报入库，无论六房书役不得干预，即库吏亦无容上下其手。且令上纳者陆续而来，无拘初二十六，以杜收头揹勒之端，庶积蠹可清，而输纳可便乎？至于赎镪一项，各处皆属库吏，惟赵州不然，某房承行，则某房径收，库吏不与闻也。迨取解日，然后承行者出之袖中，亦有委之于上手者，有委之于原差者，纷纷聚讼，耽延日月，不得已而那移借解，搪塞查盘，是人自为政、家自为帑也。悖鳌如斯，岂成体统？相应一并厘正，总归库中，每日州官升堂，许在堂上秤纳，他时不许，亦所以杜库吏揹索加收之端。总之源洁则流清，表端则影直，衙门正则闾阎受福，是地方一大快事也。凡此皆卑州之可径行，似无俟渎上听者。积轨轹久，群小习以为常，弊孔虽埋，宵人不无侧目。况新旧迭更，规随不一，职代庖吏也，倘非乞灵立石，永矢弗谖，窃恐后之视今犹今之视昔耳。职亦何敢爱盈尺之纸，而不为地方建久远之谟乎？除从前有犯人役姑免追究外，理合详请。（《定香楼全集》，《滇中稿》，议，卷三，第一百零九至一百一十页）

代处沐府庄田疏

臣因镇臣沐昌祚奏请，得旨："庄店仍归该镇管业。"臣与抚臣闵某具疏力争，奉圣旨："庄田仍归该镇，原责其封疆出力，不必遽更。其参随人等，着该镇并地方官严行约束，不许倚势害民，如有违犯，着抚按官即行拿究，该镇不得庇护。你每要平心处置，共安地方，勿得纷纭。该部知道。钦此。"臣等阐绎皇纶，始则责其封疆出力，继则责其约束参随，而终之曰共安地方，仰见皇上虽笃厚勋臣，而未尝不以边圉为急，以元元为念。第令镇臣奉以周旋，得其实用，独持大体，勿假宵壬，按籍而求，不索分外，上下相安，公私无议。臣等方喜同心共事，亦何敢纷纭之与有奈之何。其不然也，盖自奢安发难，征调连年，迨之东西车嶂牡痯矣，几见该镇索赋，以一兵一卒助我戎行，曰是庄丁所出者乎？无有也。悬磬在上，竭泽在下，南箕北斗，不啻翕揭矣。几见该镇捐赏，以一丝一镪匡我军兴，曰是庄租所入者乎？无有也。惟闻镇臣一徼俞旨，雷厉风行，狼差捧檄四出，鸱张虎噬，而十八府地方之受害者有不忍言者矣。如藉放私债，扣兑兵粮，数百成群，围屋劫抢，生员张拱斗等有词，则安普兵巡道所详也；王锡荣、王元会夺献生员，王之望等海西庄又占莲花池地百余亩，则澂江府所详也；王朝贺夺献谢功爵荒山，贿买差人，放火杀命，则昆明县所详也；李思孔等闪躲身差，夺占民田，投献管庄，李福禄、王国宾等借势武断，把持拒捕，则昆阳州所详也；陈可忠、李如春等投献二十一村，莽粮加租二千余两，串差搜捉，鸡犬不宁，则晋宁州所详也；阮乘麟等抄占学田，献势踞食，仍伪造私书，暗投学道，以害青衿，则云南府所详也；权恶李茂倚恃总庄，擅拆民房，擅卖民田，威令庄兵拥门抄劫，被害李发荣等有词，又兵巡安普道所详也。他如武定府，则以张万纪朦胧按占寡妇陈氏血业二百两告矣；金腾道，则以总庄差人骚扰虐害江邑寨民阿举等告矣；云南府，则以参随张举、阮鐺夺投生员叶可裕世业告矣；宜良县，则以参随杨解、张尚贤夺投生员丘仕樑祖庄告矣；罗次县，则以参随杨惟孝等挖掘张愈苍坟塚、劫掳摇铃寨告矣。纷纷申诉，不能枚举。其远方下邑愚民蠢夷之含冤莫控者，又不知其几也。臣虽批行司道查究，亦一面与镇臣虚心商榷，劝其自为爵土身家之计。乃此辈虎性飞食，势不可御，动以抗旨为词，挟制有司，敲吸百姓，即镇臣亦有不能自主者。臣窃见全滇之民三四年间苦水、苦旱、苦兵、苦饷，杼轴尽空，中泽无集，流离颠沛，倒悬已极。而又叛酋外讧，土司内梗，牧守之吏不知日费许多，噢咻拊循，以与我共此土也。即使庄户果能为兵，庄租果足充饷，犹有反裘负薪之虑，而况借此空名以启莫大之衅乎？科参甚明，而中旨径出，臣恐参随缨弁得此别生事端，或收召无赖之徒四处为盗，或以违禁私货潜通夷方，官不能制，人不敢拒，其害殆不止于投献占夺已也，斯时乃欲臣等执法擒治，晚矣。夫兽穷则攫，人穷则乱，万一民不堪命，斩木揭竿而起，土崩瓦解，即见目前正孔子所谓"季孙之忧不在颛臾，而在萧墙之内"者，沐氏亦安能高枕而卧、扪腹而食乎？皇上爱惜勋旧之心将有不得自遂者矣。臣等为地方计，为沐氏计，为国家带砺之盟计，殆无一而可者也。若仍遵皇祖之旨，归于有司征解，务令足额，不得拖欠，有逋负者，听臣等稽查；有骗害者，听臣等究处，镇臣坐享茧丝之利，地方共赖保障之安，岂不甚便？何必为此虎狼狐鼠之辈开抟噬之门，以饱溪壑之欲哉？臣闻民为邦本，本固邦宁，今天下犯上作乱之徒在在见告，然无如滇中目下时势可危尤甚。昌祚耄矣，固无远略；后人为政，事更可虞。臣之杞忧似非过计，伏望皇上收回成命，收前项庄田亟还有司征解，仍严禁谕参随人等，毋得藉势横行，自取灭身之祸，庶边圉之隐忧可消，勋庸之世胄可保，于我皇上共安地方之旨，亦可永无负矣。臣不胜延仰激切待命之至。（《定香楼全集》，《滇中稿》，疏，卷三，第一百二十四至一百二十五页）

《睡庵文集》初刻、二刻

《合刻霍林汤先生睡庵文集》，初刻四卷，卷一杂文，卷二文类，卷三至四诗；二集（亦题作《睡庵二刻》）六卷，卷一叙，卷二叙、记，卷三志，卷四志、表状，卷五行状、传，卷六诗。宣城汤宾尹著，金溪门人李曙寰校梓。（二刻有新都罗彝序。）分装六册。叶启芳藏。先月楼藏板。

《睡庵稿》，二十五卷，有文无诗，明汤宾尹撰，万历三十八年（1610）郭正域序，六册，本校"善253"。与叶氏藏本编次不同，此应为稍后出之本。书中万历四十三年之文两见：一、卷二十五《祭叶玉城文》；二、卷十八《程太学墓志铭》。

卷一

《曾叔祖母吴太孺人七十序》（中大本卷十一）：

我乡素称善俗，少时闻……其民力田，其妇女工布，勤者日纺十两以上，织四寻。大概东乡之家取饭于田，取盐油凌杂之费于布。勤俭长厚之风，微独超郡，几与古列矣。环左右十数里皆巨族，而我汤氏介居其中，指多而室赢。诸姓间有他途起者，而我汤氏非读则耕：读者或不达，宁里塾支口，不解从公府酒馆之游；耕者十九无田，佃他姓之半，杂为人佣保以活。妇女丐棉为工，十数换不博数尺；收棉担易油，昼夜工作，隆冬阖门冻饿而已。然自守其环堵，不肯散去；去之，亦或以农人，又率笨绝，不辩日月东西，不利见人，以故百年来未有市居者；有之，自我入斋翁始。始，翁孤寄市中，无庐无亩，拾零货子母权之，可十余金耳。会有天幸，日倍取赢，十余年间，累致千金，大张我族。而其间拮据佐事，我曾祖母吴太孺人之劳为多。母虽市廛乎专屋而处，不闻市响。率女婢纫缉缲枲与组刺之用，无虚晷，工倍于田妇。汤氏之族，自占书以上，生儒赴校，凡往来有事于城者，挟布易棉者，日不下数十，每至如归。巫酒舖飨客，客无贵贱，必手自调击。细及奴马饭刍，必察。而又爱我父子特甚，自我父炉而游学，以及宾尹又炉而游学，食则取食，出入无仆，则僮为仆，三十年如一日也。……而母自倍翁迄于今若而年，独喜乡居，岁课耕种，秋成之后，偶一如市。……

《寿朱南陵母太孺人序》：

……郡部六城，而南陵处剧，供亿旁午，讼牒纷纠，其俗即无大豪，不可伏。去郡非远，嚣刺相习，时时能持上短长，朱侯为政，劳割自下，和柔士民。未久，士民悦焉。……会其母之诞日，阖邑父老子弟争持牛酒，酌令君，称太君寿，齐拜堂下，且百里而走宛上，趣不佞文之。……吾郡之俗，有如苏子瞻所谓近古者三：其士大夫贵经术而重氏族，其民尊吏畏法，勤耕织而鲜商贾，屡饥之后，其惫已甚，民不堪也。乃者，中使四出，重以无籍之徒，贼智嫁威，所在横劫，四方贾人，与之相驱逐如走狗，而吾郡县之民，勉相安如堵，曰：太守、县令贤明，不忍鼓衅，以贻其忧也。……

《岳父沈公六十叙》（论当时婚娶妆奁陋俗颇详）（万历本卷九）。

《睡庵文稿二刻》卷二

《赠刘南海序》（中大万历三十八年本载在卷七）：

……吾闻刘公之为与海也……海南故多舶寇，出没靡时，百姓环城而居，前此偶闻警，辄相戒豫毁庐屋以待。公曰："彼即来，民徒避之，不过毁庐屋以去，况必不来也！"已而，贼果他出。公于治道缓急之会，识见周定如此。公政绩尤异……如所称禁火耗，革需索，蠲税振荒，善政不可选指。……与绅儒共纂成之（邑志）。……

《洳河疏议序》（记新开洳河漕舟运输险状颇详）（中山本卷三）。

卷三

《封文林郎高公合葬墓志铭》（万历本卷十五）：

东海有隐君子曰震泉高君，讳东阳，字宗乾，莱州莱阳人也。齐俗喜剑博蹋鞠快事，而君用孝谨阖户自戢，既孝谨自戢矣，而于其兄东明所逐，击剑陆博蹋鞠舞竿之事，心非是之，然不敢逆以争也。所费掷，一于君乎取，欢然应手，无吝色。有某甲者，黠而豪，故攻剽党也。日夜裘马走，子弟出入街巷，巷人皆缩颈避，东明直以气挞之曰："吾得肉若。"某甲恚甚，谋东明。会君族属有戍于外者，其子死，东明封缄其家以待。子，某甲甥也。某甲辄破垣屋，尽夺其财物归，而反行金于主讼者，抵东明谋财。君于是装百金，跣趼，撼郡县门呼诉。某甲则伏其徒，狙击君不中，则益眈眈必死之。而君适为里社长，趣赋；乃阴赍逋赋者阒君，而旋策杀其妇，滋行金听者左右，县官耳误，遂坐君杀人。当是时君兄弟共罗（罹）大狱，几无道白也。居有间，以旁邑令明之，君甫得脱出狱。……君既出，倾其家赴兄，率诉某甲不法状，论远戍以死，既与其兄东明共脱归。……万历三十二年……四月二十三日，年七十四而卒。……

《戚畹李公墓志铭》（万历本卷十五）：

慈圣皇太后之从兄曰苍泉李公，讳文松，其先山西翼城人，后有徙顺天漷县者，遂为漷县人。……今上十年，有诏拜锦衣卫指挥使昭勇将军。……田桑什一之业督课，不改穷屋，而于民居民田民利，一无所侵扰，以万历癸卯七月四日得年六十六杂。讣闻，太后哭发声，赐金三百两，布百匹为敛具。……

卷四

《先大父大母合葬墓志铭》（中大万历三十八年本卷十六）：

……大父世力农，粪硗田数亩不给，则从曾大父行里中贾，已乃合季弟，已率季子，竟以贾老其身。大父虽以贾老其身，于贾家所为颛权程石、敛贱散贵之法都不复晓算。……性厌市郭，十余年不一入，至老不识郡县方向，不见官长。尝市货芜阴，泊傍官舫。……尝久雪三月，无薪，［大母］取所治棉柤，煨别铛，目几蒸塞也。……［大父］生嘉靖乙酉……卒万历丙戌……得年六十有二。……

《喻赠公暨封太孺人高氏合葬墓志铭》（万历三十八年本卷十五）：

……赠公少孤，鲜兄弟。……有先人之诒，资田金千，舍金百，日在豪有力者眈眈中。赠公计曰："使吾无身，曷须此为？使吾有身，曷须此为？"居亡何，田为人所田矣，傍人不平也，笑谢之。又无何，会为人所舍矣，傍人不平也，笑谢之。则徙而守跳石一马之区，支唉粥者二十年，然犹岁为族人输浮税。第时时私指喻子［绳祖］曰："可也，吾以信吾眉。"未二年，死矣。万历丁亥十一月三十日也。距生嘉靖壬寅十一月二十七日，得年仅四十六。太孺人者，高氏，十三而归赠公。……隐泪供绩织，佐所不给，亡朝夕休也。……太孺人生于嘉靖甲辰……以万历丙午……卒于家，得年六十三。生四男子，长即绳祖，同予乙未进士，由沅陵满考，赠公文林郎，如其官；封母太孺人。升大理寺评事。……

《四川按察司副使进阶亚中大夫资治少尹任斋赵公墓表》：

……公以戊辰进士，选知青州之益都，甫任，贬河南布政司都事，徙知扬州之江都。……江都多大贾，诸方下第举人索令书为重，递饱金钱，公一谢绝，不与通。……公讳某，字某，号某。有子曰用光，官翰林院检讨。辛丑……明年六月廿一日卒于家，享年六十有五。……（按表中有"升公四川按察司副使备兵川东，行大用之也，而公寻以病告予致仕途归矣，当是时年四十二矣"。又云："山阴王相国为之志铭。"）

卷五

《海丰知县补祁州判官四明叶公行状》（中大本卷二十二）：

春卿叶君卒于祁州之官。……君讳维荣，号四明，浙之慈溪人。……年三十九，始举于乡，明年壬辰以乙榜例授山东平度州学正。乙未，上春官，为思白董太史所赏，魁春秋。会馆选，一时群目之，君摇手笑曰："老博士固逐弟子队乎？"不赴。明年，选海丰知县。……县三面负海，群盗出没大洋中，市魁公为主臧，居民宁被盗，不敢闻，兵壮不敢捕。公心计之，此不一太（大）揃刈，不足安民。始佯为无事者然，密推迹，尽知其根株窟穴所在。一日，擒其首张大总、二总，杻之，方过市，径于市人郭遂江家搜得赃物，次第穷究，共百有余人，皆寘之法。有党横于乡者，号五虎、二十八将，吞食村落，良久。君一日提兵壮若他往者，间至其处，尽缚之，一郡震洗。益严保甲连坐赌博之禁。少年恶卜无商贩作务而鲜衣游行者，悉籍记罚之。地故产断肠草，俗盛气服之以死，辄告杀伤，株连不可算。君为立约，凡自尽者倍坐其家。更令民得纳毒草赎杖，曰："务居此种，毋令愚民草菅其命。"陈某者，富而吝，怜（邻？）某嗛之，畜一病丐往相诤，随椎丐者死，丐苏而逸也，复拾涂莩。君廉丐所在，密致之。及讼时，出丐，而嗛者优辜。其摘伏多类此。……治县五年。……

《郑赠公传》：

郑赠公某，字某，兰溪人也。……［其妻］赵孺人者，名家女，与前卿太常者为兄弟。郑公家故以义落。及孺人寡居，生计益蹙，日夜纺绩取直，自忍饥而削鲜腴进御舅姑。……［子弘道］成（万历）甲辰进士，为徽州府推官。……

卷六

《金秀才还吴》：

望入江南杳霭间，雪干云净野风闲。吴门白练今何似，只有行人匹马还。

岁暮春来趁虎丘，朝歌莫舞点齐头。当年误听生公法，直到如今说不休。

《余冬录》

说明：《余冬录》六十一卷，明何孟春撰。孟春字子元，谥文简，郴州人。弘治六年（1493）进士，由庶吉士授兵部职方主事，历升右副都御史，巡抚云南，寻迁南京工部左侍郎卒。所著除《余冬录》外，尚有《闲日分义》《抚滇条约》及《文简疏议》。《余冬录》有嘉靖七年（1528）郴州家塾刻本，收入《四库全书存目丛书》子部109册；以及恭寿堂藏板，同治甲子（三年，1864）重刊本。前者卷首有作者序，按册编目，分为内、外两篇，内篇自第一至五册，外篇自第六至十三册，共六十五卷。后者以卷分目，共六十一卷，每卷有中心主题。卷首有《重刊余冬录序》及《何燕泉先生行述》。《四库全书总目提要》称是篇体例近王充《论衡》。大旨主于品藻得失，好为高论，不免流于迂僻，又记琐事，亦病芜杂。使其精自简汰，颇足为一家之言。颇为中肯。民国二十六年（1937）王云五主编《丛书集成初编》，就据提要原则，简编为《余冬序录摘抄内外篇》六卷，收入该丛书出版。梁方仲先生所介绍的是同治重刊本，迻录其序、卷次及主要内容，因该刊本尚未找到，今只好以嘉靖七年刻本校读。梁先生所介绍的该书内容更为简要，值得究读。

《余冬录》，六十一卷，明郴州何孟春子元甫（谥文简公）辑，同治甲子秋重刊，恭寿堂藏板。

《重刻余冬录序》（同治三年大兴邵绶名序）："公著书十八种，无虑数百卷，皆散佚不可考，惟《余冬叙录》六十五卷，乾隆间重刻于其后裔，然流传绝少，间见于顾亭林《日知录》引用数条。余屡索其书不获，今年春新化曾香海以全部见诒。……旧刻六十五卷，分内篇、外篇、闰篇，编次间有颠倒，其分门别类多重复错乱，恐非原书真面目。绥名……因僭为订正，不分内、外、闰等篇目，定为六十一卷，门类之大同小异者，则省而合之，共二十四门。时与香海往来商定，召工授事，经始于同治三年五月，蒇事于十月。……"

《何燕泉先生行述》："公讳孟春，字子元，谥文简，号燕泉。及门之士尊曰燕泉先生。先世在宋出庐陵，徙广东。元有官都统者镇郴桂，始居郴，公之始祖也。……曾祖……始以乡贡起家，历官有惠政。祖按察提学公俊由，进士。父刑部郎中公说，以解元连擢进士……公生成化甲午正月十日……癸丑举进士……乙亥擢太仆寺少卿……戊寅公升副都御史，巡抚云南，己卯莅任……世宗……辛巳升南京兵部右侍郎。壬午改吏部。……升本部左侍郎，署尚书印。……丁亥二月，公缘病疏乞休。……戊子公家居，命男仲方编辑旧稿为《余冬叙录》。……丙申……五月一日……终于正寝，距生甲午，得年六十又三。……隆庆改元……赠礼部尚书，谥文简。钦差沈楠、黄公可大造坟谕祭，并存恤其家，支库内无碍银两，赐买免米田粮二担八斗，州城地基一片，立祠春秋祀焉。"

《余冬〔叙〕录原序》（见《纪录汇编》第51册卷148，颇有异文）。

卷次：一，天文；二，地理；三至七，君道；八至十，政治；十一至十二，职官；十三至三十一，人品；三十二，圣贤事迹考辨；三十三至三十五，经传；三十六，丧礼；三十七至三十九，祀典；四十至四十一，理学；四十二，书籍；四十三至四十六，考古；四十七，学业；四十八，懿行；四十九，论史；五十至五十三，论诗文；五十四，箴规；五十五，警悟；五十六，罕喻；五十七至五十八，杂述；五十九，术数；六十，方外；六十一，物产。

卷八　政治

宋陈遘经制七路，治于杭，时县官用度百出。遘创议，度公私出纳，量增其赢，号经制钱。其后总制使翁彦国仿其式，号总制钱。于是天下相沿。有经总制钱名，自两人始也。当时言官谓妖贼陵暴州县，唯搜求官吏，恣行杀戮，往往断截肢体，探取肺肝，或熬以鼎油，或射以劲矢，备极惨毒，不偿怨心。盖贪污嗜利之人，倚法侵牟，骚动不知艺极，积有不平之气，结于民心。一旦乘势如此，可为悲痛。……

李畋《乖崖语录》载：张公咏在成都，尝感异梦，召黄丞事兼济，问其有何阴德。黄曰："无他长，但每岁禾麦熟时，以三万缗收籴，至明年，民或艰食，即与元籴斗斛，不增价粜之。在己初无损，于人则颇获济。"乖崖嘉叹，遂坐黄而拜焉。春尝谓黄此事今日士夫居乡，自可量力仿为，若有司以此施诸条格，为惠不细。及观张子韶《横浦录》云：忠定公治益，多爱利之政。其大者，公尝以蜀地素狭，游手者众。稍遇水旱，民必艰食。时米斗直钱三十六，乃按诸邑田税，如其价，岁收米八万斗。至春，籍城中细民计口给券，俾输元估，籴之。奏为永制，逮今七十余年，虽时有饥馑，而益民无馁色。然则此事公当时已著令于蜀矣。黄之事固宜有当于公心者，公岂其有感于黄所行而后推之官邪？宋《名臣事实》：张咏守蜀，春粜廪米，价比时估三之一以济贫民。凡十户为一保，一家犯罪，一保皆坐，不得籴。民少敢犯法，及后议者格不行，穷民无所济，去为寇。王晦叔知益州，乃奏复焉。盖即此事耳。春谨合书之，以告诸有志者。

宋叶左丞梦得《避暑录》云：余在许昌，岁值大水灾伤，京西尤甚。浮殍自邓唐入吾境，不可胜计。令尽发常平所储，奏乞越常制振之，几十余万人稍能全活。惟遗弃小儿，无由得之。一日，询左右曰："人之无子者，何不收以自畜乎？"曰："然，人固愿得之。但患既长，或来识认耳。"余为阅法，则凡伤灾弃遗小儿，父母不得复取，乃知为此法者，亦仁人也。夫彼既弃而不有，父母之恩已绝矣。若人不收之，其谁与活乎？遂作空券数千，具载本法，即给内外厢界保伍。凡得儿者，皆使自明所从来，书于券付之，略为籍记，使以时上其数。给多者赏，且分常平余粟，贫者量授以为资。事定，按籍给券，凡三千八百人，皆夺之沟壑，而置之襁褓。此虽细事不足道，然每以告临民者，恐缓急不及知其法，或不能出此术也。春按：《金史》章宗将下诏以示四方。张行简奏曰："往年饥民弃子，或丐以与人，其后诏书官为收赎，或其父母衣食稍充，即识认，官亦断与之。自此以后，饥岁流离道路。人不肯收养，肆为捐瘠，饿死沟中。伏见近代御灾诏书，皆曰以后不得复取。今乞依此施行。"上是其言，诏书中行之。然则金此诏盖宋法也。梦得之所言者尤当预知，以备缓急。金宣宗南迁，闻汴京谷价腾涌，扈从人至则愈贵。问宰相何以处之，皆请命留守司约束。高汝砺独曰："物价低昂，朝夕或异，然籴多粜少则贵。盖诸路之人辐辏河南，籴者既多，安得不贵。若禁止之，有物之家皆将闭而不出，商旅转贩亦不复入城，则籴者益急，而贵益甚矣。事有难易，不可不知。今少而难得者谷也，多而易致者钞也。自当先其所难，后其所易，多方开诱。务使出粟更钞，则谷价自平矣。"信乎，处事不可以无术也。

五代晋天福间，南唐括田定赋，每正苗一斛，别收三斗，与民盐二斤，谓之盐米，随苗附籍，朱批带纳。后周世宗取淮盐场入周，盐遂不支。宋平江南，收米如初，祥符七年运使陈靖、元丰五年提举刘谊皆言此民病也，法当豁除。疏留中未行。宣和言利之臣，忽增为六斗八升二合，民力大屈。绍熙中，在处守臣先后建明陆续均减，而在饶者迄宋末始除。事载马端临《减苗记》可考。虽然，此事在宋特故属南唐诸郡地然耳，他州无此害也。国朝班户口食盐于天下，而岁收其钞，曰户口钞，盖以盐课钞也。今盐不班，已数世矣，而民岁出折银钱户口钞如故，天下咸病于是，然无一人言于上者。……

役法难均，前代已不能无病。于是朱子尝言：乡有阔狭，富豪有多少。狭乡富豪仅仅自足，一被应役，无不破荡。惟彭仲刚作临海县，先计其阔狭多少，中分而均役之，民甚便焉。虽非法令之所得为，然使民宜之，终不能变也。春按：彭之所为，今法令无不可得为者，顾有司用心如何耳。今日之法，户列九等，门分三则，乡乡不能无上中下户，虽上上户不能无中下门，所谓富豪有在此乡称上上户，而曾不比于彼中上户者；有在彼下上户，而可当此上中户者。为州县者若只计其阔狭多少，而不计其事力高下，概加通融，亦未见其能均也。马廷鸾《并都记》引晦庵先生所言，以明金山之事，此只是众擎易举之术耳。并都并里，今日乃极不得已事也。

元李存《义役谣》云："八都安仁最下都，易水易旱生理无。奉公往役名主首，半是摘蒉担柴夫。或因苗麦仅升斗，遂忝殷实元空虚。于中得一称上户，土赤聊当辰砂朱。五更饭罢走画卯，水潦载道归来晡。天下未平诸镇碎，每以附近先供需。课程茶酒率陪备，所取盐米何锱铢。逃粮逃金不待论，职田子粒尤难输。公家督促过星火，唯听捶挞生虫蛆。几年辛苦垤容蚁，一界了毕锅游鱼。间逢贤宰相怜恤，苏息无术空嗟吁。省符郡帖一朝下，义逊得许从乡闾。徐君更是好义者，率以公正人争趋。同时共事数君子，但有赞协无咨且。出多出少由厚薄，若大若小皆欢愉。支吾纵广非独力，倾助能几咸安居。移东走西幸免矣，那上趱下归谁欤。不闻豗突到鸡狗，但觉和睦安犁锄。愿依此举更坚久，美事无以三年拘。"春兹录之告诸郡：下都其独安仁乎，李存义谣谣不诬。义役之役幸可图，古人事是今人模。

漕河夫力岁役甚夥，河边郡县常籍邻境贴助，故有沿岸夫厂之设。而黠胥猾吏并缘为奸。所司在远，日用多少，不得周知。民困出钱，无有纪极。主者卒无法以处之。昔宋熙宁更募役法，常平使欲概州县民户羡乏相补程之。邵曰："此法乃成周均力遗意，当各以一邑之力，供一邑之役，岂宜以此邑助他邑哉？"于是一听之邵所为。使理今漕河之人能推之邵之所为，其于邻郡邑之民，必可均而无弊矣。

卷九　政治

武职冗滥，京师为甚。俸给不时入，非善治生顾行检者，往往指俸预贷于人。比关给时，升勺皆［他］人物也。本卫军士有子，其本家亲管官旗至俟门而仰面焉。冠屦倒置，无人为救正者。弘治初，大司马始禁各卫所官旗不得预指俸粮贷钱，其富者不得写人俸粮以营利息。欲正名分，意非不善。可贫富偶俱怨其不便，其禁遂革。昔宋临安宰到任，揭榜民户不得还私债，意亦在于抑厚利以恤茕独。已而妇人鬌发入市，持男易斗粟，鬻卖农桑之具，流逋纷然。遂复揭榜，令上户放债。惜乎，当时无以此为大司马计者，此真无可救之术邪？

卷十一　职官

宋制：县主簿专主簿书，书其民事与令、丞通行。簿书治则民之力役之征、粟米布缕之征无差紊者，因之两造之讼、五刑五罚之狱亦简矣。南渡后庶务繁委，刺史、部使者之檄无虚月。凡郡县之政，无不周治，是又不减于一官一职而已也。程迥为《余下主簿厅记》如此。主簿之职，凡一县之簿皆得而领之。民下有簿，保伍有簿，学有簿，受词有簿三：一下都、一送案、一正，抹限有簿三十，逮至有簿，缴有簿，诸司及守倅判皆有簿，准帖牒皆有簿，受外州县有簿，佐官申有簿，断释有簿，凡财赋之入皆有簿，自始至门皆有簿，入出库皆有簿，复有给俸簿、给庸簿、土官钱粮籍解抄簿，自余令君（尹？）又有所谓总簿。盖无所不勾稽，可以正典常，可以纠奸慝，可以理财用，可以安邑民。近日居是官者，自二税以省库之外无与焉，号曰冷局，无惑乎为县者之务益繁也。杨简为《乐平主簿记》如此。《朱子语录》："主簿就职内大有事，县中许多簿书皆当管。某向为同安簿，许多赋税出入之簿逐日点对金押，以免吏人作弊。然则官无大小，无冷无热，在人尽心焉尔矣。"就此一小官言之，其职之举废可考矣。

卷十二　职官

国家奉使大臣有地方专责者，自永乐年来惟巡抚官为然。巡抚官设南北畿暨十三布政司，有专责而恒命者，自宣德年来，惟都御史为然。都御史在地方，既承专责，又奉恒命，凡事无所不当问，若钱谷甲兵，系厥地方安危，激扬操纵，朝廷有弗属焉者乎？是故自正统年来都御史、巡抚任已重，而奉使大臣兼巡抚，则北惟漕运，南惟两广军务，称总督官为然。巡抚地方于兵与食厥系既重，必首当问，而总督实兼之。漕之所主钱谷，两广主甲兵，凡无所不当问，于巡抚之事，特旁摄耳。然则总督之事之尤重可知已。南北畿十三布政司之设巡抚，用左右副佥都御史居多；而漕、而两广总督兼巡抚大较左右都御史，尟用及副佥者。两广边岭海，蛟龙虺蜴虎豹宅，蛮夷悍劲，易动难安，戎旅之用，无岁无之，然亦特偏有所重尔。国家就北建都，郊庙朝廷，禁御边徼，凡百司庶府、吏士宾客工役应祭祀禄给享燕供馈锡赉施恤之费，岁亿万计，率仰东南，东南赋税率由河漕，京师视河漕，譬诸人视咽喉，人胡可一日无食，咽喉胡可一日不通，其为重而尤，胡可与彼偏于一方者比。河漕之制，分兵民之赋，半天下府卫力以为转输，官军十二万七千八百有奇，舟万二千一百有奇，输粮石带耗六百万有奇，领之以将帅，临之以风纪，风纪之职，非大臣中妙简时望，积年劳于累任，著谙练于历试，深且久焉，其人如何办此。

卷二十二　人品

宋孝武初，谢眺为吴兴郡，以鸡卵赋人，收鸡数千，为清谈所少。眺名门佳士也，事载正史乃尔。《朝野佥载》：唐益州新昌县令夏侯彪初下车，问里正："鸡子一钱几颗？"曰："三颗。"乃遗十千钱，令买三万颗。谓里正曰："吾未要，且寄鸡母抱之，遂成三万头。鸡经数月长成，令便与我卖却，一鸡三十文。半年之间，成九十万。"又问："竹笋一钱几茎？"曰："一钱五茎。"又取十千付之，买得五万茎。又谓："吾未须要，且林中养之。至秋，成竹一茎十钱，遂至五十万。"其贪猥不道皆此类。春初谓昔人以资喔嗦尔，未必有此事；而小说家所载名字灼灼如此。今之居官者，不亦有类其人乎？嘻，今日之居官者，盖不啻。但如彪所为，犹费本钱也。然则如彪者，亦未必非贤也。

卷二十九　人品

今俗语装局取物，造计诱人，谓之设法。受者非惠，与者如弃，谓之白著。宋人《贻谋录》：王安石新法既行，散青苗钱于设厅，而置酒肆于谯门。民持钱出者，诱之使饮。又恐其不顾也，则命娼女坐肆作乐以蛊惑之。小民无知，争竞斗殴，则又差兵官列伽仗以弹压之，名曰设法卖酒，此设法之名所由始也。唐刘展乱纪，元载以吴越州县赋调积通，群吏重敛，不约户品上下，但家有粟帛者，则以人徒围捕，然后簿录其产而中分之，甚者十八九。时人谓之白著，言其厚敛无名，其所著者皆公然明白，无所嫌避，此白著之名所由始也。呜乎，元载、王安石忍人哉！

卷四十四　考古（辨证疑讹）

张平子《东京赋》：却走马以粪车，何惜騕褭飞兔。薛综注引《老子》曰："天下无道，戎马生于郊。天下有道，却走马以粪。"河上公曰："粪者，粪田也，兵甲不用，却走马以粪农田。然今言粪车者，马不用而车不败，故曰粪车也。"《朱子语录》：天下有道，却走马以粪车。是一句，谓以走马载粪车也。顷在江西，见有所谓粪车者，方晓此。语录者谓今《老子》无"车"字，不知先生所见何本？盖不知《东京赋》有此句也。"车"字窃疑是"田"字误，薛解粪车不通。

《暇日记》窦子野曰：《汉书》赵过始为牛耕，前世皆是人耕也。然冉耕何故字伯牛，当知牛耕其来远矣。《能改斋漫录》：《左传》昭二十五年左师展将以公乘马而归，刘炫谓欲与公单骑而归，此骑马之渐也。按：古者服牛乘马，马以驾车，不言单骑也。至六国始有单骑，苏秦所谓"车千乘，骑万匹"是也。《曲礼》云：前有车骑者。《礼记》乃汉时书耳，经典并无"骑"字。

公私雇役钱曰脚钱，其名自唐有之。《唐书》：德宗以宦者为宫市，使抑买人物，仍索进奉门户及脚价钱。《朝野金载》：李审请禄米，送至宅，母问"车脚钱几何"是也。

卷五十三　论诗

成化间陈翰林师召所乘盲马，售钱六百文。西涯先生以诗诮之，有"斗酒杜陵堪再醉"之句，盖用子美三百青铜语也。时李刑部若虚旧屋为积潦所坏，数年不售，竟得银四两；涯翁亦谂之以诗云：词林马价知多少。即前师召事也。前辈居处乘骑如此，凡口体之奉可知。今日士夫一登仕途，必华屋而居，出必驰坚策肥，其于饮食衣物能省节者几人，视数十年前为费何啻千万。噫！可以观世变矣。

卷六十一　物产

花木蔬果以海名者，李赞皇谓悉从海外来，如海棠、海榴之类。春按，亦有以胡名者，胡桃、胡荽之类，当亦由胡地来。衣服器用，胡帽、胡床之类，亦是胡制。

葡萄酒，《唐书》云：西域有之，前代或贡献，人多不识。太宗破高昌，收马乳葡萄实，于苑中种之，并得其酒法，损益造酒，成八色，芳辛酷烈，颁赐群臣，京师始识其味。春按，《史记》大宛以葡萄为酒，富人藏酒至万余石，久者数十岁不败。汉使取其实来，离宫别观傍尽种葡萄。中国之有葡萄，盖自汉始，然不闻有酿法也。《武帝内传》：西王母尝下帝，设葡萄酒。《三辅决录》：孟佗以葡萄一斛遗张让，得梁州刺史。此酒于时定不易致。魏文帝诏群臣，葡萄，中国珍果，而有"酿以为酒，善醉易醒"之语。酿法岂始此邪？晋张华《博物志》：西域葡萄酒，俗传饮之醉弥日不解。文帝谓"易醒"，而华云"弥日不解"，其言异矣。华只云西域有此，足明魏时中国亦无此酿也。然则得其酒法，酿于中国，唐时始有之耳。金人元好问《葡萄酒赋序》载刘光甫言："安邑多葡萄，而人不知有酿酒法。少日尝摘其实，并米炊之。酿虽成，而古人所谓甘而不饴、冷而不寒者，失之矣。"贞祐中，邻里一民家避寇自山中归，见竹器所贮葡萄，在空盎上，枝蒂已干，而汁流盎中，薰然有酒味，饮之，良酒也。盖久而腐败，自然成酒，不传之秘，于是而发。元曰："尝见还自西域者云：大石人绞葡萄浆埋之，未几，成酒，愈久愈佳。"其说与刘合。元又曰："世无此酒久矣，得之数百年之后，而证数万里之远，物显晦有时，非偶然者。"以此言之，唐以后复不传矣。《遗山赋序》：一任其自成，别无制作，不知唐文皇损益之法如何。八色酒自成者无是，而遗山谓得之数百年后，其然乎？春窃意八色唐内法，高昌所得，未尝外传。李峤东都之衬，赐此酒学士馆，至记而艳之。李太白之所咏"初发醅"者，非民间瓮盎物也。历五季之乱而为宋、金，光甫谓"人不知有酿法"，不亦宜乎？春近缘使命，道秦晋间，山西人葡萄其土物，此酒平阳属县家有之，其酿法与《唐书》、与元氏序同异，非春所欲知，然固尝得而饮之矣。分司无事，耳热面赤，遂为此记，见者当笑之。　《癸辛杂识》：李仲宾云，向其家有梨园，大树一株，岁收梨至二车，一岁忽盛生，贱不可售。有所谓山梨者，味极佳。漫用大瓮储数百枚，以缶盖而泥其口，意欲久藏，旋取食之，久则忘之。及半岁后，因至园中，忽闻酒气熏人。疑守舍者酿熟，索之无有。因启观所藏梨，化之为水，清泠可爱，湛然甘美，真佳酝也，饮之辄醉。回回国葡萄酒盖类此。

始知梨可酿，前所未闻也。

《西山日记》

说明：《西山日记》二卷，明丁元荐撰。元荐字长孺，长兴人，万历十四年（1586）进士，官至尚宝司少卿。事迹详见《明史》本传。本篇记述内容广泛，包括循良、日课、名将、才略、直节、清议、笃行、母范诸目。《丛书集成》编者据原本抄印，材料非常珍贵。梁方仲先生择其有关社会经济典型者，抄录如下，供诸学者研究采用。

余舟过吕山，岸畔有一石，高二丈许，上刻某字圩共田若干亩，字画几漫漶，当是二百余年物。每区每圩皆有之，或年久石断，或沉水，或为人持去，亦无有按区按圩遍查之者。就此清查，以圩合区，以区合县，则丈量之法简要明白。相传长兴田地山荡，国初为信国公汤和丈量，胥吏作弊者斩右腕，其数多核。江陵时倡清丈之议，有司曲为逢迎，以溢额为功，丈出田较旧多若干顷。中间有开山为田、以地作田者，山数目应减，又山难丈量。大家巨室及里胥奸顽，巧于欺隐，甚至有千亩之山，户不存二三百亩者。先大夫独不许照旧额，一亩准一亩，有司以为山数照旧，不能十之六。概县俱加出若干亩，如旧额，号曰"复加山"。欺隐者利于兑役，复加者至今赔累，愚意得一良有司，虚公情悍，以诚求之，或可清此大蠹，天下将乱，无复有此望矣。（故郓丁元荐长孺甫：《西山日记》卷上《日课》，页十二，《涵芬楼秘笈》第七集）

陈筼塘三十外始歌鹿鸣，教授里中，诸弟子岁得脩金至一二百金，盖督课严，闻风者麇集故也。凡十六年而始登第，所得修仪，即买山田及洼产，价自五钱至二两止。人笑之，曰："吾力不能多也。"未几洼者堤高者有水可灌，岁倍人，至今称腴产。人问之故，曰："吾凡事认真，故事半而功倍也。"遇公车诸公辄举此劝之，令其力业，曰："今而后吾可以不苟取矣，惟勤惟俭可以养廉。"有味哉？（丁元荐：《西山日记》卷上《才略》，页十）

朱中丞纨具文武才略，清强峭，深恶墨吏大猾如仇，前后所操切，黄墨以下多望风解印缓去。其抚闽浙，悉扫一切应酬，蚤夜申约束通海内地奸民。当是时，瓯粤诸贵人多家于海，其处者与在朝者谋，务破败公所为，至革巡抚为巡视，稍削其权，公闻之益怒，数上章廷辩，侵及执政，执政勿善也。公提兵平漳州同安寇，抚倭六百人，移镇定海，屡破贼余皇，又大破贼于温槃南麂诸洋，凡数上捷，仅一拜赏。而最后悉平佛郎机黑白番舶，虏其酋并余众四百余。有传其为变者，公传令悉诛之，言官遂訾公安杀。时公以移病得予告而削职，听勘之命下矣，公居恒歉贫，无贿赂负气，不忍诉，不任狱，"纵天子不欲死我，大臣且死我；大臣即不死我，而二粤之人必死我。我死自决之，不以授人也"。乃草生志，慷慨饮鸩以卒。自公得罪后，其官亦罢不设，中外摇手不敢言海禁事。居数年，海寇大作，东南为鱼烂者，二十余年而后定。识者以为，不罪公，海当无寇，而二粤士大夫犹嚣然谓寇自朱纨始。嗟乎！今之通海者，十倍于昔矣。浙以西，造海船，市丝枲之利于诸岛，子母大约数倍，嗜利者走死如骛，岛上人至并人舟并收之，及今三十余年，借以为异日向导，轻舟熟路，其所蹂践鱼肉当百倍于昔。顾安所得朱公者而委之，即有朱公，亦必不用，即用亦必以文法掣其左右手。余故志此，以为左券。（丁元荐：《西山日记》卷上《才略》，页九）

先大夫尝言为令有法，理词讼、征钱粮，其最要者钱粮，撮其要额，起解若干，如丝绢、军饷、垫库、漕折、轻赍；三路银两，其要者，某项某时解，其项待催牌后解，各有旧规，书其数于座右，按时起解，其存留听本县发者，量其事之缓急、役之劳逸，以意自为调停。今岁暮征收甫华，老胥及包役及士夫居间，往往将不急冗杂朦胧星散，而遗其重且急者，上司一有催迫，辄重加鞭笞，或那借各富户，神劳于箕敛，怨丛于敲朴，不得其法故也。词讼自三院两道、本府刑厅、本县各置一册，一切谳词，上司批详细书各项下，日置左右翻阅，定事方销，左右不得假手缓急。谚云"书手穷翻卷宗"，上官不得其要领故也。（丁元荐：《西山日记》卷上《循良》，页一）

先大夫为令，凡征收，令纳户书其里甲姓氏、所输银数，自投于柜，赝者杖而倍罚之，轻锱铢者罚如数，民亦不敢有犯者。岂北人不若东南之狡耶？先大夫两为令，无羡金，赃罚缗赎不入衙舍，先安人以下目不睹阿堵。宝坻筑堤数十里，不烦上官设处，不费闾阎丝毫，所谓以地方之财供地方之用也。久而尸祝于其地，子若孙幸成立繁衍，所取与俗吏孰多，天道哉！天道哉！（丁元荐：《西山日记》卷上《循良》，页三）

丁未有望气者云：明年吴兴有大水。予告梁溪当蚤为备计，梁溪公即留心积贮，至明年果大水，已备粟万斛，盖公实心任事，亡论其一片血诚真可泣鬼神，即其精神贯注，昼夜不倦，少年不及也。力请于当道，借藩司运司各若干金，各州邑没处若干金，劝富民各出赀赴虔楚，给以军门印信牌票，令巨室各自为救荒计，数月四方之米十数万集城下，本地米价顿减。初水发时，奸民汹汹思乱，结党成群，为抢夺计，公立擒之，发各州县杖杀于市，以明法，思乱者股栗，地方安堵。公立法分赈，作粥厂以食饥民，委任得人，公躬自查核，周悉详尽，饥者赖以不死。劝富室各以所余之米，如虔楚价分赈贫民，人亦乐从。又设法弭盗，责成于武弁，画信地分守，一失事罚治不轻，有功者重赏，其余小偷绳其尤者，系于狱，日给升米养之，里老每朔望呈首，各里偷儿如前法，至有年方纵之去，各村落俱得安枕。德清有聚众抢米者四人，各分米四斗，公以强抢论死，密报两院，鼠辈不重罚，则效尤者纷起，若以四斗米论死则太刻，姑立案，浮系狱，俟年丰再议，三院俱报可。公之操纵宽猛多如此类。戊子之水不及半月，戊申大浸，自夏至冬。戊子米价至一两八钱，戊申止九钱，所全活无算，而巨室积米者大失望，于是怨嚣起矣。（丁元荐：《西山日

记》卷上《循良》，页五）

沈巽州公家规，子若孙非有室不得笼利，所举子女，外家例有所赠，如汤饼钱之类，分毫付质库息之，婚娶后籍而归焉，计子母数倍，联姻多穷，交修士清白吏，子孙苟上豪有力者，一时烜赫，公不屑也。凡聘礼出入，厚不过五十金，或三十金，嫁女独厚，以其所息者饶也。

巽州以勤俭起家，一子弟缺袜来见，公终身不喜。岁杪所入必计明岁内外大小食指多寡，钱粮户役、师友束脩、疾病医药、吉凶诸费，或天时旱潦意外事故，一切不时之需，悉为经画，储蓄有余，方敢买田宅，宴会优人不入门。（丁元荐：《西山日记》卷下《庭训》，页一）

前坵吴翁种德挥霍不羁，兄弟各分授三千金，不数年尽矣。急而求其母，母以幼弟三千金贷之。一日入茗至岘山湾，有一达官舣舟，乃郡守同年也。方入按使者，白简落魄，甚不能为归计，公意怜之，出湖缣庚廪计三百余金赠之。后公贾于楚，积米负贩，子母计数倍。适楚大荒，公以所积米贷楚人，楚中丞即前舣舟岘山者也。公急讼之中丞，中丞留饮三日夜，厚礼之，且为公诵义于诸监司守令，贷米者闻风倍偿，积至十余万，他田宅倍是，于是召其幼弟曰："非尔之千金，吾何能骤至此。"挈金数籯与之，不琐琐衡量也。吴氏至今称巨族。（丁元荐：《西山日记》卷下《德量》，页三）

朱大复长春，其乃翁应元老学究也。世叶十万余，腐而汰，沉酣曲蘖，中老且贫，以腴产鬻董氏，宗伯利其业盛，张宴以款之，出家乐侑觞，已命长公出陪，通殷勤，朱大悦，以时价之半立券，比交定价，颓然一大醉，收价又不及半而去。数年大复登第，或谓曰："向日之产为宗伯所局，子一开口当立偿若赀。"比部不应。甲午彭按君来湖，民不平于董氏者鼎沸，仪部君亦愿曲处以平物情。又有以前产从更比部者，曰："此其时矣，不可失也。"比部终不言，余服比部知大体。（丁元荐：《西山日记》卷下《德量》，页五）

元末蒋毅之父以赀雄湖滨，训练土人万余，保障一方，封民兵万户侯，仍建义学义田，延杨铁崖先生维桢为书院长，称义门蒋氏。太祖初起，毅率乡兵首附，由都事历官刑部侍郎，至今子孙蕃衍为望族，近有二孝廉。嗟乎！以今之时，得侍郎父子，地方安枕矣。（丁元荐：《西山日记》卷下《义侠》，页二）

曾大父湖南公曜，少年自雄其才，起家数万，族有数百人，世居湖滨，敢而负气。公好施，收其豪有力者，岁时椎牛置酒高会，威惠并行，有事夜半一鼓而集，族子多戆好然一诺，即生平素有嫌隙，遇急辄奋身以往不复顾。无赖者驾巨艇湖中，使酒好斗。阳羡人闻丁氏船多咋舌，辟易湘西数里。有下场李亦勇敢多士，凡地方相殴必倩李氏人，然不敢与吾族抗，盖丁氏子弟心齐不顾利害故也。大父没，吾辈宦游，稍稍束以礼法，族姓携携，然其气仍在。（丁元荐：《西山日记》卷下《义侠》，页三）

松陵缪富放利起家数万金，以质库托甥婿张思德，思德通其妾，富心憾之，借盗情致之死。初曰张一，后署名曰即思德。拟大辟，系狱中。刘梦胥令吴江……审盗情，则失主乃徽人。细索其祖父兄弟里长的名及居住排行字号，密移文歙令，乌有也。刘立出张，反坐富，富捐数千金，托一二有力者居间，刘大怒，立杖杀富。……（丁元荐：《西山日记》卷二《法吏》，页三）

《见只编》

说明：《见只编》，明姚士粦（"粦"亦作"麟"）撰。姚士粦，字叔祥，海盐人。《海盐县志》卷十七本传称他与胡震亨同学，以奥博相尚，曾参与冯梦祯校刻南北诸史和邑志考订事。生卒年不详，年八十余卒。本编《浙江兵民两变》，详情可参考明王世贞撰《张司马定浙二乱志》（《丛书集成初编》本）。《宁夏兵变》，详情可参考谷应泰撰《明史纪事本末》卷六十三《平哮拜》。本编虽然记载简略，但有些内情如克扣兵饷等，是导致宁夏兵变的原因，为他书所未及，可补史乘之阙。

明代童华往日本贸易情况

童华，兰溪人，以巨赀为番商。会海寇起，胡制府令华与汪、叶贸易，藉缓其兵。比汪、叶就缚，则商赀尽矣，仅以功袭杭州卫指挥。余见华时，年已七十矣。华自言："汪、叶既诛，部落死者万人，虽授一官，而举家十九人，一瞬为火药所燎，盖饵杀多命之报也。特为东南桑梓计，则吾不可谓无功，故余一老命至今耳。"余因问其商海情状。大抵日本所须，皆产自中国，如室必布席，杭之长安织也；妇女须脂粉，扇、漆诸工须金银箔，悉武林造也。他如饶之磁器，湖之丝绵，漳之纱绢，松之绵布，尤为彼国所重。海商至彼，则必以货投岛主，岛主犹中国郡县官，先以少物为贽，岛主必为具食。其烹煮虽与中国殊，然醯、酱、椒、姜、种种可口肴果，亦有数十器，必一器尽，撤去，更置一器。其货悉岛主议之，低昂既定，然后发市，信价更不易也。又言："有寺院，有僧寺，中无佛像，但篆书数牌。屋皆覆板，国中土杂硫黄，不能作灶，必往别岛取土。坐皆席地，脱履门外。载物有车，牛骡负载，一如北方。其妇女髻垂颈后，好洁，日必数浴，然最尚男宠。"他若占城、吕宋、琉球，历历为余言之，不能悉记也。华妻子死火后，别娶生一子，家甚贫，至不给朝暮也。悲哉！（《盐邑志林》卷五十三，姚士麟：《见只编》卷上，第二十五至二十六页）

明代柴窑

窑器惟柴窑为今宝重，闻蔡白石司马继室吴夫人奁中有之，而吴翁遣嫁，夫人曰："蔡郎官已八座，必不望贫家奁赠，独此杯家世宝重，与汝夫妇，以当共匏之饮。"后为盗所火，知者惜之。夫人为允兆姑，余曾问之允兆，果然夫人十九而寡，操家凛凛，洁逾冰玉。中岁，其子景石别驾夭丧，门户危栗，夫人毅然独立，以待遗腹之胤。比当坐草，命帷蔽产妇于堂，遍延宗党，坐列帷外，产竟得雄，旁议遂息。观此非有丈夫气者不能也。（姚士麟：《见只编》卷上，第二十七页）

万历时杭州民变军变

壬午，浙中兵民两变，余偶寓杭，皆得身见之，亦此生中之不幸也。初闻军门奏减罗木营兵饷一分，更令以钱八文准月饷一分，顾民间钱价低下，一分至钱二十。于是营军汹汹且数日，而军门、巡道了不知也。一日，余步望海楼下，忽传兵乱，缚军门去矣。时街肆仓惶，市门敛闭。须臾，见巡盐御史飞马出城矣。由是布、按、都三司相继策马诣营。余奔还邸中，拟欲出城，则人言诸门皆以上键。未几，宣言军门不讳矣，巡盐、三司各留执营中矣。又言劫诸有司写责券，要吓开门矣，不开则明日攻城矣。于时家户惊怖，儿女悲号，以为人人不自保也。久之，闻街市哑哑欢幸。问之，则云布政司取银给散矣，军门还矣。巡盐、三司各归衙门，诸军贴然无他矣。时三月二日也。危哉！此特未成之宁夏也。第吴开府宽厚，不若党中丞之严峻耳。若民变则起于扞揿差贫，哄然千百为群，呼噪雷动，尽拆坊巷所建巡警楼，又以差贫为陈、柴、沈各宦关说。其夜遂纵焚诸宦屋室，火光三道，照彻城市，仅妻子身免而已。明日有数千人入按察司，拥郝廉使往见张巡按。时察院未开门，即破门入，巡按破墙逸去。遂置郝院门，去掠大家，坐索酒食。于是开府铜梁张公调兵擒捕，一时皆溃，就缚者百五十人，枭斩首恶丁仕卿等五十人，余俱杖杀。然无辜被斩者数人，有良善独子微服出看被擒死者，犹可悲也。盖自四月二十九日作难，五月二日就擒，凡四日耳。此后自开府两侍御皆陈兵出入，舆盖前后，兵仗铮铮，照耀人目，年余撤去。后读山阴郑柳州、吴门钱比部《兵民两变志》，所载虽实，未若余目所睹记。如张公缉斩叛兵首恶马文英等九人，先以赌赙连坐，捕解军门。其日，以巡道顾公养谦大阅诸军于演武场。既斩后，报至操场，众军刀槊乱鸣，顾命诸军前，谓曰："首恶既诛，众军可安枕矣。"即命香案，令众军向北谢恩。于是罗拜，皆呼万岁云。（姚士麟：《见只编》卷上，第三至五页）

有琼州缙绅谓余曰：丘文庄公大父医训公富而好行其德，时胡元宗裔及大臣显宦率安置琼州。一日，忽有诏，悉以谋叛诛之，虽髫龀不免。医训公悉收而葬之城西，夜梦神人谓之曰："掩骼之仁，格于上帝，第汝老子夭，贵汝孙矣。"比读何椒丘《琼台丛冢记》云："琼州之城西五十里许，一水之上有丛冢数处。"今礼部尚书丘公仲深之祖资政府君，取元末国初以来死于兵刑者之遗骸露骴，焚而瘗之于此也。又云：元季沙、张二帅守琼，不能制其下，由是土豪与洞黎相挺为乱，城中饿死者大半。比城陷，贼人据之，四出剽掠，遇人辄杀，数里间死者枕藉。我太祖高皇帝既定天下，以中原士民有陪华即夷者既诛其身，放其子孙于琼。又有北部西蕃种族仕元为显官，既已降附，虑其怀二心，亦迁于此。未几，有上变，告迁人谋为乱者，乃遣都督陈方亮往图之。方亮至，集迁人于郡城之北，悉坑之，非我高皇帝之意也。……（姚士麟：《见只编》卷上，第五页）

万历时宁夏军变

宁夏乱始，说者纷纷，余从军中得之甚详，盖激于河西道石副使，而成于中军哱拜耳。党中丞自新安同守进守延安，遂历藩臬以至开府，皆在陕服，大抵以严为治，军中惮之。惟是鞭朴太多，人有"党八十"之号。至哱拜，官虽副将，每以降虏凌忽之，衔之久矣。壬辰二月，本镇标正奇游四营以冬衣布花不给者三年矣，请发于党。党下石副使放给，业已有日，石为党之密戚，谓党曰："此诸军望外物也，但给今岁，则二年可准别项。"党遂反汗，示以异日，时二月十八日也。此日，标正奇游四营悉至，哱倡言诸军苦，乞但为抚道具橐中耳。诸军因噪曰："我辈劳苦塞上数年，仅得许许，更夺人刀下食乎？"有家丁刘东阳起，抽鹿角一根投地使气，此木拉然断析，辕门官校争捉东阳，众军扞格，遂喊声动地，攻入军门，缚党置之门外，随破河西道门，石从他处逃出，遇总兵张维忠，闻变驰救，见石仓惶，张命以捉刀人毡笠覆其首，列之道前，竟为识者缚去。诸军更以问哱，哱意乐此变，竟无所言，须臾锋刃交下，党、石齑粉矣。于是尽烧公署，悉掳党、石家口，勒使张维忠奏党过恶二十余条。用印遣发讫，寻索总兵敕印、旗牌，由是维忠自缢。尝忆沈开府与石司马书云，人言此变始于克饷，及为详询，其说不然，特此公过于严察耳。然一旦成此大衅者，良由降虏哱拜久怀异图，驾言云云。阶之为祸，庸可漫尔归恶死者，倒置纲纪哉？此党公定论也。维忠所上变揭尚存余家。揭云：钦差征西将军镇守宁夏地方总兵官前军都督府署都督同知张维忠为陡遇兵变，备陈始末，乞赐议处以保重镇事。本年二月十八日镇城标正奇游四营官军家丁，偶尔围绕巡抚都御史党馨并河西道副使石继芳衙门。适值新任河东道佥事随府以公务右通政乡宦穆来辅以奉差，俱在镇城。职即同赴难所，与同标兵副总兵哱拜、抚臣标下中军都司梁富国等善言安慰，冀图解散。各该军丁苦极不从，遂将党馨、石继芳登时杀死，延烧公署文卷，释放各狱罪囚。职等责令坐营都司江廷辅、屯田都司萧韶成、中军守备千总等官汪度、叶世勋、朱绶、吴继吕等备问，有何苦情，从实申诉。各该官军家丁众口齐称，先年抚道不扣粮饷，抚养军民，自从党巡抚、石副使到镇，节次克减：一为军丁每月既扣朋合银伍分，万历十八年分，又因市马，均扣朋头银贰分贰厘伍毫。二为冬衣布花，自万历十六年起到今未给。三为二十年二月分折色银内，每军丁概扣银一分九厘零。四为新召家丁未给折色大料草价。五为奇游兵家丁料草价银额设多寡不同。六为十九年四月分马匹料草未准关支。七为倒死马皮，先年止交原皮铁局公用，近年每张追银一钱。八为马驹先年止变价银五钱，近年责令军丁喂养，大者追银一两五钱，小者追银一两三钱。九为互市并各处防范支过行粮料草回城照数追扣。十为军丁月粮，先年月头给放不过初五，近年多在月尽或次月初方给，多致军丁借贷，纳人利息。十一为先年家丁关支本色，俱细米麦一石，马料莞豆九斗，近年与军同支屎谷杂色粗粮。十二为真虏汉虏及外镇投充新旧家丁本身并所生幼子，先年俱不当差，近年同军士二三岁幼丁多有派顶赔粮田地。十三为军丁马死只交肉脏，近年解道又责十五板，解院责二十五板。十四为先年京解赈济银两至今未曾给散。十五为各营无马军士每年秋终运拽无马草一分，雇车运交费月粮一分。十六为有马军人运备冬坐马草一分，大马草一分。十七为先年原设地方都司管理民情，近年改设理刑同知，受词问罪，止图抚道之喜，苦害下民。十八为各营征操马军有食粮七八斗者，有八九斗者，差同粮异。十九为互市钱粮委官支使，已经开除明白，复行追赔，致令各官倾家荡产。二十为各营军丁赴道告辨各项钱粮，内将家丁刘川喝令皂隶登时打死，含忍不过方才会合，意在除却贪官以安地方，亦将拨置卫官李承恩并供应官陈汉杀于市曹，非敢背违朝廷厚恩，委因前项疾苦切身，万分难支，以致群情变乱，实在无奈等因到职。职同随府穆来辅再三宣布朝廷浩荡之恩，各该军丁无不感泣。职等会从权宜，逐将前项短少钱粮与诸疾苦随时酌量处给，渐听抚安。但群情疑惧，聚守城市，尚未解散，及称自知触犯天刑，恳乞转达赦宥等因念职。职典戎行，势众时危，卒难钤束，恨不能与抚臣道臣同时共死。除席藁待罪外，缘系陡遇兵变，备陈始末，乞赐议处，以保重镇事理。除具奏讫，为此合具揭帖，须至揭帖者。万历二十年二月十九日具官揭面纸缝皆用征西将军印，印文则柳叶篆也。（姚士麟：《见只编》卷上，第十至十四页）

《安吴四种》

说明：包世臣，字慎伯，安徽泾县人。嘉庆十三年举人，官江西新喻知县，因劾去官，遂归游江淮，定居金陵。咸丰五年卒，年八十一。世臣少工辞章，继喜兵家言，善经制之学。《清儒学案》称其学问造诣，"得于学者半，得于问者亦半"。所谓"问者"，即调研所得。《清史稿》说他"有口辩，以布衣游公卿间。东南大吏每遇兵、荒、河、漕、盐诸巨政，无不屈节咨询，世臣亦慷慨言之。"所著《安吴四种》等著作，就是在这样的条件下写成的。梁方仲先生所选其中诸篇，皆是经国济世的作品，具有相当重要的意义。

《安吴四种》，道光甲辰（二十四）年自序，同治十一年刻，泾县包世臣慎伯著。

《中衢一勺》三卷，附录四卷（起自嘉庆九年，成于道光初。专论盐漕海运水利事）；《艺舟双楫》，论文四卷，论书二卷，附录三卷；《管情三义》，赋三卷，诗三卷，词一卷，《浊泉编》一卷；《齐民四术》，农三卷，礼三卷，刑二卷，兵四卷。共三十六卷。

卷七下 中衢一勺 附录四下

复桂苏州（太守，名超万，字丹盟）第一书

丹盟五兄同年阁下……至银价日增，中外皆以为忧，惟世臣忧之独早耳。拙集《齐民四术》内农政门有《与张渊甫书》《答王亮生书》《再答王亮生书》《银荒小补说》，皆言救银贵之弊者。三书王亮生已刻入其《钞币集》中，《小补说》江南各官皆有抄本。近日台谏

所言，大都依此以立说。然鄙意不定银价，听长落于市，则可潜移默运，贫富相安；强定价值，恐令而不从，徒多枝节。……道光丙午四月望日。

复桂苏州第二书

丹翁五兄同年阁下……盖问之吴中老吏，惟恨民刁；问之吴中巨绅，惟恨佃顽。欲富者人之同心，民隐何由上达。……至近年银价骤贵，而米价更贱。如大力人两头引绳，引急则中当必断。故忧之尤切，非敢云忧世也。……前来示言银荒为急症信已。然欲重严土禁，屏绝呢、羽诸洋货，增茶丝之值，窃恐无益。土禁莫严于戊戌、己亥，都中罪至藩服，而外省幕府友丁，灯未尝息。员弁兵役，瘾日益大，以日夜捕土，不烦钱买而自得饱餐故也。其大吏主烧毁者，闻信即提土箱，解辕又驳土伪，间日辄于狮子口烧毁枪土，观者怪无烟气，而真土佳枪顾在上房。今即重修土禁，阁下能必诸公之洗心涤虑，一反前事乎？茶丝价值非官所能主，呢、羽本非例禁，夷人酣睡卧榻之侧，卖盐卖硝，明犯大禁，而封圻率破例受如恐后，况欲新倡此条目乎？且内外富室贵胄，无不尚洋货，其将悉出之焚于通衢以为民先乎？抑将洋货店悉加籍没乎？在在虞室碍已。……唯漕额以苏松太嘉湖为至重至多，而苏州为其领缘。是故为大计言，则要如关键；为阁下言，则切如剥床。数十年来漕事虽无安静之岁，而尚未至成大祸者，以苏松之田多属饶户，小户之自田无几，以佃户之脂膏，津贴自田，尚可周章。近既银贵米贱，则饶户之脂膏亦竭，必诛求于租户，业佃皆竭，则事殆不可问矣。（下论粮漕海运及银钱折价甚详，应抄）……道光丙午九月朔日。

卷二十六　农二

《庚辰杂著二》：论鸦片、银贵等事。

说储上篇后序

……今法里长三百六十步，当官尺百八十丈。亩积二百四十步，开方得七丈七尺四寸，则方里为田五百三十亩。……今者……截长补短，约方三千六百里，为田六十八万六千八百八十万亩，山水邑里五分去二，为田四十一万二千一百二十八万亩。前此兵革未起，户口极盛时，为人七万余万口，而工商籍皆两占，兵疫丧亡在其中，以田计口，约人得五亩有奇。通以中壤中岁，亩谷二石五斗，除去桑田岁可得谷十二石。中人岁食谷七石，糠秕饲鸡豕，则耕六而余四。夏冬所获，山泽所出不与焉。且中夫治田二十亩，老弱佐之，可以精熟，以口二十而六夫计之，使三民居一，而五归农，则地无不垦，百用以给。……（包世臣：《小倦游阁集》卷三）

《骨董琐记》《骨董续记》

说明：此是梁方仲先生于20世纪30、40年代从邓之诚所著《骨董琐记》和《骨董续记》中选抄的有关资料，原书当时只有句读，现按新式标点予以印行。在重新标点时，参考了邓之诚著、邓瑞整理的《骨董琐记全编》（北京：中华书局，2008年）。

银价米价

明时京师钱价，纹银一两率易黄钱六百，崇祯末贵至二千四百。顺治新钱初行时，以七文作一分，一千文作纹银一两四钱，后不能行，改为一厘，渐减至每百五分。当时苏州钱价一千文，可直银二钱，或一钱六七分，银成色低只直五成耳。米每石千三四百文，麦七八十文，豆百文，称为奇昂。天启四年，因催粮，米价始腾至每石一两二钱。万历己丑，吴中大饥，斗米一钱六分，当时传为异事。按，明时折粮，四石可折一两，丰年一两易八九石，荒年一石至贵不过一两。崇祯时，山东米石二十四两。俱见《明史》。清初，关中米价，四石易一两。见顾亭林《与蓟门当事书》。（《骨董琐记》卷一，第一页）

田价

《启祯记闻录》言崇祯十五年，吴某有祖遗萧泾田六百四亩，得业已六七十载。原价每亩八钱，今则值四五金矣，可知当时田价甚廉。按，唐甄《潜书》言，卖田四十亩，得六十余金，每亩仅值银一两五钱。是时常赋什五，四十亩佃入四十一石，而赋及杂耗二十三石，凶岁则典物以纳，故田价之贱如此。（《骨董琐记》卷一，第一页下）

织造机户

清初，于苏州设织造南局，派乡绅富室充机户，上户八机，降至下，下亦一机，费百二十金，进局费及节序供馈，尚不止此。至顺治辛卯，撤江宁北局，并于南局。见《启祯记闻》。（《骨董琐记》卷一，第二页下）

机神

《履园杂记》云："机杼之盛，莫过苏杭，皆有机神庙。苏祀张平子，庙在祥符寺巷。杭祀褚河南父子，庙在张御史庵。有褚姓、为奉祀生，居庙右。"按，《浪迹丛谈》引《杭府志》，河南裔孙载，得机杼之巧于广陵，归教里中，于是杭之机杼甲天下。宋至道元年，始于杭置织务，杭人立庙祀之。又推原其始为机杼者，复立机神庙。神之缘起，引《淮南子》，注为黄帝之臣伯余。又引《唐百官志》，七月七日织染署祭杼，是以织女为机神之证。（《骨董琐记》卷一，第十四页）

明砚

邢子愿《与王百谷书》云："春中祝融不仁，延及外藏，一二研石，化为池鱼。烦公为购一枚，值可十千而杀者。"据此，可知当时端石之价，十千可致佳砚，今数十倍，不免下材。时人重宋砚，然多伪制，转不如明石之可贵矣。乾隆御题砚，则所谓愈工愈俗者，当等之自郐。故予遇明石有款识，或制作浑璞者，皆不论值收之。（《骨董琐记》卷一，第十四页下）

间架

唐德宗时，赵赞请税间架，算除陌。其法，屋二架为一间，上等出钱二千，中一千，下五百。匿一间者杖六十，告者赏钱五十贯。除陌法，公私贸易一贯，旧算二十，加等算为五十，隐钱百者没入二千，杖六十，告者赏十千。至兴元元年放罢。今北方买屋，不论可以

居人否，亦以两架为一间，尚沿唐旧习。（《骨董琐记》卷一，第二十二页上）

开元通宝钱

开元通宝钱，武德四年铸，其文欧阳询书也。见《近事会元》（《骨董琐记》卷一，第二十二页下）

《云间据目抄》

明范濂叔子《云间据目抄》记其郡风俗云："余始为诸生时，见朋辈戴桥梁绒线巾，春元戴金线巾，缙绅戴忠靖巾。自后以为烦，俗易高士巾、素方巾，复变为唐巾、晋巾、汉巾、褊巾。丙午以来，皆用不唐不晋之巾，两边玉屏花一对，而少年貌美者，加犀玉奇簪贯发。鬃巾始于丁卯，以后其制渐高，今又渐易。盈纱巾，为松江土产志所载者。今又有马尾罗巾、高淳罗巾，而马尾罗者，与鬃巾已似乱真矣。童生用方包巾，自陈继儒出用两飘带束顶，近年并去之，用吴门直罗头法，而儇儿更觉雅俏。瓦楞鬃帽，在嘉靖初年，唯生员始戴，至二十年外，则富民用之。然亦仅见一二，价甚腾贵，皆尚罗帽、纻丝帽，故人称丝罗，必曰帽段。更有头发织成板，而做六板帽，甚大，行不三四年而止。万历以来，不论贫富，皆用鬃，价亦甚贱，有四五钱七八钱者。又有朗素、密结等名，而安庆人长于修结者，纷纷投入吾松矣。男人衣服，予弱冠时，皆用细练褶，老者上长下短，少者上短下长。自后渐易两平，其式即皂隶所穿冬暖夏凉之服，盖胡制也。后改阳明衣、十八学士衣、二十四气衣，皆以练为度，亦不多见。隆万以来，皆用道袍，而古者皆用阳明衣，乃其心好异，非好古也。绫绢花样，初尚宋锦，后尚唐汉锦、晋锦，今皆用千钟粟、倭锦、芙蓉锦、大花样，名四朵头，视汉唐诸锦，皆称厌物矣。罗初尚暖罗、水围罗，今皆用湖罗、马尾罗、绮罗，而水围罗又下品矣。其他纱绸更易不可胜纪。布袍乃儒家常服，迩年鄙为寒酸，贫者必用绸绢色衣，谓之薄华丽。而恶少且从典肆中，觅旧段旧服，翻改新制，与豪华公子列坐，亦一奇也。春元必穿大红履，儒童年少者必穿浅红道袍，上海生员冬必服绒道袍，暑必用鬃巾绿伞。虽贫如思丹，亦不能免。稍富则绒衣巾，盖益加盛矣。余最贫，尚俭朴，年来亦强服色衣，乃知习俗移人，贤者不免。妇人头髻，在隆庆初年，皆尚员褊，顶用宝花，谓之挑心，两边用捧鬃，后用满冠倒插，两耳用宝嵌大环。年少者用头箍，缀以团花方块。身穿裙袄，用大袖员领，裙有销金拖，自后翻出，挑尖顶髻，鹅胆心髻，渐见长圆，并去前饰，皆尚雅装，梳头如男人直罗，不用分发，蝶鬃髻皆后垂，又名堕马髻。旁插金玉梅花一二对，前用金绞丝灯笼簪，两边用西番莲稍簪，插两三对。发股中用犀玉大簪，横贯一二只，后用点翠卷荷一朵，旁加翠花一朵，大如手掌，装缀明珠数颗，谓之髻边花，插两鬃边，又谓之飘枝花。耳用珠嵌金玉丁香，衣用三领窄袖，长三尺余，如男人穿褶，仅露裙二三寸。梅条裙拖、膝裤拖，初尚刻丝，又尚本色，尚画，尚插绣，尚堆纱，近又尚大红绿绣，如藕莲裙之类。而披风便服，并其梅条去之矣。包头，不问老少皆用。万历十年内暑天犹尚鬃头箍，今皆易纱包头，春秋用熟湖罗，初尚阔，今又渐窄。自吴卖婆出，白昼与壮夫恣前后淫，以包头不能束发，内加细黑鬃网巾，此又梳装之一幻，而闻风效尤者，皆称便矣。绫布，乃松江土产，昔年绫尚厚重今皆用轻且薄者，而王江泾绫，始乱真矣。云布，松人久不用，近年又有精美如花绒者，价与绫等，土人间服之。余布无奇，独憎兰花色、桃花色。又尚紫花布，紫花原出真如地方，今东土遂为佳种。鞋制，初尚南京轿夫营者，郡中绝无鞋店。万历以来，始有男人制鞋，后渐轻俏精美，遂广设诸肆于郡治东，而轿夫营鞋，始为松之敝帚矣。所可恨者，大家奴皆用三镶官履，与士宦漫无分别，而士宦亦喜奴辈穿着，此俗之最恶也。宕口蒲产，旧云陈桥，俱尚滑头。初亦珍异之，结者皆用稻粱心，亦绝无黄草。自宜兴史姓者客于松，以黄草结宕口鞋甚精，贵公子争以重价购之。谓之史大蒲鞋。此后宜兴业履者，率以五六人为群，列肆郡中，几百余家，价始甚贱，土人亦争受其业。近又有凉宕口鞋，而蒲鞋滥觞极矣。松江旧无暑袜店，暑月间穿毡袜者甚众，万历以来，用尤墩布为单袜，极轻美，远方争来购之，故郡治西郊，广开暑袜店百余家，合郡男妇皆以做袜为生，从店中给酬取值，亦便民新务。嘉靖时，民间皆用镇江毡袜，近年皆用绒袜。袜皆尚白，而贫不能办者，则用旱羊绒袜，价甚廉，尤者且与绒袜乱真，亦前所称薄华丽之意。春元用布围轿，自嘉靖乙卯张德瑜起，此何元朗所致慨也。自后率以为常，近生员亦通用，而纨绔子弟为童生者，亦乘此轿，带领仆从，招摇过市矣。"叔子生于嘉靖庚子，见编首高进孝所为序。（《骨董琐记》卷二，第三至五页下）

英吉利贡品

乾隆五十八年，英吉利贡品十九件：西洋布腊尼大利翁大架一座。（原注：系天上日月星辰及地球全图，星宿自能转动，如遇日食月食及星辰差式，俱显然著于架上，并指引日月时，又打时辰钟，为天文地理表），坐钟一架（有天文器具，指引如何地球，如何与日月星辰一气转动，与习天文者有益），天球全图（仿空中蓝色，有金银做成星辰，大小颜色不同，更有银丝，分别天上各处度数），地球全图（天下万物，四洲山河海岛，都画在球内，亦有海洋道路，及画出各样西洋船只），杂器具十一合（系推测时候，及指引月色之便，可先知天地如何），试探气候架一座（能测看气候盈虚），铜炮西瓜炮（为探兵之用，并有小分红毛国兵，现随贡使前来，可以试演炮法），奇巧椅子一对（人坐在上面，自能随意转动），家用器具并自然火一架（内盛新旧杂样瓶罐等项，其火具能烧玻璃、磁器、金银、铜铁，是一块火玻璃造成），杂样印画图像（系红毛英吉利国王家人像，并城池、炮台、堂室、花园、乡村、船只各图），影灯一对（系玻璃镜做成，挂在殿上，光彩四面），金线毯（精致房内铺用），大绒毯（大殿上铺用），马鞍一对（金黄颜色，十分精致），车二辆（一辆热天用，一辆冷天用，俱有机械，可以转动），军器十件（长短自然火枪、刀剑等，其刀剑能削钢铁），益力架子一座（人扯动时，能增益气力，陡长精神），大小金银船（系红毛国战船式样，有一百小铜炮），杂货一包（系红毛国物产，即哆罗呢、羽纱、洋布、铜铁器具等物）。见长白福庆字仲余所著《志异新编》卷三引邸钞。书刊于乾隆己酉五十四年。（《骨董琐记》卷二，第六页下七页上）

绝技

张岱《陶庵梦忆》云：吴中绝技，陆子冈治玉，鲍天成治犀，周柱治嵌镶，赵良璧治锡，朱碧山治金银，马勋，荷叶李治扇，张寄修治琴，范昆白治三弦子，俱上下百年无敌手。嘉兴腊竹，王二漆竹，苏州姜华雨霉篆竹，嘉兴洪漆，吴铜，徽州吴明官窑，皆以工起家，与缙绅先生列坐抗礼。（《骨董琐记》卷二，第九页上）

典当

今谓典质曰当。邝湛若有前后当票诗。顷观《诗话总龟》，丁谓诗云："欺天行当吾何有。"行当亦谓质物也。陆游《老学庵笔记》云："今寺僧辄作库质钱取利，谓之长生库。"案，梁甄彬以束苎就长沙寺僧质钱，则此事已久，是宋时尚僧徒擅利，至明始为山陕人、徽人耳。（《骨董琐记》卷二，第十六页上）

恶道

王凤洲去："书画雅事，小一贪痴，便成商贾。"又云："画当重宋，三十年来，忽重倪元镇，以逮沈周，价增十倍。窑器当重哥、汝，十五年来，忽重宣德，以至永乐、成化，价增十倍。大抵吴人滥觞，而徽人导之，俱可怪也。"沈德符云："京师成窑酒杯，每对至博百金，皆吴中侩薄，倡为雅谈，戚里大贾，浮慕效尤，澜倒至此。"文震亨云："心无真赏，以耳为目，手执卷轴，口论贵贱，真恶道也。"（《骨董琐记》卷二，第十七页下）

泥人

泥人昔推惠山，今天津泥人张所制尤精。宋时鄜州田氏泥孩儿，名天下，一对至值十缣，一床三十千。一床者，或五或七也，小者二三寸，大不过尺余。有"鄜畤田玘制"款识。见《老学庵笔记》。（《骨董琐记》卷二，第二十页）

京师食品

京师人烟繁密，号称百二十万，日食猪六百头，羊八千头，年节则倍之。鱼虾皆来自津沽，过一日即腐臭，而价特昂，售者渥之以冰，故冰之用周。四时蔬菜、瓜茄、菘菰之类，每日自关乡入城者，小车相属于道。丁巳、庚申两次之变，九门昼闭，居民不得蔬食。平时园丁皆能移植四方名蔬异种，春初焙火炕种瓜茄，故昂价十倍，富人争购之。说部称岁除日一王瓜值五十金，非过论也。（《骨董琐记》卷三，第八页上）

制钱

币制局调查全国流通制钱额，五百二十六亿一千一百十三万八千九百五十枚，满蒙各处三十八亿一千七百二十九万一千枚。意销毁者、窖藏者，当不止此。（《骨董琐记》卷三，第八页下）

礼亲王

礼亲王昭梿，字汲修，号檀樽主人，著《啸亭杂录》，于有清一代掌故，可资考据者甚多，旗族记述尤详。于嘉庆二十年十一月，以擅用非刑器具，擅锁禁门上人，妄称管事之人为军机中堂，拷打庄头程福海一家六人，加租不从，用瓷瓦岔划伤程建义背，伤百余道，凌辱朝臣等罪，革爵圈禁三年。后迁居西直门大街路北，使役皆苏州人，日与群优狎处，自亦能唱昆戏。废后十三年。疽发于脑而卒，年五十四。子赏宗人府主事，予所寓街有油盐店招牌"福聚隆"三字，下署礼亲王，钤有"汲修斋"印，笔势高古，即其所书。按，《啸亭杂录》记林清一案，自叙入宫卫护，颇居有功，于同时王大臣皆有微词。后竟不获赏，不免怨诽，忌者复中伤之，以致禁废。同时豫亲王裕兴、辅国公裕瑞兄弟，皆能诗文，与南士结交，同以罪废。嘉庆帝自怙有过不悛而好谀，尤恶文士，故防闲昭梿等如此。(《骨董琐记》卷三，第八页下第九页上)

晌

今奉天以晌计地，每晌六亩，读若赏。清初圈地时，每人六赏，共地三十六亩，有壮丁二人则倍之，再多者递增。言赏者，谓以赏有功也。(《骨董琐记》卷三，第十一页上)

白糖

《广阳杂记》云："嘉靖以前，世无白糖，闽人所熬皆黑糖也。嘉靖中，一糖局偶值屋瓦坠泥于漏斗中，视之，糖之在上者，色白如霜雪，味甘美异于平日，中则黄糖，下则黑糖也。异之，遂取泥压糖上，百试不爽。白糖自此始见于世。"又云："硝硫和合而为火药，亦方济伯偶试而得之。"(《骨董琐记》卷三，第十三页上)

乾隆时米价

乾隆三年，上谕李卫所开米价，保定稻米每一仓石价，自二两六钱至二两七钱五分为价中。大名每一仓石，自一两七钱五分至二两一钱四分为价贱。岂有如此米价，尚得为中为贱乎？

洋铜

乾隆三年六月，准江苏买洋铜。按，是时洋商每年承办铜九十八万余斤，备民间制器之用，谓之民铜。云南产铜一千三百余万斤，供应京局及各省配铸之用。按，洋铜即日本铜。(《骨董琐记》卷三，第十四页下)

纪文达漏言获谴

纪文达官侍读学士，以漏言获谴，谪乌鲁木齐。世谓其以茶叶及草一束，遗卢见曾，寓意查抄，使之隐匿者，齐东之语也。告见曾孙荫恩查辨小莱银两者，文达也。谓系历年盐引者，郎中王昶也。谓已查抄高恒家产者，刑部郎中黄骏昌也。尚牵连及徐步云、赵文哲。步云以门生，文哲以姻戚，俱发乌鲁木齐。余人拟徒。此案由历任运使，侵蚀两淮盐引，致余引无着银三百九十六万两，计高恒收余息三万二千两，普福私销银一万八千两，皆坐斩。见曾令商人办买古玩，未给价银一万六千余两，照隐匿私行营运寄顿例，论绞。株连甚众。乾隆年三十三年八月事。（《骨董琐记》卷三，第十六页下十七页上）

乾隆通宝

叶尔羌等处，行使准噶尔腾格钱。回部设官后，改铸乾隆通宝钱，并永不改毁另铸。曾见上谕。不知今时新疆用钱尚系乾隆否？（《骨董琐记》卷三，第十七页下）

王伦

白莲教徒王伦，寿张人。于乾隆三十九年八月二十八日，乘岁饥突率其党自张四孤庄，分扑寿张、堂邑、阳谷三县，戕寿张知县沈齐义，堂邑知县陈枚、训导吴璟、把总杨兆相，阳谷县丞刘希焘、典史方光祀，莘县把总杨兆立。九月初七日，进据临清，以窥东昌。巡抚徐绩率兵与战于小邓家庄，几为所擒。兖州镇唯一、德州城守尉宗室格图肯，皆败绩。伦势张甚，聚众数千人。乃命大学士舒赫德、额驸拉旺多尔济、都御史阿思哈，率京兵往讨之，斩唯一、格图肯以徇。旋舒赫德会直隶周元理、河南何煟之兵，屡挫其锋，进围临清，克之。其党总兵杨垒、和尚梵伟、元帅孟璨、朴刀元帅杨五、无生圣母、伦弟朴、王圣如、阎吉仁、王峻爱、王经隆、王四等，皆先后禽斩，唯伦终不获。见《东华录》。（《骨董琐记》卷三，第十八页下）

富室

乾、嘉间，海内富室，推宛平祝氏、查氏、盛氏，怀柔郝氏。康熙时，平阳亢氏，泰兴季氏，皆富可敌国，享用奢靡，埒于王侯。祝米商也，郝起农田，余皆业醝典。（《骨董琐记》卷三，第二十页）

乾隆金价

乾隆时，金价二十换，见陈辉祖案明谕。视明末已倍之矣。又张文敏《咨奏手稿》云："银一两，易大制钱九百上下，或八百五十上下。米色虽高下不等，市价以八百文为率，谓一石也。"（《骨董琐记》卷三，第二十一页下）

直百钱

予丁巳客蜀时，行当二百铜币，人以为苦。后读《三国志》，刘先主纳刘巴说，行直百钱，府库立充。是其来已久矣。东吴亦行此钱，有值千者。（《骨董琐记》卷四，第一页上）

木刻

云南诸夷，皆无契约文书，唯用木刻为凭。予曾得其一。长约三寸，阔半之，厚约一分。两端作圭形，右边刻锯齿五，左边齿二，较巨。一面书："立卖房契人业萨哈他黑期，有土库房三间，出卖与段为贵名下，二十五两，日后不得赎取，恐后无凭，立木刻为据。"一面书："凭中二伙头哈萨、腊吉，乾隆五十七年正月十六日。"言木刻者，殆即刻木作齿，以示符信也。按，当作木契，见《溪蛮丛笑》，即《唐书》所谓本夹，乃吐蕃之俗也。（《骨董琐记》卷四，第九页下、第十页上）

《肇域志》

汪悔翁析《肇域志》稿本，为南直十一卷、陕西十卷、浙江二卷、山东八卷、山西五卷、河南四卷、湖广三卷、云南二卷、贵州一卷、广东二卷、福建二卷，共为五十卷（原阙北直、江西、广西、四川四省）。凡三千五百六十三页，约一百四十二万五千二百字。以每字一厘准之，需刻资一千五百两，后未果刻。《悔翁文集》卷九《肇域志跋》乃云，湘乡相国属以写官，印以活字。然则当时曾付排印矣，今竟不可得，何也？（《骨董琐记》卷四，第十三页下）

宋时金银价

《靖康孤臣泣血录》载："金人搜括金一百万铤，银五百万铤。诏许纳金银人计直给还盐茶钞，金每两准三十千，银每两准两贯三百文。"按，《金陀续编》，绍兴四年省劄岳飞本军，月支钱一十二万余贯、米一万四千余石，今宽剩支降银一十万两，每两二贯三百文，金五千两，每两三十贯文，共准钱四十万贯云云。金银之差为十五倍，与靖康时无异，岂当时有一定准则耶？（《骨董琐记》卷四，第十八页上）

董思白为人

董思白居乡豪横，为乡人火其居。某书为之辩，以为乌程董浔阳事，讹传者非也。思白老而渔色，招致方士，专讲房术，尝篡夺诸生陆绍芳佃户女绿英为妾。诸子皆横，次子祖权尤肆，实主夺女事。时人谱《黑白传》以讥之，第一回曰："白公子夜打陆家庄，黑秀才大闹龙门里。"绍芳有陆黑之称也。思白心疑一范生所为，督责之不已。生誓于城隍庙，不数日暴死。范母若妻缟素哭于思白之门，祖权率诸仆执而挞之，至剥裤捣阴。范、董本姻戚，人心大不平，范子启宋讼之公廷。时郡县俱缺官，无所决。大众万人聚而不散，遂共焚思白龙门里之宅。白龙潭东北隅建一阁，名曰护珠，时挟侍姬登焉，亦付一炬。衙宇寺观所题扁额，击毁殆尽。思白挈家避居湖州沈氏凉山别墅，时万历四十四年。事闻于上官，卒以董氏不直，薄惩一倡首者而案结。乙酉秋，思白冢孙庭，剃发思内应清兵，为乡人所戮。诸孙刚，以谢尧文案亦骈斩。事详文秉《定陵注略》及曹家驹《说梦》。思白书画可称双绝，而作恶如此，岂特有玷风雅！视张二水媚珰，同一无行止。至今犹贵其书画，殆未详其为人。施愚山言思白年八十五，临殁，索妇人红衫绛襦为服乃绝。予谓若赵、若董、若王觉斯、若张得天、若刘石庵，书法非不工，特有姿无骨，皆人品限之。得天事清高宗，自居于俳优之列。石庵媚事和珅，尝为和珅书屏条，上款"致斋尚书命书"，自署下款极恭谨，予曾于古肆见之。（《骨董琐记》卷四，第二十三页下）

明墨

《帝京景物略》云："御用内墨，则宣德之龙凤大定、光素大定（青填、金填，大明正德年制，字别有朱、蓝、紫、绿等定），外则国初之查文通、龙忠迪（碧天龙气、水晶宫二种）、方正（牛舌墨）、苏眉扬（卧蚕小墨），嘉万之罗小华（小道士等）、汪中山（太极十种，玄香太守四种，客卿四种，松滋侯四种）、郡青丘（墨上自印小象）、青丘子、格之、方于鲁（青麟髓等）、程君房（玄元灵气等）、汪仲嘉（梅花图）、吴左于（玄渊、髻珠二种）、丁南羽父子，今之潘嘉客（客道人、紫极龙光）、潘方凯（开天容）、吴名望（紫金霜）、吴去尘（不可磨、未曾有等）。"按，二潘二吴外，尚有潘方回（宜宜堂）、程孟阳（松圆阁）、方伯暗（写经墨、泽远、一笏金）、方敷远（碧水神珠、广居神髓）及汪务滋、祝彦辅、吴象玄等。（《骨董琐记》卷五，第六页下）

顾绣

明隆万时，上海顾明世应夫，官尚宝司丞，致仕归，辟所居旷地为园，凿池得赵松雪书石刻，有露香池字，遂以名。园大数十亩，擅一时之胜，大约当今九亩地。顾氏刺绣，得内院法，劈丝配色，别有秘传，故能点染成文，山水人物花鸟，无不精妙，世称顾绣。尚宝曾孙女适同邑廪生张来，年二十四而寡，守节抚孤，出家传针黹以营食，世称张绣。尚宝族孙寿潜，字旅仙，能画山水，为董文敏所称，工诗，著有《烟波叟集》。其妇韩希孟，工画花卉，所绣亦为世所珍，称为韩媛绣。其实皆顾绣也。予友叶元龙家藏顾绣《饮中八仙图》，署"辛丑维夏制"，款曰"露香园"，有朱文露香园图章，白文虎头方印。按，辛丑为万历二十九年，时尚宝尚存，非张、韩所作也。（《骨董琐记》卷五，第七至八页）

濮仲谦

《陶庵梦忆》云："南京濮仲谦，巧夺天工，竹器一帚，刷竹寸耳，勾勒数刀，价以两计。竹之盘根错节，经其刮磨，遂得重价。兼刻犀。"《牧斋有学集·赠濮老仲谦诗》云："沧海茫茫换劫尘，灵光无恙见遗民。少将楮叶供游戏，晚向莲花结净因。枝底青山为老友，窗前翠竹似闲身。尧年甲子欣相并，何处桃源许卜邻。"自注云："君与予同壬午。"按，此作于戊子己丑间，濮年当六十七八矣。（《骨董琐记》卷五，第十页）

兖墨

《蚕尾集·书兖墨》云："宋时最贵兖墨。王氏《谈录》云：'公在彭门常走，人取兖州善煤，手自和揉，妙为形体，光色与廷珪相上下。'晁氏《墨经》云：'兖州陈朗，朗弟远、子惟进、惟迪，与易水奚氏并称。'东坡云：'兖人东野晖所制墨，每枚必十千，信非凡墨之比。其法以十月煎胶，十一月造墨，以不用药为贵。自泰山徂徕龟蒙凫峄，以及密州之九仙山、登州之劳山，皆产松，总谓之东山。东山之松，色泽肥腻，质性沉重，品惟上上。今制法失传，虽语士夫，亦不能知矣。'"（《骨董琐记》卷五，第十页）

纸

造纸始于蔡伦，有网纸、麻纸，徒传其名。晋有子邑纸、侧理纸、茧纸。日本有松皮纸，大秦有蜜香纸，高丽有蛮纸，扶桑国有笈皮纸。江南有竹纸、楮皮纸、黟县凝霜纸。浙江有麦䅽稻秆纸。吴有由拳纸、剡溪小等月面松纹纸。唐有短白帘硬黄纸、粉蜡纸、布纸、藤角纸、麻纸、桑皮纸、桑根纸、鸡林纸、苔纸、建中女儿青纸、卵纸。南唐会府纸，陶谷家藏者，名鄱阳白，澄心堂纸。宋有张永自造纸、藤白纸、砑光小本纸、蜡黄藏经笺、白经笺、鹄白纸、白玉版匹纸、茧纸。元有黄麻纸、铅山奏本纸、常山榜纸、英山榜纸、上虞大笺纸，皆可传之百世。明时大内白笺、磁青纸、高丽茧纸、皮纸新安玉笺。松江谭笺、观音帘匹纸，皆可珍。（《骨董琐记》卷五，第十六页下）

元墨朱万初

升庵《丹铅总录》云："元朱万初善制墨，纯用松烟，盖取三百年摧朽之余，精英之不可泯者用之，非常松也。天历乙巳，开奎章阁，简儒臣，亲侍翰墨，荣公存初、康里公子山，皆侍阁下，以朱万初所制墨进，大称旨，得禄食艺文馆。虞文靖赠之诗曰：'霜雪摧残涧壑非，根深千岁斧斤违。寸心不逐飞烟化，还作玄云绕紫微。'盖纪兹事也。"又云："万初之墨，沉著而无留迹，轻清而有余润，其品在郭圮父子间。又跋其后曰：近世墨以油烟易松烟，姿媚而不深重。万初既以墨显，又得真定刘法造墨法于石刻中，以为刘之精艺深心，尽在于此，必无误后世，思覃恩而得之。余尝谓油烟墨姿媚而不深重，若以松枝为炬取烟，二者兼之矣。宋徽宗尝以苏合油搜烟为墨，至金章宗购之，一两墨价黄金一斤，欲仿为之不能，此谓之墨妖可也。邢子愿云《文靖与万初帖》有曰：今年大雨时行，土润，溽暑特甚，万初袖致土速数斤，空斋萧然，遂得为一日之借，良可喜也。万初本墨妙，又兼香癖，盖墨与香同一关纽。方于鲁以色泽规模胜，有香气无墨气，所以不相及。余姻家齐河尹大将军遗一丸，胡元时物也。两首作锐，重可三两，无款识，丝丝起发理，太朴中含有光怪，似北松煤剂，或易水耳。此差不失祢祖北法。"按，祖氏杨定人，唐墨官，世贵易水墨，祖氏名闻天下。李超、李廷珪父子，亦易水人亡至歙者，故子愿云尔。刘法字彦矩，金常山人，自制墨，名曰栖神万壑。同时杨文秀善墨，不用松炬，而用灯煤。子彬传其法，以授耶律文正，文正授子，铸造一万丸，名曰"玉泉万笏"，北法也。万初官

广东照磨。道园赠诗，见本集中。（《骨董琐记》卷五，第十七页下）

墨盒

墨盒之制，不详始于何时。相传一士人入试，闺人以携砚不便，为渍墨于脂，盛以粉奁，其说特新艳，然无确据。大约始于嘉道之际。阮文达道光丙午重赴鹿鸣，以旗匾银制墨盒，其制正圆，为天盖地式，旁有二柱系环内。光绪初叶，尚藏其家。京师厂肆专业墨盒者，推万礼斋为最先，刻字则始于陈寅生秀才。寅生名麟炳，通医，工书画，自写自刻，故能入妙，时同治初元也。（《骨董琐记》卷五，第十八页）

料丝灯

料丝灯出滇南，以金齿卫者为胜。用玛瑙紫石英诸药，捣为屑，煮腐如粉，然必市北方天花菜点之方凝，而后缫之为丝，织如绢状，上绘人物山水，极晶莹可爱，价亦珍贵。盖以煮料成丝，故谓之料丝。阁老李西涯以为缭丝，书之于册，盖一时之误。见《七修类稿》。明薛慧字君来，《咏料丝灯》云："淮南玉为碗、西京金作枝。未若兹灯丽，擅巧昆明池。霏微状蝉翼，连娟侔网丝。烟空不碍视，雾弱未胜持。碧水点葱郁，彩石染荽菜。霞叠有无色，云攒深浅姿。焚兰发香气，对竹映红滋。明月讵须侈，夜光方可嗤。"见《列朝诗集》。按，料丝灯大珰钱能所创也。（《骨董琐记》卷五，第十九页）

倭漆传入中国

古有戗金，无泥金；有贴金，无描金、洒金；有铁镟，无木镟；有硬屏风，无软屏风；有剔红，无缥霞。彩漆皆起自本朝，因东夷或贡或传而有也。描金、洒金，浙之宁波多倭国通使，因与情熟，餂而得之。洒金尚不能如彼之圆，故假倭扇，亦宁波人造也。泥金彩漆缥霞，宣德间遣人至彼传其法。软屏弘治间入贡，来使送浙镇守，杭人遂能之。鸟嘴木铳，嘉靖间日本犯浙，倭奴被擒，得其器，遂传造焉。宣德间有杨埙者，精明漆理，各色俱可合。奉命往日本学制漆画器，其缥霞山水人物，神气飞动，描写不如，愈久愈鲜，世号洋倭漆。天顺中，上书讼李达、袁彬之冤，奏发锦衣门挞二十余，尤为世论所贵。见《七修类稿》。按，"埙"或作"瑄"，未知孰是。(《骨董琐记》卷五，第十九页下)

均窑

均窑出河南均州，避明神宗讳，改禹州，以钧天之台属于禹也。查初白《人海记》云："大内牡丹盛开，神庙思以磁瓶贮之。偶江阴民有一均州瓶，高数尺许，欲得十金，或笑之。忽内臣觅进，上喜，问价几何，奏曰二百金。上谕先给百金，如未肯，再给五十。"(《骨董琐记》卷五，第二十二页下)

日本刀

温公《日本刀歌》有"黄白闲杂输与铜，百金传入好事手"句。自注云："贾人云，真鍮似金，真铜似银。"予尝见唐破镜，破处晶莹类白金，读此始恍然。(《骨董琐记》卷五，第二十三页下)

玉泉墨

元遗山有赋《南中扬生玉泉墨》，自注云："墨不用松烟而用灯油。"诗云："万灶玄珠一唾轻，客乡新以玉泉名。御团更觉香为累，冷剂休夸漆点成。浣袖奏郎无藉在，画眉张遇可怜生。晴窗弄笔人今老，孤负松风入砚声。"注云："宫中以张遇麝香小团为画眉墨。"按，金杨文秀始创烟煤法，此殆其人。曰南中，曰客乡，实南人也。(《骨董琐记》卷五，第二十四页)

晋瓷

《青籐集》云："柳元谷以所得晋太康间冢中杯及瓦券，来易余手绘二首。券文云：'大男杨绍，从上公买冢地一丘。东极阆泽，西极黄滕，南极山背，北极于湖。直钱四百万，即日交毕。日月为证，四时为伍，太康五年九月廿六日对共破剪。'民有私约，如律令。详玩右文，似买于神，若今祀后土义，非从人间买也。二物在倪光简冢地中，于万历元年掘得之，地在山阴二十七都应家头之西。尚有一白瓷狮子及诸铜器，铜器出则腐败矣，狮尚藏绪简家。闽有黄兔窑，此又晋瓷之一证。"文长引闽窑为证，必其相似也。则建窑已远，始在汉晋之际矣。其云铜器腐败，铜本为宗庙之器，陶瓷入土不窳，故以从葬。收藏家每病陶瓷脆薄，不入赏鉴，孰知其坚久尚在金玉之上耶。（《骨董琐记》卷七，第八页下）

吕道人砚

《春渚纪闻》云："高平吕老遇异人传烧金诀，煅出视之，瓦砾也。有教之为砚者，砚成，坚润宜墨，光溢如漆。每砚首必有一白书'吕'字为志。吕死，汤阴人盗其名，为之甚众。每砚不满百钱。至吕老所遗，有以十万钱购一砚不可得者。砚出于陶，而以金铁物画之，不入为真。"又云："悟靖处士王衷天诱，所藏澄泥砚，扣之铿然有声，以金铁画之，了无痕畔。或疑是泽州吕老所作，而砚首无吕字。天诱云：'米元章见之，名孙真人砚。'"（《骨董琐记》卷七，第十三页）

罗小华

罗龙文，字小华，徽州人，负侠名，能入水中竟日夜。家素封，善鉴古。从宗宪征倭，招徕汪、徐诸酋，叙功为制敕房中书，入严幕，与世蕃同死西市。或曰先遁去，死者族子，非龙文也。子六，一改名王延年，游吴越间，鬻骨董自给，颇能诗。《野获编》云："小华墨价逾拱璧，以马蹄一斤易墨一两，亦未必得真者。"（《骨董琐记》卷七，第十五页下）

京师河鲜

《野获编》云："京师蛙、蟹、鳗、虾、螺、蚌之属，予幼目未经见，今腥风满市廛矣。皆浙东人牟利，堰荒积不毛之地，潴水生育，以至蕃盛。"按，明制，南京贡船贡冰鲜鲥鱼，例以五月十五日进，孝陵始开船。限六月末旬到京，七月一日荐太庙，然后供御。颁赐阁部词臣，已半腐矣。（《骨董琐记》卷七，第十六页下）

扇骨

《野获编》云："吴中折扇，凡紫檀、象牙、乌木，俱目为俗制。唯以棕竹毛竹为之者，称怀袖雅物。其面重金亦不足贵，唯骨为时所尚。往时名手有马勋、马福、刘永晖之属，其值数铢。近年则有沈少楼、柳玉台，价遂至一金。而蒋苏台同时，尤称绝技，一柄至值三四金。冶儿争购，如大骨董，然亦扇妖也。"（《骨董琐记》卷七，第十八页）

太平五铢

赵景安《云麓漫抄》云："后魏孝庄时，用钱稍薄。高道穆曰：'论今据古，宜改铸大钱，文载年号，以纪其始。'古钱中有太平五铢、太平百钱。孙亮时亦有太平号钱，文所载则魏号也。"（《骨董琐记》卷七，第十九至二十页）

开元钱背文

唐武宗会昌五年，以废寺铜钟佛像铸开元钱，各加本郡州号，名为背文。京、洛、兴、梁、荆、桂、湖、广、福、越、洪、润、昌、鄂、兖、梓、襄、丹、益、宣、平、扬、蓝，凡二十三州。（《骨董琐记》卷八，第一页）

三吴公《讨徐氏檄》

三吴公《讨徐氏檄》，其略云：徐乾学、徐秉义、徐元文三气者，乃故棍盗徐子念之子也。子念名开法，乌龙会首、白妖党头，几经按院访拿，司理刑讯。孽孙徐树谷、徐炯、徐树敏、徐树屏、徐树声、徐树本、乾学、元文固宠京师，同历显要。秉义、树谷等，狡脱居第，剥炙小民。族党则有徐日岩、徐丹绿、徐孚若、徐星成等，为之心膂。姻党则有王次刘、诸霞举、朱云翳、盛珍士、顾汝嘉、顾成白、叶敷文、金宾王等，为之张罗，四方兜揽。心腹沙客，则有顾景元、陆汉标、许轩举、周端培、王次岩、张三友、李民安、曹枚颖、陈孝纯等，为之说合局谋，坐困生波。恶奴则有景逢春、吴汉周、朱其书、汤云中、徐中皇、周偕平、徐浚哲、周鸣阳、沈文若、穆胜先、任振宇、唐伯凡、沈君先、方来仪、张孟华、王端生、王克生、彭金泾、汤允中、丁云泉、周云章等，为之鹰犬爪牙，攫拿搏噬。以上几等人者，其廿年前皆市井无籍棍徒也。今分拥私财百万，傍省郡邑，广张典馆，加纳州同监生，为护身灵符，夤缘举人进士，实是食民狼虎。郡邑所见，如借名救荒，仓同世德，挨户派米，每岁夏放秋收，五分起息，毒逾青苗；伪称济贫，会名同善，沿家索钱，每月印放印收，计日盘算，法严白折。徐树屏夤缘发觉，奇谋脱祸，甘受死乌龟之号；孙伯侯诬盗致辟，献女求生，反速无头鬼之哭。阛阓生男勿喜，俊庞儿每逼为弄童；乡城生女多愁，娇媚娘强占为婢妾。致和塘载在邑乘，填没以壮墙垣；黄昌泾素通商贾，筑堤以固疆圉。知止房设醮祀天，敢觎望以排上；冠山堂唱戏迎神，起邪说以诬民。铜雀迷于北山，白骨成邱；郿坞营诸洞庭，冤声振地。昆仑奴钱胖子，投服夏逢龙矣，贼败而潜归，故主之纳叛何心；坦腹婿张介眉，拚弃汉阳县矣，失妻而得职，泰山之挽回有力。金瓯玉烛，门旗字样堪疑；建节持枪，侍卫戎装可骇。尤可异者，树谷回籍，夹带私盐，挜卖私钱。至于民间之覆盆具告者，或祖父沉冤，或家产籍没；或造访陷，或妻孥强掳。或虑事掣肘，杀人灭口；或斩人血祀，欺寡凌孤。或陷盗扳赃，制官枉法；或侵蚀钱粮，移罪贿脱。夫妻反目，徐府得金；父子析产，三王作主。甚至帷薄不修，姚文丧命；师徒酗赌，陈亮破家云云。按，四柳轩主人编《东海传奇》五十回，今只传回目情节，与公檄相似，或出一人手笔。见《藕香簃别抄》。（《骨董琐记》卷八，第四至五页）

清初戏酒

《平圃遗稿》云："康熙壬寅，予奉使出都，相知聚会，止清席用单柬。及癸卯还朝，无席不梨园鼓吹，皆全柬矣。梨园封赏，初止青蚨一二百，今则千文以为常，大老至有纹银一两者，一席之费率二十金。以六品官月俸计之，月米一石，银五两。两长班工食四两，马夫一两，石米之值，不足饷马。房金最简陋，月需数金。诸费咸取称贷。席费之外，又有生日节礼庆贺，及公祖父母交知出都诸公分。如一月贷五十金，最廉五分起息，越一年即成八十金矣。贷时尚有折数，有轻秤低色。一岁而计，每岁应积债二千金矣，习以为常。若不赴席，不宴客，即不列于人数。昔人谓都门宴客为酒肉卯，予谓今日赴席为啖债，良不诬耳。又堂邑张凤翔疏云：'移风易俗，当自荤毅始。迩来官员，非有喜庆典礼，每酒一席，费至二两，戏一班，费至七两。宜饬令节省。'"（《骨董琐记》卷八，第六页）

唐酒价宋肉价

杜少陵诗："速令相就饮一斗，恰有三百青铜钱。"此可知唐之酒价。《东皋杂录》载：顾子敦肥伟，东坡有"磨刀向猪羊"之句以戏之。又戏书其几曰："顾屠肉案。"以三十钱掷案上曰："且快片批四两来！"此可知宋之肉价。（《骨董琐记》卷八，第九页下）

思翁鬻田券竹垞析产券

耐冷谈云：董思翁手书鬻田券，可与朱太史析产券并传。券云："十二保田一百亩，收银四百两。此田二房第三孙为永业。八年七月十九日，思翁。"今田已屡易主，置产者必欲得其原券，亦千秋韵事也。吴香竺刺史曾见之，纪以诗云："百亩易得银四百，如假许由以郑璧。祖孙授受本一家，书券不被他人拿。山谷租驴颜乞米，古人缓急皆一体。此田展转易几人，此券流传墨尚新。"李金澜明经藏有竹垞太史为两孙析产券，清风俭德，可为世法。券云："竹垞老人虽曾通籍，父子止知读书，不治生产，因而家计萧然，但有瘠田荒地八十四亩零。今年已衰迈，会同亲族分拨，付桂孙、稻孙分管，办粮收息。至于文恪公祭田，原系公产下，徐荡续置，荡七亩，并落地三分，均存老人处办粮，分给管坟人饭米。孙等须要安贫守分，回忆老人析箸时，田无半亩，屋无寸椽，今存产虽薄，若能勤俭，亦可少供饘粥，勿以祖父无所遗，致生怨尤。倘老人余年再有所置，另行续析。此照。康熙四十一年四月日。竹垞老人书。"稻孙田地数：吴江县田一十八亩五分，冯家村田一十亩四分五厘，娄家田三亩七分，又史地五分，冯子加地六分五厘，娄家桥坟地三亩六分，屋基池地四亩四分五厘，通四十一亩八分五厘见析。徐尚贤、盛辅宸、钱又持、有舟、宁臣、辰始、袭远、太占、鸿砚、周旋嘉、中又、古芸、频伽皆有诗。嘉兴马汾澹于作一词《调寄八声甘州》云："只丛残一纸，抵家箧遗墨阅星霜。萧然贫宦无多负郭，书券分将。大好文孙竞爽，耐得淡齑黄，想见垞北瓦屋斜阳。并少金留诶墓，但关门苦守，絮语家常。溯蓬山旧事，回首太茫茫。幸当年青莲交契，有后昆只字宝琳琅。还惊喜，风花寒食未替杯浆。"（《骨董琐记》卷八，第十七页）

剑州千佛岩石窟

遂安方象瑛渭仁，康熙二十二年典试四川。著《使蜀日记》，记成都乱后，通衢瓦房百十所，均皆诛茅编竹为之，其民多江楚、陕西流寓，土著仅十之二。额赋，大县不过五十金，或一二十金，甚至四五金。（《骨董续记》卷一，第七页）

潘铁

屠隆《考槃余事》云："近有潘铁，幼为浙人，被虏入倭。性最巧滑，习倭之伎。在彼十年，其凿嵌金银倭花样式，的传倭制。后以倭败还省，徙居云间。所制甚精，亦甚高。"（《骨董续记》卷一，第七页下）

制墨

何薳《春渚纪闻》纪墨最精详，盖性有偏嗜也。其纪制铭云"永徽二年镇库墨"，曰"唐水部员外郎李慥制"。诸李之祖也。李廷珪墨曰"臣廷珪四和墨"。柴珣墨作玉梭样，铭曰："柴珣东瑶。"东坡墨，曰"雪堂义墨"，曰"海南松煤""东坡法墨""支离居士苏瀚浩然墨"。大观间刘无有取其制铭，令沈珪作数百丸。晁季一墨，曰"寄寂轩造"。大室常和墨，曰"紫霄峰造"。东鲁陈相墨作方圭祥，铭曰"洙泗之珍"。嘉禾沈珪墨，铭曰"沈珪，对胶十年如石一点如漆"。其纪胶法云：西洛王迪，用远烟鹿胶，极轻，自有龙麝气。真定陈瞻遇异人传和胶法，就山中古松取煤，用胶置之，湿润不蒸，每斤只售半千。宣和间，斤直至五万。法传其婿董仲渊、张顺。嘉禾沈珪，用漆烟，取古松煤，杂脂漆滓，烧之得烟云。韦仲将法，止用五两胶。李氏渡江，始用对胶，而密不传。一日与张处厚，于居彦实家造墨，而出灰池失早，墨皆断裂。彦实以所用墨料精佳，不忍弃，遂蒸浸以出，故胶再以新胶和之。墨成，其坚如玉石，因悟对胶法，即再和胶也。九华朱觊善用胶，作软剂出光墨。李承宴亦作软剂。黄山张处厚、高景修，起灶作煤制墨，用远烟鱼胶。常和、汪通辈，即就二人买烟，令之用胶，止各用印号耳。蒲大韶墨用油烟，半以松烟和之。永嘉叶谷作油烟。潭州胡景纯取铜油烧烟，名桐华烟，如点漆。潘衡用海南松煤。三衢蔡瑫杂取桦烟，独为最下。其纪墨工云：崇宁已来墨工，如张孜、陈昱、关珪、弟瑱、郭遇明皆精于制样。墨工名多相蹈袭，沈珪之后有关珪，张遇之后有常遇、潘遇，张谷之后有潘谷、叶谷，陈瞻之后有梅瞻父子。相传者，沈珪之子宴，常和之子遇，潘谷之子遇。（《骨董续记》卷一，第九页下至十页）

朱松邻

嘉定竹器为他处所无，他处虽有巧工，莫能尽其传也。而始其事者，为前明朱崔号松邻，子缨号小松，孙稚征号三松。三人皆读书识字，操履完洁，而以雕刻为游戏者也。今妇人之簪，有所谓朱松邻者，即以创始之人名。见王应奎《柳南续笔》。（《骨董续记》卷一，第十一页）

木工喻浩

东都相国寺门楼，唐人所造。国初，木工喻浩曰："他皆可能，唯不解卷檐尔。"每至其下，仰而观看，立极则坐，坐极则卧，求其理而不得。门内两井亭，近代木工亦不解也。寺有十绝，此为二耳。见陈师道《后山丛谈》上。之诚按，欧阳修《归田录》，喻浩作预浩，云开宝寺塔，在京师诸塔中最高，而制度甚精，都料匠预浩所造也。塔初成，望之不正，而势倾西北。人怪而问之，浩曰："京师地平无山，而多西北风吹之，不百年当正也。"其用心之精盖如此。国朝以来，木工一人而已。至今木工皆以预都料为法。有《木经》三卷行于世。世传浩唯一女，年十余岁，每卧则交手于胸，为结构状，如此逾年，撰成《木经》三卷行于世。又据《玉海》九十一，李诫《营造法式》云："世谓喻皓《木经》精详，此书盖过之。"则作"预"者非。（《骨董续记》卷一，第十三页下）

升斗口狭底阔

今之升斗，口狭底阔，起于贾似道。元至元间，中丞崔彧言："其式口狭底阔，出入之间，盈亏不甚相远。"，遂行于时。见王应奎《柳南随笔》。之诚按，秋壑作公田法，大为元代之利，不意升斗之制复利赖百世。（《骨董续记》卷二，第二页下至三页）

唐代岁入之数

《通鉴》引《续皇王宝运录》：大中七年度支奏，自河湟平，每岁天下所纳钱九百二十五万余缗，内五百五十万余缗租税，八十二万余缗榷酤，二百七十八万余缗盐利。按，此时户计为一百七十万，此条为自来言岁计者所未采。唐世钱绢并用，故《通典》称开元租庸调，岁入为五千二百二十余万端匹屯贯石，资课勾剥四百七十余万。此只言缗，知元和以后，已银钱并用，银即所谓铤银。（《骨董续记》卷二，第五页下至六页）

会子

元时，宋会子五十一贯，准中统钞一贯。见陆友《研北杂志》。（《骨董续记》卷二，第八页下）

唐时俸钱

《容斋诗话》卷六云："白乐天仕宦，从壮至老，凡俸禄多寡之数，悉载于诗，虽波及他人亦然。其立身廉清，家无余积，可以概见矣。因读其集，辄叙而列之。其为校书郎曰：'俸钱万六千，月给亦有余。'为左拾遗曰：'月惭谏纸二千张，岁愧俸钱三十万。'兼京兆户曹曰：'俸钱四五万，日可奉晨昏。廪禄二百石，岁可盈仓囷。'赠江州司马曰：'散员足庇身，薄俸可资家。'《璧记》曰：'岁廪数百石，月俸六七万。'罢杭州刺史曰：'三年请禄俸，颇有余衣食。移家入新宅，罢俸有余资。'为苏州刺史曰：'十万户州尤觉贵，二千石禄敢言贫？'为宾客分司曰：'俸钱八九万，给受无虚月。''嵩洛供云水，朝庭乞俸钱。''老宜官冷静，贫赖俸优饶。''官优有禄料，职散无羁縻。''官衔依日得，俸禄逐身来。'为河南尹曰：'厚俸如何用，闲居不可忘。'不赴同州曰：'诚贪俸钱厚，其如身力衰。'为太子少傅曰：'月俸百千官二品，朝庭雇我作闲人。''又问俸厚薄，百千随月至。''七年为少傅，品高俸不薄。'其致仕曰：'全家遁此曾无闷，半俸资身亦有余。''俸随日计盈钱贯，禄逐年支粟满囷。''寿及七十五，俸占五十千。'其泛叙曰：'历官凡五六，禄俸及妻孥。''料钱随官用，生计逐年营。''形骸偶俔班行内，骨肉勾留禄俸中。'其他人者，如陕州王司马曰：'公事闲忙同少尹，俸禄多少敌尚书。'刘梦得罢宾客，除秘监，禄俸略同，曰：'日望挥金贺新命，俸钱依旧又如何。'叹洛阳长水二县令曰：'朱绂洛阳官位屈，青袍长水俸钱贫。'其将下世，有《达哉乐天行》曰：'先卖南十亩园，坊次卖东郭五亩田。然后兼卖所居宅，仿佛获缗二三千。但恐此钱用不尽，即先朝露归夜泉。'后之君子，试一味其言，虽日饮贪泉，亦知斟酌矣。观其生涯如是，苏东坡云：'公廪有余粟，府有余帛'，殆亦不然。"之诚按，据此可以考唐时俸禄之制。（《骨董续记》卷二）

庚子大运传办磁器

得九江关光绪二十六年分大运传办磁器报销清册四种。曰《杂项钱粮清册》，如装费、运费、工人工食之类，计用银九千五百六十五两二钱。曰《传办磁器清册》，凡分大运琢圆磁器、赏用瓶盘碗盅、各磁祭器三项，皆以面积折成尺寸，再计坯胎工费。分泥土釉料做坯工饭，做细工饭，杂用人夫工饭，杂项器具家伙，柴价炭价，镶方工饭，颜料画彩工饭，画填工饭，吹色工饭，烧炉工饭，每件款字等费。花瓶则有接双耳工料等费，摊为每件价值若干，烧成磁器，分上色、次色及破损件数。上色进呈，次色变价，破损存查。计是年呈进者：其大运琢器天青釉四方象耳瓶五十六件，每件原制价一两四钱六分；均釉四方杏元双琯瓶一百五十四件，每件一两六钱九分；哥釉四方杏元双琯瓶六十五件，每件一两六钱五分；哥釉四方八卦瓶七十件，每件一两五钱五分；厂官釉太极纸捶瓶三十一件，每件一两二钱；青花起线玉堂春瓶二百十九件，每件二两四分。其大运圆器彩夔凤串花大碗四百三十一件，每件二两三钱；彩八吉祥串花九寸盘二百九十七件，每件一两三钱；青西莲五寸盘一百二十五件，每件九分八厘；青西莲五寸大碗二百九十件，每件二钱三分，青云鹤八卦中碗一百二十九件，每件一钱二分；五彩水仙花酒盅一百十四件，每件八分二厘；红龙盅一百十六件，每件七分六厘；青双龙茶碗三十五件，每件八分三厘；霁红七撇口九寸盘二百七十件，每件七钱五分；青双龙满尺盘五十二件，每件三钱一分；娇深黄暗龙汤碗二十六件，每件二钱二分；娇黄暗龙中碗三十九件，每件三钱三分；娇黄茶盅二十件，每件一钱二分；娇黄暗龙墩式中碗四十三件，每件三钱一分；蓝地彩黄云龙九寸盘三百一件，每件一两三钱；青夔凤满尺盘四十二件，每件一两三钱；青花三果班子中碗十九件，每件一钱一分；填白釉宝烧红团凤中碗十九件，每件一钱二分；娇黄暗龙撇口汤碗十九件，每件二钱一分；蓝地彩黄云龙茶碗五十五件，每件三钱三分；青双龙六寸盘二十件，每件一钱二分；青花蚕纹寿字满尺盘三十五件，每件三钱一分；霁红六寸盘一百四十件，每件五钱六分；青木樨花茶碗三十七件，每件八分九厘；五彩宝莲中碗三十八件，每件三钱三分；红地白竹茶碗七十一件，每件四钱三分；霁青中碗五十八件，每件四钱九厘；青三友人物六寸盘二十五件，每件一钱五分；紫金釉汤碗二十八件，每件五分三厘；五彩暗水绿龙六寸盘二百五十六件，每件九钱二分；东青釉红团凤中碗十八件，每件二钱四分七厘；五彩蚕纹如意七寸盘一百二十七件，每件五钱六分；五彩鸳鸯荷花茶盅十三件，每件一钱二分；内青花外彩荷花大碗五百七十二件，每件一两三钱；霁青白里茶碗十六件，每件二钱七分；五彩八宝茶碗十七件，每件四钱六分；红海水青花八仙大碗三百九十九件，每件九钱二分；内青外彩荷花碗二百六件，每件七钱八分；五彩八吉祥碗一百九十六件，每件九钱六分；绿花桃浇黄碗十四件，每件二钱二分；内紫龙外云鹤浇黄五寸碟三十四件，每件四钱四分；内紫龙外双蚕浇黄三寸碟二十三件，每件二钱六分；四号浇黄碗十六件，每件二钱四分；青云凤五寸盘十四件，每件一钱一分；内紫龙外葡萄浇黄四寸碟十四件，每件三钱四分；五彩龙凤中碗三十三件，每件六钱。其奉旨赏用青花起线玉堂春瓶一千二百十四件，每件原制价二两四钱七厘；白地五彩百碟玉堂春瓶一千三百四十三件，每件八两五分；白地五彩红百幅玉堂春瓶一千六百六十九件，每件八两六钱；天青釉描金皮球花玉堂春瓶一千七百八十一件，每件十二两三钱；哥釉四方八卦瓶四百五十五件，每件一两五钱；均釉四方杏元双琯瓶四百七十四件，每件一两六钱九分；白地红云龙足尺大盘一千九百六十二件，每件三两五钱；五彩八吉祥串足尺大盘二千一百十三件，每件三两九钱；里外霁红七寸盘三百十五件，每件八钱一分；青云鹤八卦中碗三百三十一件，每件一钱二分；

里外霁青七寸盘二百七十六件，每件八钱一分；五彩果碗三百七十八件，每件八钱一分；红龙酒盅二百九十件，每件七分六厘。其预备御茶膳房赏用粥菜之差，使用白地红五蝠五寸碟二千三百一件，每件五钱四分；青西莲五寸碟六百三十九件，每件九分八厘；预备敬事传房赏赐，应用红龙酒盅九百八十二件，每件七分六厘；水仙花酒盅六百三十六件，每件八分二厘。其各磁祭器，奉天殿后殿供献，应用粉定大白磁盘八十一件，每件原制价三钱四分；小白磁盘四百十四件，每件九分一厘。供鲜，应用大白磁盘二百六十四件，每件一两三钱七分，寿皇殿供鲜，应用大白磁盘三十九件，每件三钱四分；奉天殿后殿供鲜，应用粉定小白磁盘八百五十五件，每件九分一厘；大白磁盘二百三十一件，每件一两二钱七分。寿皇殿应用黄磁碗七百五十九件，每件一两二钱五分。计共用银七万五千三百零六两。曰《各磁次色变价清册》，计一万七千九百十五件，照制造实发银价，减三成变缴，计共三万二百三十三两二钱。曰《报销磁务清册》，烧造二万四千九百八十八件，计共用银八万四千八百七十二两。读此，亦一朝掌故也。不特可知当时磁值，而清季每年传办磁器，实费不过五万两，皆动支九江关常税。御用磁之数，复减于赐用及祭用之数，不能谓为多无益之费也。闻后来洪宪造磁四万件，报销至二百四十万元，冒滥可知。既有次色变价之例，则官窑磁器，流转人间，当复不少，乃不数数见，何耶？若非馈遗内务府官吏，即为并未烧造，姑为浮报，以干没三成之费。暇当访之曾任九江道者。是年官九南道督理关务兼管窑厂者，明某也。（《骨董续记》卷二，第二十二至二十四页）

王琪刻《杜工部集》

嘉祐中，时方贵杜集，人间苦无全书，苏守王琪家藏本，雠校素精，即俾公库使镂板印万本，每部为直千钱。士人争买之，富室或买十部。既偿省库，羡余以给公厨。见陈眉公《太平清话》。（《骨董续记》卷二，第二十四页下）

龙茶

建溪龙茶，始江南李氏。号"北苑龙焙"者，在一山之中间，其周遭则诸弃地也。居是山，号正焙，一出是山之外，则曰外焙。正焙、外焙色香必迥殊，此亦山秀地灵所钟之有异色已。龙焙又号官焙，始但有龙凤、大团二品而已。仁庙朝，伯父君谟名知茶，因进小龙团，为时珍贵，因有大团小团之别。小龙团见于欧阳文忠公《归田录》。至神祖时即龙焙，又进密云龙。密云龙者，其云纹细密，更精绝于小龙团也。及哲宗朝，益复进"瑞云翔龙"者，御府岁止得十二饼焉。其后，祐陵雅好尚，故大观初龙焙于岁贡色目外，乃进玉苑玉芽、万寿龙芽。政和间，且增以长寿玉圭。玉圭凡厪盈寸，大抵北苑绝品，曾不过是，岁但可十百饼。然名益新，品益出，而旧格递降于凡劣尔。乃茶苗其芽，贵在于社前则已进御。自是迤逦宣和间，皆占冬至而尝新茗，是乃人力为之，然不近自然矣。茶之尚，盖自唐人始，至本朝为盛，而本朝又至祐陵时，益穷极新出而无以加矣。见蔡絛《铁围山丛谈》。之诚按，蔡氏云南唐李氏始有"北苑龙焙"，据陈诗教《花里活》云：伪唐陈履掌建阳茶局，洁敞焙舍，命曰玉茸，亦为南唐焙茶一证。诗教明人，而称伪唐，必撮录宋人笔记。又据葛立方《韵语阳秋》云：卢同《谢孟谏议茶诗》有"手阅月团三百片"句。李郢《茶山贡焙歌》有"蒸之护之香胜梅，研膏架动风如雷"句，皆指团茶而言，特阳羡茶而已。然则团茶，又不只始于南唐也。（《骨董续记》卷三，第三页下）

欧希范五脏图

庆历间，杜杞待制治广南贼欧希范，执于坐上，翊日磔于市，剖腹剟其肾肠，因使医与画人一一探索，绘以为图。见郑景璧《蒙斋笔谈》。（《骨董续记》卷三，第四页下）

茶和姜盐

唐人饮茶，皆以煎烹，陆羽《茶经》诸书可证。茶和姜盐，不知始于何时。葛立方《韵语阳秋》载子由《煎茶诗》云："煎茶旧法西出蜀，水声火态犹能谙。""相传煎茶只煎水，茶性仍存偏有味。"此茶之佳者也。又云："北方俚人茗饮无不有，盐酪椒姜夸满口"。"茶出南方，北人罕得佳品，以味不佳，故仍以他物煎之。陈后山《茶诗》云："愧无一缕破双团，惯下姜盐枉肺肝。"东坡《和寄茶诗》亦云："老妻稚子不知爱，一手已入姜盐煎。"若茶品自佳，杂以他物，适败其味尔。茶性冷，盐导入下经，非养生所宜。山谷谓寒中瘵气，莫甚于茶，或济以盐，勾贼破家。薛能《鸟嘴茶诗》亦有"盐损添当戒，姜宜著更夸"之句。据此知煎茶始于南方，而和姜盐则北俗所嗜，或即始于宋世也。沈德符《万历野获编》谓以沸水点茶始于洪武时，非也。沸水点茶，即瀹茗，宋人书中往往见之，即子由诗"煎茶只煎水"可证。徐钶《本事诗》载明郭登《西屯女》诗云："解鞍系马堂前树，我向厨中泡茶去。"泡茶似与瀹茗不同。《南窗纪谈》谓客至设茶，欲去则设汤，不知始于何时。然上自官府，下至闾里，莫之或废。有武臣杨应臣独曰："客至设汤，是饮人以药也，非是。"故其家每客至，多以蜜渍橙木瓜之类为汤饮客，或者效之。据此知吴自牧《梦粱录》有七宝擂茶，而明人章回说部中有点胡桃于泡茶之类，或即本于此，而混茶与汤为一。寻汤与茶，初本不甚分别。陈诗教《花里活》引黄鲁直诗云："曲兀蒲团听煮汤，煎成车声绕羊肠。鸡苏胡麻留渴羌，不应乱我官焙香。"题小龙团半铤也。又载刘晔尝与刘筠饮茶，问左右云："汤滚也未？"众曰："已滚。"筠曰："金曰鲦哉？"晔应曰："吾与点也。"皆谓煮汤以点茶也。后始分为客至茶，客去汤耳。王定国《随手杂录》记与文潞公论司马康，不肯证邢恕语言，谓潞公即索汤，余引去。知索汤以示送客意，犹清代之端茶送客也。《南窗纪谈》谓设汤恐其语多伤气，故其欲去则饮之以汤，是汤即药饵之类。宋时尝以茶药同赐大臣，则茶和椒姜，本同汤设，固不足怪。后来苦茗自甘，论香验色，南北无异，则明以后之风气也。又明人章回说部中有嚼香茶者，殆宋龙团之遗制欤？（《骨董续记》卷三，第七页至八页）

翰林雇马钱

康熙庚辰恩例，给翰林官之贫者十八人，雇马钱月三两。（《骨董续记》卷三，第十三页）

古泉著述

嘉道以后，谈古泉者日精。刘燕庭有《古泉苑》，又《论泉绝句》二百首。金蓓谷著《晴咏馆古泉述记》，翁宜泉著《古泉汇考》，钱同人著《古泉著述考》，瞿木夫著《古泉补正》，戴文节著《古泉丛话》，吕尧仙著《运甓轩泉谱》，鲍子年著《观古阁泉说》，沈宝虞著《泉宝所见录》，李竹朋著《古泉汇》，视前人张端木之《钱录》，全忠淳之《古钱录》，方嵩年之《钱谱》，宋振誉庆凝父子之《续泉志》，张崇懿之《钱志新编》，马昂之《货布文字考》，倪模之《古今泉略》，有过之无不及也。（《骨董续记》卷三，第十三页下）

糖霜

《容斋诗话》三云："糖霜之名，唐以前无所见。自古食蔗者，始为蔗浆，宋玉《招魂》所谓'胹鳖炮羔有柘浆'是也。其后为蔗饧，孙亮使黄门就中藏吏，取交州献甘蔗饧是也。后又为石蜜，《南中八郡志》云：'笮甘蔗汁、曝成饴，谓之石蜜。'《本草》亦云：'炼糖和乳为石蜜'是也。后又为蔗酒，后唐赤土国用甘蔗作酒，杂以紫瓜根是也。唐太宗遣使至摩揭陀国，取熬糖法，即诏扬州上诸蔗，榨沈如其剂，色味愈于西域远甚，然只是今之沙糖。蔗之技尽于此矣。不言作霜，然则糖霜非古也。历世诗人，模奇写异，亦无一章一句言之。唯东坡公过金山寺，作诗送遂宁僧圆宝云：'涪江与中泠，共水一味水。冰盘荐琥珀，何似糖霜美。'黄鲁直在戎州，作颂答梓州雍熙长老寄糖霜云：'远寄蔗霜知有味，胜于崔子水晶盐。正宗扫地从谁说，我舌犹能及鼻尖。'则遂宁糖霜见于文字者，实始二公。甘蔗所在皆植，独福唐、四明、番禺、广汉、遂宁有糖冰，而遂宁为冠。

四郡所产甚微，而颗碎色浅味薄，才比遂之最下者，亦皆起于近世。唐大历中，有邹和尚者，始来小溪之缴山，教民黄氏以造霜之法。缴山在县北二十里，前后为蔗田者十之四，糖霜户十之三。蔗有四色，曰杜蔗；曰芳蔗；曰西蔗，《本草》所谓荻霜也；曰红蔗《本草》所谓昆仑蔗也。红蔗止堪生啖；芳蔗可作沙糖；西蔗可作霜，色浅，土人不甚贵；杜蔗紫嫩极厚，专用作霜。凡蔗最困地力，今年为田蔗者，明年改种五种以息之。霜户器用，曰蔗削，曰蔗镰，曰蔗凳，曰蔗碾，曰榨斗，曰榨床，曰漆瓮，各有制度。凡霜一瓮中品色亦自不同，堆叠如假山为上，团枝次之，瓮鉴次之，小颗块次之，沙脚为下。紫为上，深琥珀次之，浅黄又次之，浅白为下。宣和初，王黼创应奉司，遂宁常贡外，岁别进数千斤。是时所产益奇，墙壁或方寸。应奉司罢，乃不再见。当时因之大扰，败本业者居半，久而未复。遂宁王灼作《糖霜谱》七篇，具载其说，予采取之以广见闻。"（《骨董续记》卷三，第十六页至十七页）

唐宋南方之盛

《容斋诗话》五云："唐世盐铁转运使在扬州，尽干利权，判官多至数十人，商贾如织，故谚称'扬一益二'，谓天下之盛，扬为一而蜀次之也。自毕师铎、孙儒之乱，荡为丘墟，杨行密复葺之，稍成壮藩，又毁于显德。本朝承平百七十年，尚不能及唐之什一，今日真可酸鼻也。"又卷六云："国家承平之时，四方之人以趋京邑为喜。盖士大夫则用功名进取系心。商贾贪舟车南北之利，后生嬉戏则以纷华盛丽而悦。夷考其实，非南方比也。读欧阳公《送僧慧勤归余杭》之诗可知矣，曰：'越俗僭宫室，倾赀事雕墙。佛屋尤其侈，眈眈拟侯王。文彩莹丹漆，四璧金焜煌。上悬百宝盖，宴坐以方床。胡为弃不居，栖身客京坊。辛勤营一室，有类燕巢梁。南方精饮食，菌笋比羔羊。饭以玉粒粳，调之甘露浆。一馔费千金，五品罗成行。晨兴未饭僧，日昃不敢尝。乃兹随北客，枯粟充饥肠。东南地秀绝，山水澄清光。余杭几万家，日夕焚清香。烟霏四面起，云雾杂芬芳。岂如车马尘，鬓发染成霜。三者孰苦乐，子奚勤四方。'观此诗中，所谓吴越宫中室、饮食、山水三者之胜，昔日固如是矣。"之诚按，观容斋所记，可以知其时南方之盛矣。故方勺《泊宅编》纪方腊之言曰："天下国家，本同一理，今有子弟耕织，终岁劳苦，少有粟帛，父兄悉取而糜荡之。稍不如意则鞭笞酷虐，至死弗恤。糜荡之余，又悉举而奉之仇雠。仇雠赖我之资，益以富实，反见侵侮，则使子弟应之；子弟力弗能支，则谴责无所不至。然岁奉仇雠之物，初不以侵侮废也"。又曰："声色狗马、土木祷词、甲兵花石糜费之外，岁赂西北二虏银绢以百万计，皆吾东南赤子膏血也。二虏得此益轻中国，岁岁侵扰不已，朝廷奉之不敢废，宰相以为安边之长策也。独吾民终岁勤动，妻子冻馁，求一日饱食不可得"，云云。盖是时国家岁计所入，几尽责之东南，其富厚可知。经南宋之后以入元，观陆友《研北杂志》所记元代户口云："太宗即位之八年夏，括户得一百十一万。至世祖至元七年，复增三十余万户。十一年取宋得户一千一百八十四万八百余户。二十六年，合南北之户，总一千三百一十九万六千二百有六，口五千八百八十三万四千七百一十有一。"据此则元时北方户口，曾不敌南方十之一。故南宋虽偏安，南方极盛之基，则成于斯时。（《骨董续记》卷三，第十七页）

团茶所直

欧阳修《归田录》云："茶之品，莫贵于龙凤，谓之团茶，凡八饼重一斤。庆历中，蔡君谟为福建路转运使，始造小片龙茶以进，其品精绝，谓之小团。凡二十饼重一斤，其价值金二两。然金可有而茶不可得，每因南郊、致斋、中书、密院各赐一饼，四人分之。宫人往往镂金花其上，盖其贵重如此。"之诚按，《南窗纪闻》称腊茶一饼，直四十千，较欧阳时所直，又增十倍矣。（《骨董续记》卷三，第二十页下）

泉州诸番

陈懋功《泉南杂志》云："泉州市舶税课云，香之所产，以占城、宾达侬为上。沉香在三佛齐名药沉，真腊名香沉，实则皆不及占城。渤泥有梅花脑、金脚脑，又有水札脑。登流眉有蔷薇水。占城、宾达侬、三佛齐、真腊、渤泥、登流眉皆诸番名。"（《骨董续记》卷三，第二十页下）

蒲寿庚

岳珂《桯史》云："番禺有海獠杂居，其最豪者蒲姓，号白番人，本占城之贵人也。"又云："泉亦有舶獠，曰尸罗围，资乙于蒲。"陈懋功《泉南杂志》云："宋德祐二年十二月，蒲寿庚反，知泉州田真子以城降于元。考《泉州府志》，田真子，晋江人，文文山同榜进士，为州司马。蒲寿庚其先西域人，与兄寿宬总诸番互市，因徙于泉，以平海寇得官。寿庚顽暴寡谋，寿宬为之画策，密界寿庚以腊丸裹表，密出降元。今但知寿庚之叛宋，而不知寿宬之主谋也。其子师文，尤暴悍嗜杀，孙慎夫其党也。"余按《宋元通鉴》云："我太祖皇帝禁泉人蒲寿庚、孙胜夫之子孙，不得齿于士。盖治其先世导元倾宋之罪，故终夷之也。"又云："泉南号文章之薮，而载籍甚少。何作庵先生曰：'蒲氏之变，泉郡概遭兵火，无复遗者。'"周密《志雅堂杂抄》云："玉枕兰亭，其石后泉州蒲寿庚航海载归闽中。"又《癸辛杂识》云："泉南有巨贾南番回回佛莲者，蒲氏之婿也。其家富甚，凡发海舶八十艘。癸巳岁殂，女少无子，官没其家赀，见在珍珠一百三十石，他物称是。省中有榜，许人首告隐寄债负等。"之诚按，佛莲之称，或与佛即一音之转，有解作巴林者，恐非是。《杂识》言官没其家资者，据晁以道《晁氏客话》云："新法户主死，本房无子孙，虽生前与他房弟侄，并没官，女户只得五百贯。"至是尚没收佛莲资财，知南宋沿用荆公新法，始终不改。（《骨董续记》卷三，第二十一页）

汉绸

《汪穰卿笔记》云："光绪末，西人斯丹于燉煌长城下，得汉绸二端，同出一幅，一广尺许，长寸许，上写曰：'任城古父绸。一匹，幅广二尺二寸，长四丈，重二十五两，直钱六千一十八。'一广汉尺二尺二寸，长寸许，绸有波纹，色线黄，一处微绿。"之诚按，西汉至晋，俱有任城国，属兖州。相如《子虚赋》徐广注："齐东阿缯帛所出。"蔡邕《女诫》曰："缯贵厚而色尚深。"《汉书·货殖传》曰："文采千匹。"师古注曰："文，文缯也。采帛之有色者。"《外戚传》："盛绿绨方底。"《匈奴传》："赤绨绿缯各六十四。"《邺中记》载："青白黄绨。"《说文》曰："绨，厚缯也。"《急就篇》注："缯，厚缯之滑泽者也，重三斤五两，今谓之平绸。"《说文》："绸，大丝缯也。"《急就篇》注："抽引粗茧绪纺而织之曰绸。"《北史·乐良王传》："王好衣服碧绸裤，锦为缘。"《北魏书·蠕蠕传》："赐黄绸被褥三十具。"《高车传》："遣使赐赤绸十匹。"是厚帛为缯，厚缯为绨，大丝缯为绸。此有波纹而色浅绿微黄，所谓文采是也。唯重二十五两，岂绸有细致者乎？（《骨董续记》卷四，第三页下）

竹懒书例

《山居随笔》云："林居多暇，士及友索书者坌集，因戏定规条，以示掌记。曰：'大涤洞左界翰墨司散仙竹懒示例，谕掌书童等知悉：迩自渔郎启闶，鸟迳通幽。虽弥明非世俗之书，而杨许泄真灵之嗳。何妨洒墨，聊戏抟沙。即开乞树之门，且撤躲婆之石。凡持扇索书者，必验重金佳骨，即时登簿，明注某日月，编次甲乙，陆续送写，不得前后搀越。每柄为号者取磨墨钱五文，不为号三文。其为号必系士绅及高僧羽客，方许登号，不得以市井凡流，蒙蔽混乞。每遇三六九日辰刻，研墨，量扇多寡，斟酌墨汁禀请挥写。如乞小字细楷者，收笔墨银一钱，磨墨钱只三文。写就藏贮候发，亦明白登记某日发讫。其有求书卷册，字多者，磨墨钱二十文。扁书一具三十文。单条草书每幅五文。纸色不佳，或浇薄渗墨者，不许混送。昔山阴馋口，自笼羽人之鹅；莆阳奢望，竟驱昵友之婢。我悉贷除，以润汝辈。既居橘栗术葛之侪，应修玄楮泓颖之职。恪供乃事，毋横索也。己巳闰月示。'"之诚按，润笔甚薄，或竹懒有意矫之。近人润笔，所知者戴文节扇例五钱，吴让之书扇三百文，兼画加二百文。光绪中，京师画扇润笔多不过一金，他亦称是。近来乃有数十百金者，其风扇于海上，遍于各处，非妖而何？（《骨董续记》卷四，第八页下至九页）

南汉买地莂

《桐阴清话》云："咸丰丁巳七月，予游白云山，路过下塘村酒家，出观石碣一方，长六寸，广一尺。首刻符一道，后楷书三百三十字，分九行，首行下行，次行上行，三行复下行，余数行亦然。其文曰：'维大宝五年，岁次壬戌，十月一日乙酉朔，大汉国内侍省扶风郡殁故亡人马氏二十四娘，年登六十四，命终魂归后土。用钱玖万玖仟玖佰玖拾玖贯玖伯玖拾玖文玖分玖毫玖厘。于地主武夷王边，买得左金吾街，咸宁县北石乡，石马保，菖蒲观界，地名云峰岭下，坤向地一面。上至青天，下极黄泉；东至甲乙麒麟，南至丙丁凤凰，西至庚辛章光，北至壬癸玉堂。阴阳和会动顺，四时龙神守护，不逆五行金木水火土，并各相扶。今日处券，应合四维分付受领，百灵知见，一任生人兴工造墓，温葬亡人马氏二十四娘，万代温居，永为古记。愿买地内侍省扶风郡殁故亡人马氏二十四娘义卖地主神仙武夷王，卖地主神仙张坚固，知见神仙李定度，证见领钱神仙东方朔，领钱神仙赤松子，量地神仙白鹤仙，书券积是东海鲤鱼仙，读券亢是天上鹤鹤上青人。鱼人深泉，崑山树木，各有分林，神仙若问，何处追寻？太上老君敕青诏书，急急如律令。'"（《骨董续记》卷四，第十一页下至十二页）

雍正除乐户惰民丐户籍

雍正元年，御史年熙奏："山西省乐户，另编籍贯，世世子孙勒令为娼，绅衿地棍呼召即来侑酒，间有一二知耻者，必不相容。查其祖先原是清白之臣，因明永乐起兵不从，遂将子女编入教坊，乞赐削除。"奉旨："此奏甚善，交部议行，并查各省似此者，概令改业。"嗣御史噶某奏除绍兴惰民，苏抚尹继善奏除常熟、昭文丐户。见《茶

余客话》。（《骨董续记》卷四，第十二页）

奏销案

顺治十八年，四辅臣柄政时，江南巡抚韩某题苏、松、常、镇并溧阳一县欠十七年钱粮，内乡绅浦音、吴汪度等八百六十九人，其致仕、候选、在籍者俱革职，在官者分别降调，青衿贡监黜者一万七千九百余人。士子游学四方，有人询其前程者，辄曰："奏销了。"见《茶余客话》。（《骨董续记》卷四，第十三页下）

明墨罗小华第一

《茶余客话》云："明人墨，以罗小华为第一，方正邵次之，方于鲁又次之。龙忠迪、查文通、苏眉阳、汪中小、邵青丘、汪仲嘉、丁南羽、潘嘉客、吴名望，皆名重一时。小华墨以鹿角胶为上品，龙柱次之，华山松又次之。"（《骨董续记》卷四，第十七页下）

明末京城市肆

明末京城市肆著名者，如勾栏胡同何开门家布，前门桥陈内官家首饰，双塔寺李家冠帽，东江米巷党家鞋，大栅栏宋家靴，双塔寺赵家薏苡酒，顺承门大街刘家冷淘面，本司院刘鹤家香，帝王庙街刀家丸药。凡此皆名著一时，起家巨万。至抄手胡同华家，柴门小巷，专煮猪头肉，内而宫禁，外而勋戚，皆知其名。蓟镇将帅，走马传致，亦见当日太平胜致也。见《明内廷规致考》。之诚按，《茶余客话》亦引此条，而词微异。（《骨董续记》卷四，第二十四页至二十五页）

明代装潢名手

王弇州藏古迹最多，尤重装潢。有强氏者精此艺，延为上宾，居于家园。又汤氏者，亦擅此艺。时有汪景纯，在白门得右军真迹，往聘汤氏，厚遗仪氏，张筵下拜，景纯朝夕，不离左右，阅五旬始成，酬赆甚厚。又吴人庄希侨寓白门，与汤、强名相埒，其人亦慷慨诚

笃，士大夫多与之游。见《茶余客话》。(《骨董续记》卷四，第二十五页)

明制衣袖

《茶余客话》云："洪武六年，定儒士生员袖长过手，回不及肘三寸。庶民衣去地五寸，袖过手六寸，袖椿广一尺，袖口广五寸。军人衣去地七寸，袖过手五寸，袖椿广七寸，不得过一尺，袖口仅出拳。"又云："明制，文臣衣至踝，武臣去地五寸，军士去地尺，文臣袖回至肘，武臣与手齐，军士出拳。"(《骨董续记》卷四，第二十五页)

《通典》

说明：编者整理时，参考了杜佑撰、王文锦等点校的《通典》（北京：中华书局，1988 年）。

魏文侯使李悝作尽地力之教，以为地方百里，提封九万顷，除山泽邑居三分去一，为田六百万亩。理田勤谨，则亩益三斗；不勤，则损亦如之。地方百里之增减，辄为粟百八十万石。必杂五种，以备灾害。力耕数耘，收获如寇盗之至。（谓促遽之甚，恐为风雨损之。）还庐树桑，（还，绕也。）菜茹有畦，瓜瓠果蓏（木实曰果，草实曰蓏。茹，所食之菜。畦，区也。）殖于疆场。至曾孙襄王，以史起为邺令，起进曰："魏氏之行田也以百亩，（赋田之法，一夫百亩。）邺独二百亩，是田恶也。漳水在其旁，西门豹为邺令不知用，是不知也。"于是遂引漳水溉邺，以富魏之河内。民歌之曰："邺有贤令兮为史公，决漳水兮灌邺旁，终古舄卤兮生稻粱。"（舄卤，即斥卤也。卤，咸苦也，谓咸卤之地。《史记》云西门豹引漳水溉邺，误。）其后，韩闻秦之好兴事，欲疲之，无令东伐，乃使水工郑国间说秦，令凿泾水，自仲山西抵瓠口为渠，并（蒲浪反）北山，东注洛，三百余里，欲以溉田。中作而觉，秦欲杀国，国曰："始臣为间，然渠成亦秦之利也。"秦以为然，卒使就渠。渠就，用注填阏之水，溉泽卤之地四万余顷，收皆亩一钟。于是关中为沃野，无凶年，命曰郑国渠。（阏读与淤同。）（杜佑：《通典》卷二《食货二·水利田·周》，第九页）

秦平天下，以李冰为蜀守，冰壅江水作堋，（部用反）穿二江成都中，

双过郡下，以通舟船，因以溉灌诸郡。于是蜀沃野千里，号为陆海。（杜佑：《通典》卷二《食货二·水利田·秦》，第九至十页）

汉文帝以文翁为蜀郡太守，穿煎？^{羊朱反}口，溉灌繁田千七百顷，人获其饶。武帝元光中，大司农郑当时言："引渭穿渠，起长安，并南山下，至河三百余里。渠下民田万余顷，又可得以溉田，益肥关中之地，得谷。"天子以为然，令齐水工徐伯表，^{巡行表记之。}悉发卒数万人穿漕渠，三岁而通。渠下民颇得以溉田矣。其后，河东守番係请"穿渠引汾溉皮氏、汾阴下，引河溉汾阴、蒲坂下，^{皮氏，今龙门县地，属绛郡。汾阴，今宝鼎县地。蒲坂，今河东县地。并属河东郡。}度可得五千顷。五千顷故尽河壖弃地，民茭牧其中耳，今溉田之，度可得谷二百万石以上"。天子以为然，发卒数万人作渠田。数岁，河移徙，渠不利，则田者不能偿种。久之，河东渠田废，与越人，令少府以为稍入。^{时越人有徙者，以田与之，其租税入少府也。稍，渐也。其入未多，故谓之稍。}其后庄熊罴言："临晋民^{即今冯翊县也。}愿穿洛以溉重泉以东万余顷^{重泉在今冯翊郡界，今有干坑，即熊罴之所穿渠。}故恶地。诚得水，可令亩十石。"于是为发卒万余人穿渠，自征^{音惩}引洛水至商颜下。^{征在冯翊，即今郡之澄城县。商颜，今冯翊县界。}岸善崩，^{洛水岸}乃凿井，深者四十余丈。往往为井，井下相通行水。水颓以绝商颜，^{下流曰颓。}东至山岭十余里间。井渠之开自此始。穿渠得龙骨，故名曰龙首渠。作之十余岁，渠颇通，犹未得其饶。是时，用事者争言水利。朔方、西河、河西、酒泉皆引河及川谷以溉田。而关中辅渠、灵轵引诸水，汝南、九江引淮，东海引巨定，^{泽名。}泰山下引汶水，皆穿渠为溉田，各万余顷。佗小渠陂山通道，不可胜言。自郑国渠起，至元鼎六年，百三十六岁，而倪宽为左内史，奏请穿凿六辅渠，^{在郑国渠之里，今尚谓之辅渠，亦曰六渠。}以益溉郑国傍高仰之田。^{素不得郑国之溉灌者。仰谓上向。}帝曰："农，天下之本也。泉流灌浸，所以育五谷也。左、右内史地，名山川原甚众，细民未知其利，故为通沟渎，畜陂泽，所以备旱也。今内史稻田租挈重，不与郡同，（租挈，收田租之约令。郡谓四方诸郡。）其议减。令吏民勉农，尽地利，平繇行水，勿使失时。"（平繇者，均齐渠堰之力役，谓俱得水之利。）后十六岁，赵中大夫白公（此时无公爵，盖相呼尊老之称也。）复奏穿渠，引泾水，首起谷口，尾入栎阳（音药阳。）（谷口，今云阳县冶谷是。）注渭中，袤二百里，溉田四千五百余顷，因名曰白渠。民得其饶，歌之曰："田于何所？池阳、谷口。郑国在前，白渠起后（郑国兴于秦时，故云前也。）举锸为云，决渠为雨。（锸，锹。）泾水一石，其泥数斗。且溉且粪，长我禾黍。（水停淤泥，可以当粪。）衣食京师，亿万之口。"言此两渠饶也。元帝建昭中，邵信臣为南阳太守，于穰县理南六十里造钳卢陂，累石为堤，傍开六石门以节水势。泽中有钳卢王池，因以为名。用广溉灌，岁岁增多，至三万顷，人得其利。及后汉杜诗为太守，复修其业。时歌之曰："前有邵父，后有杜母。"（杜佑：《通典》卷二《食货二·水利田·汉》，第十至十二页）

后汉章帝建初中，王景为庐江太守。郡部安丰县有楚孙叔敖所起芍陂，先是荒废，景重修之，境内丰给。（其陂径百里，灌田万顷。芍音鹊。今寿春郡安丰县界。）顺帝永和五年，马臻为会稽太守，始立镜湖，筑塘周迴三百十里，灌田九千余顷，至今人获其利。（杜佑：《通典》卷二《食货二·水利田·汉》，第十二页）

后汉光武建武中，田租三十税一。有产子者复以三年之算也。明帝即位，人无横繇，天下安宁。时谷贵，尚书张林上言："谷所以贵，由钱贱故也。可尽封钱，一取布帛为租，以通天下之用。"从之。（杜佑：《通典》卷四《食货四·赋税上·汉》，第十二至十三页）

魏武初平袁绍邺都，令收田租亩粟四升，户绢二匹，绵二斤，余不得擅兴。（杜佑：《通典》卷四《食货四·赋税上·魏》，第十三页）

晋武帝泰始八年，司徒石苞奏："州郡农桑未有殿最之制，宜增掾属令史，有所循行。"帝从之。苞既明劝课，百姓安之。平吴之后，有司奏："王公以国为家，京城不宜复有田宅。今未暇作诸国邸，当使城中有往来之处，近郊有刍槁之田。今可限之，国王公侯，京城得有宅一处。近郊田，大国十五顷，次国十顷，小国七顷。城内无宅城外有者，皆听留之。"男子一人占田七十亩，女子三十亩。其丁男课田五十亩，丁女二十亩，次丁男半之，女则不课。其官第一品五十顷，每品减五顷以为差，第九品十顷。而又各以品之高卑荫其亲属，多者及九族，少者三代。宗室、国宾、先贤之后士人子孙亦如之。而又得荫人以为衣食客及佃客，量其官品以为差降。自西晋则有荫客之制，至东晋其数更加，具《赋税上》篇。（杜佑：《通典》卷一《食货一·田制上·晋》，第十六页）

　　晋武帝咸宁元年，诏曰："今年霖雨过差，又有虫灾。颍川、襄城，自春以来，略不下种，深以为虑。主者何以为百姓计？"当阳侯杜元凯上疏曰："臣辄思惟，今者水灾，东南特剧，非但五谷不收，居业并损。下田所在渟污，高地皆多硗埆，百姓困穷，方在来年。虽诏书切告长吏二千石为之设计，而不廓开大制，定其趣舍之宜，恐徒文具，所益盖薄。当今秋夏蔬食之时，而百姓已有不赡，前至冬春，野无青草，则必指仰官谷，以为生命。此乃一方之大事，不可不早为思虑。臣愚谓既以水为田，当恃鱼菜螺蚌，而洪波泛滥，贫弱者终不能得。今者宜大坏兖及荆河州东界兖州东界，今济阳、济阴、东平、鲁郡之间。荆河州东界，今汝南、汝阴、谯郡之间也。诸陂，随其所归而宣导之。令饥者尽得水产之饶，百姓不出境界之内，朝暮野食，此目下日给之益也。水去之后，填淤之田，亩收数钟。至春大种五谷，五谷必丰，此又明年之益也。"杜君又言："诸欲修水田者，皆以火耕水耨为便，非不尔也。然此施于新田草莱，与百姓居相绝离者耳。往者东南草创人稀，故得火田之利。顷来户口日增，而陂堰岁决，良田变生蒲苇，人居沮泽之际，水陆失宜，放牧绝种，树木立枯，皆陂之害也。陂多则土薄水浅，潦不下润。故每有水雨，辄复横流，延及陆田。言者不思其故，因云此土不可陆种。臣计汉之户口，以验今之陂处，皆陆业也。其或有旧堰，则坚完修固，非今所谓当为人害也。臣见尚书胡威启宜坏陂，其言恳至。臣又见宋汉侯相应遵上便宜，求坏泗陂，徙运道。时下都督度支共处，当各据所见，不从遵言。臣按遵上事，运道东诣寿春，有旧渠，可不由泗陂出。泗陂在彼地界，坏地凡万三千余顷，伤败成业。遵县领应佃二千六百口，可谓至少，而犹患地狭，不足肆力，此皆水之为害也。当所共恤，而都督度支方复执异，非所见之难，直以不同害理也。人心所见既不同，利害之情又有异，军家之与郡县，士大夫之与百姓，其意莫有同者，此皆偏其利以忘其害，此理之所以未尽，而事之所以多患也。臣又按，荆河州界中度支所领佃者，州郡大军杂士，凡用水田七千五百余顷耳。计三年之储，不过二万余顷。以常理言之，无为多积无用之水。况于今者水潦瓮溢，大为灾害，臣以为宜发明诏，敕刺史二千石，汉氏旧堰及山谷私家小陂，皆当修缮以积水。其诸魏氏以来所造立及诸因雨决溢蒲苇马肠陂之类，皆决沥之。长吏二千石躬先劝功，诸食力之人并一时附功令，比及水冻，得粗枯涸。其所修功实之人，皆以俾之。其旧陂堰沟渠当有所补塞者，比寻求微迹，一如汉时故事，早为部分列上，须冬间东南休兵交代，各留一月以佐之。夫川渎有常流，地形有定体，汉氏居人众多，犹以无患，今因其所患而宣泻之，迹古事以明近，大理昭然，可坐论而得。臣不胜愚意，尝窃谓最是今日之实益也。"朝廷从之。（杜佑：《通典》卷二《食货二·水利田·晋》，第十二至十五页）

晋武帝平吴之后，制户调之式：丁男之户，岁输绢三匹，绵三斤，女及次丁男为户者半输。其诸边郡或三分之二，远者三分之一。夷人输賨（在公反）布，户一匹，远者或一丈；不课田者输义米，户三斛，远者五斗，极远者输算钱，人二十八文。成帝咸和五年，始度百姓田，取十分之一，率亩税米三升。是后频年水旱，田税不至。咸康初，算田税米，空悬五十余万斛，尚书诸曹以下免官。哀帝即位，乃减田租，亩收二升。孝武帝太元二年，除度定田收租之制。王公以下口税三斛，唯蠲在役之身。八年，又增税米口五石。

前燕慕容皝在柳城，以牧牛给贫家，田

于苑中，公收其八，二分入私。有牛无地者，亦田苑中，公收其七，三分入私。记室参军封裕谏曰："且魏晋虽道消之代，犹削百姓不至于七八。将官牛田者，官得六分，百姓得四分，私牛而得田者，与中分。百姓安之，人皆悦乐。臣犹曰非明王之道。"蜀李雄赋丁岁谷三斛，女丁半之，调绢不过数丈，绵数两。事少役稀，百姓富实，门闾不闭，无相侵盗矣。（杜佑：《通典》卷四《食货四·赋税上·晋》，第十三页）

东晋张闿音开为晋陵内史，时所部四县并以旱失田，闿乃立曲阿新丰塘，今丹阳郡丹阳县界。溉田八百余顷，每岁丰稔。葛洪为其颂，乃征入拜大司农。（杜佑：《通典》卷二《食货二·水利田·东晋》，第十五页）

自东晋寓居江左，百姓南奔者，并谓之侨人，往往散居，无有土著。而江南之俗，火耕水耨，土地卑湿，无有蓄积之资。诸蛮陬俚洞，沾沐王化者，各随轻重收财物，以裨国用。又岭外酋帅，因生口、翡翠、明珠、犀象之饶，雄于乡曲者，朝廷多因而署之，以收其利。历宋、齐、梁、陈，皆因而不改。其军国所须杂物，随土所出，临时折课市取，乃无恒法定令。列州郡县，制其任土所出，以为征赋。其无贯之人，不乐州县编户者，谓之浮浪人，乐输亦无定数任量，惟所输终优于正课焉。都下人多为诸王公贵人左右、佃客、典计、衣食客之类，皆无课役。官品第一第二佃客无过四十户，每品减五户，至第九品五户。其佃谷皆与大家量分。其典计，官品第一第二置三人，第三第四置二人，第五第六及公府参军、殿中监、监军、长史、司马、部曲督、关外侯、材官、议郎以上，一人，皆通在佃客数中。官品第六以上，并得衣食客三人，第七第八二人，第九品及舆辇、迹禽、前驱、强弩司马、羽林郎、殿中冗从武贲、殿中虎贲、持椎斧武骑虎贲、持鈒色立反冗从虎贲、命中武贲武骑，一人。其客皆注家籍。其课，丁男调布绢各二丈，丝三两，绵八两，禄绢八尺，禄绵三两二分，租米五石，禄米二石。丁女并半之。男年十六亦半课，年十八正课，六十六免课。其男丁，每岁役不过二十日。其田，亩税米二升。盖大率如此。其度量三升当今一升，秤则三两当今一两，尺则一尺二寸当今一尺。今谓即时。（杜佑：《通典》卷五《食货五·赋税中·

东晋》，第三至四页）

宋孝武帝大明初，羊希为尚书左丞。时扬州刺史西阳王子尚上

言："山湖之禁，虽有旧科，人俗相因，替而不奉，燥^{许气}山封水，保

为家利。自顷以来，颓弛日甚。富强者兼岭而占，贫弱者薪苏无托。

至渔采之地，亦又如兹。斯实害理之深弊，请损益旧条，更申恒制。"

有司检壬辰诏书："擅占山泽，强盗律论，赃一丈以上皆弃市。"希以

"壬辰之制，其禁严刻，事既难遵，理与时弛。而占山封水，渐染复

滋，更相因仍，便成先业，一朝顿去，易致怨嗟。今更刊革，立制五

条。凡是山泽，先恒燥爐^{力居反}。种竹木薪果为林仍，及陂湖江海鱼梁

鰌鱉^{七由反 即移反}，场恒加工修作者，听不追夺。官品第一、第二品，听占山

三顷；第三、第四品，二顷五十亩；第五、第六品，二顷；第七、第

八品，一顷五十亩；第九品与百姓，一顷。皆依定格，条上赀簿。若

先已占山，不得更占。先占阙少，依限占足。若非前条旧业，一不得

禁。有犯者，水土一尺以上，并计赃，依常盗律论。除晋咸康二年壬

辰之科"。从之。时山阴县人多田少，孔灵符表请徙无赀之家于余姚、

鄞^{莫侯反 银音}鄞^音三县，垦开湖田。^{余姚，今会稽郡县。鄞、鄞则今余姚郡地。}帝令公卿博议，咸

曰："夫训农修政，有国所同。土著之人，习玩日久，如京师无田，

不闻徙居他县。寻山阴豪族富室，顷亩不少，贫者肆力，非为无处。

又缘湖居人，鱼鸭为业，小人习始既难，劝之未易。远废之畴，方剪

荆棘，率课穷乏，其事弥难，资徙粗立，徐行无晚。"帝违众议，徙

人并成良业。（杜佑：《通典》卷一《食货一·田制上·宋》，第十七

至十八页）

宋文帝元嘉七年，刘义欣为荆河刺史，镇寿阳。^{今寿春郡也。}于时土境

荒毁，百姓离散。义欣纲维补缉，随宜经理。芍陂良田万顷，堤堰久

坏，秋夏常苦旱。义欣遣谘议参军殷肃循行修理，因旧沟引淠^{匹诣反}水

入陂，^{淠，水名，在汝南。}伐木开榛，水得通泾，由是遂丰稔。（杜佑：《通典》

卷二《食货二·水利田·宋》，第十五页）

宋文帝元嘉中，始兴太守徐豁上表曰："武吏年满十六，便课米六十斛，十五以下至十三，皆课三十斛，一户内随丁多少，悉皆输米。且十三岁儿，未堪田作，或是单迥，便自逃匿，户口岁减，实此之由。宜更量课限，使得存立。今若减其米课，虽有交损，考之将来，理有深益。"诏善之也。孝武帝大明五年，制天下人户岁输布四匹。（杜佑：《通典》卷四《食货四·赋税上·宋》，第十四页）

后魏明帝永兴中，频有水旱。神瑞二年，又不熟，于是分简尤贫者就食山东。敕有司劝课田农曰："前志有之，人生在勤，勤则不匮。凡庶人不畜者祭无牲，不耕者祭无盛，不树者死无椁，不蚕者衣无帛，不绩者丧无缞。教行三农，生殖九谷。"自是人皆力勤，岁数丰穰，畜牧滋息。景穆帝初为太子监国，曾令有司课畿内之人，使无牛家以人牛力相贸，垦殖锄耨。其有牛家与无牛家一人种田二十亩，偿以耘锄功七亩，如是为差。至与老小无牛家种田七亩，老小者偿以锄功二亩。皆以五口下贫家为率。各列家别口数、所种顷亩，明立簿目。所种者于地首标题姓名，以辨播殖之功。孝文太和元年三月，诏曰："去年牛疫，死伤太半，今东作既兴，人须肄业。有牛者加勤于常岁，无牛者倍佣于余年。一夫制理四十亩，中男二十亩。无令人有余力，地有遗利。"时李安世上疏曰："臣闻量地画野，经国大式，邑地相参，致理之本。井税之兴，其来日久，田莱之数，制之以限。盖欲使土不旷功，人罔游力。雄擅之家，不独膏腴之美；单陋之夫，亦有顷亩之分。窃见州郡之人，或因年俭流移，弃卖田宅，漂居异乡，事涉数代。三长既立，始返旧墟，庐井荒凉，桑榆改植。事已历远，易生假冒，强宗豪族，肆其侵凌，远认魏晋之家，近引亲旧之验。年载稍久，乡老所惑，群证虽多，莫可取据。各附亲知，互有长短，两证徒具，听者犹疑，争讼迁延，连纪不判。良畴委而不开，柔桑枯而不采，欲令家丰岁储，人给资用，其可得乎？愚谓今虽桑井难复，宜更均量，审其径术，令分艺有准，力业相称。细人获资生之利，豪右靡余地之盈。无私之泽，乃播均于兆庶；如阜如山，可有积于比户矣。又所争之田，宜限年断，事久难明，悉属今主。然后虚诈之人绝于觊觎，守分之士免于凌夺。"帝深纳之，均田之制起于此矣。九年，下诏均给天下人田：诸男夫十五以上，受露田四十亩，^{不栽树者谓之露田。}妇人二十亩，奴婢依良。丁牛一头受田三十亩，限四牛。所授之田率倍之，三易之田再倍之，以供耕休及还受之盈缩。人年及课则受田，老免及身没则还田，奴婢、牛随有无以受。诸桑田不在还受之限，但通入倍田分。于分虽盈，没则还田，不得以充露田之数，不足者以露田充倍。诸初受田者，男夫一人给田二十亩，课莳余，种桑五十树，枣五株，榆三根。非桑之土，夫给一亩，依法课莳榆、枣。奴各依良。限三年种毕，不毕，夺其不毕之地。于桑榆地分杂莳余果及多种桑榆者不禁。诸应还之田，不得种桑榆枣果，种者以违令论，地入还分。诸桑田皆为代业，身终不还，恒从见口。有盈者无受无还，不足者受种如法。盈者得卖其盈，不足得买所不足。不得卖其分，亦不得买过所足。诸麻布之土，男夫及课，别给麻田十亩，妇人五亩，奴婢依良，皆从还受之法。诸有举户老小残疾无受田者，年十一以上及疾者，各授以半夫田。年逾七十者，不还所受。寡妇守志者，虽免课亦受妇田。诸还受人田，恒以正月。若始受田而身亡及卖买奴婢、牛者，皆至明年正月乃得还受。诸土广人稀之处，随力所及，官借人种莳。后有来居者，依法封授。诸地狭之处，有进丁受田而不乐迁者，则以其家桑田为正田分，又不足不给倍田，又不足家内人别减分。无桑之乡，准此为法。乐迁者听逐空荒，不限异州他郡，唯不听避劳就逸。其地足之处，不得无故而移。诸人有新居者，三口给地一亩，以为居室，奴婢五口给一亩。男女十五以上，因其地分，口课种菜五分亩之一。诸一人之分，正从正，倍从倍，不得隔越他畔。进丁受田者，恒从所近。若同时俱受，先贫后富。再倍之田，放此为法。诸远流配谪无子孙及户绝者，墟宅、桑榆尽为公田，以供授受。授受之次，给其所亲，未给之间，亦借其所亲。诸宰人之官，各随近给公田：刺史十五顷，太守十顷，治中、别驾各八顷，县令、郡丞六顷。更代相付。卖者坐如律。^{职分田起于此。}（杜佑：《通典》卷一《食货一·田后魏刁雍为薄骨律镇将，至镇，上表曰："富平西三十里，^{薄骨律镇，今}灵武郡。富平，今迴乐县。有艾山，南北二十六里，东西四十五里，凿以通河，似禹旧迹。其两岸作溉田大渠，广十余步，山南引水入此渠中。计昔时高于河水不过一丈，河水激急，沙土漂流。今日此渠高于河水二丈三尺，又河水侵射，往往崩颓。渠既高悬，水不得上，虽复诸处按旧引水，水亦难求。今艾山北，河中有洲诸，水分为二。西河小狭，水广百四十步。臣今请入来年正月，于河西高渠之北八里，分河之下五里，平地凿渠，广十五步，深五尺，筑其两岸，令高一丈。北行四十里，还入古之高渠，即修高渠而北，复八十里，合百二十里，大有良田。计用四千人，四十日功，渠得成就。所欲凿新渠口，河下五尺，水不得入。今求从小河东南岸斜断到西北岸，计长二百七十步，广十步，高二丈，绝断小河，二十日功，计得成毕，合计用功六十日。小河之水尽入新渠，水则充足，溉官私田四万余顷。旬日之间，则水一遍，水凡四溉，谷得成实。"从之，公私获其利。裴延俊为幽州刺史，范阳郡有旧督亢渠，径五十里。渔阳燕郡有故戾陵诸堰，广袤三十里。皆废毁多时，莫能修复，水旱不调，人多饥馁。延俊自度水形营造，未几而就，溉田万余顷，为利十倍。（杜佑：《通典》卷二《食货二·水利田·后魏》，第十五至十六页）

后魏道武帝天兴中，诏采诸漏户，令输纶绵。自后诸逃户占为绐茧罗縠者甚众，于是杂营户帅遍于天下，不隶守宰，赋役不同，户口错乱。景穆帝即位，一切罢之，以属郡县。魏令：每调一夫一妇帛一匹，粟二石。人年十五以上未娶者，四人出一夫一妇之调；奴任耕、婢任绩者，八口当未娶者四；耕牛二十头当奴婢八。其麻布之乡，一夫一妇布一匹，下至牛，以此为降。大率十匹中五匹为公调，二匹为调外费，三匹为内外百官俸。人年八十以上，听一子不从役。孤独病老笃贫不能自存者，三长内迭养食之。旧制，人间所织绢布，皆幅广二尺二寸，长四十尺为一匹，六十尺为一端。后乃渐至滥恶，不依尺度。孝文帝延兴三年秋，更立严制，令一准前式，违者罪各有差。冬十月，诏州郡人十丁取一以充行，户收租十五石，以备军粮。太和八年，始准古班百官之禄，以品第各有差。先是，天下户以九品混通，户调帛二匹，絮二斤，丝一斤，粟二十石。又入帛一匹二丈，委之州库，以供调外之费。至是，户增帛三匹，粟二石九斗，以为官司之禄。复增调外帛满二匹，所调各随其土所出。其司、冀、雍、华、定、相、泰、洛、荆河、怀、兖、陕、徐、青、齐、济、南河、东兖、东徐等州，贡绵绢及丝，其余郡县少桑蚕处，皆以麻布充。孝明帝时，张普惠上疏曰："伏闻尚书奏复绵麻之调，遵先皇之令轨，复高祖之旧典。仰惟高祖废大斗，去长尺，改重秤，所以爱百姓，从薄赋。知军国须绵麻之用，故立幅度之规，亿兆荷轻赋之饶，不惮于绵麻而已，故歌舞以供其赋，奔走以役其勤，天子信于上，亿兆乐于下。自兹以降，渐渐长阔，百姓怨嗟，闻于朝野。宰辅不寻其本，知天下之怨绵麻，不察其幅广、度长、秤重、斗大，革其所弊，存其可存，而特放绵麻之调，以悦天下之心。此所谓悦之不以道，愚臣所以未悦者也。尚书既知国少绵麻，不惟法度之翻易，人言之可畏，便欲去天下之大信，弃已行之成诏，遵前之非，遂后之失，奏求还复绵麻，以充国用。不思库中大有绵麻，而群官共窃利之。愚臣以为于理未尽。何者？今官人请调度造衣物，必度量，绢布匹有尺丈之盈，犹不计其广，丝绵斤两兼百铢之剩，未闻依律罪州郡者。若一匹之滥，一斤之恶，则鞭户主，连及三长。此所谓教人以贪也。今百官请俸，只乐其长阔，并欲厚重，无复准极。得长阔厚重者，便云其州能调，绢布精阔且长，横发美称，以乱视听。此百司所以仰负圣明者也。今若必复绵麻，谓宜先令四海知其所由，明立严禁，复本幅度，新绵麻之典，依太和之税。其在库绢布并及丝绵不依典制者，请遣一尚书与太府卿、左右藏令，依今官度官秤，计其斤两广长，折给请俸之人。总常俸之数，年俸所出，以布绵麻，亦应周其一岁之用。使天下知二圣之心，爱人惜法如此，则高祖之轨中兴于神龟，明明慈信昭布于无穷，孰不幸甚！"正光后，国用不足，乃先折天下六年租调而征之，百姓怨苦。有司奏断百官常给之酒，计一岁所省米五万三千五十四斛九斗，糵谷六千九百六十斛，曲三十万五百九十九斤。其四时郊庙、百神群祀，依式供营。远蕃客使，不在断限。尔后寇贼转众，诸将出征，相继奔败，所亡器械资粮，不可胜数，而关西丧失尤甚，帑藏空竭。有司又奏，内外百官及诸蕃客廪食及肉悉三分减一，计岁终省肉百五十九万九千八百五十六斤，米五万三千九百三十二石。孝昌二年冬，税京师田租亩五升，借赁公田者亩一斗。庄帝即位，因人贫富，为租输三等九品之制，千里内纳粟，千里外纳米，上三品户入京师，中三品入他州要仓，下三品入本州。靖帝天平初，诸州调绢不依旧式。兴和三年，各班海内，悉以四十尺为度，天下利焉。元象、兴和之中，频岁大穰，谷斛至九钱。法网宽弛，百姓多离旧居，阙于徭赋矣。齐神武秉政，乃命孙腾、高崇之分责无籍之户，得六十余万，于是侨居者各勒还本属，是后租调之入有加焉。及侯景背叛，河南之地，困于兵革。寻而侯景乱梁，乃命行台辛术略有淮南之地。其新附州郡，羁縻轻税而已。（杜佑：《通典》卷五《食货五·赋税中·后魏》，第五至八页）

北齐给授田令，仍依魏朝。每年十月普令转授，成丁而授，丁老而退，不听卖易。文宣帝天保八年，议徙冀、定、瀛无田之人，谓之乐迁，于幽州宽乡以处之。秦汉州郡则大，魏晋年代又远，改移分析，或未易知，以此要有解释。近代制置，今多因习，则不假繁叙，他皆类此。武成帝河清三年诏：每岁春月，各依乡土早晚，课人农桑。自春及秋，男子十五以上，皆布田亩。蚕桑之月，妇女十五以上，皆营蚕桑。孟冬，刺史听审邦教之优劣，定殿最之科品。人有人力无牛，或有牛无人力者，须令相便，皆得纳种。使地无遗利，人无游手。又令男子率以十八受田，输租调，二十充兵，六十免力役，六十六退田，免租调。京城四面诸坊之外，三十里内为公田。受公田者，三县代迁户执事官一品以下，逮于羽林武贲，各有差。其外畿郡，华人官第一品以下，羽林武贲以上，各有差。职事及百姓请垦田者，名为永业田。奴婢受田者，亲王止三百人，嗣王二百人，第二品嗣王以下及庶姓王百五十人，正三品以上及皇宗百人，七品以上八十人，八品以下至庶人六十人。奴婢限外不给田者，皆不输。其方百里外及州人，一夫受露田八十亩，妇人四十亩，奴婢依良人，限数与在京百官同。丁牛一头受田六十亩，限止四牛。每丁给永业二十亩，为桑田。其田中种桑五十根，榆三根，枣五根，不在还受之限。非此田者，悉入还受之分。土不宜桑者，给麻田，如桑田法。《关东风俗传》曰："其时弱弱相凌，恃势侵夺，富有连畛亘陌，贫无立锥之地。昔汉氏募人徙田，恐遗垦课，令就良美。而齐氏全无斟酌，虽有当年权格，时暂施行，争地文案有三十年不了者，此由授受无法者也。其赐田者，谓公田及诸横赐之田。魏令，职分公田，不问贵贱，一人一顷，以供刍秣。自宣武出猎以来，始以永赐，得听卖买。迁邺之始，滥职众多，所得公田，悉从货易。又天保之代，曾遥压首人田，以充公簿。比武平以后，横赐诸贵及外戚佞宠之家，亦以尽矣。又河渚山泽有可耕垦肥饶之处，悉是豪势，或借或请，编户之人不得一垄。纠赏者，依令，口分之外知有买匿，听相纠列，还以此地赏之。至有贫人，实非剩长买匿者，苟贪钱货，诈吐壮丁口分，以与纠人，亦既无田，即便逃走。帖卖者，帖荒田七年，熟田五年，钱还地还，依令听许。露田虽复不听卖买，卖买亦无重责。贫户因王课不济，率多货卖田业，至春困急，轻致藏走。亦有懒惰之人，虽存田地，不肯肆力，在外浮游，三正卖其口田，以供租课。比来频有还人之格，欲以招慰逃散。假使暂还，即卖所得之地，地尽还走，虽有还名，终不肯住，正由县听其卖帖田园故也。广占者，依令，奴婢请田亦与良人相似。以无田之良口，比有地之奴牛。宋世良天保中献书，请以富家牛地先给贫人，其时朝列称其合理。"^{宋孝王撰。}（杜佑：《通典》卷二《食货二·田制下·北齐》，第一至三页）

北齐文宣受禅，多所草创。六坊内从者，更加简练，每一人必当百人，任其临阵必死，然后取之，谓之百保鲜卑。又简华人之勇力绝伦者，谓之勇士，以备边要。始立九等之户，富者税其钱，贫者役其力。后南征，频岁陷没，士马死者以数十万计。重以修创台殿，所役甚广，兼并户口，益多隐漏。旧制，未娶者输半床租调。^{有妻者输一床，无者半床。}阳翟一郡，户至数万，籍多无妻。有司刻之，帝以为生事，不许。由是奸欺尤甚，户口租调，十亡六七。是时用度转广，赐予无节，府藏之积，不足以供，乃减百官之禄，彻军人常廪，并省州郡县镇戍之职。又制刺史守宰行兼者，并不给幹，^{南齐有僮幹，若今驱使门仆之类。}以节国用之费焉。河清三年，定令：乃率以十八受田，输租调，二十充兵，六十免力役，六十六退田，免租调。率人一床，调绢一匹，绵八两，凡十斤绵中折一斤作丝，垦租二石，义租五斗。奴婢各准良人之半。牛调二尺，垦租一斗，义租五升。垦租送台，义租纳郡，以备水旱。垦租皆依贫富为三梟。其赋税常调，则少者直出上户，中者及中户，多者及下户。上梟输远处，中梟输次远，下梟输当州仓。三年一校。租入台者，五百里内输粟，五百里外输米。入州镇者，输粟。人欲输钱者，准上绢收钱。是时频岁大水，州郡多遇沉溺，谷价腾踊，朝廷遣使开仓以梟之，而百姓无益，饥馑尤甚矣。后主天统中，劳役巨万，财用不给，乃减朝士禄料，断诸曹粮膳及九州军人常赐以供之。武平之后，权幸并进，赐予无限，乃料境内六等富人，调令出钱。（杜佑：《通典》卷五《食货五·赋税中·北齐》，第八至十页）

隋文帝令，自诸王以下至于都督，皆给永业田，各有差。多者至百顷，少者至四十亩。其丁男、中男永业露田，皆遵后齐之制。并课树以桑榆及枣。其园宅率三口给一亩，奴婢则五口给一亩。京官又给职分田，一品者给田五顷，至五品则为田三顷，其下每品以五十亩为差，至九品为一顷。外官亦各有职分田。又给公廨田以供用。开皇九年，任垦田千九百四十万四千二百六十七顷。^{隋开皇中，户总八百九十万七千五百三十六。按定垦之数，每户合垦田二顷余也。}开皇十二年，文帝以天下户口岁增，京辅及三河地少而人众，衣食不给，议者咸欲徙就宽乡。帝乃发使四出，均天下之田。其狭乡，每丁才至二十亩，老小又少焉。至大业中，天下垦田五千五百八十五万四千四十顷。^{按其时有户八百九十万七千五百三十六，则每户合得垦田五顷余。恐本史非实。}（杜佑：《通

典》卷二《食货二·田制下·隋》，第三至四页）

隋文帝霸府初开，尉迟迥、王谦、司马消难相次阻兵，兴师诛讨，赏费巨万。及受禅，又迁都，发山东丁，毁造宫室。仍依周制，役丁为十二番，匠则六番。丁男一床，租粟三石。桑土调以绢絁，麻土调以布。绢絁以匹，加绵三两；布以端，加麻三斤。单丁及仆隶各半之。有品爵及孝子、顺孙、义夫、节妇，并免课役。开皇三年，减十二番每岁为二十日役，减调绢一匹为二丈。初，苏威父绰在西魏，以国用不足，为征税之法，颇称为重。既而叹曰："今所为者，正如张弓，非平代法也。后之君子，谁能弛乎！"威闻其言，每以为己任。至是，威为纳言，奏减赋役，务从轻典，帝悉从之。时百姓承平渐久，虽遭水旱，而户口岁增。诸州调物，每岁河南自潼关，河北自蒲坂，至于京师，相属于路，昼夜不绝者数月。帝又躬行节俭。九年，亲御朱雀门，劳凯旋师，因行庆赏颁给，所费三百余万段。帝以江表初定，给复十年，自余诸州并免当年租赋。十年五月，又以宇内无事，益宽徭赋，百姓年五十者，输庸停防。十一年，江南反，越国公杨素讨平之。师还，赐物甚广。其余出师命赏，亦莫不优崇。十二年，有司上言，库藏皆满。帝曰："朕既薄赋于人，又大经赐用，何得尔也？"对曰："用处常出，纳处常入。略计每年赐用至数百万段，曾无减损。"乃更开左藏之院，构屋以受之。诏曰："既富而教，方知廉耻，宁积于人，无藏府库。河北、河东今年田租，三分减一，兵减半，功调全免。"十四年，关中大旱，人饥，帝幸洛阳，因令百姓就食。从官并准见口赈给，不以官位为限。开皇八年五月，高颎奏："诸州无课调处及课州管户数少者，官人禄力，承前以来，恒出随近之州。今请于所管内计户征税。"帝从之。先是京官及诸州，并给公廨钱，迴易生利，以给公用。十四年六月，工部尚书苏孝慈等以为，所在官司，因循往昔，皆以公廨钱物出举兴生，惟利是求，烦扰百姓，奏皆给地以营农，迴易取利皆禁止。十七年十一月，诏外内诸司公廨在市迴易及诸处兴生并听之，唯禁出举收利。炀帝即位，户口益多，府库盈溢，乃除妇人及奴婢、部曲之课。其后将事辽、碣，增置军府，墒地为兵，租赋之人益减矣。又频出朔方，西征吐谷浑，三度讨高丽，飞刍挽粟，水陆艰弊。又东西巡幸，无时休息，六宫及禁卫行从常十万人，皆仰给州县，天下怨叛，以至于亡。（杜佑：《通典》卷五《食货五·赋税中·隋》，第十至十二页）

大唐开元二十五年令：田广一步、长二百四十步为亩，百亩为顷。自秦汉以降，即二百四十步为亩，非独始于国家，盖具令文耳。国家程式虽则具存，今所存纂录，不可悉载，但取其朝夕要切，冀易精详，乃临事不惑。丁男给永业田二十亩，口分田八十亩，其中男年十八以上亦依丁男给，老男、笃疾、废疾各给口分田四十亩，寡妻妾各给口分田三十亩，先永业者，通充口分之数。黄、小、中、丁男女及老男、笃疾、废疾、寡妻妾当户者，各给永业田二十亩，口分田二十亩。应给宽乡，并依所定数；若狭乡新受者，减宽乡口分之半。其给口分田者，易田则倍给。宽乡三易以上者，仍依乡法易给。其永业田，亲王百顷，职事官正一品六十顷，郡王及职事官从一品各五十顷，国公若职事官正二品各四十顷，郡公若职事官从二品各三十五顷，县公若职事官正三品各二十五顷，职事官从三品二十顷，侯若职事官正四品各十四顷，伯若职事官从四品各十顷，子若职事官正五品各八顷，男若职事官从五品各五顷，上柱国三十顷，柱国二十五顷，上护军二十顷，护军十五顷，上轻车都尉十顷，轻车都尉七顷，上骑都尉六顷，骑都尉四顷，骁骑尉、飞骑尉各八十亩，云骑尉、武骑尉各六十亩。其散官五品以上同职事给，兼有官爵及勋俱应给者，惟从多，不并给。若当家口分之外，先有地非狭乡者，并即迴受，有剩追收，不足者更给。诸永业田皆传子孙，不在收授之限，即子孙犯除名者，所承之地亦不追。每亩课种桑五十根以上，榆、枣各十根以上，三年种毕。乡土不宜者，任以所宜树充。所给五品以上永业田，皆不得狭乡受，任于宽乡隔越射无主荒地充。即买荫赐田充者，虽狭乡亦听。其六品以下永业，即听本乡取还公田充，愿于宽乡取者亦听。应赐人田，非指的处所者，不得狭乡给。其应给永业人，若官爵之内有解免者，从所解者追。即解免不尽者，随所降品追。其除名者，依口分例给，自外及有赐田者并追。若当家之内有官爵及少口分应受者，并听迴给，有剩追收。其因官爵应得永业，未请及未足而身亡者，子孙不合追请也。诸袭爵者，唯得承父祖永业，不合别请。若父祖未请及未足而身亡者，减始受封者之半给。其州县界内所部受田，悉足者为宽乡，不足者为狭乡。诸狭乡田不足者，听于宽乡遥受。应给园宅地者，良口三口以下给一亩，每三口加一亩，贱口五口给一亩，每五口加一亩，并不入永业口分之限。其京城及州郡县郭下园宅，不在此例。诸京官文武职事职分田：一品一十二顷，二品十顷，三品九顷，四品七顷，五品六顷，六品四顷，七品三顷五十亩，八品二顷五十亩，九品二顷，并去京城百里内给。其京兆、河南府及京县官人职分田亦准此。即百里外给者亦听。诸州及都护府、亲王府官人职分田：二品一十二顷，三品一十顷，四品八顷，五品七顷，六品五顷，^{京畿县亦准此。}七品四顷，八品三顷，九品二顷五十亩。镇戍关津岳渎及在外监官五品五顷，六品三顷五十亩，七品三顷，八品二顷，九品一顷五十亩。三卫中郎将、上府折冲都尉各六顷，中府五顷五十亩，下府及郎将各五顷，上府果毅都尉四顷，中府三顷五十亩，下府三顷，上府长史、别将各三顷，中府、下府各二顷五十亩。亲王府典军五顷五十亩，副典军四顷，千牛备身左右、太子千牛备身各三顷。^{亲王府文武官随府出藩者，于在所处给。}诸军上折冲府兵曹二顷，中府、下府各一顷五十亩。其外军校尉一顷二十亩，旅帅一顷，队正副各八十亩，皆于领侧州县界内给。其校尉以下在本县及去家百里内领者不给。诸驿封田皆随近给，每马一匹给地四十亩。若驿侧有牧田之处，匹各减五亩。其传送马，每匹给田二十亩。诸庶人有身死家贫无以供葬者，听卖永业田，即流移者亦如之。乐迁就宽乡者，并听卖口分。^{卖充住宅、邸店、碾硙者，虽非乐迁，亦听私卖。}诸买地者，不得过本制，虽居狭乡，亦听依宽制，其卖者不得更请。凡卖买，皆须经所部官司申牒，年终彼此除附。若无文牒辄卖买，财没不追，地还本主。诸以工商为业者，永业口分田各减半给之，在狭乡者并不给。诸因王事没落外藩不还，有亲属同居，其身分之地，六年乃追。身还之日，随便先给。即身死王事者，其子孙虽未成丁，身分地勿追。其因战伤及笃疾废疾者，亦不追减，听终其身也。诸田不得贴赁及质，违者财没不追，地还本主。若从远役外任，无人守业者，听贴赁及质。其官人永业田及赐田，欲卖及贴赁者，皆不在禁限。诸给口分田，务从便近，不得隔越。若因州县改易，隶地入他境及犬牙相接者，听依旧受。其城居之人，本县无田者，听隔县受。虽有此制，开元之季，天宝以来，法令弛宽，兼并之弊，有逾于汉成哀之间。又田令，在京诸司及天下州府县监、折冲府、镇戍、关津、岳渎等公廨田、职分田，各有差。诸职分陆田限三月三十日，稻田限四月三十日，以前上者并入后人，以后上者入前人。其麦田以九月三十日为限。若前人自耕未种，后人酬其功直；已自种者，准租分法。其价六斗以下者，依旧定；以上者，不得过六斗。并取情愿，不得抑配。亲王出藩者，给地一顷作园。若城内无可开拓者，于近城便给。如无官田，取百姓地充，其地给好地替。天宝中应受田一千四百三十万三千八百六十二顷十三亩。按十四年有户八百九十万余，计定垦之数，每户合一顷六十余亩。至建中初，分遣黜陟使按比垦田田数，都得百十余万顷。（杜佑：《通典》卷二《食货二·田制下·大唐》，第四至八页）

大唐贞观十八年，李袭称为扬州大都府长史，乃引雷陂水，又筑句城塘，以溉田八百余顷，百姓获其利。征拜太府卿，人至今赖之。永徽六年，雍州长史长孙祥奏言：“往日郑、白渠溉田四万余顷，今为富商大贾竞造碾硙，堰遏费水，渠流梗涩，止溉一万许顷。请修营此渠，以便百姓。至于咸卤，亦堪为水田。”高宗曰：“疏导渠流，使通溉灌，济波炎旱，应大利益。”太尉无忌对曰：“白渠水带泥淤，灌田益其肥美。又渠水发源本高，向下枝分极众。若使流至同州，则水饶足。比为碾硙用水，泄渠水随入滑，加以壅遏耗竭，所以得利遂少。”于是遣祥等分检渠上碾硙，皆毁之。至大历中，水田才得六千二百余顷。（杜佑：《通典》卷二《食货二·水利田·大唐》，第十六至十七页）